陈旭麓文集 Ⅳ

近代史思辨录（下）

陈旭麓 著

上海教育出版社

目 录

人物研究

003　论龚自珍思想
016　论冯桂芬的思想
028　关于《校邠庐抗议》一书——兼论冯桂芬的思想
044　《李秀成供》原稿释疑
064　不是谜的"谜"
067　李鸿章与中国近代化
072　盛宣怀传略
086　康有为的爱国维新精神
090　光绪略论
100　论梁启超的思想
138　论谭嗣同的民主主义思想与改良主义政治实践的矛盾
161　章太炎传略
174　邹容的《革命军》及其思想
203　邹容传
241　论陈天华的爱国民主思想
264　论宋教仁
285　宋教仁传略
295　孙中山先生与《民报》
301　纪念孙中山先生逝世三十周年
307　孙中山与鲁迅

314 孙中山与中国共产党
322 因袭—规抚—创获——孙中山的中西文化观论纲
333 历史转折年代的光辉形象——"五四"前后的廖仲恺
344 也谈杨度
349 小凤仙其人
356 我对瞿秋白的认识
366 简释《金粉泪》五十六首
387 评价历史人物与个人在历史上的作用
397 论历史人物及其阶级
408 略论对历史人物的翻案
417 评价历史人物与历史教学
428 漫谈学习中国近代史
436 漫谈写历史人物
443 谈近代人物研究
452 纪念薛福成
454 天上人间——访问洪秀全故居想起的
459 香山路孙中山故居

序言·书评

469 《近代史思辨录》自序
473 《近代中国八十年》序言

- 478 《五四后三十年》序
- 481 中古·近代化·民族惰性——蒋廷黻《中国近代史》新刊本前言
- 485 《中国近代史词典》前言
- 488 写在《中国近代史词典》出版之后
- 491 《近代中国百年史辞典》序言
- 494 为《历史悬案百题》作序
- 496 《专制主义统治下的臣民心理》序言
- 500 《传教士与近代中国》序言
- 503 《中国革命史纲》前言
- 506 《中国革命史教程》前言
- 509 民主思想的长卷——《中国近代民主思想史》序言
- 514 思潮与政派——《五四以来政派及其思想》序言
- 521 《中国近代文学丛书》总序
- 527 反思,也还要一点反反思——序《中国文化之谜大观》
- 533 《传记文学篇目分类索引》序言
- 536 《孙中山社会科学思想研究》序言
- 539 《洋务运动新论》序
- 541 从革命中来,为民主而战——为《孙中山史事详录(1911—1913)》作序
- 546 "我要回来"——为《澳门四百年》作序

550　道光是怎样一个皇帝——序《道光皇帝传》
554　《康有为大传》序
558　为宪法流血的第一人——《宋教仁集》序言
572　谈《宋教仁集》
576　《秋瑾评传》序
580　《瞿秋白年谱》序
584　《苏兆征传》序言
587　颂《祖国丛书》
590　寓褒贬,别善恶——读吴玉章同志的《辛亥革命》
595　一本关于辛亥革命的新著
601　一本有价值的辛亥革命地区史料
606　探原——《毛泽东早期哲学思想探原》读后
609　献给上海文化发展战略的书——评《上海近代史》上册
614　实笔写真人——读《蔡元培传》

散文·时论

621　众里寻他千百度
623　湖山情思
626　不必眉毛胡子一把抓
628　去忌讳

631 发挥史学家的良知
633 史学的苦恼
635 答《历史学习》十问

索 引

639 人名索引
654 书名、报刊名索引

Catalogue

Studies on Historical Figures

003　On Gong Zizhen's Thoughts

016　On Feng Guifen's Thoughts

028　On Feng Guifen's *Jiao Bin Lu Kang Yi* and His Thoughts

044　A Textual Research on *Li Xiucheng's Written Confession*

064　It's Not a Mystery

067　Li Hongzhang and China's Modernization

072　A Brief Biography of Sheng Xuanhuai

086　Kang Youwei's Patriotic and Reformative Spirit

090　A Brief Review on Emperor Guang Xu

100　On Liang Qichao's Thoughts

138　On the Conflict Between Tan Sitong's Ideas on Democracy and His Political Practice of Reformism

161　A Brief Biography of Zhang Taiyan

174　Zou Rong's *The Revolutionary Army* and His Thoughts

203　A Biography of Zou Rong

241　On Chen Tianhua's Patriotic and Democratic Thoughts

264　On Song Jiaoren

- 285 A Brief Biography of Song Jiaoren
- 295 Sun Zhongshan and *The People*
- 301 To Commemorate the 30th Anniversary of Sun Zhongshan's Death
- 307 Sun Zhongshan and Lu Xun
- 314 Sun Zhongshan and CCP
- 322 An Outline of Sun Zhongshan's Ideas on Chinese and Western Cultures
- 333 On Liao Zhongkai Around the May 4th Movement
- 344 Talks About Yang Du
- 349 Who Is Xiao Fengxian?
- 356 My Views on Qu Qiubai
- 366 A Brief Explanation of Chen Duxiu's Poems *Jin Fen Lei*
- 387 To Evaluate the Role of Historical Figures and Individuals in History Role in History
- 397 On Historical Figures and Their Classes
- 408 A Brief Review on the Reversal of Verdict on Historical Figures
- 417 To Evaluate Historical Figures and History Teaching
- 428 How to Learn Modern Chinese History
- 436 How to Write About Historical Figures
- 443 On Research of Modern Historical Figures

452 In Memory of Xue Fucheng

454 Thoughts from the Visit to Hong Xiuquan's Former Residence

459 Sun Zhongshan's Former Residence on Xiangshan Road

Prefaces and Book Reviews

469 The Author's Preface to *Dialectial Thoughts on Modern Chinese History*

473 Preface to *Eighty Years in Modern China*

478 Preface to *Thirty Years Since the May 4th Movement*

481 Middle Ages, Modernization, National Inertia — Preface to New Edition of Jiang Tingfu's *Modern Chinese History*

485 Preface to the *Dictionary of Modern Chinese History*

488 About the *Dictionary of Modern Chinese History*

491 Preface to the *Dictionary of 100 Years' Modern Chinese History*

494 Preface to *100 Unsettled Questions of Chinese History*

496 Preface to *The Subjects' Mentalities Under Despotism*

500 Preface to *Missionaries and Modern China*

503　Preface to *Brief History of Chinese Revolution*
506　Preface to *The Tutorial of Chinese Revolution History*
509　Preface to *The History of Thoughts in Modern China Democracy*
514　Trend of Thoughts and Political Groups — Preface to *Political Groups and Their Thoughts Since the May 4th Movement*
521　General Preface to *Modern Chinese Literature Series*
527　Preface to *The Mysteries in Chinese Culture*
533　Preface to *The Index of Subject Categories to Biographical Literature*
536　Preface to *Sun Zhongshan's Thoughts on Social Sciences*
539　Preface to *New Studies on the Westernization Movement*
541　Coming from Revolution and Fighting for Democracy — Preface to *Detailed Historical Records of Sun Zhongshan*, 1911 – 1913
546　"I Want to Come back" — Preface to *400 Years in Macao*
550　What Kind of Emperor Is Dao Guang? — Preface to *A Biography of Emperor Dao Guang*
554　Preface to *A Biography of Kang Youwei*
558　The First Man Shedding Blood for the Constitution in Modern China — Preface to *Song Jiaoren's*

Collected Works

572 On *Song Jiaoren's Collected Works*
576 Preface to *Critical Biography of Qiu Jin*
580 Preface to *A Biographical Chronicle of Qu Qiubai's*
584 Preface to *A Biography of Su Zhaozheng*
587 Ode to *The Series on Motherland*
590 On Wu Yuzhang's *The 1911 Revolution*
595 A New Work on the 1911 Revolution
601 A Valuable Book — Historical Materials of the 1911 Revolution in Jiangsu
606 A Review of A *Study on Mao Zedong's Early Philosophical Thoughts*
609 A Review on *Modern History of Shanghai* (Volume 1)
614 On *A Biography of Cai Yuanpei*

Essays

621 On My Reading
623 Emotions of the Lakes and Mountains in Hunan
626 Do Not Go About Several Tasks at the Same Time
628 Removing Taboo
631 Giving Full Rein to Historians' Conscience

633 Troubles in Research on History
635 The Answers to 10 Questions About *History Studies*

Indexes

639 Names
654 Books, Newspapers and Periodicals

人物研究

论龚自珍思想[1]

一

恩格斯说,但丁在欧洲是"中世纪的最后一位诗人,同时又是新时代的最初一位诗人"[2]。在中国历史上,龚自珍也恰是这样一个"最后"和"最初"转折时代的著名思想家、文学家、诗人。

龚自珍,字璱人,号定盦,又名巩祚。1792年(乾隆五十七年)生于浙江仁和(今杭州)一个读书做官的地主阶级家庭,是从科举考试中滚过来的,中了进士,多年任内阁中书、礼部主事的小官,受清朝统治者的冷遇,死于鸦片战争爆发第二年的1841年(道光二十一年)。在他活着的50年间,正是中国封建社会急剧解体、走向半殖民地半封建社会的开始。他的绝大部分年岁虽然是在近代开始以前度过的,但他的愤激辛辣的诗文,不只是过去的挽歌,重要的意义还在于指向将来。

龚自珍从早年到晚年,随着视野所及,探索所得,将他的精力和

---

[1] 本文作于1982年12月,原载《近代史思辨录》,广东人民出版社1984年版。
[2] 马克思、恩格斯:《共产党宣言》,序言,1893年意大利文版。

才华,锤炼为300多篇散文和近800首诗词。这些文章和诗词,过去印过许多不同的本子。1959年,中华书局经过整理、校订、标点,印行了比较完善的《龚自珍全集》(以下简称《全集》)。嗣后上海人民出版社又把它重印出来。

《全集》按文章体裁和各体诗编年,分为11辑,涉及的范围虽较广泛,也颇庞杂,但有一个基本趋向,那就是有人在鸦片战争后评述的:"近数十年来,士大夫诵史鉴,考掌故,慷慨论天下事,其风气实定公开之。"开什么"风气"?即他围绕着当时的政治、社会发挥议论,"慷慨论天下事",尖锐地否定了乾隆、嘉庆以来极为流行的脱离政治的考据学和苍白无力的桐城派古文,以及满坑满谷追求格律、性灵、神韵的各派诗,把人们的视线引向关心现实的政治、社会矛盾方面来。

龚自珍这种"开风气"的文章,大体可以概括为三类。(一)直接议论政治、社会矛盾的,如第一辑中的《明良论》《乙丙之际箸议》一系列文章,以及第五辑的表、启、笺中也有不少这样的篇章,这些是《全集》中最有战斗意义的部分。(二)以论学的形式论政,或者触及政治,如《壬癸之际胎观》一类文章,他自己所谓的"天地之学",从着眼变革引发出了可贵的朴素辩证法思想;如《古史钩沉论》《论史》等文,发挥了史学关系一代政治兴衰诸论点;如研究西北地理的文章,论证了中华民族各族人民开拓广大西北地区的历史关系。这些论著把学术和政治统一了起来,体现了他的"一代之治,即一代之学"的思想。(三)有关碑传和记事的文章,留下了若干耐人寻味的史实和掌故,是当时政坛的侧影,而《捕蜮第一》《病梅馆记》等富于讽刺性的寓言式说叙文,则启导了后来的讽刺文学和杂文。

二

揭露和批判,是龚自珍文章的最大特色,是他那个时代和社会赋予他的使命。18世纪中叶,曹雪芹在《红楼梦》中对曾经出现过"康乾盛世"的清王朝封建统治,已感到"如今外面的架子虽未甚倒,内囊却已尽上来了"。过了七八十年,这个封建王朝反映在龚自珍笔下,则完全是一个"四海变秋气"的"衰世","内囊"已将兜底翻了出来,他用"将萎之华,惨于槁木",形象地概括了这个封建"衰世"的表征。

黑暗、腐朽的封建"衰世",将龚自珍推上了批判之路。他力图冲破反动统治阶级越来越依靠得紧的弥漫当时的儒家思想,打开一条路。他否定了儒家的独尊地位,说"儒但九流一,魁儒安足为"。认为儒家是春秋战国时"九流"中的一个不光彩的流派,那些峨冠博带的"魁儒"又有什么了不起的作为？他深有所感地指出:"儒者失其情,不究其本,乃曰天下之大分,自上而下",这是对历史的颠倒。他断然回答,是"先有下,而渐有上","帝若皇,其初尽农也",是首先有了劳动人民而后产生上层统治机构的。不管龚自珍自己是否意识到,无疑,这是从总体上给儒家的反动政治、社会学说戳了一个窟窿。

随着历史的发展,儒学日益成为封建统治者精神支柱,造成无数精神绳索,使人们动弹不得。龚自珍指出:"天下无巨细,一束之于不可破之例","例"就是那些陈陈相因的旧传统、旧礼制。正是这些千丝万缕的陈年旧"例",迫人"卧之以独木,缚之以长绳,俾四肢不可以屈伸,则虽甚痒且甚痛,而亦冥心息虑以置之耳"。所以,这个社会已毫无生机,"不闻余言,但闻鼾声"。

但是,"后世儒益尊,儒者颜益厚",他们自欺欺人,上上下下还在那里粉饰太平,把"衰世"装作"治世",制造无数假象,"文类治世,名类治世,声音笑貌类治世"。以致"黑白杂而五色可废也,似治世之太素;宫羽淆而五声可铄也,似治世之希声;道路荒而畔岸隳也,似治世之荡荡便便;人心混混而无口过也,似治世之不议"。这还成一个什么世道。龚自珍进一步控诉说,当其时,"而才士与才民出,则百不才督之缚之,以至于戮。戮之非刀、非锯、非水火;文亦戮之,名亦戮之,声音笑貌亦戮之"。这是对"名教"杀人的特写。"一切危害人民群众的黑暗势力必须暴露之。"[1]不管龚自珍有没有这种认识,他对腐朽封建势力的揭露和鞭挞,是符合这种客观要求的,也是他那个时代进行政治、思想斗争首先必须拿起的武器。

龚自珍毅然同封建统治者唱反调,是他正视现实、勇于批判的结果。《释言》一诗中反映了这样一个情况:一个显赫的"上相"向他施加压力,禁止他议论时政,他以"守默守雌容努力,无劳上相损宵眠"的句子,拒绝了这种无理干预。有些好心肠的朋友怕他受到迫害,则要他删毁尖锐的《乙丙之际箸议》,他说"常州庄四能怜我,劝我狂删乙丙书"。

对此,龚自珍还有过生动的记述。他说那些"友朋之贤者"陈奂、江藩等经学家,劝他:"曷不写定《易》《书》《诗》《春秋》?"他答以"方读百家","未暇也"。过了些时候,"有个内阁先正姚先生"也劝他:"曷不写定《易》《书》《诗》《春秋》?"他答道:"又有事天地东西南北之学,未暇也。"所以,他"卒不能写定《易》《书》《诗》《春秋》"。这里的所谓"写定",是指对儒家经籍的诠释发挥,龚自珍一再拒绝这样做,那是证明他下定决心不愿去做被孔孟之道牵着鼻子走的"书蠹""魁儒",而要放开眼界去研究"天地东西南北之学"。他经常以"后

---

[1] 毛泽东:《在延安文艺座谈会上的讲话》。

史氏"自命，表示与那些拘守经学传统、厚古薄今的"古史氏"不同。魏源说他以"朝掌国故，世情民隐为质干"，就是对他所称"后史氏"注重当代历史的说明。

龚自珍同经学家斗争，不守儒家绳墨，是很明显的。而梁启超的《清代学术概论》，说龚自珍"引公羊义讥切时政"，人们一直沿用下来，一谈到龚自珍思想，就断定他的议论政治，主张变革，是导源于"非常异议可怪之论"的公羊学，把他看作一个经今文学家，这是很不确切的。龚自珍虽在28岁时向刘逢禄学公羊学，魏源也说他"于经通公羊春秋"，但是，仔细查一下龚自珍的论著，"讥切时政"最犀利的《明良论》《乙丙之际箸议》诸文，都写于28岁之前。在这之后写的有关政论文章，也是他前一时期思想的继续和发展，决不能说全是公羊学引发的。而且龚自珍从事的学问是多方面的，子学、经学、史学、地理、文字学、金石、佛学以及诗词，都有论述，经学并不占重要地位，即使在一些论经的文字中，也是今古文经学并举。因此，龚自珍没有成为一个专讲"微言大义"的公羊学家，也没有成为经学家。他在28岁以前，也可能接触了公羊学说，后来又受到更多的影响，促进了他对政论的撰著，但我们绝对不能据此便说他的议论根源于公羊学。梁启超硬要说他是有了公羊学才议论时政的，明明是混淆学术思想的"源"和"流"的关系，将学术思想的历史之"流"代替了主要来自社会实践和斗争之"源"，这是本末倒置。"任何真正的哲学都是自己时代精神的精华。"[1]龚自珍思想之所以具有战斗性，受到重视，就是在他那个时代的鞭策下，他敢于深刻揭露政治和社会的矛盾，主张打破现状，进行改革，寻找新的出路。

---

[1] 马克思：《第179号〈科伦日报〉社论》。

三

认识世界是为了改造世界,揭露矛盾是为了解决矛盾。一切进步思想家之所以进步,就在于他的思想在一定程度上循着客观事物的变化发展,进行政治和社会改革,把历史推向前进。龚自珍思想强烈地体现了这个要求,他十分赞同柳宗元在《封建论》中阐明的观点,说"汉既用秦之郡县,又兼慕周之封建,侯王之国,与守令之郡县,相错处于禹之九州,是以大乱繁兴"。认为封建与郡县是"天不两立"的,"何废何立?天必有所趋,天之废封建而趋一统也昭昭矣。"明确地表示了他对历史上的旧制度的鄙弃,对新制度的欢迎,并以新制度代替旧制度是"天必有所趋"的客观规律。

根据这种认识,龚自珍立足当世,联系历史,发出了"自古及今,法无不改,势无不积,事例无不变迁,风气无不转移"的呼声,肯定了改革是必由之路,并向清朝统治者提出警告说:"一祖之法无不弊,千夫之议无不靡。与其赠来者以劲改革,孰若自改革。"认定"一祖之法"没有不产生流弊的,众人的议论有着很大的威力,在众人的议论下,还死守"一祖之法"不放,别人势必取而代之来改革。这样,不如自己及时主动地改革好。对颠顶、腐朽的清朝封建统治者仍寄以起死回生的希望。

改革在于前进,为了消除对改革的疑惧和阻力,又要回头看,以历史上的改革为自己的先导。龚自珍说他的主张"是仿古法而行之,正以救今日之病,矫之而不过,且无病,奈之何而不更法"。他所说的"仿古法而行之",就是借历史的威力为自己的改革开拓道路,目的在于"救今日之病"。所以他热情地歌颂商鞅的"垦土令"。他在皇帝殿试策问时,仿效王安石的《上仁宗皇帝书》阐述自己的设想,说是

"何敢自矜医国手,药方只贩古时丹"。恩格斯曾经指出欧洲文艺复兴否定中世纪的黑暗统治,这个"新时代是以返回到希腊人而开始的"。可见"古为今用"是个存在于历史自身内部的客观法则。龚自珍不可能正确地认识这个客观法则,所以"古时丹"在他身上又是历史惰性的表现。

龚自珍的"更法"主张,不只是着眼于封建统治的上层建筑的极端腐朽,并触到了他那个社会的基本矛盾。他写了著名的《平均篇》,揭出这种基本矛盾说:"浮(富)、不足(贫)之数相去愈远,则亡愈速,去稍近,治亦稍速。"如果让"浮"与"不足"长期分化下去,则"不祥之气,郁于天地之间,郁之久乃必发为兵燹,为疫疠,生民噍类,靡有孑遗,人畜悲痛,鬼神思变置。其始,不过贫富不相齐之为之尔。小不相齐,渐至大不相齐;大不相齐,即至丧天下"。他从历史上的治乱,看出了那时土地集中在少数大地主手里造成的"大不相齐"现象,已到了"人畜悲痛,鬼神思变置"的严重程度。他的结论是:"有天下者,莫高于平之之尚!"就是说治理国家者,现在没有比"平之"更为重要的了。他提得如此尖锐,落得却很迂缓。他在继《平均篇》之后写的《农宗》中,对处理土地问题的具体办法,是想用家族宗法的社会组织形式,调节土地的分配,以克服"大不相齐"的矛盾,与农民起义提出的"均贫富"口号,就不可同日而语了。但不可否认,在农民阶级自己也还不可能真正解决土地问题的历史条件下,他的"平均"思想不能说全没有反映农民对土地的迫切要求,即使是局部的。

"黔首本骨肉,天地本比邻。"不满现状、提倡改革的龚自珍,对农民群众的态度同反动封建统治者也有一些不同。他的敢于同黑暗势力作斗争的叛逆性,就是对劳动人民的接近。他自许为"高文"的《尊隐》,把"京师"和"山中"对立起来说,是寓有深意的。"京师"象征着清王朝,"山中"则是指和"朝"相对的"野","京师"是政治指挥部,"野"是听命于"京师"的,但这种主从关系可以相互转化。他说:"京师之气泄,则府(作藏字解)于野矣";"京师如鼠壤","则山中之壁垒坚矣",一连几个对举,说明"朝"和"野"的消长变化,终至"朝士寡助失亲,则山中之民,一啸百吟",成群结队地起来,"天地为之钟鼓,神人为之波涛"。这里绝不是龚自珍的凭空构思,而是他生活在嘉庆、道光年间,南北各地会党活动频繁,白莲教、天理教大规模起义投射的影子。历史与现实的教训,这个影子在他脑子里不断晃动、放大。

"山中之民"所指对象,过去有过不同理解,事实上是包括隐于野而有反清思想的地主阶级知识分子和来自广大农民的会党群众。龚自珍说过,"生于本朝,仕于本朝,上天有不专为其本朝而生是人者在也",就是对地主阶级知识阶层中存在的反清力量的曲折表达。这些人"一啸",还是赖于会党群众的"百吟",才能汇成为"大音声"。这就是他呼唤的"九州生气恃风雷",希望借"风雷"的威力,去打破"万马齐喑"的死寂局面,以实现富有"生气"的改革。

要求改革,是推动社会前进,关心国家民族命运的表征。当人们发动改革运动时,民族矛盾逼了上来,主张改革的人,也往往是坚决主张抵抗、反对妥协投降的人。历史上的改革运动,不少就是由外迫强敌推动起来的,在近代中国更是如此。龚自珍的改革思想正是深深地扎根于国家民族土壤中的。他生长江南,不忘祖国边疆,用力研究西北地理,写下了一系列有关这方面的文章,《西域置行省议》就是在这一研究的基础上写成的著名政论。在这篇文章中,他发挥历代的移民实边政策,把它同他的社会改革主张紧密联系起来,说"与其为内地无产之民,孰若为西边有产之民,以耕以牧,得长其子孙"。并强调移遣的人,要"性情强武",以适应西北环境,充实边防。我们知道,自《尼布楚条约》《恰克图条约》相继签订,暂时遏止了沙俄的侵华野心,但随着清王朝的衰落,沙俄对我国东北、西北边疆日益狡焉思启。因此,研究西北地理,不只是为了开发边疆,在当时即具有重要的战略意义。

东南沿海出现的新形势,更使龚自珍觉察到时代风雨和外来侵略势力对中国开始呈现的压力。鸦片战争前,他已指出鸦片的源源输入,"丧金万万,食妖大行",给中国带来了祸害,写了《东南罢番舶议》(此文已遗失)。并警惕到"隆眶高鼻"的西方资本主义强盗"环伺澳门,以窥禺(番禺即广东)服",必须严加戒备。当他的老朋友林则徐前往广东禁烟,他写了《送钦差大臣侯官林公序》,恳切提供建议,热烈支持禁烟,打击来犯之敌。指出那些阻挠禁烟的妥协派,口口声声"曰惟宽大而已,曰惟无用兵而已",无非是要中国放弃禁烟,放弃御侮。他坚决主张"刑乱邦用重典",对"黠猾游说""貌为老成迂拙"的破坏者,"宜杀一儆百"。当林则徐到达广州发动了反对侵略的禁烟斗争时,他又写诗怀念:"故人横海拜将军,侧立南天未蒇(完成的意思)勋。"诗中所关心的是"侧立南天"、身负民族重任的林则徐,关心的是林则徐能不能打破阻力、完成艰巨的禁烟事业。

龚自珍在他生前,就是这样全神地注视着中国历史开始进入近代时正在发生的巨大事变,证明他的改革思想和爱国志愿,是带着反帝反封建的时代使命跨入中国近代历史的。

四

如前所述,龚自珍揭露黑暗、倡导改革的进步思想,是对封建末世反动统治的勇敢冲击。作为文学家、诗人的龚自珍,他的作品是这一思想的真实表露,是那个该诅咒的时代和社会的控诉书。他自己有个生动的比喻说:"外境迭至,如风吹水,万态皆有,皆成文章,水何拒之哉!"是说那个千奇百怪、鬼蜮横行的"外境","如风吹水"般一阵阵袭来,"水"不能不承受而作出反应,这种反应就是他的文章,就是他经过概括、加工,勾画黑暗势力各种鬼脸的文章。

诗,在他的作品中占很重要地位,在清代或近代诗坛上是有独特风格。他的写作手法,是积极的浪漫主义和批判的现实主义的结合,同他的文章一样深刻地揭露了社会矛盾,有强烈的现实感;而又浮想联翩,"遂挟奇心恣缥缈",流露着丰富的浪漫情感。形式也多样化。其中的《己亥杂诗》一大组七言绝句,是他1839年从北京辞了官,往返南北的旅途上写的,把所见到的想到的和追忆的,驰骋想象,一一发之为诗,是他一生生活、思想、感情的记录,连缀起来,可以当作他的自传读,也可以引申为反映社会矛盾的长篇小说读。因此,评述龚自珍其人及其思想,不可不读他的诗,不可不知他的诗。

龚自珍的诗文,"文词俶诡连犿",隐晦曲折,骤读之下,难于索解,须透过文字上的烟幕,寻出"怨去吹箫,狂来舞剑"的思绪,才能认出本意来。这又是他在反动统治的政治压抑和儒家传统思想的重重因袭下,不得不采取的迂回战术。他说:"第一欲言者,古来难明言。姑将谲言之,未言声又吞。"所以,"东云露一鳞,西云露一爪",不能把他要说的话都说出来。他在给朋友的信中,说他将"榜其居曰积思之门,颜其寝曰寡欢之府,铭其凭曰多愤之木"。"积思""寡欢""多愤",恰是他被压抑的"难明言""声又吞"的感情的自白,也是他这个地主阶级改革派不敢也不可能真正同顽固反动势力决裂的反映。他呼唤"风雷","风雷"却不是他自己。

龚自珍思想的战斗性,是时代和社会的感召;它的局限,又是他所处时代和所属阶级的必然。在龚自珍活动的年代里,中国封建社会的母体内早已孕育着资本主义的萌芽,外国资本主义也漂洋过海渐渐渗入中国,已经出现了"以外洋之物是尚"的情节。这种资本主义因素迟早是要反映到意识形态领域里来的,首先总是要通过不当权的有改革要求的地主阶级知识分子的头脑反映出来。从龚自珍思想中是可以嗅到一点这种因素的气息了。他诅咒超经济剥削者是"析四民而五,附九流而十,挟百执事而颠倒上下"的寄生阶级,只图"农民织女之所出,于是乎共之",对这些人的抨击,是想引导人们走向经营生产的道路。他在《农宗》设想的土地分配方案中,说"天谷没,地谷茁,始贵智贵力",主张"以万夫耕者授万夫长,以千夫耕者授千夫长",就是分田多少,也要以经营能力为标准。在《论私》等文章中,向往近似资本主义的私富。但龚自珍毕竟只是一个地主阶级改革派,他的斗争锋芒,主要是拆地主的台,拆反动封建统治的台,新的因素在他身上还是若隐若现的,因为那时并没有出现一个足以促使他转化的新的物质力量。他诗中反映的"我所思兮在何处?胸中凌气欲成云",对自己追求的境界好像充满了热望和信心,然而逼上前去,仍是摸不着,捞不到,"起看历历楼台外,窈窕秋星或是君!"留下的是一片疑云和猜测。

时代和阶级的局限,使龚自珍不可能迈出更大的步子。他看到了"无八百年不夷之天下",却又承认"有亿万年不变之道"。他对腐朽的清王朝虽也表示绝望,"天问有灵难置对,阴符无效莫虚陈",公开提出"一姓不再产圣"。还对封建士大夫阶层进行分化说:"徒乐厕于仆妾、俳优、狗马之伦,孤根之君子,无所取焉。"但他要求的政治改革,是"随其时而调剂之",认为"可以更,不可以骤",害怕冲击得太厉害,仍寄希望于清王朝的"自改革",最终仍然落到同曹雪芹一样——"无才去补天"。他在弃官南返时说:"落红不是无情物,化作春泥更护花。"不是凄凉地道出了他的孤臣孽子心情吗?

还有一个问题值得一提,就是中国近代的先进思想家有一个向西方学习的任务,这是在鸦片战争后逐步明确起来的,龚自珍生前并没有来得及把它作为自己的要求提到日程上来。可是因魏源曾在《定盦文录序》中说过龚自珍晚年"尤好西方之书"的话,长期被误认为是他向西方寻找真理的依据。虽有人曾经指出过,但误者仍误。其实,这个"西方"不是指代表资本主义的西方,是指佛国的"西方",即龚自珍自己在《题梵册》一诗中说的"西方大圣书"的"西方"。这不只是对一句话的误解,而是牵涉到对中国近代思想的进程和龚自珍思想的评价问题。龚自珍在30多岁时,就已接触佛经,喜欢天台宗,《全集》内第六辑的文章就都是讲佛学的,诗中也有不少读佛参禅的词句。《己亥杂诗》最末一首道:"忽然搁笔无言说,重礼天台七卷经。"《法华经》是天台宗立宗传法的主要佛经。龚自珍在这大组叙事抒怀诗写到第三百一十五首,忽然停下了笔,感到无话可说了。他不能向广阔的现实世界寻找改革政治、社会的物质力量,眼前是一片空虚,又无可奈何地回到《法华经》的彼岸世界去找慰藉。

然而"九州生气恃风雷",终究是龚自珍发出的战斗声音,表现了他对旧事物的憎恨,对未来的展望。鲁迅说:"怒吼的文学一出现,反抗就快到了","所以与革命爆发时代接近的文学每每带有愤怒之音"[1]。龚自珍去世后十年,太平天国的革命"风雷"震撼了中国大地,沉重地打击了封建势力、帝国主义和它们崇奉的孔孟之道。他的

---

[1] 鲁迅:《革命时代的文学》。

思想,对后来的资产阶级革新运动也产生过较大的影响,"光绪间所谓新学者,大率人人皆经过崇拜龚氏之一时期"。这些,就是龚自珍思想在中国近代历史上表现的积极意义。

论冯桂芬的思想[1]

一般的中国近代史著作和对中国近代资产阶级改良主义思想的论述，大都把冯桂芬放在资产阶级改良主义思想的范畴里。但1956年王栻先生写的《冯桂芬是不是一个具有资产阶级民主思想的改良主义者》一文，认为冯桂芬的《校邠庐抗议》，"只能代表中国近代史上民族资本主义还没有得到初步发展，因而改良派还没有从洋务派分化出来以前的思想"[2]。这就是说冯桂芬的思想属于洋务派。因此近两三年来，有关论述中国近代资产阶级改良主义思想发展的文章中，就很少看到冯桂芬的名字了。冯桂芬在中国近代思想史上虽然不占重要地位，但就中国近代思想史发展的环节，特别是就19世纪中叶以后资产阶级改良主义思潮发展的过程来看，他的思想体系到底属于洋务派还是改良派，仍不可不论。这里关系到如何理解一种思潮产生的最初形态。

约在19世纪50至60年代的交叉中，中国思想界出现了两本引

---

[1] 原载《学术月刊》1962年第3期。
[2] 《南京大学学报》1956年第3期。

起人们重视的书,一本是洪仁玕的《资政新篇》,一本是冯桂芬的《校邠庐抗议》,前者是向太平天国革命政权提出的政治革新主张,后者是准备为清朝封建统治者采纳的政治改革主张。两者的政治立场是对立的,而主张学习西方、改革中国旧政的精神,却有相同之处。侯外庐曾经论证洪仁玕的《资政新篇》是改良主义思想[1],颇有道理。但是洪仁玕是要求太平天国革命政权的革新,和冯桂芬要求清政府的改良不可同日而语,同时要求革新的程度也有强弱。

冯桂芬生活的重要年代,正是中国社会发生急剧变化的年代,即从鸦片战争到太平天国革命后的二三十年中,是中国由封建社会进入半封建半殖民地社会的第一阶段。他生于1809年,31岁(1840年)考中会试第一甲第二名(榜眼)后,开始了他的社会政治活动,做过广西乡试的主考官,后来被擢为五品的中允,其自题《五十初度小影》诗中说:"有官五品勿卑小,有田十顷勿见少。"[2]在一般地主阶级中,他要算是一个显赫的人物了。如果和洋务派那些大官僚比起来,他又是一个不甚得志于时的人,所以他的社会地位,颇和他的前辈龚自珍、魏源相近。

一般以龚自珍、魏源的思想为中国近代思想的起点或中国近代资产阶级改良主义思想的前驱,而龚自珍思想,既是中世纪思想的殿军,也是近代思想的开头。冯桂芬的活动年代略后于龚、魏,他的思想可以说是龚、魏思想的继续,在某些地方也有所发展。值得注意的是:冯桂芬的代表著作《校邠庐抗议》,是"庚申年(1860年)避地沪上作"[3],1861年完成,人们誉为"关系民生国命,而旁及于西人格

---

[1] 侯外庐:《论洪秀全与洪仁玕》,载《新建设》1952年4月号。
[2] 冯桂芬:《梦奈诗稿》,见《显志堂稿》。
[3] 冯桂芬:《〈校邠庐抗议〉跋》,见《校邠庐抗议》,光绪十年冬豫章刊本,以下同。

致之学"的书。这时的中国,不但谈不上洋务派的分化,而且洋务派还没有形成。如果说魏源的《海国图志》有为洋务派受用的地方,那么冯桂芬的《校邠庐抗议》对洋务派更有直接的联系,而冯桂芬在实际政治生活中还曾经充当过李鸿章的谋士,这一点,他和后来的薛福成、马建忠、郑观应等人的际遇并没有什么两样。因此,我感到论述冯桂芬的思想,不应以后来日益完整的资产阶级改良主义思想体系作为衡量的标准,而要注意到他的思想的倾向性;也不是看他比王韬、何启、薛福成、马建忠、郑观应等人的思想少了什么,而要看他的思想是否和龚、魏接近或者比龚、魏多了什么。

《校邠庐抗议》40篇,提出了公黜陟、汰冗员、许自陈、易吏胥、省则例、兴水利、改土贡、筹国用、收贫民、改科举、采西学、制洋器、善驭夷等主张。这些主张,可以概括为反对和赞成两个方面,几乎每篇都包括了这两个方面的内容;而所赞成或建议的东西,又可分为"采西学"和"复古法"两个方面。

首先我们看一看冯桂芬对当时政治采取的批判态度,即他反对什么。我们知道揭露封建政治矛盾,是龚自珍思想最大的特色,而《校邠庐抗议》一书仍保有这种特色,书中所涉及的内容,是带着斗争的姿态出场的,也是封建政治的整体中呈现的裂痕。冯桂芬在《五十自讼文》中说:"前者被谤之举,为民为国,开罪于权门势族而不悔,亦庶几不党孙宁之遗意。以此为非,将随波逐流为是乎?"[1]吴云的《〈显志堂稿〉序》也说:"先生悲悯在抱,愤时嫉俗之心,时流露于笔墨间,故立言稍激。"由于这种关系,冯桂芬晚年自订《显志堂稿》,接受吴云的意见,只收《校邠庐抗议》中的十余篇,而不敢收入"立言稍

---

[1] 冯桂芬:《显志堂稿》第12卷。

激"的部分了。这反映了《校邠庐抗议》一书的斗争意义,也反映了冯桂芬晚年保身畏祸的处世态度。

《校邠庐抗议》从多方面揭露了封建政治的腐败现象,而对吏治的败坏揭露尤多,举数例如下:

> 河务衙门,两河岁修五百万,实用不过十之一二耳,其余皆河督以至兵夫,瓜剖而豆分之。[1]

> 外官自督抚以至典史,某缺肥,岁赢若干;某缺瘠,岁赔若干。所谓肥瘠者,皆陋规之属,扬扬然习于人口,不以为怪,骤闻之,几疑官名为市肆之名。[2]

> 至令以下各官,……犬马于富民,鱼肉乎贫民,视令以上尤甚,蠹民而已。[3]

> 今天下之乱谁为之,亦官与吏耳,而吏视官为甚,顾氏炎武谓之养百万虎狼于民间者是也。[4]

> 苏州岁贡龙衣一箧,辄支千金,用万斛舟,具仪卫,由运河北上,日行数里,遇民舟,阑之,索钱以舟之大小为差,民船避之如寇贼。[5]

废除科举制度,是清末政治上的一项重要斗争,也是戊戌变法的重要内容之一,而冯桂芬在60年代初即提出了改科举的要求,他假龙岩饶孝廉廷襄深切地揭出科举制度的黑幕说:

> 明祖以枭雄阴鸷猜忌驭天下,惧天下瑰伟绝特之士,起而与为难,以为经义诗赋,皆将借径于读书稽古,不啻傅虎以翼,终且不可制。求一途可以禁锢生人之心思材力,不能复为读书稽古有用之学

---

[1] 冯桂芬:《汰冗员议》,见《校邠庐抗议》。
[2] 冯桂芬:《厚养廉议》,见《校邠庐抗议》。重点号系引者所加,下同。
[3] 冯桂芬:《复乡职议》,见《校邠庐抗议》。
[4] 冯桂芬:《易吏胥议》,见《校邠庐抗议》。
[5] 冯桂芬:《改土贡议》,见《校邠庐抗议》。

者，莫善于时文，故毅然用之。其事为孔孟明理载道之事，其术为唐宗英雄入彀之术，其心为始皇焚书坑儒之心。抑之以点名搜索防弊之法，以折其廉耻；扬之以鹿鸣琼林优异之典，以生其歆羡，三年一科，今科失而来科可得，一科复一科，转瞬而其人已老，不能为我患，而明祖之愿毕矣。意在败坏天下之人才，非欲造就天下之人才。[1]

冯桂芬不仅缕数吏治、科举等方面的弊害，且把谴责的矛头引向高高在上的皇帝，他说："观于今日，奉军国则民力竭，养兵勇则国力又竭。"并生动地指出："廉远堂高，笺疏有体；九重万里，呼吁谁闻！"[2]封建专制政治造成这种上下声气不通的情况，其后果是：

> 三代以下，召乱之源不外两端：下所甚苦之政，而上例行之，甚者雷厉风行以督之；下所甚恶之人，而上例用之，甚者推心置腹以任之。于是乎鸾鸱可以不分，鹿马可以妄指，沸羹可以为清宴，嗷鸣可以为嵩呼。五尺童子皆以为不然，而上犹以为然。不特此也，今世部院大臣，习与京朝官处，绝不知外省事情；大吏习与僚属处，绝不知民间情事；甚至州县习与幕吏丁役处，亦绝不知民间情事。蒙生平愚直，间为大吏及州县纵言民间疾苦，多愕然谓闻所未闻者，此上下不通之弊也。[3]

这种论述，正是龚自珍"耗者莫禁于下，郁者莫言于上"思想的呼应。

对封建政治所持的批判态度，不等于民主思想，甚至可能和民主思想有天壤之别，但在封建专制统治下大胆地揭露黑暗的现实主义精神，却是革新思想的出发点，也是民主思想的必要前提。

---

[1] 冯桂芬：《改科举议》，见《校邠庐抗议》。
[2] 冯桂芬：《自序》，见《校邠庐抗议》。
[3] 冯桂芬：《复陈诗议》，见《校邠庐抗议》。

第二,向西方学习这一个新课题,冯桂芬的理解比起龚、魏来已有所提高,态度也比较果决了。他说:"法苟不善,虽古先吾斥之;法苟善,虽蛮貊吾师之。"[1]这里把"古先"和"蛮貊"并称,反映了资本主义的"蛮貊"和封建主义的"古先"间的矛盾,他似乎已多少意识到要学一分"蛮貊",须破一分"古先"。

向外国学些什么?冯桂芬在《上海设立同文馆议》一文中说:"至西人擅长者,历算之学,格物之理,制器尚象之法,皆有成书,经译者十之一二耳。必能尽见其未译之书,方能探赜索隐,由粗迹而入精微。"[2]又说:"据西人舆地所列,不下百国,此百国中,经译之书,惟明末意大利亚及今英吉利两国书凡数十种,其述耶稣教者,率猥鄙无足道。此外如算学、重学、视学、光学、化学等,皆得格物至理,舆地书备列百国山川厄塞风土物产,多中人所不及。"进而指出"格物至理"的实效说:"西人见(现)用地动新术,与天行密合,是可资以授时。……闻西人海港刷沙,其法至捷,是可资以行水。又如农具织具,百工所需,多用机轮,用力少而成功多,是可资以治生。其他凡有益于国计民生者皆是,奇技淫巧不与焉。"[3]这些认识,即使和洋务派思想一样,对当时的中国也是有益的。

在上述认识下,冯桂芬一再谈到要学习西方的生产技术,以改进中国的生产事业。他说:

> 前阅西人书,有火轮机开垦之法,用力少而成功多,荡平之后(按指对太平军的镇压——引者),务求而得之,更佐以龙尾车等器,而后

---

[1] 冯桂芬:《收贫民议》,见《校邠庐抗议》。
[2] 冯桂芬:《显志堂稿》第10卷。
[3] 冯桂芬:《采西学议》,见《校邠庐抗议》。

荒田无不垦,熟田无不耕,居今日而论补救,殆非此而不可矣。[1]

他在《筹国用议》中也谈到要推行机耕和广植桑茶,并指出:"开矿一事,或疑矿税病民,矿徒扰民,且碍风水,不知风水渺茫之说,非经国者所宜言,开矿非利其税,即经费之外,全以与民,不失为藏富之道,矿徒非贼比,在驾驭得人而已。诸夷以开矿为常政,不闻滋事,且夷书有云:中国地多遗利。设我不开而彼开之,坐视其捆载而去,将若之何!"这里虽然没有像林则徐那样明确地指出"招集商民,听其朋资伙办"的开矿主张来,但他反对封建迷信和苛捐重税对开矿事业的束缚,主张藏富于民,对中国尚未出现的资本主义经济同样起着催生的作用。

魏源谓"夷之长技三:一战舰,二火器,三养兵练兵之法。"[2]冯桂芬开眼看世界的视野有所扩大,他除对声光化电、船坚炮利和生产技术的认识外,还朦胧地涉及了一点资本主义国家的制度,曾称"尝博览夷书而得二事焉,不可以夷故而弃之也。一荷兰国有养贫、教贫二局……一瑞颠国设小书院无数,不入院者官必强之……"[3]

对于学习西方的目的和态度,冯桂芬表现了一个爱国者应有的立场。他愤慨地说:"有天地开辟以来未有之奇愤,凡有心知血气,莫不冲冠发上指者,则今日之以广运万里地球中第一大国而受制于小夷也。"[4]基于这种爱国心,他提出了"今国家以夷务为第一要政,而剿贼次之"[5]的主张。他并较早地觉察到俄国和日本学习西方的实

---

[1] 冯桂芬:《垦荒议》,见《显志堂稿》第10卷。
[2] 魏源:《海国图志》,筹海篇。
[3] 冯桂芬:《收贫民议》,见《校邠庐抗议》。
[4] 冯桂芬:《制洋器议》,见《校邠庐抗议》。
[5] 冯桂芬:《善驭夷议》,见《校邠庐抗议》。

效,引以自励说:

> 近事,俄夷有比达王者,微服佣于英局三年,尽得其巧技,国遂勃兴。……前年西夷突入日本国都,求通市,许之。未几,日本亦驾火轮船十数,遍历西洋,报聘各国,多所要约,诸国知其意,亦许之。日本蕞尔国耳,尚知发愤为雄,独我大国,将纳污含垢以终古哉?[1]

反观中国,经过两次鸦片战争的严重失败,清政府仍然颟顸自大,所以冯桂芬一则说:对外国"忌嫉之无益,文饰之不能,勉强之无庸";再则说:"夫所谓攘者,必实有以攘之,非虚恬之气也"[2]。这种要求自强的呼声,是对顽固派的严厉针砭。他对日俄两国学习资本主义的注视,也可以说是日后康有为所著《日本变政考》《俄大彼得变政考》的先声。

对于外国资本主义,在林则徐、魏源认识的基础上,冯桂芬已有较多的觉察。他说:"今海外诸夷,……势力相高,而言必称理;谲诈相尚,而口必道信。"[3]这多少道出了资本主义国家间的尔诈我虞现象。同时他对魏源的观察也有所指正,在《制洋器议》中说:

> 魏氏源论驭夷,其曰"以夷攻夷,以夷款夷"。无论语言文字之不通,往来聘问之不习,忽欲以疏间亲,万不可行,且是欲以战国视诸夷,而不知其情事大不侔也。……愚则以为不能自强,徒逞谲诡,适足取败而已。独"师夷长技以制夷"一语为得之。

冯桂芬学习西洋的要求,期在"自造、自修、自用",要把西洋的长技变为自己的长技,以为这样才能"用西人而不为西人所用"[4]。他还指出自强是反对侵略、防制侵略的重要途径:"夫穷兵黩武,非圣人

---

[1] 冯桂芬:《制洋器议》,见《校邠庐抗议》。
[2] 冯桂芬:《制洋器议》,见《校邠庐抗议》。
[3] 冯桂芬:《重专对议》,见《校邠庐抗议》。
[4] 冯桂芬:《约堂算学杂记序》,见《显志堂稿》第1卷。

之道，原不必尤而效之。但使我有隐然之威，战可必克也，不战亦可屈人也，而我中华始可自立于天下。"[1]这些认识，可以说是由感性进入理性阶段的表现。

第三，冯桂芬在主张学习西方的同时，更强调恢复"三代圣人之法"。他说：要以"圣人悬鼗建铎、庶人传语之法"，改变"谏诤设专官、民隐不上达"的现象；要以"圣人尽力沟洫之法"，改变"水利塞、稻田少、民受其饥"的现象；要以"圣人乡举里选之法"，改变"科目不得人"的现象，诸如此类主张还很多。他在"复陈诗"的意见中说：

> 为通上下之情起见，今议复陈诗之法，宜令郡县举贡生监，平日有学有行者，作为竹枝词、新乐府之类，钞送山长，择其尤，椟藏其原本，录副隐名，送学政进呈，国学由祭酒送呈，候皇上采择施行。

这个迂回曲折的办法，立意在于补偏救弊，想从古老的药方中找出一条改变现状的途径，也可以说是黄宗羲所说："天子之所是未必是，天子之所非未必非，天子亦遂不敢自为非是而公其非是于学校"[2]的遗意。

魏源说："今必本夫古"，而"善言古者，必有验于今"[3]。冯桂芬以古为依据的变革要求，是和魏源上述论点一脉相通的。他对这个问题在《校邠庐抗议》自序中作了说明：

> 然则为治者，将旷然大变一切复古乎？曰：不可，古今异时亦异势，《论语》称损益，《礼》称不相沿袭，又戒生今反古，古法有易复，有难复，有复之而善，有复之而不善。复之善者不必论，复之善而难复，即不得以其难而不复，况复之善而又易复，更无解于不复，去其不当

---

[1] 冯桂芬：《制洋器议》，见《校邠庐抗议》。
[2] 黄宗羲：《学校》，见《明夷待访录》。
[3] 《皇朝经世文编》序。

复者,用其当复者,所有望于先圣后圣之若合符节矣。

就这一段话来说,冯桂芬的"复古"主张是以"必有验于今"的内容为准,其中包含着扬弃和继承的意义,不能视为纯粹的复古主义。他在论证货币的问题也表示了这种态度,他说:

> 古不以银为币,唐时用银,不过蛮市,明初用钞用钱,禁用银,中叶后银始通行。顾氏炎武著论用钱废银,意在复古。余往时见银价日贵,农田出谷而国课征银,准折消耗,民不聊生,未尝不以顾氏之论为善。乃自五口通商,而天下之局大变,从此以银为币之势已定,虽五帝三王复起不能改也。[1]

清末关心社会经济的包世臣(1775—1855),在1839年写的《银荒小补说》,认为要解决那时的银荒问题,"此非尊重钱币,使银从钱,不能力挽颓波"[2]。在货币史上这是一种开倒车的主张,冯桂芬批判了这一主张,可见他看到了事物发展的趋势,比包世臣已高出一筹。

在中国近代思想的发展中,对待学习西方和传统文化的相互关系,往往是论证其人其思想的重要环节。冯桂芬是一个科第显赫的地主阶级知识分子,又活动于中国资本主义尚未出世的年代,他站在封建阶级的立场来要求"采西学""制洋器",主张"以中国伦常名教为原本,辅以诸国富强之术",这是毫不足怪的,重要的还在他承认了西方"诸国富强之术",对于"采西学"比先前的人提出了较多的内容。即如他举出的"人无弃材不如夷,地无遗利不如夷,君民不隔不如夷,名实必符不如夷",虽然认为"四者道在反求,惟皇上振刷纪纲,

---

[1] 冯桂芬:《筹国用议》,见《校邠庐抗议》。
[2] 包世臣:《安吴四种》第26卷。

一转瞬间耳,此无待于夷者也"[1]。但是他这样概括地区分西方和中国的政治社会,是那时只能达到的认识水平,后来的改良主义者如王韬等人也大都是这样来区分中西社会的,不过王韬等已提出了"君民共主"的要求。

冯桂芬的认识,当然不可能越出他所处时代和环境的范围,然而他憬悟到"穷变变通,此其时矣"[2]。指出:"世变代嬗,质趋文,拙趋巧,其势然也。时宪之历,钟表、枪炮之器,皆西法也。居今日而据六历以颁朔,修刻漏以稽时,挟弩矢以临戎,曰:吾不用夷礼也,可乎?且用其器,非用其礼,用之乃所以攘之也。"[3]这里已觉察到事物的进化是一种不可抗拒的力量,讽刺了那些抗拒"西法"的顽固头脑。但他把"器"和"礼"对立起来,显然是错误的,正是封建传统不容许他动摇"伦常名教"的反映。恩格斯在《社会主义由空想发展为科学》的英文本导言中,曾经指出即使到了19世纪中叶的英国社会,"甚至地质学家如白克兰和孟泰尔也都曲解自己科学的事实,使之不与摩西创世纪的神话太相冲突"[4]。这种局限,是社会思想的最大惰性,只有在巨大的思想革命中才能得到解放。

冯桂芬尝称自己"博览夷书",又说:"桂芬读书十年,在外涉猎于艰难情伪者三十年,间有私议,不能无参以杂家,佐以私臆,甚且屡以夷说,而要以不畔于三代圣人之法为宗旨。"[5]冯桂芬是那样害怕有"畔于三代圣人之法",然而不可避免的,他接触的那些"夷书""夷

---

[1] 冯桂芬:《制洋器议》,见《校邠庐抗议》。
[2] 冯桂芬:《改科举议》,见《校邠庐抗议》。
[3] 冯桂芬:《制洋器议》,见《校邠庐抗议》。
[4] 《马克思恩格斯文选》(两卷集)第2卷,第99页。
[5] 冯桂芬:《自序》,见《校邠庐抗议》。

说"却在浸蚀着"三代圣人之法"。这是冯桂芬所不敢正视的。

就上述三方面的论述,冯桂芬的思想,虽然和洋务派还不能截然分开,《校邠庐抗议》一书也曾为洋务派头子曾国藩所"击节赞赏",但综合他的言论及其倾向来看,是沿着龚、魏以来的改革道路前进的,而成为封建顽固派的反对者。《校邠庐抗议》这本书,成为后来改良派的重要思想资料,郑观应、汤震、梁启超等人都称道这本书,康有为且将这本书送呈光绪帝作为维新变法的借鉴,这不是错觉,而是它所提出的问题和资产阶级改良主义的要求大体一致。1897年出刊的《湘学报》说:"冯林一宫詹《校邠庐抗议》,言人所难言,为三十年变法之萌芽。"[1]这是合乎事实的反映。同时一种思潮的发生,它的最初表现总是不会那么完整的,必然和某些相似的东西分不开,因此冯桂芬的思想,虽然不是具有完全意义的资产阶级改良主义,却是属于资产阶级改良主义的范畴,是中国近代资产阶级改良主义思潮通过地主阶级知识分子的最初表现。

---

[1] 《湘学报分类汇编》,掌故学第一。

关于《校邠庐抗议》一书[1]
——兼论冯桂芬的思想

近年对冯桂芬的思想,北京、上海等地都进行了讨论,报刊上也发表过论文多篇。冯桂芬的思想所以引起人们的注意,是因为他写过《校邠庐抗议》一书(以下简称《抗议》)。

《抗议》写成于1861年,正是中国历史进入近代社会的第一阶段。它是《筹洋刍议》《盛世危言》《危言》《庸书》《治平通议》一类政论著作最早的一种。范文澜同志在其所著《中国近代史》中说:"中法战争前后,以上海、香港为中心,有些进步知识分子已在倡导改良主义的变法",把冯桂芬列为具有这种思想的第一个人。中国近代史资料丛刊之一的《戊戌变法》序言中说:"我们选录了《校邠庐抗议》《盛世危言》等十种。应该指出在这一类著作中,除了初期的不成熟的资产阶级思想以外,还夹杂有封建毒素在内。"其他不少论著与此持相同意见,这里不一一列举。然自1956年来,特别是最近两年中,对冯桂芬的评价颇有争论,有的说冯桂芬是地主阶级改革派,有的又说他是洋务派或洋务派的理论家。争论所及,不仅是冯桂芬思想体

---

[1] 原载《新建设》1964年第2期。

系的实质,也牵涉到洋务思想与改良思想、地主阶级改革思想和资产阶级改良思想的区分。

本文不打算分析《抗议》的一些具体论点,主要想就《抗议》对19世纪后期的中国思想界的影响,来论述它的作用。

一

上海图书馆藏有《抗议》稿本。这个稿本分上下两卷,装订成4册。上卷篇次:公黜陟议、汰冗员议、免回避议、厚养廉议、许自陈议、复乡职议、省则例议、易胥吏议、变捐例议、绘地图议、均赋税议、稽旱潦议、兴水利议、改河道议、劝树桑议、壹权量议、稽户口议、折南漕议、利淮鹾议、改土贡议、罢关征议。下卷篇次:筹国用议、节经费议、重酒酤议、杜亏空议、收贫民议、崇节俭议、复陈诗议、复宗法议、重儒官议、变科举议、改会试议、广取士议、停武试议、减兵额议、严盗课议、制洋器议、善驭夷议、采西学议、重专对议。附:以工巧为币议、用钱不废银议(因各种刻本篇次互异,特列举以备参考)。最后附录两篇,冯桂芬在书眉批有"删,可另入文集"字样。但以后好些刻本,不但没有删此两篇,还增加了附录篇数。

稿本为条格纸,每面9行,是别人给他缮录的,冯桂芬自己在上面删改增补的字句不少。从这些删改的字句中,也可以窥知冯桂芬思想的某些侧面。例如,"公黜陟议"末段删去几行的字句是:"……及见诸夷书,米利坚以总统领治国,传贤不传子,由百姓各以所推姓名投匦中,视所推最多者立之,其余小统领皆然。国以富强,其势骎骎凌俄英法之上,谁谓夷狄无人哉!"冯桂芬并另加浮签批注:"末行似不足为典",又把"传贤不传子"一语的"贤"字和"子"字涂抹得辨认不出来。就已删去的这段话来看,可见冯桂芬读过一些译书,也知道一些西方的事物,但囿于封建士大夫身份,他不能也不敢进一步去探索一些新事物,且害怕刺痛了封建体制。所谓"不足为典",正是他对民主思想采取回避态度的遁词;但也可说明当时的人们,要前进一步是那么崎岖艰难。

《抗议》写成后,冯桂芬即有抄本寄陈曾国藩,并函请作序。函中说:"检校劫余旧稿,将拙议四十首,缮陈两帙,邮呈是正。筹笔余,暇披览及之,如不以为巨谬,敢乞赐以弁言,托青云而显,附骥尾而彰,荣幸多矣。"[1] 曾国藩的日记在同治元年九月十七日记道:"冯敬(景)亭名桂芬,寄校邠庐初稿二册,共议四十二篇,粗读上数篇,虽多难见之施行,然自是名儒之论。"两年后,即太平天国被镇压、曾国藩到达南京后才给冯桂芬写复信,《抗议》有些刻本的卷首刻印了这封信,题作《曾文正公与冯宫允书》,以抵充冯桂芬乞请曾国藩写的序。这封信的开头即说:"辛酉岁接奉惠书(按:辛酉是咸丰十一年为1861年,日记作同治元年为1862年,两者孰是?待查)……又蒙示以校邠庐大论四十首,属为序跋,细诵再四,便如聆叶水心、马贵与一辈人议论……"由于这一段关系,吴云为《显志堂稿》作序时,曾说"曾文正公索观稿本,击节叹赏"。许多论文引了"击节叹赏"这句话。事实上,并不是曾国藩"索观",而是冯桂芬自动呈阅。曾国藩谓《抗议》"多难见之施行",可从两方面理解:一可能被认为是儒生的放言高论,不切实际;另一面也可能由于曾国藩正在酝酿的洋务主张和冯桂芬的改良思想的歧异。

冯桂芬是1874年死去的,在他生前没有刊行《抗议》,吴云谓"同

---

[1] 冯桂芬:《显志堂稿》第5卷。

人咸促锓版,先生卒秘匿不出"[1]。但已有抄本传播,上述曾国藩给冯桂芬的信中说:"大著珍藏敝斋,传钞日广,京师及长沙均有友人写去副本……。"此外还有从冯氏家藏稿本传写出去的抄本。

《抗议》刻行的经过,冯桂芬的孙子世澂在"光绪戊戌开雕"本的卷首,写了一段话,这段话是:

> 先大父所著《校邠庐抗议》四十篇外,附以工巧为币议、用钱不废银议二篇,即自序所谓凡为篇四十,旧作附者又二是也。尝命世澂录原稿存于家,盖当时定本如此。甲戌,先大父见背,先大夫校刊遗集,尝登十五议于集(按即《显志堂稿》)中。初无家刻专本,顾传抄既广,如津门广仁堂本、吴门潘氏本即先后出。尝取校两本,篇次字句互有不同,盖皆非当时先大父手定本也。豫章局刻校雠体例未善,一书之中,提行空格,杂出不一,又删改原序,几失其真,而夺漏舛讹无论矣。今刻悉依家藏定本,篇次先后仍其旧,并取遗书中均赋议等七篇及专刻外集太湖收船议等五篇附入焉。

据此,可知光绪九年(1883)天津广仁堂刻行的《抗议》,为最早刻本,距撰写成书时已22年。光绪十年(1884)豫章刻本,为冯桂芬次子芳植做官江西时刻行,跋云:"乃于今冬开雕既成,适兄芳缉寄津郡刻本至。持校此本字句,互有不同,皆先大夫当时所自窜易,盖各有所本,而非意为增损也。"一个说"皆先大夫当时所自窜易",一个又说"盖皆非当时先大父手定本",显然芳植和世澂叔侄间已互有争执。现在看来,豫章刻本确有错漏,而世澂主持的"光绪戊戌八月开雕"的冯氏家刻本,是据现存上海图书馆的手稿本刻行的。冯友兰先生的《中国哲学史史料初稿》(上海人民出版社出版)第156页在介绍《抗议》的

---

[1] 冯桂芬:《显志堂稿》序。

版本时,仅以豫章刻本冯芳植的跋为据,未免失之轻信。至于"吴门潘氏本",当即光绪壬辰(1892)夏日"敏德堂潘校刻"本,这个刻本,潘氏加有眉批,如"制洋器议"一篇中的眉批一则说:"有必须洋器者,有可兼用中国者,分别视之,纪律不如洋人,虽有洋器,适以渎敌……"似对原议有所补充。

除上述刻本外,就我所见到的:光绪二十三年(1897)有"丰城余氏刻"本,"弢园老民(王韬)校印"本,"文瑞楼石印"本,"聚丰坊校刻"本等;光绪二十四年(1898)有"北洋石印官书局印"本,"上海石印"本,以及前面说到的冯氏家刻本;光绪三十年(1904)有甘肃官书局刻本。在已见到的这些刻本中,互有出入:(一)是卷首有的只刻冯桂芬的"自序",有的刻了"自序"和"曾文正公复冯宫允书",戊戌年间有些刻本还加刻了孙家鼐请印发《抗议》的奏折和光绪帝批准印发的"上谕";(二)是篇次不同,如"采西学议"一篇,有的列为第25篇,有的列为第38篇或第39篇;(三)是附录多寡不一,有的只刻原议40篇,或保留原附的两篇,有的连同原附两篇增至12篇;(四)是字句互有损益,其中豫章刻本竟将"自序"最后一段中的"乃者乡居,偶一好事,创大小户均赋之议,辄中金壬所忌,固宜绝口,不挂时政,重以衰病逡巡无用世之意"等句,尽行删去。这种删节,无疑是对原作的损害。

《抗议》从19世纪80年代起,刻行频繁,而在1897年和1898年间刻行的次数更多,这反映了它对当时知识界的影响,也反映了它和维新变法运动的关系。

二

《抗议》在19世纪后期虽然流行很广,但它究竟产生过什么作用？当时的人对它有过哪些反应？这无疑是评价《抗议》的客观依据。现就接触到的材料，分述如下：

《翁文恭公日记》光绪十五年正月初六日（1889年2月5日）记道："得伯述函，……寄冯林一《抗议》十本来。"初七日，"以《抗议》新本进（按即进呈光绪帝）"。十二月初四日，"看《抗议》，昨言此书最切时宜，可择数篇，另为一帙。今日上挑六篇，装订一册，题签交看，足征留意讲求，可喜"。可见光绪帝在甲午战争前几年即已接触了《抗议》这部书。其后，翁同龢于光绪二十一年（1895）三月又"以陈炽《庸书》、汤寿潜《危言》进呈御览"。

光绪二十二年（1896）梁启超作《西学书目表》，将《抗议》和《盛世危言》等书列入附录。

光绪二十三年（1897）《湘学报》说："冯林一宫詹《校邠庐抗议》，言人所难言，为三十年变法之萌芽。"[1]

同年，王韬校印《抗议》，所作跋文极为称赞，说："先生上下数千年，深明世故，洞烛物情，补偏救弊，能痛抉其症结所在。不泥于先法，不胶于成见，准古酌今，舍短取长，知西学之可行，不惜仿效；知中法之已敝，不惮变更，事事皆折衷至当，绝无虚骄之气行其间，坐而言者可起而行。呜呼！此今时有用之书也。"

唐才常在其《时文流毒中国论》一文中说："余往者读《校邠庐抗议》，见其摹绘明祖愚民狡计，以谓言之过当，既而历验吾身受病之源，周见切著，讳之无可讳，饰之无可饰。"[2]

光绪二十四年五月二十九日（1898年7月17日）孙家鼐奏称：

---

[1]《湘学报分类汇编》，掌故学第一。
[2]《浏阳二杰遗文》第2卷。

"昔臣侍从南斋,曾以原任詹事府中允冯桂芬《校邠庐抗议》一书进呈,又以安徽青阳县知县汤寿潜《危言》进呈,又以候补道郑观应《盛世危言》进呈,其书皆主变法。……以冯桂芬《抗议》为精密,然其中有不可行者。其书版在天津广行堂,拟请饬下直隶总督刷印一二千部,交军机处,然后请皇上发交部院卿寺堂司各官……"光绪帝据此谕令直隶总督荣禄:"迅即刷印一千部,克日送交军机处,毋稍迟延。"这样,《抗议》在"百日维新"期间,遂成为维新士大夫的重要参考读物。所以叶昌炽的日记于当年阴历七月二十七日说:"校邠师身后受特达之知。"[1]

同年秋,"上海石印"本有不署名的《跋校邠庐抗议后》一篇,其中说:"夫当时世变之亟,犹愈目前,辇上贵人,尚不知洋务为何物。顾乃奋然噭然,大声疾呼,以为非变法不能自强。在听之者,有不诧为狂言谵语掩耳而走者哉!"又说:"而其持论之尤不刊者,如曰上与下不宜狎,狎之则主权不尊,太阿倒持而乱生;上与下又不宜隔,隔则民隐不闻,蒙气乖僻而乱又生。不宜重民权而民权无所不伸,不宜尊君权而君权未尝少损,举一切侧重民权君权之偏见皆一扫而空。"

在戊戌维新的当时,还出现了一些评论《抗议》的专著,"戊戌六君子"之一的刘光第就写了《论〈校邠庐抗议〉》。他在这本书的开头即说:"其书(按指《抗议》)有已行者,有尚宜遽行者,有未可遽行者,有直不必行者。"然后分篇签具意见。这里照录数则,以反映刘光第对《抗议》的看法,也可供研究刘光第思想的参考。

在《制洋器议》一篇后写道:"谨按此议数款,今已悉行。惟不许仍前有名无实方可。我中国讲求洋务数十年矣。至今造一船,制一

---

[1]《缘督庐日记钞》。

器,必用洋人;甚至我使臣出驻各国,必须雇坐他国之船;而招商局船,每月轮行江海者,犹必雇洋人管驾,岂非有名无实之显然者乎?他可想见。此无论不能争雄海上,即求保卫吾国也难矣。前之洋学既若是,今之洋学当何如,谋国者,必有以处此。"

在《善驭夷议》一篇后写道:"谨按嫌疑猜忌,乃是四十年情事。今日中国于夷,乃信之畏之,仰之奉之,岂惟不能驭夷,直是为夷所驭。夫分观一国,有图我之志;合观各国,亦无不有图我之志。今各国交征,固谋我之事已屡见。桂芬之言验矣。……"

在《采西学议》一篇后写道:"谨按采西学诸说,今已次第行之。然今时势已迫,并力专行,犹恐缓不及事,而咫闻眇见者,乃更拘牵而阻滞之,其不尽失我自有之利,而全承外人之害也不止矣,尚安能取其长而制其害哉!"

翰林院编修陈鼎写了《〈校邠庐抗议〉别论》,作者出以己意,对《抗议》各篇亦依次指陈其可行与不可行,并在序言中有一段概括的论述,这段话是:

> 夫辽东挫败之后,于今三年耳。……然则今日中国所以情见势拙之故,已可晓然于天下。一二嫉技违彦、村学鄙夫之流,犹复执其制挺以挞之空谈,思欲以假借仁义之文,凑合波磔之字,与天地终古也,岂非冯桂芬之罪人哉!虽然,冯桂芬之议,固自有不可行者。……民政之说,方嚣然不靖,而泰西用人之柄,又实不操之于下,无事之日言之可也,至于内外相逼,固不能自令有财以供不时之需,则一切损上益下之议宜缓也;君子务其大者远者而已,使必较权量,平银价,琐屑为之,日且有不给之势,则一切呴嘘之议宜辍也;他若复陈诗、复宗法之迂,改土贡、崇节俭之隘,易史胥、改河道之偏,免回避、许自陈之私,皆不免有经生之见,徇人之私者也。此则其可行者

特十之四五耳。然而强本如筹国用、劝农桑诸篇，裕国如折南漕、节经费、裁屯田诸篇，论兵如停武试、减兵额、制洋器、创工兵诸篇，御侮如善驭夷、重专对诸篇，治内如采西学、绘舆图、均赋税诸篇，无不为冯桂芬以来三十年中，日日所当行者，诚百世不刊之论，发聋振聩之说也。此外如变科举一篇，所谓嘉以降，缪种流传，其言不可无信。……

看来，陈鼎是以洋务派的主张为取舍标准来评论《抗议》的。他所否定的东西，有的恰是改良主义的内容；他所肯定的东西，有些正是和洋务派一致的主张。

上述各家对《抗议》的评论，有的是资产阶级改良派，有的是倾向维新的官员或帝党，有的还是洋务思想的因袭者。他们从各个不同的角度表示了对《抗议》的看法，也反映了《抗议》内容的各个侧面。其中所说《抗议》"为三十年变法之萌芽"或认为"此今时（按指19世纪末期）有用之书"，大体上说出了《抗议》一书的时代关系。本来《危言》和《盛世危言》等书写成较晚，涉及西学的内容较多，也较明显地反映了资产阶级的改良主义要求；而翁同龢却以《抗议》"最切时宜"，孙家鼐也说它"为精密"。其实不是什么"最切时宜""为精密"的问题，而是《抗议》一书的主张更适合于这些维新官员的胃口，因为它没有"侧重民权、君权之偏见"，也就是说翁、孙等人的身份和水平只能接受戊戌变法三十余年前的改良主张。所以胡思敬在《戊戌履霜录》中说："孙家鼐本东宫旧僚……至是采冯桂芬《校邠庐抗议》上之，其书虽主变法，皆咸同以前旧说。"[1]

那末，戊戌维新时期的顽固派对《抗议》的态度又怎样呢？刘声

---

[1] 中国近代史资料丛刊《戊戌变法》(1)，第362页。

木的《茇楚斋随笔》有一段记载,说《抗议》"议论多偏驳,尤难见诸施行,不知寿州孙文正公家鼐有偏嗜焉,平日固不离左右,已于光绪年曾为之进呈乙览。至戊戌,德宗景皇帝励行新政之时,复为奏进,请颁示天下。至八月,德宗仍请归政后,孝钦显皇后清理旧案,深为不悦。闻慈谕诸大臣云:吾不意孙家鼐亦求新若此!"[1]《抗议》的内容,到戊戌维新时,虽不如《戊戌履霜录》中所说"近三十年中,时局大变,诸通人已弃置勿论"[2],但它确实也有些陈旧了。不过这种陈旧只是就维新变法思想的发展而言,它并没有陈旧到完全失去时效,所以在维新变法运动中,维新派仍然加以运用,却遭到顽固派的反对。这里有不该忽视的一点,即资产阶级改良主义者如王韬、梁启超、唐才常等人对《抗议》的赞许,是一种脉络相通、声气相求的关系;而倾向维新的官员翁同龢、孙家鼐等对它的推重,却是作为自己赞助变法的依据。因此,就《抗议》到康有为的七上皇帝书、梁启超的《变法通议》来说,是时代和思想的发展;就王韬、梁启超、唐才常等和翁同龢、孙家鼐等对《抗议》的理解来说,却又反映了阶级阶层的差别。

三

《抗议》的作者和洋务派有不可分割的关系,《抗议》的立论也和洋务派的主张有许多相同的地方,所以曾国藩对它的赞赏不是偶然的。其后张之洞在《劝学篇》中也说:"《抗议》采西学议:诸国同时并域,独能自致富强,岂非相类而易行之尤大彰明较著者,如以中国之伦常名教为本原,辅以西方诸国富强之学,不更善之善者哉!"显然,

---

[1] 中国近代史资料丛刊《戊戌变法》(4),第240页。
[2] 中国近代史资料丛刊《戊戌变法》(1),第362页。

张之洞是把冯桂芬的"以中国之伦常名教为本原,辅以西方诸国富强之术"的论点,和他的"中学为体,西学为用"引为同调的,事实上也是同调。不过类此的话,比《抗议》晚出的一些论著中也同样可以找到。如王韬在《变法上》一文中阐述了"可变者器,不可变者道"的观点;薛福成在《筹洋刍议》的变法篇中,则说"今诚取西人器数之学,以卫吾尧舜禹汤文武周孔之道,俾西人不敢蔑视中华";郑观应在《盛世危言》的西学篇中,也说"中学其体也,西学其末也"。这些论点,和"中学为体,西学为用"又有什么区别呢?我以为这里只能说明王韬、薛福成、郑观应等人的好些论点和洋务派一脉相通。他们本来就是立脚于封建的土壤,只是一只脚徐徐伸向资本主义的彼岸,在现实的推移中,才逐步把重心转向彼岸。《抗议》成书较早,其时由西方资本主义的入侵而引起的地主阶级内部分化的过程才开始,所以它更不敢公然违背"圣人之道"。尽管如此,就《抗议》全书的体系来看,仍是有别于洋务思想的。

论证一部论著的思想倾向,看它为什么人接受,又产生何种政治影响,是很重要的依据。《抗议》一书,虽然写成于第二次鸦片战争结束时,而引起人们较大的注意,却是在甲午战争后。这时洋务运动已经破产,人们说:"甲午之役……辱国丧师,为诸夷笑,由是谈洋务者,渐为世所诟病。"如果说《抗议》全是洋务派的理论,而70至80年代正是洋务派大显身手的时候,何以不广印这部书?反过来,资产阶级改良主义者为什么倒要推荐为他们驳斥的和已经破产了的洋务理论呢?清朝的君臣们为什么还要借破产了的洋务理论来推动维新变法呢?事实上,《抗议》一书只是在维新变法运动中还有点现实意义,过此以后,虽然还在印行,但只是作为一部不甚重要的思想资料著作罢了。

也许有人会提出这样的问题：张之洞的《劝学篇》在戊戌变法期间，不是也得到光绪帝的批览并谕令广为刊布吗？然而不然，《劝学篇》虽然得到了光绪帝的批准，却没有得到资产阶级改良主义者的承认。何启说它"不独无益于时，然且大累于后世"[1]。梁启超说："昔张香涛著《劝学篇》，内有一篇，名曰正权。有天津通人某君论之曰：此书十年以后，虽烧为灰尘，天下人犹将掩鼻。"[2]顽固派徐桐虽然曾怪《劝学篇》"助新"，可是当时作为帝党的张謇就不以为然，谓"徐相疵南皮《劝学篇》尽康说。南皮本旨，专持新旧之平，论者诮为骑墙，犹为近似。若责为全是康说，真并此书只字未见者也"[3]。由此看来，《抗议》的不同于《劝学篇》，在于前者表现为地主阶级的分化，指向革新；后者表现为反对"民权"，抵制变法。

我们知道，出现于鸦片战争前后的地主阶级改革派思想，是中国历史由中世纪进入近代的政治改革主张。但到60年代，地主阶级改革思想正在经历着一种变化，就是地主阶级改革思想向资产阶级改良主义过渡。《抗议》恰是这种过渡开始的代表性著作。在欧洲中世纪经院哲学的内部，曾有唯名论反对实在论的斗争，马克思指出司各脱的唯名论"一般说来它是唯物主义的最初表现"[4]。我曾经借用这句名言，说《抗议》"是中国近代资产阶级改良主义思想通过地主阶级知识分子的最初表现"。有人说，这时的中国还没有资本主义，哪里来的资产阶级改良主义思想！众所周知，远在鸦片战争前，中国封建社会内的商品经济的发展，已经孕育着资本主义的萌芽，反映这

---

[1] 何启：《劝学篇书后》，见《新政真诠》。
[2] 梁启超：《饮冰室合集》，文集之五，第62页。
[3] 《张謇日记》第19册，光绪二十六年二月十三日记。
[4] 《马克思恩格斯全集》第2卷，第163页。

一社会经济的市民思想也早已存在；何况中国近代社会意识形态的变化和发展，向西方学习是一个重要课题。洪仁玕的《资政新篇》比《抗议》还早两年出世，谁也不否认它是一个企图发展资本主义的方案。当然，近代中国有体系的资产阶级改良主义思想是在民族资本主义经济出现了以后才形成的。

由于开始过渡的时代特点和正在分化的阶级关系，《抗议》的内容，虽然接触了一些新的东西，但其议论，除旧远多于布新，布新的论点也还不很鲜明。光绪二十四年（1898）秋"上海石印"本《抗议》的跋文，曾将《抗议》和何启的《新政真诠》对比说："曩者粤东何沃生，于甲午一役之先，即著有《新政议论》一书，逆知中国有将来之祸，然其书于泰西政教言之较详，而于中朝弊病知之较审，盖作者已在先生（按指冯桂芬）数十年后，故能详审精确，言之有物若是。"作者言外之意，深以《抗议》不及《新政议论》的"详审精确"为惜。梁启超于戊戌政变后说："谨按《校邠庐抗议》一书，虽于开新条理未尽周备，用于除旧弊之法，言之甚详。亦我国政论之稍佳者也。"[1]这些意见，都反映了《抗议》由这种思想向那种思想过渡的时代特点。赵靖同志的《冯桂芬思想的阶级属性》一文[2]，曾就地主阶级改革派和洋务派以及资产阶级改良主义的区分，提供了一些有益的意见，却忽视了从地主阶级改革派到资产阶级改良主义的过渡形态。段玉裁评批龚自珍的《明良论》说："皆古方也，而中今病。"[3]这里的"古方""而中今病"，是地主阶级改革派的"古为今用"。《抗议》提出的主张，虽有许多是"古方"，但毕竟有若干为龚自珍没有接触到的"西学"新方了，

---

[1] 梁启超：《饮冰室合集》，专集之一，第34页。
[2] 《学术月刊》1962年第10期。
[3] 《龚自珍全集》上册，第36页。

新方纵然不多,如果和其中的"中今病"的"古方"联系起来考察,不难发觉它的"古方"有通向新方的迹象,同顽固的复古思想异趣。

魏源的《海国图志》最后成书先于《抗议》五年,也表现了由地主阶级改革思想向资产阶级改良主义思想发展的倾向,这种倾向主要反映为要求了解世界和"师夷长技"。冯桂芬是熟悉《海国图志》这部书的,他写了《跋〈海国图志〉》[1],对《海国图志》有所订正,在《抗议》中对《海国图志》也有所论列。就《抗议》提出的"采西学""制洋器""善驭夷"这些命题看,恰是《海国图志》"师夷"主张的发展,而"采西学"这个命题且成为后来资产阶级改良主义者许多政论著作的共同命题。我以为从鸦片战争后的地主阶级改革思想到中法战争前后的资产阶级改良主义思想,是一个接受西学的过程,原无不可逾越的界限。冯桂芬的思想在写成《抗议》后,虽已停滞不前,但就学习西方的思潮来看,王韬的《弢园文录外编》、薛福成的《筹洋刍议》等书,正是这种思想的继续和发展。列宁说:"在分析任何一个社会问题时,马克思主义的绝对要求,就是要把问题提到一定历史范围之内。"[2]中国近代的地主阶级改革派,是鸦片战争前后二三十年中产生的思想流派,过此以后,作为这种思想的直接继承和迅速发展的,就是资产阶级改良主义思潮,《抗议》是在这个"一定历史范围之内"较早出现的著作。

洋务派是坚决与农民战争为敌的,也是以镇压太平天国起家的,它在近代中国曾经是居统治地位的反动政治势力。至于地主阶级改革派和资产阶级改良主义者,他们在一定的历史条件下,虽有过进步

---

[1] 冯桂芬:《显志堂稿》第12卷。
[2] 《列宁全集》第20卷,第401页。

作用,然而他们对农民战争始终是害怕的、对立的,这一点他们和洋务派并没有本质的差别,只是所处的历史地位和遭遇的历史条件不同,因而表现的程度有轻重之分。我以前所写《论冯桂芬的思想》一文,侧重论述了《抗议》中带有积极意义的言论,对冯桂芬这个具有某些改革要求的地主阶级知识分子的阴暗面,没有作应有的分析。最近徐仑同志发表的《论冯桂芬的政治思想》[1]一文,在这方面作了较充分的论述,是必要的。但有若干引文和解释,似乎还可以商量。如以冯桂芬为曾国藩、李鸿章出谋献策、参与镇压太平天国等事,作为否定他是地主阶级改革派或资产阶级改良主义先驱的论断,即其一例。因为在近代中国,不论是地主阶级改革派或资产阶级改良主义者,都不是一种登上了历史舞台的独立的政治势力,他们总是寄希望于当权者来采纳自己的主张,从而见机行事。早期的资产阶级改良主义者,几乎都有依附洋务派的关系,而且他们总是依附当权的洋务势力而不是依附当权的顽固势力,正因为他们和洋务派有相通的东西。即如孙中山这样的人,也只有当他抛弃原先希望通过李鸿章革新中国政治的活动后,他才开始是一个真正的革命者。

同时,就中国近代历史上的地主阶级改革派和资产阶级改良主义者来说,他们有反对侵略、要求改革政治的一面,但也都有反对农民战争和人民革命的一面。如林则徐不是在晚年还受命前赴广西镇压那里的农民起义吗?魏源不是于1853年高邮州知州任内还在举办团练以抵抗太平天国的进军吗?薛福成不是在1865年即参加曾国藩幕府协助镇压捻军吗?康有为的上清帝书中不是还在那里说什么"揭竿斩木,已可忧危"的话吗?我以为这些只能说明他们的阶级

---

[1]《学术月刊》1963年第8期。

本性决定了他们的社会政治态度，却不能说明他们是否为地主阶级改革派或资产阶级改良主义者。揭露冯桂芬依附洋务派、参与镇压太平天国的罪过，是评价冯桂芬的一个方面，如果以此作为否定冯桂芬为地主阶级改革派或资产阶级改良主义者的论据，却可能给人一个这样的印象：似乎地主阶级改革派和资产阶级改良主义者还有一个不依附当权势力不反对农民战争的高境界。虽然只是就个别历史人物立论，其结果却会导致对地主阶级改革派和资产阶级改良主义者的阶级本质的模糊。

历史上有许多事物，远比我们所设想的要复杂。如果不是完整地正确地领会辩证唯物主义与历史唯物主义，仅凭主观的论理逻辑办事，往往是不能正确解释历史的复杂现象的。恩格斯说："不把唯物主义的方法当作研究历史的指导线索，而把它当作现成的公式，将历史的事实宰割和剪裁得适合于它，那末唯物主义的方法就变成和它相反的东西了。"[1]我们研究分析历史人物，应该牢牢记住恩格斯的这个教导。

---

[1]《马克思恩格斯论艺术》(1)，第178页。

《李秀成供》原稿释疑[1]

李秀成生前及其死后一百年间，在人们心目中一直是一个英雄形象，即使对他的供词不无微词，也没有动摇过这个形象。1963年戚本禹抛出《评李秀成自述》一文，为影射史学开路，李秀成顿时成为众口一词的叛徒，他生前的一切也都成了罪证。李秀成到底是洪秀全封的"万古忠义"，还是戚本禹之流指摘的一世奸恶？至今议论纷纭，莫衷一是，关键在于他的亲笔供词以及怎样看待这个供词。

1951年，罗尔纲同志根据拍摄的供词部分原稿，作过仔细研究，写出《忠王李秀成自传考证》，认定确是忠王亲笔，为使李秀成的"忠王"形象不受玷污，他把供词中向曾国藩表示的乞降意愿竭力解释为"伪降"。之后，年子敏同志写了《关于〈忠王自传原稿〉真伪问题商榷》[2]（以下简称《商榷》），进而否定李秀成有任何乞降情事，干脆说全供"是曾国藩所伪造"。最近荣孟源同志发表的《曾国藩所存〈李秀成供〉稿本考略》[3]（以下简称《考略》），倒不否认李秀成的乞

---

[1] 原载《上海师范大学学报》1979年第4期。
[2] 《华东师范大学学报》1956年第4期。
[3] 《中华文史论丛》1979年第1期。

降活动，却从中找出许多疑窦，反复推论，断定《原稿》不是李秀成的手迹，而是曾国藩派书手模仿李秀成笔迹的誊抄本。话虽如此，但仍然要落到乞降的问题上来，1979年1月5日《文汇报》推荐《考略》后，举出读者的议论为证，说"既然不是李秀成的真迹，而是曾国藩删改后的冒牌货，又怎能以此伪造材料来判断李秀成是叛徒呢"？

《原稿》对李秀成的评价和太平天国的历史如此重要，是真迹还是伪造或誊抄本？不可不辩。

李秀成写供经过

李秀成所写亲供《原稿》是真是伪，尽管争议不休，但他在囚笼中写了长长的供词，从来没有人提出异议。在太平天国被俘将领中，留下了供词的不只是李秀成，早期已有洪大全，后期还有石达开、洪仁玕、幼天王、赖文光等人，其中有录供，有笔供，但唯有李秀成的供词不仅叙述了他一生的经历而且涉及太平天国的全部历史，是一部有重大历史价值的回忆录。不过李秀成没有别的革命者那样幸运，能在事后反复咀嚼、从容追述自己的战斗历程，他的回忆是在敌人的囚笼中，在他生命的最后时刻，"回看血泪相和流"的特殊情况下写下来的。

正是由于这种特殊情况，李秀成写供的经过既没有战友的旁证也没有文人的记载。除了供词本身所透露的以外，我们今天能够看到的记载，只有杀害李秀成的曾国藩的日记和函折，以及参与杀害李秀成的曾国藩心腹幕僚赵烈文的《能静居士日记》。为了论证《原稿》的真伪，这里且以曾、赵所记文字为依据，把李秀成从被俘到"欢乐归阴"的日程排列如下，或者有助于我们了解李秀成写供的脉络和心理：

1864年7月23日(同治三年六月二十日),李秀成被俘送曾国荃部肖孚泗营。赵烈文记道:"闻生擒伪忠王至,中丞(曾国荃)亲讯,置刀锥于前,欲细割之。或告予,予以此人内中(指清廷)所重,急趋至中丞处。耳语之。中丞盛怒,于座跃起,厉声言:'此土贼耳,安足留,岂欲献俘耶?'叱勇割其臂股,皆流血,忠酋殊不动。予见不可谏,遂退。少刻,中丞意忽悟,命收禁。"这段话,反映了曾国荃的暴跳如雷,想立刻割死李秀成,而李秀成却岿然不动。

当晚,赵烈文探访李秀成,问答颇长。结束时,赵烈文问李秀成今后打算,李秀成回答道:"惟死而已。顾至江右者皆旧部,得以尺书散遣之,免戕害彼此之命,则瞑目无憾!"看来,李秀成当天没有被割死,晚间,思想就有所活动了。所以,赵烈文说他"言次有乞活之意"。

此后数日缺记载,大概是在等待曾国藩的到来。

7月26日(六月二十三日),赵烈文记道:"是日作大木笼,纳忠酋于内。"同日,曾国藩在安庆作《金陵克复、全股悍贼尽数歼灭折》,其中说,对李秀成是"槛送京师,抑或即在金陵正法,咨请定夺"。是说对李秀成要不要送到北京献俘,请朝廷决定。

7月28日(六月二十五日),曾国藩赶到南京,他当晚记道:"戌初,将所擒之伪忠王亲自鞫讯数语。"

7月29日(六月二十六日),曾国藩给在安庆的儿子曾纪泽写信说:"伪忠王曾亲讯一次,拟即在此正法。"曾国藩在对李秀成亲讯一次之后,决定不献俘,要就地处死李秀成。为了好向清廷交代,这一天他在日记中特地记上"取伪忠王详供"一条。《商榷》却说:"从字面上解释,'取伪忠王详供',说明是拿取忠王详供的意思。也就是说1864年7月29日(同治三年六月二十六日)前,忠王已有了供词。"把打算取详供说成已取得了供词,纯属误解。

7月30日（六月二十七日），李秀成开始写供词。曾国藩记道："夜开数条问伪忠王李秀成。"这次是曾国藩要幕僚庞际云、李鸿裔等对李秀成进行讯问的，后来庞际云将这次问答编成一册，即《李秀成自述别录》，是李秀成的长篇笔供之外的录供。

8月3日（七月初二日），赵烈文记道："晚至中堂（曾国藩）处久谈。拟即将李秀成正法，不俟旨，以问予。予答应：'生擒已十余日，众目共睹，且经中堂录供，当无疑，而此贼甚狡，不宜入都。'"曾国藩到南京的当晚就下了不等待朝命、处死李秀成的决心，六天之后才征求赵烈文的意见，当然赵烈文早已窥猜出来，所以他的回答说到了曾国藩的心坎里。

8月6日（七月初五日），曾国藩记道："阅李秀成所写供词，灯后亲讯李秀成之供。"所谓"亲讯李秀成之供"，是就已经看过的供词再讯李秀成，进行质证。这次李秀成谈了些什么，曾国藩没有记下一语。第二天赵烈文的日记这样说："昨日（中堂）亲问一次，有乞恩之意，中堂答以听旨，连日正踌躇此事，俟定见后再相复。"这里所说，一是李秀成"有乞恩之意"；二是曾国藩诡称尚无定见，留给李秀成继续写供词的侥幸心。

8月7日（七月初六日），李秀成写成供词，傍晚被杀。赵烈文记道："伪忠酋李秀成伏法，渠写亲供五六万言，叙贼中事，自咸丰四五年后均甚详。虽不通文墨，而事理井井，在贼中不可谓非桀黠矣。中堂甚怜之。……今日遣李眉生告以国法难逭，不能脱。李曰：'中堂厚德，铭刻不忘，今世已误，来生图报'云云。傍晚赴市，复作绝命词十句，无韵而俚鄙可笑，付监刑庞省三，叙其尽忠之意，遂就诛。中堂令免凌迟，其首传示各省，而棺殓其躯，亦幸矣。"这要算是关于李秀成生命最后时刻的唯一的详细记载了，证以李秀成在供词末尾写的：

"昨夜承老中堂调至驾前讯问,承恩惠示,真报无由。"赵烈文的话,是可信的。

就上述日程看,从李秀成被俘到被害的19天中,对于怎样处决李秀成,曾国藩兄弟前后是颇有些周折变化的:(一)在抓到李秀成的当天,曾国荃一见之下,就想当场置之死地,经赵烈文的提醒,才改为收禁;(二)曾国藩在安庆得讯后,上折清廷,关于李秀成是否献俘北京,请皇上定夺;(三)曾国藩到南京第一次讯问李秀成后,改变主意,决定在南京处死李秀成;(四)曾国藩考虑到在南京处死李秀成,为了对付清廷的查问,必须取得详供;(五)详供到手,曾国藩在清廷命令将到未到之日,掌握时机处死李秀成。曾国藩不让清廷从李秀成口中得到把柄,采取了操之在我的不寻常手段;随后清廷指派将军富明阿到南京查访,并要曾国藩补报对李秀成供词删去的部分,反映了曾国藩和清廷之间的一场不痛不痒、不撕破脸皮的暗斗。

"取详供"是曾国藩所必需,而李秀成又是怎样来对待写详供的呢?供词一开头就表述了他的态度:"时逢甲子六月,国破被拿,落在清营,承德宽刑,中丞大人量广,日食资云。又蒙老中堂驾到,讯问来情,是日逐一大概情形回禀,未得十分明实,是以再用愁心,一一清白写明。"这里的"承德宽刑",是指曾国荃没有在当天治死他;"老中堂驾到,讯问来情",是指曾国藩到南京后对他的第一次讯问;"是以再用愁心,一一清白写明",则是指写详供的事;并说,他将"一片虚心写就",决不"隐瞒半分"。

作为农民革命领袖的李秀成,有质朴务实的农民英雄本色,他在紧张的戎马生活中所表现的是如此,他在忠言极谏、不顾天王盛怒所表现的是如此,在革命失败他要求"载书明白"的用心也仍然如此。正是基于这种态度,他的全部供词给太平天国革命留下了一份珍贵的史料，也是从陈胜、吴广两千多年以来农民革命英雄自己写下的唯一的长篇记述。李秀成出入于千军万马中，艰险备尝，他在苏州安民时不顾刀枪指胸，他在被俘时蔑视曾国荃的刀锥交加，面对死神的威胁，他毫无惧色。然而困居囚笼中的李秀成，在酷暑的熬煎下，是什么力量支持着他日写六七千字的供词呢？他向曾国藩表示，"得以尺书遣散"旧部，"免戕彼此之命"；又说"今天朝之事已定，不甚费力，要防鬼反为先"；还提出了"招降十要"，其中不无"亦望世民早日安宁"和对付洋鬼的苦心。但李秀成毕竟是一个自发的农民革命的领袖，虽有反抗地主阶级的强烈要求，但对地主阶级的剥削、压迫并没有自觉的阶级认识，他幻想或可激起曾国藩的民族感情，大发善心，这就是与虎谋皮了。他在供词和答辩中流露的或可不死、犹有可为的希望，所说"先忠于秦，亦丈夫信义；楚能容人，亦而死报"一类的话，说明他确实是有动摇、变节的思想活动的。

取供和写供的日子，对李秀成来说，是生和死的最后搏斗，他在死神面前最后输了一着，即使是瑕不掩瑜，总不能把瑕说成瑜，所以我不赞同"伪降"说，也不赞同把白纸黑字的供词说成伪造以快己意。

供词出版的前后

李秀成千真万确写了详供，这个洋洋数万言的详供在出笼的当时即以专书问世，此后印行了许多版本，有的题曰《李秀成供》《李秀成供状》，有的题作《忠王李秀成自述》《忠王李秀成自传》，"供"或"供状"是本来的用词，"自述"或"自传"是后人就其内容的改称。罗尔纲同志的《考证》，说供词在"坊间流传的版本大别有三种"[1]，那

---

[1] 罗尔纲：《忠王李秀成自传原稿笺证》增订本。

是就1864年曾国藩删改过的钞本刻行后各种翻印的版本而言,都是指的来自一个源头的安庆本。如果从最初刻行的安庆本算起到全国解放后的增补本,再到60年代的《原稿》影印本,应该说是有起点各不相同的三类版本。随着这三类版本的先后问世,字数由28 000余字增至36 000余字,它虽非《原稿》50 000余字的全豹,但它的本来面目却在读者面前一版比一版扩大了。对于李秀成写了详供从来没有人否认,而对出版的供词总有这样和那样的怀疑,一言以蔽之,都把经过曾国藩撕毁(部分)、删削、改动的供词说成为曾国藩的伪造。为了便于考察它的真伪,有必要说明这三类版本的来龙去脉。

第一类,1864年的安庆本:

当李秀成赶写供词时,曾国藩陆续取阅,进行删改,8月7日李秀成写完供词被杀,曾国藩也随之把供词删改完毕。所以第二天,曾国藩得以迅速地派八九个人缮抄,送呈军机处备查。这个呈抄本当时任军机大臣的李棠阶看到过[1],但至今没有发现。曾国藩在南京处决李秀成,举世瞩目,曾在迅即向清廷作了交代后,为了"取信"于世人,又分抄供词送安庆刊印。8月11日(七月初十日)赵烈文的日记说:"中堂嘱予看李秀成供,并分段,将付梓。"8月12日(七月十一日)曾国藩的日记说:"将李秀成供及两道恩旨寄皖刊刻",这个付刊抄本的寄出比送呈军机处的晚四天,揆之情理,两个缮抄本应该一样,付刊的缮抄本即使又有改动,也只能是个别字句上的改动,否则曾国藩的作伪就会露出马脚来了。供词的最初刊本——安庆本约在当年的8、9月间出世,约28 000余字。据日本朋友小岛晋治教授所

---

[1]《李文清公日记》,同治三年七月十七日记道:"寅时入内侍班,看折完,阅曾相送来伪忠王李秀成供词。"

著《太平天国革命的历史和思想》（1978年出版）说，这个安庆本台湾"中央图书馆"存藏一本，可能已是海内孤本。李泰国根据安庆本译成英文，题曰《忠王自传》，从1864年10月22日起连载于《北华捷报》。自此坊贾或照安庆本原词刊出，或改头换面进行翻印。如一个"同治三年孟冬新镌"的本子，书面不伦不类地题字三行：中作"新刻永安州英雄起义"，右为"洪秀全三人结拜，钱江演计取金陵"，左为"曾大人克复江南，生擒李秀成亲供"。如题为"江南省通行"的《克复金陵城，生擒伪忠王亲笔口供》，附曾国藩奏稿两通和清廷上谕两通。如1893年（光绪十九年）的《绣像剿逆图考》，将供词作为附录。如1904年（光绪三十年）扪虱谈虎客（韩孔庵）删改其中文字，在日本翻刻，收入所辑《近世中国秘史》。而照安庆本原封不动地翻印的有清末九如堂本，1936年北京大学蒋梦麟又据九如堂本影印发行。书首有孟森写的《影印曾文正批记李秀成供序》，其中说："孟邻先生（蒋梦麟）忽以影印李秀成供样本见示，索为序言。启示乃六十余年前所见故物。"据此，大致还可以看出安庆本的面貌。总之，供词从最初刊行到后来的辗转翻印，直至20世纪40年代，80余年供词流行的版本尽管五花八门，但都是一个来源，即安庆本。

第二类，全国解放后的增补本：

1944年，广西通志馆为搜集太平天国革命的历史资料，派吕集义先生去曾富厚堂（曾国藩后人家）借阅《李秀成供》原稿，在曾家后人的监守下，拍摄了安庆本删去的"天朝十误""招降十要"及后面部分的10页，还有选择地拍摄了删改较多的4页和封面1页。罗尔纲同志据以考证，并将拍摄的内容补进供词的流行本内，加以笺注，修订过四版。1958年，梁岵庐先生又以吕集义的增补本为据，由科学出版社出版了《忠王李秀成自述手稿》。吕集义自己编成的《忠王李秀成自述校补本》,也于1961年由广西人民出版社出版了。这些都可称之为增补本,即以原来的流行本为底本,增补了拍摄的内容,字数为33 400余字,比安庆本增多了5 000余字。

第三类,台湾世界书局的《原稿》影印本:

1949年,曾国藩的后代曾约农将《李秀成供》原稿带往台湾。1962年,不知出于什么动机,把这件秘藏了98年的《原稿》,题曰《李秀成亲笔手迹》,由台北世界书局影印公之于世了。曾约农写的《后记》说:"先文正公手批李秀成亲供,当时借阅者多,传抄不免讹失。原本藏湘乡寒舍有年,兵燹之余,幸携行箧,兹予影印,以存史料。"他只说"手批",只说"传抄不免讹失",对曾国藩的撕毁(部分)、删削、篡改等恶行,则讳莫如深。为使更多的研究工作者得以看到和使用这个历史真迹,1963年中华书局又据台北影印本,题曰《忠王李秀成自述》影印发行。这个影印本共74双页,每页32行,每行十三四至十五六个字不等,共36 100字,比增补本多两千几百字。这要算是我们能够看到的《李秀成供》字数最多和最后的本子了,被曾国藩撕毁的部分将永远不可复得,只能供后人去继续猜测了。

供词的流传,经历了这样曲折的历程和漫长的岁月,才使《原稿》公开,在中国近代的历史文献中是少见的。这不仅说明了《原稿》的重要性,而且也刻画出政治思想领域斗争的一个侧影。李秀成从开始投入太平天国革命当一名伍卒到成为叱咤风云的大将,又成为肩负天国兴亡的柱石,直到被俘的当天,他置曾国荃的刀锥于不顾,都表现为一个不屈不挠的英雄形象。因为他写了这个光荣包含着耻辱的供词,就成为评价他的关键,甚至对洪秀全、杨秀清、韦昌辉、石达开、洪仁玕等人的评价也有很大关系。所以人们格外重视这个供词,对它的真伪不能等闲视之。

一般说来，伪造的历史文献是容易被揭穿的，一经揭穿也就失去了它原来的作用。李秀成供词却不同，尽管从它开始出现起，就有人怀疑它的真实性，说是曾国藩伪造的，但始终抹不掉它，也动摇不了它。它的全貌纵然不可复睹，而一种又一种版本的印行，无数论著的反复引用，都在顽强地抗议对它的真实性的怀疑。

墨迹是鉴定《原稿》真伪的重要依据

墨迹不是鉴定手稿的唯一依据，却是一个首先值得尊重的依据。《原稿》即使是李秀成仅存的手迹，无从对勘，我们也可以从当事人的生活经历和字迹脉络找出某些关系，何况《原稿》之外，李秀成还有别的亲笔墨迹留存人间。这就使我们从墨迹鉴定它的真伪有了更大的可能。

截至现在为止，经过鉴定的李秀成手迹，除《原稿》外，还有两件：一件是当年7月30日（六月二十七）庞际云审讯时，李秀成亲笔写的28个字答词："胡以晃是豫王，前是护国侯，后是豫王。秦日昌即是秦日纲。"这条答词因与曾国藩、庞际云、李鸿裔所问各条有联系，得以保留了下来，它与《原稿》的笔迹一致，这一点没有任何人持不同意见。《原稿》第九页第一至第三行："秦日昌因韦昌辉与东王相杀，秦日昌亦死在其内。"挨着前一个"秦日昌"下脚添注了"秦日昌即秦日纲也"8个字。显然是在先一天晚间被讯问之后，第二天写到这里，李秀成才作这个添注的。

另一件是《谕李昭寿书》，罗尔纲就其影印墨迹，从笔画到用语进行了仔细的鉴定，认为同《原稿》及"亲笔答词"是出于一个人之手[1]。

---

[1] 罗尔纲：《忠王李秀成自传原稿笺证》修订本。

我琢磨了这三项影印墨迹，觉得罗尔纲同志的鉴定是可以信赖的。

但是，《商榷》认为"原供与庞际云保留之所谓'亲笔答词'，都是在忠王被俘，遭受杀害后，从反革命分子后代的家中发现的"，不可信，是曾国藩一伙的伪造。这个结论不等于事物本身的结论，因为经过反革命之手保留下来的这类历史文献并不少见。《商榷》又以为《谕李昭寿书》"各字熟练，笔势苍劲"，而《原稿》和"亲笔答词"的字迹，则"不甚熟练"，"有老练与生涩之别"，说《谕李昭寿书》是李秀成的手迹较可靠；既然《原稿》、"亲笔答词"同《谕李昭寿书》的笔迹不一样，就可以证明前两者不是李秀成的手迹了。这样的反证是不是可靠呢？我以为并不可靠，因为《谕李昭寿书》是在正常情况下写的，写得比较工整匀称，而《原稿》和"亲笔答词"是在囚笼中的特殊情况下写的，写得比较潦草粗糙。乍一看，好像出自两个人的手笔，仔细对勘，笔迹、用语及其神态却非常肖似，是一个人在不同时间、不同条件下写出来的文字。

《考略》没有专谈笔迹，认为有关《原稿》的许多自相矛盾的疑窦没有得到澄清前，"研究笔迹并不能解决问题"。尽管如此，它在有些地方还是不能不落到墨迹的鉴定上来。如说：《原稿》"第一至第五十页书口字体相同，第五十一页以后为另一字体。《原稿》为墨迹所写，又有墨迹修改。修改处墨色浓淡不同，字迹也不同，证明修改者有原写稿人，还有另外的人"。这是说《原稿》是分由两个人誊抄的，用墨笔修改的字句也是两个人的笔迹。果真如此吗？

查《原稿》第 51 页特别是开头几行比前页的字要工整些，笔画也细些，那是什么原因？其实第 50 页的最后几行字对此作了回答："纸尽情长，言不了完，烦列位师爷交部（簿）一本，好笔一支，此笔破坏了。……"很明显，换了新笔，开头写得又注意些，所以第 50 页和第

51页之间的字迹有工、粗的差异,字的骨架却没有什么不同,而且从第51页头几行往后看下去,笔画又渐渐粗起来同第51页以前一样了,哪能说是两个人的笔迹!

至于《原稿》中添改字句的墨色与正行有浓淡的不同也不奇怪,一则整个《原稿》正行的墨色也有浓有淡,那是由于蘸墨和磨墨不匀的关系,刚蘸墨写下去浓,再蘸墨又会如此;再则添改字句尤需构思,笔者往往不经意地伸笔舔墨,这样落笔就浓了。其中值得注意的,倒是有些句子旁有墨圈(○)或三角(△),墨色浓而粗,是表示重要性的,看来不像是李秀成所加。此外,第18页后一面第二行墨笔添改的"虽"和"尚"两个字,第37页天头上改的"休"字,第40页第二行改的"我"字,第70页第四行加的"无有不服"四字,确和其他墨笔添改字句的笔迹不相似,而"尚"字和曾国藩用朱笔所改的"尚"字,从字形到字神却一样。可见曾国藩用朱笔大加批改之后,又用墨笔作了点窜。

通观《原稿》全文笔迹,除了曾国藩用朱笔涂改者以及部分句子旁的墨圈或三角和个别字句外,其他通通是一个人的笔迹。《原稿》的字迹虽挺劲有力,却并不圆熟,它既不像青年人写的字,也不像老年人运的笔,恰如李秀成这样一个读书不多的中年人的字迹。因而,我们可以断定《原稿》确是李秀成的亲笔。

关于每天所写起讫处问题

李秀成是从7月30日(六月二十七日)开始写供词的,终止于8月7日(七月初六日),每天从哪里写到哪里,《原稿》没有留下标识。《考略》根据行文的脉络,除第一段不辨自明外,找出八处与第一段意境相近的文字,认为就是李秀成每天写供的起头,每天从第几页第几行第几字起,作了极其肯定的推断,并分全稿为九段。《考略》认为曾国藩对供词既然是逐日取阅,那末自第二段起每天起头之前的一段就是曾国藩每日取阅的部分;既然当天李秀成写的曾国藩拿去看了,第二天李秀成就得另行伸纸写起;因此,后段的开头与前段的结尾理应有间隔;而《原稿》却是一气连下来的,并无间隔;故而断定《原稿》不是李秀成的亲笔,而是曾国藩派人模仿李秀成笔迹的誊抄本。这个为李秀成安排得十分精致的写供进程及其所得出的结论,是不是符合实际呢?

(一)《考略》对《原稿》所分的九段,就每段开头的文字看,都反映了李秀成"国破被拿"的痛楚心情,除第一天从何处写起是确定不移的外,其他各段的开头就很难判定是某天所写的起头。细细玩味所定段落起头的文句,好些是直接承接着上文的语气来的,只是自然分段,并不一定是要过了一夜才能出现的思绪和语汇。我们不可能设想当时的李秀成好像后来的作家一样,有一个每天分节写出的章节安排。

(二)《考略》对《原稿》所分的九段中,字数最多的是第六段约7 300字,最少的是第四段和第五段,一约2 200字,一约2 000字。李秀成在囚笼里唯一的事是写供词,各日所写不应有这样大的差距。《原稿》第50页以前大家感到可能有被曾国藩撕去的部分,但撕掉了什么地方,并没有检查明白。《考略》判定它所分字数最少的段落,就是被撕毁的地方,这是将未见分晓的东西移来解释自己安排的假设,未必是本来的事实。

(三)曾国藩逐日取阅,尽可将李秀成写满的各页拿去,未写完的页仍可留下让李秀成接下去写,今天和昨天对于原稿者和批改者并不一定像自然界一样有一个黑夜的间隔。请看《原稿》第31页,这一页最后一行的格框外曾国藩用朱笔批了"初四日阅"四个字,并在这一行的落句"听见副帅张国梁战死丹邑"的"邑"字下画了红钩,表示初四日他是看到这里为止。可是紧接下来的第31页开头的话是:"和春在浒墅关自缢而亡",并没有形成此伏彼起的段落。

（四）我们说曾国藩对供词逐日取阅,逐日删改,并不意味着李秀成写了九天,曾国藩的取阅也是亦步亦趋、不多不少的九次。查曾国藩在《原稿》所记阅供的字样,只有上面说到的第31页上所记"初四日阅"一次,那已是旧历七月初四日,即李秀成被杀的前两天,现存《原稿》后面还有43页之多。再查曾国藩日记,只有七月初五日、初六日记了阅李秀成供词的句子;初七日,有"校对李秀成供八九千字"一句,已是李秀成被杀后的第二天了。当然,日记没有记不等于没有阅,但可以反映出阅多阅少并不那么规则,很可能后几天阅得多,前几天不一定天天阅。所以九天的阅供设计是不牢靠的。

九天写供、九天阅供的程式,既然有许多值得商榷的地方,而《考略》据以《原稿》没有留下间隔必然是誊抄本的论断,来代替或否定墨迹的鉴定,是代替或否定不了的。相比之下,还是墨迹的鉴定有说服力。

关于字数和款讳

供词的字数到底有多少,由于事情的曲折和曾国藩的作伪,被弄得很紊乱,概括起来,大致有这样三类数目:一是刻本和《原稿》的实存字数,二是李秀成在写供中记下的字数,三是曾国藩所说的字数,不仅互不一致,而且出入很大,这是怎样造成的呢?

刻本和《原稿》的字数,是实存字数,前面均经指出,但不是原有字数,因为已被曾国藩部分撕毁。据史家考绎,撕毁的字数,估计在一万七八千字至两万字之间,这是就《原稿》实存字数和应有字数得出的差额。

李秀成在供词中自己记下的字数:(一)《原稿》第31页书口处,记有"到此总共一万八千之数"字样,每页500余字,加上天头添补的内容,31页合共的字数,与"一万八千之数"相近;(二)第40页书口处,记有"二万八千五"字样,从第31页到第40页,增加9页,每页500余字,所增不足5 000字,记数却比第31页所记数增加了10 500字;(三)第50页后一面第16行正文有"今将三万七八千字矣"一句。从第40页到第50页,增10页是增5 000余字,这里比第40页所记字数却增了约9 000字。这些差数的产生,不是由于曾国藩的撕毁就是李秀成的错记。但也可以从中看出《原稿》不是誊抄本,如果是誊抄本,曾国藩就会将这些自相矛盾的数字去掉。

曾国藩所说的数字,从他自己的需要出发,或因人而异,或因时而异,或系暂行估计,说法不一,虽给我们带来了不少麻烦,却也不是弄不清楚的,分述如下:

曾国藩处决李秀成当天(阴历七月初六日)的日记中说:"阅李秀成之供,约四万余字。"这是他最初说出的字数,是毛估,比实际数字偏低。

次日(阴历七月初七日),曾国藩给儿子曾纪泽的信说:"伪忠王写亲供多至五万余字。"虽仍系估计,但估计得比先前准确些,与实数相近。因为是给儿子写信,不用藏头露尾,说得就切实些。

在这前后,曾国藩复钱应溥函说:"李酋八日之内在囚笼中共写三万余字,删去重复谀言,尚近三万字。"给彭玉麟函说:"伪忠王,在囚笼中写亲供至三万余字。"复杨岳斌函说:"委讯伪忠王,自写亲供至三万余字之多。"所说的"删去重复谀言,尚近三万字",是指缮呈军机处抄件和安庆刻本28 000余字之数,是公开的字数。一再说的"三万余字"是指经他删削后所留稿本实存36 000余字的约数。清廷内外都知道他扣留了稿本,这是半公开的,所以他对朋友和僚属就说了这个大致可以对得起来的数字。

还有,曾国藩在安庆刻本的批记中说:"李秀成在囚笼中,亲笔所写,自六月二十七日至七月初六日,每日约写七千字。"如果照曾国藩前面所说"八天"计算,应有56 000字;按九天计算应有63 000字,但所说"约写七千字"很可能不足7 000字,通扯不足60 000字。赵烈文日记中说"伪忠酋李秀成伏法,渠写亲供五六万言",把曾国藩所说的"五万余字"换了一个更富于弹性的说法。这是曾国藩不敢公开的字数,因为经他撕毁后实存只有36 000余字了。在一些场合,曾国藩忘乎所以,公然透露了这个近于实际的字数50 000余字,但也说得扑朔迷离,正反映了他心中有鬼。所以尽管曾国藩在字数上玩弄了不少花招,我们仍然可以从他作伪的心理状态作出分析,并不能作为怀疑《原稿》不是手迹的依据。

关于款讳,即书写中的行款和字讳。

太平天国因宗教关系和封建影响,对于行款和字讳都有严格规定。是否按太平天国规定的行款和字讳书写,也是鉴定《原稿》真伪的一个依据。

《原稿》的命词立意,是站在太平天国将领的立场上说的。对于款讳,有的照太平天国的规定书写,有的却又不是。那是什么原因?李秀成在供词中,说他"自八岁九十岁之间,随舅父读书","至二十六七岁,方知有洪先生教人敬拜上帝"。那是说李秀成在皈依拜上帝教之前,已是一个二十六七岁的成年人了,早有通行的书写习惯,在加入拜上帝会之后,经历了十余年,尽管熟悉了太平天国规定的书写格式,但有时疏忽,又回到早年的写法,犯了讳,也并不奇怪。而李秀成在太平天国将领中,对那些宗教上的烦琐规定本来就不那么拘泥,何况在"国破被拿"的囚笼里,宗教的约束力就更少了。《考略》说《原稿》有些地方不按格式写,不避讳,如应抬四格、三格而只抬三格、两格之类,如"国"写成"國"之类,可以从李秀成的意态中得到解释;但有的则不能作这样解释,如"稣"是对耶稣的专用字,江蘇一类蘇字均不能写成稣,《原稿》却写江蘇为"江稣",写蘇、常为"稣、常",认为这不是对讳字的错写,而是讳字移用,李秀成不会这样出格,只有别人誊抄才会这样写。依我看,这种出格与别的犯讳并没有什么不同,把蘇写成"稣",由繁变简,对李秀成来说是更为便当的。在一定情况下违反惯例的差误,不是表明事物的虚假,倒是表明事物的真实。

李秀成在那个短促而紧迫的时刻里,写出了数万字供词,涉及他和太平天国头绪纷繁的战斗经历;供词的原稿且遭到曾国藩的篡改;刻本和《原稿》又互不一致、长期分离,其中不免产生许多疑窦。这些疑窦大多是可以理解的,有的一时解释不清楚,可能由于我们对那个特殊而复杂的环境所产生的细节还不那么了然,也可能是受了我们自己的先入之见的束缚。疑问常常是纠正谬误、得出正确结论的起点,有时也可能是对事物的误解,是正确还是误解?最后得到验证,仍然要靠事物本身。

结　语

假造文书,假造笔迹,古往今来,不知有多少?对于太平天国这样一次伟大的农民革命运动,文献资料遭到敌人的极大破坏,鱼目混珠的赝品更经常出现。诸如伪编的日记,伪托的诗歌,伪造的文物,应尽有,但都只能蒙混一时,终被揭穿。唯有李秀成供词,长期以来有人怀疑它是假的,出于曾国藩的伪造,不仅有洋洋洒洒的专论,还有口耳相传的逸闻。然而它始终作为信史流传,不受怀疑论、伪造说的影响,这就是它经得起时间检验的明证。

凡是伪造的东西,当事人总是讳莫如深的。供词原稿如果是假的,曾国藩在上报清廷和在安庆刊出后,应该说已经达到了他作伪的目的,为什么还要把这个假东西当作宝贝传之后代呢?为什么到他的第四代曾约农还要把这个易招物议的假东西公之于世呢?因为他们知道这是一件历史真迹,即使人们看到的是曾国藩的罪证,而他们却认为是"先文正公手批"的业绩,所以几经沧桑仍能保留下来,使我们今天还能看到这个真迹。

《原稿》既然是一件不可否认的真迹,为什么伪造说经久不息?记得1957年,我给在上海的一些外国专家谈中国近代史,有位外国专家当场提问,说他看到一篇讲《忠王李秀成自传》是曾国藩伪造的文章(指《商榷》),他很同意这个说法。并说《自传》的文章写得很好,李秀成没有读多少书,写不得这样好。我说:这是误会,《忠王李秀成自传》就文章来说,写得并不好,字也不圆熟,从文字到内容看恰是李秀成写的。只有凌善清的《太平野史》说李秀成写供词数万言,"文气浩瀚,字体雄伟"[1],纯属夸张,是野史、小说家言。

当然,怀疑论和伪造说的流传,并非偶然,主要有两个观念在起作用:一是以如此忠于太平天国的农民革命英雄李秀成,最后怎会在供词中说出如许自污变节的话来;二是供词经过曾国藩的篡改,长期为其后人把持,从初刻本到影印本,又经历了漫长的岁月,这就被引申而成为伪造说的依据。前者是出自对农民革命的爱护,后者发

---

[1] 凌善清:《太平野史》第13卷,第19页。

自对敌人的憎恨,基于这种阶级感情,与其相信《原稿》是真不如怀疑它是假,以求予心之所安。这就是供词的真迹虽在而伪造说不息的社会原因。

阶级感情并不能代替科学实证。李秀成供词是太平天国革命的实录,是李秀成一生战斗历程和最后屈辱的记载,谁也不能否认它是研究太平天国革命历史的第一手资料。如果从实际出发,科学地看待供词的文字和内容,辩证地分析李秀成的一生及其在囚笼中的表述,是可以从中总结出丰富的历史经验教训来的。如他对天京事变的评述,是任何别的记载所不能代替的,所说"东王令严,民心畏。东王自己威风张扬,不知自忌,一朝之大,是首一人。韦昌辉与石达开、秦日昌是大齐一心,在家计议起首共事之人,后东王威逼太过,此三人积怒于心,口顺而心怒不息。少怒积多,聚成祸害",直率道来,发自肺腑。"少怒积多,聚成祸害",说出了太平天国内部矛盾演变的由来。又说:"自翼王出京之后,至蒙得恩手上办事,人心改变,政事不一,各有一心。主上信任不专,因东、北、翼三王弄怕,故未肯信外臣,专信同姓之重,那时各有散意,而心各有不敢自散。"指出了洪秀全后期任用嬖臣,专信同姓,使太平天国的农民革命政权日益蜕化为封建统治。这是封建政治的产物,又是严酷的历史教训。《原稿》这段话的每句旁用墨笔加△,看来是曾国藩、赵烈文之流加的,他们也在那里寻找政治成败的消息啊!

李秀成供词的原稿,就其文字和全部内容来考察,曾国藩可以撕毁、删削和改动,要完全伪造是伪造不了的。这个供词之所以赢得人们的高度重视,正因为它确是出于一个伟大历史事件的关键人物的亲笔而不是别人的伪托。1944年11月毛主席写给郭沫若同志的信说:"你的《甲申三百年祭》,我们把这当作整风文献看待。小胜即骄傲,大胜更骄傲,一次又一次吃亏,实在值得注意。"[1]指出了总结历史经验教训的深远意义。而李秀成供词,出自当事人之手,它所刻画的历史场面和包含的经验教训,则更加深刻。

---

[1]《中国历史研究》1979年第1期影印页。

不是谜的"谜"[1]

同治三年七月初六日（1864年8月7日），赵烈文日记，说李秀成"傍晚赴市，复作《绝命词》十句，无韵而俚鄙可笑，付监刑庞省三，叙其尽忠之意，遂就诛"。一百多年来谁也没有见到的这个《绝命词》。1980年7月4日，《文汇报》学术版上发表了题为《李秀成〈绝命词〉之谜》（以下简称《谜文》）的短文，其中刊出《绝命词》两首，颇引人注目。为了检阅方便，仍将原词照录如下：

  新老兄弟听我歌，我歌就义活不多，心有十条亲天父，不容天堂容妖魔。

  新老兄弟听我歌，天堂路通休错过，太平天日有余光，莫把血肉供阎罗。

词的来源，《谜文》说天京陷落不久，安徽茶商汪某，船泊南京，闻之于船中外国传教士，传教士则得自两江总督衙门。汪某当将所闻记录于账簿式的日记中（这是照《李秀成自述》原稿本模式说的），沿途讲述。嗣后他去澳门卖茶叶，又将此事腾传。再过60年，事情移

---

[1] 原载《文汇报》1980年7月25日。

到了英国伦敦,那时王重民先生在英国留学,常去大不列颠博物馆等处查抄太平天国史料,碰到一个澳门华侨传述李秀成《绝命词》十首,他只手录了两首(为何不全记,未详)。又过了二三十年,事情回到了中国的上海,1956年王重民路过上海在谈太平天国轶事中谈了这件事。又越24年,《谜文》才把这个早已绝迹的《绝命词》公之于世。总之,这个口传的轶事,从南京到澳门、到伦敦,然后再回到上海,经历100多年,行程几万里,颇有传奇意味。这姑且不说,请看看两首《绝命词》的本身吧!

（一）当事人说到李秀成的《绝命词》的只有赵烈文的《能静居士日记》,说李秀成作好《绝命词》"十句"就被处死了,是"十句"而不是"十首"。《谜文》说"会不会是赵烈文的误记",误记与否? 不得而知。不过就录刊的两首词来看,在就刑的刹那,一口气要写出10首这样完整而有格调的诗来,对李秀成几乎是不可能的。因为不仅是他的文化水平不高,两首《绝命词》比《自述》的文字好,而且在他所有的口说和文书中都没有发现这类韵文可以佐证。太平天国的显要人物,只有洪秀全、洪仁玕善于写这种东西。

（二）赵烈文说《绝命词》10句,"无韵俚鄙可笑"。但传刊的两诗明明有韵,《谜文》说:"赵烈文所说的'韵',应是当时规范化的'诗韵'。"认为两诗中的韵不规范,算不了押韵。查两诗是七言绝句式的歌谣体,韵都规范地押在第一、第二、第四句上,所用的"歌、多、魔、过、罗"等韵,都在通用的《诗韵集成》《诗韵合璧》等书的下平声《五歌》内,并不是顺口溜式的自由韵,不知还有什么比这更规范化的韵?

（三）在太平天国将领中,李秀成是拜上帝会中宗教色彩比较淡薄的一个,他在《自述》中说的大都是事实经过,宗教用语很少,而且一再对洪秀全的"俱信天灵""靠实于天"表示不满,这是众所周知的事。而两诗的八句话,却充满了"心有十条亲天父""天堂路通休错过""太平天日有余光"等宗教用语和思想,《谜文》也说每首"大致是劝人尊敬天父,死后可以登上天堂等语"。这与李秀成同时写的《自述》和他平素所持的态度不太吻合。

从形式到内容,这两首《绝命词》都不像是李秀成的东西,而是别人的假托。略加考察,即不难看出破绽来,说不上是一个"谜",要是我们轻信这样的赝品,太平天国历史的"谜"倒是会多起来。

李鸿章与中国近代化[1]

在秋高气爽的时候,我应邀和同志们一起来合肥讨论李鸿章,通过几天的会议,听了许多同志的发言,特别是青年同志的发言,收获很大。大会的负责同志要我发个言,盛情难却,下面就谈谈我的不成熟的看法。

李鸿章是中国近代开拓性的人物

我们在座的同志都是研究近代史的,那么近代中国在追求什么?大家认为:近代的中国旨在追求近代化,而洋务运动为中国近代化开了个头,或者说中国向近代化迈出了第一步。这第一步与李鸿章关系很大。近年来,我们史学界对洋务运动的研究比较深入,对李鸿章的评论的变化也比较大,特别是对他倡导的洋务活动,不少同志进行了探讨。其中有一点,近代中国要搞近代化,就必须认识世界,走向世界。

我们上海复旦有位学者朱维铮最近写了一本题为《走出中世纪》

---

[1] 原载《文汇报》1988年12月6日。

的书，我看了以后，觉得很有意境，但应改一个字，改"走"为"轰"，近代中国不是走出中世纪的，而是被轰出中世纪的，是被人家的利炮坚船轰了之后，被迫走出中世纪的，可悲的是，有许多人被人家轰了还是不走，而李鸿章在两次鸦片战争之后开始走了，他接触世界，了解世界，当然不是李鸿章一个人，有一批人，但是这批人大都是围绕着李鸿章的，老一点的有丁日昌、郭嵩焘、沈葆桢，晚一点的有马建忠、薛福成，也包括郑观应。李鸿章则是这一批人的代表。

这次学术讨论会上，有的同志认为，李鸿章是中国近代化的奠基人、开创人，这是不无道理的，我认为，说李鸿章是中国近代化迈出第一步的代表人物，比较合适，他是19世纪后期那个时代的开拓性人物。甲午战争时期或稍后，孙中山、章太炎还上书李鸿章，把变革的希望寄托在李鸿章的身上。由此，我们也可以看到，李鸿章是那个时代推进中国近代化的代表人物。

但是，我们不能不看到，李鸿章毕竟是个深受儒家思想教育的清朝大官，他同封建统治还有千丝万缕的关系，当然没有越出封建肌体。可贵的是，他给封建体制绽开了一个裂口，这是评价李鸿章与中国近代经济的基点，我们不能超出这个基点，超出这个基点就与当时的历史不吻合。

李鸿章跨出这一步，是我们今天召开专题学术讨论会，研究他的意义所在。李鸿章生活的时代，中国有四万万人口，而像李鸿章这样主张跨出国门，认识世界的人找不到一百个，李鸿章对世界的认识，时代的认识，比他同时代的人要高得多。我们研究洋务运动，离不开曾、左、李。在洋务活动中，曾国藩、左宗棠、李鸿章各有所长，可是，在认识世界、了解时代这一点上，李鸿章要比曾、左高出一筹。

李鸿章也有爱国主义之心，民族主义之情

这次讨论以"李鸿章与近代中国经济"为题是经过思考的，它为全面评价李鸿章提供了方便，也比较有现实意义。但李鸿章是晚清政治、军事、外交的核心人物。仅仅对他的洋务思想和洋务活动进行评价而回避他的政治、外交活动是有困难的，也是回避不了的。晚清，慈禧在朝内主政40余年，李鸿章以封疆大员辅政40年，赫德以总税务司干政50余年，他们互相结纳，构成了那时的政治格局，这三个人当中，李鸿章又是关键人物。过去我们对历史人物的评价，往往停留在爱国卖国的表层上，李鸿章是个卖国贼过去几乎家喻户晓。而在这次会议上，有的同志写了李鸿章的爱国思想、民族主义，这在过去是不可设想的。那么李鸿章有没有爱国主义之心、民族主义之情呢？我想是有的，他毕竟是炎黄子孙。他办的许多企业，是为了抵制外国，分洋人之利的，拿军事来说，他创建的北洋水师主要是对外的，威海卫炮口是对准外国侵略者的，你能说这不是爱国主义之心、民族主义之情吗？

过去我们的思维方法受极"左"路线的束缚和干扰，对李鸿章的评价一概否定、贬斥，骂他是个卖国贼，既然定性了，他当然就不再存在什么爱国主义的东西。过去我也是这样认识的。这种简单的思维方式应该抛弃。李鸿章作为一个复杂的历史人物，在他的身上是否存在着爱国、误国、卖国这三个方面的矛盾现象？这就是说，李鸿章有爱国之处，也有误国之处。比如，甲午战争期间，李鸿章做了些准备，但又把战争的胜利寄托在其他帝国主义列强对日本政府的干涉，特别是对沙俄帝国的幻想上。这不能说不是李鸿章的一个重大失误之处，也是甲午战争战败的一个重要原因。

李鸿章是否有卖国之处？《中俄密约》是一个重要问题。多年来用了由沙俄大臣维特写的一条材料，说李鸿章之所以与沙俄帝国签订《中俄密约》，是受了沙俄政府给他300万卢布的贿赂，但这条史料是个孤证，没有旁证，如果这是事实，它大大便利了《中俄密约》的签订，而《中俄密约》对中国主权的丧失是巨大的。这就很难说不是李鸿章的卖国行为，但只有沙俄的孤证，还不能轻易地下结论。因此，李鸿章究竟有没有卖国，有待于《中俄密约》签订过程中史料的进一步挖掘。至于其他条约的签订，很难给李鸿章扣上卖国主义的帽子。因为在那样的历史环境中，不管谁去，都无力回天，改变不了现状。

从上面这些情况来看，评论李鸿章还有必要对他进行心态分析。比如，在多次战争中，李鸿章一方面准备迎战，临战时，又寄希望于和平，没有打仗的决心，在他看来，这些战争，不是中国打不过别人，就是清廷不想打。所以有人说，李鸿章一些迎战的准备是作虎蹲深山的养威之势。戊戌变法期间，李鸿章看西太后面色行事，但也同情康有为，爱惜梁启超的才华。这些，可从李鸿章的心态进行分析。前不久，黎澍同志在《历史研究》上发表过一篇文章，说到李鸿章与孙中山的关系，黎澍同志说，李鸿章与孙中山有一种默契，孙中山曾见到了李鸿章，并作过较长时间的交谈，我就给他回了一封信说，这作为一种说法是可以的，但没有确证。历史心理学，20年代起始于法国，80年代传到大陆。其实早在太史公著的《史记》对刘邦和项羽就有过精彩的心理描写，但作为一门专门学科，是新近才传到中国来的。对一个历史人物，特别是复杂的历史人物的研究，进行心态分析是很重要的。

过去说李鸿章崇洋迷外，投降卖国，铁证如山，我相信了。现在大幅度转变到说李鸿章有爱国主义思想，对中国近代化的进程起到了推动作用,这种戏剧式的变化说明了什么呢?我认为,李鸿章还是李鸿章,这种戏剧式的变化,是政治上的需要反映到了我们的历史研究上来,当然,也因为我们从事历史研究的同志从封闭体中钻出来,走上了开放改革之路,观念不能不有所调整。在封闭体的时候,我们骂李鸿章是卖国贼,过了头。从开放角度来看,李鸿章又是一个开放性人物。所以我说,我们的历史研究,仅仅服从某个时候、某种政策的需要,非带片面性不可,过去我们讲一个人好,那个人简直好得是个完人;要讲这个人坏,那就是头上生疮脚底流脓,坏透了。因此,我们搞历史研究的同志自己对自己研究过程作一番认真的反思是十分必要的。

盛宣怀传略[1]

盛宣怀（1844—1916）字杏荪，一字幼勋，号次沂、补楼，别号愚斋，晚年自署止叟[2]。道光二十四年九月二十四日（1844年11月4日）出生于江苏武进县一个地方官僚家庭。父亲盛康，进士出身，历官知府、道员，留心世务，辑有《皇朝经世文续编》，对盛宣怀日后的作为颇有影响。

咸丰十年（1860）二月，太平军进军苏、常，盛宣怀随祖父母避兵至父亲湖北粮道盛康任所。同治六年（1867）回籍应童试，补县学生员。后屡试不中，纳赀为主事[3]。

同治九年（1870）春，李鸿章率军入陕，攻剿回民起义军。盛宣怀经杨宗濂荐介，得入李鸿章幕，办理行营内文案兼充营务处会办。以办事干练，为李鸿章赏识，递保知府、道员，会办陕甘后路粮台、淮军后路营务处[4]。同年，李鸿章调任直隶总督，盛宣怀随李来到直隶

---

[1] 原载《清代人物传稿》下编第7卷，辽宁人民出版社1993年版。
[2] 盛宣怀的字号还有思惠斋、孤山居士、须磨布衲、紫杏等。
[3] 《清史稿》，第12809页。
[4] 盛宣怀：《愚斋存稿初刊》附录，《盛宣怀行述》。

(今河北)。

攀上李鸿章,是盛宣怀一生发迹的起点。李鸿章在直隶总督任上,提倡洋务,举办新式企业,盛宣怀遂同洋务事业发生密切联系,由经办洋务企业被称为大实业家,并在清末政坛中不经科第、出身佐贰,竟跃为要津大员。有人说他一生事业一半"得自时会",一半"由于人力"[1]。

同治十一年(1872)李鸿章筹开轮船招商局(以下简称招商局),盛宣怀为之拟订章程,多所赞画。十二月十六日(1873年1月24日)招商局成立,李鸿章派浙江总办海运委员朱其昂为总办,承运漕粮。次年七月十八日(1873年9月9日)李鸿章又派盛宣怀为会办,盛举荐"于洋员、贸易素所谙悉"的广东富商徐润、唐廷枢同为会办。

盛宣怀任会办后,在他的推动下,招商局进行了一番整顿。除承办运漕外,增辟上海至日本、马来西亚、菲律宾、新加坡等国外航线,营业颇佳,计开办三年,"中国之银少归洋商者一千三百万两"[2]。因而引起外国在华轮船公司的嫉忌。美商旗昌轮船公司联合英商怡和、太古轮船公司,凭借其实力及从不平等条约中取得的特权,"大跌水脚",企图用降低运价的办法搞垮招商局。招商局大受其害,几临破产。赖盛宣怀与其他会办"苦心擘画",使招商局得以维持不败,继与外国轮船公司订立"齐价合同",彼此"息争均利"。

随着洋务企业的增多,对于燃料、原料的需求日益迫切。光绪元年(1875)盛宣怀受命往湖北办理勘查煤铁矿事宜。次年五月湖北开采煤铁总局成立,盛被派为督办。任职期间,延聘英国矿师,采用西

---

[1] 李守孔:《杂谈盛宣怀的事功》。
[2] 光绪二年十月二十四日陈兰彬奏折。

法，对鄂、赣境内的煤铁矿作了较大规模的勘察，先后发现大冶、当阳、兴国、广济等煤铁矿，为湖北的矿业和冶炼业开了路，其中大冶铁矿的发现对汉阳铁厂的兴办起了重要作用。

光绪三年（1877）美商旗昌轮船公司因亏损过巨，难以继续，决定将公司产业转售给招商局。其时，盛宣怀为筹划开采煤矿正在湖北武穴，唐廷枢被丁日昌邀往福州，徐润驻局，计议收买。徐派人赴鄂征求盛的意见，盛完全赞同。十一月十三日（12月17日），他会同唐廷枢前往南京商请两江总督沈葆桢，以"借宾定主"、收复利权反复陈说。沈葆桢同意收买，一面上奏朝廷，请饬各省拨款支持；一面嘱盛宣怀增招商股。十八日盛与旗昌洋行签订正式合同，以222万两白银收买旗昌公司全部产业。经过这次"归并"，招商局船只骤增20多艘，运载总量比英商怡和、太古两公司的总和还要多，而轮船、码头、栈房遍布沿江沿海各重要口岸，颇有优于外国轮船之势。

招商局扩展后，盛宣怀利用事业需人，"安插私人亲信"，以致"局中挂名应差、图谋薪水者"渐多，遭到御史董翰弹劾。清廷谕令李鸿章、沈葆桢彻查。李在复奏中力白其无，并奏调盛署天津河间兵备道。

光绪六年（1880）十月，又有国子监祭酒王先谦弹劾盛宣怀在收买旗昌轮船公司时，"营谋交通，挟诈渔利"。西太后仍谕李鸿章会同两江总督刘坤一认真查究，据实奏闻。次年正月十五日（1881年2月13日）刘坤一复奏，指出王先谦所参各节，"未始无因"，弹劾盛宣怀"蠹帑病公，多历所见。现在仍复暗中勾串，任意妄为"，并说盛于收购旗昌船产时，每两抽取花红五厘，私自以七折收购旗昌股票，兑换足额，以饱私囊，似此"滥竽仕途"，"有同市侩"[1]，请求将他革职，

---

[1]《刘忠诚公遗集》，奏疏第17卷，第11—21，46—49页。

不准干预局务。二月十一日（3月11日）李鸿章复奏，仍力为盛宣怀回护。奏中词连刘坤一，揶揄刘不谙"用人与保利权"。李鸿章坐镇北洋，朝廷倚为柱石，声望远在刘坤一之上，卒从李奏，对盛免于处分。刘坤一不服，三月三日（4月1日）再次上奏，陈述前奏所参盛宣怀各节，并非出于私人成见，纯系"采诸物议，核诸卷宗"，即使将盛查抄，于法亦不为过，仅请予以革职，已格外从宽[1]。两督互争不让，西太后左右为难，乃令总理衙门出面调处。奕䜣着盛宣怀离开招商局，"不准再干预局务"，并要李鸿章"严加考察，据实具奏，毋稍回护"[2]。八年（1882）三月李鸿章复奏，坚称盛宣怀"勤明干练，讲求吏治，熟悉洋情，……洵属有用之才"[3]。在李、刘争议期间，盛为避嫌，请假归里，嗣奉李鸿章之召，才回到河间兵备道任上。

李鸿章又以电报有利防务，便利通讯为理由，于光绪六年奏请敷设津沪电线。当年八月十四日（1880年9月18日）清廷命李鸿章统筹办理电报事宜，李即派盛宣怀任其事。盛与丹麦大北公司签订合同，雇请丹麦技师来华承造。七年（1881）十月津沪线架通，李鸿章奏设电报局于天津，以盛宣怀为总办。八年九月（1882年10月），外国资本家决定在上海开办"万国电报公司"，"并准华商入股"，企图挤垮中国电报局，垄断中国电报事业。总理衙门与李鸿章议予"驳阻"，往复函商，尚无端绪。盛宣怀建议"驳阻不如自办"，请"准华商集股添设"[4]。总理衙门接受盛的建议，授权盛办理。九年（1883）正月盛暨江海关道邵友濂、洋务委员王之春与英国大东公司议订章程，规

---

[1]《刘忠诚公遗集》，奏疏第17卷，第11—21，46—49页。
[2]《清德宗实录》第129卷，第7页。
[3]《李文忠公全集》，奏稿第31卷，第42页；第54卷，第52页。
[4]《李文忠公全集》，译署函稿第13卷，第48页。

定英国拆除其架设的沪粤陆线,改由中国自办,并签订中英水线相接合同[1]。十三日(19日),复与丹麦大北公司签订有关章程,由中国购回该公司架设的淞沪陆线[2]。此后,盛宣怀还制订了全国电报电线计划,会同各省逐年开办。截止光绪二十三年(1897),全国22省均已敷设了电报专线[3]。李鸿章为盛请奖的奏片说:"今线路绵亘万数千里,京外军谋要政瞬息可通,成效昭著,其功实不可泯。"[4]

光绪十年(1884)六月,盛宣怀署天津海关道,不久,升任招商局督办,并迫使徐润从局中退出,盛全面控制了招商局。中法战争期间,为防止法军海上袭击招商局船只,盛曾将招商局暂售美国旗昌洋行代为经管,第二年如约收回。

盛宣怀既得李鸿章的专意任用,又因随醇亲王奕譞巡阅北洋海陆各营以经管轮电出力,奉旨从优议叙。光绪十二年(1886)六月被简授登莱青兵备道兼东海关监督。东海自互市以来,海防榷政,皆受成于北洋,而盛宣怀所管轮、电两政,以津沪为枢纽,烟台又介居其中,自此呼应更灵。在任期间,设立拯济局,抢救遭风罹难的"估舶渔舟"[5]。十三年(1887)黄河在郑州缺口,灾及豫鲁,他捐款备赈,协助山东巡抚张曜办理疏导辖境防汛工程,集资开浚小清河。其时,李鸿章计划与美国合股开设银行,解决洋务资金。盛宣怀与周馥、马建忠奉命同美商米建威在津密商,订立中美筹开银行章程。以章程损害了中国主权,对其他列强在华金融势力亦有碍,致银行在一片反对

---

[1] 《海防档》,电线444号,第604页;462号,第674页。
[2] 《海防档》,电线444号,第604页;462号,第674页。
[3] 盛宣怀:《愚斋存稿初刊》第3卷,奏疏3,第1页。
[4] 《李文忠公全集》,奏稿第31卷,第42页;第54卷,第52页。
[5] 盛宣怀:《愚斋存稿初刊》附录,《盛宣怀行述》。

声中流产。

光绪十八年(1892)五月,盛宣怀又调补天津海关道兼津海关监督,"管理直隶中外交涉事件并新钞两关税务,以及铃辖海防兵弁"[1]。进而成为北洋的管家和经纪人。有关北洋大臣与总理衙门"互商"的军国"要政""密件",悉为"参与"[2]。从这时起,他还同翁同龢、李鸿藻等京朝权要建立了关系。

光绪十九年(1893)九月,才开车生产三年的上海机器织布局失火焚毁,李鸿章急派盛宣怀前往规复。经过一年的努力,盛宣怀在原址上另建华盛纺织总局,计有纱锭6.5万枚,布机750架[3]。他任督办。于是,洋务派兴办的轮、电和纺织三大企业,悉为盛掌握。

光绪二十年(1894)四月中日对朝鲜的争端激化,盛宣怀建议李鸿章奏请"除属国虚名",按照瑞士例,由各国共同"保护"朝鲜。牙山战后,又请以前台湾巡抚刘铭传为钦差大臣,督办军务。迨旅大失守,辽东战场淮军溃败,又请募洋将,速练新军,为湘、淮军冲锋;购快船数号,补充海军,与日决战[4]。以上建议和意见均未获采纳。在甲午战争的全过程中,盛宣怀虽非军政大员,但他身兼津海关道、轮船招商局督办、中国电报局总办及新任"总理后路事宜"等职,与整个战局息息相关,举凡军队调动,饷械供给,前线军情与朝廷内外的函电,均与之发生联系。就编印的盛宣怀档案资料选辑之三《甲午中日战争》看,他对抗击日本还是做了不少工作的[5]。

从办理洋务和应付局势需要新的人才出发,甲午战后不久,盛宣

---

[1] 《新设津海关道未尽事宜七条》,见《李文忠公全集》,奏稿第17卷。
[2] 《盛宣怀行述》。
[3] 《海关十年报告》(1892—1901),共513页。
[4] 盛宣怀档案资料选辑《甲午中日战争》下册,第436—440页。
[5] 盛宣怀档案资料选辑《甲午中日战争》下册,第436—440页。

怀在天津设立了中西学堂(后改称北洋大学堂),继又在上海创办了南洋公学(交通大学前身)。南北洋学堂同为我国近代高等教育的首倡,促进了新式教育事业的发展。

盛宣怀已是一个为当世侧目的人物,光绪二十二年(1896)二月来到上海时,又遭人弹劾,说他办理东征转运事宜,"采买军米,侵蚀浮冒"。尽管李鸿章为之开脱,论者仍纠弹不已。清廷命王文韶、张之洞会同严查,盛祸将不测。王本袒盛,张则恶盛。盛宣怀乞张保全[1]。恰好这时张之洞因汉阳铁厂亏空严重,无法维持,议改官办为商办。张之洞传言,请盛接办,意思是要盛为他弥补亏空。盛如接办,他即设法"保全"。三月,盛宣怀来到武汉,晋见张之洞,表示愿意接办汉阳铁厂,但提出要由他组织铁路公司、经办芦汉铁路为条件。因为"有了铁路,钢厂就有销路"[2]。张之洞为求脱身,同意盛的要求。五月,盛宣怀接办汉阳铁厂。八月,张之洞与王文韶联名奏请开设铁路公司,保盛董其事。九月,盛宣怀进京,十三日(10月19日)光绪帝召见于乾清宫东暖阁,他备陈铁路可以"速征调,通利源",实为"自强之一端"[3]。得到恭亲王奕䜣和户部尚书翁同龢等人的支持。十四日,谕令盛宣怀以四品京堂候补,督办铁路总公司事务。十二月铁路总公司在上海成立。盛宣怀奏明先造芦汉、苏沪、粤汉则次第展造,不另设公司。自此,他便以铁路总公司为枢纽,近握轮、电、纺织,遥控汉冶萍,声势甚盛。

盛宣怀在同外国资产阶级的多年接触中,认识到"外洋各公司招

---

[1] 沈云龙:《盛宣怀梁士诒结怨始末》,见《现代政治人物述评》下册,台湾版,第92页。
[2] 盛宣怀:《寄张中堂》,见《愚斋存稿初刊》第74卷。
[3] 《盛宣怀行述》。

股,无不由银行经手"而"铁路招股配债,若无银行,势必棘手"[1]。因此,在京期间,他奏请开设银行。十月八日(11月12日),光绪帝批准盛宣怀的银行计划,责其择董开设。稍后又谕知盛宣怀待银行办成,开铸一两重银元10万元试行南省。户部且提拨库款100万两交存银行使用,以示支持[2]。光绪二十三年四月二十五日(1897年5月24日),中国通商银行在上海成立,这是中国自办的第一家银行,盛宣怀被任为银行督办。

盛宣怀在就任铁路督办的当初,即着手兴筑芦汉铁路。他估计,芦汉铁路费用约需4 000万两。由于招股不易,他请求拨发官款,但总理衙门仅允拨50万两,而户部允拨1 000万两,又须俟洋债议妥方有的款。路款既毫无着落,盛宣怀便决定为筑路直接举借洋债,他商同张之洞,即以芦汉铁路为担保,在汉口同比利时商人马西(Masy)、海沙地(Rizzard)议借450万镑,光绪二十三年(1897)九月正式签订合同。比商旋又借故刁难,盛宣怀被迫与比商重订合同,给以更高的款息及铁路用人行政等优惠。光绪二十三年(1898)十二月应湘鄂粤三省绅商要求,盛宣怀奏准三省设立公司,自筑粤汉铁路。继因三省资力有限,难期有成,又出面与美国合兴公司订立粤汉铁路草约合同,借贷美款400万镑,由合兴公司承筑粤汉全路。尔后,他还与英国签订沪宁、苏杭甬、浦信等铁路借款合同(浦信铁路合同后作罢),与英国怡和洋行、福公司议订合办广九、泽道铁路合同。继又与美国合兴公司继订合同,改借美金4 000万元。通过这些借款合同,盛宣怀出卖了国家大量利权,密切了与帝国主义的关系。并由经手铁路

---

[1] 盛宣怀:《愚斋存稿初刊》第25卷,电报2。
[2] 盛宣怀档案资料选辑《中国通商银行》(未刊稿)。

借款,在分享"酬劳费"的名义下,他从中捞到了一大笔资金。

变法运动兴起后,盛宣怀亦时有献议。光绪二十二年(1896)二月,应两江总督刘坤一邀,"议新政条陈"。九月,条陈《自强大计》,力主练兵、理财、育才[1]。二十四年(1898)七月进京入觐,召对两次,陈《练兵说帖》。睹朝局将变,仓促南归。

光绪二十六年(1900)五月义和团运动爆发,盛宣怀听说义和团"毁路戕官",急电荣禄发兵"痛剿"。西太后为借"灭洋"旗帜,令各地"办团",盛宣怀认为"此系矫旨","乱命","切不可行"。当时列强纷纷调兵来华,将军舰开进长江,南方亦将"大乱",他密电两江总督刘坤一、湖广总督张之洞,倡言"东南互保"。五月三十日(6月26日)他代表刘、张,与上海道余联沅谋划,由余出面同各国驻沪领事会商,约定上海租界由各国公共保护,长江及苏杭内地由各省督抚保护,两不相扰。一时赞成和拥护"互保"的有两广总督李鸿章、闽浙总督许应骙、浙江巡抚刘树棠、山东巡抚袁世凯等。"东南互保"维护了帝国主义在长江流域的权益,符合清政府对内镇压对外妥协的政策,得到了清政府的"默认"。事后,西太后当面褒奖盛宣怀:"非汝等力保东南,恐无今日。"[2]但也应该承认,它使东南一时没有出现如北方那样的糜烂局势。十月,盛宣怀奉西安行在之命任会办商务大臣,驻沪办事。十一月,筹办秦晋义赈,旋补授宗人府府丞。西太后对荣禄说:"今日看来,盛宣怀是不可少之人。"[3]

光绪二十七年(1901)八月,盛宣怀协助吕海寰与各国进行改订各口税则,增加税收谈判。他力主"增税免厘",但外国侵略者坚持

---

[1]《愚斋存稿初刊》,奏疏卷3,第10页。
[2]《盛宣怀行述》。
[3]《盛宣怀行述》。

"免厘减税"。谈判几经波折，毫无结果。十月，盛康病死，盛宣怀"开缺守制"。新任直隶总督兼北洋大臣袁世凯趁方兴之势，夺走盛宣怀管辖的电报局，又派其亲信杨士琦到招商局主持局务。盛宣怀无可奈何，对袁世凯怨愤不已。

光绪三十年（1904）五月，湘粤绅商以美国合兴公司对粤汉铁路兴筑迟缓，又违约将股票转售给法、俄支持的比利时资本家，遂要求废除与美国所订粤汉路合同，收归自办。张之洞迫于绅商压力，同意废约，盛宣怀表示反对。四月，他前往南京，与张之洞、魏光焘就此磋商，终因彼此意见相左，不欢而散，为此，又失去了张之洞的支持。三十一年（1905）江浙绅商要求废除与英国订立的芦汉铁路借款合同及苏杭甬铁路草约。盛宣怀表面赞同，暗中却与洋人通声气抵制废约。在收回利权运动的爱国热潮中，盛宣怀的崇洋面目日著，深为舆论不满。十月经商部奏请，清廷任命外务部侍郎唐绍仪兼任督办京汉、粤汉铁路大臣，以分其权。盛不自安，托病乞休，奏请裁撤铁路总公司。

盛宣怀的权力虽暂被削弱，但他仍握有汉冶萍煤铁厂矿等企事业，又有深广的官绅关系，"乞休"并未休。光绪三十二年十月十九日（1906年12月4日），资产阶级革命党人发动萍浏醴大起义，萍乡安源煤矿矿工数千人积极准备揭竿响应。盛宣怀得报后，立即飞电湘鄂赣三省督抚"调兵兜剿"，着速"派队保矿办匪"。旬日后，湖广总督张之洞派来的新军到达萍乡，分兵入驻安源，旋即杀害矿工首领肖克昌，将工人百余名押至萍乡边境驱散。

为浙路（苏杭甬铁路）风潮，光绪三十三年（1907）冬盛宣怀奉召入京，以备咨询，他乘机贿赂度支部尚书载泽，三十四年（1908）二月补授邮传部右侍郎，未及赴任，即被袁世凯撵出北京，前往上海会办商约。在京期间，他曾奏准合并汉阳铁厂、大冶铁矿、萍乡煤矿为"汉冶萍煤铁厂矿股份有限公司",由官督商办,自任总理。由于汉冶萍公司亏空严重,经营困难,为寻求外资,七月他东渡日本,名为治病,实则是向日本财阀乞求援助,十月,光绪帝、西太后相继去世,溥仪继承皇位,由其父载沣(光绪帝弟)监国,盛宣怀预感朝政必有一番变更,岂能漠然置之,便匆匆赶回国内。

载沣监国后,既感皇权旁落,又以袁世凯戊戌时出卖光绪帝的宿怨,乃将袁世凯逐回原籍。盛宣怀抓住这一时机,取得载泽、溥伦等权贵的欢心,于宣统元年(1909)六月重新掌握招商局,改招商局为股份有限公司,自任董事长。八月,入京到邮传部履任,协助度支部进行币制改革,同载泽一起与英法美德四国银行团签订了 1 000 万英镑的币制实业借款合同。实行银本位制,以银元为国币,划一银元的形式和重量。十二月(1910 年 1 月),邮传部尚书唐绍仪因病开缺,盛宣怀"谋擢尚书",同左侍郎沈云霈展开了激烈的争夺,盛收买醇王府管家,重贿载沣、载泽,如愿以偿,当上了邮传部尚书。以其历办义赈,并被派为中国红十字会会长。

在革命势力和立宪运动的双重压迫下,宣统三年(1911)四月清廷宣布内阁改制,裁撤军机处,改设内阁,阁员改称大臣,盛宣怀为邮传部大臣。同月,给事中石长信疏请将全国铁路干线收归国有,支路听民自办。载沣令邮传部复议,盛宣怀单衔入奏,表示完全赞同石长信的建议,并条陈详细办法。清廷得奏后,谕令"着即遵照,实力奉行"。接着,由内阁总理大臣奕劻和协理大臣那桐、徐世昌署名,径行公布。宣布从前商办铁路各案一律取消,如有煽惑抵制,以违制论处。同时派员强行接收湘、鄂、川、粤四省铁路公司。

清廷宣布铁路国有,取得帝国主义的支持,旋即由盛宣怀代表清政府同美、法、英、德四国银行团订立川汉、粤汉铁路 600 万镑借款合同,将湘、鄂境内粤汉铁路和鄂省境内川汉铁路的修筑权出售给四国,并以湘、鄂两省厘金、盐税作担保,又许以铁路借款的优先权和铁路扩展权,大大地适应了帝国主义输出资本的侵略要求,从而激起全国人民的反对。湘、鄂、川、粤人民群起保路,指控盛宣怀卖国,川省保路运动尤为激烈,成为武昌起义的导火线。为了平息人民的愤怒,阻止革命形势的发展,清廷下令革盛宣怀职,永不叙用。资政院和御史们且建议将他明正典刑。盛宣怀惊恐万状,秘密向帝国主义求救。英、法、美、德驻华公使公然出面向奕劻抗议,奕劻表示对盛不再加罪,允许他离京出走。革职令下的第二天深夜,盛宣怀在四国使馆卫队的武装保护和英、美使馆汉文参赞的陪同下,匆匆登车前往天津,转乘德国轮船逃往青岛,继而又被日本接到大连,民国元年(1912)1月2日(以下均公历)渡海去日本神户。

  盛宣怀的"私产",在辛亥革命中被封查没收。汉冶萍公司因有大量日本人投资不在其列。盛宣怀以"商产终非国债,终难保全",在大连逃亡途中即与日本密谋"合办"汉冶萍和招商局抵押事项,求其庇护。继因南京临时政府经费困难,着令盛宣怀筹款,盛更借此卖力策划"合办"以便取得借款,借此向民国政府输诚投效,谋求保全自己的资财。民国元年1月29日,由盛宣怀委派汉冶萍公司协理李维格在神户同三井物产株式会社签订《汉冶萍公司中日合办草约》(以下简称《草约》),次日,李维格又奉盛宣怀之命向横滨正金银行商借日币500万元,作为公司付给南京临时政府的借款[1]。紧接着,日本三井物产株式会社上海支店,即将《草约》抄录送到南京,要求民国政府确认《草约》,声明公司可先行将大冶铁山抵押款200—300万

---

[1] 盛宣怀档案资料选辑《辛亥革命前后》,第235—241页。

日元，先行贷给，余款在汉冶萍董事会通过后支付。又另附一致孙中山函，指明要孙中山和黄兴两人签字。2月2日，孙中山和黄兴在抄录件上签署"右件承认"[1]。

中日"合办"汉冶萍的消息传出，舆论大哗，群起反对。居留日本的盛宣怀，连忙密电上海亲信，嘱他们"运动报界勿肆议论"。但孙中山很快意识到，将政府借款同汉冶萍"中日合办"牵连在一起，是盛宣怀居心叵测和日本帝国主义的乘机侵略，乃向参议院提出咨文，坚决不承认中日"合办"草约，并明确宣布"取消前令"[2]。又正告盛宣怀"万不可能以已由政府核准为借口"，继续搞"合办"。但盛仍不罢休，希望三井洋行运动民国政府批准，取得实据，造成事实。无奈群情愈愤。"万矢集于一身"，盛最后才赞同废约。4月，汉冶萍公司在上海召开股东大会，改选董事会，取消盛的总理职务。同一时候，招商局也举行会议，撤销盛的董事会会长。6月，盛在东京青山医院发表《启事》，为他出卖汉冶萍公司辩护。

盛宣怀过了近一年胆战心惊的逃亡生活，民国元年10月安然从日本回到上海，声称"杜门谢客"，其实既未"杜门"，也未"谢客"。当袁世凯夺取总统大位之初，他在日本就传言向袁献殷勤。一到上海，首以赈灾为名，独资捐赠100万元，表示对袁世凯政府的忠心。继而为恢复被没收的资产四出活动，以报效"水利费"20万元给江苏都督程德全，求程发还其资财。次年春，他再度任汉冶萍公司董事长。招

---

[1] 三井文库《三井事业史》，第218—219页。
[2] 《咨复参议院再次质询临时政府抵押借款等案文》，见《孙中山全集》第2卷，第123—124页。按：孙中山、黄兴只是在三井物产株式会社上海支店抄录的《汉冶萍公司中日"合办"草约》上签署"右件承认"，并非在正式《草约》文本上签署；且《草约》第十款载明，须得汉冶萍公司"过半数股东赞成"，才能订立正式合同。此时并未召开股东会，故孙中山发表"咨文"取消"承认"一事，是合理合法、毋庸争辩的。

商局也在拥护和反对两派的哄闹中,以微弱的多数选他为董事会副会长。盛宣怀更加巴结袁世凯,说:"每见项城(袁世凯)措置大局,举重若轻,实超轶乎汉高、宋祖而上之,方之华盛顿、拿破仑亦有过无不及。"[1]"二次革命"爆发后,他狂呼"革命流毒忽又剧作",要求袁世凯赶快派兵镇压;并以招商局董事会副会长的身份,调遣轮船,供袁世凯运输军队饷械,以加速对讨袁势力的进攻。但是他的这些表白与行动,并未博得袁世凯的好感,袁对他仍然冷漠。由于失去了强大政治权力的支撑,盛宣怀掌握的企事业,常遭地方官府的侵蚀,经营十分困难;他又投靠日本谋保存,借以防制袁世凯的吞夺。1914年12月,他再次同日本签订1 500万元的借款合同,使汉冶萍进一步受到日本的控制。第二年(1915)日本提出灭亡中国的"二十一条"共五号,其中第三号就是掠夺汉冶萍公司及所属各矿附近矿山的条款。谈判期间,日方派小田切与盛宣怀联系,许以重利,要他配合,盛未敢贸然承诺。

　　盛宣怀在晚清以办理洋务实业发家,对发展近代企业起过作用,得以进身满汉上层统治集团的圈内;随着清王朝的倾覆,他从政治舞台上跌落下来,仍以实业作凭借,在权势圈中挣扎,终以心劳日拙,无可挽救其颓败的命运了。民国五年(1916)4月27日,盛宣怀旧疾骤作,病死上海,终年73岁。生前辑有《常州先哲遗书》,死后,他的部分遗稿编为《愚斋存稿》刊行于世。其未刊剩稿和所遗档案甚富,近年来已以《盛宣怀档案资料选辑》形式,陆续整理出版。

---

[1] 盛宣怀档案资料选辑《辛亥革命前后》,第291页。

康有为的爱国维新精神[1]

康有为曾经是一个热诚的爱国主义者。康有为表现他的爱国行动,是1888年他向光绪皇帝第一次上书。那时,他刚30岁,一个书生,没有官爵,没有功名,连个举人也没有考上。照当时的制度,他是没有资格上书皇帝的,没有资格过问国家大事的。但是,他不顾这些,不顾可能惹来的横祸,毅然上书,不在其位,却力谋其政。是什么力量驱使他做出这种异乎常规的破格举动呢?是爱国的激情。1888年那是中国在两次鸦片战争和中法战争惨遭失败以后的苦难年代,是中国在半殖民地的道路上越滑越深的年代。列强环伺,虎视鹰瞵,怎么办?康有为就上书皇帝,呼吁变法。他在自编年谱中写道:自中法马江之战失败以后,"国势日蹙,中国发愤,只有此数年闲暇,及时变法,犹可支持,过此不治,外患日逼,势无及矣。于是发愤上万言书,极言时危,请求变法"。指出了国家的安危所在,抒发了他忧国忧时的怀抱。1895年正当《马关条约》签订的时刻,他在北京应试,又联络来自各省的1 300多个举人,领头发起有名的公车上书。他连夜

---

[1] 原载《南方日报》1983年10月3日。

写成1万余字的长书,文不加点,一气呵成。是什么力量驱使康有为这样精神奋发呢?是爱国的激情,救国的使命,是因甲午战争的惨败带来的空前的民族危机刺激了他。1897年德国强占胶州湾,他看到瓜分之祸迫在眉睫,又从广东赶到北京上书,奔走呼号,促成了1898年的"百日维新"。可以说,他每一次上书,都是与国家民族的命运共呼吸的。

爱国主义是在长期的历史过程中形成的,是蕴藏在千万人民心中对自己祖国的深厚感情,这种感情在19世纪末年最集中地表现为救亡图存的要求。康有为抓住了千百万人的这种要求,在甲午战后的几年里,他从北京到各地,为国家为民族开展了旋风式的活动,这就是他一生价值之所在。

我们纪念康有为,也因为他曾经是一个勇敢的改革家。他把爱国与革新紧密地联系在一起。19世纪末年清朝封建统治下的中国,政治腐败,经济落后,民不聊生。不革新,不改革,就很难自立于世界民族之林。抵抗外国侵略也将成为空谈。梁启超在《变法通议》中有一句名言:"变亦变,不变亦变",严峻地说出了当时变法的紧迫性。康有为是以维新变法为救亡图存的宗旨的,他详细地提出了变法的项目。他组织学会,开办学堂,培养变法人才;他精心制作《新学伪经考》《孔子改制考》等书,为变法开辟道路;他主张全变、大变,在政治、经济、军事、文化等各个方面都要变,变革那些千百年来阻碍中国前进、不适应时代潮流的陈规陋制。1888年,他在家乡设立了第一个戒缠足会,是他进行改革活动的开始,也可以说是近代中国解放妇女运动的第一声。

除旧是为了维新,要维新必须学习西方,这是当时先进的中国人的共同认识。康有为认为学习西方,不但要学习西方的生产技术,科学文化，还要学习他们的君民共主的立宪制度，以取代中国的封建专制制度。他在不少地方提出了设议院的要求，他在公车上书中用中国的历史语言，请求皇帝特诏颁行海内士民，选举"议郎"，共议国家大事。这种议郎，不只是顾问，更不是摆设，而是拥有"上驳诏书，下达民词"的权利和责任，他们议定的事都要"下部施行"。这显然是要求开议院的呼声。他以后在代阔普通武所拟的奏折里更明确提出了这一要求，在百日维新中也有为此准备条件的内容，如设制度局、开懋勤殿之类。应该说康有为是抓住开议院这个维新变法的脊梁在奋斗的。

康有为在传播进化论方面也有他的功绩。我们知道，进化论对中国近代知识界的影响是很大的。当马克思主义在中国还未得到传播之前，是否接受进化论是新旧知识分子的重要分界线，也可以说它是地主阶级知识分子向资产阶级知识分子转化的重要标志。介绍进化论的功绩当然首推严复。但在严复所译《天演论》问世之前，进化论的观点，在上海的《万国公报》《申报》及其他书刊中已有星星点点的介绍，康有为那时广泛阅读译书和报刊，他把星星点点的进化论观点吸收过来，糅进他的公羊三世说，把历史循环论的公羊三世说，改造为历史进化论的公羊三世说。从此，人类历史是不断前进的、人们应该循着历史前进的脚步而前进的观念，在中国知识界逐步推广和深入，成为促进社会发展的精神武器。

所有这些，充分地表明康有为在19世纪后期是走在历史前列的，他呼吁救亡图存，领导维新变法，一往直前，比当时的所有维新志士做得要多，也具有更大的勇气，在他的策划和努力下，终于掀起了维新变法的高潮，震动了神州大地。他不愧为近代中国革新派的巨人。

戊戌维新失败以后，经过义和团运动，中国的形势有了很大发展。但是康有为没有随着形势的发展而呼啸，他的脚步停滞了。他后来在一颗篆刻了长达27个字的图章中说："维新百日，出亡十六年，三周大地，游遍四洲，经三十一国，行六十万里。"这几句话，一面说明了他与百日维新的关系和他自己在维新事业中遭受的打击；另一面也表明他与国内的政治生活日益隔膜，成了"三周大地，游遍四洲"的著名流亡客，他并且反对革命，反对共和。1913年回国以后甚至参加复辟活动，到五四运动就愈加落伍了。这些，我们都不应为贤者讳。当然，也不应因此而抹杀他对戊戌维新运动的巨大作用和功绩。

戊戌维新运动是一个全国规模的资产阶级革新运动，是一个要求国家民族独立自主的运动，第一次明确地要求通过改革的道路建立资本主义国家。它是近代中国反帝反封建民主革命全进程中的一个重要环节，无疑是有很大进步作用的。康有为的名字是同戊戌维新运动分不开的，这与孙中山的名字同辛亥革命分不开一样，他们虽然在19世纪末年几乎是同时开展活动的，但戊戌与辛亥毕竟是互相连接的两个不同历史阶段。康有为是前一阶段的代表，我们今天之所以要纪念他，就是因为他的爱国与革新活动，在这一阶段代表了中国人前进的步伐，在戊戌维新运动中做出了卓越的贡献。我们决不因为他后来违背历史前进的曲折道路而忘记他前期的卓越贡献，这就是我们对待前人、对待历史的实事求是的态度。

光绪略论[1]

从戊戌政变八十余年来,对光绪有过无数讨论。最初是康有为、梁启超一派人歌颂他的无上圣德;接着是另一派人章太炎则斥之为"载湉小丑,未辨菽麦"。这些充满了派性和感情上的言论,很难说明真相。更多的人在论述清末这段历史时,对他的境遇无不寄以感叹,感叹他的软弱和不幸。这是在发历史的幽情,并不是郑重的评价。历史地指出其人及其作用的,要推范文澜在他的《中国近代史》中说的两句话:"光绪帝是满洲皇族中比较能接受新思想的青年皇帝,颇想有所作为。"

中国历史上有过许多皇帝,在这许多皇帝中为人称道而知名的为数不多,光绪(载湉)是这个为数不多中的一个。但他不是那些威震中外的开国大帝或中兴名主,而是一个衰世的皇帝,是清代皇帝也是历代皇帝总和倒数的第二名。光绪生于1871年,4岁即位,在位34年,比起他的先世康熙在位61年、乾隆在位60年要短些,但比起在位一二十年的皇帝来又算是长的了。不过他在位的很多年份只是

---

[1] 原载《文汇报》1980年10月27日。

一个名义上的皇帝：开头 15 年，他还不谙事，由太后慈禧垂帘听政；戊戌后的 9 年，成了慈禧的囚徒，"万几依旧出宫闱"[1]；他作为皇帝亲政，仅有中间的 10 年（1889—1898），也还是要受到慈禧的牵制。就在这十年中的后几年，中国发生了两件大事，一是甲午战争，二是戊戌维新运动，是关系国家民族命运的大事，也是光绪一生价值和命运之所系，尤其是后一件。他之所以有名，就是他在这个新陈代谢的时代激流中有过重要表现。

光绪"接受新思想"和"颇想有所作为"，是从甲午战争开始的

1894 年 6 月，日本侵略者在朝鲜制造战端，咄咄逼人。24 岁的光绪不赞成对日本妥协，主张抵抗。当李鸿章调派叶志超、聂士成统兵前往朝鲜应敌，光绪深恐"兵力不足"，谕令"尚须增调续发"，以赴事机[2]。为了加紧战备，急令知兵善战的刘永福、刘铭传、刘锦棠等或到台湾布防，或来京待命[3]；并不惜触犯慈禧的肝火，停止继续拿海军经费去修颐和园，等等。8 月 1 日宣战后，光绪鉴于李鸿章的游移态度，指令他查察将领"有无畏葸纵敌情事，不得片词粉饰"[4]。对于李鸿章迎合慈禧的避战心理，寄希望于沙俄干涉日本，光绪深以为虑，他晓谕军机大臣说："俄有动兵逐日之意，此非我所能阻，然亦不可联彼为援，致他日藉词要索。"[5] 过去我们片面地强调动机论，

---

[1] 王国维：《颐和园长词》中有"万几从此出宫闱"句，指同治即位，慈安、慈禧垂帘听政。这里改"从此"为"依旧"。
[2] 《清史稿》第 23 卷，德宗本纪一。
[3] 刘铭传、刘锦棠因病未应召。
[4] 《光绪朝东华录》(3)，光绪二十年，第 138 页。
[5] 《光绪朝东华录》(3)，光绪二十年，第 143 页。

总以光绪的这种对策,是想借此一战,侥幸取胜,以挫败后党的气焰,巩固自己的帝位。这种说法不是全然无据,试问古来今往的统治者谁不想巩固自己的地位？关键在于他所采取的步骤和措施是否违背历史,是否对国家民族有利。甲午抵抗日本的侵略是正义的,也不是不可取胜的,聂士成的有效抵抗即其一例。甲午战争失败了,绝不是主战的罪过,是战之不力的罪过,是光绪负不了责任的腐败的清朝封建统治造成的。

《清史稿》中《德宗本纪》的作者论道:"德宗亲政之时,春秋方富,抱大有为之志,欲张挞伐,以湔国耻。已而师徒挠败,割地输平,遂引新进小臣,锐志更张,为发奋自强之计。"这段话除了论者持有的偏见和微词外,仍然指出了光绪怀有"欲张挞伐,以湔国耻"的决心,也指出了"挠败"后光绪不是灰心丧气,而是"锐志更张"。后一点更表明了这个青年皇帝是在向前看。

光绪"接受新思想"和"颇想有所作为",是同康有为等维新派的影响分不开的

1895年5月《马关条约》签订时,康有为发动1 200多个举人联名的"公车上书",主张拒和、变法、迁都,震动了海内外,可以说是对维新运动的动员,而《马关条约》也可以说是动员令。由于顽固大臣的封锁,光绪虽然没有看到"公车上书",但在20多天后康有为又写了一篇13 000余字的上皇帝书,备陈变法下手之方和先后缓急之序。说"当以开创之势治天下,不当以守成之势治天下,当以列国并列之势治天下,不当以一统垂裳之势治天下"。这是政治上的卓识,为全书警句。大臣们不便再次梗阻,把书送上去了。光绪阅后,从中得到

很大启迪,立即批令誊抄三份[1],分送慈禧、军机处(转发各省督抚将军)和乾清宫(存档),并留一份于勤政殿,备作自己施政的参考。这是光绪透过紫禁城的封建禁区在思想上同朝外维新力量的开始沟通。当时人们目睹对《马关条约》的愤慨,说"中国泰否通塞之机,或决于是"[2]。

从光绪身上究竟可以看到怎样的"泰否通塞之机"?这年7月间,光绪发了一道谕旨,列举应兴应革的事项说:"近中外臣工条陈时务,如修铁路,铸钞币,造机器,开矿产,折南漕,减兵额,创邮政,练陆军,整海军,立学堂,大抵以筹饷练兵为急务,以恤商惠工为本源,皆应及时兴举。至整顿厘金,严核关税,稽察荒田,汰除冗员,皆于国计民生多所裨补。直省疆吏应各就情势,筹酌办法以闻。"[3]这个一揽子的新政项目,并没有超出洋务派的视野,从当时议论时务的书中都可以找到,然而在很短的时期内,一齐奔集到光绪的脑袋里,又变而为积极催办的要政,是很不容易的,不难想象甲午战后光绪日夜考虑的是些什么。我曾在一本小书上说他是个"洋务皇帝","洋务"虽不是个太坏的字眼,但我那时是带着贬义说的。其实光绪的步子还是跨得比较大的,他很快接受了资产阶级的革新方案,并且决心把它实施。

光绪的决心,首先表现于他力排众议,对一再上书的新进小臣康有为深信不疑。1897年11月德国强占胶州湾,瓜分危机四伏,康有为又赶到北京上书来了。这次上书更加指陈了时局的紧迫,说还不赶紧变法,"恐自尔之后,皇上与诸臣,虽欲苟安旦夕,歌舞湖山而不

---

[1] 有些书上说是誊抄四份,错了,因为其中有一份是原件。
[2] 姚锡光:《东方兵事纪略》第4卷。
[3] 《清史稿》第24卷,德宗本纪二。

可得矣,且恐皇上与诸臣求为长安布衣而不可得矣"。这种话是深深地刺痛着皇帝和亲贵们的神经的,可是尽管亲贵们大加指控,光绪却一概不问。康有为在北京开保国会,宣传保国、保种、保教(指被视为民族精神象征的孔孟之道),亲贵大臣们又一齐凑上来围攻康有为,说他"保中国不保大清"。光绪却以"会能保国,岂不大善"答之,把那些暗藏杀机的狂言乱语通通挡了回去,并打破皇帝不得召见小臣的旧例,在仁寿殿接见康有为,问话达两个半小时。后来湖南举人曾廉上书罗织罪名,请杀康有为、梁启超,光绪便令谭嗣同逐条驳斥,然后将驳件送给慈禧和亲贵们看。

寻找新力量,接受新思想,是戊戌变法的重要途径。光绪不仅是"满洲皇族中比较能接受新思想"的人,也是清朝统治的上层人物中"比较能接受新思想"的人。他的新思想是从哪里来的?(一)康有为是他的启蒙老师,除了在那些上皇帝书中给他说了许多维新的道理外,还"缀成《俄皇彼得传》《日本变政考》《英国变政记》《普国作内政寄军令考》《列国统计比较表》《列国官制宪法表》《法兰西革命记》《波兰灭亡记》等篇",先后进呈[1]。光绪对康有为进呈的新书,特别是对《日本变政考》,大感兴趣。(二)向外面购置新书。据梁启超以其所见所闻,说光绪"昔岁无事,旁及宋元版本,皆置懋勤殿左右,以及汉学经说,并加浏览。及胶旅变起,上怒甚,谓此皆无用之物,命左右焚之,太监跪请不许。大购西人政书,遂决变政"[2]。这里反映了光绪作为一个年轻人的急躁情绪,更反映了他寻求新知识的强烈要求。当时康有为、梁启超、谭嗣同等人能够看到的也不外是

---

[1] 胡思敬:《戊戌履霜录》第2卷。
[2] 《光绪圣德记》第12章。

有限的一些译书。光绪的毅然变法，同接受这些新知识是大有关系的。因此，我们何尝不可以说他是一个勇于向西方学习的青年皇帝。

光绪是"百日维新"的实际决策者

1898年6月11日以发布"明定国是"诏书开始的"百日维新"，是戊戌维新运动的高潮和集中体现。以往的许多论著，只着眼于康有为等人倡导变法维新的活动，看不见光绪对"百日维新"的决策作用，大概因为他是封建制度总代表的缘故吧。事实上，如果没有光绪的"锐志更张"，可以毫不夸张地说，就不会有戊戌年间的"百日维新"。这里且引当年春间庆王奕劻在光绪和慈禧之间的一段传话。光绪"乃谓庆王曰：'太后若仍不给我事权，我愿退让此位，不甘作亡国之君。'庆邸请于太后，始闻甚怒曰：'他不愿坐此位，我早已不愿他坐之。'庆力劝始允曰：'由他去办，俟办不出模样再说。'庆邸乃以太后不禁皇上办事复命，于是商诸枢臣，下诏定国是。"[1]这里所揭示的，就是光绪一个心思"不甘作亡国之君"，要奋发图强，却看不见慈禧和奕劻背后的权诈，他掀起的"百日维新"，结果成了碰在岩礁上溅发出来的一团政治浪花。

颁布"国是"诏书的当初，在光绪身边赞襄这项大计的亲信大臣只有翁同龢。而诏书颁后的第四天，翁同龢又以"言语狂悖，渐露跋扈"的罪名被赶回江苏原籍，因"太后疑变政之举，皆同龢向导"[2]。翁同龢之去，虽使光绪"涕泪千行，惊魂万里"，但光绪并没有因此泄气，他坚执地把一道道新政诏令颁发下去，希望在全国范围内得到实

---

[1] 苏继祖：《清廷戊戌朝变记》。
[2] 胡思敏：《戊戌履霜录》第1卷。

行。为了消除阻力,他愤然谴责那些"奉奏不谨"的大臣,甚至撤了一些顽梗大臣的职。表现了他对革新的勇气。张元济说他"不惑于浮言,不挠于旧党"[1],并不是溢美之词。

"百日维新"这个名词与光绪的名字是紧密地分不开的,既标明了它所具有的时代意义,也反映了它为时短暂的可惜,因为这百天的重要性,不止于它是戊戌维新运动的集结点,也可以说自鸦片战争以来要求改革的集结点。"百日维新"的可贵之处,正是它表现了这种精神:

第一,广开言路,打破只准少数大员上书言事的特权。光绪"既劝开报馆以求昌言,复许藩臬道府上折;既许群僚及州县递奉,并许士民上书。又恐诣阙为难,听在外面州县封递。"[2]都要"随到随递,不许稽迟"[3]。对于书奏的格式和忌讳也一律不拘。清制,除尚书、侍郎和总督、巡抚以上大官可以直接向皇帝上奏书外,中级以下官员要上书只能通过所在机关的堂官或都察院代递。书奏中要是出了格,犯了讳,常常会弄得降职、丢官,甚至杀头。光绪全不顾这些"祖宗之法",居然让"野民渔民"率意上书,那是十分新奇的事,是颇有点民主作风的。

第二,用人唯贤,打破按年资升迁、白发卿相的常规。还在诏定"国是"前夕,光绪即谕令内阁,着各省督抚从道府州县基层荐拔"居心正大,才识闳通"之士,和"尽心民事,通达时务"的人,列举实迹上报。清制,非四品以上官员不得面见皇帝。康有为考取进士后不过是一个小小的主事,光绪派他任总理各国事务衙门章京,给以专折奏

[1]《戊戌变法档案史料》,第42页。
[2]《光绪圣德记》第3章。
[3]《清德宗实录》第424卷。

事的大臣待遇。梁启超仅仅是个举人，刚得六品芝麻官，光绪也召见问话。主事王照因上书受到礼部尚书怀塔布、许应骙等的排阻，光绪知道了，便革了怀塔布、许应骙六堂官的职，赏给王照四品京官。更著者，是对拥护新政而有才识的内阁侍读杨锐、刑部主事刘光第、内阁中书林旭、江苏知府谭嗣同，拔为四品卿的军机章京，参与新政，执行宰辅职务。当光绪赴颐和园请安，"太后责上曰：九列重臣，非有大故，不可弃；今以远间亲，新间旧，徇一人而乱家法，祖宗其谓我何！上泣谏曰：祖宗而在今日，其法必不若是，儿宁忍坏祖宗之法，不忍弃祖宗之民，失祖宗之地，为天下后世笑也"[1]。

第三，裁并机构，对叠床架屋的臃肿的官僚体制进行改革。光绪谕令裁撤詹事府、通政司、光禄寺、鸿胪寺、太仆寺、大理寺等不必要的衙门，把它们可办的事并入其他相应的机关；裁撤广东、湖北、云南三省督抚同城的巡抚，与其他各省城只驻总督或巡抚划一起来；裁撤东河总督，因东河在山东境内，已由山东巡抚管理；裁撤不办运务的粮道和仅管疏销的盐道；此外各省通同佐贰等官吏中的闲员，以及各省设立的骈枝办公局所，均应查明裁汰。严令"内外诸臣，即行遵照切实办理，不得借口体制攸关，多方格阻，并不得以无可再裁，敷衍了事"[2]。对于这些被裁的员司，指明"未便听其闲散"，"应于铁路矿务总局、农工商务总局，酌设大小官员缺额，以备将来量能任使"[3]。是说要按才能的大小，分别把他们安排到农、工、商业的新机构中去，为建立新的生产关系服务，变赘疣为有用。

新政涉及政治、经济、军事、文教的各个方面，头绪纷繁。这里说

---

[1]　胡思敬：《戊戌履霜录》第 2 卷。
[2]　《清德宗实录》第 424 卷。
[3]　《清德宗实录》第 425 卷。

明的几点是其精神所在。光绪虽没有来得及宣布立宪,但照他的设想做下去,是通向君主立宪政治之路的。政变前九天(9月12日),他还针对那些对西法持怀疑态度的人恳切地说:"国家振兴庶政,兼采西法,诚以为民立政,中西所同,而西人考究较勤,故可以补我之所不及。"[1]承认"为民立政"西国比中国"考究较勤",立宪的趋向已呼之欲出了。接着,他又宣布将开懋勤殿,选集通国英才数十人,并延聘东西各国政治专家,讨论制度,通盘筹划。所以不能说光绪没有充当中国的明治天皇的素质和锐气,只是当时的中国不允许他做明治天皇。这还不是说因为有帝国主义的干涉。帝国主义虽不喜欢亚洲出现个强大的中国,但那时外国并没有对新政采取直接打击的行动,有些外国人的言论还是有利于新政的。事态如同白昼与黑夜那样分明,破坏和扼杀新政的是以慈禧太后为代表的封建顽固势力。

光绪对新政是想贯彻始终的,对于以慈禧为代表的顽固势力,曾多次回击过,也打过李莲英的板子,最后且不惜借助兵力去围颐和园,但他被袁世凯出卖了。光绪的悲剧,是在他的周围没有形成一个足以制服慈禧一伙的力量。即以袁世凯的告密而论,也是由于新旧势力的悬殊决定的。如果不是力量对比悬殊,狡诈的袁世凯就会是另一种抉择了。正如鲁迅所说:"旧社会的根柢原是非常坚固的,新运动非有更大的力不能动摇它什么。"[2]所以光绪对袁世凯虽加以重任和一再召见也动摇不了他,他要反噬。

实践是检验真理的唯一标准。梁启超在经历戊戌维新运动的艰险后,说了一段颇有体会的话:"凡改革之事,必除旧与布新,两者之

---

[1] 《清德宗实录》第425卷。
[2] 鲁迅:《对于左翼作家联盟的意见》,见《鲁迅全集》第4卷。

用力相等，然后可有效也。苟不务除旧而言布新，其势必将旧政之积弊，悉移而纳于新政之中，而新政反增其害矣。"[1]言下之意，是说戊戌维新的失败是除旧不够。除旧者，除封建主义之旧也。在封建势力笼罩下的旧中国，确实除旧比布新更难。如果说封建势力对布新是十倍地反对，对除旧便要百倍地反对了。比如八股，本来是文化上的畸形产物，有识者早已非议，可是一说废除，就遭到极大的反对，几百万举人、秀才唯恐失去了这根做官的拐棍。光绪一股脑儿施行新政，对于除旧缺乏应有的认识和对策，同布新是很不相称的。康有为、梁启超等人也不例外。所以当光绪对封建顽固势力要采取较大的冲击时，就被慈禧的毒手抓住了。"伏尸名士贱，称疾诏书哀。"严复《戊戌八月感事》诗中的这两句，前一句是指谭嗣同等六人的被杀，后一句是说慈禧矫诏称皇帝病重不能临朝，仍由她听政一事。两句诗中一个"贱"字，一个"哀"字，反映了务布新而不能严去旧的教训。

记得还在十年浩劫的岁月里，有人说要写慈禧太后，而另一个声音却说：不，要写"载湉小丑"。写慈禧好像会刺到了什么疮疤。为了反映历史的事实，判明历史的是非，必须弄清各类历史人物的思想、言论和行动。我们要写慈禧，要写载湉，也要写李莲英，要从实际出发，大写"比较能接受新思想""颇想有所作为"的载湉。

---

[1] 中国近代史资料丛刊《戊戌变法》(1)，第273页。

论梁启超的思想[1]

梁启超,是一个和中国近代政治活动极有关系的人,也是一个对中国近代思想文化极有影响的人。谁都知道,近代中国社会,变化极大,充满了阶级斗争。梁启超生活在这样一个多变的时代里,他又是一个"流质多变"的人,他自己常常说:"不惜以今日之我,难昔日之我",也就反映了他那种多变的性格。然而早年即由地主阶级青年知识分子向资产阶级改良主义者转化的梁启超,经历了甲午中日战争、戊戌变法运动、义和团运动、辛亥革命、五四运动和第一次国内革命战争等重大历史时期,他由维新派而保皇党而立宪派而民主党而进步党而研究系而学者而社会名流,变幻的表象虽多,却有一个不变的实质在,那就是他的资产阶级改良主义思想体系。正因为梁启超是

---

[1] 作者注:此文原为《论梁启超的思想》,发表时分上下两篇,上篇题为《辛亥革命前梁启超的思想》,载《光明日报》1961年7月5日、19日;下篇题为《辛亥革命后梁启超的思想》,载《文汇报》1961年7月25日、28日。这里仍恢复原题为一篇,词句略有修改。记得当年的一次讨论会上,我说梁启超思想变化的表征虽多,但万变不离其宗的是他的改良主义思想体系。有的同志不同意这个看法,认为戊戌政变后的梁启超,已无改良主义思想之可言,只是全然的反动。因此,我连日赶写此论。由于当时的思潮和认识,语多苛求,辩证思维较少,对梁启超在文化思想上的贡献也未能给予应有的评价。

一个由地主阶级向资产阶级转化的人,一个半殖民地半封建社会的资产阶级改良主义者,在他的身上,也就必然保留着浓厚的封建阶级色彩。

一

出身于地主阶级家庭的梁启超,早年就学于广州学海堂,便决志弃帖括,但"不知天地间于训诂词章之外,更有所谓学也"[1]。1889年,他去北京考试,"下第归,道上海,从坊间购得《瀛环志略》读之,始知有五大洲各国,且见上海制造局译出西书若干种,心好之,以无力不能购也"[2]。这是他洞穿旧学的墙壁向世界窥探新学的开始,其他维新人物,也都是这样开始向海外寻求知识的。1890年,梁启超从康有为学,康"乃教以陆王心学,而并及史学、西学之梗概,自是决然舍去旧学"[3]。在这短短的几年中,梁启超一由舍弃帖括而研训诂词章,再由摧陷训诂词章而窥西学。一开始就显出了他的多变,然而这是向资产阶级转化的变,向上的变,是人们欢迎的变。

1894年,梁启超离开万木草堂,去北京应试,"顾益读译书、治算学、地理、历史等"。翌年,他为"公车上书"而奔走,开始了他的政治活动,不久又担任维新组织强学会的书记。"会中于译出西书购置颇备,得以余日尽浏览之,而后益斐然有著作之志。"[4]这时梁启超才22足岁。1896年,梁启超去上海主编《时务报》,随后又去湖南主讲"时务学堂"。在这几年中,他奔走于北京、上海、湖南等地,不仅看了

---

[1] 梁启超:《三十自述》,见《饮冰室合集》,文集之十一,第16页。以下简称《文集》或《专集》。
[2] 梁启超:《三十自述》,见《文集》之十一,第16页。
[3] 梁启超:《三十自述》,见《文集》之十一,第16页。
[4] 梁启超:《三十自述》,见《文集》之十一,第17页。

一些译书,也结识了许多维新人物,也参加和组织了一系列的维新活动,对维新变法的宣传表现了惊人的才能。他先后写了《变法通议》《西学书目表》《说群》《论君政民政相嬗之理》等论著。这些论著的主题思想,是反对守旧,主张维新,表现了新兴资产阶级对政治和经济的强烈要求。

19世纪后期的维新人物,有一个共同的信念,就是主张变,认为只有变才能挽救当时的民族危机。拿梁启超的话来说,叫作"法者天下之公器也,变者天下之公理也,大地既通,万国蒸蒸,日趋于上,大势相迫,非可阏制,变亦变,不变亦变。变而变者,变之权操诸己,可以保国,可以保种,可以保教;不变而变者,变之权让诸人,束缚之,驰骤之,呜呼,则非吾之所敢言矣"[1]。他认为形势逼人,非变不可,否则"如突厥,他人执其权而代变者也";"如印度,见并于一国而代变者也";"如波兰,见分于诸国而代变者也"。这种"变之权让诸人"的变,就是亡国。可见关心民族安危的爱国思想,是推动梁启超要求变法主要的一面;另一面则是担忧"教匪会匪,蔓延九州,伺隙而动"[2],害怕人民力量的兴起。

向西方学习,是维新变法的重要途径,梁启超所作的《西学书目表》及其序例和后序,就是对这个方向性问题进行宣传的文字。他说:"古人所患者,离乎夷狄,而未合乎中国;今之所患者,离乎中国,而未合乎夷狄"[3],指出了古今形势的不同。当时的中国不能不"合乎夷狄",因为这个夷狄是比中国封建主义远为进步的西方资本主义。向西方学习什么? 他指出那些"彝其语、彝其服、彝其举动、彝其

---

[1] 梁启超:《变法通议》,见《文集》之一,第8页。
[2] 梁启超:《变法通议》,见《文集》之一,第3页。
[3] 梁启超:《变法通议》,见《文集》之一,第19页。

议论"的人,"上之可以为洋行买办,下之可以为通事之西奴",不是学习西方的正办,他所要学习的,是"西学格致之精微",是"西政富强之本末"[1]。他的态度是:"采西人之意,行中国之法;采西人之法,行中国之意。"[2]换言之,就是中西糅合,新旧并陈。然而这种积极要求吸取西学的态度,毕竟在一定程度内是对封建文化的否定。

梁启超在戊戌变法运动中的重要政治主张,是抑君权,兴民权。他认为自秦以至当时,"垂二千年,时局匪有大殊"[3],而"君权日益尊,民权日益衰,为中国致弱之根源"[4]。要使中国转弱为强,就在于兴民权。和其兴民权的主张相表里的,是他的"以群为体"的主张,他认为"以群术治群,群乃成;以独术治群,群乃败";"以独术与独术相遇,犹可以自存,以独术与群术相遇,其亡可翘足而待也。彼泰西群术之善,直百年以来焉耳"[5]。那末梁启超所谓的"群"是什么?他在《论学会》一文中指出:"欧人知之而行之者三:国群曰议院,商群曰公司,士群曰学会。"这个"群",显然是资产阶级群,可是在当时的中国,还没有形成这样一个独立地登上政治舞台的资产阶级群,所以梁启超认为中国"欲兴民权宜先兴绅权,欲兴绅权,宜以学会为之起点"[6]。可见这种绅,已不是地主阶级,而是地主阶级向资产阶级转化的人们。

作为梁启超维新变法主张的理论依据的,也和维新派其他人物一样,是其进化论观念。他说:"物新则壮,旧则老;新则鲜,旧则暗;

---

[1] 梁启超:《西学书目表后序》,见《文集》之一,第126页。
[2] 梁启超:《变法通议》,见《文集》之一,第19页。
[3] 梁启超:《变法通议》,见《文集》之一,第5页。
[4] 梁启超:《变法通议》,见《文集》之一,第128页。
[5] 梁启超:《说群序》,见《文集》之二,第4页。
[6] 梁启超:《论湖南应办之事》,见《文集》之三,第43页。

新则洁,旧则败,天之理也。"[1]这种新旧对比,对新的欢呼,对旧的鄙弃是从进化观念出发的,它反映了向资产阶级转化的人们的向上要求。进而他把"三世六别"规定为人类进化的程序说:"治天下者有三世,一曰多君为政之世,二曰一君为政之世,三曰民为政之世。多君世之别又有二,一曰酋长之世,二曰封建及世卿之世;一君世之别又有二,一曰君主之世,二曰君民共主之世;民政世之别亦有二,一曰有总统之世,二曰无总统之世。多君者,据乱世之政也;一君者,升平世之政也;民者,太平世之政也。"[2]他的三世进化说,出自康有为,但他比康有为说得明白些。更以为"中国旧论每崇古而贱今,西人则不然,以谓愈上古则愈野蛮,愈挽近则愈文明,此实孔子三世之大义也"[3]。把公羊三世说和西方的进化论巧妙地冶于一炉,这是经今文派向西方学习的杰作。

三世进化说打击了"今不如古"的陈腐观念,为"革故鼎新"的变法运动提供了有力的论据。但是资产阶级改良主义者的进化论思想,是一种庸俗的进化论观点。梁启超说:"三世六别者,与地球始有人类以来之年限,有相关之理,未及其世,不能躐之;既及其世,不能阏之。"[4]又说:"三世之例,由据乱而升平而太平,义主渐进。"[5]这种"义主渐进"的庸俗进化论观点运用到现实政治斗争上来,一面驳斥了"天不变而道亦不变"的守旧观念,另一面也就必然反对革命。所以梁启超在写《变法通议》的时候,就提出:"今我国民智未开,明

---

[1] 梁启超:《读日本书目志书后》,见《文集》之二,第52页。
[2] 梁启超:《论君政民政相嬗之理》,见《文集》之二,第7页。
[3] 梁启超:《史记货殖列传今义》,见《文集》之二,第36页。
[4] 梁启超:《论君政民政相嬗之理》,见《文集》之二,第7页。
[5] 梁启超:《论君政民政相嬗之理》,见《文集》之二,第7页。

自由之真理者甚少,若倡革命,则必不能如美国之成就,而其糜烂将有甚于法兰西、西班牙者,且二十行省之大,四百余州之多,四百兆民之众,家揭竿而户窃号,互攻互争互杀,将为百十国而有未定也。"[1]对革命这种"谈虎色变"的恐怖心理,是资产阶级改良派软弱的表现。但是19世纪末年的中国,资产阶级改良派的维新变法主张还是作为一种时代思潮出场的,它的战斗锋芒主要是指向顽固派,所以维新变法运动在当时是有生命力的。

在维新变法运动中,梁启超以破闭塞、开民智为己任,他在这些方面做了不少工作,如办报刊、开学会和倡导新文体等,曾给思想界产生了不可磨灭的影响。梁启超却不适当地把"智"看成了政治改革的决定因素,他说:"今之策中国者,必曰兴民权,兴民权斯固然矣。然民权非可以旦夕而成也,权者生于智者也,有一分之智,即有一分之权,有六七分之智,即有六七分之权。……昔之欲抑民权,必以塞民智为第一义;今日欲伸民权,必以广民智为第一义。"[2]如此大声疾呼地欲以"广民智"来破除愚昧,无疑是具有启蒙意义的。不过这种迷信"智"的结果,使戊戌变法运动就只能局限于具有维新要求的上层知识分子的狭窄领域,并且从这一观点出发,也就必然导致先精神而后形质的唯心论观点。所以他说:"文明者,有形质焉,有精神焉,求形质之文明易,求精神之文明难。精神既具,则形质自生;精神不存,则形质无附。然则真文明者,只有精神而已。"[3]

在西学和中学,新学和旧学的斗争中,如何对待孔子,是一个很重要的问题。梁启超早年的孔子观,是渊源于康有为的孔子观,认为

---

[1] 梁启超:《变法通议》,见《文集》之一,第80页。
[2] 梁启超:《论湖南应办之事》,见《文集》之三,第41页。
[3] 梁启超:《国民十大元气论》,见《文集》之三,第61页。

孔子是一个"改制立法,作六经以治万世"的大圣人。并说:"秦以前据乱世也,孔教行于齐鲁;秦后迄今升平世也,孔教行于神州;自此以往,其将为太平世乎?《中庸》述圣祖之德,其言曰:洋溢中国,施及蛮貊,凡有血气,莫不尊亲,孔教之遍于大地,圣人其知之矣。"[1]这简直是以孔子学说推广的程度为人类进化的标准,预祝"太平世"(大同世界)的出现,就是"孔教之遍于大地"。梁启超心目中的孔子,和康有为心目中的"托古改制"的孔子并没有什么两样。但是梁启超心目中的孔子带着更多的资产阶级色彩。他认为孔子其人其思想是:"进化主义非保守主义,平等主义非专制主义,兼善主义非独善主义,强立主义非文弱主义,博包主义(亦谓之相容无碍主义)非单狭主义,重魂主义非爱身主义。"[2]你看这个孔子,哪里还是两千多年封建社会崇拜的孔子,实际已是19世纪末年主张维新变法的孔子。后来梁启超自己说:"自汉以来,号称行孔教二千余年于兹矣,而皆持所谓表章某某、罢黜某某者为一贯之精神。故正学异端有争,今学古学有争,言考据则争师法,言性理则争道统;各自以为孔教,而排斥他人以为非孔教……浸假而孔子变为董江都、何邵公矣,浸假而孔子变为马季长、郑康成矣,浸假而孔子变为韩退之、欧阳永叔矣,浸假而孔子变为程伊川、朱晦庵矣,浸假而孔子变为陆象山、王阳明矣,浸假而孔子变为顾亭林、戴东原矣……"[3]如果可以在这段话后面添上一句,那该是"浸假而孔子变为康有为、梁启超矣",而且变为康有为、梁启超的孔子,和封建时代那些经学家、思想家的孔子已大异其趣,即以资产阶级的"进化主义""平等主义"的孔子,代替了封建阶级的

---

[1] 梁启超:《新学伪经考叙》,见《文集》之二,第62页。
[2] 梁启超:《论支那宗教改革》,见《文集》之三,第55—56页。
[3] 梁启超:《清代学术概论》,见《专集》之三十四,第63页。

"保守主义""专制主义"的孔子。从形式上看,康有为、梁启超和程伊川、朱晦庵等人都是一样地尊崇孔子,但事实上却是两个孔子在互斗。

戊戌变法时期的梁启超,是一个由地主阶级向资产阶级转化的青年知识分子,他对传播新学作过努力,对顽固保守势力进行过斗争,代表着他的向上时期。然而就是在这一时期中,资产阶级改良主义的阴影,即已使他对封建势力不能作更大的冲击。

二

戊戌政变后,梁启超逃亡日本的最初几年中,虽然跟着康有为从事保皇活动,但他和康有为有所不同,对革命派不是完全采取对立的态度,而是表示愿意和孙中山合作。当然梁启超这种表示,并不是真的赞同革命,而是在混淆革命和改良的界线,借以扩大他们在海外的政治影响。

梁启超到日本后,他的资产阶级的思想体系获得了新的发展。他说:"自此居日本东京者一年,稍能读东文,思想为之一变。"[1]这个"一变",除了理解为他吸收了更多的资产阶级学术、政治思想外,在他的资产阶级改良主义思想的基础上也确实起了些变化,那就是他要求政治改革的主张曾经一度有所发展。他在1901年写的《〈清议报〉一百册祝辞并论报馆之责任及本馆之经历》一文,指出《清议报》有四大特色:一曰倡民权,二曰衍哲理,三曰明朝局,四曰厉国耻。这四点概括了梁启超当时的思想倾向和斗争锋芒。

关于"衍哲理"一项,对梁启超的思想体系有着较大的影响。他

---

[1] 梁启超:《三十自述》,见《文集》之十一,第18页。

于1901年至1903年间,相继写文介绍霍布士、斯宾诺莎、卢梭、培根、笛卡儿、达尔文、孟德斯鸠、边沁、康德、伯伦知理(以写文先后为序)等人的学说。梁启超介绍这些著名的西方哲人,目的何在呢?他曾经作诗自负地说:"誓起民权移旧俗,更研哲理牖新知。"这是其积极意义。但是,梁启超的"研哲理",更认为学术的势力可以左右世界。他说:"然则天地间独一无二之大势力何在乎?曰智慧而已矣,学术而已矣。"[1]又说:"天下必先有理论然后有实事,理论者实事之母也。凡理论皆所以造实事。"[2]这种以学术左右世界、理论创造实事的论点,是其前一阶段"权生于智"的说法的发展,显然是头足倒置了的唯心主义哲理。但是他又说:"理论而无益于实事者,不得谓之真理论。"[3]这两句话倒是说对了,因为梁启超欲假西方的理论,为他的改良主义政治作依据,这一现实的要求,又引导他得出了有益于实事才是真理的结论来。

梁启超的思想,在19世纪进入20世纪的年代中,某些地方有过微小的上升,这就是由于他在戊戌政变后,也多少嗅到一点事物发展的必然关系。他说:"凡办事必有阻力,其事小者其阻力亦小,其事愈大其阻力亦愈大,阻力者乃由天然,非由人事也。故我辈当察阻力之来而排之,不可畏阻力之来而避之,譬之江河,千里入海,曲折奔赴,遇有沙石则挟之而下,遇有山陵则绕越而行,要之必以至海为究竟。办事遇阻力者,当作如是观,至诚所感,金石为开,何阻力之有焉!苟畏而避之,则终无一事可办而已,何也?天下固无无阻力之事

---

[1] 梁启超:《论学术之势力左右世界》,见《文集》之六,第110页。
[2] 梁启超:《新民议》,见《文集》之七,第104页。
[3] 梁启超:《新民议》,见《文集》之七,第104页。

也。"[1]梁启超在变法运动失败后,没有因失败而丧失革新中国政治的愿望,上述认识对他是有帮助的。他并看出"自今以往,中国革新之机,如转巨石于危崖,遏之不可遏,必达其目的地而后已"[2]。就梁启超的政治愿望来看,建立资产阶级的立宪国就是他所要达到的目的地。

爱国思想,是推动资产阶级改良派进行政治活动的积极因素。梁启超到日本后,对国外形势有了较多的了解,对中国的处境更感危惧,所写《瓜分危言》,指出列强对于弱国,"有有形之瓜分,俄、普、奥之于波兰是也;有无形之瓜分,英、法之于埃及是也"。并说"中国瓜分之祸在将来者,指有形之瓜分言之耳,若夫无形之瓜分,则欧人实行之于中国,盖已久矣"[3]。他进而就铁路权、内河航行权、财权、练兵权、用人权及租借地、划分势力范围等,证明列强对中国的无形瓜分,凡"铁路之所及,即权限之所及,故争之不遗余力焉。就中国而言,则铁路所及之地,即为主权已失之地,故质言之,则铁路即割地之快刀也"[4]。逃亡异国的梁启超,瞻望这种状况,不能不感喟地说:"中国之弱,至今日而极矣。居今日而懵然不知中国之弱者,可谓无脑筋之人也;居今日而恝然不思救中国之弱者,可谓无血性之人也。"[5]

梁启超感到要改变中国的现状,挽救民族的危亡。他在主张兴民权的基础上,进一步提倡"新民",于1902年继《清议报》之后,创

---

[1] 梁启超:《自由书》,见《专集》之二,第15页。
[2] 梁启超:《康南海先生传》,见《文集》之六,第63页。
[3] 梁启超:《瓜分危言》,见《文集》之四,第30页。
[4] 梁启超:《瓜分危言》,见《文集》之四,第32页。
[5] 梁启超:《中国积弱溯源论》,见《文集》之五,第12页。

办了《新民丛报》,自称为"中国一新民"。他在《新民丛报》章程中规定其宗旨说:"本报取《大学》新民之议,以为欲维新吾国,当先维新吾民。中国所以不振,由于国民公德缺乏,智慧不开,故本报专对此病而药治之,务采合中西道德以为德育之方针,广罗政学理论,以为智育之原本。"又说:"本报以教育为主脑,以政论为附从,但今日世界所趋重在国家主义之教育,故于政治亦不得不详。惟所论务在养吾人国家思想……"[1]他又写《新民议》一文和《新民说》一书,《新民说》长达10余万字,用更完整的资产阶级观点,论述了国家思想、进取冒险、权利思想、自由、自治、进步、自尊、合群、生利分利、毅力、义务思想、尚武、私德、民气、政治能力等问题。论公德则说:"人人独善其身者谓之私德,人人相善其群者谓之公德。""今夫人之生息于一群也,安享其本群之权利,即有当尽于其本群之义务,苟不尔者,则直为群之蠹而已。彼持束身寡过主义者,以为吾虽无益于群,亦无害于群,庸讵知无益之即为害乎!何则?群有以益我,而我无以益群,是我逋群之负而不偿也。"[2]论国家思想则说:"国家之立,由于不得已也,即人人自知仅恃一身之不可,而别求彼我相团结、相补助、相捍救、相利益之道也。而欲使其团结永不散,补助永不亏,捍救永不误,利益永不穷,则必人人焉知吾一身之上,更有大而要者存,每发一虑,出一言,治一事,必常注意于其所谓一身以上者(此兼爱主义也,虽然即谓之为我主义亦无不可,盖非利群则不能利己,天下之公例也),苟不尔,则团体终不可得成,而人道或几乎息矣。此为国家思想之第一义。"并宣称:"宁使全国之人流血粉身、靡有孑遗,而必不肯以丝毫之

---

[1] 《梁任公先生年谱长编初稿》(以下简称《年谱》)第3册,第252页。
[2] 《专集》之四,第12—13页。

权利让于他族,盖非是则其所以为国之具先亡也。"[1]论进取冒险则说:"天下无中立之事,不猛进,斯倒退矣。"[2]论尚武则说:"立国者苟无尚武之国民,铁血之主义,则虽有文明,虽有智识,虽有众民,虽有广土,必无以自立于竞争剧烈之舞台。"[3]所有这些论点,大多皆是拾取西方资产阶级上升时期的政治学说而来,对当时的中国是有益的。

倡"新民说"时的梁启超,还以"破坏主义"相标榜。他说:"破坏主义何以可贵?曰:凡人之情,莫不恋旧,而此恋旧之性质,实阻阏进步之一大根原也……快刀斩乱麻,一拳碎黄鹤,使百千万亿蠕蠕恋旧之徒,瞠目结舌,一旦尽丧其根据之地,虽欲恋而无可恋,然后驱之以上进步之途,与天下万国驰骤于大剧场,其庶乎其可也。"紧接着这一段话的后面又说:"欧洲近世医国之国手,不下数十家,吾视其方最适于今日之中国者,其惟卢梭先生之民约论乎!"[4]

梁启超看到清政府经过义和团运动的大动荡后,依然毫无起色,并在民族主义的刺激下,居然提出了反满的主张,1902年11月他写信给康有为说:"今日民族主义最发达之时代,非有此精神,决不能立国,弟子誓焦舌秃笔以倡之,决不能弃去者也。而所以唤起民族精神者,势不得不攻满洲。日本以讨幕为最适宜之主义,中国以讨满为最适宜之主义,弟子所见,谓无以易此矣。满廷之无可望久矣,今日日望归政,望复辟,夫何可得?即得矣,满朝皆仇敌,百事腐败已久,虽

---

[1] 《专集》之四,第17页。
[2] 《专集》之四,第23页。
[3] 《专集》之四,第108页。
[4] 梁启超:《自由书》,见《专集》之二,第25页。

召吾党归用之,而亦决不能行其志也。"[1]

前此,梁启超跟着康有为大倡保种保教,而这时的梁启超却发表了《保教非所以尊孔论》,反对保教。认为教不必保,也不可保,他今后所当努力的,"惟保国而已"。并指出以新学新理比附于孔子言论的不当,这种比附,是"非以此新学新理厘然有当于吾心而从之也,不过以其暗合于我孔子而从之耳。是所爱者仍在孔子,非在真理也。万一遍索之于四书、六经而终无可比附者,则将明知为铁案不易之真理,而亦不敢从矣。万一吾所比附者,有人从而剔之曰:孔子不如是,斯亦不敢不弃之矣。若是乎真理之终不能饷遗我国民也。故吾最恶乎舞文贱儒,动以西学缘附中学者,以其名为开新,实则保守,煽思想界之奴性而滋益之也"。最后宣称:"虽然,吾爱孔子,吾尤爱真理;吾爱先辈,吾尤爱国家;吾爱故人,吾尤爱自由。"[2]这无异是向康有为举起叛旗。

梁启超倡破坏、谈反满、非保教,引起了康有为极大的忧虑。为此,康有为写了两封长信,《复美洲华侨论中国只可行君主立宪不可行革命书》《与同学诸子梁启超等论印国亡国由于各省自立书》,想以此来纠正梁启超的言论,甚至急得"大病危在旦夕。"[3]后来梁启超追记此事说:"启超既日倡革命排满共和之论,而其师康有为深不谓然,屡责备之,继以婉劝,两年间函札数万言。"[4]这是康梁思想呈现的重要分歧。

"流质多变"的梁启超,和康有为的顽固性虽有所不同,然而梁启

---

[1]《年谱》第3册,第266页。
[2] 梁启超:《保教非所以尊孔论》,见《文集》之九,第56—59页。
[3]《年谱》第3册,第303页。
[4] 梁启超:《清代学术概论》,见《专集》之三十四,第63页。

超就是在鼓吹破坏、反满的两年中,也没有改变他的资产阶级改良主义的基本主张。他在《新民丛报》章程中即宣示:"不为危险激烈之言,以导中国进步当以渐也。"在《新民说》更揭开了他自己的思想的底,谓"世界上万事之现象,不外两大主义。一曰保守,二曰进取。人之运用此两主义者,或偏取甲,或偏取乙,或两者并起而相冲突,或两者并存而相调和,偏取其一,未有能立者也。有冲突则必有调和,冲突者,调和之先驱也。善调和者,斯为伟大国民"[1]。可见他的"保守性与进取性常交战于胸中",只是"两者并存而相调和"的表现。所以不久,梁启超即"自认悖谬",不复谈破坏和革命的话了。他在1903年7月间给蒋观云的信说:"弟近数月来,惩新党棼乱腐败之状,乃益不敢复倡革命矣。"[2]并说他"不慊于当时革命家之所为,惩羹而吹齑,持论稍变矣"[3]。这就更加证明了他和革命派只是一时的貌合而已。

为什么梁启超在吸收西方资产阶级的民主主义思想和倡破坏、谈反满的同时,没有迈着更大的步伐、跨出改良主义的门槛,而和康有为决裂呢?这固然是由于梁启超的改良主义思想的顽固性常使其欲进还止。同时在1904年梁启超游历新大陆回到日本后,黄遵宪写给他的一封信,其中透露了一点究竟。信上说:"公之归自美利坚而作俄罗斯之梦也,何其与仆相似也。当明治十三、四年,初见卢骚、孟德斯鸠之书,辄心醉其说,谓太平世必在民主国无疑也。既留美三载,乃知共和政体万不可施于今日之吾国,自是以往守渐进主义,以立宪为归宿,至于今未改。仆自愧无公之才之识之文笔耳,如有之,

---

[1] 梁启超:《新民说》,见《专集》之四,第7页。
[2] 《年谱》第3册,第312页。
[3] 梁启超:《清代学术概论》,见《专集》之三十四,第63页。

以当时政见宣布于人间,亦必为公今日之悔矣。"[1]这段话里说明了什么呢?那就是梁启超、黄遵宪等人原来设想的民主共和国,以为就是他们理想中的"太平世",然而他们亲眼看到的美国却是矛盾重重,这就使得他们不能不悔然而返了。

三

如果说梁启超在戊戌变法时期的活动有着进步的意义,在日本做逋臣最初的几年,其思想言论也还有一定程度的积极因素,那末自1903年以后的梁启超,虽然仍没有改变他的资产阶级的改良主义思想体系,但是他的斗争锋芒,主要不是指向封建守旧势力,而是指向革命了。如果说梁启超从地主阶级的营垒中分化出来,曾向地主阶级作过斗争,那末现在却是以资产阶级立宪派的身份和地主阶级旧雨重逢了。

到了1903年和1904年间,国内的革命派逐步成长而活跃起来,国内的立宪派也在开始形成中,因此革命派和改良派的对立益形严峻,斗争也日趋激烈。冯自由记其事说:"甲辰间,康有为命徐勤发刊《商报》于香港,大倡保皇扶满之义,《中国报》乃向之痛下攻击,康徒气为之慑。"[2]梁启超这时虽然还没有正式出马向革命派进攻,但是他主持的《新民丛报》却是改良派的堡垒,对国内立宪派也具有指导的作用。同时他还和狄平子在上海创办《时报》,宣布其宗旨是:"爱创此报,命之曰时,于祖国国粹固所尊重也,而不适于当世之务者束阁之,于泰西文明固所崇拜也,而不应于中国之程度者缓置之……"[3]

---

[1] 《年谱》第3册,第326页。
[2] 冯自由:《中华民国开国前革命史》上卷,第126页。
[3] 《年谱》第3册,第324页。

这种温和的改良主张,却是想阻抑日益兴盛的革命风潮。

1905年,清政府加紧伪立宪活动,派五大臣出洋考察宪政,端方即频频以书札和梁启超相往还。这一年的秋冬间,梁启超"为若辈代草考察宪政、奏请立宪,并赦免党人,请定国是一类奏折,逾二十余万言"[1]。梁启超满以为他们的立宪主张,现在假满洲贵族可以逐步实现了,他居然住在日本而成了清政府喧嚷"立宪"的政治顾问。1906年9月1日(光绪三十二年七月十三日)清政府下诏宣布预备立宪,梁启超当日喜不可遏地写信给蒋观云说:"今夕见号外,知立宪明诏已颁,从此政治革命问题可告一段落,此后所当研究者,即在此过渡时代之条理如何。"[2]

在同盟会成立,《民报》创刊后,梁启超便以全力对付革命,和革命争群众。他在1906年春给徐佛苏的信说:"本欲今年停报而出游"(按即想停刊《新民丛报》游历欧洲),"惟今方与彼党争舆论之动力,故《丛报》不能不办"[3]。徐佛苏给梁启超的信也说:"他党近来势颇发达,久恐有异动,排斥立宪之声,如蛙鸣之噪耳。"[4]这些言论,表示他们和革命为敌的决心。这一年,梁启超写给康有为的一封长信,决定了抵制革命的策略。信中说:"我党今者下之与革命为敌,上之与现政府为敌。""与现政府为敌"是次要的。信中接着说:"革党现在东京占极大之势力,万余学生从之者过半,前此预备立宪诏下,其机稍息。及改革官制有名无实,其势益张,近且举国欲狂矣。东京各省人皆有,彼播种于此间,而蔓延于内地,真腹心之大患,万不能轻

---

[1] 《年谱》第3册,第341页。
[2] 《年谱》第4册,第351页。
[3] 《年谱》第4册,第349页。
[4] 《年谱》第4册,第354页。

视者也。近顷江西、湖南、山东、直隶到处乱机蜂起,皆彼党所为。今者我党与政府死战,犹是第二义,与革党死战,乃是第一义。有彼则无我,有我则无彼。然我苟非与政府死战,则亦不能收天下之望,而杀彼党之势,故战政府亦今日万不可缓之着也。今日有两大敌夹于前后,成立固甚难,然拼全力以赴之,亦终必能得最后之胜利,以此之故,非多蓄战将,广收人才,不可以制胜。"[1]看了这段话,更可以证明资产阶级改良派的两面态度,在新的历史条件下,梁启超的主要斗争锋芒已由对准顽固派转而对准革命派了。

1906年,梁启超写了长达五万字的《开明专制论》,是全面地反对革命派的纲领性文字,也是最能代表梁启超这一阶段的思想的文字。其中"论今日中国万不能行共和制之理由"一节最为重要,梁启超把它和《申论种族革命与政治革命之得失》一文合刊,标为《中国存亡之一大问题》,以渲染他的政治主张。梁启超提出的"开明专制",是对强力的崇拜。他说:"有强制则社会存,无之则社会亡,就社会一方面言之,则虽曰'强制者神圣也'可也。"[2]他认为"以能专制之主体的利益为标准,谓之野蛮专制,以所专制之客体的利益为标准,谓之开明专制"[3],如俄国的彼得大帝、普鲁士的腓力特列第二、法国的拿破仑第一,就是开明专制的最著者。革命党人眼中的"载湉小丑",那就是他所希望在中国实现"开明专制"的"巨人"。梁启超由君主立宪论者退到主张"开明专制",但并没有改变他的资产阶级改良主义的政治立场,也仍是由他的庸俗进化论观点出发的。他说:

---

[1] 《年谱》第4册,第358—360页。
[2] 梁启超:《开明专制论》,见《文集》之十七,第15页。
[3] 梁启超:《开明专制论》,见《文集》之十七,第22页。

"诚以主观的良恶无定形,而必丽之于客观的适不适以为断也。"[1]这两句话似乎说得对,而梁启超却想以此来论证当时的中国不但没有实行共和的程度,连实行君主立宪的程度也没有。这就把他的主观臆断强嵌在"客观的适不适"的框子里,竟谓"以吾今日之中国而欲行议院政治乎?吾固言之矣,非顽固之老辈,则一知半解之新进也……苟老辈者多数焉,则复八股之议案可以通过也,苟新进多数焉,则尽坑满洲人之议案可以通过也"[2]。他这种厌旧又不喜新的骑墙态度,深怕"昨日犹专制,而今日已共和,如两船相接触,而绝无一楔子介于其间,则其冲突之程度必极猛烈"。因此他主张"由开明专制以移于立宪,拾级而升"[3],就可以避免他最担忧的"冲突之程度必极猛烈"。这也由于他知道英、日两国君主立宪的实现,仍是经过严重斗争的,要避免这种斗争,那就最好是先之以"开明专制"。

从上述论点出发,梁启超集中攻击了民主自由思想,认为中国"内部本无此物,而欲强附益之,是继鹤膝而续凫胫也";即使中国"内部虽有此物,然未至发达之期,而强欲躐等而发达之,是揠苗而助之长也"。三四年前的梁启超还说卢梭的《民约论》是医治中国的良方,此时却说:"彼卢梭民约之论,无论应用之于何国,而无不失败者,以国家本无此物也,不过卢梭等数人主观的理想,以为应有此种类之国家而已……至若洛克、孟德斯鸠、边沁诸贤之自由说,或用诸甲国而大效,用诸乙国而不效;同一国也,或用诸甲时代而大效,用诸乙时代而不效,则以国家本有此物,而自然之发达,或至其期,或未至其期也……夫或本无此物,而欲强附益之,或未达其期,而强欲躐等焉,皆

---

[1] 梁启超:《开明专制论》,见《文集》之十七,第60页。
[2] 梁启超:《开明专制论》,见《文集》之十七,第65页。
[3] 梁启超:《申论种族革命与政治革命之得失》,见《文集》之十九,第11页。

所谓不适也。"[1]梁启超以国情和时代来反对中国有实现民主自由的条件,不仅抹杀了中国人民反抗封建专制的现实,也抹杀了革命先行者在人民群众中的觉醒作用。至于革命党人提出的"土地国有"纲领,在梁启超看来,更是几百年几千年以后的事了。

基于由"开明专制"而至君主立宪的主张,必然反对革命,反对民主自由。梁启超除以不能"躐等"为理由外,更以革命必发生战乱,而"今后之中国,不容有三年以上之战乱,有之则国必亡矣"[2]。又说:"一二十年内,我国民万不能遽养成共和资格,未养成而遽行之,必足召亡。"[3]梁启超左一个"必亡",右一个"必亡",其论据是中国一革命,社会秩序一破坏,帝国主义必乘机出兵干涉,"则一战而新政府可以覆亡,国家随之,则革命军为亡国之罪人也"[4]。这些论调,一方面说明了资产阶级改良派的恐帝病,另一方面则是以"亡国罪人"吓唬革命派。

《民报》和《新民丛报》经过这场激烈论战后,至1907年,日本政府循清政府的请求,强迫孙中山离日,加上章太炎、陶成章等人和孙中山的立异,同盟会处于分裂状态。梁启超兴高采烈地写信给康有为说:"革命党之势力,在东京既已销声匿迹,民报社各人互相噬啮,团体全散,至于并报而不能出,全学界人亦无复为彼所蛊惑者,盖自去年《新民丛报》,与彼血战,前后殆将百万言,复有《中国新报》(皙子所办)、《大同报》(旗人所办)助我张目,故其势全熄,孙文亦被逐出境,今巢穴已破,吾党全收肃清克复之功,自今以往,决不复能为患

---

[1] 梁启超:《开明专制论》,见《文集》之十七,第36—37页。
[2] 梁启超:《开明专制论》,见《文集》之十七,第59页。
[3] 梁启超:《答某报第四号对于〈新民丛报〉之驳论》,见《文集》之十八,第63页。
[4] 梁启超:《暴动与外国干涉》,见《文集》之十九,第59页。

矣。吾党今后但以全力对待政府,不必复有后顾之忧,武侯所谓欲为北征而先入南也。"[1] 同盟会当时虽然受到严重的折腾,革命声势蒙受打击,但是革命党人的活动并没有停止,国内各地反抗清政府的斗争仍在继续发展中,梁启超的所谓"全收肃清克复之功",只说明了他的臆断和侥幸心理。

梁启超的"先入南"的战略方针,既自以为凯旋,现在却是怎样"以全力对待政府"的"北征"了。如果说梁启超的"入南"是血战,那末他的"北征"却是乞讨。他早就宣称"欲为政治革命者(按梁启超所说的政治革命即指立宪),宜以要求而勿以暴动"[2]。梁启超并曾设问,如果清政府"所颁宪法,虚应故事,或更予吾汉人以不利,则奈之何?或颁矣而不实行,又奈之何"?他的答复是"是亦在吾要求而已。要求固未有不提出条件者,夫条件则岂不由我耶,不承诺诸条件,吾要求不撤回,既承诺条件而不实行,则次度之要求,固亦可以继起耳"[3]。1907 年 11 月,政闻社就是在这种思想指导下成立的,宣称"政闻社所执之方法,常以秩序的行动,为正当之要求,其对于皇室,绝无干犯尊严之心,其对于国家,绝无扰紊治安之举,此今世立宪国国民所常履之迹,匪有异也"[4]。看来以梁启超为代表的改良派,已成为一群政治乞丐。政闻社成立后,出刊《政论》杂志,广与国内立宪派通声气,以请求速开国会、建立责任内阁相号召。然而只是一种抵制革命、分享政权的手段罢了。

梁启超在倡导开国会的同时,他写了许多准备为清朝的立宪政

---

[1]《年谱》第 4 册,第 403 页。
[2] 梁启超:《开明专制论》,见《文集》之十七,第 75 页。
[3] 梁启超:《申论种族革命与政治革命之得失》,见《文集》之十九,第 36 页。
[4] 梁启超:《政闻社宣言书》,见《文集》之二十,第 28 页。

府采纳施行的建议,诸如币制、外债、财政、国会制度、地方自治等方面的问题,无不竭诚地向清政府贡献出自己的意见。这是梁启超既不得志于戊戌维新时期,而想以这种乞讨的方式实现其改良主义政治于清廷叫嚷的立宪声中。事实上他已与代表大地主大资产阶级统治的清政府合流。

四

如果说20世纪初年的梁启超是与革命为敌,那么辛亥革命后的梁启超,却是助军阀为虐。这证明了资产阶级改良主义道路的更加堕落。

当武昌的炮声一响,各省相继响应,眼看清朝的统治就要完蛋。梁启超即于11月中旬潜赴奉天,暗中活动。他在给徐勤的信中说出了自己的企图:"所最患者,此一月中,南方各省纷纷响应,糜烂不可收拾,今所以处之之法,则运动各督抚暂倡自立,以杀革党之势。声称不接济北军军饷,如是则革党引以为友,无所用其煽动,而北京益危,自不得不俯从吾策,此则最近所分途布置也。"[1]梁启超这种想利用"督抚暂倡自立"的企图,一面是在打击革命,一面是挟清政府以就范。这种一打一拉的两手,正是袁世凯东山再起时所力行的。

梁启超的奉天之行,一无所得,悄然返日,但目睹清朝的不绝如缕,深恐革掉了皇帝,中国就会陷于不可收拾。于是抢着发表了《新中国建设问题》一文,又由前一阶段主张的开明专制一变而为虚君共和,认为英国式的虚君共和政体最适宜于中国。谁来担任这个虚君呢?梁启超谓"使现皇室能改从汉姓",我们就应"许其尸此虚位";

---

[1]《年谱》第6册,第555—556页。

否则"吾民族中有孔子之裔衍圣公者,举国世泽之延未有其比也。若不得已,而熏丹穴以求君,则将公爵加二级,即为皇帝"[1]。梁启超这种想入非非的建议,是在绝望中仍想保持君主的名义。虚君共和的主张发表后,在国内的梁党写信给他说:"'虚君共和'名称,长者创之,成为一种议论,袁辞爵折,竟以此名词入告,已奇矣。近日报中常发现'虚君共和'字样,谓将来发表为虚君共和,其字面则同,其内容绝非。盖宣布共和后,乃留此虚君号以存旧君名义耳,非虚君共和政体也。"[2]大概这时清帝退位,保留帝号,仍居故宫,已有成议。

当清帝退位既成定局,梁启超的虚君共和又全然落了空,他和他的党徒遑遑然不可终日,纷纷策议。有的说:"窃谓此时欲举事,万不可不先定名义,苟无名义,必不能号召天下,然则将附和民主共和之说耶?徒事雷同,有为革党所轻而已矣。不然则仍标榜君主立宪之说耶?夫在一年以前,此说固有最强之理由,今则言立不易矣。"[3]有的说:"南北磋商,今复就绪,逊位之事,发表在即,吾党不欲登舞台则已,如其欲之,必须早与本初(按指袁世凯)携手,方能达其目的。"[4]有的又说:"细察国中将来党派,其一为现政府党,袁为魁;其一为民党,孙为魁,此两派人皆比较的有大党之希望",而他们则"刻下以加入黎党为得"[5]。此时梁党之何去何从,暂时依黎,是投袁的缓冲。

改良派本来就只要在旧的基础下进行一些改良,他们的政治倾向总是反对革命的。当代表大地主、大资产阶级利益的袁世凯取得

---

[1]《文集》之二十七,第46页。
[2]《年谱》第6册,第594页。
[3]《年谱》第6册,第599页。
[4]《年谱》第6册,第603页。
[5]《年谱》第6册,第604页。

了清朝的统治地位后,梁启超眼看已无皇可保,于是迅速地投奔在袁世凯的麾下,并且又由虚君共和一变而为民主共和的拥护者了,他的党徒们居然在北京成立了"共和建设讨论会",宣称要为民国尽力。但是,他却教猱升木地于1912年2月23日写信给袁世凯说:"今后之中国,非参用开明专制之意,不足以奏整齐严肃之治。夫开明专制与服从舆论,为道若大相反,然在共和国非居服从舆论之名,不能举开明专制之实。"[1]因此,1912年10月间,在袁世凯的敦促下,在国内立宪官僚的欢迎下,出国15年的梁启超回来了。他一入国门,便说:"自兹以往,当无日不与大敌(按指那时对袁尚不甘屈服的国民党)相见于马上,吾则必须身先士卒也。"[2]几年前,梁启超以清朝的逋臣和革命党人"血战",现在的梁启超却又成为袁世凯的与党而和反袁派厮杀了。当然袁世凯也尽力笼络梁启超这批立宪党人,以为己用。梁在回国后不久的家书中说:"项城月馈三千元,已受之,一则以安反侧,免彼猜忌;二则费用亦实浩繁,非此不给也。"为了抵制反袁派,梁这时并着手把民主、共和两党合组为一大党,他说,"党成后,项城许助我二十万",但非"五十万不办",声言将"再与交涉"[3]。袁、梁的投契,也就是改良派由拥清到拥袁的过程。

1913年9月,梁启超以进步党的头子做了袁世凯政府的司法总长,继又改任币制局总裁。据他自己说,他所以这样做,是"想带着袁世凯上政治轨道,替国家做些建设事业"[4]。他这种想法可能是真的,但是他除了充当袁世凯的俘虏外,对司法界的黑暗究竟有什么改

---

[1] 《年谱》第6册,第621页。
[2] 《年谱》第6册,第660—661页。
[3] 《年谱》第6册,第666—667页。
[4] 梁启超:《护国之役回顾谈》,见《文集》之三十九,第88页。

变？对币制的紊乱究竟有什么整理？而且一个在改良主义道路上愈陷愈深的人,一切都是以骑墙的改良主义作尺度去衡量客观事物的变化发展的。正因为这样,梁启超对辛亥革命后的黑暗局势,不是也不可能从革命的失败和反动派的进攻去理解,却以此罗织为革命的罪过。他说:"革命只能产出革命,决不能产出改良政治。改良政治,自有其途辙,据国家正当之机关,以时消息其权限,使自专者无所得逞,舍此以外,皆断潢绝港,行之未有能至者也。"[1]然而梁启超的途辙,对袁世凯能"消息其权限"吗？能使其自专"无所得逞"吗？恰是梁启超的改良主义道路已走到了"断潢绝港"。

袁世凯称帝,梁启超站在反对帝制的一面,这似乎是梁在辛亥革命后差强人意的一着。但是,他反对帝制是从什么角度出发的呢？在洪宪帝制的序幕尚未正式揭开前,梁上书袁世凯说:"国体问题已类骑虎,启超良不欲更为谏沮,益蹈愆嫌,唯静观大局,默察前途,愈思愈危,不寒而栗,友邦责言,党人构难,虽云樛葛,犹可维防,所最痛忧者,我大总统四年来为国尽瘁之本怀,将永无以自白于天下,天下之信仰自此堕落,而国本即自此动摇,⋯⋯我大总统何苦以千金之躯,为众矢之鹄,舍磐石之安,就虎尾之危,灰葵藿之心,长萑苻之志。"[2]这里除了向他的大总统表示忠诚外,最主要是怕"长萑苻之志"。接着他写了《异哉所谓国体问题者》一文,是反对洪宪帝制运动中一篇重要的文字,开头就说:"鄙人原非如新进耳食家之心醉共和,故于共和国体,非有所偏爱。"显然他的反对帝制,不是为了共和,而是"不愿国中频有革命之举"[3]。并向袁世凯献策说:"吾以为若

---

[1] 梁启超:《革命相续之原理及其恶果》,见《文集》之三十,第57页。
[2] 《年谱》第7册,第729—731页。
[3] 梁启超:《袁世凯之解剖》,见《文集》之三十四,第8页。

天佑中国,今大总统能更为我国尽瘁至十年以外,而于其间整饬纪纲,培养元气,固结人心,消除隐患,自兹以往,君主可也,共和亦可也。"[1]因为梁启超看出了如果袁世凯一意孤行地称帝,必然引起全国人民的反对,造成和辛亥一样乃至更大的革命风暴,那末他想依托的旧势力,将遭受更严重的打击。由此可见梁启超的积极抢夺倒袁运动的旗帜,与其说是在反对帝制,还不如说是为了抑制革命。确实由于他那改良主义的本质,正如他自己所说"无论何时皆反对革命"。

辛亥革命失败后政治上的反动是帝制和复辟运动,思想上的逆流是尊孔读经的复古思潮。那时康有为、陈焕章等人发起的孔教会,到处活动,帝国主义分子也从中推波助澜,他们要求尊孔教为国教,并列入正在起草的宪法中。这就引起了具有革命性的资产阶级、小资产阶级的知识分子的极大反对,形成为尊孔和反尊孔、复古和反复古的激烈斗争。梁启超写了《孔子教义实际裨益于今日国民者何在欲昌明之其道何由》和《复古思潮平议》两文,表示了他的态度。他说:"吾以为诚欲昌明孔子教旨,其第一义当忠实于孔子,直绎其言,无所减加,万不可横己见杂他说以乱其真,然而择其言之切实而适今世之用者;理其系统而发挥光大之,斯则吾侪诵孔子之天职焉矣。"这段话主要说明了两点:一是主张恢复孔子的本来面目,二是择其于今世有用的言论发扬之。梁启超又把孔子的言论分作三大类:"其一言天人相与之际,所谓性与天道,宋明儒竭才以钻仰者也,以近世通行语指之,可谓为属于哲学范围;其二言治国平天下之大法,非惟博论其原理而已,更推演为无数之节文礼仪制度,以近世通行语指之,

---

[1] 梁启超:《异哉所谓国体问题者》,见《专集》之三十三,第91页。

可谓为属于政治学、社会学之范围;其三言各人立身处世之道,教以所以为人者与所以待人者,以近世通行语指之,可谓为属于伦理学、道德学、教育学之范围。"[1]这里梁启超不是把孔子看成至高无上的大圣人,而是把孔子看作是一个具有渊博学问的学者,与蔡元培在南京临时政府教育部长任内,指出儒家经学实为文、史、哲、文字几个方面的内容,大致相同。这是一般资产阶级学者评价孔子学说的观点。

当时一批复古主义者和受封建遗毒最深的人,认为社会风气的败坏,是由于新学的传播,梁启超却说:"然则今日曷为以风俗特坏闻,曰特坏者,惟吾曹号称士大夫者流耳,盖日日太息于人心风俗败坏之人,即败坏人心风俗之主动者也。"又说:"中国近年风气之坏,坏于佻浅不完之新学说者,不过十之二三,坏于积重难返之旧空气者,实什而七八。"[2]进而解释"清廷曷为以骛新而得亡?正以其本不改新,而徒以大势所迫勉趋于新,虽勉趋于新,而于新之性质新之价值,实未有所了解,常以恋旧之精神牵制于其间,故新与旧之功用两相消,进退失据而一败涂地也"。梁启超这些论点,仍是资产阶级改良派对思想文化的观点,也是折中主义的观点,所以他在较多地批评了旧派以后,马上又回过头来说:"复古论虽曰可议,然以药数年来骛新太过之病,安见其不可!"[3]这就是他主张新,而他自己又"常以恋旧之精神牵制于其间"的证明。

五

梁启超曾概述近代中国进化的过程说:"在第二期(按指甲午战

---

[1] 《孔子教义实际裨益于今日国民者何在欲昌明之其道何由》,见《文集》之三十三,第63页。
[2] 梁启超:《复古思潮平议》,见《文集》之三十三,第70页。
[3] 梁启超:《复古思潮平议》,见《文集》之三十三,第74页。

争到辛亥革命时期),康有为、梁启超、章炳麟、严复等辈,都是新思想界勇士,立在阵头最前的一排。到第三期时(按指"五四"及以后),许多新青年跑上前线,这些人一躺一躺被挤落后,甚至已经全然退伍了。这种新陈代谢现象,可以证明这五十年间思想界的血液流转得很快……"[1]时代流转得快,改良派也掉队得快,事实上他们早在五四运动以前就掉了队,不过到"五四"时期,他们与时代的距离已愈远,而康有为更成了僵硬的化石,梁启超的资产阶级改良主义面目也暴露更为深刻了。

1919年的五四运动,标示中国社会在向着崭新的道路变。梁启超这时正在大战后的欧洲游历,心灵上也在起着急剧的变化。他在到达欧洲后与仲弟书说:"数月以来,晤种种性质差别之人,闻种种派别错综之论,睹种种利害冲突之事,炫以范象通神之图书雕刻,摩以回肠荡气之诗歌音乐,环以恢诡葱郁之社会状况,饫以雄伟矫变之天然风景。……其感受刺激,宜何如者!"[2]然而梁启超却是向着和中国社会相反的方向变。

梁启超在欧游的一年中,他的思想究竟有过些什么变化?在其《欧游心影录》中首先反映出来的,是大战后欧洲各国的生计和财政的破产。他写道:"我们素来认为天经地义、尽美尽善的代议政治,今日竟会从墙脚上筑筑摇动起来,他的寿命,竟没有人敢替他保险。谁又敢说那老英、老法、老德这些阔老倌,也一个个像我们一般叫起穷来,靠着重利借债过日子。谁又敢说那如火如荼的欧洲各国,他那很舒服过活的人民,竟会有一日要煤没煤,要米没米,家家户户开门七

---

[1] 梁启超:《五十年中国进化概论》,见《文集》之三十九,第45页。
[2] 《年谱》第9册,第898页。

件事,都要皱起眉头来。"[1]其次一个重要的反映,是震惊了"科学万能的梦"。他写道:"当时讴歌科学万能之人,满望着科学成功,黄金世界便指日出现。如今功总算成了,一百年物质的进步,比从前三千年所得还加几倍。我们人类不惟没有得着幸福,倒反带来许多灾难。好像沙漠中失路的旅人,远远望见个大黑影,拼命往前赶,以为可以靠他向导,那知赶上几程,影子却不见了,因此无限凄惶失望。影子是谁?就是这位'科学先生'。欧洲人做了一场科学万能的大梦,到如今却叫起科学破产来……"[2]

作为资产阶级改良主义者的梁启超,是拜西方资产阶级为老师的,对那里的科学物质文明是无限歆羡的。然而战后欧洲的资本主义国家呈现于梁启超眼帘的,却是这样一幅凄惨的图画,听到的又是盈耳的悲观论调。西方的资产阶级先生们竟说:"西方文明已经破产了",要"关起大门老等",等着把"中国文明输进来救拔"他们。梁启超本来是一个亦中亦西的过渡时代人物,现在听到这些话,增加了他对东方文明的虚骄心。因为他所崇拜的"泰西思想界",现在感到依然是"混沌过渡时代",西方的资产阶级先生们"正在那里横冲直撞寻觅曙光,许多先觉之士,正想把中国、印度文明输入,图个东西调和"。梁启超情不自禁地说:"这种大业,只怕要靠我们才得完成哩!"[3]

梁启超这个中西调和论者,本来是要求在中国图个中西调和,现在"西洋学者"既然"都想输入些东方文明,令他们得些调剂",那末"东学"也就有资格"西渐"了。他说:"从前西洋文明,总不免将理

---

[1] 梁启超:《欧游心影录节录》,见《专集》之二十三,第3—4页。
[2] 梁启超:《欧游心影录节录》,见《专集》之二十三,第12页。
[3] 梁启超:《欧游心影录节录》,见《专集》之二十三,第27—28页。

想、实际分为两橛,唯心、唯物,各走极端,宗教家偏重来生,唯心派哲学高谈玄妙,离人生问题。都是很远。科学一个反动,唯物派席卷天下,把高尚的理想又丢掉了。"所以他想"图个心物调和"[1]。他的"心物调和"的主张,是中西调和论的深化。同时梁启超认为要发扬中国的文化,非借西方文化发展的途径不可,因为"西方研究的方法,实在精密,所谓'欲善其事,必先利其器',不然,从前的中国人那一个不读孔夫子,那一个不读李太白,为甚么没有人得着他的好处呢?"所以他主张"第一步,要人人存一个尊重爱护本国文化的诚意;第二步,要用那西洋人研究学问的方法去研究他,得他的真相;第三步,把自己的文化综合起来,还拿别人的补助他,叫他起一种化合作用,成了一个新文化系统;第四步,把这新系统往外扩充,叫人类全体都得着他好处"[2]。上述中西文化化合的论点,也仍是从中西调和论出发的,这一论点反映了中国的不成熟的资产阶级的要求。梁启超当时虽然大叫科学物质文明破产,可是他对西方的科学物质文明并没有失去信心。当他在《欧游心影录》中大谈科学破产的时候,加了一则"自注":"读者切勿误会,因此菲薄科学,我绝不承认科学破产,不过也不承认科学万能罢了。"[3]这个"读者切勿误会"很关重要。

"五四"新文化运动激烈地抨击了孔子的学说,那就是"打倒孔家店"。在这个新文化运动的巨潮面前,梁启超似乎没有明显地表示站在反孔还是尊孔的一边。1920年,他写了《孔子》一书,一看这书的安排,就知其以资产阶级的治学方法在整理孔子学说,就其内容来看,基本上也是以资产阶级的观点去评价孔子的。如说:"孔子主张

---

[1] 梁启超:《欧游心影录节录》,见《专集》之二十三,第36页。
[2] 梁启超:《欧游心影录节录》,见《专集》之二十三,第37页。
[3] 梁启超:《欧游心影录节录》,见《专集》之二十三,第12页,自注。

调和,不主张排斥,因为他立在中间,看见那两极端所说,都含有一面真理,所以不肯排斥他。墨子便不然,他立在这一个极端,认为真理,觉得那一个极端是真理的反面,非排斥不可,所以他的书中,非甚么非甚么的篇名,有许多出来。孔子是最尊重思想自由的人,他的书里头从没有一句排除异己的话。"[1]又说:"古代学术,老、孔、墨三圣集其大成,言夫理想,老子近唯心,墨子近唯物,孔子则折衷也;言夫作用,老子任自然,墨子尊人为,孔子则折衷也。"[2]孔子是古代的学问家,孔子是一个调和主义者,孔子是一个尊重思想自由的人。这个孔子显然已不是原来的孔子,而是带有自由色彩的资产阶级眼中的孔子了,在一定程度内,这个孔子也就是梁启超的化身。

梁启超所作《世界伟人传第一编——孔子》的残存稿,对孔子是极端崇拜的,说"吾将以教主尊孔子,夫孔子诚教主也,而教主不足以尽孔子。教主感化所及,限于其信徒,而孔子则凡有血气,莫不尊亲,举中国人,虽未尝一读孔子之书者,而皆在孔子范围中也"[3]。把孔子捧为教主,甚至比教主还要广大,这全是康有为的观点,早年的梁启超是跟着康有为走的,但是"启超自三十以后,已绝口不谈'伪经',亦不甚谈'改制',而其师康有为大倡设孔教会,定国教祀天配孔诸议,国中附和不乏,启超不谓然,屡起而驳之"[4]。确实,梁启超此后就没有尊孔子为教主的文字了。《世界伟人传第一编——孔子》,在《饮冰室合集》中,虽然刊于1920年写的《孔子》一书后,不独和上述主张矛盾,而且文字的风格与梁启超同时期的著作很不一样,

---

[1] 梁启超:《孔子》,见《专集》之三十六,第56页。
[2] 梁启超:《老孔墨以后学术概观》,见《专集》之四十,第1页。
[3] 梁启超:《孔子》,见《文集》之三十六,第65页。
[4] 梁启超:《清代学术概论》,见《专集》之三十四,第63页。

提法也与《孔子》一书不相同,我以为这是梁启超早年的稿子,以其系残稿存,又属同一类著作,故附于《孔子》一书之后。

但是,梁启超在五四运动后,对孔子,对儒家思想,对东方文明,确实有所强调了。1923年,他在《为创办文化学院事求助于国中同志》的书启中说:"启超确信我国儒家之人生哲学,为陶养人格至善之鹄,全世界无论何国无论何派之学说,未见其比,在今日有发挥光大之必要。"他这样夸张儒家的人生哲学,正以为它是可以挽救西方科学物质文明之弊的。进而又说:"确信欲创造新中国,非赋予国民以新元气不可,而新元气决非枝枝节节吸收外国物质文明所能养成,必须有内发的心力以为之主。"[1]新中国的创造,既要求之于"内发的心力",那末"内发的心力"具有着造物主的功能。这是梁启超的"理论者实事之母"的唯心论观点的发展,也和柏格森的"自由意志"说是近亲。梁启超对柏格森是极为心折的。他在欧游期间与仲弟书说:"法国方面之名士","已见者殆十之七八",这些人中他"最得意者有二,其一为新派哲学巨子柏格森,其二为三国协商主动人大外交家笛尔加莎。二人皆为十年来梦寐愿见之人,一见皆成良友,最足快也"。书中还说:"他日复返法(按:是信是由法抵英后写的),尚拟请柏格森专为我讲授哲学。"[2]柏格森是那时影响最大的资产阶级哲学家之一,是社会主义、民主和科学唯物主义世界观的敌人。梁启超和他接触,无疑会得到他的唯意志论的熏陶的。

1923年的科玄论战,是一场唯心论对唯心论的争吵,所不同者,一派以科学为幌子,他们是一批带有浓厚买办性的资产阶级知识分

---

[1] 《年谱》第10册,第1017—1018页。
[2] 《年谱》第9册,第899—900页。

子;另一派视玄学为真理,他们是一批带有浓厚封建性的资产阶级知识分子。梁启超基本上是属于后者。他认为"人生问题,有大部分是可以——而且必要用科学方法来解决的,却有一小部分,或者还是最重要的部分是超科学的"[1](张君劢认为凡人生问题都不能用科学解决)。所谓"极重要一部分——或者可以说是生活的原动力,就是'情感'。情感表出来的方向很多,内中最少有两件的的确确带有神秘性的,就是'爱'和'美'。'科学帝国'的版图和权威,无论扩大到什么程度,这位'爱先生'和那位'美先生',依然永远保持他们那种'上不臣天子、下不友诸侯'的身份。"这种极端的神秘主义,是想把人们的感情带到永远无法理解的太虚幻境。梁启超还引证:"程婴、杵臼代人抚孤,抚成了还要死;田横岛上五百人,死得半个也不剩。"他认为这等举动,只是感情的冲动或"情急起来"的表现,"若用理智解剖起来,都是很不合理的"[2]。这样,历史上那些"杀身成仁、舍身取义"的志士,包括他的维新同志谭嗣同的慷慨就义,也都是不可理解的了。事实上这种人有着"见义勇为"的崇高感情,同时也是有高度理智。梁启超却把理智和感情完全对立起来,是对正义的曲解,是害怕流血革命另一种形式的表现。

在资产阶级领导的旧民主主义革命时期,梁启超以资产阶级的改良主义反对民主革命。当中国进入无产阶级领导的新民主主义革命时期,梁启超仍然站在资产阶级改良主义立场上,反对彻底的民主革命,反对社会主义,成为马克思主义的敌人。

早在20世纪最初的年代里,梁启超就在咒骂社会主义,歪曲马

---

[1] 梁启超:《人生观与科学》,见《文集》之四十,第23页。
[2] 梁启超:《人生观与科学》,见《文集》之四十,第26页。

克思主义。他在《开明专制论》一文中说:"麦喀谓田主及资本家皆盗也",如"夺其田而有之","则国家其无奈先盗矣乎"！大战后,他游历欧洲,看出"科学愈昌,工厂愈多,社会偏枯亦愈甚,富者益富,贫者益贫"的社会矛盾,震惊于"社会革命,恐怕是20世纪史唯一的特色,没有一国能免,不过争早晚罢了"[1]。这些话说对了,表明梁启超有高度的政治警觉。他怀着十分恐怖的心情说:"俄国过激派政府,居然成立,居然过了两年,不管将来结局如何,假定万一推翻,他那精神毕竟不能磨灭,从前多数人嘲笑的空理想,却已结结实实成为一种制度……"[2]随又对马克思主义进行恶毒的攻击,谓:"拿孔孟程朱的话当金科玉律,说他神圣不可侵犯,固是不该,拿马克思、易卜生的话当做金科玉律,说他神圣不可侵犯,难道又是该的吗?"[3]如果只从字面上看,以孔孟程朱代表封建主义,以易卜生代表资本主义,以马克思代表社会主义,那末梁启超在这里既反对社会主义,也反对封建主义和资本主义了。事实上不是这样,他是以孔孟程朱和易卜生作陪衬,采取资产阶级的自由态度来反对马克思主义。

五四运动后,马克思主义运动在中国深入开展,给中国人民带来了新的曙光。资产阶级、地主阶级都奔走相告,惊呼"过激派来了",而各种资产阶级思想流派,拿着形形色色的资产阶级思想武器,一齐向马克思主义运动猖狂进攻。基尔特社会主义就是这种资产阶级思想流派之一。梁启超是这个流派的参加者,他认为欧美倡导社会主义革命,"其旗帜极简单明了,亦曰无产阶级与有产抗争而已。中国

---

[1] 梁启超:《欧游心影录节录》,见《专集》之二十三,第7—8页。
[2] 梁启超:《欧游心影录节录》,见《专集》之二十三,第20页。
[3] 梁启超:《欧游心影录节录》,见《专集》之二十三,第27页。

则有业无业乃第一问题,而有产无产转成第二问题"。这就是不承认中国社会有工人阶级和资产阶级、农民阶级和地主阶级的对立,既无对立的阶级,又哪里来的社会主义革命!但中国的产业终有发展之一日,"将来浡兴之资本家,若果能完其'为本国增加生产力'之一大职务,能使多数游民得有职业,吾辈愿承认其在社会上有一部分功德,虽取偿较优,亦可容许。唯当设法使彼辈有深切著明之觉悟,知剩余利益,断不容全部掠夺,掠夺太过,必生反动,殊非彼辈之福。对于劳力者生计之培养,体力之爱情,智识之给与,皆须十分注意。质言之,则务取劳资协调主义,使两阶级之距离不至太甚也。至所用矫正之手段,则若政府的立法,若社会的监督,各因其力之所能及而已。"[1]这全是拾取西方资产阶级的社会改良政策,企图以恩赐来麻痹工人阶级,从而达到劳资协调、破坏社会主义革命的目的。这是梁启超的资产阶级改良主义在不同时期的运用。

梁启超对中国共产党人领导的民主革命,尤为仇恨。当北伐战争胜利进军的时候,他惶恐地说:"时局变迁极可忧。北军阀末日已到,不成问题了。北京政府命运谁也不敢作半年的保险,但是一党专制的局面,谁也不能往光明上看,尤其可怕者,是利用工人鼓动工潮,现在汉口、九江大大小小铺子什有九不能开张,车夫要和主人同桌吃饭……现在军阀游魂尚在,我们殊不愿对党人宣战,待彼辈统一后,终不能不为多数人自由与彼辈一拼耳。"[2]梁启超赞同"打倒万恶的军阀",因为军阀实在残民太甚,但他最终还是要为"多数人自由"(地主、资产阶级的自由),不惜和共产党人、工人、农民一拼。反映在

---

[1] 梁启超:《复张东荪书论社会主义运动》,见《文集》之三十六,第1—9页。
[2] 《年谱》第12册,第1149页。

梁启超身上的，毕竟是一种软弱的、没落的阶级感情，他害怕为革命的高潮席卷而去，一则筹款"存入花旗银行"，以作"维持生活之用"；再则准备迁居租界，或避地国外。显然，这个以资产阶级改良主义作为指导思想的梁启超，在新的革命形势下已走投无路。

论者谓梁启超不但反对社会主义，也反对资本主义，因为他在给孩子们的信中说："你们别要以为我反对共产，便是赞成资本主义，我反对资本主义比共产党还厉害。"[1] 由此证明梁启超是一个十足的代表封建地主阶级的"长衫先生"。其实梁启超这个时候不仅希望有"淳兴之资本家"来完成"为本国增加生产力之一大职务"；并极力主张"利用外资来发达自己富源"，并说"美国和日本就是最好的前例"[2]。同时期内，他所说的类此发展资本主义、开发富源的话，还有不少。他对资本主义的文化也是始终向往的，不仅在他写的《清代学术概论》《中国历史研究法》《中国近三百年学术史》等书，从治学方法到观点都是资产阶级的体系，而且他也要他的儿女们饱受欧美资本主义教育的熏陶。当他的孩子将取道欧洲回国的时候，他急忙写信去说："你们由欧归国行程，我也盘算到了。头一件我反对由西伯利亚路回来，因为野蛮残破的俄国，没有什么可看，而且入境出境，都有种种意外危险……我替你们打算，到美国复折往瑞典、挪威一行，因北欧极有特色，市政亦极严整有新意，必须一往。由是入德国，除几个古都市外，莱茵河畔著名堡垒最好，能参观一二，回头折入瑞士看些天然之美，再入意大利，多耽搁些日子，把文艺复兴时代的美，彻底研究了解，最后便回到法国，在玛赛上船，中间最好能腾点时间

---

[1]《年谱》第12册，第1175页。
[2] 梁启超：《国产之保护及奖励》，见《文集》之四十三，第96页。

和金钱,到土耳其一行,看看回教的建筑和美术,附带着看看土耳其革命后政治。"[1]你看梁启超对社会主义的苏俄是那样不感兴趣,对资本主义国家的文化都是这样向往!

资产阶级和地主阶级顽固派都是反对马克思主义的。梁启超站在资产阶级改良主义政治立场上,一直攻击马克思主义和中国共产党人领导的人民革命,所以他晚年在思想上和政治上同革命人民越发背道而驰了。

六

梁启超的思想体系,就其政治主张来说,在不同的时期有不同的表现。他从主张"君民共主"的立宪政治,而开明专制,而虚君共和,到辛亥革命后,他竟自称为"有功"于民主共和,居然成了民主共和的"拥护者"。然而这些变化是表象,他的开明专制是君主立宪的准备,他的虚君共和是君主立宪的别称,归根到底都是反对民主共和的。清朝推翻了,他就以赞同共和的名义想在军阀的统治下实现改良政策,实际上是做了军阀的羽翼。由于中国社会的特殊条件,资产阶级改良主义政治运动曾在近代史上产生过积极作用,然而这只是一个短暂的时期,而且历史规定了它只能以失败而告终。到20世纪初年,资产阶级民主革命运动兴起,资产阶级改良主义就成了反对革命的思潮,革命愈深入发展,这种思潮也就表现得愈加混浊。体现在梁启超身上的就是这样一个逻辑。

在向西方学习和传播西学中,梁启超在戊戌维新运动中及以后的一个时期内,做了一些有益的工作,对旧学进行了抨击,他自称是

[1]《年谱》第12册,第1215—1216页。

"新思想界之陈涉"。但是梁启超是一个主张中西文化融合的折衷主义者,想把西方资产阶级的文化和中国固有的封建文化杂糅起来,以达到为他的资产阶级改良主义政治服务的目的。同时他在文化上的折中主义,虽然反对了旧的,但对旧学仍是采取保留的态度,没有摆脱"中体西用"的模式。

梁启超在戊戌维新时期就认为:"中土二千年来,若正史,若编年,若载记,若传记,若纪事本末,若诏令奏议,强半皆君史也。"[1]他到日本不久,即在大同学校教中国史,晚年教学和著书,主要也是搞史学,所以作为学问家的梁启超,也只是在史学方面有些成绩,特别是为中国资产阶级的史学建立了一个体系。

梁启超的哲学思想,始终是唯心论的。他在维新运动中即非常强调智慧的作用,这一点,在反对愚昧、反对闭塞的历史条件下,有其积极意义。但是他错误地把智慧、学术、理论作为事物发展的决定力量。他自己却标榜既不赞同唯心,也不赞同唯物,而主张心物调和。事实上否定唯心和唯物的对立斗争,也就必然陷入唯心主义的泥坑。梁启超并进而主张:"创造新中国",须有"内发的心力以为主","感情是生活的原动力",认为"历史为人类心力所造成,而人类心力之动,乃极自由而不可方物"[2]。这就是以"自由意志"的主观论证代替了客观事物的因果律。

梁启超在政治思想上的改良主义,在文化思想上的折中主义,和其哲学思想上的心物调和主义,是互相联结的,都是植根于唯心主义土壤的。所以他的改良主义思想必然导向反动。如果说他在旧民主

---

[1] 梁启超:《续译列国岁计政要叙》,见《文集》之二,第59—60页。
[2] 梁启超:《中国历史研究法》,见《专集》之七十三,第111页。

主义革命时期还有些折中、调和的色彩，那么，他在新民主主义革命时期，就再也不是什么折中和调和，而是站在马克思主义和革命人民的对立面了。

论谭嗣同的民主主义思想与改良主义政治实践的矛盾[1]

戊戌变法,是中国近代历史上政治斗争和思想斗争的重要回合,在知识界发生过较大的波动和影响。康有为、梁启超、谭嗣同、严复等人是这一运动的倡导者,他们是代表当时中国向西方寻找真理的一派人,谭嗣同又是一直被誉为这派人中的左翼或急进分子,因为他既是主张流血变法的实践者,而他的政治社会思想又闪烁着民主革命的光辉。梁启超在《〈清议报〉一百册祝辞并论报馆之责任及本馆之经历》中说:"其思想为吾人所不能达,其言论为吾人所不敢言。"由此可知谭嗣同的思想言论,为康、梁等人"所不能达"和"所不敢言"的。那末他们"所不能达"和"所不敢言"的是什么?这非他,就是谭嗣同激烈地反抗封建传统的民主思想和革命愿望。著名的《仁学》写成于1896年至1897年间,不但没有像《新学伪经考》《孔子改制考》等书一样的印行,也没有在和谭嗣同有密切关系的《时务报》和《湘学报》发表。不难想象,他的民主主义思想,固然是洋务派和顽固派所震骇和坚决反对的,也是改良派所不能完全同意的,所以《仁

---

[1] 原载《学术月刊》1958年第1期。

学》至1899年在国外才有出版的机会,当由《清议报》印行时,还遭到康有为的干涉,而康、梁又竟擅自删改了其中某些反满革命的言论[1]。今文经学大师、湖南维新派首领之一的皮锡瑞,至1901年看到《仁学》,尚惊为"骇俗之文"[2]。可是让改良派震惊和害怕的谭嗣同思想,却为20世纪初年资产阶级、小资产阶级民主革命派的邹容、陈天华、吴樾等人所继承和发扬,章太炎虽痛诋保皇党,而称道谭嗣同的"卓厉敢死"为革命道德。不仅如此,即在五四运动后的二三十年中,他那冲决"与虚空而无极"的网罗的精神,仍没有丧失它的战斗意义,可是对谭嗣同的思想,一般仅指出他的"革命倾向"或"革命因素",却忽略了他那曲折而显著的民主革命要求,当然由于他的政治实践,从在浏阳倡办新学开始,到喋血宫门,都没有跳出改良主义的圈子,这是他的矛盾,也是当时中国社会已经存在着改良与革命两条路线的矛盾的反映。

一

谭嗣同的民主主义思想,是中国19世纪末年的思想斗争和政治斗争放出的花朵,特别是甲午战后,为了挽救国家民族的危亡,要求改变当时的政治现状,以资产阶级的民权、民主政治来代替麻木不仁的清朝封建专制统治,为发展民族资本主义开辟广阔的道路。他这种思想的历史关系,一面是17世纪王船山、黄梨洲的民主启蒙思想的继续和发展,一面也由于西方的自然科学和政治社会思想的外铄。

---

[1] 张静庐:《中国近代出版史料》2编,第258页。
[2] 皮名举:《皮锡瑞年谱》。

戊戌变法时期的维新派,有一个共同的政治奋斗目标,即"抑君权,伸民权",具体的意见,就是改变君主专制,实行所谓"君民共主"的议院政治。因为他们认为"黄种之所以衰,虽千因万缘,皆可归狱于君主"[1]。用谭嗣同的话来说:"两千年来之政,秦政也,皆大盗也。"[2]两千年来"秦政"的结果,造成"君权日盛,民权日衰,遂乃绝地天通"[3]。所以谭嗣同在《仁学》内首举"仁以通为第一义"。如何使上下壅塞至上下相通呢?改良派的办法,即在"君权与民权相合"(梁启超语),或者主张"君不甚尊,民不甚贱",使"上下之势不相悬隔"[4]而已。谭嗣同虽然也说过:"即不能兴民权,亦当畀绅耆议事之权……夫苟有绅权,即不必有议院之名,已有议院之实矣。"[5]论者责怪他仍在支持封建势力,而所谓"伸民权"实际不过是伸"绅权"罢了。但这只能说明是他解决上下不通的渐进论调,他的终极目的是"通之象为平等",更殷殷寄意于"共举""共废"的民主政治。

"生民之初,本无所谓君臣,则皆民也。民不能相治,亦不暇治,于是共举一民为君。……夫曰共举之,则且必可共废之。"[6]这种类似法国革命先导——卢梭"民约论"的思想,在谭嗣同的论著中不止一处谈到,显然是他比较成熟的论点。梁启超说:"彼辈当时,并卢梭民约论之名亦未梦见,而理想多与暗合。"[7]那时谭嗣同虽然不知道卢梭其人、《民约论》其书,但不等于说没有受到这种思潮的影响,

---

[1] 梁启超:《饮冰室合集》,见《文集》第1册,第108页。
[2] 梁启超:《谭嗣同全集》,第54页。
[3] 梁启超:《谭嗣同全集》,第323页。
[4] 严复:《原强》。
[5] 《谭嗣同全集》,第307页。
[6] 梁启超:《谭嗣同全集》,第56页。
[7] 梁启超:《清代学术概论》,第68页。

《仁学》"二十七界说"中就这样提到:"于西书当通《新约》及算学、格致、社会学之书",无疑谭嗣同是已经注意和接触到了西方的社会学说。同时他在1894年《报贝元徵书》说:"西书《物类宗衍》中有争自存宜遗种之说,谓万物必争而后仅得自存,以绵延其种类也。"[1]这就是"物竞天择,优胜劣败"的论点,而严复译的《天演论》至1896年才脱稿,略为说到"天演"原理的《原强》一文,也是在1895年写的。这说明西方的学说,那时中国虽然尚无译本,也已片断地传播了过来。当然由古史"尧舜禅让"的传说,加上他们耳食的一些民主概念,不是不可能导致类似"民约论"思想的。可以举一个旁证,即1896年为西太后处死的太监寇连才,曾向西太后提供十条意见的末一条说"皇上今尚无子嗣,请择天下之贤者立为皇太子,效尧舜之事"[2],正与《仁学》所说的"为之民主,如墨子所谓选天下之贤者,立为天子,俾人人自主"[3],立意相近。梁启超责怪寇连才所言"不经",我想这倒恰恰反映了那时政治社会思想的变化,连宫廷内的太监也已波及。因此任何一种新思潮的发生,我们不从社会变化发掘他的关系,专从书本上找渊源,是本末倒置的事。

基于这种"民约论"观点,谭嗣同的反对封建君主专制,和康、梁那种既反对又保留的改良主义态度比起来,确有性质上的不同。因为他是摧毁性的否定君主专制。他说:"彼君之不善,人人得而戮之,初无所谓叛逆也。叛逆者,君主创之以恫喝天下之名。"[4]梁启超离开《时务报》到湖南主讲"时务学堂"时,"艺批"上表现的民主色彩,

---

[1]《谭嗣同全集》,第414页。
[2]《饮冰室合集》,文集之一,第118页。
[3]《谭嗣同全集》,第76页。
[4]《谭嗣同全集》,第51页。

是激进了些,这与他看过《仁学》和《天演论》两部稿本后的关系分不开。他在写给严复的信说:谭嗣同"著《仁学》三卷,仅见其上卷,已为中国旧学所无矣"[1]。1903年,革命派在上海刊行的革命读物——《黄帝魂》,节录《仁学》的部分,标题《君祸》收入,可见他的反对君主专制思想的深入人心。

纲常名教是封建制度的总秩序,也是君主专制维系的枢纽。谭嗣同既痛斥"君臣一伦,尤为黑暗否塞,无复人理"[2],并以"君臣之祸亟,而父子夫妇之伦遂各以名势相制为当然矣。此皆三纲之名之为害也"。其为害,不但抑制了人们的自由活动,也摧残着人们的心灵,他说"名之所在,不惟关其口,使不敢昌言;乃并锢其心,使不敢涉想"[3]。谭嗣同反对纲常名教的文字,最为粗犷而大胆,而于"夫权"所带给妇女的罪恶,揭露得更为淋漓尽致,因此他主张男女平等和"可合可离"的自由婚姻,以达到男女内外通,而把妇女从封建枷锁中解放出来。重要的还不在他的大胆揭露,而是他从存在和意识的关系及朴素的辩证方法,给予纲常名教以彻底的否定,是反传统信仰的精神革命。首先由"器存则道存"的唯物论命题出发,肯定"器改变,而道安得不改变"的客观真理,这就否定了顽固派"道"永恒不变的观念,也狠狠地打击了洋务派"器可变而道不可变"的谬论。其次是提出"天理存于人欲之中"这一战斗性的伦理概念,给桎梏个性的三纲五常以沉重鞭打,为恢复人类自由意志而呼唤,所以他说:"世俗小儒,以天理为善,以人欲为恶,不知无人欲,尚安得有天理?"[4]再其

---

[1] 《饮冰室合集》,文集之一,第110页。
[2] 《谭嗣同全集》,第55页。
[3] 《谭嗣同全集》,第65页。
[4] 《谭嗣同全集》,第16页。

次是从"破对待"的辩证方法来否定等级制度,以实现人与人的平等,即他所说"无对待,然后平等"。

批驳维护君主专制的学术思想,是从理论上反对君主专制的重要斗争。在这个问题上,谭嗣同还不能脱出"尊孔"的窠臼。但他认为"方孔之初立教也,黜古学,改今制,废君统,倡民主,变不平等为平等,亦汲汲然动矣"[1],这样的"孔教",然已亡于"君主及言君统之伪学",因此他"甚祝孔教之有路德"来革新"孔教"。可见他心目中的孔子,不是"述而不作"、拥护封建等级制度的孔子,而是富有创造性、主张"仁通"的孔子,西报曾指出他们"用孔子的教训来辩护人民的神圣权利"[2],颇为近似。为了要证明孔子是创制的而不是因袭的,《仁学》上举了一个有趣的事例,引用《论语》上孔子所说"我非生而知之者,好古敏以求之者也"的话,谭嗣同硬指"好古"两字是刘歆作伪加上去的,借以动摇牢不可破的尊古观念,这是康有为一派今文经学家论政的惯用手法。维新派要反对后世一味尊君的"孔学",却不敢反对孔子的本身,乃概目后世的"孔学",是"法后王,尊君统"的"荀学"绝非孔子真传,所以谭嗣同说:"二千年来之学,荀学也,皆乡愿也。惟大盗利用乡愿。惟乡愿工媚大盗。"[3]谭嗣同不但和康、梁一样,以今文经学的孔子来反对古文经学的孔子,而他的革命性却在大胆指出所有经学皆为过了时的东西,直言"大抵经传所有,此封建世之制,与今日事务,往往相反,明者决知其必不可行"[4]。这里已包含着要求"质变"的合理内核,超出了一般维新派庸俗进化史观的

---

[1] 《谭嗣同全集》,第54页。
[2] 中国近代史资料丛刊《戊戌变法》,(3),第492页。
[3] 《谭嗣同全集》,第54页。
[4] 《谭嗣同全集》,第86页。

理解。准此凡"大盗利用"和"工媚大盗"的学说,谭嗣同均予以猛烈抨击。谓"韩愈:臣罪当诛,天王圣明之邪说",即起于"利用"和"工媚",而且愈演愈烈,"一传而为胡安国之春秋,遂开有宋诸大儒之学派,而诸大儒亦卒不能出此牢笼,亦良可哀矣。故后世帝王极尊宋儒,取其有利于己也"[1]。我们知道满洲贵族统治中国后所实施的暴力统治,虐于前代,康熙为了欺骗中国人民,又大大地提倡御用的"程朱理学",颁发御纂的《性理精义》,并刊印《性理大全》《朱子全书》一类的书。谭嗣同称"后世君主,极尊宋儒"的话,正是针对清朝的"圣祖仁皇帝"而发,并说读宋儒的书,便是"人间地狱"。严复的《辟韩》,是从理论上反对君主专制一篇极犀利的文字,然而他仍以君主为不可弃,但"日求其与民共治而已",与谭嗣同"共举""共废"的思想比起来,是改良主义与民主主义的分歧。

维护封建专制统治而深入社会的思想,在谭嗣同看来,除后世"儒学"外,就是道家的主"柔静"了。他说:"乌知乎有李耳者出,言静而戒动,言柔而毁刚。"多少年来,大大小小的统治者——学子、士大夫、诸侯王、天子都学会了这一套,"言学术则曰宁静,言治术则曰安静",以致造成一个"似忠信似廉洁一无刺无非之乡愿天下",其目的是在"力制四万万人之动,縶其手足,涂塞其耳目"[2],以利于他们的"无为而治"。又以这种主"柔静"的治术,和他们侈称的"俭"为美德的社会经济思想相表里,成为"奸猾桀黠之资,悬借高位,尊齿重望,阴行豪强兼并之术,以之欺世盗名焉"[3]。这样,徒使中国的政治因循苟且,成为一无生气的社会,因此他大呼要以威力、奋迅、勇

---

[1]《谭嗣同全集》,第322页。
[2]《谭嗣同全集》,第37页。
[3]《谭嗣同全集》,第39页。

敢、大无畏、大雄的气概,来廓清这些"力制四万万人之动"的精神枷锁。

康有为标示维新变法的宗旨,是"满汉不分,君民同治"。梁启超主张"平满汉之界",而提到"君权日尊",只说"自秦迄明,垂二千年"[1],竟不敢触到他们的本朝——清帝。谭嗣同则不然,直斥爱新觉罗氏为"贱类异种",是"凭陵乎蛮野凶杀之性气以窃中国!及既窃之,即以所从窃之法还制其主人"[2]。这里姑放下地主、资产阶级的大汉族主义思想不论,而主张"满汉不分"和反对满洲贵族专制统治,是清末改良主义和民主主义的分野,这种分野,不仅存在于兴中会和强学会之间,谭嗣同和康、梁之间也已存在。而谭嗣同的"鼓励排满革命",后来梁启超也称其"词锋锐不可当"。他的"反满"思想更值得重视的,是与反对君主专制相联系的,不是狭隘的"反满"主义。他说"古之暴君,以天下为己之私产",这已大大不应该;而"彼(按指满族)起于游牧部落,直以中国为其牧场"[3],摧残社会生产,更不应该。因此清朝的统治是暴君加异族,中国的民主斗争也必然是反专制与反满。其次是与反侵略思想相联系的,不是单纯的反对封建专制主义,在痛恨《马关条约》严重损失的同时,他指出清朝的"满汉之见,至今未化,故视为傥来之物,图自全而已,他非所恤"[4]。更看到清朝的腐败不可救药,欧美各国"皆将借仗义之美名,阴以渔猎其资产",如果"华人不自为之,其祸可胜言哉?"[5]

谭嗣同的政治社会民主思想,归结起来:(一)反对君权,主张

---

[1]《饮冰室合集》,文集之一,第108页。
[2]《谭嗣同全集》,第55页。
[3]《谭嗣同全集》,第59页。
[4]《谭嗣同全集》,第288页。
[5]《谭嗣同全集》,第60页。

民权、民主政治;(二)反对维系封建制度的纲常名教和学术思想,主张解放个性、思想自由;(三)反对满洲贵族的反动落后统治,主张"华人""自为之"。侯外庐先生说他"在政治上没有民主答案,而在社会观点上则具有直接性的答案"[1]。我以为在政治上仍是有他的"民主答案"的,如说"君主废,则贵贱平;公理明,则贫富均"[2],不是明显的民主政治答案吗?只是还没有来得及提供民主政治的具体内容。

二

"至少是对于近代史已被证明:任何政治斗争都是阶级斗争,而任何争取本身解放的阶级斗争,虽然它不免具有政治的形式——因为任何阶级斗争都是政治斗争——归根到底总是为了经济解放而进行的。"[3]那末谭嗣同要求政治民主的思想,事实上也是为了解除封建束缚,以达到发展民族资本主义的目的。

谭嗣同在经济方面的民主要求,也和他的政治民主思想一样,有所"破",有所"立";但政治思想"破"多于"立",经济思想"立"多于"破"。

第一,反对自给自足的"尚俭"经济思想。他赞同墨子的"任侠""兼爱",却以"尚俭非乐"的主张是"苦人"。他严斥那些说"天地生财止有此数"的保守思想,以为"俭之名立",既"拂性之本然",也使"货恶弃于地"。这种思想是资产阶级"纵欲"主义的反映,也是在破坏自足自给的封建自然经济体系,为发展资本主义寻找刺激。他认

---

[1] 侯外庐:《近代中国思想学说史》下册,第759页。
[2] 《谭嗣同全集》,第85页。
[3] 恩格斯:《费尔巴哈与德国古典哲学的终结》。

为中国的社会经济,不是"节流"的问题,而是"开源"的问题。不事"开源"、专尚"节流"的"衰世言利之臣,大率以民为圈苙中之牛豕,日夺其食,朘其脂,绝其生命,而苟焉以自救"[1]。因此"尚俭"和"节流"的结果,不是扩大社会生产,而是造成超经济的封建剥削更为残酷。严复说:"中国重节流,而西人重开源;中国重淳朴,而西人求欢虞。"[2]这里当然不是什么中西的区别,而是封建主义和资本主义的区别。谭嗣同的反对"尚俭""节流"和主张"去俭""开源",正是资本主义经济思想对封建主义经济思想的斗争。

谭嗣同并从反对自给自足的农业经济思想,进而揭露封建剥削所造成的贫富两极分化现象。他说:"抑尝观于乡矣,千家之聚,必有所谓富室焉,左右比邻以及附近之困顿不自聊者,所仰而以为生也。乃其刻溪琐啬,弥甚于人,……以剥削贫民为务。放债则子巨于母而先取质,粜籴则阴伺其急而厚取利;扼之持之,使不得出,及其箝络久之,胥一乡皆为所吞并,遂不得不供其奴役,而入租税于一家。周礼有保富之文,富而若此,岂堪更保之耶。"[3]

地主阶级的"刻溪琐啬",专"以剥削贫民为务",乃至"一乡皆为所吞并",这是社会不平、人我不相通的根源。因此他主张"尽改民主以行井田"[4],从而可以做到:"尽地利""安土著""均贫富"。土地问题是民主革命的根本问题,谭嗣同虽然没有进一步发挥"行井田"的办法,却接触到了这一根本性问题。从他的"均贫富""尽地利"的意见来看,绝不是复古,而是要求改变封建土地所有制,为资本主义

---

[1]《谭嗣同全集》,第99页。
[2]《论世变之亟》。
[3]《谭嗣同全集》,第39—40页。
[4]《谭嗣同全集》,第69页。

谋出路。这一问题的提出，和他同情农民战争的态度（下文有分析）是一致的。然而没有将它和农民的利益密切地联系起来，就不能成为现实的战斗武器，只能说是"平均地权"思想的发端。

第二，主张"散利于民"发展工矿企业和商业。经济上的"开源"，是谭嗣同的指导思想，如何"开源"？他说"为今之策，上焉者奖工艺，惠商贾，速制造，蕃货物，而尤扼重于开矿"[1]，并以采用机器生产为急务，谓"一人百日为之不足，用机器则一人一日为之有余"[2]。因此要以资本主义进步的生产方式代替封建的落后生产技术，就是他所期望的"开源"途径。他曾感叹地指责所谓"士"的这个阶层说："安坐饱食，以高谈空虚无证之文与道"，而不去讲求"农工商贾之道"[3]。这种呼唤，是在促使封建地主阶级的"士"迅速地向资产阶级转化。过去民营工商业的所以不发展，他认为是由于封建势力的"故侵其利权，使其前跋后疐，牵制百状，力倦筋疲，末由自振"[4]。以此他看到官办、官督商办企业的腐败不堪，竟至"一闻官字即蹙额厌恶之"，大力提倡民营企业。

19世纪七八十年代的改良主义思想者郑观应、薛福成等人，即提出抵制外国商品的倾销，首在习"商战"。可是中国的商业终不振，外货的输入反与日俱增，谭嗣同推究其原因，以为仍是由于封建政治经济制度的阻抑。例如他说："西人谓中国之厘金，为呛商务喉咙之石灰气。方欲前出，乃从而曳之，窒之，倒筑之，使不得呼吸。此商脉之所以绝，商战之所以败北，中国之所以贫且弱也。"[5]

---

[1]《谭嗣同全集》，第45页。
[2]《谭嗣同全集》，第41页。
[3]《谭嗣同全集》，第424页。
[4]《谭嗣同全集》，第64页。
[5]《谭嗣同全集》，第121页。

因此谭嗣同的经济民主思想,仍是在破封建主义、立资本主义,和他政治民主要求一样。如何立资本主义?他极力鼓吹自由竞争,在《报唐佛尘书》中大大发挥了这个旨趣。为了繁荣民营工商业,不但不要"妨民之贫",反要"鼓舞其气",使他们"趋利若鸷禽猛兽之发"。中国要与西国争富强,"舍此无以求速效"。为要打破一切窒碍,真正实现自由资本主义经济,进而提出更有效的主张说:"创始当节目疏阔,重予人以利,而不多为否闭之法,但期风气速开,而事速以举,不问流弊如何,一于勇往直前,虽利归一二人,致召不平之怨怒,有所不恤,此欧美之所由也。"[1]要求发展自由资本主义,本来是维新派共同的企求,只是谭嗣同带着为他们所不曾有的冲劲,体现了新兴资产阶级的革命性格。

第三,发展资本主义与"节制资本"思想的矛盾。19世纪末年中国新生的民族资产阶级,抱着跃登历史舞台的"雄心"。然而他们所向往的欧美资本主义,这时已是危机四伏,由于资本的高度集中,"小民隐受其害",以致"工与商(按指资本家)积为深仇,而均贫富之党起矣"[2]。这些状况奔集于谭嗣同的笔下,已经震撼着中国资产阶级的美梦。然而谭嗣同在这里没有退缩,作了具有历史观点的处理,以为当时的中国"贫富万无可均之理",仍主张不要害怕"利归一二人"的去发展自由资本主义。不过发展到了一定程度,即所谓"气势已盛,守成者出",就应"渐渐调剂其盈虚,周密其法度,过者裁抑之,不及扶掖之,始足以日臻于治理。欧美颇昧于此,故均贫富之党出而警醒之,虽时时倡乱,为世诟病,实欧美之功臣也,不可少也"[3]。这

---

[1]《谭嗣同全集》,第445页。
[2]《谭嗣同全集》,第444页。
[3]《谭嗣同全集》,第445页。

段话,可以说是后来孙中山"节制资本"思想的前奏,也是"民报发刊辞"中所说"欧美强矣,其民实困"的初步理解。同时谭嗣同在维护资本主义制度的前提下,而以"均贫富之党"有"调剂"和"裁抑"的作用,确也体现了早期资产阶级较清醒的头脑。

谭嗣同由公羊三世说、小康大同递邅的历史进化观念,以及深感贫富悬殊造成的人我相隔,他在"扶掖"自由资本和"裁抑"独占资本的现实矛盾中,他有一个崇高的信念:"无论百年千年,地球教化极盛之时,终须到均贫富地步,始足为地球之一法。"[1]

三

以康、梁为代表的改良主义者,不但后来公开反对革命,成为不光彩的保皇党,事实上早在他们带着战斗的姿态出场时,就害怕革命,阻止革命。1896年梁启超发表于《时务报》上的《变法通议》说:"若倡革命,则必不能如美国之成就,而其靡烂将有甚于法兰西、西班牙者,且二十行省之大,四百余州之多,四百兆民之众,家揭竿而户窃号,互攻互争互杀,将为百十国而未定也……故革命者,最险之着,而亦最下之策也。"[2]1895年兴中会发动广州起义,日本报纸即已刊载"中国革命党孙逸仙"的消息[3]。而严复此时发表的《论中国分党》一文,却以孙中山的行动为"幻气游魄",与梁启超的敌视革命如出一辙,这个问题恰恰暴露了改良主义者的政治本质。而谭嗣同要求中国革新,又主张采取怎样的手段呢?他在戊戌变法时期积极参加维新活动,和改良主义者是一致的,但他认为变法并不是最好的途径或

---

[1] 《谭嗣同全集》,第444页。
[2] 梁启超:《饮冰室合集》,文集之一,第80页。
[3] 陈少白:《兴中会革命史要》。

唯一的途经，曾用怀疑的口气说："然则变法固可以复兴乎？曰：难能也，大势之已散也。然苟变法，犹可以开风气，育人才，备他日偏安割据之用，留黄种之民于一线耳。"[1]并以西国的"民党"兴起，即其"治化日进之凭据"。梁启超以革命为下策，谭嗣同却以变法为下策，两相对照，显然有性质上的区别。

"汤武革命，顺乎天，应乎人"。《易经》上的这两句话，为后来的民主革命派所经常引用，而谭嗣同却较早地从故纸堆中找出了这种有利于斗争的辞句，以表达自己的感情。而他在引用上述辞句又加以阐释说："至谓汤武未尽善者，自指家天下者言之，非谓其不当诛独夫也。"[2]他的意思不是够明白了的吗？汤武革了前朝的命，诛戮那些残民以逞的"独夫"——桀、纣，是完全正确的，但不能实行"公天下"的民主政治，则"未尽善"，因此他说"君统盛而唐、虞后无可观之政矣"。基于这种认识，他更向往法国革命，以法国由君主"改民主"，那种"誓杀尽天下君主，使流血满地球，以泄万民之恨"的雄伟气概，是值得效法的。改良主义者念念不忘的是日本的明治维新和俄国的彼得变政，进而推崇的也不过是英国的君主立宪，而谭嗣同所憧憬的却是他们害怕的法国革命。

对待农民战争的态度如何，是区分资产阶级改良派和资产阶级革命派的重要标志。康、梁等人的要求维新变法，一面是想挽救国家民族的危亡，一面却是为了缓和社会的阶级矛盾，所以康有为害怕"陈涉辍耕于陇上"和"金田之役复起矣"；梁启超害怕"教匪会匪，蔓延九洲，伺隙而动"。谭嗣同怎样呢？他不但怀念"金田之役"，对

---

[1]《谭嗣同全集》，第290页。
[2]《谭嗣同全集》，第61页。

"教匪会匪"也深表赞同,一则说"洪杨之徒,苦于君官,铤而走险,其情良足悯焉"[1]。他以为即或如有些人所说洪杨的"谋反"为"有罪",那也是反对"君官"的"公罪"。再则说"顷来金陵,见满地荒寒气象。本地人言:发匪据城时,并未焚杀,百姓安堵如故……不料湘军一破城,见人即杀,见屋即烧,子女玉帛扫数悉入于湘军,而金陵遂永穷矣"[2]。这段访问记,有力地辩驳了地主阶级和改良主义知识分子一向对太平天国的诬蔑,它不止纠正了错误的史事记载,也是革命感情的交流。三则以"英人助中国荡平洪杨",是断送中国"整顿政纪""焕然一新"的机会,否则中国不致如此"因循不振",所以"湘军助纣(按指清政府)为虐之罪,英人且分任之矣"[3]。这是对封建势力勾结帝国主义镇压革命的初步认识。和 1900 年兴中会发动惠州起义时所指出的"一千八百六十二年时,英国借戈登于满清政府,已败坏我等志向",也"窒吾等之进步"[4],有一致的理解。本来当时的维新派对太平天国没有不恶声相加的,谭嗣同却与孙中山对太平天国的估价接近,这种友好的态度,并非偶然,恰是与封建专制统治的清政府对抗、寻找革命同盟军的表现。

谭嗣同生于太平天国失败后的第二年(1865),到他参加维新政治活动、写作《仁学》时,太平天国失败已三十余年,这一革命风暴已成历史陈迹,在他眼前所呈现的农民战斗力量是"会党"。他对这一力量所表现的态度怎样呢?除了以为"会匪之兴,亦兵勇互相联结,互相扶助,以同患难耳";更进而指出集会结社是"生人之公理不可无

---

[1]　《谭嗣同全集》,第 62 页。
[2]　《谭嗣同全集》,第 326 页。
[3]　《谭嗣同全集》,第 62 页。
[4]　陈春生:《庚子惠州起义记》,见中国近代史资料丛刊《辛亥革命》(1)。

也",清政府却"不许其公"[1]。这是以集社结会自由的思想反对禁止"会党"的专制政治。他在1896年至北京时,曾热情地去天津访问"几遍直隶"的"在理教",而且加入了"在理教"。他给他的老师欧阳瓣姜的信说:

> 此次在京,极力要求在理教,宛转觅得其书,乃刺取佛教、回教、耶苏教之浅者而为之。然别有口传秘诀,誓不与外人说,仍无由求之。不得已至拜一师,始得其传,则亦道家炼气口诀而已,非有他不善也。赖有灵魂轮回果报之说,愚夫妇辄易听从。又严断烟酒,亦能为穷民省却许多闲钱。[2]

这次友好访问,不能看作好奇心的驱使,而是为"冲决网罗"寻找群众力量的具体行动。谭嗣同的好友,戊戌政变后参加兴中会活动的秦力山,曾北上联络义和团,正是这种行动的继续。所以谭嗣同感慨地说:"今即求如李白成、张献忠,尚能跳梁中原十数年者,何可得哉!"[3]又说:"志士仁人求为陈涉、杨玄感以供圣人之驱除,死无憾焉!"[4]这些话,不能简单地理解为对历史的寄慨,而是带着丰富感情的现实追求。

形形色色的改良主义思想,都出现于阶级矛盾十分尖锐的时期,也都是为了缓和阶级矛盾提出他们的政治主张,这与革命者的促使矛盾激化以解决矛盾的途径截然不同。谭嗣同的敢于揭露现状、正视矛盾,不同意那种补苴罅漏、弥缝蚁穴的做法,以为矛盾的激化是政治社会革新的机缘。他说:"世乱不极,亦末由拨乱反之正。故审

---

[1]《谭嗣同全集》,第64页。
[2]《谭嗣同全集》,第327—328页。
[3]《谭嗣同全集》,第290页。
[4]《谭嗣同全集》,第61页。

其国之终不治也,则莫若速使其乱,犹冀万一能治之者也。"[1]他谈到太平天国革命,同意那些所谓"有识之士"的看法:当日不若纵其大乱,中国还有改革的希望,不至让清政府的罪恶统治继续下去。这一论点,不唯是"物极必反"朴素辩证观念的运用,更重要的是否定了缓和社会矛盾的改良途径。革命党人詹大悲,发表于辛亥革命前夜的《大乱者救中国之药石也》一文,给"武昌起义"发生了点火作用。正是这种有利于革命的论点的发扬。

为了与封建恶魔作斗争,谭嗣同推重"任侠"为"仁"的一端,谓"若其机无可乘"——没有掀起巨大政治改革运动的机会,"莫若为任侠,亦足以伸民气,倡勇敢之风,是亦拨乱之具也"[2]。且以日本的"变法自强",由其习尚"带剑行游""悲歌叱咤"的侠气,得以"鼓更化之机"。他的"燕市臂交屠狗辈"[3],世传他从大刀王五(正谊),通臂猿胡七(致廷)学技击剑术,正是"任侠"思想赋予的实际行动。无疑他的"任侠"思想,对反抗封建恶势力,仍是有积极意义的。所以他说"杀固恶,而仅行杀杀人者,杀亦善也"[4]。后来流行的革命暗杀,与谭嗣同的提倡"任侠"是一脉相通的。

谭嗣同生活于中国的宗法社会中,耳目所接触的,是"君主之网罗""伦常之网罗""考据词章之网罗",在顽强地阻挡新的潮流,扼杀新的生机。如果要改变这种现状,他以为只有"中国能闹到新旧两党流血遍地,方有复兴之望"[5]。谭嗣同这种叛逆性格和勇敢无畏,是

---

[1] 《谭嗣同全集》,第73页。
[2] 《谭嗣同全集》,第61页。
[3] 《谭嗣同全集》,第475页。
[4] 《谭嗣同全集》,第16页。
[5] 《谭嗣同全集》,第303页。

维新派绅士闻而咋舌的,而民主革命派却从这里得到了鼓舞和勇气。

由上述情形看,谭嗣同的思想,确实具有鲜明的革命主张和要求,他是改良派的异端,他死后六十年给予思想界的浸润,也是在于他的勇猛反抗的叛逆性格。马克思说:"不管资产阶级社会怎样缺少英雄精神,然而他的诞生是曾经需要过英勇行为、自我牺牲、恐怖手段、内战以及民族斗争的。"[1]谭嗣同就是在这些方面努力过而有积极表现的人。

四

谭嗣同要求"改民主"的激进主张,是他的思想体系中富有战斗性的内容,而他的政治实践,却只是为维新变法的改良主义路线而积极活动,没有向革命迈进一大步。同时他的思想固然有光辉的革命一面,却只是维新变法思想的仲张。这种思想和实践间、思想和思想间所表现的改良与革命的矛盾,与他的唯物论哲学思想和形而上学的矛盾是分不开的。这些矛盾产生的根源,是他个人的出处与他所代表的阶级基础,正处于转化、发展所产生的矛盾的反映。

谭嗣同是一个巡抚的公子,生活于士大夫阶层的圈子里,饱受封建教育的熏陶。"三十前之精力,敝于所谓考据词章,垂垂尽矣"[2],恰是这种教养的写照。所以他在少时,还是"随波逐流,弹诋西学,与友人争辩,常至失欢"。这里固然说明旧势力对他的包围,却也可以看出新的力量在向他召唤。经甲午战争的大震动,他的思想开始发生了剧烈的变化,即他所说"处中外虎争文无所用之日,丁盛衰互纽

---

[1]《马克思恩格斯文选》(两卷集)第1卷,第224页。
[2]《谭嗣同全集》,第154页。

膂力方刚之年,行并其所悔者悔矣,由是自名壮飞"[1]。出身于官僚地主阶级家庭的知识分子——谭嗣同,在社会阶级分化和新旧矛盾的酝酿、发展中,他吸收了"泰西天算、格致、政治、历史之学",向地主阶级的传统学问举起了叛旗。无疑时代的跃进和中西文化的冲突,是当时思想界激变的源泉。然而谭嗣同个人的境遇,也是导引他走出家族、献身社会的因素,即《仁学自叙》提到的:"吾自少至壮,遍遭纲伦之厄……由是益轻其生命,以为块然躯壳,除利人之外,复何足惜。"加上他的往来南北各省,"考察风土,结交豪杰",对中国社会的现状了解日多。客观现实的刺激,会改变人们的观念,可是旧的实际,又会束缚人们思想的驰骋。谭嗣同在一定程度内打破了地主阶级知识分子的束缚,倾心陈涉、李自成、洪秀全等人领导的农民战争,同情"会党",拜师"在理教"。可是并不是与他们共命运,他的教养和农民之间究竟存在着实际上的距离。当时的维新派,都主张变科举、立学校为下手处,谭嗣同也不例外,他说"变学校允为正人心之始基",是维新变法的要图。事实上维新派的重要活动——开学会、立学堂,与广大农民的利益并无直接关系,欧阳中鹄曾函告谭嗣同说:"若辈(按指农民)全不解所谓,抗而不从。"[2]虽然谭嗣同一再痛诋"孔子庙"是"一势利场",农夫野老皆被排斥于"门墙之外",想改革"孔教"成为与群众有密切关系的"主义"。然而前者是实际的活动,后者却是没有现实意义的"口惠"。

谭嗣同在政治和经济上的民主要求,是在想建立资产阶级的政权而为发展资本主义开辟道路。当时的民族资产阶级,虽然还没有

---

[1] 《谭嗣同全集》,第204页。
[2] 中国近代史资料丛刊《戊戌变法》(2),第600页。

成为一个独立的阶级,但他毕竟是新生的事物,就有冲破旧樊篱争取崛兴的要求。由于他们缺乏足够的物质基础,代表这个阶级企图爬上政治舞台的维新派,还是一批刚从地主阶级向资产阶级转化的知识分子。在旧势力的包围下,他们要求冲击和战斗,谭嗣同在这一方面表现最为出色。但从他们的阶级利益出发,通过改良主义政治运动,改变地主阶级面临的末路,投向资产阶级的新天地,对他们更有利。他号召"大富则设大厂,中富附焉,或别为分厂。富而能设机器厂,穷民赖以养,物产赖以盈,钱币赖以流通,己之富亦赖以扩充而愈厚"[1]。因此要求冲击和不破坏旧基础这种客观矛盾,具体地反映在谭嗣同的身上,就成为民主主义思想和改良主义政治实践的矛盾。

同时中国民族资产阶级开始活动的时代,世界资产阶级革命潮流早成过去,伴随资本主义高度发展而来的经济危机和工人运动,正在有力地冲击着他们那种"永恒世界"的美梦,代表资产阶级利益的政治思潮,早已抛弃和糟蹋了原先提出来的民主要求,完全不是什么自由、平等、博爱的真谛,而是反对工人运动、缓和社会矛盾各种形式的改良主义思想。因此谭嗣同所要学习的西方是早期资本主义的西方,而眼前的西方却是"均贫富之党起矣"的西方,给新生的要求发展资本主义的中国民族资产阶级,带来了困惑。也就是说他们已处于"勇往直前"和"均贫富之党起矣"的矛盾中。

19世纪末年的中国,资产阶级的政治改良运动,是新旧斗争的主流,但是资产阶级、小资产阶级的民主革命派也开始活动,孙中山创立的兴中会和康有为倡开的强学会几乎是同时出现。就个人出处的关系来说,孙中山比谭嗣同少一岁,同时在甲午战争开始搞革新政治

---

[1]《谭嗣同全集》,第40—41页。

活动的。那末为什么一个从早年带有浓厚的改良愿望迅速地跨上了革命的广途？为什么另一个有革命的愿望却只作了改良主义的殉道者？除了两人的阶级出身和所受教育不同外，有着更重要的社会经济因素，那就是中国民族资本主义的诞生，一开始就有两种来源：一种是由小作坊主小商人改用机器生产或经营小规模企业来的；一种是由地主、富商投资新式企业来的。由于这种歧异，他们革新政治的要求虽同，而采取的途径却是革命与改良两条路线的不同。同时由封建社会进入资本主义社会，世界历史上已经出现过两种成功的形式：即1789年的法国革命和1868年的日本明治维新，反映于19世纪末年中国社会现实的政治斗争上，前者以兴中会为代表，后者以强学会—保国会为代表。谭嗣同的实际政治活动与强学会—保国会的系统分不开，而他的民主主义思想感情又更接近兴中会，这是维新派人物中的歧异。谭嗣同既因本阶级带来的局限性，而又只活动于变法气氛高涨的湖南、上海及北京间，接触的人也只有康有为、梁启超、夏穗卿、汪康年、欧阳中鹄一批主张变法的人。这时兴中会的活动，又限于海南一隅，在新旧斗争中，它还未成为主力，甚至政变后的短期内，仍没有改变这种形势。"不乐小成"的谭嗣同，也就不能不为颇有声势的维新派所动，能变法总比不变法好，"苟变法，犹可以开风气，育人才"。所以后来革命党人的《洞庭波》杂志所载《二十世纪之湖南》一文说："此君子所以为受人愚弄之谭（嗣同）唐（才常）惜。"

谭嗣同是晚清思想界的"彗星"，他大胆而努力地想建立自己的思想体系，为"冲决网罗"的理论依据，《仁学》就是这样的结晶，但他并没有来得及为民主主义建立一个较完整的思想体系，即为变法而牺牲。后来梁启超回顾这时的思想界说：他们"生育于此种'学问饥荒'之环境中，冥思枯索，欲以构成一种'不中不西、即中即西'之新学派,而已为时代所不容。盖固有之旧思想,既深根固蒂,而外来之新思想,又来源浅觳,汲而易竭;其支绌灭裂,固宜然矣"[1]。谭嗣同曾贪婪地吸收西方的科学知识,尽购当时的译书,他从傅兰雅那里看到的动植物化石和爱克司光,亟为称赏,但他也相信上帝的使者傅兰雅的谎言,说西国"更有新法,能测知人脑气筋,绘其人此时心中所思为何事,由是即可测知其所梦为何梦,由是即可以器造梦,即照器而梦焉"[2],这里表现多么的幼稚,将骗术当作科学。加上他受佛教的影响至深,以致常将自己引入了迷宫。因此他的哲学思想既有唯物论和唯心论、辩证法和形而上学的矛盾,而政治社会思想也常陷入改良与革命的纷扰。

"不生不灭,仁之体",是《仁学》二十七界说命题之一,说明物质世界有运动没有生灭。他将这一命题用来观察历史社会,构成富有朝气的"不主故常而日新"的思想内容,从而反对尊古守旧,主张"革去故,鼎取新"。"日新"为公理说,本来是维新派主张变法的指导思想,谭嗣同没有从这里划清改良与革命的界线,仍只引申为改良政治的论据,认为政治社会"但有变易,复何存亡"!且又乞灵于"古代的神圣"说,"孔子之论礼,谓殷因于夏,周因于殷,故礼有不得,与民变革损益而已"[3],大为保留旧传统张目。又如在前面已经谈到的"破对待",对从这一辩证思维来认识客观事物,否定了封建等级制度,为要求自由、平等提供了重要的理论基础。可是将久暂、长短、大小、多寡一概看作是相对的,连真幻也是相对的,"何幻非真,何真非

---

[1] 梁启超:《清代学术概论》,第71页。
[2] 《谭嗣同全集》,第317页。
[3] 《谭嗣同全集》,第23页。

幻"[1]，就模糊了客观真理。怎样"破对待"呢？是"以参伍错综其对待"来消失"对待"，主张"暂者绵之永，短者引之长，涣者统之萃，绝者续之亘，有数者浑之而无数，有迹者沟之而无迹，有间者强之而无间，有等级者通之而无等级"[2]。这样就取消了事物对立面的斗争，归结为"平等"只是"致一之谓"。从民主主义的理论前提又落到了改良主义的实质。他在《报贝元征书》叙述自己思想的矛盾说："性急则欲速，欲速则躐等，欲速躐等，则终无所得。不得已又顾而之它，又无所得，则又它顾，且失且徙，益徙益失，此其弊在不循其序，所以自纷自扰而无底止也。""躐等"和"循序"的迁徙，正是革命和改良两种思想的"纷扰"。

谭嗣同为维新变法而英勇就义，然而他的死不是鼓励了改良道路的继续，而是宣告改良的无望，且为民主革命发出了信号。就在他就义的当时，《字林西报周刊》带着惊惧的笔调警告清政府说："广西的大部分现在已经在叛徒的手中，而其发生似乎为全国各地所欢迎……四川土匪余蛮子的声势，正日益壮大。湖南，由于谭嗣同的被杀，也有反抗的情绪。"[3]事实证明：谭嗣同的民主主义思想作了民主革命的先驱，他的鲜血也灌溉了民主革命的果实。

---

[1] 《谭嗣同全集》，第32—33页。
[2] 《谭嗣同全集》，第29页。
[3] 中国近代史资料丛刊《戊戌变法》(3)，第489—490页。

章太炎传略[1]

  章太炎是中国近代资产阶级民主革命的著名思想家,也是一位在国学上多方面深有造诣的著名学者。名炳麟,字枚叔,一作梅叔,因仰慕顾炎武(原名绛)、黄宗羲(字太冲)的为人,改为绛,别号太炎,还有"西狩""菿汉阁主"等十余个笔名。1869年1月12日(清同治七年十一月三十日)出生于浙江余杭县东乡的一个书香门第。他的家世,在曾祖父一辈,有资财百万,称巨富,到他的父辈,经太平军兵燹,家境已中落。

  太炎自九岁始,在家里跟随外祖父朱有虔习诵儒家经典。朱老先生授课之暇,常给外孙讲顾炎武、王夫之等人的事迹。太炎又自读蒋良骐《东华录》,获知吕留良、曾静等案,因此,"夷夏之防"印入他幼小的心灵,播下了反清民族主义的种子。13岁时,外祖父归养海盐,章太炎跟随父亲章濬学习。16岁那年,受父命赴县应童子试,患眩厥症,没有去成,此后即绝意科举,除研读经书外,还涉猎史传,浏览老庄。22岁那年,父亲去世了,太炎便离家来到西子湖边的"诂经

---

[1] 原载《民国人物传》,中华书局1980年版。

精舍"从俞樾受业。俞樾字荫圃,号曲园,是与顾炎武、戴震、王念孙父子一脉相承的朴学大师,负盛名,治学深邃,对弟子要求十分严格。太炎在这里首尾7年,精研故训,博考事迹,长进很快,时有收获,为他日后的学术成就扎下了结实的根底。在这段时间里,太炎还向名儒高学治、谭献请教经学和文辞法度,向深通"三礼"的黄以周、精通《周礼》和《墨子》的孙诒让、钻研佛学的宋衡问过学,结识了夏曾佑、杨誉龙等朋友。这些师友,对他的学术造诣都有影响。

1894年,甲午战起,中国大败。翌年,签订了丧权辱国的《马关条约》。空前严重的民族危机,把章太炎从宁静的书斋里驱赶到资产阶级变法图强的热潮中来。他钦佩康有为等人的"公车上书",赞赏康设立强学会,并从杭州寄会费银16元报名入会。1896年,梁启超、汪康年、夏曾佑等在上海创办《时务报》,邀章入社。章遂于1897年春天离杭赴沪,担任《时务报》撰述,开始投入了政治活动。

那时,章太炎赞同康有为、梁启超的变法维新主张,思想上却有分歧。因为康有为打出孔丘的旗号,倡言"托古改制",太炎不同意神化孔丘、建立孔教,对于把康有为捧为"教皇""南海圣人",极端不满,加上学术上一个是古文经学派,一个是今文经学派,门户之见,辄如冰炭。后来他在《自订年谱》中说:"春时在上海,梁卓如倡言孔教,余甚非之。"还说:"康氏之门,又多持《明夷待访录》,予常持船山《黄书》角之。以为不去满洲,则改政变法为虚语。"为此,在《时务报》馆,章太炎与康有为的弟子梁启超、麦孟华等时常争吵,几经动武。勉强工作了几个月,他就愤而离去,往返沪杭间,参与《经世报》《实学报》《译书公会报》笔政。

是时,继德国出兵强占胶州湾后,沙俄舰队又侵入旅顺口,帝国主义列强竞相效尤,"瓜分之形,瞰如泰山"。1898年1月,章太炎上书李鸿章,祈求他联日抗欧,挽此危局。不久,章太炎应湖广总督张之洞之邀,来到武昌。

张之洞是继起的洋务派头目,在改良主义运动高涨的时刻,他趋附维新,以"中学为体、西学为用"为宗旨,撰写《劝学篇》,筹备出版《正学报》。他延揽章太炎入报馆,是想利用章太炎在学术上的成就,增强自己的声誉;章太炎则以为借助张之洞这样大权在握的汉族官僚,或可推动变法,所以欣然应聘。两者趋向既异,矛盾很快就暴露出来。张之洞请章太炎商讨《劝学篇》,章对书中侈谈的要忠于清王朝的"忠君"说教,十分反感,认为所谓"忠",无非是"上思利民""朋友善道"和"憔悴事君"三项,现在清王朝蹂躏汉族两百余年,"视民如雉兔",早已无"忠"可言,要谈"忠爱",等到革命以后[1]。这些话,吓坏了张之洞及其幕僚,他们便把章太炎逐出报馆。

章太炎离鄂返沪。不久,《时务报》馆排走梁启超,由汪康年经理,改名《昌言报》,仍聘章太炎参加笔政。1898年9月,慈禧太后为首的顽固派在北京发动政变,囚禁光绪皇帝,杀害谭嗣同等"维新六贤",到处搜捕维新派人士。康有为、梁启超逃亡国外。12月初,章太炎也因遭受通缉,应日本友人之召,避地台湾,任《台湾日日新报》记者。次年春天,他着手把自己的政论以及关于经学、史学、哲学、文学、音韵等方面的论著,辑订为《訄书》。夏天,来到日本,寄寓梁启超在横滨所设立的《清议报》馆。经梁启超介绍,他认识了孙中山。9月返回上海,参加《亚东时报》编务。是年终,《訄书》木刻本付梓。

1900年,义和团运动爆发,八国联军入侵,清政府的帝国主义走狗面目暴露无遗。本来,戊戌变法的失败,已激起章太炎对改良主义

---

[1] 章太炎:《〈艾如张〉〈董逃歌〉序》。

道路的深深怀疑,而义和团群众的反帝斗争和清政府的残民媚外,更促进了他的觉醒。是年7月,谭嗣同的同学唐才常,秉承康有为的意图,在上海发起"中国国会",创立自立会,组织自立军。到会者有容闳、严复、章太炎等80余人,推举容闳为会长,严复为副会长,唐自任总干事。会中宣布的宗旨是:(一)保全中国自主权,创造新自立军;(二)决定不承认清政府有统治中国之权;(三)请光绪皇帝复辟。对于会议宗旨,章太炎坚决反对,认为"不当一面排满,一面勤王,既不承认满清政府,又称拥护光绪皇帝,实属大相矛盾,决无成事之理"[1]。为表示反满的革命决心,他当场"宣言脱社,割辫与绝",脱下国服,换上西装,后来还写了《解辫发》一文以明志。断发易服,标志着章太炎与改良主义决裂,从此踏上了资产阶级民主革命的征途。

8月,唐才常等人在长江流域组织的自立军起义失败,唐被捕杀。章太炎尽管宣言脱离自立会,仍然逃脱不了黑名单的指名追捕,他只好悄悄地回浙江老家度岁。就在春节那天,他听说捕卒跟踪而至,便躲进一所和尚寺里,10天以后,估计无事,复出上海。这时,他辫发已剪,出入很不方便。恰值美国教会在苏州设立的东吴大学需求教员,经朋友推荐,得赴苏州任教。章太炎曾去看望老师俞樾。谁知俞一见到他,就很不高兴,疾言厉色地呵斥,说他从事革命是"不孝不忠,非人类也"[2],要鸣鼓而攻之。章太炎对老师一向很尊敬,这次却难以忍受,当即反唇相稽,并写了《谢本师》,声明与俞樾断绝师生之谊。

章太炎少小时就说过"明亡于满清,不如亡于李自成"[3]那样惊

---

[1] 冯自由:《革命逸史》第2集,第77页。
[2] 章太炎:《谢本师》。
[3] 李希泌:《章太炎先生讲演录》。

世骇俗的话。在苏州又以《李自成、胡林翼论》为学生命题作文，闻者怪异，被官府发觉，再次下令缉拿。1902年春，他再次逃亡日本，寄住东京的留日学生宿舍，删润译稿，勉强度日。他与住在横滨的孙中山经常来往。孙中山借用会党内部结盟仪式，在中和堂设宴奏乐，与章正式订交。孙、章一起谈了许多问题，包括中国的土地、赋税及革命成功后的政制和建都等问题。章颇受鼓舞。夏历三月十九日，是崇祯皇帝忌日。为了借此宣传反对满清的民族革命思想，章太炎和革命党人秦力山等人，在孙中山的支持下，在东京发起"支那亡国二百四十二年纪念会"，章手撰大会宣言，号召留日学生"雪涕来会，以志亡国"，努力奋斗，推翻清朝。留学生报名赴会者数百人，学界为之震动。清公使蔡钧闻讯，极为恐慌，亲访日本外务省，要求解散此会。日政府徇其请。开会前一日，警察署传讯章太炎等大会发起人。警长问章为清国何省人，章答，"余等皆支那人，非清国人"。问属何阶级，答曰："遗民。"[1]尽管章等据理力争，大会仍被禁止。预定开会之日，许多赴会者被驱散。章等只得约集一部分人，以聚餐为名，举行了纪念会的仪式，给香港的革命派机关报《中国日报》发了一条消息。

  章太炎在日本旅居三个月，返回上海，旋归乡里，重订《訄书》。是年秋，蔡元培在上海的租界里创设"爱国学社"，招章太炎任教。章又于1903年春来到上海。"爱国学社"是一所为资产阶级革命播种的新型学校。它除了讲授一些基础课外，每周有一次讲演会，主讲人大都是倡导或倾向民主革命的知识分子，太炎也常到会慷慨陈词。这些讲演稿多在《苏报》上发表，引起了社会的广泛注意。

---

[1] 冯自由：《中华民国开国前革命史》。

当革命派大造舆论时，保皇派也在大造舆论。康有为、梁启超没有吸取戊戌变法失败的教训，仍坚持走不通的改良主义道路，办报著书，诋毁革命，挖兴中会墙脚。1902年，康有为发表了《答南北美洲诸华侨论中国只可行立宪不可行革命书》，公开反对用革命手段推翻清朝政府，说革命无非是"血流成河，死人如麻"，四亿人将去掉一半。原先充当革新首领的康有为，发了这么一大通混淆视听的议论，再加上其门徒翻印兜售，流毒极广。章太炎奋起反击，于1903年6月发表了《驳康有为论革命书》，逐条驳斥了康的论点，论证了革命是最大的权威，"公理之未明，即以革命明之；旧俗之未去，即以革命去之"，革命是补泻兼备的救世良药。还列举了清朝专制的罪恶，直斥被保皇派奉为圣明的光绪帝为"载湉小丑，未辨菽麦"。文章旁征博引，笔锋犀利，是章太炎革命论述中最光辉的文字，也是中国资产阶级革命史上不可多得的重要作品。6月29日，《苏报》节刊了此文。

章太炎到爱国学社后，青年革命家邹容也来到这里。邹久慕章的大名，相见恨晚。章也很喜欢这位英姿勃发的青年，不久两人结为兄弟。章大邹16岁，互以大哥小弟相称。邹写了题为《革命军》的小册子，请章润色。邹文浅近直截，疾呼革命是"天演之公例""世界之公理"，明确指出革命的目的是要建立一个完全独立、强大、自由、平等的中华共和国。章太炎看了之后，认为要唤醒民众的觉醒，就需要这样的"雷霆之声"，亲为作序，称之为"义师先声"。《革命军》问世后，《苏报》又发表了文章多篇介绍。这样，《革命军》不胫而走，风行国内外。

《驳康有为论革命书》《革命军》击中了清朝统治者的要害，引起了他们的恐慌和仇视。两江总督魏光焘以"四川邹容所作《革命军》一书，章炳麟为之序，尤肆无忌惮"，又以《驳康有为论革命书》中的

"犯上"字句为口实,命令上海道袁树勋查封爱国学社和苏报馆,密拿有关人员,还特派南京候补道俞明震赶往上海,协同办理。就在《苏报》发表驳康书节录的那天,上海道和工部局勾结好了,工部局巡捕和中国警探到苏报馆捉人。第二天,又闯入爱国学社,指名要捉蔡元培、章太炎、邹容等人。蔡事前闻讯,已避地青岛,余人皆逃散,独章太炎不肯逃,说:革命就要流血,怕什么,清朝政府要捉我如今已经是第七次了。巡捕和警察来到门口,章迎上去,指着自己鼻子说:"余人都不在,要拿章炳麟,就是我!"他便被扣上手铐,捉进巡捕房。邹容得章太炎自巡捕房来信,不愿让章独受害,自动投案。这就是震动全国的"苏报案"。

章、邹被囚禁后,清朝政府的代表袁树勋、俞明震等,向工部局各国领事多方活动,请求引渡,想将章、邹押解南京,加以杀害。由于帝国主义要维护他们统治租界的绝对权威,不答应引渡。清朝政府便延请律师,向租界的会审公廨控告章太炎和邹容。7月15日,会审公廨组织额外公堂,对章、邹进行公开审讯。在租界的公堂上,清政府作为原告,章太炎、邹容作为被告,闹出了国家政府与本国人民打官司的怪事。官司打了10个月,最后判处章太炎监禁3年,邹容监禁2年,监禁期满,逐出租界。

在狱中,章太炎被罚做苦工,因眼睛近视,动作缓慢,常遭到狱卒拳打脚踢,甚至用锤子锤他的胸部。章毫不示弱,以拳对打,或夺其锤,并曾绝食七天以示抗议。他常与邹容吟诗唱和,互相砥砺。别无书看,他只得晨夜研诵佛经,把佛教哲理引进了他的思想体系。章太炎仍然十分关心铁窗外面的斗争。一次,蔡元培来探监,他们研究并决定组织革命团体。

1904年冬,光复会成立,章是发起人之一。1905年4月,邹容病逝狱中,章太炎手抚其尸,口张目视,哀恸不能出声。自此他深深地怀念着"邹容吾小弟",多次撰写诗文,以志哀悼。

1906年6月29日,章太炎刑满出狱,同盟会特地从东京派人来沪迎接,当晚便乘船东渡日本。这是章太炎第三次来到日本。到达东京时,受到留日学生的热烈欢迎。7月15日,同盟会在东京锦辉馆举行欢迎大会,与会者两千余人,章即席演说。他介绍了自己走上革命道路的经过,对今后革命提出了自己的看法,认为最紧要的,"第一,是用宗教发起信心,增进国民的道德。第二,是用国粹激动种性,增进爱国的热肠"[1],要人们抛弃富贵利禄的念头,不惜流血杀头,进行革命。会后,章太炎被委任为同盟会机关报《民报》主编。当时《民报》正和保皇派的《新民丛报》进行一场大论战,论战的中心问题是要不要推翻清朝,要不要实行民主政治,要不要改变封建土地制度。章太炎挥笔上阵,发表了一系列文章和时评,以鲜明的革命立场,渊博的中外知识,和同盟会其他言论家无情地抨击了保皇派的谬误,为辛亥革命作了舆论准备。章太炎此时揭露的问题虽然面广而深化了,但他吸取佛教唯识论和西方唯心论哲学,强调自我意志的作用,由早期的机械唯物论走向主观唯心论。文章艰深,用语晦涩,削弱了《民报》的群众性。他在办报之余,还应一些留日学生的请求,举办了国学讲习会,定期讲学,后来又在自己寓所开了一个小班,逢星期日讲授《说文解字》和诸子百家之学,鲁迅、许寿裳、钱玄同、朱希祖等人都是这个小班的受业生。

1907年4月,章太炎和日本、印度等国的一些友人,在东京成立亚洲和亲会,主张亚洲各国联合反对列强侵略、自保邦国。1908年,

---

[1] 章太炎:《东京留学生欢迎会演说辞》。

唐绍仪奉命出使美国,路过日本,请日本政府关闭《民报》。东京巡警总厅遂以"扰乱秩序、妨害治安"为由,于10月19日封禁了《民报》。章太炎十分恼火,亲赴日本裁判厅诉讼,日政府虽然理屈,但坚持不准《民报》续办。章太炎径找唐绍仪算账,唐已他去。章复至留学生总会馆击落唐的画像,践踏之,以泄己恨。

《民报》被禁后,章太炎专事讲学著述,撰写《小学答问》《新方言》《文始》《国故论衡》《齐物论释》等专著,学术成果日富。

章太炎居日期间,对孙中山的活动已有隔阂,复因《民报》经费问题,大相龃龉。1909年,章太炎会同陶成章等人重组光复会,章为会长,竟与同盟会分道扬镳。

1911年10月,武昌起义爆发,章太炎于当年11月8日返回中国。回国后,曾鼓吹"革命军兴,革命党消"[1],要求解散同盟会,并从事组织中华民国联合会的活动。次年1月,中华民国联合会在上海成立,章任会长,出版《大共和日报》,章为社长。孙中山任临时大总统后,弃旧嫌,函聘章太炎为总统府枢密顾问。3月,中华民国联合会改为统一党,章为理事。先是,1月14日,光复会领袖陶成章在上海广慈医院被刺,是陈其美授意蒋介石,蒋指使光复会会员王竹卿干的[2]。因此,章太炎对同盟会嫌怨日深,孙要他做顾问,他只是挂名而已。章太炎认为,清朝被推翻后,中国应当由一个有能力有实力的华盛顿式的人物来统治。他遍察中国政治舞台,选中了袁世凯,倒向了他,统一党也成为袁的工具。孙中山与袁世凯在建都问题上发生争执,章太炎以统一党领袖的身份,通电拥护建都北京的主张,他自

---

[1] 章太炎:《民国光复》。
[2] 黄炎培:《八十年来》第59页。

己也赶到北京，在北京设立统一党党部。几个月中，章太炎发表的许多言论，大都不利于革命，而有利于立宪派官僚，好事者为之辑印成册，题曰《太炎最近文录》。

袁世凯当了民国总统，委任章太炎为总统府高等顾问。章起初对袁充满希望，相处不久，慢慢察觉袁不能容人，始萌去志。是年冬，袁任命他为东三省筹边使，这正合他出京之意，遂奔赴东北。翌年春，设筹边使署于长春。筹边使这个差使，徒有空名，僚属仅10人，经费又很少，也无事可为。章此行的政绩，只是找人绘制了一幅黑龙江省精细地图。

1913年3月20日，宋教仁被暗杀于上海，袁世凯野心家的面目彻底暴露。章太炎闻讯，匆匆离开东北，托事南行，找昔日的老朋友商量对付袁世凯的办法。他觉得对付袁这样手握重兵、爪牙遍布的军阀，须有实力。这一次他看中了黎元洪。恰巧黎此时有事召章，章遂前往武汉与黎商量。黎虽身为副总统，又握有一点军队，但他害怕宋教仁的下场降临到自己头上，不敢惹袁。章无可奈何，又来到北京。袁世凯为了笼络他，授他一枚二级勋章。章目睹袁的所作所为，深感自身安全没有保障，仅住了七天，便于6月4日匆匆回沪，旋即上书辞去东三省筹边使职务。7月，南方革命党人发动讨袁的"二次革命"，很快就给袁世凯镇压下去，袁的反革命气焰更加嚣张。8月，袁要共和党党部急电黎元洪、章太炎来京议事。共和党是原统一党与民社等党合并而成，黎元洪是理事长，章太炎副之。章太炎冒险入京，准备与袁斗争。他一到北京，住进共和党党部，就被袁世凯软禁。

软禁期间，章太炎拒绝袁世凯的收买，几次逃跑都没有成功。章有时狂酗滥饮，借酒浇愁；有时在纸上不断书写"袁贼"两字，聊以解恨；有时把袁送来的锦缎被褥用香烟烧了许多小窟窿，扔出窗外；有时用手杖把室内器具打得粉碎;甚至以绝食抗议袁的迫害。1914年2月,他手持羽扇,以袁世凯授给他的大勋章作扇坠,径直来到总统府,大骂袁包藏祸心,把总统府接待室陈列的器物全部砸烂。章被几易囚所,并在囚禁中写了不少讽刺袁世凯的诗文,和总结辛亥革命经验教训的文章,又一次修订了《訄书》,却将原书中具有战斗意义的文字大半删去,更名为《检论》。

1916年6月6日,袁世凯在西南的反袁枪声和人民的唾骂中死去,章太炎得到解放,25日离京,7月1日抵沪。

袁死后,他的党羽秉政,互相争夺。为了寻找反对北洋军阀的力量,章太炎奔波于南方军阀之间,一度到南洋群岛活动,想在华侨中寻找力量。1917年,段祺瑞怂恿张勋拥清帝复辟,赶走黎元洪,解散国会,然后以"反复辟"名义赶走张勋,以民国再造者自居,把孙中山制订的《临时约法》完全废弃,继续军阀独裁的统治。9月,孙中山在广州成立护法军政府,自任大元帅,章太炎被委任为护法军政府秘书长。章往来于香港、广州、云南、贵州等地,想争取军阀支持。后见护法军内部勾心斗角,矛盾重重,遂丧失信心,一路观山玩景,出云南,经四川,过湖北,沿长江东下,已有"见说兴亡事,拿舟望五湖"[1]之慨,于1918年10月到达上海。

此后,章太炎既离民众,渐入颓唐,在五四运动开始的时代激流中,他日趋反动。以前,他曾多次公开批判封建统治的精神支柱——孔孟之道,认为孔丘最多算个史学家,根本不是什么圣人。这时,急进的资产阶级知识分子掀起了打倒孔家店的浪潮,他竟斥之为离经叛道,1922年,他还在报上公开刊文,对自己先前的批孔表示悔恨。

---

[1] 章太炎:《生日自述》诗。

晚年,更鼓吹"尊孔读经有千利而无一弊"。以前,他的文章虽然文笔古奥,索解为难,但在与清朝统治者及改良派斗争中,为了宣传革命,他也写过一些通俗诗文,这时却极力反对白话文,反对新文化运动。以前,他为反对军阀统治到处奔走游说,1920年却提出了"联省自治,虚置政府",为军阀割据立言,且为一些反动军阀撰写寿序碑文,歌功颂德。他攻击俄国的十月革命,反对孙中山的"联俄、联共、扶助农工"的三大政策。1924年,公开撰稿领衔,反对国共合作。

但到1931年"九一八"事变发生,懔于民族危急,年老的章太炎又投袂而起,主张坚决抵抗日本侵略,强烈谴责蒋介石出卖东三省的罪行。继"九一八"后,1932年"一·二八",日本帝国主义又南侵上海,守卫上海的十九路军爱国将士奋起反抗,予敌重创。章太炎得到这个消息,十分兴奋,立即向十九路军通电致敬,并写了《书十九路军御日本事》,高度评价了这一仗,认为是自光绪以来,与日本三次大战中从未有过的大捷。后来他又与其他爱国人士发起迁墓,将十九路军阵亡将士从上海迁葬于广州黄花岗烈士墓附近,借此表彰忠烈,鼓舞人心,又手撰《十九路军死难将士墓表》,刻石纪念。"一·二八"事变之后,章太炎曾拖着老病之躯,北上见张学良,策动抗日,并在燕京大学演讲,呼召青年拯救国家危亡。1933年,他与马相伯发表"二老宣言",又与马相伯、沈恩孚发表"三老宣言",呼吁抵抗日本侵略,收复失地。与此同时,章太炎更强烈反对蒋介石的"攘外必先安内"的反动政策。1935年,"一二·九"爱国运动发生,宋哲元进行镇压,章太炎致电宋哲元,认为:"学生请愿,事出公诚。纵有加入共党者,但问今之主张何如,何论其平素?"

晚年,章太炎卜居上海,"卖文字以为活,文则每篇千元,字则另有润格",并与陈衍发行《国学商兑》学刊。继而迁居苏州,设立国学讲习会，出版《制言》杂志，以肩荷民族文化为己任，"粹然成为儒宗"。逝世前十天，他还力疾讲授《说文部首》。因气喘病发作，1936年6月14日逝世于苏州。死后因故停柩未葬。1955年4月，人民政府为他举行了安葬仪式，按照他的遗愿，将他的遗体葬于杭州西湖边南屏山下，清初抗清志士张煌言的墓侧。

邹容的《革命军》及其思想[1]

一、邹容奋斗的年代

从 19 世纪末到 20 世纪初,中国人民展开的民主主义革命运动,给封建专制制度敲起了丧钟。当时的许多知识青年,是这一时代的触角,他们以思想言论影响社会,鼓吹革命,如邹容就是其中最著名的一个。为了挽救祖国的危亡,邹容在反封建专制的斗争中,勇往直前,具有极大的冲击力。这不仅表现于他的唯一论著——《革命军》中,为了实现《革命军》的理想,他还贡献出了自己年轻的生命。

邹容字威丹,四川重庆人,亦作巴县人,重庆现在还有纪念他的邹容路。他生于鸦片战争 40 余年后的 1885 年(光绪十一年),这一年是法国殖民主义者挑起了中法战争的第二年,也是中法战争结束的一年。中法战争的结果,法国殖民主义者并吞了中国的近邻——越南,资本主义各国的侵略势力,并从政治、经济和文化各方面涌入中国,它们在中国的半殖民地统治秩序,已在逐步形成。过十年,又是日本帝国主义发动的 1894 年(光绪二十年)的中日战争,日本不仅

---

[1] 作于 1956 年 12 月。

强占了中国的神圣领土台湾、完成对朝鲜的殖民统治,而且通过《马关条约》,更可以"合法"地任意掠夺中国的原料和劳动力,在中国的土地上建立它们的工厂,大大地便利了它们的资本输出,正如当时谭嗣同对清政府的指责说:"及睹和议条款,竟忍以四百兆人民之身家性命,一举而弃之。"[1]各帝国主义国家紧接着这些侵略战争之后,就在中国进行独占性的侵略,租借港湾和划分势力范围,以致"日本议院日日会议,万国报纸沸腾,咸以瓜分中国为言"[2]。面临着这一前所未有的局面,中国人民展开了救亡运动。继太平天国反封建反侵略的斗争后,出现了新的革命高潮,即1898年(光绪二十四年)的资产阶级政治改良运动,以及1900年(光绪二十六年)农民阶级的反帝斗争,前者促进了中国的民主运动,后者打击了帝国主义的瓜分阴谋,但都归失败。腐败透顶的清政府,对帝国主义的态度是"若谣传烽火逼长安,便一片降幡出石头"[3];对中国人民却是刀子和绞架,"非迫民以威,即陷民以律"[4]。邹容生长于这个时代中,当然有极大的苦闷,但这个时代也赋予他以奋斗的责任。

至于邹容生长的故乡、号称"天府之国"的四川,虽然还不是帝国主义的武装直接逞凶的地区,但作为侵略先锋的传教士,天主教的势力早在第二次鸦片战争后已出没于这里,基督教也在1868年(同治七年)进入了四川,所以早期的改良主义者冯桂芬说:外人"年来遍绘地图,辄迹及乎滇、黔、川、陕,其意何居"[5]!特别是1876年(光绪二年)签订的《烟台条约》,规定"四川重庆府可由英国派员驻旅,

---

[1] 《谭嗣同全集》,第288页。
[2] 中国近代史资料丛刊《戊戌变法》(2),第188页。
[3] 《革命军传奇》,载《江苏》第6期,1903年8月。
[4] 刘申叔:《普告汉人》,见《左盦外集》第14卷。
[5] 冯桂芬:《善驭夷议》,见《校邠庐抗议》。

查看川省英商事宜"[1]。还有专款一条,规定英国可派员由北京动身,遍历甘肃、青海一带,或由四川等处入西藏抵印度。外国资本主义自此便公开将位于长江上游的四川,列入它们的侵略日程。及《马关条约》签订,重庆又被指定为通商口岸,至此帝国主义分子"来川游历者日多",肆行间谍活动。英商且于1898年(光绪二十四年)"自制轮船一艘,安抵重庆,并无阻碍"[2]。所以造成"洋货充牣,纱布糖油入中国,沿江上溯,土物不能抵制,利溢于外"[3]。同时封建剥削也日趋严重,"川省津贴捐输,岁纳百数十万,借拨京协各饷"[4],是四川人民极大的负担。1876—1886年(光绪二至十二年),充任四川总督的丁宝桢说:"正供(按指田赋——引者)之外有按粮津贴,计可得六十余万;津贴不足,则又有按粮捐输,计可得八十余万;率之常年捐输而不敷之数,仍有一百二、三十万。"[5]继丁宝桢任四川总督的刘秉璋于1888年(光绪十四年)奏称:"川省京协各饷,需用甚巨,请援案再办按粮津贴。"[6]1890年(光绪十六年)又奏称:"查川省盐价逐渐加涨,每斤已至五十六文,民力商情,均形疲困。"[7]但在这些所谓正供和津贴捐输之外,还有不见于统治者章奏的压榨,即"各该省卡局税项,官吏隐匿入己,为数甚巨,弊端百出,尽饱私囊"[8]。到帝国主义结伙进犯的八国联军之役,清政府和各帝国主义者签订了使中国损失极其巨大的《辛丑条约》,单赔款一项就是4亿5000万两,

---

[1] 黄月波等:《中外条约汇编》,第15页。
[2] 《昌言报》第1册,第13页。
[3] 《涪陵县重修县志》第18卷。
[4] 《大清德宗景皇帝实录》第307卷,第6页。
[5] 《丁文诚公奏稿》第13卷。
[6] 《大清德宗景皇帝实录》第262卷,第9页。
[7] 《大清德宗景皇帝实录》第282卷,第7页。
[8] 《大清德宗景皇帝实录》第284卷,第5页。

分39年摊还,年息4厘,本利总额近10亿两。清政府为偿付这笔巨额赔款,勒令各省每年担负3 305万又300两,四川每年要分摊261万8 000两,因此在正供、津贴、捐输、官吏压榨之外,又加上了各帝国主义者的沉重勒索。

　　帝国主义者和封建势力对中国人民这种无止境的压取,陷中国社会于残破不堪的境地,四川早已是"民力商情,均甚疲敝",甲午战争和八国联军之役以后,更形严重。这些事实,促使社会矛盾激化,作为农民阶级反抗封建压迫的会党组织,遂充斥于四川。四川总督丁宝桢早就嚷着要"严拿啯匪盐枭"[1],护理总督游开智(继丁宝桢任川督的刘秉璋未到任前,由游开智护理)则谎奏:"匪党劫狱焚署"[2]。远任直隶总督的李鸿章也说:"四川民情浮动,最易滋事,重庆民教仇怨本深。"[3]为什么"民教"会"仇怨本深"？正是由于帝国主义分子的穷凶极恶,和清朝官吏的护教抑民所造成的,所以说"民之受屈愈甚,则衔恨愈深,而教会之案迭起矣"[4]。自19世纪六七十年代起,中国人民反对外国侵略的反教会斗争,遂遍及全国。以四川来看,从1863年(同治二年)的重庆教案开始,较著名的教案有:1873年(同治十二年)的巴中教案,1874年(同治十三年)的黔江教案和南充教案,1875年(光绪元年)的荣山、内江等地教案,1876年(光绪二年)的江北教案和涪陵教案,1885年(光绪十一年)的重庆教案,1895年(光绪二十一年)的成都教案。到1898年(光绪二十四年),就在四川东部的大足、荣昌等地,爆发了以余栋臣为首的大规模

---

[1]《清史列传》第54卷。
[2]《大清德宗景皇帝实录》第231卷,第11页。
[3]《大清德宗景皇帝实录》第229卷,第9页。
[4] 郑观应:《传教》,见《盛世危言》。

反帝斗争,传檄各地,宣布要"驱异族之犬羊"。1900年(光绪二十六年)轰轰烈烈的义和团运动兴起,更震动了全中国和世界。这时邹容已是一个颇解世事的少年,中国的残破景象展现在他的眼前,刺激很大。他的论著——《革命军》中,说到"杀一教士而割地赔款,骂一外人而劳上谕动问",即是上述事实的反映。

19世纪的最后十年,中国的民族工商业已在初步发展中,不仅江浙的纺织业已开始建立基础,长江上游的四川,也"已购机创设煤油并议立洋蜡公司"[1]。与这些新式企业出现的同时,沿海沿江的重要都市,陆续出现了传播维新思想的书报。1895年(光绪二十一年),康有为、梁启超在北京主办《中外纪闻》,上海强学会发行《强学报》;1896年(光绪二十二年),汪康年、梁启超、黄遵宪等在上海创办《时务报》(后改名《昌言报》);1897年(光绪二十三年),严复在天津主办《国闻报》,徐勤等在澳门编印《知新报》,长沙校经书院发行《湘报》和《湘学新报》,宋恕、章炳麟于杭州创刊《经世报》,上海还有《实学报》《蒙学报》《农学报》等刊物的发行。就在这一年,四川也由改良主义者宋育仁主办了《渝报》和蜀学会举办了《蜀学报》。这些宣传维新变法、主张学习西方的刊物,给中国社会带来了新的风尚,打开了知识分子的眼界。这时倡导民主主义革命的兴中会虽然已经成立,但改良主义的维新变法是政治思潮的主流,而且革命与改良的分野,还没有为人们所认识,一般都称维新党,以与顽固保守思想对立。当维新变法这一思潮发展为具有全国意义的政治运动时,邹容的思想已大为激动,然而使他激动的,不是戊戌政变死难"六君子"中的四川人杨锐和刘光第,而是主张流血变法、慷慨就义的湖南人谭嗣同。

---

[1]《张文襄公全集》第45卷。

谭嗣同死后,邹容悬其遗像于座侧,并题诗表示对他的景仰:

　　　　赫赫谭君故,湖湘志气衰。

　　　　惟冀后来者,继起志勿灰。[1]

在封建淫威和旧传统的包围下,这种表示具有极大的反抗性,恰与谭嗣同"冲决罗网"的精神一致。

　　1898年(光绪二十四年)戊戌政变后,越过维新变法的浪头,人们已憬悟到改良主义的道路走不通,开始有较多的人想寻找新的救国途径,于是资产阶级民主自由的革命思想,就具有更大的现实性和战斗性。这种思想,通过书刊,自国外向国内传播。如1900年(光绪二十六年),留日学生在东京发刊的《译学汇编》,译载卢梭的《民约论》、孟德斯鸠的《万法精理》、约翰·穆勒的《自由原论》等名著;1901年(光绪二十七年),留日学生在东京发刊的《国民报》(月刊)第二期,刊有《孟德斯鸠之论支那》《孟德斯鸠学说》两文;随着《民约论》《自由原论》均有单行本印行;1902年(光绪二十八年),《新民丛报》也刊载了梁启超的《法理学大家孟德斯鸠之学说》《民约论巨子卢梭之学说》。严复译述的《法意》也已由商务印书馆印行,他并在所作《孟德斯鸠列传》中引福禄特尔对《法意》一书的评价说:"人类身券,失之久矣,得此而后光复。"[2] 当欧洲资产阶级革命时期,这些社会政治学说,曾经发挥了先导的作用,现在经过译述,给中国思想界灌注了新的血液。所以1899—1901年(光绪二十五年至二十七年),鲁迅先生在南京的路矿学堂学习时,"学校看新书的风气也流行起来,鲁迅先生在当时也便花五百文买了一部白纸石印的《天演

---

[1] 邹鲁:《中国国民党史稿》第4编,列传。
[2] 孟德斯鸠:《法意》,第2页。

论》……学校又设了个阅报处,《时务报》《译学汇编》在这里都可以任人阅看了"[1]。清政府视民主自由思想如"洪水猛兽",当时有应经济特科考试者,只因文卷有"卢骚二字而除名"[2]。可是他们的压制,终于阻挡不了民主自由思潮的冲击。邹容在《革命军》内说:"吾幸夫吾同胞之得卢梭《民约论》,孟德斯鸠《万法精理》,穆勒约翰《自由之理》《法国革命史》《美国独立檄文》等书,译而读之也。"

由于现实社会的刺激和民主自由思想的影响,邹容很快把自己锻炼成一个为争取民主自由而奋斗的战士,他反抗家庭,反抗社会,反抗一切旧传统。

邹容早在12岁时,即已诵九经《史》《汉》等书。他的父亲在重庆设商店,贸易于汉口、上海及陕西等地,是一个颇富资财的商业资本家,由于看到邹容有过人的智慧,希望培养他成为"显亲扬名"的科第中人。可是出于意外的,邹容已经不是一个愿受封建束缚的青年,他曾向他的父亲表示:"臭八股,儿不愿学,满场,儿不爱入,衰世科名,得之又有何用!"[3]即已流露了反满反封建的感情。1898年(光绪二十四年),日本的成田安辉、井户川辰三先后来到重庆,他们以教授英、日语为深入中国社会的阶梯,执行侵略政策。邹容在亟欲向世界寻求知识的愿望下,跟他们学习外国语,得"习闻欧理绪余",开始吸收新的思想。及他就学于成都时,每与人谈论,则"非尧舜,薄周孔,无所避"[4],因而为塾师斥退。可以看出,他这时的思想言行,已与封建传统发生了裂痕,这种裂痕是新旧思想日益冲突的表征。

---

[1] 王冶秋:《民元前的鲁迅先生》,第58—59页。
[2] 《〈国民日日报〉汇编》第1集,短批评。
[3] 邹鲁:《中国国民党史稿》第4编,列传。
[4] 邹鲁:《中国国民党史稿》第4编,列传。

义和团运动后,清政府在举国求新的压力下,为了掩饰他们的守旧反动,宣称要举办"新政"。派留学生、办学堂是他们喧嚷"新政"设施的重要项目。1901年(光绪二十七年),四川总督奎俊准备派送20多个青年去日本留学,邹容参加了这次留日学生的考试,考试的成绩并不坏,但由于他平时愤世嫉俗,见忌于权势,官厅竟取消了他的被选资格。邹容东游的志愿甚坚,不因被排斥而灰心,乃转而作自费留日的打算,经过多次向家庭展开决裂性的争取,终于得到了他父亲的同意。这年秋天,他离开四川,先到上海,入江南制造局所设的外国语补习学校——广方言馆,学习日语。他在广方言馆的时候,不满意那些带着洋奴思想来学习外国语言的人,缮写别人的书怀诗以寄慨:

> 落落何人报大仇,沉沉往事泪长流。
> 凄凉读尽支那史,几个男儿非马牛!

这首诗里,反映了他的爱国思想和与日俱增的愤激感情。1902年(光绪二十八年)春,邹容由上海赴东京,因为他的日文程度和科学知识还不能进入专门学校,乃入同文书院补习,作升学准备。他在《革命军》自序中说:"居于蜀十有六年,以辛丑(1901年)出扬子江,旅上海;以壬寅(1902年)游海外,留经年。"这几句话且概括了他那简短的经历。

邹容到日本时,中国留日学生已迅速增加至数千人,爱国革命活动,通过这批青年,就在国外活跃起来。如1902年(光绪二十八年)他们筹备举办"支那亡国二百四十二年纪念会"(1661年南明永历帝覆灭,至1902年适为二四二年),因清政府的干涉,纪念会虽然没有开成,却以此为基础,成立了以"民族主义为宗旨"的爱国团体——青年会。1903年(光绪二十九年),留日学生会馆举行新年团拜,与会者达千余人,马君武、刘成禺慷慨陈词,历数清朝的罪恶,邹容立即响应,演说反清。在这种日益增长的革命气氛中,邹容迅速地走上了实际斗争的行列。

当时留学界的爱国革命活动,还是在资产阶级民主主义革命酝酿的初期,主要的活动方式,是开会演说和发行书刊。所以鲁迅先生回忆那时的情况说:"凡留学生一到日本,急于寻求的大抵是新知识,除学习日文,准备进专门的学校之外,就赴会馆(按指留学生会馆——引者),跑书店,往集会,听演讲。"[1]邹容在参与这些活动中,进而想揭露满洲贵族的专制横暴,并唤起国人的觉醒,扩大民主革命运动。他开始参照法国革命、美国独立的自由平等学说,结合中国所处的环境,着手写一本宣传革命的小册子,即后来发生极大影响的《革命军》。

就在这个时候,清政府的留日陆军学生监督姚文甫,与某留学生监督的小老婆发生了奸私情事,他本来是留学界开展爱国革命活动的敌人,现在更引起了大家的反感。邹容乃出其平日疾恶如仇的义侠行为,与几个留学生一起直入姚寓责称"纵饶汝头,不饶汝辫发",遂截其辫发悬于留学生会馆以示众,后来章炳麟在狱中赠给邹容的诗,有"快剪刀除辫"句,即指这一故事。当然这事不是玩世不恭的恶作剧,而是具有反封建意义的政治斗争。所以清政府驻日公使蔡钧闻悉后,不仅感到"物伤其类",更痛心这种"犯上作乱"的行为,亟照会日本外务省,要向同文馆执索邹容,得而甘心。因朋友们的劝告,邹容乃离日返国。

先是蔡元培等发起组织中国教育会于上海,章炳麟亦与会,他们

---

[1] 《鲁迅全集》第6卷,第556—557页。

想从文化教育方面,传播革新社会的进步思想。正筹划间,清政府借口留日学生的言行越轨,多方阻止他们在国外就学,所以赴日青年陆续发生失学回国的问题。同时上海南洋公学、南京陆师学堂因校方控制学生言论自由,相继发生学潮,学生多人被迫退学,刚成立的中国教育会,乃为这批失学青年设立爱国学社,署名学籍者132人。爱国学社的师生,本来就是一批具有爱国热情而又吸取了新知识的青少年,现在聚集一堂,议论时政,隐然成为东南革命团体。邹容从日本回到上海,就寄住于爱国学社,与章炳麟因政治思想的接近而建立了友谊。

还在戊戌变法时,上海已是维新派活动的基地之一,此时则又成为宣传民主主义革命的场所,也成为国内外革命青年互通声气的联络站。当沙俄霸占我国东北地区、拒不撤兵的消息传来,1903年4月27日,在上海的江苏等18省人士以爱国学社师生为基础,集会张园,抗议沙俄的野蛮侵略,邹容参加了这次集会。在日本的留学生和北京的学生也行动起来了,各地响应,形成为全国规模的拒俄运动,革命声浪日起,因此引起满汉统治者的惊惶。约4月(光绪二十九年三月)间,清两江总督魏光焘即电奏:"查有上海创立爱国会社,招集一群不逞之徒,倡演革命诸邪说,已饬查禁严拿。"[1]这样,就酝酿了日后有名的"苏报案"。

邹容来往于日本和上海的两年中,见闻日广,积蓄了比较有系统的革命理论,他除参加爱国学社的各种活动外,复取箧中尚未写完的旧稿续成,题曰《革命军》,序末署"革命军马前卒邹容记"。1903年5月间,由同志集资,请上海大同书局印行。这是中国民主主义革命史

---

[1] 《大清德宗景皇帝实录》第516卷,第15页。

上的一桩大事,因为它不仅是富有战斗性的革命宣传品,也是中国近代民主主义思想发展的里程碑。《革命军》约两万言,共七章[1]:(一)绪论;(二)革命之原因;(三)革命之教育;(四)革命必剖清人种;(五)革命必先去奴隶之根性;(六)革命独立之大义;(七)结论。这样有系统地阐述民主主义革命的理论,就当时的中国来说,《革命军》要算是第一篇著作了。作为民主主义革命先锋的孙中山,虽然已先发表过一些论著和演说,但还没有来得及对革命原理进行系统的阐发;章炳麟的《驳康有为论革命书》,又较着重于反满的种族革命;陈天华的《猛回头》和《警世钟》是此时富有爱国革命热情的名作,却不及《革命军》的从正面宣扬民主主义思想。它如写于此时的谴责小说《官场现形记》《二十年目睹之怪现状》等书,辛辣地揭露了封建官僚制度的罪恶腐朽,有反封建的意义,却不能体现民主主义革命的新方向。《革命军》写成付印时,章炳麟为作序言,誉为震撼社会的"雷霆之声"。他说:

> 今者风俗臭味,少变更矣。然其痛心疾首,恳恳必以逐满为职志者,虑不数人。数人者,文墨议论,又往往务为温藉,不欲以跳踉搏跃言之,虽余亦不免是也。嗟乎!世皆罢昧不知话言,主文讽切,勿为动容,不震以雷霆之声,其能化者几何!

二、《革命军》的民主主义革命思想

《革命军》一书,发扬了明末以来中国人民反满革命的民族思想,而反满革命和其反封建专制的主张,又是沆瀣一气的,因此平等自由的民主要求,是《革命军》作者最有活力而富战斗性的思想,《革命

---

[1] 本文所引《革命军》词句,系根据1929年上海民智书局版《革命军》一书。

军》的可以伦比"人权宣言"正在此。

《革命军》的旗帜,既然是反满反封建专制和要求民主,因此《革命军》提供了解决中国问题最根本的途径。它歌颂革命为"至高无极,独一无二,伟大绝伦之一目的";革命是"天演之公例",是"世界之公理",是"顺乎天而应乎人"的事业。这里已意识到革命为社会历史发展的必然现象,人们的主观愿望是不能更易这一"公例"的。革命的所以"伟大绝伦",是在使人类社会"去腐败而存良善","由野蛮而进文明","去奴隶而为主人"。革命的进行,要有明确的目标,也要划清事物善与不善的界线,即"辨别其孰善也,孰不善也;孰美也,孰不美也。善而存之,不善而去之;美而存之,不美而去之。而此去存之一微识,即革命之旨所出也"。那末"去存之一微识",不仅是革命者对世界的认识,也体现着新与旧的斗争,革命与反革命的斗争,广大人民与封建阶级、帝国主义的斗争。所以,它号召"牺牲个人以利天下,牺牲贵族以利平民"。

邹容吸取了18世纪法国资产阶级启蒙思想家卢梭、孟德斯鸠等人的理论,认为"有生之初,无人不自由,即无人不平等,初无所谓君也,所谓臣也"。人人本来"有天赋之权利",却为封建专制制度剥夺了这种权利,长此不反,"后世之人,不知此意,一任无数之民贼、独夫、大寇、巨盗,夺众人之所有而独有之,以为一家一姓之私产,而自尊曰君,曰皇帝,使天下之人无一平等,无一自由"。只有通过革命,推翻这种不合理的制度,才有平等自由之可言。故《革命军》的作者说:"今试问吾侪何为而革命?必有障碍吾国民天赋权利之恶魔焉,吾侪得而扫除之,以复我天赋之权利。"当时中国所处的环境,与法国革命所处的环境有显著不同。因为,在中国,不只是封建势力剥夺了中国人民的权利,而且有满洲贵族统治的种族压迫,特别是帝国主义的长期侵略,使中国失去了独立自主的权利,加深了中国人民无穷的灾难。所以,《革命军》进而指出:"我中国今日欲脱满洲人之羁缚,不可不革命;我中国欲独立,不可不革命;我中国欲与世界列强并雄,不可不革命;我中国欲长存于二十世纪新世界上,不可不革命;我中国欲为地球上名国、地球上主人翁,不可不革命。"

革命既然是为了国家民族的独立自主,为了"自由平等之幸福",那末献身革命,就成为"国民之天职"。这样就使革命的基础,是"根底于国民,因于国民,而非一二人所得而私有也",无论"老年、中年、壮年、少年、幼年、无量男女",都要"相存相养相生活于革命"。通过什么力量来组织领导"无量男女"? 由于《革命军》作者不可能有明确的阶级观点,也没有提出建立革命组织的明确要求,因此他的"因于国民"的革命主张,只是一种抽象的论调,而没有体现为实际的战斗力量。

《革命军》成于甲午战争、帝国主义划分势力范围及八国联军之役后,当时清政府已完全成为帝国主义的附庸,推翻清政府来挽救中国的危亡,是亟不容缓的,所以邹容呼吁大家对待革命,要"毋中立,毋徘徊"。并斩钉截铁地指出:"天下事不兴则亡,不进则退,不自立则自杀,徘徊中立,万无能存于世界之理。"这种不可动摇的坚决态度,表达了邹容对革命的认识和热情,也给那时社会的麻痹、苟安思想以重大刺激。同时鉴于义和团反帝斗争的失败,邹容意识到盲目的反抗,虽然可以振奋人心于一时,却不能取得反抗敌人的胜利,所以邹容主张有策略的"文明革命"。他从反封建的意义出发,把历代的农民战争都归之于革命范畴内,但以农民战争与义和团运动是"野蛮革命",以与他所主张的"文明革命"相对待。"文明革命"的意义怎样? 即"有破坏,有建设,为建设而破坏"。这一论点,具有"不破不立"的辩证原理,不仅认为破坏是为了建设,而且破坏的本身就包含着建设。这种建设主要是指向群众进行革命教育,故主张"革命与教育并行",使革命更能有步骤有策略地发动。这里与后来的所谓"教育救国"截然不同,因为它不是以教育代替革命,而是以教育为革命服务。

"革命与教育并行"的宗旨是什么?《革命军》指出:(一)当知中国者,中国人之中国也;(二)人人当知平等自由之大义;(三)当有政治法律之观念。将三句话概括起来,就是予群众以爱国的、民权的、组织的革命教育。由此三义又推演出四目,作为革命教育的标准:(一)独立不羁之精神;(二)乐死不避之气概;(三)尽瘁义务之公德;(四)以进人格之人群(即养成个人自治、团体自治)。这些认识,可以说是中国革命由自发走向自觉的新阶段的表征,它已经不像历来的农民战争那样,运用宗教的形式来组织群众,而是以革命教育来唤起群众的觉醒。毛泽东同志说:"革命文化,对于人民大众,是革命的有力武器。革命文化,在革命前,是革命的思想准备,在革命中,是革命总战线中的一条必要和重要的路线。"[1]正说明了革命教育对革命的重大意义。但是《革命军》作者没有将革命教育建立在发动群众和照顾群众利益的基础上,因此所谓"文明革命"反而束缚了群众的手脚,这是由于他看到了历来农民战争及义和团运动的缺点,却没有觉察到群众的伟大威力。

根据上述原理,联系当时中国的实际,革命的对象是什么?《革命军》的第一句话即明白地宣布:"扫除数千年种种之专制政体。"邹容与他同时代的革命先进人物一样,认为中国自秦始皇以来,厉行君

---

[1] 《毛泽东选集》第2卷,第701页。

主专制,皇帝"揽国人所有而独有之,以保其子孙帝王万世之业",剥夺人民的天赋权利,造成历代的篡窃扰乱。19世纪后期的改良主义者康有为、梁启超、严复等人,也已提出了与此类似的论点,如严复就说过这样的话:"秦以来之为君,正所谓大盗窃国者也。国谁窃?转相窃之于民而已。"[1]但是他们的结论,只主张以民权来分君权,或者以立宪来限制君权。这些论点虽然只比《革命军》的发表早几年,可是邹容是主张以革命来扫除封建专制的毒焰,实现民主共和政治,对问题的理解显然是跃进。因此《革命军》的革命对象首先是指向清皇朝,这个皇朝是封建专制和种族压迫的结合。《革命军》自序的纪年,署"皇汉民族亡国后之二百六十年岁次癸卯(1903)三月×日",是从1644年(明崇祯十七年)满洲贵族在北京建立皇朝算起的;章炳麟为《革命军》作的序,末署"共和二千七百四十四年四月",是从西周时代的"共和元年"(公元前841年)算起的。这是从反对封建帝王的纪年来否定清皇朝的统治。邹容说:"满洲人率八旗精锐之兵,入山海关,定鼎北京之一日,此固我皇汉人种亡国之一大纪念日。"这里充分反映了他的民族气节。

为了揭露满洲贵族对中国人民的种族压迫,《革命军》在"革命之原因"一章内,历数清皇朝的专横残暴和反动的文化统治。《革命军》从反满反封建的立场出发,进而有力地抨击了封建制度对士农工商四民的迫害,且在揭发其政治压迫外,又指出了满洲贵族统治下封建剥削的严重性:

> 今试游于穷乡原野之间,则见夫黧其面目,泥其手足,荷锄垄畔,终日劳劳,而无时或息者,是非我同胞之为农者乎?若辈受田主、土

---

[1]《严几道文钞》第3卷,辟韩。

> 豪之虐待不足,而满洲人派设官吏,多方刻之,以某官括某地之皮,而某吏及某民之血,若昭信票、摊赔款,其尤著者也。是故一纳赋也,加以火耗,加以钱价,加以库平,一两之税,非五六两不能完,务使之鬻妻典子而后已;而犹美其名,曰薄赋,曰轻税,曰皇仁,吾不解薄赋之谓何?轻税之谓何?若皇仁之谓,则是盗贼之用心杀人而曰救人也。

邹容说清皇朝口称的"皇仁",是"用心杀人而曰救人"的勾当,赤裸裸地戳穿了他们的欺骗伎俩。尤其是他看到"农民受田主、土豪虐待之不足",而又要受清政府的重重朘剥,这里代表了广大人民的呼声,也是从社会经济来揭露封建制度的罪恶。可是邹容没有从"若辈(农民——引者)受田主、土豪虐待之不足"的认识,更向前推进一步,把反封建的斗争,扎根于反对封建土地占有关系的基础上,来发动广大农民群众,这无疑是《革命军》中的民主革命思想的局限。

邹容所处的时代,一面是帝国主义和封建势力的严重压迫,另一面就是中国人民的逐步觉醒,正在酝酿着新的反压迫斗争——民主主义革命。当时的民族资产阶级,已经作为代表新的生产力的独立阶级出现,急切地想冲开封建束缚和帝国主义的枷锁,从而使民族资本主义能够自由发展,要求民族资产阶级成为一个掌握政权的阶级。他揭开了民族资产阶级与封建主义的矛盾,反对"重农抑末"的传统经济思想,赞成"富商大贾"参加政权,乃至掌握政权。下面的这段话,明显地表达了这种愿望,更揭示了捐税厘金和"虚衔封典"等封建关系对民族资本的阻抑:

> 抑吾又闻之,外国之富商大贾,皆为议员,执政权,而中国则贬之曰末务,卑之曰市井,贱之曰市侩,不得与士大夫伍。乃一旦偿兵费,赔教案,甚至供玩好、养国蠹者,皆莫不取之于商人,若者有捐,若者有税,若者加以洋关,而又抽以厘金,若者抽以厘金,而又加以洋关,

震之以报效国家之名，诱之以虚衔封典之荣，公其词则曰派，美其名则曰劝，实则敲吾同胞之肤，吸吾同胞之髓，以供其养家奴之费，修颐和园之用而已。

由于大半个世纪以来帝国主义对中国的迫害，由于满洲贵族两百数十年的反动统治，《革命军》强调"革命必剖清人种"，作者愤慨地说："吾宁使汉种亡尽，杀尽，死尽，而不愿其享升平盛世，歌舞河山，……为细崽、为通事、为买办、为翻译于地球各国人之下。"这里表达了中华民族不可侮的崇高气概，也与欧洲资产阶级上升时期，倡导"民族国家"的主张有其渊源，是针对来自国外的民族压迫和处于国内的异族统治而发的。所以说"夫人之爱其种人，其内必有所结，而后外有所排"。为了扫除洋人讥"支那于世界有四万万国之称"[1]的谰言，《革命军》提倡"内必有所结"的民族主义，是有力的武器。但是帝国主义无止境的侵略，邹容却不能从殖民主义的本质来说明问题，只着重提出满洲贵族"宁赠友邦，不与家奴"的无耻勾当，是出卖中华民族的权利以维持其一家一姓的统治，如说"割我同胞之土地，抢我同胞之财产，以买其一家一姓五百万家奴之安逸，此割台湾、胶州之本心"。又说"甲午战争之起也……偿款二百兆，割地一行省，所保者满人"的安富尊荣。虽然他也认识到外国侵略者所以助"满洲平太平天国"，是"因乌及屋之微意"，可是邹容的民主主义革命思想，是从反封建到反帝国主义，以推翻满洲贵族的封建专制政权来割断帝国主义的内线，却没有坚决地从正面提出反帝斗争的严重任务。因此邹容的民族革命主张，还是以反满为主的，曾有"诛绝五百万有奇披毛戴角之满洲种"的愤语。当时倾向革命的蔡元培，对此有不同

---

[1]《国民报》第3期。

意见，写文刊于《苏报》说："满人之血统，久已与汉族混合，其语言及文字亦已为汉语汉人所淘汰。所可为满人标识者，惟其世袭爵位及不营实业而坐食之特权耳，苟满人自觉，能放弃其特权，则汉人决无杀尽满人之必要。"[1]《革命军》作者不能忘怀"嘉定三屠""扬州十日"等残杀惨剧，他的着重"剖清人种"，没有将满洲贵族地主和一般满洲人区别开来，那种杀之唯恐不尽的心理，显然是带有浓厚的种族复仇主义倾向，是基于小资产阶级的革命狂热而发，但是满洲贵族在中国统治的两个半世纪中，造成严重的种族压迫，一般满洲人也有"坐食之特权"，不事生产。戊戌维新时，改良主义者有见及此，条陈请筹"八旗生计"，"俾得各习四民之业"[2]，所以《革命军》作者的愤慨不是没有理由的。由于这样的关系，蔡元培的《释仇满篇》，并没有引起人们的注意，且他寄希望于"满人自觉"来"放弃其特权"，对方在展开的反清革命是不切实际的。

恩格斯在谈到法国资产阶级启蒙学者的思想时，指出18世纪的法国社会，"除了封建贵族和出来作为社会上所有其余部分的代表的市民阶级之间的对立，还同时存在着剥削者和被剥削者、富裕的游惰者和贫穷的劳动者之间的一般的对立。正是这种情形，使资产阶级的代表能够标榜自己不是某一个阶级的代表"[3]。邹容奋斗的年代里，中国社会除了恩格斯所指18世纪法国社会的那些对立关系外，还有帝国主义与中华民族的对立、满洲贵族与国内各民族的对立。因此20世纪初年，具有民主主义革命思想的中国先进人物，反对封建专制、反对满洲贵族的反动统治、反对帝国主义的侵略，也使他们

---

[1]《释仇满篇》，见《蔡孑民先生言行录》。
[2] 梁启超：《戊戌政变记》，第54页。
[3]《反杜林论》，第15页。

"能够标榜自己不是某一个阶级的代表",他们的思想行动,是符合(也可以说代表)那一时代人民的利益的。当然这种代表性,只是就资产阶级领导革命阶段的、指导革命的民主主义思想而言。

《革命军》反对封建专制,暴露了封建政治和封建剥削的罪恶,同时对作为上层建筑的封建道德,也予以有力抨击。它指出:"数千年来,名公巨卿,老师大儒,所以垂教万世之二大义:曰忠、曰孝,更释之曰忠于君,孝于亲,吾不解忠君之谓何!"作为维护封建统治的忠君观念,邹容认为:"以言夫忠于国也则可,以言夫忠于君也则不可。"并意识到革命事业的进行,不独要革政治制度的命,也要革封建道德的命,以为"上下古今宗教、道德、政治、学术、一视一谛之微物,皆莫不数经革命之掏搣"。这样,就否定了"天不变而道亦不变"的传统观念,也打击了改良主义者拥君的奴才道德。他一面引用《奴才歌》深刻地讽刺说:"奴才好,奴才好,勿管内政与外交,大家鼓里且睡觉。古今有句常言道:臣当忠,子当孝,大家且勿胡乱闹。"另一面又刻画了那些地主、买办阶级知识分子的嘴脸,如说:"近世又有所谓通达时务者,拓腐败报纸之一二语,袭皮毛西政之二三事,求附骥尾于经济特科中,以进为满洲人之奴隶,欲求不得。"《革命军》虽然以坚决的革命立场,企图从制度和思想来毁灭封建专制主义,但是它打击了封建君主专制,却没有推广到打击支持君主专制的一切社会制度,特别是社会基础。同时,对作为封建道德最高标准的孔子思想,依然采取保留态度,这就表现了他反抗封建的软弱性。

《革命军》既大声疾呼宣布"革命之旨于天下",号召"张九世之仇,作十年血战之期,磨吾刃,建吾旗,各出其九死一生之魄力",准备作长期的艰苦的战斗,效"法人三次,美洲七年"的精神,终必达到革命的目的。《革命军》最后提出了革命纲领25条,悬为战斗的目标,

其中如:

一、诛杀满洲人所立之皇帝,以儆百世不复有专制之君主。

一、对敌干预我中国革命独立之外国人及本国人。

一、凡为国人,男女一律平等,无上下贵贱之分。

一、革命、自由及一切利益之事,皆属天赋之权利。

显然这些纲领的民主色彩,不但超过了兴中会成立时发布的宣言,有些地方比 1905 年(光绪三十一年)同盟会提出的主张还要鲜明,如"对敌干预我中国革命独立之外国人及本国人",比同盟会宣言中"外御寇仇"的笼统表示就要确切。主张革命独立后的中国,定名为"中华共和国",并充满了信心,呼唤"中华共和国万岁",呼唤"中华共和国四万万同胞的自由万岁"!

综观邹容《革命军》一书所表现的民主主义革命思想:

第一,革命是社会发展的客观规律,是"国民"的共同事业,因此革命人人有责。

第二,平等自由是人类与生俱来的天赋权利,后世君主剥夺了这种权利。中国革命的目的,必须推翻满洲贵族统治下的封建专制制度,以恢复人们的天赋权利。

第三,主张"文明革命",革命与教育并行,要作有准备的长期战斗。

通过革命以恢复自由平等的天赋权利,又是《革命军》的中心思想。这一理论,无疑是脱胎于孟德斯鸠的《法意》和卢梭的《民约论》,邹容自己也说:"吾将执卢骚诸大哲之宝幡,以招展于我神州土。"这种思想,我们不能单纯地理解为欧洲民权思想的移植,而应看作由于当时中国的社会生产已经具备吸收或产生这种理论的条件,尤其是中国人民要求从帝国主义封建主义的枷锁下解放出来,建立一个独立、自由、平等的中国,因此输入欧洲的民权思想才具有极大的现实意义。事实上,早在17世纪的思想家黄宗羲,即已萌芽了民主主义的思想。《明夷待访录》是反映这种思想的重要著作,如说:

> 古者以天下为主,君为客,凡君之所毕世而经营者,为天下也。今也以君为主,天下为客,凡天下之无地而得安宁者,为君也。是以其未得之也,屠毒天下之肝脑,离散天下之子女,以博我一人之产业,曾不惨然!曰:我固为子孙创业也。其既得之也,敲剥天下之骨髓,离散天下之子女,以奉我一人之淫乐,视为当然,曰:此我产业之花息也。然则为天下之大害者,君而已矣。向使无君,人各得自私也,人各得自利也,呜呼!岂设君之道固如是乎!

与黄宗羲同时而略晚的唐甄,在他的《潜书》中也指出:

> 自秦以来,凡为帝王者,皆贼也……杀一人而取其匹布斗粟,犹谓之贼;杀天下之人而尽有其布粟之富,而不谓之贼乎!

这些议论,严厉地打击了封建君主专制,也是封建制度处于崩溃前夜在意识形态上的反映。《革命军》作者虽然没有谈到他们的思想,但就中国的社会状况而与之相适应的意识形态来考察,《革命军》的民主主义革命思想,完全可以理解为《明夷待访录》《潜书》的民主启蒙思想的发展。就是19世纪40年代,洪秀全在《原道醒世训》《原道觉世训》中所提供的自由平等思想;19世纪90年代,康有为、梁启超、严复、谭嗣同等人的民权思想,虽然在一定程度上表现出他们都曾经向西方寻找真理,我们同样不能完全离开中国本身的社会政治思想的发展来考察。

三、《革命军》与"苏报案"

"苏报案"是清末一次大文字狱,是革命与反革命的激烈政治斗争。这次文字狱的内容与康熙、雍正、乾隆三朝的文字狱的性质有所不同。这次文字狱的起因,不只是反对清皇朝的统治,更主要的是民主主义革命思潮冲击了封建统治者的老根;文字发表的形式,也已经不是旧式的书刊,而是新式的宣传工具——《苏报》。邹容的《革命军》是构成这一文字狱的重要文字。

《苏报》创刊于1896年(光绪二十二年),是一家以日本为背景的日报,1898年(光绪二十四年),陈范(梦坡)出资购得,承办该报。陈范是一个因教案落职的县令(江西铅山),颇具维新思想,"愤官场之腐败,思以清议救天下"。在民主主义思想的影响下,进而倾向革命。爱国学社成立后,因政治趋向相同,为了相互配合,《苏报》的社论由爱国学社的人轮流撰写,增加了《苏报》的战斗性;报社每月酬学社100元,支持了学社的活动。至1903年5月(光绪二十九年四月)间,《苏报》刊布的文字更加激烈,颇为社会瞩目,也开始为清政府所忌。

邹容的《革命军》出版后,《苏报》便于1903年6月9日(光绪二十九年五月十四日)发表了两篇文章,一为《读〈革命军〉》,一为《介绍〈革命军〉》,大为《革命军》揄扬。这是《苏报》与《革命军》反满反封建专制的共鸣。《读〈革命军〉》说:

> 卓哉邹氏之《革命军》也,以国民主义为干,以仇满为用。挦扯往事,根据公理,驱以犀利之笔,达以浅直之词,虽顽懦之夫,目睹其事,耳闻其语,则罔不面赤耳热,心跳肺张,作拔剑砍地,奋身入海之状。呜呼!此诚今日国民教育之第一教科书也。

《介绍〈革命军〉》一文说:

> 其宗旨专在驱除满族,光复中国。笔极犀利,文极沉痛,稍有种族思想者,读之当无不拔剑起舞,发冲眉竖。若能以此书普及四万万

人之脑海,中国当兴也勃焉,是所望于读《革命军》者。
前文指出《革命军》是"以国民主义为干,以仇满为用",较能道出邹容的民主主义革命思想的全貌。后文谓《革命军》的宗旨"专在驱除满族",将邹容的民主主义革命思想局限于"排满",显然不是邹容思想的全部内容。但"笔极犀利,文极沉痛"的《革命军》,经此介绍,声势益壮,旅沪外人,也争译为各国文字寄回本国。而章炳麟的《驳康有为论革命书》,也在此时出版,与《革命军》互相呼应。好像给中国思想界抛掷了一颗巨型炸弹,立刻引起波动。特别是《革命军》以鲜明的革命旗帜宣告于全国,影响尤大。

先是在张园举行爱国演说会时,即风传官方要拿人。但清政府与帝国主义在租界所设的工部局还未获得协议,一时未发作。至此"乃复有不普通、最急激、致政府惊心动魄之一名词曰革命军者,公现于世"[1]。于是清两江总督魏光焘,遂以"四川邹容所作《革命军》一书,章炳麟为之序,尤肆无忌惮"[2]为言,命令上海道袁树勋查禁爱国学社、苏报馆,并密拿有关人员。又派候补道俞明震由南京来上海,协同办理,嘱其与帝国主义分子妥商,使不被隔阻。在"美领事与华官朋比为奸,而上海道着力行贿"[3]的情况下,得首席领事美国古纳(J. Goodnow)的同意,6月29日(闰五月初五),外国巡捕与清政府警察联合至苏报馆捕人,第二天又至爱国学社逮捕章炳麟。邹容为实践他的"乐死不避之气概"则于7月1日自赴工部局。除章、邹外,苏报馆馆员及有关人员4名被捕,这就是有名的"苏报案"。

章、邹等人被捕后,移送会审公廨审讯。审讯时,章、邹的"辩护

---

[1]《国民日日报汇编》第1集,社说,第52页。
[2]《上海研究资料续集》,第74—75页。
[3]《国民日日报汇编》,外论,第28页。

人诘会审官曰:有被告而无原告,则狱不具。此案原告为何人?其为中国政府乎?其为两江总督乎?其为上海道乎?会审官仓皇无以对也,则漫应之曰:中国政府"[1]。于是清政府不得不以原告的身份,控告章、邹等于帝国主义控制下的会审公廨,主谓章、邹"故意诬蔑今上,挑诋政府,大逆不道,欲使国民仇视今上,痛恨政府,心怀叵测,谋为不轨"。并摘引《苏报》1903年6月1日—29日(光绪二十九年五月六日至闰五月五日)发表的《客民篇》《读〈革命军〉》《介绍〈革命军〉》《读"严拿留学生密谕"有愤》《贺满洲人》《杀人主义》《康有为与觉罗君之关系》(《驳康有为论革命书》的节录)等文的词句为罪证。讯问时,邹容坦然承认:"因愤满人专制,故有《革命军》之作。"

清政府亟想扩大"苏报案",多方交涉,希望工部局将章、邹等引渡,解送南京刑讯,借兴大狱,以达到镇压革命党人的目的。7月13日(闰五月十九日)的上谕称:"邹容等六犯",既"经拿获,仍着严饬速筹解宁惩办,毋任狡脱,以儆狂悖"[2]。但因各帝国主义之间存在矛盾,对清政府的引渡请求表示不一,一时搁悬,当时美领事古纳则是极力支持清政府的,他曾致书上海道台说:

> 外人之租界,原非为中国有罪者避难之地。以大义论之,当将反抗中国政府诸领袖,如今之《苏报》一案诸人,一律交华官听其治罪。吾观该会党之举动,疑与长江一带匪徒暗相联络,使非治以重罪,恐其势力不久扩张,必有害于各国商务,及骚动全国,而外人之居于中国者,并将罹其危难云。[3]

---

[1]《癸卯〈新民丛报〉汇编》,第884页。
[2]《大清德宗景皇帝实录》第517卷,第14页。
[3]《〈国民日日报〉汇编》第1集第14卷,外论。

唯当时清廷秘密鞭死维新分子沈荩（曾参加自立军起事，复潜伏北京活动，并揭露清政府出卖东三省的《中俄密约》于天津的英文《新闻报》）的惨剧喧嚣于外，已经引起国人的愤慨。"苏报案"发生后，舆论更一致抨击，激烈反对引渡。而英美政府也坚持要维持他们的"租界治权"，声称"苏报案"是"租界事，当于租界治之"。而英帝国主义的《字林西报》为此著论，谓"外人在租界一日，即有一日应得之权利"[1]。帝国主义者为了要巩固它们在租界内的特权，终于没有接受清政府引渡的请求。但为了阻止中国革命运动的发展，各国政府乃关照他们的领事，"谓嗣后华人设报馆于各租界，不得著革命论。若再有违此者，各领事当设法禁止"[2]。

因引渡问题的争执，此案延至1904年5月，始由会审公廨判决：章炳麟监禁三年，邹容监禁两年。监禁期间，罚做苦工；监禁期满，逐出租界（章邹外的其他四人则已先期结案释放）。

本来反动统治者认为《革命军》是尤为"狂悖"的，但为什么章的监禁是三年，而邹是两年？原来，在第三次会审时，清政府雇请的洋律师古柏"摘读《革命军》"，称"邹容所论者，无非杀人放火之事，较章炳麟之言，犹有甚焉。劝人造反，殊为可恶。但并不逃走，承认自己印行，似若疯癫，可稍宽治云云"[3]。邹容的"苟利国家生死以，岂因祸福避趋之"的态度，在帝国主义分子看来，是"似若疯癫"。然而自《苏报》之被禁，章邹之被锢，其势固已激荡于天下"[4]。1903年8月（光绪二十九年八月），即有署名"浴血生"者，作《革命军传奇》，

---

[1]《〈国民日日报〉汇编》第1集，外论，第21页。
[2]《〈国民日日报〉汇编》第1集，警闻，第27页。
[3]《〈国民日日报〉汇编》第1集，警闻，第47—48页。
[4]《江苏》第4期，记事。

谱邹容入狱事,假邹容的姓名为周镕。第一出首两句唱道:"男儿自有男儿性,不到民权誓不体。"[1]反映了邹容为自由平等而奋斗的决心。革命党人陈天华所作《狮子吼》小说,第七回中的"破迷报馆案",即影射此事。其中有一段说:"那时有一个破迷报馆(按指《苏报》——引者),专与政府为难,所登的论说,篇篇激烈,中有一篇《革命论》(按指《革命军》——引者),尤为痛快。此论一出,人人传颂,革命革命,排满排满之声,遍满全国。"后来孙中山又评述此事说:"此案涉及清帝个人,为朝廷与人民聚讼之始。清廷虽讼胜,而章邹不过仅得囚禁两年(未将章囚禁三年分述——引者)而已。于是民气为之大张。"[2]

邹容"以少年为狱囚,狱卒数侵之,心不能平。又啖麦麸饭不饱,益愤激"[3],竟于1905年4月3日(光绪三十一年二月二十九日)瘐死狱中。死时,口喷血,目不瞑,年才21岁,距出狱仅70日。当时传为中毒死,如吴樾给章炳麟的信,即作如此说:"吾于邹子之死,有深疑焉,疑西人必为满政府所嗾使而毒杀之,以去后患。"[4]死后,狱吏弃其尸于颓墙外,由《中外日报》收殓,停厝于四川义庄。又数日,中国教育会假愚园开追悼会,与会者80余人(一说50余人)。同时海外出刊的革命刊物,登载悼念邹容的诗甚多。如《醒狮》(留日学生刊物之一)第二期,就有署名亚庐的《哭邹威丹烈士》和署名黄天的《吊威丹》。1906年同盟会会员刘三(季平)将遗榇移葬沪西华泾乡黄叶楼畔。

---

[1] 《江苏》第6期,小说。
[2] 孙中山:《革命缘起》。
[3] 章炳麟:《赠邹大将军文墓表》。
[4] 《血花集》,第25页。

四、《革命军》与辛亥革命的关系

从甲午战争到戊戌维新,是资产阶级政治改良运动高涨的时期,也是资产阶级民主主义革命思想开始酝酿的时期。这种酝酿,一是体现于激进的改良主义者,如谭嗣同主张流血变法的革命倾向;一是资产阶级、小资产阶级革命团体的出现,如孙中山组织的兴中会及其最初领导的武装起义。戊戌政变后,改良主义政治运动失败了,在19世纪进入20世纪的几年中,民主主义革命思想的兴起,已逐步代替了改良主义思想的主导地位。《革命军》的刊行,可以说是这种主导地位在形成中的表征。它深刻地表达了中国人民爱国革命的要求,尤其以奔放的革命感情,出之以浅显的文词,将理想化为常识,宣传力极大。轰动一时的"苏报案"发生以后,《革命军》更风行海内外,大大地推动了民主主义革命运动的发展。各地为避免清政府的注目,都更改《革命军》的名称贩卖,如在香港翻印的称《革命先锋》,在新加坡翻印的称《图存编》,在上海翻印的称《救世真言》,在横滨则与章炳麟的《驳康有为论革命书》并刊,称《章邹合刊》。也有将它与《扬州十日记》合刊的,销售逾百万册,占清末革命书刊销数的第一位,距上海遥远的地区,卖到白银10两一本。为防检查,携带《革命军》者,每将其杂置衣履食品间以资掩蔽,可见人们对它的爱重。所以留日学生《祭邹容文》说:"《革命军》出世兮,张我大武。奋三寸管以哀吾同胞兮,应挽回我国步。不翼不胫而飞走海内兮,群捧读以当露布。"[1]《革命军》是在战斗中产生的论著,也在战斗中得到广泛的传播,无论宣传或接受它的思想,都表现为战斗性的任务。

---

[1] 《醒狮》第1期。

《革命军》出世后不久,光复会、华兴会、日知会等资产阶级、小资产阶级革命团体,相继成立于上海、湖南及武汉等地。它们的成立,当然是由于民主主义革命势力的酝酿和中国人民的要求,可是与《革命军》在革命知识分子群中所起的觉醒作用也分不开。如吴樾就曾由友人授与《革命军》一书,至"三读不厌"[1]。1905年(光绪三十一年)同盟会在东京创立,所发布的宣言和纲领,也可以说是《革命军》的民主主义革命思想的发展和具体化。同盟会成立前后,孙中山一直就非常注意翻印《革命军》,以扩大革命宣传:1904年(光绪三十年),他在旧金山曾函请洪门会首领出资刊印《革命军》11 000册,分寄美洲及南洋的华侨;1906年(光绪三十二年),他又写信给张祝华(永福)说:"海外各地日来亦多进步,托东京印《革命军》者有数处。兹将河内同志印就者寄上一本,照此版式,每万本印费三百四十元,二千本印费九十元。前贵地同志已集款欲印,未知款已收齐否?若已收齐,宜从速印之,分派各处,必能大动人心,他日必收好果。"[2]此书不仅引起孙中山的重视,成为同盟会的重要宣传品,也在海外华侨中发生了广泛的影响,所以孙中山后来又在《革命原起》中追记说,邹容著有《革命军》一书,"华侨极为欢迎,其开导华侨风气,为力甚大,此则革命风潮初盛时代也"。显然《革命军》是"革命风潮初盛时代"极有代表性的论著,同时也指导了革命运动的向前发展。

1911年10月(宣统三年八月)武昌首义,全国响应,清皇朝迅速崩溃,这不仅是满洲贵族反动统治的颠覆,也是两千多年来封建专制制度的被推翻。鲁迅先生后来回忆辛亥革命时期的文字宣传,觉得

---

[1]《血花集》,第11页。
[2] 张永福:《南洋与创立中华民国》,原件系影印未列页数。

"那时悲壮淋漓的诗文,也不过是纸片上的东西,于后来的武昌起义怕没有什么关系。倘说影响,则别的千言万语,大概都抵不过浅近直截的革命军马前卒邹容所做的《革命军》"[1]。约在1904年(光绪三十年),鲁迅先生还在日本的时候,便看到了《革命军》,他还说他所以"知道中国有太炎先生","是为了他驳斥康有为和作邹容的《革命军序》"。我们只要一读《革命军》的文字,也还会被他的爱国感情所吸引,现在我将《革命军》的结论摘录于下,也可以从中体会鲁迅先生对他的评价。

> 我皇汉民族四万万男女同胞:老年、晚年、中年、壮年、少年、幼年,其革命!其以此革命为人人应有之义务!其以此革命为日日不缺之饮食!尔毋自暴!尔毋自弃!……尔实具有完全不缺的革命独立之资格,尔其率四万万同胞之国民,为同胞请命,为祖国请命,掷尔头颅,暴尔肝脑,……与尔之公敌爱新觉罗氏,相驰骋于枪林弹雨中。然后再扫荡干涉尔主权外来之恶魔,则尔历史之污点可洗,尔祖国之名誉飞扬。尔之独立旗已高标于云霄,尔之自由钟已哄哄于禹域,尔之独立厅已雄镇于中央,尔之纪念碑已高耸于高冈,尔之自由神已左手指天,右手指地,为尔而出现。

1912年1月(宣统三年十一月),南京临时政府成立,追念邹容对革命的贡献,赠以"大将军"荣衔。1922年章炳麟访得邹容葬所,为醵资修治墓道。1924年章炳麟作《赠大将军邹君墓表》,刻石于墓所。抗日战争时期,重庆还曾建立《赠大将军邹烈士纪念碑》。邹容的民主主义革命思想及其斗争,在中国近代历史上,将永远占着光辉的一页。

---

[1]《鲁迅全集》第1卷,第205页。

邹容传[1]

一、风雷激荡的年代

当历史刚刚揭开20世纪的序幕,中国人民掀起的民主革命激浪,给投靠帝国主义的清朝封建专制政府敲起了丧钟。当时许多知识青年,是这一时代的号角。他们作为一支不可战胜的新生力量登上历史舞台。他们热爱祖国,奋不顾身,同帝国主义和封建势力等恶魔斗争,把革命推向前进。自署为"革命军中马前卒"的邹容,就是其中很出色的一个。

邹容,小名桂文,又叫威丹、蔚丹、绍陶。1885年,即中法战争失败的那一年,出生于四川重庆城内。那时重庆府的府治与首县巴县同城,故也称他为巴县人。这里万山重叠,长江上游的急流由此奔腾东下。在邹容成长的年代,中国正经受着前所未有的灾难和苦痛。侵略和反侵略,压迫和反压迫,新和旧的斗争,一浪接一浪地翻腾,整个社会在激荡中。

历史上称为"天险"的四川,雄踞祖国的西南。那时,四川虽然还

---

[1] 即《邹容》,上海人民出版社1976年版。

不是帝国主义武装直接逞凶的地区,但是帝国主义的侵略先锋——传教士,早就深入到了这里。1876年签订的中英《烟台条约》,规定英国可以派员常驻重庆;又附专款一条,规定英国还可派员由北京动身,遍历甘肃、青海一带,或由四川入西藏,直达它的殖民地印度。外国侵略者已将位于长江上游的四川,列入他们的侵略日程。

1894年,日本军阀发动侵略中国的甲午中日战争,清朝政府的军队大败,李鸿章吹嘘为"御外侮亦无不足"的北洋海军,全军覆没。结果签订了割地丧权、损失惨重的《马关条约》,台湾被霸占,东北被推向虎口,重庆等地又被开放为通商口岸。此后,作为西南重镇的重庆,也成了外国侵略者的据点。他们在这里辟租界(日本),派领事,驻兵舰,开洋行,设工厂,盗矿产,测航道,勘铁路,外国商品也上溯长江,大量输入四川。来到四川活动的外国侵略分子,与日俱增。这时,邹容已开始晓事,《马关条约》的严重后果,后来在他的论著中,有极为强烈的反映。

随着甲午中日战争失败,在19世纪最后的几年间,"乱石穿空,惊涛拍岸",中国的处境已惶惶不可终日。帝国主义纷纷租占港湾,掠夺铁路,划分势力范围,"万国报馆议论沸腾,咸以分中国为言"[1]。人们警惕地指出,帝国主义对于中国,"譬如春蚕之食叶,边境完而后及于中心"[2]。四川等地,正是这种将被"蚕食"的中心。

为了救亡图存,资产阶级改良派于1898年掀起戊戌变法动,革新和守旧两种势力进行激烈的斗争。顽固派很快发动政变,反扑过来,杀了维新人士的头,戊戌变法以失败而告终。

---

[1] 康有为:《上清帝第五书》。
[2] 《四川》杂志第2号,第1—2页。

19世纪末了的一年,1900年,中国人民在华北发动了反抗帝国主义的义和团运动,声势及于全国,沉重地打击了帝国主义的瓜分阴谋。而这一年,在长江中游,有资产阶级改良派最后一试的唐才常自立军起事;在南方的广东,以孙中山为代表的资产阶级革命派,又发动了反清的惠州起义。所有这些,集中体现了中国人民和资产阶级各派政治势力,都在积极谋求改变现状,为中华民族寻找新的出路。

就在这时,穷凶极恶的帝国主义竟纠合八国侵略联军杀进中国,镇压义和团运动,把中国人民投入血泊火海之中,并在南方进行分裂活动。清朝政府则撤去一切民族防线,"量中华之物力,结与国之欢心",1901年同各个帝国主义国家签订了拍卖大量主权的《辛丑条约》。它已沦为帝国主义的殖民机构——"洋人的朝廷",更加匍匐于帝国主义的脚下。

政治上的严重压迫和奴役,必然伴随着经济上的残酷剥削和勒索。以邹容的故乡四川为例,还在19世纪80年代,丁宝桢担任四川总督时,他向皇帝奏报说,四川的捐税"正供(指田赋)之外,有按粮津贴,计可得六十余万;津贴不足,则又按粮捐输,计可得八十余万";但"率之常年捐输而仍有一百二、三十万两"不敷,又不得不以别的捐输名目取之于民[1]。这些叠床架屋的捐税,已经压得四川人民喘不过气来。而甲午战后几年间,由于帝国主义的重重勒索和清朝政府的竭泽而渔,仅从加在全国人民身上、由各省人民分摊的三个大项目中,就可以看出那种不可终日的情景。这三个大项目,一是1897年清朝政府为归还俄、英、德、法四国借款每年本息银1 200万两,规定四川按年分担94万两;二是1898年清朝政府为筹还《马关条约》最

---

[1]《丁文诚公奏议》第13卷。

后一期赔款,发行昭信股票(公债),四川要分担银104万7000余两;三是庚子赔款4亿5000万两,规定由各省分担,四川每年要摊付261万8000两。还有种种巧立名目的捐税,和官吏的层层榨取,就更无从计算了。所有这些情况,在邹容的论著中,都作了无情的揭露。

清朝政府的倒行逆施,激起了全国各族人民的不断反抗。四川余栋臣在1894年和1898年两次武装起义,就很有声势。后一次得到广大群众的响应,震动了川东一带。当义和团运动席卷华北时,四川义和团也四处传布揭帖,提出"灭清、剿洋、兴汉"的口号,驱教士,毁教堂,打击了在四川的外国侵略势力和勾结帝国主义的封建统治者。所以,清朝统治者一再惊呼四川民情浮动,日子很不好过。

邹容生长在这个时代,和那时许多先进的中国人一样,是很苦闷的。但这个时代和环境,也给了他磨炼的机会。

19世纪最后几年的中国历史是十分沉痛的,中国人民的革新尝试和反抗斗争,都失败了。然而,中国人民决不会就此停住自己的脚步,他们在20世纪初年展开了新的斗争。

本来,从甲午中日战争时开始,孙中山已经在檀香山和香港组织兴中会,在广东进行反清的武装起义。但还没有明确的政治纲领,斗争的规模狭小,影响不大。而资产阶级改良派揭起的维新变法旗帜,在当时政治生活中,却具有全国性的影响,很多人对他们寄予希望。经过戊戌政变,和国内外反动派对义和团运动的联合镇压,清朝政府腐败和卖国的面目已彻底暴露。人们得出了这样的结论:"其君则盗魁也,其官吏则群贼也,其朝署则割地鬻权所也。"[1]那是说,再也不用去要求清朝政府搞什么维新变法了,而应采取革命的手段,把它推

---

[1] 《醒狮》第1号,第2页。

翻。可是，资产阶级改良派头目康有为，仍然抱着改良主义的主张不放，在国外组织保皇会，要保救被囚禁了的光绪皇帝，说什么"皇上之不复位兮，中国必亡；皇上之复位兮，大地莫强"[1]。以中国的兴亡，决定于光绪的能否复位，完全是一派皇权主义的主张。1903年，康有为在周游欧、美各国之后，又发表了《答南北美洲诸华侨只可行立宪不可行革命书》，大弹改良、保皇的滥调，说中国只能搞君主立宪，不能革命，若要革命，就会招致亡国。他的门徒把这封反对革命的长信，标为《南海先生最近政见书》，印发国内外，蛊惑人心。因此，是拥清还是反清，是保皇还是革命，就成为中国历史进入20世纪后劈头遇到的一个大问题。

梁启超在《〈清议报〉一百册祝词并论报馆之责任及本馆之经历》一文中，说过一段话："19世纪与20世纪相交点之一刹那顷，实中国两异性之大动力相搏相射，短兵相接，而新旧嬗代之时也。"不少论著曾经引用这段话，来说明从19世纪进入20世纪时，中国所处时代的特征。从形式上看，它表达了那时新旧"相搏相射"的紧迫气氛。但是，梁启超站在保皇的立场上，仍然把改良、变法看作新，仍然只以改良、变法和保守、顽固作为两异性"相搏相射"的对立面，而抽掉了革命和改良的"新旧嬗代"，是对革命和改良"短兵相接"这个最富时代特征的新质态的抹杀。

因为，20世纪初年的新、旧斗争，同19世纪后期的新、旧斗争，有了不同的内容。不仅原先的保守派是旧的，就是曾经标榜革新的改良派，也正在褪色，包括梁启超自己在内。所以，后来人们称这派人为"老新党"。近代中国是一个激烈变化的社会，新陈代谢特别快，在

---

[1] 邓之诚：《骨董琐记》三记，第4卷，第536页。

某一历史时期是新的东西,在另一历史时期就变为旧的了。而"19世纪与20世纪相交点之一刹那顷",更是这种激烈变化的年代,波涛汹涌,奔泻千里。人们是迎着变化的时代前进,还是停住自己的脚步,不能不受到时代的检验。

年轻的邹容,正是在这个激烈变化的年代里努力学习和积极活动的。他从前一场新、旧斗争的感受中,立即冲向时代的前头,迎接民主革命又一场新、旧斗争,而成为那个时代青年一辈的勇敢战士。

二、在风浪中成长

近代中国社会的阶级斗争,大量表现为新、旧斗争。人们经常在这种斗争中表演,为这种斗争所考验。新,不是口头的,更不是自封的,而是决定于对一切应兴应革的事物采取什么态度。

学堂和科举之争,即新学和旧学之争,是19世纪后期中国社会新、旧斗争重要的一环。邹容就是在受教育过程中,从对旧教育的鄙弃而进入斗争行列的。

邹容6岁开始上私塾,经过几年努力,很快读完了封建教育规定要读的"四书""五经",并已读司马迁的《史记》、班固的《汉书》等历史名著。他的父亲邹子璠,设商号于重庆,将四川土产品运销宜昌、汉口、上海,又从江浙买进棉布、洋纱,运回四川出售,并贸易于陕西,是个颇饶资财的旧式商人。他看到邹容聪明向学,很希望邹容在科举考试上下功夫,一级一级考上去,取得功名,以光大邹家的门第。

邹容12岁那年(1896),跟着哥哥一同参加巴县的童子试。童子试就是童生考试,是学做八股文章、参加科举考试的第一步,属于童年应试的一级。但是,有许多人多次参加这种考试,没有考上,考到长了大把胡子,仍然叫作童生。不过人们给他们添上一个"老"字,呼之为"老童生"。就算考得顺利,也要经过县试、府试、院试等多场考试,场场中试,才能考上一个秀才。然后考举人,考进士,逐级应试。不知有多少人,被这种无用的八股文,考掉了青春和生命。

邹容在临试时,有的考生对词意晦涩的题目不甚了然,要求主考官解释,被拒绝。邹容忍不住站起来,同主考官辩论。主考官恼羞成怒,说邹容违犯场规,要差人打他手心20板。邹容指着主考官大声说:"我得罪的是你,为什么要差人打我?要打你来打。"说完愤而退出考场。他第一次参加考试,就和这种束缚思想的八股考试制度发生了冲突。

这时,酝酿已久的维新思潮,正在发展为维新运动。维新之风,已由北京、上海和广东、湖南等地,吹到了巴山蜀水。邹容得以接触严复译述的《天演论》、梁启超等主编的《时务报》一类著名的维新书刊。四川的宋育仁,也在这种风气下创办了《渝报》,刊出他的《时务论》。接着,成都成立"蜀学会",发行《蜀学报》。时代的启示,思潮的奔泻,革新要求很快在邹容的思想深处发了芽。当他父亲一再以认真赶考的话向他说教时,他坦然回答道:"臭八股,儿不愿学,满场,儿不爱入,衰世科名,得之又有何用!"表明了年轻一代正在向封建主义的传统思想挑战。

由于帝国主义侵略势力步步深入,深处内地的四川也岌岌可危,中国已没有一块安全的地方。而在清朝统治下,整个社会仍然是那样闭塞落后。邹容感到,作为一个中国人,不但要知道中国,更要开眼看世界,向世界寻求知识。于是便同一些青年,跟来到重庆的日本人学习日语和英语,并学习西学。他在课外如饥似渴地阅读书报,渐渐懂得国内外的大事,写起文章来,发挥议论,日有新意。在谈论时事时,他对那些腐朽的冬烘先生,不问其身份如何,常当面加以驳斥。

1898年9月,戊戌政变发生,维新人士有的被杀,有的被放逐,有的流亡。消息传来,邹容大为激动。然而使他特别激动的,不是死难"六君子"中的四川人杨锐和刘光第这一类官员,而是主张流血变法、慷慨就义的湖南人谭嗣同。他无所畏惧地把谭嗣同的遗像悬于座旁,在上面题了这样一首诗:

> 赫赫谭君故,湖湘志气衰。
> 惟冀后来者,继起志勿灰。

诗的技巧虽不算成熟,但是,他这个仅有14岁的少年,就如此满怀斗志,鲜明地表达了对新、旧事物的爱憎,并且呼唤"后来者",特别是勉励自己立志走革新的道路。他的诗,是时代的脚步声。

其时或略后,邹容就读于重庆经学书院。旧时书院院长称作山长,经学书院的山长吕翼文,是个搞训诂考据的学者,尊古重道。邹容不顾那里的清规戒律,常常和同学们热烈地辩论。辩论起来,"指天画地,非尧舜,薄周孔,无所避"。

尧、舜是古代传说中中国原始社会的部落联盟首领,以实行"禅让"制度受到后世称颂。周公是西周的大政治家,以辅佐年幼的周成王,制定《周礼》著名。孔子是春秋时的大思想家和学者。在传统的封建说教中,尧、舜是神圣的君主,周公、孔子是圣人,从尧、舜至周公、孔子,以迄孟子、朱熹,被视为一脉相承的封建道统的代表。邹容对千百年来在政治上和精神上被尊奉的这些巨大偶像,竟无所回避地给以非议和蔑视。他怎样"非"、怎样"薄"的话虽没有留传下来,但词锋所向,惊世骇俗,是无可置疑的。

1900年,邹容又因反对科场舞弊发生了楼外楼事件。

这年重庆举行府试,知府鄂芳的幕僚有个义子,品学均劣,居然名列前茅。榜发,议论纷纷,但谁也不敢去摸老虎屁股。邹容闻悉,大为不平。一天,在五福宫的楼外楼见到那个幕僚和他的义子在楼上喝酒,他便隔窗对着大骂,那个醉眼蒙眬的幕僚听到骂声,却没有认出人来。几天后,邹容又找到那个幕僚义子的住地厉声道:那天在楼外楼骂你的,就是我姓邹的,你知道吗?赶快说出你干爸爸帮你干了些什么鬼花样?义子理亏无奈,奔诉于义父,义父向鄂芳控告,鄂芳派衙役把邹容抓来。邹容面对知府大人,直认不讳,并说你们徇私舞弊,我何以骂不得?鄂芳恼羞成怒,喝令衙役打了邹容20记手心。邹容愤愤而去。

义和团运动后,资产阶级民主革命的浪潮汹涌澎湃,猛烈地向封建专制制度的堤坝冲来。以西太后为代表的清朝统治者,迫于大势,见风使舵,居然想把"维新"的旗号接过去。1901年1月,发出要"刷新政治"的诏书,叫喊"兴学育才,实为当今急务"。在这种所谓"维新"的推动下,当年夏天,四川总督奎俊效法其他省份,宣布要选派22名青年去日本留学,在成都招考。邹容得到消息,很高兴,认为这是到外国学习革新本领的好机会,请求父亲准许他去报考。思想保守的舅父刘华廷从中阻挠,说是让年少倔强的邹容远离家门,跑到外国去,将会闯出大祸来。邹子璠犹豫了。邹容知道了这个缘故,拿起菜刀要同舅父拼命。他的母亲从中劝解,邹子璠只好同意他去。邹容仍愤愤不平,在他给父母亲的信中说:"彼(指舅父)挟其老成谋国之见,一直顽固,所发之论全无生气。"[1] 7月1日(阴历五月十六日)邹容动身,步行千里到成都,得人推荐,参加了官费留日学生考试,考试成绩甚好。由考试监督李立元引见总督奎俊,奎俊"勉励数语"后,要邹容"归渝治行装",准备出国。

---

[1]《邹容家书》。

8月初,邹容由成都锦江乘木船启程,出岷江,经嘉定(今乐山),中暑,在嘉定卧病10余日,再经叙州(今宜宾),顺长江,于8月20日回到重庆家中。就在邹容居家待命的日子里,四川留日学生名单正式公布,却没有邹容的名字在内。原来,他愤世嫉俗,思想激进,得罪了一些守旧的人,这些人就向官厅说他的坏话,其中一个就是后来颇有点名气的立宪派分子周善培。官厅便取消了邹容的录取资格。

年轻的邹容,虽然受到一次又一次的打击,但一点也不气馁,上进心更坚,打定主意自费去日本留学。经过向父亲多次争取,几至决裂,最后得到父亲的允许。邹容在给大哥的信中指出,"科举路从此绝矣",要他致力于"崇实致用之学"[1]。

当年10月,邹容踏上了他不平凡的征途。从重庆乘船下驶,穿过三峡。湍急的江流冲打着两岸的岩壁和江心的礁石,一簇簇浪花,一圈圈漩涡,映入邹容的眼帘。他的思潮也同江流一样翻滚。现在,他摆脱了家庭和亲族的束缚,冲出了封建教育的牢笼,风帆高挂,大江东去。祖国的万里河山,世界的动荡风云,正把他引向远方。

邹容以上海作为他去日本的第一站。到了上海,为去日本尽快减少语言上的障碍,经亲戚介绍,进入江南制造局附设的外国语学校——广方言馆,继续学习日语。

那时上海已是一个拥有上百万人口的大城市,从《南京条约》后被开放为通商口岸以来,就成为帝国主义侵略中国的重要基地之一。在这里,邹容看到十里洋场的租界,看到趾高气扬的外国巡捕,看到五光十色、停泊在黄浦江中的外国轮船和兵舰,还有吮吸中国人民血汗的一家家外国银行、洋行和工厂,更加激起他对卖国的清朝政府的

---

[1]《邹容家书》。

仇恨。他所进的广方言馆,原是李鸿章为他们的洋务事业培养翻译和买办的。许多人来到这里,把学习外国语当作敲门砖,寻求升官发财的捷径,对祖国的安危,民族的命运,人民的苦难,是无动于衷的。邹容挥笔书写了别人作的《书怀》诗,借以发抒自己的感慨:

> 落落何人报大仇,沉沉往事泪长流。
> 凄凉读尽支那史,几个男儿非马牛!

这是邹容第一次在上海留下来的唯一的事迹,表明他在走出四川后,耳之所闻,目之所见,对中国的处境,更是忧心忡忡了。

三、"游海外,留经年"

邹容在上海待的日子不长,1902年6月,他续上征途,渡海到达日本东京。

中国从1896年派13名留学生去日本开始,历年增添,到1901年已有两三百人。经过戊戌变法和义和团运动的大震动,科举考试没落了,代之而起的是新式学堂。要求出国留学的人,也多起来了。那时的中国人,是向西方学习的,日本从明治维新起,学习西方很有成效,中国也就向日本学,于是日本一时成了中国青年到国外留学的主要国家。去欧、美的也有,但比较少。当邹容到日本时,中国的留日学生已迅速增加到近两千人,去的人仍是络绎不绝,到1905年,多达8 000人,形成为20世纪初年的留学生运动。

邹容到东京后,进入同文书院学习。这个书院是1902年1月才开办的。它专给初到日本的中国学生和朝鲜学生补习日语和普通课程,为他们考入专门学校进行准备。

中国的知识青年,对祖国在清朝统治下愈来愈艰险的处境,早已惴惴不安,一到国外,汲取了新的思想,对比别国,要求改变中国现状的心情更加迫切,在国外开展了活动。伟大思想家鲁迅,也是在1902年4月去日本留学的。他后来追述当时的情况说:"凡留学生一到日本,急于寻求的大抵是新知识。除学习日文,准备进专门的学校之外,就赴会馆(指留日学生会馆),跑书店,往集会,听演讲。"[1]这里所说的"往集会,听演讲",就是留日学生讨论问题,交流思想,进行爱国革命活动的基本方式。

邹容到日本八个月后,对留日学生界及其活动,心中已经有了底。

1903年春节,1 000多名留学生在东京骏河台留学生会馆举行新年团拜大会,这是一次宣传革命的大会。会上,马君武和邹容等人相继发表演说,讲述清朝统治的罪恶历史,声言不推翻清朝政府的反动统治,就不能挽救中国的危亡。这些愤激的言词,不仅激发了到会人的斗志,也在没有到会的留学生中传开了。这就是章太炎的《狱中答新闻报》中所说,邹容"元日演说,大倡排满(反清)主义"的事。从此,邹容每会必到,到必慷慨陈词,很快成为留日学生中鼓吹革命、反对清朝的最年轻的急进分子。

邹容到日本留学约一年多的时间里,勇敢地投入留日学生的爱国民主斗争,又读了卢梭的《民约论》、孟德斯鸠的《万法精理》等西方资产阶级启蒙思想家的著作,以及美国独立、法国革命的历史,革命感情像炉火一样在胸膛里越烧越旺。他决定写一本书,写一本讲革命的书,阐发资产阶级的独立、自由、平等思想,揭露清朝政府的血腥统治和帝国主义的残暴侵略,以唤起更多中国人的警觉,投入革命行列。这本书的名称,就是赫然三个大字:《革命军》。

---

[1]《鲁迅全集》第6卷,第556—557页。

正当拒俄运动兴起,邹容挥动匕首般的笔,字字句句刺向帝国主义的走狗清朝政府,聚精会神写他的《革命军》时,传来清朝政府留日学生监督姚文甫与另一个留日学生监督钱某的妾有奸私情事。这个姚文甫,本来就是留学生运动的死对头,大家决定给他以制裁,杀杀敌人的威风。邹容约同几个留学生,去执行这一任务。1903 年 3 月 31 日晚上,他们直奔姚文甫的住所,排闼而入,指着姚文甫的鼻子,揭出其丑事道:"纵饶汝头,不饶汝辫发。"拿出剪刀,"嚓"地一声,就把姚文甫脑后的辫子剪了下来,悬于留学生会馆的屋梁上示众。后来,章太炎赠给邹容的诗,有"快剪刀除辫"一句,就是指这件事。

那个驻日公使蔡钧,对这件事大为恼火。他不只是感到"物伤其类",更为惶恐的是,以为这是"犯上作乱"的开端,照此闹下去,自己也将无容身之地。因此,照会日本外务省,要向同文书院索拿邹容。他们甚至煽动地说:"近来留学生之宗旨变坏,应推邹逆为祸首。"想借此制造舆论,制裁邹容,以达到破坏留学生爱国运动的目的。邹容毫不畏避,但在朋友们的劝告下,离开东京,到了大阪。有个朋友在博览会会场遇见他,叫他不要再逗留,免受辱,他才返回上海。

几年来,邹容在读书中斗争,在斗争中读书,得到了不少锻炼,增长了才干。尽管他到日本留学,是经过反复争取得来的,但他知道世界是广阔的,道路是漫长的,并不因为被迫中止留学而丧气。有过这样一桩事:邹容在东京期间,一个留学生知道他懂得金石文字,善刻图章,拿出一颗石章,请刻"壮游日本"四个字。邹容听了,把石章掷还,严肃地说:"汝仅游日本,即曰'壮',彼环游地球者,又谓之何?"可见,邹容很鄙视那种视留学为"镀金",并以此自傲的庸俗行为。这桩事,也反映了他以一个革命志士积极认识世界的胸怀。

之后,邹容在《革命军·自序》中,朴素地概述了自己前此的简短经历。他说:"居于蜀十有六年,以辛丑(1901)出扬子江,旅上海;以壬寅(1902)游海外,留经年。"这几句话,虽然那么简短,却是他一踏入社会就迎着风浪前进,对旧世界进行了初试锋芒的冲击的写照。从革命的道路和他的年岁来看,他在日本"留经年",不过是短短的一幕,未来的斗争还长着哩!

四、思想战线上的"马前卒"

在20世纪初年中国的政治生活中,要推翻卖国的清朝政府,就必须反对拥清的保皇党,这是一个不可回避的历史任务。好些人就是由对改良主义的保皇党反戈一击,而走上革命道路的。所以,能不能从思想战线上向改良主义发动进攻,是那时检验每个革命者的试金石。邹容回到上海后,正是由反清的爱国民主斗争,进入在思想战线上对改良主义发起进攻战,从而在革命的道路上迈进了一大步。

邹容从日本回到了小别一年的上海。眼前的上海,已不像他去时那样沉寂了。

蔡元培、蒋智由等,已于上年(1902)春天在这里组成了中国教育会。他们议定编辑教科书、发行报刊、实行办学的计划,从教育文化入手,传播革新思想。这年(1903)11月,上海南洋公学(交通大学前身)因压制思想言论,发生学潮,学生两百人被迫退学。中国教育会就设立爱国学社,接纳他们入学。爱国学社不同于一般学堂,它把全体学员分为若干联,每联约二三十人,推举联长一人,组织学生联合会。学社的事情,由联合会讨论决定。蔡元培、章太炎等人,只负引导和上课的责任,学习生活比较活泼。没多久,又有南京陆师学堂一批退学学生章士钊等来到上海,加入爱国学社。还有其他青年来此学习。这些感情奔放的青年,聚集一堂,在蔡元培、章太炎的启导下,意气风发,议论时政。并以"国民公会"的名义,常借张园开会,倡言革命,无所顾忌,俨然成了革命团体。

张园(在今北京西路泰兴路口),名叫味莼园,是那时上海一所新兴的园林,由一个姓张的购置,所以一般都称张园。张园占地约80亩,内有"海天胜处",设餐厅、茶座、戏班、书场等,供人游乐;还有可容数百人、叫作"安垲第"的大厅,各界议事、演说、集会,常借这里举行,因而也成为当时举行爱国革命活动的著名场所。

爱国学社编刊《童子世界》,每天出一张,插图画。后来扩充篇幅,改为旬刊,有社说、时局、政治等栏,并介绍历史、社会、自然科学知识,文字浅显明白,向青年灌输革新思想。爱国学社的活动,还与《苏报》互相配合,在思想战线上产生了较大影响。

《苏报》创刊于1896年,主持人胡铁梅,由其日籍妻子生驹悦出面向日本驻上海总领事馆注册,成为一份以日本政府为背景的日报。至1898年因亏损过多而售与陈范。陈范(1860—1913),号梦坡,又名彝范。祖籍湖南衡山,生长于江苏阳湖(今常州)。1889年中举人,旋任江西铅山县知县,1894年被巡抚德馨借故劾罢,寓居上海,渐有维新思想。在民主思潮的激荡下,进而倾向革命。南洋公学和南京陆师学堂发生学潮时,《苏报》专辟《学界风潮》一栏,支持学生的进步活动,发扬民主气氛,政治趋向已和爱国学社取得一致。于是学社的人,相约为《苏报》轮流撰写政论,报馆则每月给学社经费补助。到1903年5月,报上刊出的文章,就有了较多的火药味,同张园的集会、演说相呼应,言论随之激昂起来。

上海的这些运动,也和留日学生界的斗争分不开。这年4月,拒俄运动在全国兴起。留日学生不仅集会、演讲,反对沙皇俄国对中国的残暴侵略,还行动起来,组织了准备战斗的力量,同国内遥相呼应。

原来八国联军进犯中国时,沙俄参加帝国主义的联合行动,不仅出兵最多,蹂躏华北地区,还趁火打劫,单独出动17万军队,强占中国的东北三省。由于帝国主义之间侵略利益的矛盾,在《辛丑条约》签订后,各国侵略军从华北退出。英、日等国不甘心沙俄独吞东北,出面干涉;特别是东北人民纷纷组织义军,打击了沙俄侵略军。在这种情况下,清朝政府得与沙俄缔结《满洲撤兵条约》,沙俄答应分三次从东北撤兵。第一次的最后期限是1902年10月6日,沙俄只把原驻奉天、牛庄、辽阳等城市的部分俄军调至东省铁路两侧,就算完事。1903年4月第二次撤兵期届,沙俄不但延不撤兵,反而增兵,还提出了七项无理要求,妄图长期控制东北,实行所谓"黄俄罗斯"的殖民计划。全国人民对沙俄的狼子野心,极为愤慨,发动了拒俄运动。上海人民发出电报,警告清朝政府说:"闻俄人立约数款,迫我签允。此约如允,内失主权,外召大衅,我全国人民万难承认。"又发电报给各国外交部,声明沙俄的无理要求,"即使(清朝)政府承允,我全国国民万不承认"。

4月下旬,东京《朝日新闻》揭露了沙俄的新阴谋。留日学生界闻风而动,纷纷集议,商讨对策,在锦辉馆召开拒俄大会。陈天华等500多人到会,会上决定组织"拒俄义勇队"(随后改名"学生军")。留学生们激动地说:"吾辈徒以国家大义所激,誓以身殉,为火炮之引线,唤起国民铁血之气节。"一个姓胡的女留学生则说:"我想祖国瓜分,同胞奴隶,我辈有何面目更在日本留学,愿诸姊妹图之。"当日就有两百多人签名参加义勇队,有10多个女留学生报名愿意随队担任护士工作。有个十五六岁身体弱小的学生,也要签名入队,别人劝阻,他慨然说:"我得从军死于北道",是光荣的。义勇队推举学军事的蓝天蔚为队长,在留学生会馆操练,还派出代表回国策动,决心要把沙俄侵略军逐出中国领土。同时,他们还电告中国教育会和爱国学社,要求尽力相助。中国教育会和爱国学社立即响应,在上海也组织了义勇队,与留日学生界日益联成一气。

邹容回到上海,住入爱国学社。他由那一个战场转到这一个战场,继续参加爱国活动。"上海爱国学社特开议会于张园,初会议拒法事,再会议拒俄事,三会则议联合中国国民总会,设义勇队以拒外侮为目的"。邹容参加了拒俄会,并在签名簿上签了名,再没有初次来上海时那种"落落何人报大仇"的寂寞感了。

形势在发展,时代在前进,中国的民主革命思潮,正在汇合成为不可抗拒的激浪。邹容一进入爱国学社,就立即投入了正在兴起的革命风潮中。《童子世界》第三十二期记载说:

> 四月二十八日(5月24日),中国教育会开四月(5月)月会于张园之安垲第,会员到者约百余,午后二时,鸣号开会……四时,议事毕,举行演说,吴君稚晖歌新编《上海码头》一曲,邹君蔚丹论改革中国现时大势。五时,鸣号散会。

可见,邹容又以一个激进分子活跃于上海。

他到爱国学社,很快和章太炎结识。他们以强烈的革命思想为基础,很快建立了同志和战友的情谊。章太炎比邹容大16岁,曾经参加过资产阶级改良主义的维新活动,1900年唐才常在上海召开所谓"国会"、发动自立军勤王时,他毅然剪除辫发,与改良派决裂。这时章太炎已是个有学问而知名的革命家。他把自己在19世纪末年写的一批论政、论学的短篇文章[1],辑印成书,题名《訄书》问世,1902年又作了增订,封面由邹容题署书名。书中强烈地批判了清朝

---

[1] 章太炎早年参加资产阶级民主革命,写过一些有战斗力的文章。可是在他晚年,随着资产阶级领导的旧民主主义革命的失败,他与时代隔绝,思想日益保守。

的封建专制主义,宣传了刚由西方传入的进化论思想,还系统地品评了中国古代的学术思想,其中记录他与孙中山讨论土地情况的《定版籍》一篇,讲土地和赋税问题,很出色,揭露了封建社会土地占有关系的根本矛盾,主张"不稼者不得有尺寸土地",那是说土地应归耕者所有。这些论点,给当时的思想界,注入了革命的新剂。章太炎对聪颖果敢的邹容很器重,呼之为"小弟",赠诗中有"邹容吾小弟"之句,反映了他们结识后不平常的交谊。

邹容在回到上海的日子里,热心参加爱国学社的活动和张园的集会,又同章太炎朝夕相处,得到帮助。这个年轻战士从四川到上海,从国内到国外,经风雨,见世面,得到磨炼。现在,他的革命观念更加强烈,旗帜更为鲜明了。在拒俄运动、"国民公会"中,康有为的学生龙泽厚,开始附从爱国革命,参加活动,后来却又渐渐露出了保皇党人的面目,拉拢别人,酝酿向清朝政府请愿立宪。对此有的人很气愤,声明脱会。邹容等则同龙泽厚等人开展正面斗争,"国民公会"从而解散,没有被保皇党人把持和利用。

通过这些斗争,邹容对仍以"新"自居的资产阶级改良派,有了较为深刻的认识,看到他们为虎作伥,反对革命,反对民主共和,比封建顽固势力设置的思想障碍还大。这样,他更一边战斗,一边钻研,站在思想战线的前哨,拿起战斗的笔,发挥革命思想,对资产阶级改良派——保皇党人散布的反对革命的言论,猛烈开火。

1903年5—6月间,上海《新闻报》抛出了一篇题为《革命驳议》的文章,说"天眷中国,圣主当阳,内修政治、外联邦交,中国尤有可为"。意思是:只要上天保佑,恢复光绪皇帝的权位,搞点政治改良,同外国妥协,中国就可强盛起来。如果闹革命,必至"内讧未已,外侮踵至",中国就会由乱而亡。这是改良派对帝国主义的恐惧症,他们的话与康有为的保皇政见——《与南北美洲诸侨只可立宪不可行革命书》,遥相呼应。那时,章太炎已写了《驳康有为论革命书》,逐条驳斥康有为的保皇主张,由人带往香港投交康有为。看到《新闻报》刊出的这篇谬论后,章太炎又针锋相对地执笔写《驳〈革命驳议〉》一文。据柳亚子在一篇回忆录——《我和言论界的因缘》中说,章太炎对这篇"驳议"的驳议,只开了一个头就放下了,还是他(柳亚子)和另一个人接写下去的。末尾一段,则是邹容增加的。这段话的思想和用词,同《革命军》完全吻合,柳亚子的话可信。原文如下:

> 总之,国民与政府立于对待之地者也。革命之权,国民操之,欲革命则竟革命;维新(指改良)之权非国民操之,不操其权,而强聒于政府,亦终难躐此革命之一大阶级(段)也。悲夫!放弃国民之天职,而率其四万万神明之同胞,以仰一异种胡儿之鼻息,是又昌言维新者所挟以自豪乎?无量头颅无量血,即造成我新中国前途之资料,畏闻革命者,请先饮汝以一卮血酒,以壮君之胆,毋再饶舌,徒乱乃公意。

这段话很可贵,是邹容对资产阶级改良派的正面交锋。其中说出了一个重要的论点,认为革命的主动权操在国民,而维新(改良)是要向清朝皇帝乞求,是不可能代替革命的。必须抛头颅,洒热血,去开辟"新中国"的前途,流血牺牲是取得胜利的代价。最后的"毋再饶舌,徒乱乃公意",是说你们这些保皇党人不要再唠唠叨叨干扰我们了!他对资产阶级改良主义,表现了毫不妥协的坚决态度。

就在这时,邹容以酣畅淋漓的笔墨,写完了在东京已经着笔的《革命军》。"革命军"三个字的出现,是具有极大战斗意义的。它不只是把矛头指向清朝统治者,也是给保皇党人以当头棒喝,否定了他们叫喊的中国只能改良、不能革命的奇谈怪论。这就大大地推进了20世纪初年中国政治、思想战线上的斗争。

虽然,在19世纪末年以孙中山为代表的资产阶级革命派一出场,就开始了反清的武装斗争,与资产阶级改良派要求皇帝变法,走的是截然不同的道路。但是,资产阶级革命派以为改良派也是想改变中国被压迫地位的,想同他们寻求合作。待到受了骗,上了当,才逐步认出保皇党人的可憎面目,必须和他们划清界限,进行斗争。那时,保皇党人的言论,在国内外还有很大市场,所以章太炎和邹容的文章,为后来革命派的《民报》和改良派的《新民丛报》的大论战,打了头阵。

与此同时,邹容为把"方兴未艾"的学生力量组织起来,发起成立中国学生同盟会,问清朝和帝国主义开展斗争。1903年5月30、31日《苏报》发表了陈天华的《论中国学生同盟会之发起》,说学生要成就自己的事业,必须组成一个"完全无缺颠扑不破之大团体",为中国的前途奋斗,以支持邹容建立"中国学生同盟会"的主张。不久,因"苏报案"发生,这个学生同盟会未正式成立,但表明邹容由鼓动革命转而要组织力量"鏖战于中国"了。

五、《革命军》的出版

邹容的《革命军》,是在艰苦斗争的锻炼中写成的,也是中国风雷激荡年代里的产物。全书两万多字,分作七章,比较全面地论述了当时的革命问题:

一、绪论

二、革命之原因

三、革命之教育

四、革命必剖清人种

五、革命必先去奴隶之根性

六、革命独立之大义

七、结论

《革命军》是中国资产阶级发动革命时期,较早的一本号召革命的论著。它揭出革命大旗,说革命是"天演之公例""世界之公理",是"顺乎天而应乎人"的伟大行动。必须"仗义群兴革命军",进行武装革命,推翻清朝的封建统治,走革新的道路。书名鲜明地标出了全部宗旨。

《革命军》是以革命的"公例""公理"之箭,射向那时统治中国已两百数十年的清朝政府,射向保皇党人所要维护的封建统治者。它开头就强烈地指出:"我中国今日欲脱离满洲人(贵族统治者)之羁缚,不可不革命;我中国欲独立,不可不革命;我中国欲与世界列强并雄,不可不革命;我中国欲长存于二十世纪新世界上,不可不革命;我中国欲为地球上名国、地球上主人翁,不可不革命。"这些话有凌驾于别人之上的大国思想,但反复说明了一条真理,就是中国只有通过革命才能改变现状,才有它的将来。认定革命是"去腐败而存良善","由野蛮而进文明","除奴隶而为主人"的必由之路;革命是"牺牲个人以利天下,牺牲贵族以利平民"的崇高事业。所以邹容激昂地说,他要"沿万里长城,登昆仑,游扬子江上下,溯黄河,竖独立之旗,撞自由之钟,呼天吁地,破颡裂喉","以宣布革命之旨于天下"。他还坚定地表示,对革命不能"中立",不能"徘徊",不能"后退",大呼"此其时也"。就是说,要以只争朝夕的精神去干革命。在民主革命兴起的当初,一些革命知识分子面对帝国主义和封建势力压顶而来的黑风恶浪,他们迸发出的革命激情,提出的战斗口号,是具有很大冲击力而给人以感染的。但他们的全部宗旨,不外是资产阶级革命的命题,是想在中国建立一个难以实现的资产阶级共和国。

《革命军》之所以大声疾呼,要革清朝政府的命,就是因为清朝是一个极腐朽、极恶劣的封建专制政府,政治压迫和经济剥削无所不用其极。邹容说,"中国人群,向分为士、农、工、商",他们都受到压迫和摧残,中国社会的一切生机都被清朝统治者断送了。书中揭露其残酷的经济剥削说:

> 今试游于穷乡原野之间,则见夫黧其面目,泥其手足,荷锄垄畔,终日劳劳而无时或息者,是非我同胞之为农者乎?若辈受田主、土豪之虐待不足,而满洲人(贵族)派设官吏,多方刻之,以某官括某地之皮,而某吏吸某民之血,若昭信股票、摊赔款,其尤著者也。是故一纳赋也,加以火耗,加以钱价,加以库平,一两之税,非五六两不能完,务使之鬻妻典子而后已。而犹美其名曰薄赋,曰轻税,曰皇仁。吾不解薄赋之谓何?轻税之谓何?若皇仁之谓,则是盗贼之用心杀人而曰救人也。

邹容提到了农民"受田主、土豪之虐待不足",还要受清朝官吏的重重压榨,触到了封建制度的根本罪恶。他更指出,清朝口称的"皇仁",实是"盗贼之用心杀人而曰救人",无情地剥开了封建统治者假仁假义的画皮。可是,他没有从农民"受田主、土豪之虐待不足"的认识,向前推进一步,把反封建的斗争扎根于反对封建土地占有关系的基础上,动员广大农民群众,建立强大的革命军。所以,在辛亥革命前夜,即使像邹容这样激进的革命知识分子,虽全力反对封建,却找不到一条彻底反封建的道路。

邹容还揭露清朝政府重重叠叠的关卡、捐税和封建网罗,对民族资本的严重压抑,使中国的工业经济得不到发展,他说:

> 抑吾又闻之,外国之富商大贾,皆为议员,执政权,而中国则贬之曰末务,卑之曰市井,贱之曰市侩,不得与士大夫伍。乃一旦偿兵费,

> 赔教案,甚至供玩好、养国蠹者,皆莫不取之于商人,若者有捐,若者有税,若者加以洋关,而又抽以厘金,若者抽以厘金,而又加以洋关,震之以报效国家之名,诱之以虚衔封典之荣,公其词则曰派,美其名则曰劝,实则敲吾同胞之肤,吸吾同胞之髓,以供其养家奴之费,修颐和园之用而已。吾见夫吾同胞之不与之计较也自若。呜呼!呜呼!刀加吾颈,枪指吾胸,吾敢曰:满洲人(贵族)之敲吾肤,吸吾髓。

这些苛政,正是民族资产阶级对清朝统治者最为痛心疾首的。如果不把清朝政府推翻,不打破封建束缚,他们就没有发展的前途。

清朝政府应当推翻,更因为它是一个卖国的政府。从鸦片战争以来,把大片大片中国领土奉送给帝国主义,"以买其一家一姓五百万家奴一日之安逸",连他们自称为"祖宗发祥之地"的东北,也听任沙皇俄国恣意宰割蹂躏,以至"杀一教士而割地赔款,骂一外人而劳上谕动问"的无耻勾当,层出不穷。中华民族已面临最危险的境地。所以,邹容认为清政府是"洋人"(帝国主义)的"奴隶",广大的中国人又是清朝统治者的"奴隶",只有推翻清朝这个奴隶总管,才有可能使中国人变奴隶为主人。要救亡,必先反清。这是当时的革命派在甲午中日战争后逐步得出的结论,也是他们同改良派(保皇党)根本分歧之所在。

《革命军》认为要从政治上革清朝的命,还要先从思想上革"奴隶根性"之命。书中有《革命必先去奴隶之根性》一节,把"国民"和"奴隶"作为两个对立的名称,尖锐地进行对比。邹容惟妙惟肖地刻画这种做惯了"奴隶"的嘴脸,给以无情的鞭打,因为它是套在人民身上沉重的精神枷锁,使人不敢思考,不敢行动,更不敢反抗,只有逆来顺受,永远做封建主义的奴隶,做帝国主义的奴隶。

这种"奴隶根性",由来已久。邹容指出:"数千年来,名公巨卿,老师大儒,所以垂教万世之二大义:曰忠、曰孝,更释之曰忠于君,孝于亲",这是做"奴隶"的信条,最大的精神枷锁。邹容蔑视地说:"吾不解忠君之谓何!"他又反复咏叹别人写的《奴才歌》,辛辣地讽刺不许革命的奴隶哲学。其中说:

奴才好!奴才好!勿管内政与外交,

大家鼓里且睡觉。古今有句常言道:

臣当忠,子当孝,大家且勿胡乱闹!

所谓忠孝之道,是儒家为维护封建统治秩序而炮制的封建道德的主要内容。邹容想从这里打出一个缺口,动摇"奴隶根性",为民主革命清除思想障碍。他进而认为:"上下古今,宗教道德,政治学术,一视一谛之微物",都要经过革命的洗礼。这些认识,触到了封建制度上层建筑的内核,是很有见地的。然而,尽管邹容在争论中敢于"薄周、孔",在反对奴隶道德时,敢于非忠孝,但对孔子学说和全部封建上层建筑如胶似漆的粘连关系,仍然缺乏认识。因此,他在反对外国侵略、维护民族尊严时,又吹捧孔子的"教化",把糟粕当作精华,对封建文化这种既反对又保留的态度,是民族资产阶级两重性的反映。

邹容知道要打倒清朝政府,要对付干涉中国主权的"外来恶魔",革命的任务是艰巨的。他号召"作十年血战之期,磨吾刃,建吾旗,各出其九死一生之魄力",效"法人三次,美洲七年",同敌人"驰骋于枪林弹雨之中"。他相信,这样做去,革命的目的总有一天会达到。他提出了革命建国纲领25条,悬为奋斗的目标,其中最重要的是:

一、先推翻满洲人(贵族)所立北京之野蛮政府;

一、诛杀满洲人(贵族)所立之皇帝,以儆万世不复有专制之君主;

一、对敌干预我中国革命独立之外国及本国人;

一、凡为国人，男女一律平等，无上下贵贱之分；

一、无论何时，政府所为，有干犯人民权利之事，人民即可革命，推倒旧日之政府，而求遂其安全康乐之心；

一、定名中华共和国；

一、中华共和国为自由独立之国。

显然，这些纲领是从《美国独立宣言》脱胎出来的，它的民主色彩，大大地超过了兴中会成立时发布的宣言，也为1905年同盟会的纲领做了准备。其中，"对敌干预我中国革命独立之外国及本国人"一条，是说凡干涉、破坏中国革命的外国人和本国人，都是革命的敌人。这就同外国侵略分子、同保皇党人等，划清了界线，是具有深刻革命意义的。可是，资产阶级革命派，并没有把这一条变为自始至终执行的坚定政策。

书中第一次把"中华共和国"的名称公之于世，并充满信心地呼唤："革命独立万岁！""中华共和国万岁！""中华共和国四万万同胞的自由万岁！"

这是一本生气勃勃、富有战斗力的书。它不仅从思想上动摇了清朝的统治，而且经过传播，为许多人所接受，化作行动，成为推翻清朝统治的物质力量。但它毕竟只是资产阶级革命的思想武器，是属于旧民主主义范畴的。邹容自己说："吾将执卢骚诸大哲之宝幡，以招展于我神州土。"又说："吾但信卢骚、华盛顿、威曼诸大哲，于地下有灵，必哂曰：'孺子有知，吾道其东'。"他所呼唤的自由、平等、天赋权利等政治要求，都是从他所说的西方"诸大哲"那里移植过来的。资产阶级革命是世界性的，这些思想武器也是世界性的。中国的资产阶级民主革命，是资产阶级世界革命的延续，因此也只能使用这些武器。这些东西，在当时之所以能发挥宣传作用，归根结底是由20

世纪初年中国人民反对清朝封建统治、反对帝国主义奴役的历史条件决定的。

这里附带说一下威曼是谁的问题。有人说威曼是美国那个著《政府论》(The Study of Government)的作者。章士钊以《苏报》当事人、同邹容熟识的身份，在1961年写了篇《疏〈黄帝魂〉》，说邹容虽年轻，读的西书还不广，也不至把一个普通的、不太知名的著者，列为"大哲"。认为威曼是欧文(Robert Owen)的音转。但通观《革命军》全文所涉及的内容，同欧文学说并没有什么联系。而1901年，留日学生在东京创刊《国民报》，第三期(7月10日出版)刊有《革命新论》译稿一篇(未完)，下署"美国威曼著"。在它出刊的第二年，邹容就到了日本，无疑他是读过这个刊物的。而且，《革命军》阐发的革命意旨，有些话是同《革命新论》的译文相近的。邹容对西方资产阶级学说思想，没有全面掌握，先入为主，将威曼同卢梭并列为"大哲"，并不足怪。

由于旧民主主义革命的局限，《革命军》虽然严厉地揭露了清朝政府的残暴统治和卖国罪恶，勇猛地冲击了清朝的封建专制统治，但对帝国主义的侵略本质还缺乏认识，没有在反对封建专制统治的同时，明确地提出反对帝国主义的纲领来。在强烈的反清要求下，也没有把满洲贵族和满族人民区分开来，字里行间流露着种族复仇主义倾向，说了些侮蔑兄弟民族的话。它热情呼吁老年、壮年、青少年，都要参加革命，却没有提出动员和组织人民群众的纲领来。甚至强分"野蛮革命"和"文明革命"，将农民群众的反抗斗争，归之于"野蛮革命"，这就使自己同广大的农民群众隔离开来，甚至对立起来。这些，反映了邹容等资产阶级革命派存在的局限或错误认识。因为，他们反对帝国主义侵略，又害怕帝国主义；他们坚决反对封建势力，却不能进行阶级分析。对于广大人民群众，不是看作依靠的力量，而是想把人民群众纳入自己的"文明革命"的模子里。邹容的《革命军》触及了分清敌友这个革命的首要问题，但他没有也不可能有完整的认识。

邹容写完《革命军》，将原稿送给章太炎看，说文字太浅露，请他润色。章太炎仔细地阅读了《革命军》的全文，极为赞赏，认为语虽浅直，然要感动社会上的大多数人，就非这样写不可，不用修饰。他主动为《革命军》写了篇序，序中说：

> 嗟乎！世皆嚚昧而不知话言，主文讽切，勿为动容。不震以雷霆之声，其能化者几何！

这些话是说人们糊糊涂涂，不懂得话言的意义，就是主文"讽切"的文字，也无动于衷，只有"震以雷霆之声"，才能使之猛醒，收到宣传的效果。而《革命军》，就是这种"雷霆之声"。

那时，柳亚子也在爱国学社，与邹容相识，读了《革命军》，大为感动，便约同几个人为之筹集印刷费，请大同书局印行。

1903年5月末，《革命军》在上海出版。

六、"苏报案"

《革命军》的出世，好像向清朝的封建专制统治投下一颗巨型炸弹，立刻引起了强烈反响，紧接着发生了震动中国社会、也为外国注目的"苏报案"。

1903年5月，《苏报》刊出了不少宣传革命的文字。为扩大《革命军》的影响，27日刊载了《革命军·自序》，6月9日又发表了《读〈革命军〉》和《介绍〈革命军〉》两篇文章。这两篇文章，一篇阐发革命宗旨，说革命在于"去世袭君主，排满洲（贵族）特权，覆一切压制之策",推荐《革命军》为"国民教育之第一教科书";另一篇,说《革命军》"文极犀利,语极沉痛",读了没有不"拔剑起舞,发冲眉竖"的,希望将此书"普及于四万万人之脑海"。这些介绍,对广大读者无疑有很大的吸引力,对清朝统治者来说,却是触目惊心的。

还在张园举行爱国集会时,官方已传出那是"不逞之徒""倡演革命诸邪说",将予查禁,以免蔓延。但因爱国学社和苏报馆,都设在上海的租界,租界是帝国主义的势力圈,清朝政府还没有来得及同租界的殖民机构——工部局串通好,所以一时未发作。正当这时,忽然有使清朝政府惊心动魄的名词"革命军"出现于世,清朝政府按捺不住了,加紧策划对革命党人的迫害。两江总督魏光焘,以"四川邹容所作《革命军》一书,章炳麟为之序,尤肆无忌惮"为词,要上海道袁树勋赶快同工部局打通关节,查封爱国学社和《苏报》,密拿有关人员,还派南京的候补道俞明震赶来上海,协同袁树勋办理这桩交涉。

6月29日,《苏报》又公开发表章太炎的《驳康有为论革命书》(节录)。这篇文章,不仅驳斥了康有为的谬论,还论证了革命是最大的权威,说"公理之未明,即以革命明之,旧俗之俱在,即以革命去之"。并把保皇党人捧为"圣上"的光绪皇帝,斥之为五谷不分的"载湉小丑",给封建皇帝当头一棒。这个《驳康有为论革命书》和《革命军》是姊妹篇。它一发表,对清朝政府更是火上加油。就在它刊出的这一天,上海道和工部局勾结好了,经过外国领事签署,外国巡捕和中国警探到苏报馆捉人,陈范躲开了,只抓走一个账房。第二天,巡捕和警探闯入爱国学社,气势汹汹地指名要捉蔡元培、章太炎、邹容等人。蔡元培已事先避走青岛,章太炎当即起身回道:"余人都不在,要拿章炳麟,就是我!"于是,他被扣上手铐,捉进巡捕房。邹容当时避住虹口一个美国传教士家中,得到章太炎的函召,不愿置身事外让章太炎一个人承担责任,以生死与共的态度,在7月1日自动到巡捕房投案。此外,还捕去与《苏报》有关的几个人。连邹容在内,前后一共捕去六个人。7月7日,《苏报》和爱国学社被查封,《苏报》财产全被没收,陈范遭到破产,流亡日本。中外反动派就这样挑起了轰动一时的"苏报案"。

"苏报案",是中国人民同国内外反动派的一场尖锐斗争,事情的发生和处理,也反映了清朝统治者同帝国主义又勾结又矛盾的丑剧。章太炎、邹容等人被关进巡捕房后,清朝政府的代表袁树勋、俞明震,向工部局和各国领事多方活动,想把章太炎、邹容等押解南京,加以杀害。那个远在武昌的满洲贵族、湖广总督端方,更是咬牙切齿,一会儿电询魏光焘,一会儿上奏北京,一会儿派亲信到上海打听消息,急得像热锅上的蚂蚁。他说"此书(指《革命军》)逆乱,从古所无","劝动天下造反,皆非臣子所忍闻"。声称必须将章太炎、邹容"妥密解宁","尽情惩治"。但是,能否引渡,不决定于端方等人的要求,还要看帝国主义愿不愿意。

那时,美国驻上海的领事古纳,根据华盛顿的意旨,想借此取得清朝政府的好感,便于进行新的侵略活动,因而支持引渡。俄、法两国公使也插手干涉,主张"将此数人交与华官",俄使尤甚。但是,在长江和上海租界占主要侵略势力的英国,同美、俄、法等国的着眼点不一样。它控制着工部局,坚持要维护"租界治权",声称"苏报案"是"租界事,当于租界治之"。英国人在上海主办的《字林西报》,还一再发表评论,说"外人在租界一日,即有一日应得之权利",不答应清朝政府的引渡要求,要保护自己的既得权益。

这时,清朝统治者命令刑部监狱用竹鞭活活鞭死沈荩的事,已经宣泄于外,引起社会上极大的愤慨。沈荩是一个赞同维新的知识分子,参加了唐才常在长江中游发动的自立军起事。自立军失败后,他到北方秘密活动,在天津英文《新闻报》揭露了清朝政府同沙俄签订密约、出卖东北的罪恶。清朝统治者恼羞成怒,派出侦探,密捕沈荩,下了毒手。因此,"苏报案"一发生,舆论非常注意,一致反对租界当局将章太炎、邹容等移解南京。远在香港的兴中会主办的《中国日报》,更倡言"外交团如若决定把'罪犯'引渡,应予反抗"。新加坡华侨陈楚楠、张永福等也致函上海英领事,反对引渡。这样,帝国主义对引渡章太炎、邹容等人,就更有所顾虑了。

7月13日,清朝的皇帝和皇太后不得不公开出面,发出"上谕",说:"邹容等六犯既经拿获",仍须设法押解南京,"毋任狡脱"。但是,工部局和外国领事看到的,是他们的侵略利益,管你什么"上谕"不"上谕",他们要按照自己的意志行事。7月15日,租界的会审公廨公然组织所谓额外公堂,对章太炎、邹容等进行非法审讯。

会审时,章太炎、邹容的辩护人,问会审官说:根据法规,有被告而无原告,狱案就不能成立。此案的原告到底是谁?是清朝政府吗?是两江总督吗?是上海道台吗?会审官突然被问,不知怎样回答,只好漫应道:中国政府。于是,清朝政府便作为原告一方,章太炎、邹容则作为被告一方,构成政府和私人两造打起官司来的怪事。清朝政府的代表,摘引《苏报》的反清文章,特别摘引有关《革命军》和《驳康有为论革命书》的文字,指控章太炎、邹容等,"故意污蔑今上,挑诋政府,大逆不道,欲使国民仇视今上,痛恨政府,心怀叵测,谋为不轨"。这里所说的"今上",就是那个被章太炎骂为"载湉小丑"的光绪皇帝。

章太炎和邹容以顽强的革命精神,在法庭上进行坚决的斗争。章太炎面对那几个中外杂凑的会审官,从容叙述了自己的斗争经历,然后辩驳说：

> 因见康有为著书反对革命，袒护满人，便作书驳之，此书系托广东人沙耳公带往香港转寄新加坡，未得其回信。所指书中的"载湉小丑"四字触犯清帝圣讳一语，我只知清帝乃满人，不知所谓"圣讳"……

会审官听了，面面相觑，不知如何对付，只好转问邹容。邹容坚贞不屈地说：

> 初来沪，入广方言馆，后至日本东京留学。因愤满人（贵族）专制，故有《革命军》之作。今年四五月间，请假来沪，闻人言公堂出票拘我，故自到巡捕房投到。

这种毫不畏惧的态度，大大地长了革命人民的志气，灭了敌人的威风。当年8月间，留日学生主编的《江苏》杂志第四期上，有个署名"浴血生"的，作《革命军传奇》（杂剧），谱写邹容入狱事，假邹容的姓名为"周镕"。第一出头两句唱道："男儿自有男儿性，不到民权誓不休。"说出了邹容为民主革命事业奋斗的决心。正是这种决心鼓舞他勇往向前，也激励了别人。

会审多次，没有定案。但是，清朝政府仍不甘心，总想把章太炎、邹容弄到手，于是又将"苏报案"移往北京，由外务部直接向各国驻华公使交涉，从上头活动引渡。外务部一再乞求，英帝国主义怕在这个问题上一松口，会影响和动摇在租界的统治，所以仍挡了回去。清朝政府无可奈何，担心这个案件再拖延下去，将毫无结果，只得退而求其次，商同工部局，释放其他在押人员，集中迫害章太炎和邹容。说他们是谋逆重犯，"同恶相济，厥罪惟均"，本应立即处决，适逢太后万寿，为"广布皇仁"，可以援例减轻处理。12月24日，额外公堂便判章太炎和邹容为"永远监禁"，即无期徒刑。舆论界对这个非法判决，予以猛烈抨击。指出章太炎、邹容久系监狱，在法律和道德上均为不合，应将控案注销，立即恢复他们的自由。拖到1904年5月，额外公堂被迫改判章太炎监禁三年，邹容两年。从到案之日起算，期满驱逐出境，不准在租界逗留。这是帝国主义破坏中国人民在自己的土地上进行革命的又一严重事例。

本来，中外反动派认为邹容同章太炎，是"厥罪惟均"的，甚至以邹容是尤为"狂悖"的，何以最后的判决，却有所不同呢？清朝政府买通的辩护律师、帝国主义分子古柏，曾经"摘读《革命军》"，称"邹容所论者，无非杀人放火之事，较章炳麟之言，犹有甚焉。劝人造反，殊为可恶。但并不逃走，承认自己印行，似若疯癫，可稍宽治云云"[1]。这大概就是他们改判时，宣布邹容的监禁期短于章太炎的缘故。其实，邹容挺身而出，毫不隐瞒自己的革命主张，在反动派看来"似若疯癫"，却是革命者的可贵品质。

清朝政府和帝国主义以为通过"苏报案"，监禁章太炎、邹容，给革命党人以压迫，就会使日益高涨的革命风潮受到约束。事情的发展，与中外反对派的愿望相反，他们的压力，却给予人们以更大的推动。就在"苏报案"发生后，有人以《革命制造厂》为题，作文发表于《江苏》杂志第五期，指出清朝政府阻碍革新，迫害人民的所作所为，是对革命者的培养和磨炼。因为"压力愈大，质量愈坚；磨炼愈深，锋锷愈锐"。清朝政府就是这样的"革命制造厂"。

七、为革命献出青春

纵使不成头被砍，也教人间称好汉。

---

[1] 《〈国民日日报〉汇编》第1集，警闻。

上面两句歌词,引自《革命歌》。是说为了革命,即使遭受挫折,被砍了脑袋,也会得到人们称赞,不愧为英雄好汉。这首《革命歌》,不少书列为邹容的作品,也有人说是章太炎写的。但不管是谁的,都表达了对革命的坚贞态度,及其浪漫的革命英雄主义色彩。邹容在四川同旧社会传统势力的斗争,在日本留学生运动中的爱国斗争,到上海在法庭上和监狱里的斗争,都贯串了这种精神——决心把青春献给革命。

"苏报案"发生后,章太炎、邹容开始被拘于巡捕房,当额外公堂进行所谓审讯时,就被移到了会审公廨的监狱。在狱中,章太炎和邹容以英雄的气概,蔑视帝国主义和清朝统治者对他们的迫害,常写诗唱和,抒发革命感情,并把这些诗秘密传出,先后刊载于一些革命报刊上,继续发挥爱国反清的战斗作用。

当沈荩被秘密鞭死的消息传到狱中,章太炎愤慨地写了题为《狱中闻沈禹希见杀》的诗,沈禹希就是沈荩。邹容马上和了一首诗,题为《和西狩〈狱中闻沈禹希见杀〉》,西狩是章太炎的署名。这首和诗是:

> 中原久陆沉,英雄出隐沦。
> 举世呼不应,抉眼悬京门。
> 一瞑负多疚,长歌召国魂。
> 头颅当自抚,谁为墓新坟。

诗的意思是:

中国的大地好像早已沉入了深渊,

忧国的英雄从隐没中一跃而起,

大声疾呼,却没有回响。

挖出我(死者)的眼睛悬挂在京都的城门上,好看你们的下场。

死去也应内疚——不能再同敌人搏斗，

作歌来招慰牺牲了的英灵。

抚摸自己的头颅，

不知谁来追悼、营葬？

这首诗，刊载于《国民日日报》。《国民日日报》是章士钊等在《苏报》被封32天后办起来，革命宗旨比《苏报》更鲜明。它一出刊，就耸动观听。清朝政府这次不是采用封闭的办法，而是下令禁阅："上海逆党著书刊报，煽惑人心，大逆不法，业将苏报馆办事人等，按名拿办，并将报馆封闭在案。乃又有人创办《国民日日报》，依然妄肆蜚语，昌言无忌，实属执迷不悟，可恨已极。仰各属府、州、厅、县将《国民日日报》荒谬悖逆情形，示知地方商民，不准买看，如有寄售国民报者，提究。"可见，《国民日日报》的斗争是《苏报》斗争的继续和发展。

前面已经谈到过章太炎《狱中赠邹容》一诗的内容，这首诗的最后两句是："临命须掺手，乾坤只两头。"是说他们临死也要紧搀着双手，人世间就有这样两颗好头颅。邹容也有《狱中答西狩》的和诗：

我兄章枚叔，忧国心如焚。

并世无知己，吾生苦不文。

一朝沦地狱，何日扫妖氛？

昨夜梦和尔，同兴革命军。

这首诗，初刊于1906年留日学生主办的《复报》第五号，已是邹容牺牲后的第二年。诗中的章枚叔，是章太炎的别号。"并世无知己"一句，是说在这个世界上，没有比你更了解我的好朋友了。这首诗，反映了邹容在监牢里，虽然过着地狱般的生活，但他全不计较个人的安危，念念不忘的是"扫妖氛"、"兴革命军"。

邹容又写了以《涂山》为题的七言绝句一首：

苍崖坠石连云走，药叉带荔修罗吼。
辛壬癸甲今何有，且向东门牵黄狗。

涂山，在邹容的家乡巴县。这首诗是借怀念故乡，寄托他对国家民族的忧愤，用句奇特，有似唐代诗人李贺。各句大意是：

苍翠的涂山，山石崩裂伴随云雾飞动，
夜叉披上薜荔和半人半畜的"修罗"在吼叫。
婚后四天（辛、壬、癸、甲）就去治水了的大禹已成陈迹。
刑前的李斯想牵着黄狗过上蔡东门已不可得。

前两句是喻当时反帝反清斗争的形势；后两句是借大禹、李斯的故事，回想自己入狱前的斗争生活，现在却是只待一死了。

此外，还有与章太炎联句的《绝命词》两首。联句是作诗的一种方式，两个人，或几个人，你作一句，我跟一句，然后联成一首。邹容和章太炎的《绝命词》联句，表现了互相慰勉，生死与共的精神。章太炎有《狱中联吟记》一篇，记述了狱中的斗争。狱卒——印度巡捕，狐假虎威，凶暴异常，常借故用木棍殴打，章太炎忍受不了这种侮辱，曾绝食反抗，邹容也表示义不独生，因联吟《绝命词》。邹容在联吟中，有"愿力能生千猛士"之句，是说只要有不避任何艰险的宏大"愿力"，就会有千百个猛士起来，继续奋斗。

邹容入狱近两年，我们现在所能看到的，除上述的几首诗外，还有他的《狱中与蔡寅书》《狱中与柳亚子书》。与蔡寅书仍念念不忘帝国主义对中国的瓜分危局。与柳亚子书曾刊于《复报》第五期，当时为避清朝政府耳目，标题为《致四君书》。这是邹容留下来的、难得的给朋友的信，很可贵，原信照录如下：

人权志士足下：奉致枚公书，得近状。审足下知支那大陆尚有某某,不以其微贱忽之,感甚感甚。某事国无状,羁此半年,徒增多感。幸得枚公,同与寝食,迩来获闻高谊,耳目一新。奈某愚极,不堪造诣,且思潮塞绝,欲尽文字的国民责任,念而不能。得足下活泼之文章,鼓吹国民,祖国前途或有系耶!狱事消息又转伪京,俟有来文,然后定议。书此敬问起居侍社。弟邹容谨上。

信不长,却反映了邹容和章太炎在狱中,同外面的革命志士仍是有联系的。对"苏报案"转移北京的事,虽只涉及了一两句,然而从邹容的口中说出来,就很重要。特别是"欲尽文字的国民责任"和"祖国前途或有系耶"两语,又一次证明邹容所关心的,不是自己的安危,而是祖国的前途,他将怎样继续为宣传革命出力。他在这里所表达的思想感情,和他在狱中的诗,是互相补充的,同样散发出青春的活力,跳动着斗争的脉搏。

1904年,蔡元培和章太炎取得联系,共同发起在上海组织革命团体——光复会,联络江浙革命力量。据有些记载说,邹容因章太炎的关系,也参加了光复会。

是什么力量支持邹容这种勇往直前、不怕牺牲的革命激情呢?那是反革命的压力和革命的吸力相搏相斗产生的。从邹容的基本思想来说,一是要求革新,要求民主;二是要用革命的手段,去推翻旧势力,以实现革新和民主的要求。在顽固的封建势力和凶恶的帝国主义重压下,要实现这种理想,不冲击就没有力量,不付出代价就不可能有胜利。章太炎说他和邹容,"相延入狱,志在流血"[1],就是这种压力和吸力碰击出来的火花。马克思说:"不管资产阶级社会怎样缺少英雄气概,它的诞生却是需要英雄行为、自我牺牲、恐怖、内战和民

---

[1] 章太炎:《狱中答新闻报》。

族战斗的。"[1]辛亥革命时期资产阶级革命派表现的"英雄行为",正是出自这个阶级为夺取政权的需要。

章太炎、邹容在监狱里,被罚做苦工,不给吃饱饭,食物又极粗劣,狱卒还时加欺压,甚至用软梏李其手指。他们在煎熬和斗争中过日子。章太炎为了解除狱中烦忧,常研习佛典,曾为邹容讲解因明入正理论,说学了这些,可以减少苦恼。但是,这些无边无际的佛法,对倔强的邹容,并没有发挥作用。章太炎后来追述狱中生活,说邹容"以少年为狱囚,狱卒数侵之,心不能平,又啖麦麸饭不饱,益愤激"。"愤激",就是邹容对恶势力所持的不妥协态度。

经年累月地遭受折磨,到 1905 年 2 月,邹容终于病倒,多次昏厥过去。章太炎托人从外面买来黄连和阿胶等中药,给他滋养,没有收到效果。章太炎再三向监狱长交涉,要求找个医生为邹容治病,竟被拒绝。直到邹容的病情十分险恶,会审公廨才允许保释出狱,出狱前一天,挽赴工部局医院,医师给药一包。邹容回狱服了药,却在夜半(4 月 3 日凌晨)死去,年纪仅 21 岁。这时离两年监禁期满,也只有 70 来天。死时口吐鲜血,人们怀疑可能是被毒死的。革命党人吴樾在给章太炎的信中,就说"吾于邹子之死,有深疑焉,疑西人必为满政府所嗾使而毒杀之,以去后患"[2]。

邹容死后,监狱照例把死者的遗体从特设的牢洞中拖出狱外,由他的同乡备棺收殓,停放于北四川路的四川义庄里。中国教育会在愚园路举行追悼会,有 80 多人参加。他们是对死者的哀悼,更是代表千百万中国人民,对帝国主义和封建势力的抗议。

---

[1] 马克思:《路易·波拿巴的雾月十八日》。
[2] 《血花集》,第 25 页。

邹容死了,但他立志革新,敢于斗争,不怕牺牲的革命精神,却永远活在中国人民心中。他的名字,和战斗的《革命军》,也永远以光辉的一页载入史册。邹容牺牲后不久,在上海和日本的一些革命刊物,刊出了不少诗文,悼念这个革命战士,唤起人们起来斗争。如《醒狮》第二期,就有署名亚庐(柳亚子)的《哭邹威丹烈士》,和署名黄天的《吊威丹》等诗,还有金一(金松岑)的《哀邹容》祭文,文中说:

> 江流出峡,一泻千里而至东瀛兮,乃以汉魂而吸欧粹耶。建共和、革命之两大旗兮,撞钟伐鼓满天地耶。

这几句话的意思,是说邹容好像长江流过三峡,一泻千里,奔赴东海(也指日本),以一个先进的中国人向西方学习(吸欧粹),揭起革命和共和两大旗帜,"撞钟伐鼓"般宣传于中国的大地。用文学的语言,描写了邹容的革命胸怀。这是正在兴起的资产阶级革命所需要的歌颂。从来革命者的血,就是战斗前进的最好旗帜。

当年8月,同盟会在东京成立,派出专人来上海调查邹容的死情。从四川义庄的许多棺材中,只找到一个"周容"。因为收尸的人怕惹麻烦,不敢列出邹容的真姓名来。当时要移葬,却很难为邹容找到一片墓地。次年(1906)3月,盟会会员、上海华泾人刘三(季平)归自日本,4月寻得邹容的遗榇,暗中运回他的家乡上海县华泾乡,安葬于黄叶楼旁。所以,章太炎后来在他所作的邹容墓表中,称之为"义士刘三"。

"灾难深重的中华民族,一百年来,其优秀人物奋斗牺牲,前仆后继,摸索救国救民的真理,是可歌可泣的。"[1]在资产阶级民主革命中,邹容就是这样的一个优秀人物,是一个为革命献出青春的光辉形象。

---

[1] 毛泽东:《改造我们的学习》。

论陈天华的爱国民主思想[1]

一、民主革命的杰出宣传家

清末的留学生运动,是辛亥革命的思想动员,陈天华在这一运动中有其出色的表现,他是一个具有丰富爱国感情的民主革命宣传家。

陈天华字星台,别号思黄,1875年(光绪元年),生于湖南新化,出身于贫寒家庭,曹亚伯的《武昌革命真史》说他"幼饭牛,有奇气,十五入蒙塾"。甲午战争后,日本一跃为世界强国,"雄视东方",给予中国社会的刺激甚大,因而青年群往彼国留学,想寻求富强的途径,义和团运动后去者益众。陈天华就在这个浪潮中,由新化实业中学堂资送往日本。客观环境迫使当时的留学生,不能不由书斋走向社会,以政治活动代替常规的进修。1903年(光绪二十九年),帝俄霸占东三省,各国新闻喧嚣瓜分中国,日本《英字新闻》刊《支那分割之风潮》说:"环球诸国莫不注意支那之问题,思伸指而尝之,势力范围之说,日腾报纸;疆域变色之图,广售通衢,其势汲汲,俨若水中泡,

---

[1] 原载《新建设》1956年第6期。

风前烛矣。"[1]陈天华看到这般光景,大为悲恸,啮指血,成书数十幅,邮寄国内各学校,想唤起国人的觉醒。是时各省留日学生为鼓吹革命,纷纷编印刊物,有《湖北学生界》(后改名《汉声》)、《江苏》《浙江潮》等,陈天华、杨笃生则发刊《游学译编》及《新湖南》。1904年(光绪三十年),陈天华和黄兴、刘揆一、杨笃生等,在湖南组织革命团体——华兴会,不久又组织同仇会,为联络会党的机构。他们先后归国活动,准备于是年秋起义湖南,未发事泄,党人潜遁上海公共租界谋再举。黄兴、陈天华等均被捕,获释后,仍赴日本,又和宋教仁等创刊《二十世纪之支那》杂志。1905年(光绪三十一年),孙中山领导的同盟会在东京成立,陈天华为发起人之一,担任书记部工作,和马君武、宋教仁等起草会章及文告,《革命方略》即为陈天华所写。及同盟会的机关报——《民报》发刊,他又参与编辑工作。

《民报》出刊后,革命旗帜益著,清政府企图扼杀海外革命活动,请求日本政府驱逐中国留日学生中的革命党人,日本政府遂颁布取缔中国留学生规则,留学生8 000人群起抗议。陈天华坚决主张归国策划,反对忍辱留日的软弱态度。他在爱国责任心的驱使下,忧时感事,一时又不能自解,竟投海自杀。时为1905年12月(光绪三十一年十一月),年仅31岁。他说他的救国,"惟有两途,其一作书报以警世,其二则遇可死之机会而死之",即他自认为"苟可以达救国之目的",不惜以身殉,希望因他的自杀,使国人"有所警动","群讲爱国"[2]。他在死前给留学生总会诸干事的信还说:"事实已如此,诸

---

[1] 《江苏》1903年6月第3期。
[2] 均见《绝命书》。本文所引陈天华文句,除《警世钟》采自邹鲁《中国国民党史稿》外,其他皆引自《陈天华集》。

君不力为维持,保全国体,不重辱留学界耶!"[1]这和谭嗣同的"不有死者"无以励来兹的思想,有相通的地方。他的死曾经引起国人的悲愤,1906年(光绪三十二年),当他的灵榇归葬湖南岳麓山时,"全城学生制服行丧礼,万人整队送之山陵"[2]。然而这种强烈的冲动,究竟不是韧性的持久的战斗办法。革命党人禹之谟、宁调元以经营葬事,触当道怒,禹之谟竟被捕下狱,宁调元走上海得免[3]。宁有《哭陈天华》诗,其中一首为:

> 生不能期入玉门,万言遗草怕重论。
> 南风不竞天将丧,东海难填石尚存。
> 差幸鲁连能作伴,更无宋玉解招魂!
> 逢人莫问东瀛事,入笠曾招几放豚。[4]

陈天华在短暂的生命过程中,曾集全力于反抗帝国主义和爱国革命的宣传,著有《猛回头》《警世钟》《最近政见之评决》《国民必读》《最近之方针》《中国革命史论》《狮子吼》(小说)等小册子,及刊载在《民报》上的论文。其中如《猛回头》和《警世钟》,以浅显通俗的文笔,写慷慨淋漓的爱国感情,流传长江各省,影响尤大。当武汉革命团体日知会设阅书报社,传播革命思想时,《猛回头》和《警世钟》即其中的重要宣传品,他们且通过新军中的革命分子,将是项书册暗置同营兵士床上,以广流传。因此"《警世钟》《猛回头》等,输入湖北湖南之各学堂各军营中,而新化学界革命之思潮,几不可遏止矣"[5]。1905年(光绪三十一年),在北京火车站投弹暗杀清政府出洋考察宪

---

[1] 曹亚伯:《武昌革命真史》,第32页。
[2] 冯自由:《中华民国开国前革命史》续编上卷,第174页。
[3] 《宁调元传》,见《醴陵县志》。
[4] 宁调元:《太一遗书·太一诗存》第1卷。
[5] 《血花集》,第12页。

政五大臣的吴樾,说他读过《警世钟》及其他革命书刊后,"于是思想又一变,而主义随之"[1]。由于这些书刊具有极大的战斗性,因此更遭清政府和守旧派的嫉视。如1903年(光绪二十九年),"新化留日学生杨源浚新自东京归,带有陈天华之《猛回头》七千册",放置新化中学堂,"皆被诸校董焚去"[2]。又如1906年(光绪三十二年),浙江金华人,龙华会会员曹阿狗,熟读《猛回头》,演说爱国革命,为清吏捕杀,且广出告示,严禁"逆书"——《猛回头》。可是自此辗转向上海购阅是书的人,比以前更多。这些事例,都说明陈天华的论著深受群众欢迎,在辛亥革命时期发生了不可磨灭的影响。

20世纪初年,摆在中国人民面前的根本问题有两个:第一是在帝国主义的瓜分形势下,如何挽救中国的危亡?第二是解决中国的问题,采取改良的手段还是革命的手段?陈天华对第一个问题的答复,是坚决主张反抗帝国主义;对第二个问题的答复,是反对改良、主张革命。他留下的文字中,几乎没有一篇不是和这两个重大问题有关,尤其是揭露帝国主义的横暴和中国所处的危境,跃然纸上,有极大的说服力。

二、强烈的反帝爱国思想

从19世纪末年到20世纪初年,是世界资本主义进入帝国主义的阶段,中国在它们的疯狂侵略下,已陷入鸦片战争后未有的紧张局面,这一局面给生活于当时的陈天华以异常的激动。陈天华的论著中,不仅深刻地反映了帝国主义侵略与中国人民反侵略的民族矛盾,

---

[1] 曹亚伯:《武昌革命真史》,第4页。
[2] 曹亚伯:《武昌革命真史》,第4页。

而且流露着深厚的不可动摇的爱国思想。他说:"日本侵略了台湾,俄国占了旅顺,英国占了威海卫,法国占了广州湾,德国占了胶州湾,把我们十八省都划在势力范围内,丝毫也不准我们自由。"帝国主义的魔爪不仅紧紧地抓住中国的领土,阴谋瓜分;而且夺取中国各种权利,无孔不入地压榨中国人民,同样是使他发指的。他说:"痛只痛,因通商,民穷财尽;痛只痛,失矿权,莫保糟糠;痛只痛,办教案,人命如草;痛只痛,修铁路,人扼我吭;痛只痛,在租界,时遭凌践;痛只痛,出外洋,日苦深汤。"[1]这些简短的词句里面,就是帝国主义控制中国经济命脉的事实,和中国人民无数的血泪。帝国主义为了想达到灭亡中国的目的,更有意地造成歧视和排斥中华民族的恶劣心理,这在陈天华的笔下,也历历如绘。他指出当时的一些事实说:"中国人到了外洋,连牛马也比不上。美国多年禁止华工上岸。今年有一个谭随员无故被美国差役打死,无处申冤。……中国学生到美国,客店不肯收留。有一个姓孙的留学生和美国一个学生相好,一日,美国学生对孙某说道:我和你虽然相好,但是到了外面,你不可招呼我。孙某惊问道:这话怎讲?美国学生道:你们汉人是满洲的奴隶,满洲又是我们的奴隶,倘是我国的人知我和两层奴隶的人结交,我国的人一定不以人齿我了。孙某听了这话,遂活活气死了。"这种卑鄙心理是殖民主义者制造民族优劣论的恶果,以便利他们对他民族的奴役,严重地破坏了民族间互相往来的友好关系。陈天华把这些掠夺殖民地的资本主义国家,叫作"民族帝国主义"。更指出了资本主义制度下的阶级对立,及帝国主义对殖民地国家的蔑视,如说"他(指帝国主义——引者)最重的是富户,最贱的是穷民。他本国的穷民,且不把

---

[1] 陈天华:《猛回头》。

在人内算数,何况所征服的敌国"[1]。可见陈天华反抗帝国主义的爱国思想,不只是表现了中华民族不可屈服的崇高品质,也指责了资本主义制度下的阶级压迫,所以他那真实的感情,给予人们以无限的激动。他针对资本主义轻视中国为"睡狮国",写成小说《狮子吼》(其中并影射"苏报案"),在《民报》上刊出时,其中有眉批一则说:"读此篇而不怒发冲冠、拔刀击案者,必非人也。"[2]足证感人之深。

基于对帝国主义无限的愤怒和对祖国深厚的爱,陈天华的反帝主张是异常坚决的,超过和他同时代的民主革命者。他大声疾呼:"改条约,复政权,完全独立"[3]。对印度、越南及非洲遭受殖民主义者的奴役,他寄予极大的同情,并愤慨地引为国人的警告,要人们赶快起来救亡图存,不能再存丝毫苟且和等待的心理。他说"须知事到今日,断不能再讲预备救中国了,只有死死苦战,才能救得中国"。他痛恨"平时没有预备,到了临危方说预备,及时过了又忘记了"[4]。这种因循苟安的态度,恰是帝国主义所最欢迎的。如1885年(光绪十一年),中日《天津条约》订立后,黑田清隆曾由中国回日本说:中法战后,中国积极图强;他主张速与中国一战,侵占朝鲜。伊藤博文则认为中国不足畏,他说:"法事甫定之后,似乎奋发有为,一二年后,则又因循苟安"而"睡觉矣"[5]。为了洗刷这些耻辱、改变封建统治者给中国带来的暗影,陈天华呼吁青年不要空谈救国,不要推诿责任,认为当时不是再等待的时候了,而是行动起来的时候了。他尖锐

---

[1] 陈天华:《警世钟》。
[2] 《民报》第4号。
[3] 陈天华:《猛回头》。
[4] 陈天华:《警世钟》。
[5] 王芸生:《六十年来中国与日本》第1卷。

地批判那种等待态度说:"问他何不奔赴内地,实行平日所抱的主义,答道:我现在没有学问,没有资格,回去不能办一点事。问他这学问资格何时有呢?答道:最迟十年,早则五六年……到了实行的时节,就说没有学问、没有资格,等到你有了学问资格的时候,中国早已亡了,难道要你回去开追悼会不成!这学问资格,非是生来就有的,历练得多,也可长进。"[1]不仅给一般人的苟安心理和观望态度,痛下针砭;同时他还看出"历练得多,也可长进"的认识规律。

自鸦片战争后,满汉统治者已逐渐为帝国主义所胁服。在他们看来,"洋人之患,此天所为",是不可抵抗的灾祸,因此只有卖国投降的一条路。经甲午战争和八国联军之役,他们更以奴颜婢膝的嘴脸来款待帝国主义。陈天华的坚强的反帝思想,恰与满汉统治者的"结与国之欢心"的投降路线对抗,他有一种信念,认为只要人人起来抵抗,洋人在中国将四面受敌,使他们由"深入腹地变为深入死地"。魏源在鸦片战争后,曾主张"诱敌深入内河"[2]以歼敌,陈天华发扬了这种爱国战略思想。因此他号召"洋兵若来,奉劝各人把胆子放大,全不要怕他。读书的放了笔,耕田的放了犁耙,做生意的放了职事,做手艺的放了器具。齐把刀子磨快,子药上足,同饮一杯血酒,呼的呼,喊的喊,万众直前,杀那洋鬼子,杀投降那洋鬼子的二毛子。"[3]他还呼吁妇女们要学习法国的罗兰夫人、俄国的苏菲亚,一齐负起爱国革命的责任,不把洋鬼子赶出去,决不罢休,这种决心,是具有完全歼灭敌人的战斗气概。他主张打硬仗,主张流血牺牲,但不是徒然拿性命去拼,认为"要驱外人",须"先学外人的长处"。他在《狮子

---

[1] 陈天华:《警世钟》。
[2] 魏源:《筹海篇》,见《海国图志》。
[3] 陈天华:《警世钟》。

吼》中假马世英和康镜世的对话,提供了带有策略性的意见:"马世英道:别项不要讲,即如枪炮一项,洋人的枪,能打五六里,一分钟能发十余响;中国的鸟枪,不过打十余丈,数分钟内才能发得一响,如此我们没有近到他们面前,早已成了肉泥了。康镜世道:只要舍得死,枪炮何足怕哉!马世英道:事到临危,正要这样说,但是预先不要存这个心,学到他的,把来打他,岂不更好吗!"这里的魏源的"师夷之长技以制夷"[1]的爱国思想的发展,也是"即以其人之道,还治其人之身"的道理。因此他认为义和团的反帝斗争,"心思是很好的",而"不操切实本领,靠着那邪术",却是"大大的不好处"[2]。对义和团的认识,反动统治阶级固然是诬为"拳匪",就是20世纪初年资产阶级、小资产阶级的民主革命派,也很少有正确理解的。陈天华却称义和团为"起事",而且承认他们的"心思是很好的",正因为他的反抗帝国主义、反对为帝国主义服务的"二毛子"的思想,与义和团的英勇反帝斗争一脉相通。但是他对义和团企图依靠"神拳"抵抗洋枪大炮的愚昧想法,觉得是"不操切实本领",结局是危险的。以此他主张"文明排外",内里要刻刻提防帝国主义,它们要占我们的权利则一丝不答应,正常的交往则仍须维持。这种认识不是偶然的,是中国人民反帝斗争由自发到自觉的初步表现。

当时清政府执行的是殖民地外交路线,后党亲俄,帝党亲英,改良派主张依英、日。发动"自立军"起事汉口的唐才常,曾经活动联络英、日;就是资产阶级、小资产阶级的民主革命派,也没有完全摆脱结好列强的愿望。如《民报》简章中标出的"本杂志之主义"六项,其中

---

[1] 魏源:《海国图志》序。
[2] 陈天华:《猛回头》。

即有"要求世界列强赞成中国之革命事业"一项,《民报》第三号阐明上述六项又揭载"《民报》六大主义"一文。陈天华却坚决不赞成对帝国主义寄予任何幻想,反对依赖"外援",他警告那些想联日的人说,"彼以日本为可亲,则请观朝鲜",指出"日人(日本帝国主义——引者)之隐谋,所谓司马昭之心,路人皆知"[1]。所以在日本政府颁布取缔中国留学生规则的时候,他坚持回国他图,反对仰人鼻息地留在日本。毛泽东说:"鲁迅的骨头是最硬的,他没有丝毫的奴颜和媚骨,这是殖民地半殖民地人民最可宝贵的性格。"[2]陈天华在对帝国主义的态度上,就是具有这种"最可宝贵的性格"的一个人。

帝国主义利用传教作为侵略工具,鸦片战后的几十年,外国传教士横行中国各地,而且诱骗中国教徒,供他们驱使,所以中国人民展开了一系列的反教会侵略的斗争。陈天华对这个问题表示了非常明确而坚定的爱国立场,他说"教可以自由信奉,国是断断不能容别人侵夺的"。为了发扬爱国精神,扫除思想上的障碍,划清爱国和信教的界线,他曾举出扣人心弦的事例说:"日本国从前信奉儒教,有一个道学先生门徒很多,一日有个门徒问先生道:我们最尊敬孔子,倘若孔子现在没死,中国把他作为大将,征讨我国,我们怎么做法呢?先生答道:孔子主张是爱国的,我们若降了孔子,便是孔子的罪人了,只有齐心死拒,把孔子擒来,这方算得行了孔子的道。"这个故事是可以发人深省的,它指出了信教应该服从爱国;同时因为当时的革命活动在海外开展,留学生是民主革命派的骨干力量,而其中又以留日学生为主,日本在明治维新后骤增富强,是大家所向往的,所以以彼例

---

[1] 陈天华:《绝命书》。
[2] 《毛泽东选集》第2卷,第691页。

此,说明爱国不能为别种关系所转移,认为留学生"就学仇人的国,原想学点本领返救祖国",如果做了为洋人服务的洋奴,应"任凭同胞将他捉来千刀万剐"[1]。在他看来,一切民族败类,都是爱国者的敌人,是人人得而杀之的。

陈天华的反抗帝国主义的爱国思想,达到了他所处的时代的最前哨。首先表现于他的坚决性,与帝国主义没有妥协的余地;其次表现于他的自觉性,即对帝国主义的认识和一定的应付策略;再次表现于他的全面性,即反抗一切帝国主义和凡为帝国主义服务的人。这些认识,是中国人民在前一世纪的60年中,长期反抗外国资本主义侵略的斗争经验的累积,特别是在19世纪的最后几年,改良主义者希望通过变法以达到独立自主的愿望幻灭了,义和团的正义行动遭到帝国主义的残酷镇压而失败了,而帝国主义企图瓜分中国的侵略阴谋越发露骨,正视现实,寻求救亡图存的方策,是20世纪初年先进人物的严重责任,陈天华就是其中一个想肩负这一严重责任的人。

三、从爱国到反君主专制的民主革命思想

1903年2月(光绪二十九年一月),留日学生创刊的《浙江潮》说:"三十年来之制造派,十年来之变法派,五年来之自由民权派",是鸦片战后六十年间,中国思想变化的进程。"制造派"的洋务思想,虽然与后两者的有所不同,但不可否认它是近代思想变化的环节。维新运动失败后,"自由民权派"思潮逐步高涨,陈天华即其中提倡自由民权先行人物之一。当时达尔文的进化论,卢梭的民约论,美国的独立史,法国的革命史,是"自由民权派"的理论依据,更重要的当然由

---

[1] 陈天华:《警世钟》。

于帝国主义和封建势力的压迫,中国人民渴望获得自由和民权。获得自由和民权的途径:反抗帝国主义,推翻君主专制的清政府,是两个重要课题。可是当时的民主革命派,还没有也不可能把反帝和反封建全面地结合起来,因此谈到民主革命,往往是就推翻清政府而言,陈天华的民主革命思想也不例外。但从爱国主义出发,他的革命主张,是在推翻封建专制的清政府,建立共和政府,从而挽救中国的危亡,因此他的反清革命思想,是建立于下列两个基本方面:

第一,从反帝到反清。清朝统治者的卖国投降,是他所最痛恨的,他由强烈的爱国感情进而倾心革命。他说清廷已经是洋人的政府,它向帝国主义赔款数次,"差不多上十万万了,此次赔各国的款(指《辛丑条约》),连本带息,又是十万万,我们就是卖儿卖女也是出不起来的。又自己把沿海炮台削了,本国的军营请各国来练,本国的矿产让各国来开,本国的铁路听各国来修,还有那生杀用人的权柄都听各国指挥。列位!你看满洲的政府,只图苟全一己,不顾汉人永世翻不得身,件件依了洋人的,你道可恨不可恨,我们若不依他的,他就加以违旨的罪,兴兵剿洗,比草芥也比不上"。他进而指出:"我们尚不把这个道理想清,事事依朝廷的,恐怕口虽说不甘做洋人的百姓,多久做了,尚不知信。朝廷固然是不可违拒,难道说这洋人的朝廷也不该违拒吗!"[1]在满洲贵族统治已两百数十年的当时,封建臣仆们还在那里嚷着主子的"深仁厚泽",陈天华这种无情的揭露,就不能不激起人们对清政府的愤恨。于是他得出了这样的结论,"我们要想拒洋人,只有讲革命独立"[2]。即认识到不推翻帝国主义的联盟

---

[1] 陈天华:《猛回头》。
[2] 陈天华:《警世钟》。

者——封建专制统治者,中国就谈不上独立自主。他在死前更毅然宣布:"欲使中国不亡,惟有一刀两断,代满洲执政柄而卵育之。"[1]可见陈天华的民主革命思想,虽然没有从理论上完全认识到反帝反封建两者的不可分割,可是在事实上已经达到了反帝反封建相互联系的结果。

第二,基于"政治问题"。陈天华以为当时的革命派,"有置重于民族主义者,有置重于政治问题者",他的主张"固重政治而轻民族",所以说"鄙人之排满也,非如倡复仇论者所云"[2]。显然与章炳麟所主张的:"以胡寇孔棘之故,惟奋起逐北,摧其巢穴,以为中华种族请命"[3]的狭隘反满革命有所不同。因此他对清朝统治者政治上的贪污腐化,揭露无遗,如说"他且莫讲,京城修一个大学堂,要费三十万银子,政府说费用大了,至今未修;皇太后复修颐和园,数千万银子也办出来了;每年办陵差,动辄数百万,亦是有的,独有这三十万难道说寻不出!我们百姓家里,要一钱买水吃也没有,去年荣禄嫁女,他的门房得门包三十二万,这银子哪里来的?都是那贪官剥削我们的脂膏,献与荣禄的"[4]。这样的腐朽反动统治,已经尽了头,没有丝毫革新的希望,只有一条路,即"革彼膻秽残恶旧政府之命,而求乎最美最宜之政体"[5]。从他的论点分析,要实现民主政体,不只因为是满洲的君主专制要推翻,就是汉族君主,也一样要推翻。事实上种族革命也就包括在他所说"基于政治问题"之内。

从上述论点出发,陈天华的革命论,在一定程度内,反映了客观

---

[1] 陈天华:《绝命书》。
[2] 陈天华:《绝命书》。
[3] 《太炎文录初编》第2卷。
[4] 陈天华:《猛回头》。
[5] 陈天华:《论中国宜改创民主政体》。

历史的发展。他说"革命者,救人救世之圣药也,终古无革命,终古成长夜矣",他肯定革命是推翻暴政、促进社会的必要手段。他认定当时中国的革命,已经不是"汤武革命"或刘邦、朱元璋式的英雄事业了,而是"出于国民"——出于多数人的意见。"革命之后,宣布自由,设立共和,其幸福较之未革命之前,增进万倍,如近日泰西诸国之革命是也。"可见他的所谓"国民革命",实际就是资产阶级革命,革命后设立的共和,就是资产阶级专政的共和。历史上的农民战争,在陈天华看来,是属于"平民革命"或"国民革命"的范畴,他说:"中国自秦以降,革命多崛起民间,于平民革命较近之",如"胜(陈胜)、广(吴广)发难,未数月而遍及天下,……则非出于少数人的意见明矣。"农民起义后,"则由于当时未闻共和之说",所以仍"存君主之制",当然他不知道从社会的基础去理解。但农民战争在历史上的作用,他历史主义地作了适当的估计,认为"彼暴君污吏,不敢以犬马土芥视其民,而时懔复舟之惧者,正缘有革命者以持其后也"[1]。这种认识的关系,是反映着资产阶级革命如果离开了农民的力量,就没有了革命群众。

革命的能否成功?陈天华认为决定于有无领导力量,这个领导力量不是个别英雄,而是"中等社会"。所以他说"泰西各国之所以成功者,在有中等社会主持其事;中国革命之所以不成功者,在无中等社会主持其事"[2]。从这一观点出发,他断定中国革命的途径,"惟有中等社会皆知革命主义,渐普及下等社会"[3],才有成功的希望。陈天华所指的"中等社会"是什么?就当时中国社会的阶级关系

---

[1] 陈天华:《中国革命史论》。
[2] 陈天华:《中国革命史论》。
[3] 陈天华:《绝命书》。

来说,是相当于中产阶级,而"中产阶级主要是指民族资产阶级"[1]。在陈天华开展革命活动时期的中国,民族资产阶级已经成为要求获得政治地位的新兴社会力量。据统计:1905年(光绪三十一年)这一年,新设厂矿54家,资本1 480余万元;其中纺织工业14家[2]。这个力量正在发展中,它代表着新生的发展的革命力量,而当时的留学界,基本上是代表这个阶级或向这个阶级转化和发展的。陈天华的世界观,客观地反映了这个革命阶级的利益,力图建立新的资产阶级的统治关系。他曾鼓励富人"集资设立公司,修设轮船、铁路、电线、及各种机器局、制造局、采炼各矿",认为"多有大利可得,为何不办呢?把银钱坐收在家,真可惜"![3] 要国人投资工矿事业的主张,是给民族资本主义开辟道路,是具有发展生产和抵制洋货的积极意义的。他说:"近今盛倡利权收回,不可谓非民族之进步也。然于利权收回之后,无所设施,则与前此之持锁国主义者何异?"领导革命的既然是"中等社会",那末领导的革命队伍又是什么?兴中会1895年(光绪二十一年)在广州、1900年(光绪二十六年)在惠州的武装起义,华兴会1904年(光绪三十年)的准备夺取湖南,然后北向,都是发动会党力量,陈天华却认为"会党可以偏用,而不可恃为本营"[4]。他所"恃为本营"的虽然没有论列,观其要"普及下等社会",要发动士农工商来抵抗洋人,且认为历史上的农民战争是近于"平民革命",联系起来看,完全可以理解为他是想把革命力量的范围扩大,而不限于会党,不是如有些书上所说:"他(陈天华)不赞成依靠当时农民革

---

[1]　《毛泽东选集》第1卷,第3页。
[2]　严中平:《中国近代经济史统计资料选辑》,第93—95页。
[3]　陈天华:《警世钟》。
[4]　陈天华:《绝命书》。

命的秘密组织——会党,要求缩小革命范围。"[1]这是没有根据的。依照他的认识,只能说他没有发动群众、组织群众的明确观念,因为陈天华是一个革命论者,却不可能是一个阶级论者。虽然他有些地方表现了朦胧的阶级概念,如他批判留日学生划分省界的地区思想说,"彼此应为相互主义而非阶级主义也",他也指出满洲贵族的统治中国有"主"与"奴"的区别,"今彼省与此省,非有主奴之施也"[2]。他也认识到"彼泰西因革命而获自由者,次等之贵族团体也,于多数之奴隶何与"[3],这一论点与孙中山所说"欧美强矣,其民实困"[4]相同。虽然陈天华已经知道统治者与被统治者、资本家与平民间的社会分野,也接触到资本主义社会本质的认识,这是值得重视的,然而只是"贫富悬殊"论的发展。他不可能是一个阶级论者,也和他不可能有依靠农民的明确群众观念一样。事实上,如果不是一个阶级论者,就很难要求他有明确的群众观念。

反对帝国主义,反对清政府的腐朽统治,还不是民主革命派的政治主张与其他政治主张的最后分界线,它们的最后分界线在是否反对改良主义者。在民主革命运动兴起的当时,清政府企图麻痹人民,缓和革命,宣布预备立宪,派五大臣出洋考察宪政。逃亡海外的康有为正为此庆幸,他"尚冀赐环有日,宣室重逢,为伪朝建不世之业"[5]。国内有些人亦为此种假象所欺骗,陈天华作《怪哉!上海各学堂各报馆之慰问出洋五大臣》一文,揭穿这种骗局说:"盖鬼,可畏

---

[1] 北京大学哲学系:《中国近代思想史讲授提纲》,第102页。
[2] 陈天华:《今日岂分省界之日耶》。
[3] 陈天华:《中国革命史论》。
[4] 孙中山:《〈民报〉发刊词》。
[5] 宫崎寅藏:《三十三年落花梦》。

者也;鬼而变易面目,使人不知其为鬼,而亲近之则可畏愈甚。"尤其是原先有过积极作用的改良主义者,此时他们主张君主立宪或开明专制,反对民主共和,诬蔑中国人民没有进行民主革命的能力,没有实现共和政体的资格,说革命会引起大乱,招致瓜分。同盟会发刊的《民报》,从理论上向改良主义者的《新民丛报》展开了斗争,这意味着民主革命派与改良派的真正分界线。陈天华指出:"中国自古以来,被那君臣大义的邪说所误。"[1]他发表《中国宜改创民主政体》的论文,斩钉截铁地说:"不革命而能行改革",犹如"乌头可白,马角可生,此事断无有也。"又着重驳斥了中国不适宜于民主革命的谬论,他说:"顾其间反对共和之说者,要以就程度立言者为最坚,貌为持重,善于附会,而息乎方张锐进之人心,其最可不辨也。"因此他回答了改良主义者蛊惑人心的三个问题,给君主立宪的谬论以有力打击。(一)中华民族有没有能力?他一面严斥"只能受压制,不能与以自由"的论调,是帝国主义和民贼统治中华民族的借口,改良主义者"亦相率为是言",是已与帝国主义、民贼相表里;一面又肯定"吾民族有四千余年之历史,有各民族不及之特质",必能奋发有为,将"如风之起,如水之涌,不可遏抑"。(二)中国能不能在短时期内恢复权利?他认为中华民族是已经开化的民族,进步的速度是不会同于未开化者的濡滞,指出"欧美积数百年始能致之者,日本以四十年追及之",相信中国的地广人众,"而谓不能驾轶之耶"!这里警悟地告诉人们不要以常规来束缚自己的手脚。(三)中国能不能完全恢复权利?他相信以中国人民的武勇智慧,必将"享有完全权利",觉得"使中国而改共和也,当兴立兴,当革立革,雷厉风行,毫无假借,岂若今政府之

---

[1] 陈天华:《猛回头》。

泄泄乎"！进而说明中华民族的创建共和，是求"整体自由"，非求"个人自由"，在帝国主义的长期侵略下，在清政府的腐朽统治下，在改良主义者反动论调的影响下，当时不少的人丧失了民族自信心，陈天华的这些论点，不仅表现了中华民族的觉醒，也鼓舞了中华民族的解放斗争。

为发扬民族自信心，增加社会活力，使人人能为实现中国的共和独立而奋斗，陈天华在《猛回头》中提出了纲领式的10条，作为革命行动的依据：第一要除党见，同心同德；第二要讲公德，有条有纲；第三要重武备，能战能守；第四要务实业，可富可强；第五要兴学堂，教育普及；第六要立演说，思想遍扬；第七要兴女学，培植根本；第八要禁缠足，敝俗矫匡；第九要把洋烟一点不吃；第十要凡社会概为改良。这些内容，似乎与改良主义者所提出的相近，但有一个根本不同点，即改良主义者是向清政府伸手乞讨，而陈天华是从民族自觉出发，要做到这些，必须向清皇朝和旧势力展开斗争，为爱国革命准备条件。同时他的所谓"除党见，同心同德"，好像是在缓和矛盾，然而他是希望大家"同心同德"地向革命看齐，在这一条纲领底下他明白地指出："从前只有守旧、求新二党，到了晚近，即求新一党，又分出许多党来，有主张革命的，有主张勤王的；有主张急进的，有主张和平的；有主张陆军的，有主张科学的。比从前两大党的争竞，还激烈一些，不晓得大家都没平心去想，革命才真是要紧的……大家总不可挟持意气，彼此只可将真理慢慢地讲，今日的时势，急进是万不可无的。"显然他是以革命为真理，要大家"同心同德"些奔赴这个目标，正如恩格斯指出法国革命时的情况说："在这里，君主政体便是不现实的，而革命就是现实的了。"[1] 他还具有在不同条件下，须有不同重点的观念，他说：

---

[1] 恩格斯：《费尔巴哈和德国古典哲学的终结》，第6页。

"要把现在的江山从那虎狼口中抢转来,怎么不要陆军呢?但江山抢转来了,没有科学,又怎么行得去?"[1]

陈天华反对封建专制,反对君主立宪,主张采取流血牺牲的革命手段,来建立民主共和国,是很明白的,不容与改良主义者混淆。他所追求的民主共和国,他在《狮子吼》中以寓言的形式写了出来。

走到右厢看看,只见挂着"共和国图书馆"的牌子,那里面的书册不知有几十万册,……有一巨册上面金字标题《共和国年鉴》,内称全国大小学堂三十余万所,男女学生六千余万。陆军常备军二百万,预备兵及后备兵八百万。海军将校士卒,共一十二万,军舰总共七百余只,又有水中潜艇及空中战艇数十只。铁路三十万里,电车铁路十万里,邮政局四万余所,轮船帆船二千万吨。各项税银每年二十八万万圆,岁出亦相等。又一大册,用黄绢包裹,表面画一狮子张口大吼之状,题曰"光复纪事本末",共分前后两编,总计约有三十万言。前编是言光复的事,后编是言收复国权完全独立的事。

由此可见陈天华所期望和努力的光复事业,是要从清政府手里夺回政权,从帝国主义手里收回国权,然后建立独立的民主共和国。他提出的这个民主共和国的图样,大大超越了洪仁玕在《资政新篇》中所提供的方案。陈天华期望"中等社会"领导中国建立这样的富强民主共和国,四十余年间一事无成,只有在四十余年后工人阶级及其政党领导民主革命取得胜利后,才有根本实现的可能,这是在没有接受马克思主义以前的中国先进人物所不能理解的。可是陈天华那种不可动摇的愚公移山精神,是永远鼓舞着人们前进的,他说:"或排外,或革命,舍死做去;父而子,子而孙,永远不忘;这目的,总有时,自

---

[1] 陈天华:《猛回头》。

然达到。"[1]所以改良主义者梁启超也不能不说:"君既以一死欲易天下,则后死者益崇拜之而思竟其志,亦义所宜然。"

四、陈天华思想的特点及其局限性

陈天华的思想,是五十余年前民主革命先行者的优良成就,对中华民族起了很大的觉醒作用,为辛亥革命准备了条件。列宁称誉俄国伟大的民主革命者车尔尼雪夫斯基说:"他能够给他那一时代一切的政治事件以一种革命的精神。"[2]陈天华对当时中国许多问题表示的态度,也有同样的性质。他的思想的特点,首先是反映了那个时代中国社会的严重问题,而且为解决这些问题提供了办法,最突出的即不调和地反抗帝国主义的侵略,不姑息地鞭打为帝国主义服务的洋奴。他曾以波兰亡国为例,说那些"贪生怕死的贵族,甘心做外族的奴隶"。这就是对满洲贵族、汉族地主的刻画,他认识到不革命不能救中国,主张救国与革命要同时并进,不能等到救了国再去革命,或者革了命再来救国。这样就对帝国主义与中华民族,封建主义与人民大众的两个基本矛盾,有了初步的统一认识,从而使他的论点有了总的方向,所以他所写到的即使是一些个别问题,也能赋予重大的政治意义,如他的文集中《今日岂分省界之日耶》《记东京留学生欢迎孙君逸仙事》《周君辛铄事略》等文,没有不包含着宣扬救国与革命的主张。其次是他主张"万事皆当开一新纪元,不得援旧闻以相难",当时谈改革的人,多牵引不切时代的历史以为据,或者拘泥历史以非难革命,这种旧传统成为宣传革命的重大阻力,陈天华为打破这

---

[1] 陈天华:《猛回头》。
[2] 转引自潘克拉托伐:《苏联近代史》,第264页。

种旧传统,大胆地提出:"革命惟问当世宜不宜,不必复问历史,自我作始可也。"[1]给保守顽固思想以当头棒喝,也给那种说不能躐等的、主张一步一步改良的庸俗进化观点以有力打击。这一点是民主革命派与改良主义者在思想方法上的重要分野。再其次认为"空谈救国,人皆厌闻",必须要会行,主张人人须养成"牺牲个人,以为社会;牺牲现在,以为将来"的革命品质。又指出从事革命要"出于责任心","不可有一毫取巧之心",要踏踏实实地去下功夫,所以他讥笑那些"号称读书的,除了'且夫''尝谓'几个字外,还晓得什么"![2]而且他理解到参加实际斗争是增长历练和认识的过程。特别值得提出的,由于陈天华坚决地站在爱国革命的民主立场,而且不尚空谈,重视实践,他的主张没有掩饰和回避,其为文字做到了"我手写我心",从他的思想深处,奔腾着高度的爱国热情,相信"只要人心不死,中国万无可亡之理",更相信有一天我们要齐呼——"中华万岁"。因此他的文字几乎每句都能激动人们的爱国感情,在今天读起来,还有它的现实意义。

陈天华的思想及其活动,就他的时代来说,无疑是有很大的进步性,可是他也和他同时代的先进人物一样,有其局限的一面。当他在革命屡次受到挫折时,曾一度寄希望于改革,他说"去岁以前,亦尝渴望满洲变法,融和种界,以御外侮"[3]。甚至在"乙巳(1905年)春间,各国忽盛传瓜分中国之说,学界中闻之极形恐慌,陈天华提议由留学生全体选派代表归国,向北京政府请愿,立即颁布立宪,以救危亡"。这里说明陈天华在寻求救国的途径作了多方面的努力,他一时

---

[1] 陈天华:《中国革命史论》。
[2] 陈天华:《猛回头》。
[3] 陈天华:《绝命书》。

提议请愿立宪,是为了达到救国目的,与改良主义者要保护清朝统治的出发点不同,所以当时知其"固别有用意,同志多谅解之"[1]。虽然如此,究竟他在革命问题的认识上是有破绽的,如认识到清政府的卖国,却没有明了它对帝国主义的依存关系;如认识到反清不只是为了种族革命,却没有提防到"融和种界"会和改良主义者拥清的主张混淆。同时陈天华虽然认定"欲救中国,惟有兴民权、改民主";却主张"入手之方,则先之以开明专制,以为兴民权、改民主之准备"[2],就不免仍蹈当时流行革命不能躐等、须由立宪而共和的错误说法,且自陷于矛盾中。而梁启超遂援引陈天华遗书有"欲救中国必用开明专制"的意见,大写其开明专制论[3],以诘难《民报》的民主革命主张。可是陈天华认为"最初之手段,仍为革命也"[4],即推翻清朝后,经过开明专制而达于民主共和,显然与改良主义者的拥清仍有所不同。基于他对民主革命这种认识的不彻底,当革命遭受挫折,一时竟想变易救国的途径,正是对革命的持久战斗缺乏正确理解的表现。根本问题,则由于陈天华虽然主张革命要"普及下等社会",但把中心力量寄托于"中等社会",尤其是中等社会的留学界,他说中国"其有一线之希望者,则在于近来留学生日多,风气渐开也"[5]。当然,留学生吸取自由民主思想、推动革命的先锋作用,是不可抹杀的,但是不与广大的群众结合,革命就没有胜利的基础。同时陈天华号召群众起来爱国革命,要"耕田的放了犁耙",可是他鼓励"中等社会"投资工矿事业,顾到了民族资产阶级切身的利益,而对农民大众的号

---

[1] 冯自由:《中华民国开国前革命史》上卷,第50页。
[2] 陈天华:《中国革命史论》。
[3] 梁启超:《饮冰室文集》第6册。
[4] 陈天华:《中国革命史论》。
[5] 陈天华:《绝命书》。

召,却忽视了他们的切身利益。本来1905年(光绪三十一年)同盟会成立时的宣言中,已明白提出了土地纲领——"平均地权",《民报》发刊词中也说到"20世纪不得不为民生主义之擅扬时代也",龚春台等萍浏醴起义的檄文,也说道:"社会问题,尤当研究新法,使地权与民平均,不致富者愈富,成不平等之社会。"[1]而陈天华所有的论著都没有提到这个问题,他还说:"吾闻孙君所抱持之主义,实为民族、平等二主义者也。"[2]显然"平均地权"这一民主革命的根本纲领,并没有引起他的重视,当同盟会成立时,一些地主阶级反清派就反对这一条,陈天华可能是受了他们的影响,否则他不应抹杀孙中山已经标榜的民生主义,而说他只抱持"民族、平等二主义"。刘少奇同志在《关于中华人民共和国宪法草案的报告》中说:"当时的革命派是有缺点的。他们没有一个彻底的反对帝国主义和封建主义的纲领,没有广泛地发动和组织可以依靠的人民大众的力量,因此他们不能取得对于帝国主义和封建主义的彻底胜利。这次革命终于失败了。"这一个结论说明了辛亥革命的总情况,是当时所有的民主革命者的共同弱点,陈天华的认识也同样受此局限,就上述一点来说,比孙中山、朱执信等人更不彻底一些。

陈天华的哲学思想,基本上是一个唯物论者,他反对"信鬼信怪",不赞成义和团的"邪术",因此"宗教观念,素来薄弱",观察事物,能从客观实际出发。虽然对精神与存在的根本问题,很少探讨,但他紧紧地抓住现实,主张躬行实践,是按唯物论者的认识过程来处理问题的,当然非常不彻底,对宗教的态度即其一例。他说:"如谓宗

---

[1] 邹鲁:《中国国民党史稿》第3编。
[2] 陈天华:《纪东京留学生欢迎孙君逸仙事》。

教必不可无,则无宁仍尊孔教,以重于达俗之故,则并奉佛教亦可。至于耶教,除好之者可自由奉之外,欲据以改易国教,则可不必。"[1]因此他对宗教思想表示了反对,却又为宗教保留了地盘,可见他的主张"宗教可以自由信奉",不是从一定的历史条件下来理解宗教的所以存在,而是袭取资产阶级"信教自由"的政治原则。正如列宁所指出的:"在18世纪革命家底无神主义文献中间,可以找到许多不合科学,又很幼稚的东西。"[2]陈天华的爱国革命思想,虽然出现于20世纪初年,而他的思想基础还同于18世纪法国革命的思想家,那些不合科学和幼稚的东西是不足怪的。

---

[1] 陈天华:《绝命书》。
[2] 列宁:《论战斗唯物主义底意义》,第4页。

论宋教仁[1]

一

"革命在自己的进程中把剥削阶级一个一个地打倒下去。它首先打倒了君主制,把平等仅仅理解为要有选举出来的政权,要有共和国。"[2]辛亥革命时期革命党人所追求的政治目标,主要就是为了要有一个"选举出来的政权",一个共和国。怎样达到这个目标,以同盟会为旗帜的革命党人,是采取革命办法的,对清政府和立宪派进行了坚决的斗争。然而在革命的进程中,仍有着较大的妥协性,宋教仁也不例外。这种妥协性正反映了软弱的阶级性格。

宋教仁开始活动的年代,已是20世纪的初年,他在22岁的那一年(1903),由受传统教育的漳江书院进入新式的武昌文普通学堂。这时资产阶级的民主革命思潮正在兴起中,宋教仁恰恰赶上了这个正在兴起的民主革命思潮。1904年,宋教仁随同黄兴等在长沙创立

---

[1] 原载《历史研究》1961年第5期。
[2] 《列宁全集》第29卷,第320页。

革命团体华兴会,被推为副会长,并参加了湖北第一个革命小团体——科学补习所,所以他没有经过改良主义的曲折,一开始就踏上了民主革命活动的道路。同时,宋教仁在辛亥革命后不久,便遭到袁世凯的暗算,又没有经受其他革命党人后来的变化。他从事革命活动的十年,也就是20世纪初年辛亥革命时期的十年。就这个意义来说,宋教仁完全是一个辛亥革命时期的人物。

1904年华兴会成立后,便决定当年农历十月西太后生日在湖南起义,宋教仁负责常德一路。因起义计划先期泄露,官府追捕甚急,宋教仁只身出亡,船自岳州过螺山,口占长歌以寄慨,有"谋自由独立于湖湘之一隅兮,事竟败于垂成";"展支那图以大索兮,无一寸完全干净汉族自由之土地"等句,发抒了一个满怀斗志的爱国青年的感情。

宋教仁到日本后,初就学于顺天学校、政法大学,继入早稻田大学学政法。这时中国的留日学生已有数千人,正在国外形成一种政治力量。宋教仁在日本最初的活动,是和田桐、白逾桓等创办《二十世纪之支那》杂志,这个杂志不再以省区命名(当时《江苏》《浙江潮》《湖北学生界》等杂志均以省区命名),能就全国着眼,表示了对整个国家民族安危的关心。宋教仁看到陈天华的《警世钟》印有黄帝肖像,便据以插印于《二十世纪之支那》创刊号,并题云:"起昆仑之顶兮,繁殖于黄河之浒。借大刀与阔斧兮,以奠定乎九有。使吾世世子孙有啖饭之所兮,皆赖帝之栉风沐雨。嗟我四万万同胞兮,尚无数典而忘其祖!"[1]这里证明宋教仁最初从事革命活动,是以反满的民族革命作为指导思想的,是由反满革命向着民主革命思想发展的。基

---

[1] 《我之历史》(即《宋渔父日记》)第2册,第4页。

于这种思想,他主张用黄帝纪年以代替帝王纪年,这样,也就直接否定了清帝的年号。他的日记从 1904 年开始,便书为"开国纪元四千六百零二年",并和上海《国粹学报》讨论黄帝纪年的具体办法,后来《民报》采用的黄帝纪年,就是以宋教仁的意见为依据的;而武昌起义和各省响应的纪年,又大都是以《民报》为依据的。这一行动,使清政府发生了极大的震动,驻日公使吕海寰曾向清廷奏报道:"遣派学生出洋游学,成材固多,然见异思迁者亦复不少,即如行文纪年,直书黄帝甲子,袭耶稣之名词,置正朔而不奉;又剪辫改装,皆仿西制,以为便利。夫正朔服制为帝王行政之大端,倘令该学生自为其政,纷纷效尤,相习成风,纪纲安在?"[1]《二十世纪之支那》只出到第二期(后改为《民报》),这一期一出刊就被日本警察局全行没收,因它刊载了《日本政客之经营中国谈》一文,触到了日本帝国主义的疮疤,日本政府就给以"妨害公安"的罪名而勒令没收,宋教仁并被传审。这是日本政府对中国革命力量最初的压抑。1959 年,日本史学界编写的《日本史学之发展与现状》报告,其中涉及有关辛亥革命历史部分,却竭力渲染日本对辛亥革命的帮助,他们有意抹杀了日本政客经营中国的阴谋。

  同盟会的成立,是中国民主革命的里程碑,宋教仁是这个同盟的积极促进者。被推为司法部的检事长(同盟会根据三权分立的原则设执行、评议、司法三部)及湖南主盟人之一。同盟会成立后,大力进行了革命宣传和武装起义。宋教仁是《民报》的编辑人之一,继续致力于革命宣传工作,就他的日记所记和《民报》所载,这时他写了不少时评,《民报》第二号即刊有《既设警部复置巡警道果何为耶》《南洋

---

[1]《清朝续文献通考》,第 9669 页。

华人求入日本籍》《尼夫阿利亚之独立》三篇。这些短评的内容,主要是在揭露清政府的倒行逆施和发扬民族的自由独立思想。他在《民报》上还以"犟斋"的笔名发表了两篇译文,一为《一千九百○五年露国之革命》,一为《万国社会党大会略史》。前文描述了1905年俄国的农民和工人的革命声势,说俄国九千万农民,"一朝悉起而背畔,又何物能拒之耶"!又说工人总同盟罢工的口号一经发出,"职工遂起响应,各种公共之机关全行停止,尔后旬余国内常为黑暗之世界"[1]。后文不但赞叹地说:"自社会革命之说出现于世界,而后人道胚胎,天理萌芽,将来全世界之问题,其于是焉解决乎!"而且其中将《共产党宣言》的最末一段译道:"吾人之目的,一依颠覆现时一切之社会组织而达者,须使权力阶级战栗恐惧于共产的革命之前,盖平民所决者惟铁锁耳!"[2]

宋教仁译述这些东西,是可贵的,他并在日记中记道:"阅报知俄国革命党大起,全国各等社会皆动云,噫!返视吾国之民气则何如矣!"[3]表示了对1905年俄国民主革命的向往。但是他对科学社会主义固然不可能有什么理解,就是俄国民主革命的激进纲领也没有引起他应有的注意。1906年1月间,宋教仁在宫崎滔天家里做客,宫崎民藏(滔天之兄)"出其所著《人类之大权》一书观之,言平均地权之说者也"[4]。他对这本书毫无表示。同年3月,宋教仁又会见了一位俄国革命志士,这位革命志士向宋教仁说了许多道理,说他自己:"向来系极专主张民主主义的,然观之于美国民主国也,其人民仍

---

[1]《民报》第3号,第9页。
[2]《民报》第5号,第80页。
[3]《我之历史》第2册,第213页。
[4]《我之历史》第3册,第4页。

不自由也;法国亦民主国也,而其人民亦不自由也;日本、英、德诸国,其人民于政治上之自由,未尝不获多少也,然社会上之不自由乃益加甚矣。故余近年所主张者,较前稍变,实兼政治、社会两方面而并欲改良者也云云。"[1]然而言之者谆谆,对宋教仁这个听之者却是藐藐。当时孙中山和有些革命党人盛称的以平均地权或土地国有为内容的社会革命主张,宋教仁也没有赞一词,他只说"今而后吾乃益知民族的革命与政治的革命不可不精审于中国矣"[2]。所以人们讥之为"二民主义"。后来宋教仁在《社会主义商榷》一文中说:"夫吾人非反对社会主义者,吾人惟以为凡唱一主义,不可不精审其主义自身之性质与作用,并斟酌其客体事物之现状,以推定其将来所受之结果……"[3]那时的革命派,往往把激进的民主革命纲领和社会主义混为一谈。宋教仁断定欲在中国推行他们所谓的社会革命,一定和中国这个"客体事物之现状"不相适应,"其将来所受之结果"很难想象。这正是对平均地权或土地国有纲领表示怀疑。

在向西方学习中,宋教仁最感兴趣的,是西方资本主义的国家制度和议会政治,他花了很大的精力去研究这些东西。他陆续翻译了英国制度要览,各国警察制度,澳大利、匈牙利制度要览,俄国财政制度,美国制度概要,德国官制等,而英国制度要览又引起了他更多的注意。当1911年4月间,正是在广州大举起义的紧张日子,宋教仁参与了这次起义工作,继陈炯明任编制课课长。但他到香港后,却致力于草拟文告、约法和中央制度、地方政治机关的设施,成三巨册,准备充当未来的民主共和国的叔孙通。这种努力,对于坚定革命信心,

---

[1]《我之历史》第3册,第19页。
[2]《我之历史》第5册,第7页。
[3]《民立报》1911年8月14日,第1页。

鼓舞革命斗志，不能说没有积极作用。可是宋教仁不是以更大的注意力集中对付当时最为迫切的你死我活的实际斗争，就未免缓急失宜了。

个性发展、个人自由等命题，在当时有反对封建束缚的积极意义，宋教仁和其他资产阶级革命知识分子一样是服膺这些东西的。但是宋教仁把这些东西发展到了极不合理的程度，他说："盖古今宇宙间，除我之外，即无所谓万物，亦即无所谓古今宇宙，皆自我眼中目中心中以为有之，始乃有之者也。我而欲谋真正完全之为我主义，则即余前所言范围不可不大，时间不可不长之谓也。但余犹有未想到者，即程度一面，盖程度亦不可不高者也。合此三者而又加之以利害关系，推之极真且大，则为我之说庶无弊矣。……余尝思及'上天下地，唯我独尊'二语，欲以'唯我'二字当之。"[1]当时宋教仁好读王阳明的著作及其年谱，深受王阳明思想影响。他把资产阶级的个人自由思想和王阳明的学说结合起来，成为他的唯我论——极端的主观唯心主义。宋教仁的唯我论又从章太炎那里得到论证，他在1906年12月6日的日记中记道："晚餐后，与章枚叔谈最久，谈及哲学，枚叔甚主张精神万能之说，以为'万事万物皆本无者，自我心之一念以为有之，始乃有之矣，所谓物质的，亦不过此之一念中以为有此物质，始乃有之耳。'余以'唯我'之理质之，并言此我非肉体之我，即所谓此之一念也云云。枚叔亦以为然。"[2]宋教仁的主观唯心论和章太炎的主观唯心论一样，发挥过激励革命信心、敢于和清政府作斗争的作用。但是，宋教仁由这种思想出发，必然导致英雄造时势的唯心史

---

[1]《我之历史》第5册，第10页。
[2]《我之历史》第5册，第26页。

观,表现在政治活动上就是以个人为中心和崇拜权势。以后他对袁世凯的妥协以及以自我为中心地改组同盟会为国民党的行动,和上述思想是有内在联系的。显然,唯我主义的思想,以为万事万物皆由于我之一念,貌似坚强,实际上却是脆弱的,恰反映了资产阶级革命派脱离广大人民群众的空虚。这里也正说明了中国的资产阶级革命派,在学习西方资产阶级上升时期的革命思想的同时,也深刻地刻上了帝国主义反动哲学的烙印。

二

同盟会这个松懈的阶级联盟,在它成立后的第三年(1907),即开始分化,不仅光复会的章太炎、陶成章对孙中山有异议,以至公开分裂;黄兴和孙中山的意见也有参差,在制订国旗问题上发生了严重的争执,孙主张用青天白日旗,黄主张用井字旗,为此,黄兴竟声称要退出同盟会。宋教仁分析此事说:"余则细思庆午(黄兴)不快之原因,其远者当另有一种不可推测之恶感情渐积于心,以至借是而发,实则此犹小问题。盖逸仙……有令人难堪处故也。"宋教仁看到内部这种分歧,不是积极地去寻求解决的途径,却产生了畏难的消极情绪。他说:"盟会自成立以来,会员多疑心疑德,余久厌之,今又如是,则将来之不能有所为,或亦意中事,不如另外早自为计,以免烧炭党人之讥。"[1]因此,他辞了同盟会庶务长职(1906年冬黄兴离东京,宋代黄职),而有东北之行。事后黄兴并没有离开同盟会,而且还是极力维持同盟会的,这一年焦达峰、张百祥等创立共进会,黄兴还责以不应立异。宋教仁也还是在同盟会的旗帜下积极地进行斗争。

---

[1]《我之历史》第6册,第12页。

1907年4月,宋教仁、白逾桓及日本人古川清等,潜赴东北,立同盟会辽东支部,对"马贼"进行联络,谋占奉天,与南方起义相呼应,曾致书"马贼"头目说:"仆等向在南方经营大业……欲为割据之事则易,欲制清廷的死命则难。视公等所处之地,形势不及远矣,欲与公等通好,南北交攻,共举大业……"[1]宋教仁去东北活动这件事的本身,是有助于革命的,但他的"早自为计",却反映了独行其是的自由态度,也是对同盟会表露了分化的痕迹。宋教仁这次在东北的活动,因招兵失败,白逾桓被捕,结果无所成就。

宋教仁自东北返回东京的两年多中,仍参加同盟会本部的领导工作,并从事政治经济等学科的研究。由于孙中山、黄兴等人长期不在东京,加上内部的纠纷,宋教仁的领导又不太孚众望,所以东京的同盟会本部没有振作得起来。谭人凤说:"未几,《民报》以被日人干涉封闭,同盟会由是日衰落,而宪政党遂愈猖獗矣。此戊申(1908)秋冬间事也。"[2]至1910年广州新军起义失败,党人"见总会全力集中于南部,而本部精神,惰懈不堪,实足使大多数省分同志日趋消极"[3],宋教仁也拟"避人避世,迹遁烟霞"[4],反映了资产阶级革命家的动摇性。虽然如此,宋教仁这时的积极面究竟是主要的,他和谭人凤、林时爽、居正等相与讨论,亟谋补救办法,并建议著名的三策:"上策为中央革命,联络北方军队,以东三省为后援,一举而占北京,然后号令全国,如葡土已事,此策之最善者也;就沿江各省,同时并举,先立政府,然后北伐,此策之次者也;就瓯脱地,密布党羽,进据边

---

[1] 《我之历史》第6册,第20页。
[2] 《近代史资料》1956年第3号,第40页。
[3] 《湖北革命知之录》,第209页。
[4] 《湖北革命知之录》,第42页。

要,然后徐图进取,其地则东三省或云南、两广,此策之又次者也。佥谓上策运动甚难,下策行之而败,且足以引起干涉,酿分裂之祸,宜决用中策。"[1]这个三策,是革命党人当时的战略方针。大家赞同"就沿江各省,同时并举"的中策,说明了长江流域的革命势力正在酝酿发展,也反映了他们已认识到在长江中游起义"然后北伐"的形势,是极具战略意义的。于是进而召集十一省区同盟会分会会长开会商讨,宋教仁又建议"组织同盟会中部总会以谋长江革命"。他们将此事就商于在香港的黄兴,黄兴这时正以全力策划广州起义,来不及注视长江的形势。这年冬,宋教仁至上海,和于右任等主办《民立报》。《民立报》是辛亥革命时期宣传影响甚大的报刊之一,特别是它促进了长江流域的革命运动。

这时的宋教仁,更显著地表现为一个资产阶级革命政论家,他在《民立报》发表了许多政论文章。如《东亚最近二十年时局论》《滇西之祸源篇》《论近日政府之倒行逆施》《近日各政党之政纲评》《极东政局之转变》《希望立宪党者其失望矣》《论英日同盟条约之修改》《日俄同盟之将成》《四国借款之用途》《历法评议》《论都察院宜改为惩戒裁判所》《英国之国会革命》等。就这些文章来看,宋教仁主要评论了三个方面的问题:一是国际关系的变幻,二是帝国主义侵略中国的形势,三是对清政府和立宪派的抨击。这些文章有不少激动人心的内容,对当时的政治斗争有较大的影响。如分析帝国主义对中国进行侵略的形势说:"经济的侵略和武力的侵略必相为雄长,以共逐中原之鹿。其形势之分野,则美国为前者之领袖,而英为之辅;日本为后者之领袖,而俄为之辅,不出五年,日英同盟及其他各种协

---

[1] 张相文:《宋教仁传》,见《南园存稿》第8卷。

约条约则尽解散,不出十年,日本与美国则干戈相见于太平洋之间,而竞争之目的,则必为极东问题之支那。"[1]

1911年4月,广州的大起义失败后,谭人凤、宋教仁等相率自香港返回上海,他们谋在长江流域发动起义更为坚决了。宋教仁"遂时时以葡国革命之时机经历,著为论说批评,以诏同志。其为言曰:一革命之时宜神速而短(不可久事战争),一革命之地宜集中而狭(宜于中央),一革命之力宜借重旧政府之所恃者使为己用(用政府军队)。此三事皆革命成功之原则也"[2]。这是具有策略性的意见,可以使清政府迅速瓦解,后来武昌起义的进行,大体和这些意见相合。这种要求速胜的心理,没有持久作战的打算,也就埋伏了革命半途而废的危机。前此在东京倡议设立同盟会中部总会,至是年7月31日(闰六月六日)始正式成立于上海,设庶务、财务、文事、交通、会计五总务干事,由谭人凤、宋教仁等分任之,组织总务会议;规定设会长一人,虽然说是"虚位以待",但隐约地是以黄兴为对象的;由谭人凤起草了宣言,由宋教仁起草了章程,宣言指出:同盟会成立以后,革命形势日大,然而不能取得胜利,是由于"有共同之宗旨,无共同之计划;有切实之人才,无切实之组织也"。进而指出设立中部同盟会的缘由说:"同人等激发于死者之义烈(按指黄花岗烈士),各有奋心,留港月余,冀与至事诸公婉商善后补救策,乃一以气郁身死(按指赵声),一以事败心灰(按指黄兴),一则宴处深居,不能谋一面(按指胡汉民),于是群鸟兽散,满腔热血,悉付诸汪洋泡影中矣。……返沪诸同志,迫于情之不能自已,于是乎有同盟会中部总会之组织。定名同

---

[1] 《宋渔父先生遗著》,见《宋渔父》第1集,前编,第24—35页。
[2] 《宋渔父先生遗著》,见《宋渔父》第1集,后编,第6页。

盟会中部总会者,奉东京本会为主体,认南部分会为友邦,而以中部别之,名义上自可无冲突也。"[1]中部同盟会成立后,随着在湖北、湖南、江西、安徽及四川等省设立分机关,又以两湖为活动的中心。孙中山在其《革命原起》中说:"先是,陈英士、宋钝初、谭石屏、居觉生等既受香港军事机关之约束,谋为广州应援,广州既一败再败,乃转谋武汉。"孙中山虽然没有说出中部同盟会来,但对于"转谋武汉"的活动是表示首肯的。

中部同盟会,肇因于1907年同盟会的开始分化和共进会的成立,酝酿于1910年广州新军起义失败后,告成于1911年4月的广州起义失败后。它一方面反映了部分革命党人对孙中山侧重在边省起义的不满,所以吴玉章同志说:"以宋教仁为首的一批同盟会员在上海成立同盟会中部总会。这个组织虽然号称是同盟会的一个分支机构,但是从它发表的宣言来看,实际上是因为对同盟会的领导有些不满而采取的独立行动。"[2]另一方面却发挥了在广州起义后同盟会处于涣散状态后的领导作用,特别是对长江革命形势的推进。谭人凤和宋教仁是中部同盟会的主要活动分子,他们秘密往来于沪汉间,和孙武、居正等商讨进行方法,于是文学社、共进会事实上成了中部同盟会的分机关,《民立报》成了中部同盟会的机关报。而"中部同盟会之成立,参加者亦以《民立报》关系人物为特盛"[3]。因此,武昌起义是文学社和共进会直接推动的,同盟会对文学社和共进会的领导,则是通过中部同盟会来体现的。黄兴在武昌起义前夕给中部同盟会的信,就完全表达了这种领导关系。信中说:"初念云南方面,较

---

[1]《中国同盟会中部总会览要》,载《建国月刊》第3卷第4期。
[2] 吴玉章:《辛亥革命》,第15页。
[3] 冯自由:《革命逸史》第3集,第350页。

他处稍有把握,且能速发,于川蜀亦有犄角之势;及天民、芷芬两兄来,始悉鄂中情势更好,且事在必行,弟敢不从公等后以谋进取耶!惟念鄂中款虽有着,恐亦不敷,宁、皖、湘各处,需用亦巨,非先向海外筹集多款,势难联络办去。今日与朱君执信等商议,电告中山先生及南洋各埠,请先筹款接济……鄂事请觉生兄取急进办法,如可分身,能先来港一商,尤盼。"[1]虽然中部同盟会"认南部分会为友邦",对孙中山的领导似有不够尊重之嫌,但它适应了客观形势发展的要求,沟通了武昌起义和孙、黄之间的关系,所以谭人凤和宋教仁的这些活动是有功迹的。

同时也必须指出,中部同盟会原"定宣统五年(1913)为大举时期,盖恐各处过于急躁",及四川保路运动掀起,武汉已在弦满欲发,正是大好的革命形势。黄兴已看出"吴楚英雄戈指日,江湖侠气剑为虹"(寄谭人凤诗中语)的气象。宋教仁也为《民立报》写了《论川人争路事》的社论,鼓励四川人民和各省人民说:"假令川人潜察政治盛衰倚伏之故,达观世界大势变化推移之数,不复规规于争路,由消极而进于积极,为四万万汉、满、蒙、回、藏人民首先请命,以建设真正民权的立宪政治为期。湘、鄂、粤人及各省人亦同时并发,风起水涌,以与川人同其目的,吾恐数千年充塞东亚天地之专制恶毒,或将因此一扫而尽……"[2]接着,宋教仁又写了《川乱感论》,向全国人民呼吁:"吾同胞可以猛省,翻然起,偈然兴,而无再秦越相视,以救此水深火热之同胞也可。"[3]这是号召大举革命的声音,但是宋教仁并没有立即行动起来。当武昌起义,湖南、陕西等省相继响应,全国已卷入革

---

[1]《建国月刊》第3卷第4期。
[2]《民立报》1911年9月14日,第1页。
[3]《民立报》1911年9月9日,第1页。

命的大风暴中。宋教仁虽然及时指出:"今日之形势,以天下言之,则重在武昌;以东南言之,则重在金陵。"[1]并在《民立报》发表《敬告日本人》的社论说:

> 湖北革命军之起也,各国皆守中立,盖以革命既为公然之团体,且有一定之土地,非如是,不足以明交涉权义之所接,非必左袒革命军也。乃独有日本则不然,谓革命军只可目为内乱,而不能认为交战团体,其大坂《每日新闻》《报知新闻》等,且谓如保护租界等手段,只为消极之手段,今宜进而用积极的手段云云。其狡焉思启之心,可谓如见。吾不解日人何以独异于各国,眼中无国际法无人道一至于是也。[2]

就这一段话,可以看出宋教仁是坚决地反对帝国主义干涉中国革命的,不惜对日本的"狡焉思启之心"给以当头棒喝。但是,他把英、美的伪装中立,看作是"交涉权义之所接",竟以一般国际惯例来衡量帝国主义,是不了解帝国主义的侵略本质使然。这是当时的革命党人的共同特点,后来终于大上帝国主义的当。

宋教仁虽有这些较好的表示,但据谭人凤的记述,他这时仍不听敦促,滞留上海不进,直到10月下旬,才随同黄兴去武汉,这就落后于形势了。

三

在组织临时中央政府的当初,召开各省都督代表会议,有在上海还是在武汉之争;推举大元帅摄行中央政权,有举黄兴还是黎元洪之争。这些争端,随着客观形势的发展而宣告解决,前者因克复南京议

---

[1]《民立报》1911年10月15日,第1页。
[2]《民立报》1911年10月19日,第1页。

建为首都而息争,后者因孙中山回国举为临时大总统而息争。但在同盟会内部,对于正在酝酿建立中的中央政府,又有采取总统制还是内阁制的分歧,居正记其事道:"同盟会于一九一一年十二月二十六日假哈同花园公宴总理(孙中山),宋钝初自宁赴会。席次,克强与英士、钝初密商,举总理为大总统,分途向各代表示意。计已定,晚间复集总理寓所,会商政府组织方案,宋钝初主张内阁制,总理力持不可,克强劝钝初取消提议,未决,克强定期赴宁,向代表会商定。"[1]宋教仁主张内阁制所持的理由,据他自己后来说:"吾人则主张内阁制以期造成议会政治者也。盖内阁不善而可以更迭之,总统不善则无术更易之,如必欲更易之,必致摇动国本。此吾人不取总统制而取内阁制也。"[2]

在宋教仁极力主张实行内阁制时,章太炎大为宋教仁揄扬,他宣称:"至于建置内阁,仆则首推宋君教仁,堪为宰辅,观其智略有余,而小心谨慎,能知政事大体,虽未及子房、文终,亦伯仲于房、杜;昔在东方,尝以江左夷吾相许,今其成效粲然,卒为功首,犹复劳心综核,受善若虚,上宰之任,不患无人矣。"[3]章太炎的意见,不行内阁制则已,要行内阁制则"总理莫宜于宋教仁"。经过多次讨论,孙中山已同意行内阁制,并拟议以黄兴任内阁总理,黄兴不愿就,婉劝始有允意。但各省代表会议原在武汉通过的临时政府组织大纲不设总理,至此宋教仁提议修改,代表会反对,结果南京临时政府仍维持总统制。无论效法美国的总统制或英、法的内阁制,都是资产阶级专政的国家机器,至于采取哪种制度为好,可能和那个国家的具体历史条件如人

---

[1] 居正:《辛亥札记》,第110页。
[2] 《国民党欢迎会演说词》,见《宋渔父》第1集,后编。
[3] 《太炎最近文录》,第4页。

事、习惯等有关,却很难说两者有什么优劣之分。由于宋教仁坚持内阁制,加上章太炎为他捧场,引起了人们的猜疑,以致孙中山提他为内务总长,也遭到反对,直至设立法制院,才把他位置为法制院总裁。

上述问题,是表现着宋教仁的个人出处和处事态度的。有些近代史的作者,认为宋教仁的主张内阁制是为了把自己安放在总理的位子上的说法,是一种谣传,是出于政客们的妒忌心理。宋教仁自己也曾经声辩说:"世人诬吾运动总理,由来已久,吾虽无其事,实不欲辩。……国家既为共和政治,则国民人人皆应负责任,有人焉自信有能力,愿为国家负最大之责任,此国家所应欢迎者。……人苟可以自信,则不妨当仁不让,世之人亦只问其有此能力与否,不能谓其不宜有此志,吾人惟自愧无此能力,固不欲当此大责任,吾人之志则不讳言,实深愿将来能当此责任者也,且希望人人有此希望者也。惟枉道以得之则不可耳。"[1]作为一个资产阶级政治家来说,宋教仁这种态度是正常的,也说出了他自己的抱负,在中国建立责任内阁制的抱负。但是,宋教仁太醉心于资产阶级民主共和国的躯壳了,以为在这个躯壳里,只要有他这样有能力而肯"当此大责任"的人,就可使民主共和国万岁了。这是不了解彻底地反帝反封建在半殖民地半封建的中国社会进行革命的重大意义,也是唯我主义导致自我迷信的结果。

资产阶级民主政治的另一躯壳,是和内阁制密不可分的政党政治。宋教仁也同样醉心于政党政治,他说他所要努力以赴的,是"在将来建设一良好政府与施行良好政策是已;而欲建设良好政府,则舍政党内阁莫属"[2]。政党政治在老牌的资本主义国度里,早已成了

---

[1]《答匿名氏驳词》,见《宋渔父》第1集,前编。
[2]《国民党欢迎会演说词》,见《宋渔父》第1集,后编。

欺骗和压榨人民的工具,然而对当时的中国来说,它并没有过时,甚至还是一种不太成熟的理论,这是伴随着中国的不太成熟的资本主义生产状况而来的。

本来在武昌起义前,中国两大政治势力——资产阶级革命派和资产阶级立宪派的壁垒是非常森严的,但到清帝退位、中华民国的招牌挂起以后,这种壁垒便慢慢在模糊和消失中。章太炎采取取消主义的态度,倡言"革命军起,革命党消";张謇便写信给黄兴向同盟会进攻说:"统一最要之前提,则章太炎所主张销去党名为第一,此须公与中山先生早计之。"[1]作为同盟会活动分子的宋教仁,不是坚决地抵制这些攻击,而是迁就这种心理,声言"将选择同盟会中稳健分子,集为政党,变名更署,与同盟会分离"[2]。随着客观形势的发展和主观心理的变幻,就在南京临时政府建立的前后,出现了一种政党大分化和大融合的离奇局面。1912年5月,原来拥护黎元洪的"民社"(其中主要人员是由共进会分化出来的)和章太炎、张謇等人的"统一党"以及"国民协进会""国民公会"等小党派合并为共和党,与同盟会对抗,成为袁世凯的与党。为了抵制反对派的结合,并在国会造成多数党的声势,以达到实现政党内阁的目的,宋教仁积极活动,即以同盟会为基础,于1912年8月,合并几个小党派,改组为国民党。此外还有一个以立宪派为主体的民主党。

同盟会的改组为国民党,论者谓与孙中山无关,这也不尽然。事实上孙中山仍是国民党的理事长,在成立会上以党魁的身份作了长篇演说,并写信给南洋同志说:"近有数政团与同盟会政纲相和,协同

---

[1] 《南通张季直先生传记》,第172页。
[2] 《太炎最近文录》,第77页。

合并,定名为国民党,业于八月间开成立大会……今国民党基础已定,势力已宏,此后当体察大局情形,从稳健上相机行事。吾国国基未固,势力衰微,是犹大病之后,不宜遽投剧剂,维持之责,是在政党。"[1]孙中山在国民党成立后类此表示,不止一二处,直到"二次革命"后,他才对这个国民党深致不满。虽然,同盟会改组为国民党是孙中山所同意的,但是主动者却是宋教仁,特别是宋教仁运用其纵横捭阖的政治手腕,兼容并包地将大批官僚政客吸收入党,而且同盟会原有的成员也有许多蜕化为政客官僚了。国民党并抛弃了同盟会秘密时期的"平均地权"纲领;取消了同盟会公开后的"男女平等"纲领;又把有斗争意义的"力谋国际平等"改成了不敢冒犯帝国主义的"维持国际和平",其政纲和同时期的其他党派已没有多大的区别。谭人凤说:"吾当日对于国民党,始终置身局外,不表赞成,在京在湘,且以狐群狗党目之。"[2]这说明了当年改组的国民党,较之它的前身同盟会已大为逊色,它是辛亥革命后资产阶级在政治上开始褪色的产物。

清政府被推翻以后,宋教仁和好些革命党人有一个错觉,即不是认为革命尚未成功,而是认为革命已经成功了。所以宋教仁说:"以前,是旧的破坏时期,现在,是新的建设时期。以前,对于敌人,是拿出铁血的精神,同他们奋斗;现在,对于敌党,是拿出政治的见解,同他们奋斗。"[3]以"建设"代替"破坏",以"政治的见解"代替"铁血的精神",这无异是宣布放弃革命。同盟会改组为国民党,正是在这种指导思想上进行的。

---

[1] 甘乃光:《孙中山全集分类索引》上,第214页。
[2] 《近代史资料》1956年第3期,第67页。
[3] 蔡寄鸥:《鄂州血史》,第225页。

当时宋教仁起草了《国民党大政见》书,表达了他的全部政见。首先认为"大革命最终之目的",是为了"努力从事于良政治之建设"。他所谓的良政治,就是实行他津津乐道的责任内阁制,这是属于政体的;其具体政策则主张:划分中央和地方的行政、整理军政、整理财政、整理行政、开发产业、振兴民政、兴办国有交通业、振兴教育、统一司法、运用外交等。其中开发产业一项,提出兴办国有山林、修治水利、放垦荒地、振兴实业、奖励仿造洋货工业、奖励输出商品各事,加上兴办国有交通业,是一个有利于国计民生的发展资本主义的方案,也是宋教仁经济建设的抱负。但是辛亥革命并没有提供这种建设的环境,纵有良好的方案,也就只能是表达资产阶级政治家的心愿罢了。

在一片"非袁莫属"的叫嚣中,宋教仁和袁世凯之间,国民党和袁党之间,既是合作的,又是有矛盾的:合作表现为拥袁,表现为"朝野一致";矛盾表现为限袁,表现为互相视为敌党。革命党人曾想利用《临时约法》来约束袁世凯,并且想在政治制度方面予袁世凯以限制,这就是《临时约法》放弃总统制又回到内阁制的实际原因。《中国近百年政治史》的作者曾为宋教仁鸣不平说:"从前修改临时政府组织大纲时,宋教仁想把它变为责任内阁制,那些对于宋教仁怀疑忌心的代表先生们,因为要打击宋教仁的原故,拼命的反对,使责任内阁制不能实现;现在所制定的约法,预备在袁世凯临时总统任内施行,又因为要抑制袁世凯的野心的原故,竟把总统制改为责任内阁制了。"事实上,责任内阁制没有实现于孙中山临时总统任内,如果能实现于袁世凯临时总统任内,仍是宋教仁所赞成的。因为,宋教仁认为"国势之盛衰强弱,全视其运用国家权力之机关组织为准"。在他看来,责任内阁制就是这种"为准"的国家权力机关,何况现在又增加了一层抑制袁世凯的作用,这是任何政治家都不应忽视的现实意义。

当时有声望的革命党人孙中山,解除了临时大总统职,黄兴也放弃了兵柄(解南京留守职),章太炎则几乎已和立宪官僚一个鼻孔出气,只有以建立完整的资产阶级国家机器为己任的宋教仁,退而想以在野党的身份监视袁政府,进而希望成立政党内阁以握取政权,从而实现其资产阶级民主政治的幻想。这就必然引起袁世凯的猜忌,而欲加以笼络,笼络之不得,就以去之为快了。这种冲突,一边是代表帝国主义和封建势力的袁世凯进一步制服原来的资产阶级革命派的问题,另一边是资产阶级想保持《临时约法》上的阵地以限制袁世凯的问题。其间仍是有正义和非正义之别的,如果抹杀了这一点,把袁、宋之间的斗争仅看作是个人权力的冲突,则将模糊了历史上的是非界线。

1912年10月起,宋教仁专注力于选举运动,自京汉路南下,以国民党党魁(代理理事长)身份,到处演说,发表政见,批评时政,为国民党竞选众议员和参议员鼓吹。两院选举揭晓,国民党所取得的议席占绝对优势,于是国民党人大为欢欣,进而宣传成立一党内阁。宋教仁这时已成了全国的风云人物,满以为胜利在望、准备凯旋了,然而袁世凯早已为他设下了陷阱。马克思说:"弱者总是靠相信奇迹求得解救,以为只要他能在自己想象中用魔法制服敌人时就算打败了敌人,总是对自己的未来以及自己打算树立而不过现在言之尚早的功迹信口吹嘘,因而失去一切对现实的感觉。"[1]当时的资产阶级及其代表人物宋教仁就是这样的弱者。

袁世凯的暗杀宋教仁,继之以解散国民党和国会,是对《临时约

---

[1] 马克思:《路易·波拿巴政变记》。

法》的彻底摧毁,是对原先的资产阶级革命派的进一步打击,也是为他自己的复辟铺平道路。章太炎说:"武昌倡议,而渔父亦有宰相之望,惜其才高而度量不能尽副,以遇横祸。"[1]可是,宋教仁即在被迫和唐绍仪内阁连带去职(农林总长)后,仍以调和南北为己任,常告蔡元培等:"无攻袁太过,且时与袁党赵秉钧、梁士诒等相周旋。"[2]显然,宋教仁不是什么"才高度量不能尽副,以遇横祸",而是死于资产阶级要求专政和大军阀坚持独裁的斗争,也是死于对敌人的妥协。

何以死于妥协?柳亚子的悼宋教仁的诗中道出了这个究竟。诗云:"不用吾谋恨,当年计岂迂!操刀悭一割,滋蔓已难图。小丑空婴槛,元凶尚负嵎。伤心邦国瘁,不独恸黄垆。"[3]诗的头两句,是带着谴责和遗恨的心情说的,因为当年主张北伐、反对和袁世凯妥协是被看作不切实际的迂阔,现在却怎样呢?第三四句是指没有把革命进行到底,姑息养奸,以致袁党坐大欲去不能了。这都暗示了宋教仁被暗杀的因果关系。其中包含着一条真理,那就是你不能制裁敌人就必为敌人所乘,何况当时的革命党人还错误地期望袁世凯做中国的华盛顿呢!

宋教仁垂死时,黄兴照着他的语意写了一通遗电给袁世凯,还在那里"望总统开诚心,布公道,竭力保障民权,俾国会确立不拔之宪法,则仁虽死犹生"。可见宋教仁对窃国大盗袁世凯始终没有切实的觉察,对尽力于资产阶级的宪政也是至死不悔,所以孙中山给他的诔词说:"为宪法流血,公真第一人!"宋教仁满想在辛亥革命后,在半殖民地半封建社会的旧基础上,建立整套资产阶级专政的国家机器,这

---

[1] 章太炎:《〈我之历史〉序》。
[2] 蔡元培:《〈我之历史〉序》。
[3] 《宋渔父先生哀诔三》,见《宋渔父》第1集,后编。

是一种幻想。毛泽东同志说:"资产阶级的共和国,外国有过的,中国不能有,因为中国是受帝国主义压迫的国家。"[1]这个评论对于宋教仁的悲剧,是一个最好的说明。

总的说来,上文是把宋教仁放在资产阶级革命派的前提下,也是把他放在向西方学习的先进人物之一的前提下进行评述的。从这个客观事实出发,对他的褒和贬,有两条衡量的标准:一条是能否维护革命的一致性,对同盟会及其纲领的态度;一条是能否以坚持革命的态度来对待事变的发展,即反帝反封建的要求。宋教仁的言行,在不同程度内体现了这两条,所以他是那时的革命者,也是一个政治活动家。但他这个革命者,有着较大的妥协性,作为一个政治活动家来说,也带有较多的政客气味。

---

[1] 毛泽东:《论人民民主专政》。

宋教仁传略[1]

宋教仁(1882—1913),字钝初(亦作遯初),号渔父,湖南省桃源县香冲人。光绪八年二月十八日(1882年4月5日)出生于地主家庭。他4岁入塾读书,接受传统的封建教育,10岁丧父,家贫辍塾,在家自学。二十五年(1889)春,他入桃源漳江书院,从山长黄彝寿、主讲瞿方梅攻读,致力于经史舆地掌故之学。目睹民族危机空前严重,他产生对清朝统治的强烈不满,常与同学文骏等夜登院东漳江阁,谈论时政得失,辄慷慨陈辞:"中国苦满政久矣。有英雄起,雄踞武昌,东扼九江,下江南,北出武胜关,断黄河铁桥,西通蜀,南则取粮于湘,击鄂督之头于肘,然后可得志于天下。"[2]因此,他在奉母命应县试,考中秀才之后,并没有继续走科举道路。

光绪二十八年(1902)秋,宋教仁到武昌投考湖广总督张之洞创办的文普通学堂。在作文《汉武帝论》中,他极力推崇汉武帝"经营西域,扩张国土,奠定大汉民族基础"[3],其功绩远在汉高祖以上。

---

[1] 原载《清代人物传稿》下编第3卷,辽宁人民出版社1987年版。
[2] 文思:《故农林总长宋教仁传》。
[3] 荆嗣佑:《辛亥革命见闻》。

以此深得主考赏识，遂以第一名被录取。然而在第二年入学后，他与从日本留学归来的黄兴相结识，经常与同学谈反清革命。清吏侦悉，打算将他逮捕。学堂监督给以暗示，他便于七月离鄂返湘。九月十六日（11月4日），他在长沙参加了黄兴召集的华兴会筹备会。十二月三十日（1904年2月15日），他又参加了华兴会成立会，并被推举为副会长。

华兴会成立后，派遣"对于本省外省各界与有机缘者，分途运动，俟有成效，再议发难与应援之策"[1]。宋教仁和胡瑛奉命到湖北，"设支部于武昌，结纳同志，运动武阳夏三镇新军。"[2]五月（6月），他们又和湖北进步学生吕大森等联合，成立科学补习所，吕大森被推为所长，胡瑛为总干事，宋教仁则担任文书。不久，华兴会议定于十月十日（11月16日）在长沙起义，浏阳、衡阳、常德、岳州（今岳阳）、宝庆（今邵阳）五路同时响应。宋教仁除与湖北科学补习所联系外，具体负责常德一路的组织与发动工作。

是年九月（10月），宋教仁在家乡筹措经费无着，赴长沙设法。知起义事机泄露，黄兴已经出走，遂搭船往武昌，至上海，东渡日本，以探索革命的新路。

到东京后，宋教仁发起创办《二十世纪之支那》杂志，自任总庶务，负责联络与组织，并且还抽时间埋头书案，撰写各种稿件。同时，他进入东京顺天学校，学习日语，入法政大学，学习经济学、民法等科目。光绪三十一年五月（1905年6月），《二十世纪之支那》第一期出版发行，内有他的六篇"时评"和《汉族侵略史·叙例》等文，文字约

---

[1] 刘揆一：《黄兴传记》。
[2] 刘揆一：《黄兴传记》。

占整本杂志四分之一的篇幅。

这年六月(7月),孙中山从欧洲到达日本,先后同黄兴和宋教仁等会晤。孙中山倡议组织一个全国性的革命团体,华兴会的主要领导成员对此意见很不一致。陈天华主张以华兴会团体与之联合,刘揆一则表示反对加入,黄兴提出在形式上参加,而在思想上仍然保持独立,宋教仁没有明确表态,只是声言:"既有入会不入会者之别,则当研究将来入会者与不入会者之关系如何。"[1]

但是,在推翻清政府和建立资产阶级共和国这些革命的根本问题上,宋教仁和孙中山是完全一致的。因此,他应孙中山之约,于六月二十八日(7月30日)参加了同盟会的筹备会。七月十三日(8月13日),他又和《二十世纪之支那》社的同人发起欢迎孙中山大会,而且担任大会主席。在二十日(8月20日)举行的同盟会成立大会上,他被推为司法部检事长,成了同盟会的主要领导人之一。他和同人将《二十世纪之支那》交给同盟会为机关报,因第二期刊有《日本政客之经营中国谈》一文,被日本政府强行没收,遂改名为《民报》另行出版,仍由宋教仁总揽庶务,兼撰述员。

光绪三十二年一月(1906年2月),宋教仁入早稻田大学留学生部预科听课,课余继续坚持翻译和写作。在此期间,他先后翻译了《一千九百〇五年露国之革命》和《万国社会党大会略史》两篇长文,还有英、美、德、俄、澳、比等国的官制和政治制度概要,以及日本的宪法和各国的警察制度。这既增进了他对资本主义各国政治状况的了解,也为他后来绘制中国的政治蓝图打下了基础。

宋教仁早就对东北的"马侠"十分注意,认为这些"马侠"都是

---

[1]《宋教仁集》下册,第546页。

"逼上梁山"的,只要晓以大义,他们完全有变成革命力量的可能。他决心亲自去东北一趟,完成这一艰巨的使命。光绪三十三年二月十九日(1907年4月1日),他和白逾桓及日人古川清抵达安东,与大孤山"马侠"首领李逢春等取得联系,成立了同盟会辽东支部,作为领导东北革命的中心机关。辽东支部图谋起义失败,白逾桓被捕,他因营救无效,便潜入啸聚在吉林夹皮沟一带的韩登举处。这时,他得知日本成立了一个"长白山会",捏造所谓"间岛问题",妄图侵占我国延边一带,就装扮成日本人,改名贞村,打入长白山会,摄取了该会所制造的关于延边属于日本保护国朝鲜的一切假证据。他还先后到汉城图书馆和日本帝国大学图书馆查阅了大量资料,花了几个月的工夫编著《间岛问题》一书,用确凿的事实证明,延边地区自古就是中国领土。稿成,被清政府索去,得赠款千元。宋教仁将大部分都散给了比较贫困的留学生,并且说:"吾著此书为中国一块土,非为个人赚几文钱也。"[1]

鉴于孙中山在南方边远省区多次起义的未能取胜,宋教仁主张把活动的重心转移到长江流域。宣统二年(1910年)秋,由谭人凤出面召集在东京的十一省区同盟分会会长开会,讨论革命进行事宜。宋教仁提出三种方策:"上策为中央革命,联络北方军队,以东三省为后援,一举而占北京,然后号令全国,如葡土已事,此策之最善者也;就沿江各省,同时并举,先立政府,然后北伐,此策次善者也;就瓯脱地,密布党羽,进居边要,然后徐图进取,其地则东三省或云南、广西,此策之又次者也。"[2]他还建议:"分步作法,从长江结合,以次推行

---

[1]《宋渔父》第1集,后编,《宋渔父先生遗事》。
[2] 邹永成:《邹永成回忆录》,载《近代史资料》第10期。

河北为严密之组织，期以三年，养丰毛羽，然后实行。"只因到会者"咸主急进"，最后才由谭人凤提出"以事权统一，责任分担，不限时期为原则"[1]的进行方案。是年冬，宋教仁回到上海，任《民立报》主笔，以其锐利的政论文章分析国内外形势，抨击清朝政府的腐败，宣传反清革命的紧迫性，在社会上引起很大注意。

宣统三年三月（1911年4月）中旬，宋教仁赴香港，参加即将举行的广州起义（即黄花岗之役），代陈炯明任统筹部编制课课长。他草拟文告、约法以及中央与地方的制度方案，准备在胜利后颁布实施。三十日（4月28日）晨，他从香港赶到广州，起义已经失败，但他并不气馁，回到上海后还劝说其他革命党人鼓起勇气，继续奋斗。他说："此次虽失败，然得许多之经验，足以为他日之预备者。"[2]

闰六月六日（7月31日），宋教仁和谭人凤、陈其美等各省代表29人，在上海湖州会馆召开中国同盟会中部总会成立会。他当选为总务干事，分掌文事部，负责处理参谋、立案、编辑及其他一切事务，成了中部同盟会的主要领导人。根据他提出的"就沿江各省，同时并举，先立政府，然后北伐"的方略[3]，中部同盟会决定在武昌首先发难，在湖南、湖北、南京、安徽和四川等省区成立分会，以便届时组织响应；因为井勿幕在陕西联络军队已有成效，也要他在陕西同时举义，与南方各省采取一致行动。

不久，四川保路运动蓬勃展开，革命时机日渐成熟。宋教仁为使起义不受帝国主义各国干涉，于八月初四（9月25日）发表《葡国改革之大成功》一文，要革命党人吸取葡萄牙改革成功的经验，"以务使

---

[1] 居正：《辛亥札记》。
[2] 骚心：《不堪回首》，见《宋渔父》第1集，后编。
[3] 徐血儿：《宋先生教仁传略》，见《宋渔父》第1集，后编。

现状不致大变动而容易恢复为主旨。约而言之，有三：一革命之时宜神速而短（不可久事战事）；一革命之地宜集中而狭（宜于中央）；一革命之力宜借旧政府之所恃者（用政府军队），使为己用，而收事半功倍之效。"[1] 同一天，湖北革命党人代表居正和杨玉如到达上海，向中部同盟会汇报情况，要黄兴、宋教仁和谭人凤速去武汉主持起义。黄兴远在香港，谭人凤生病留医，宋教仁将各项工作安排妥当，即准备西上。恰值被关押在武昌狱中的胡瑛来信，说湖北形势极为险恶，在近期内不能发难，宋因而对居、杨报告将信将疑，迟迟未敢行动。

八月二十日（10月11日），宋教仁得悉武昌起义，清朝新军第二十一混成协统领黎元洪被举为湖北军政府都督，异常悔恨。九月初七日（10月28日），他随黄兴到达武汉。为使革命的领导大权掌握在革命党人手中，他欲举黄兴为湖南湖北大都督，位居黎元洪之上，因遭到湖北吴兆麟等人反对，没有成功。结果，黄兴被黎元洪任命为战时总司令，到前线去指挥作战，宋教仁则协助胡瑛办理外交。他以革命党代表的身份，反对同袁世凯议和，认为袁世凯"号召私党，扶翼满族，阳为议和之名，阴为添兵之计"，必须"联兵北伐，以一中原"。[2] 后来他看到黎元洪的地位已经巩固，自己的政略在武昌难于推行，遂于二十日（11月10日）乘船东下，去筹建由革命党人直接控制的中央政权。

宋教仁到达上海，以湖南都督府代表身份参加了各省都督府代表会议，为确定中央临时政府的革命首脑而到处活动。他和陈其美

---

[1]《宋教仁集》上册，第327—328页。
[2]《宋教仁集》上册，第368页。

等人联络各省部分代表举黄兴为大元帅,黎元洪为副元帅,遭到黎元洪的坚决反对;遂又改选黎元洪为大元帅,仍驻武昌,黄兴为副元帅,代行大元帅职权,到南京组织中央政府;黄兴又不肯赴任就职。正在这时,孙中山从海外归国,于十一月六日(12月25日)到达上海。宋教仁同意建立以孙中山"为大总统的革命中心"[1],但在实行美国式总统制还是法国式内阁制问题上,却和孙中山发生了严重分歧。孙中山主张前者,宋教仁主张后者,最后付诸南京各省代表会议讨论,宋教仁的主张被否决。因为有人怀疑宋教仁抱有私心,自己想当内阁总理,对他意见很大,所以,在组织南京临时政府时,连孙中山任命他为内务总长的提议也没通过,只给了他一个总统府内法制院总裁的头衔。

南京临时政府很快就被袁世凯所劫夺。民国元年(1912年)2月12日,清帝被迫宣布退位,第二天孙中山就提出辞职。孙荐袁继任临时大总统,并提出定都南京、新总统到南京就职和遵守《临时约法》三个条件,以防止袁世凯背叛民国。18日,孙中山派教育总长蔡元培为专使,宋教仁等为欢迎员,赴京迎接袁世凯南下。由于袁世凯策动北京兵变,在北方制造紧张局势,南京临时政府只好同意袁于3月10日在北京就职。为了限制袁世凯专权,南京临时政府在制订《临时约法》时,又将总统制改为内阁制。袁世凯根据这种规定,任命唐绍仪为第一任总理,组织责任内阁。宋教仁抱着实施自己政见的愿望,担任了农林总长。但是,因为袁世凯专横跋扈,根本不受《临时约法》约束,唐绍仪内阁维持到6月就宣布垮台。

宋教仁没有设法组织政治与军事实力去同袁世凯进行斗争,而

---

[1] 北一辉:《支那革命外史》,日文版。

是把希望寄托在纯粹政党责任内阁上。因此他决心成立一个能在国会中占有多数席位的大政党。他经过孙中山和黄兴的同意,于8月将同盟会与统一共和党、国民公党、国民共进会、共和实进会合并,组成"国民党",并通过了保持政治统一、发展地方自治、励行种族同化、采用民生政策和维持国际和平等五条政纲。在国民党成立大会上,他当选为理事,随后又被孙中山委任为代理理事长。他踌躇满志,以为"自斯而后,民国政党,唯我独大,共和党虽横,其能与我争乎?"[1]实际上,国民党抛弃了同盟会"平均地权"纲领和"男女平等"主张,把原来的"力谋国际平等"改成了"维持国际和平",失去了积极的斗争意义;把大批官僚政客拉入党内,也使国民党人不能同心同德地开展斗争。

袁世凯对宋教仁很不放心,总想把他控制在自己手中,为己所用,最低限度也要使宋教仁无法施展自己的本领。他对宋教仁极力笼络,甚至故意放出空气,说他可能要让宋教仁出任总理,组织内阁。宋教仁对此不予理睬,决心为实现自己的政治理想而奋斗。10月18日,他离开北京南下,去南方各省布置国会选举事务。袁世凯送给他50万元交通银行支票,他原封退回。袁世凯大怒,知道他"非高官厚禄所能收买,乃暗萌杀意,密令心腹赵秉钧谋之。赵又委其走狗洪述祖、程克二人主其事。"[2]洪述祖和程克让上海流氓头子应桂馨负责执行,应桂馨则物色原清军军官武士英充当凶手。

从民国二年(1913年)元月初起,宋教仁在长沙、武汉、九江、上海、杭州和南京等地发表了一系列竞选演说,对北京临时政府猛烈抨

---

[1]《宋教仁集》下册,第4—9页。
[2] 温楚珩:《辛亥革命实践记》,见《辛亥首义回忆录》第1辑,第59页。

击,对袁世凯的阴险奸诈无情揭露。他在阐述自己的政治主张时说:"现在正式国会将成立,所纷争之最要点为总统问题,宪法问题,地方问题。总统当为不负责任,由国务院负责,内阁制之精神,实为共和之良好制也。国务院宜以完全政党组织之,混合、超然诸内阁之弊,现已发露,毋庸赘述。宪法问题,当然属于国会自订,毋庸纷扰。地方问题,则分其权之种类,而为中央地方之区别。"[1]

随着形势的发展变化,宋教仁已经清楚地看到,要使野心很大的袁世凯充当一个无权总统是不可能的,只有选举"最为愚呆脆弱之黎元洪"为总统[2],才能充分发挥纯粹政党责任内阁的应有作用。他明白地告诉黎元洪:"我们不能使袁世凯做我们听话的工具,我要我党党员选你当总统。"[3]这个消息被记者透露出去,很快就传到了北京。

宋教仁的这一计划,对袁世凯是致命的一击;况且这时国会选举已经揭晓,国民党在每个选区都取得胜利。袁世凯为此坐卧不安,指使其大小喽啰匿名投稿各家报纸,并以"救国团"的名义通电全国,对宋教仁进行恶毒攻击,同时还购求宋教仁在日本时的所谓"劣史"资料,编印成册,在社会上大量散发,以毁坏宋教仁的名誉。可是,前者遭到宋教仁的有力驳斥,后者也没有收到什么效果。袁世凯见宋教仁对他的威胁越来越严重,便于3月18日正式下达了暗杀宋教仁的命令。

宋教仁完全被国民党的选举胜利所陶醉,对袁世凯未作如何提防。他以为自己已是国会中的多数党领袖,是当然的内阁总理,所以

---

[1] 《宋教仁集》下册,第467页。
[2] 北一辉:《支那革命外史》,日文版。
[3] 刘基胜:《为民主而斗争:宋教仁与辛亥革命》,美国加利福尼亚大学英文版。

就和国民党在上海的其他领导人商讨党略,起草政见,准备带到北京国民党本部去议决实行。袁世凯来电要他进京议事,他便决定于20日晚上乘火车北上。临行前,他到《民立报》社和同人友好告别,他的挚友徐血儿握着他的手说:"先生此行,责任甚重,顾宵小多欲不利于先生,恐前途有不测之险危,愿先生慎重防卫。"他甚不为意,回答道:"无妨,吾此行统一全局,调和南北,正正堂堂,何足畏惧?国家之事,虽有危害,仍当并力赴之。"[1]可是,他刚刚走到沪宁车站的检票处,武士英就对他开了枪,击中了他的腰部。他不知道向他开枪的主谋人是袁世凯,所以当被送到附近的铁路医院后,还让黄兴代笔给袁世凯拍发了一封电报,希望袁世凯"开诚心,布公道,竭力保障民权,俾国会得确立不拔之宪法"[2]。延至22日凌晨,他便与世长辞了,时年31岁。

---

[1] 徐血儿:《宋先生教仁传略》,见《宋渔父》第1集后编。
[2] 《宋教仁集》下册,第496页。

孙中山先生与《民报》[1]

1906年6月29日,章太炎由上海出狱(因"苏报案"被监禁三年),同盟会派人将他接到东京,他在那次欢迎会上说:"壬寅(1902)春天,来到日本,见着中山,那时留学诸公,在中山那边往来,可称志同道合的,不过一二个人,其余偶然来往的,总是觉得中山奇怪"[2]。因为那时留学日本的学生还不算太多,又多受康有为、梁启超改良主义思想影响的局限,对造反、逃亡、被囚的孙中山先生,自然感到有些奇怪。可是至1905年,孙中山先生由欧洲抵日本,组织"革命同盟会",与三年多以前的情景,就大不相同了。这年8月13日,留日学生界,假东京富士见楼,举行欢迎孙中山先生的大会。当天到会的陈天华,写的《纪东京留学生欢迎孙君逸仙事》一文,说到"是日至者千三百余人,已告满员,后至者皆不得入,然犹不忍去,伫立于街侧以仰望楼上者复数百人"[3]。三年多前,留学生觉得奇怪而不敢与之来往的孙中山先生,三年多后,大家竟以一睹为快,这里反映了

---

[1] 原载《解放日报》1956年11月15日。
[2] 《民报》第6期。
[3] 《陈天华集》。

20世纪初年中国思想界的激变,民主革命运动已代政治改良运动而起。大家知名的《民报》,就是在这一思想激变的基础上产生的。

同盟会成立后的不久,为了宣扬民主革命,即以宋教仁、陈天华等人原来在东京主办的《二十世纪之支那》杂志,扩充为《民报》,于1905年12月创刊,作为同盟会的机关刊物。《民报》并不是今天的报纸形式,而是属于杂志一类,32开本,每月一本,大概那个时候的中国,还没有将日报与期刊区别开来,如《时务报》《湘学报》一类的杂志的名称都是。本来在《民报》成立前,留日学生界已编印了不少倾向革命的刊物,但是这些刊物还没有建立起有体系的民主革命理论,又缺乏指导全国革命的意义,有较大的分散性。如浙江留学生的刊物叫《浙江潮》,江苏留学生的刊物叫《江苏》,湖南留学生的又叫《新湖南》和《洞庭波》,还有他省留学生这类的刊物。《民报》出世后,就改变了这种情况,按照孙中山先生自己的意思,"《民报》所讲的,是中国民族前途的问题",不仅对准改良派和顽固守旧势力的思想进军,也是在中国进行资产阶级民主革命的理论准备,开始系统地体现了孙中山先生的民主革命思想。

"中国民族前途的问题"是什么?孙中山先生在有名的《〈民报〉发刊词》中,第一次提出了民族、民权、民生三大主义。他说:"今者中国以千年专制之毒而不解,异种残之,外邦逼之,民族主义民权主义殆不可须臾缓。"又以人类历史进入20世纪,已是"民主主义的滥觞时代"。因此他有一个宏愿,认为须将这种"理想灌输于人心,而化为常识"才能"去实行也近",那末"民报"的奋斗目标,就是在于宣传"皆基本于民"的三大主义,欲使其化理想为常识,也就是以理论一旦为群众所掌握、即能成为物质力量的意义。在这以前的几个月,孙中山先生手订的同盟会誓词和宣言,还是将"驱除鞑虏,恢复中华,建立民国,平均地权"列作四纲的,所以孙中山先生的民主革命的三大主义,到《民报》创刊时,才有了比较明确的概念。

1906年12月2日,革命党人假东京神田的锦辉馆,举行《民报》周年纪念会,与会者达5 000人,说明《民报》出刊后,投向民主革命旗帜下来的人更多了。我所看到的《民报》,其中第一期就是第六版的本子,它反映了民主思潮的激荡,也可以看出《民报》是这种思潮激荡中的动力。那天的纪念会,由黄兴主席,章太炎读祝词,孙中山先生发表了长篇演说。这篇演词,是在《〈民报〉发刊词》的基础上,进一步分析了民主革命的原理,更肯定了民主革命的内容:"是为众生谋幸福,因不愿少数满洲人专利,故要民族革命;不愿君主一人专利,故要政治革命;不愿少数富人专利,故要社会革命。"当然这里的所谓"社会革命",是就"平均地权"而言,只是民主革命具有根本意义的问题。且以为"这三样,有一样做不到,也不是我们的本意,达了这三样目的之后,我们当成为至完善的国家"。事实上"这三样目的",就是民主革命的全部内容,是他希望建立一个独立、自由、平等的中国的奋斗纲领。

《〈民报〉发刊词》和《民报》周年纪念的讲词,是孙中山先生早期的重要论著,是《民报》的指导思想。

以孙中山先生三大主义作为指导思想的《民报》,出至第二十四期,清政府唆使日本帝国主义予以封禁,至1910年又秘密出刊了两期,一共是26期。它的基本内容,不外下列几个方面。一是宣扬民主革命三大主义的。如反对满洲贵族的封建统治、主张改创民主政体及有关"土地国有"等论著,是《民报》中最有活力和最丰富的部分。曾指出民主精神是人类的"普遍性",以革命手段,"去专制之苦,尝自由之乐,夷阶级之别,立平等之域",人民的程度和幸福便可大大提高。二是介绍外国的革命史实和革命学说。如 1905 年俄国的民主革命、法国资产阶级革命及其自由平等学说,特别是忠实于孙中山先生的民主革命的主张的朱执信,在《民报》第二期所写的《德意志社会革命家列传》,是中国人最早介绍马克思、恩格斯的文字。他并在《论社会革命当与政治革命》一文中,号召"贫无担石储者"参加革命,以为只要有"贫富不均"的现象存在,社会革命是不可避免的。这与孙中山先生在《〈民报〉发刊词》中所表达的意见完全一致。三是为激发爱国革命感情,《民报》各期都有插图,一种是人物插图,如黄帝、墨翟、卢梭、华盛顿、洪秀全及当时为民主革命事业而死的邹容、陈天华、吴樾、秋瑾等人的肖像;另一种是中外革命历史事迹图,如法国人民攻破巴士底狱、太平天国战胜清兵等。

《民报》的活力,不仅是给那时的中国人,灌输了民主革命的思想,更重要的是在思想领域内展开了战斗的旗帜,即针对提倡君主立宪,实际是拥护封建统治的《新民丛报》,发动了有名的论战。因为康有为、梁启超在戊戌政变后,逃到海外,不能从失败中吸取教训,抛弃改良主义的错误道路,反以新党的面貌组织"保皇党",发表谬论,反对反清,反对共和,反对"土地国有",肆言革命会招致"瓜分"和"内乱"。《民报》就这些问题,给予改良主义者以有力的驳斥,揭穿了他们那种貌持稳重、实则反对革命的虚伪面孔,从而使民主革命的观念深入人心。恩格斯在《费尔巴哈与德国古典哲学的终结》中说:"正像在十八世纪的法国一样,在十九世纪的德国,哲学革命也作了政治变革的导言。"我们也可以这样说:民主革命者对改良主义者的论战,是中国 1911 年资产阶级民主革命的导言,这一导言,就是孙中山先生早期的民主革命思想的体现。所以他后来追述此事说:"《民报》成立,一方为同盟会之喉舌,以宣传主义;一方则力辟当时保皇党劝告开明专制要求立宪之谬说,使革命主义,如日中天。"[1]

孙中山先生在《民报》时的民族主义思想,虽然还没有正面提出废除不平等条约、打倒帝国主义的课题来,然而他早在檀香山的时候,就非常同情夏威夷群岛反对美国侵略的斗争,至于中国所处"列强环伺、虎视鹰瞵"的情况,使他更为痛心,他的立志革命,就是要使半殖民地的中国,变为独立、平等、自由的中国。这种反殖民主义和热爱祖国的思想,一直是为《民报》所热烈发挥的。《民报》的周年纪念会上,一个姓覃的革命党人演说时,就指出"我国民对于满洲,当取光复主义,对于列强,当取独立主义"[2],且陆续刊载了《印度国民讨英吉利露布》《朝鲜人之露布》《尼夫阿利亚之独立》《印度中兴之望》等文,表达了在那个时期,中国人民就是和反抗殖民主义者的民族站在一边的,曾衷心祝贺"印度之独立可期"。

从1905年7月起的一年半中,孙中山先生一直留在日本,为避免清政府和帝国主义分子的耳目,大概就在这个时候,曾悬日本姓"中山"于门,后来遂以"中山"闻名于世。这时他除策划在国内外成立同盟会的支部外,指导《民报》的编辑工作,也是他的重要活动。当时他的住址,是在东京、牛込区、筑上八幡町、二十一番地,邻近"民报社"(在牛込区新小川町二丁目八番地),《民报》主编人章太炎(第6期起由他主编),就经常到那里去和他商量。由于同盟会的成立、《民报》的公开发行,从日本到美国及南洋各地,均有《民报》的派销处,国内亦秘密流行,民主革命旗帜因而大著。孙中山先生也因此更为清政府和日本帝国主义政府所敌视,1907年1月,遂被迫离开日本,

---

[1] 《中国之革命》。
[2] 载《民报》第10期。

潜达越南，设立机关，就近向两广地区策动武装起义，此后《民报》则全由章太炎和其他革命党人主持。

如果说《新青年》杂志是较早地传播了社会主义思想，指导了"五四"的新文化和爱国运动；那末《民报》就是较早地传播了民主革命思想，指导了辛亥革命。虽然两者代表新旧民主革命的两个不同阶段，它们的性质也有所不同，但它们都是近代中国思想战线上的主要阵地，表现了中国人民热烈要求民主和进步的愿望。我们必须知道，《民报》时期的孙中山先生，是一个"不愧为法国十八世纪末叶的伟大宣传家和伟大活动家底同志"[1]。最可宝贵的，孙中山先生并不停留在这一点上，他吸取了辛亥革命和以后多次失败的教训，经过十月革命和五四运动的启示，在苏联和中国共产党的帮助下，他进而认识到要"以俄为师"，不仅发展为彻底的民主革命家，且成为社会主义革命的拥护者。

---

[1] 列宁：《中国的民主主义与民粹主义》。

纪念孙中山先生逝世三十周年[1]

孙中山先生是1925年3月12日在北京逝世的,到现在整整三十年了,这三十年来,中国已发生了根本的变化,特别是最近的五年,已完全改变了孙中山生前的中国的面貌。中国人民在中国共产党领导下,不仅取得了反对帝国主义、封建主义和官僚资本主义的人民革命的胜利,而且正为建设一个伟大的社会主义国家而奋斗。

20世纪的初年,随着中国人民的觉醒,收回国家的权利与抗捐抗粮的群众斗争日益发展,以孙中山为首的革命派的运动发展起来了,他们与改良派相反,坚决主张经过革命来推翻清政府的统治,实现民主宪政——资产阶级性质的民主宪政。经过多年的斗争,逐渐动摇了清政府在全国范围内的统治秩序。到1911年10月,武昌炮声一响,各省群起响应,终于把清王朝推翻了。

满洲贵族统治了中国268年,残酷地压迫和剥削中国人民,尤其是鸦片战争后,帝国主义者对中国肆无忌惮的侵略和宰割,清政府不但不能抵抗,反而残民以媚敌。所以,推翻清政府以解救中国的危

---

[1] 原载《解放日报》1955年3月12日。

难,是当时中国人民的共同意志。在清政府"退位"和"民国"成立的当时,产生了具有资产阶级共和国宪法性质的《临时约法》,给中国人民带来了新的希望,也是给支持清政府的帝国主义一个打击,使两千余年来古老的封建帝制从此结束。本来中国的"二十四史而多至二十四,就是可悲的铁证"[1],辛亥革命终于把这个"二十四史"的"皇帝家谱"传统砍断了。这一功绩,无疑是和孙中山二十四余年的不懈斗争完全分不开的。所以列宁在1912年评论孙中山时说:他"不愧为法国十八世纪末叶的伟大宣传家和伟大活动家底同志"[2]。

武昌起义不久,即喧嚣着向反革命妥协的"南北和议"。孙中山这时从国外回到上海,表示"革命的目的不达,无和议之可言",反对以和议终结革命。可是由于资产阶级的软弱性,没有动员广大农民群众来摧毁封建基础,结果反被帝国主义扶植下的封建势力所包围,武昌起义后建立的政权很快就转移到了反革命头子袁世凯的手里,辛亥革命宣告失败了。

当袁世凯勾结帝国主义进行暴力统治的狰狞面目完全暴露后,孙中山毅然从日本赶回国内,宣布"非去袁不可",策动反袁的"第二次革命",袁世凯死了以后,北洋军阀继续投靠帝国主义,以维持它们的封建统治,孙中山又领导"护法战争"。他想利用军阀之间的矛盾来打倒军阀,以致1918年5月又被南方的军阀所排挤,他进而认识了"武人之争雄,南与北如一丘之貉"[3]。这时,他退居上海,参与创办了《建设》与《星期评论》两种杂志,因以"激发新文化,灌溉新思

---

[1] 鲁迅:《坟》。
[2] 列宁:《中国的民主主义与民粹主义》。
[3] 孙文:《辞大元帅职通电》。

想",而"鼓吹建设之思潮,阐明建设之原理"[1],但一时还不曾找到改变中国社会的正确道路,使他处于苦闷和彷徨的困境。

十月革命的伟大胜利,世界上建立了第一个无产阶级专政的国家,给全世界人民指出了一条光明的道路,当时孙中山辗转通过美洲华侨发电向列宁祝贺,表示了他对十月革命的向往。五四运动爆发了,中国工人阶级开始走上了政治舞台,开辟了中国革命的新局面,这时,孙中山领悟到五四运动"诚思想界空前之大变动",预测"倘能继长增高,其将来收效之伟大且久远者,可无疑也"[2]。显然孙中山在世界的巨大变革和中国革命的转折时期中,开始获得了新的启示。

1920年11月,孙中山再度回到广东,为建立革命基地奋斗。虽然不久他又因陈炯明的叛变避居上海,可是中国共产党这时已经成立了,且在第二次全国代表大会中,提出了中国革命第一阶段的基本口号,即"打倒帝国主义""打倒封建军阀""建立民主共和国";在这种新的革命形势下,孙中山在1922年9月召开有共产党代表参加的会议于上海,商讨改组国民党。次年3月在广东成立革命政府。11月发表了国民党改组宣言,并确定了有名的联俄、联共、扶助农工的三大政策。1924年1月国民党正式改组,成为革命统一战线的组织形式,并重新解释三民主义,使它基本上符合于中国革命第一阶段——民主革命的要求,给北伐战争奠定了胜利的基础。因为"孙中山欢迎十月革命,欢迎俄国人对中国的帮助,欢迎中国共产党同他合作"[3],因为中国工人阶级已登上了中国政治舞台,中国革命的面貌

---

[1]《〈建设〉发刊词》,载《建设》1919年第1期。
[2]《与海外国民党同志书》。
[3] 毛泽东:《论人民民主专政》。

已为之一新。

孙中山的伟大转变,是中国人民所欢迎的。从此他认清了民主革命反帝反封建的两大任务。他说"北伐之目的,不仅在推倒军阀,尤在推倒军阀所赖以生存之帝国主义"[1],主张废除一切不平等条约。以此与同盟会的"对外宣言"承认前此所订条约"继续有效"比起来,与《民报》所宣布的"要求世界列强赞同中国革命"比起来,有着性质上的变化,因为他割断了帝国主义的一切幻想。毛泽东同志说:"孙中山和我们具有各不相同的宇宙观,从不同的阶级立场出发去观察和处理问题,但在20世纪20年代,在怎样和帝国主义作斗争的问题上,却和我们达到了这样一个基本上一致的结论。"[2]为什么会达到"基本上一致的结论"?因为人类历史进入到20世纪20年代,殖民地半殖民地的民族解放运动已成为世界无产阶级革命的一部分,殖民地半殖民地国家为了解放自己,首先就必须摆脱帝国主义的枷锁,这一点正与无产阶级革命反对民族压迫的要求一致。孙中山多年来要争取中国的独立,始终没有也不可能实现,现在在国际无产阶级的声援下,在共产党的帮助下,在全国工人运动高涨的鼓舞下,获得了从来不会获得的雄伟力量,就使他敢于向帝国主义宣战。

在孙中山的伟大进步中,具有极大意义的,就是联俄、联共、扶助农工三大政策的决定。这是符合于当时革命的要求的。从鸦片战争以来,中国受尽了帝国主义的压迫和侵略,而1924年5月31日中苏订立了友好条约,苏俄宣布无条件废除帝俄政府和中国政府订立的一切不平等条约,又帮助了孙中山建立革命武装。孙中山从此深切

---

[1] 《北上宣言》。
[2] 毛泽东:《论人民民主专政》。

体会到"非以俄为师断无成理"的国际道路,这就是列宁所说的:"而这些殖民地和被压迫民族根据苦痛的经验深信:除了苏维埃政权战胜全世界帝国主义以外,他们是没有其他的出路的。"[1]所以孙中山对苏俄表示了由衷的向往,希望中苏"两国在争世界被压迫民族自由之大战中,携手并进以取得胜利"。其次,孙中山在辛亥革命的前后,发动过多次的武装起义,终因没有发动广大群众,结果都是失败,就是辛亥革命虽然推翻了清王朝,就反帝反封建的民主革命来说,却一事无成,关键所在就是没有把广大群众动员组织起来。三大政策确立后,孙中山知道"必须唤起民众",民主革命才有胜利的可能,因此通过中国共产党,他与工农群众建立了关系,在他最后的革命斗争中就显示了前所未有的力量。所以当他死时,斯大林代表苏共中央的唁电指出:"孙中山的事业将活在中国工人与农民心中。"

孙中山四十年的革命斗争史中,遭受到无数的打击和挫折。他曾在海外一再被帝国主义驱逐,在国内遭到一次又一次的出卖和迫害,甚至在自己国家的上海和天津也被帝国主义干涉过,还受到各种颠倒是非的奚落。以学者姿态出现的胡适就这样说:"孙文在他的本省不和他的同党同事的陈炯明相安,如何能在北方的'三大''四大'之下做小媳妇?"[2]按"三大四大"即指张作霖、段祺瑞、吴佩孚等军阀,胡适的意思是要孙中山和他一样的与军阀"相安"。虽然孙中山遭到帝国主义与封建势力的无情打击,受尽了磨难与诬蔑,可是在他的晚年,终于得到了最伟大最珍贵的友谊,这就是苏俄、中国共产党和全国的工农群众对他的支持。

---

[1] 列宁:《民族和殖民问题提纲》。
[2] 《这一周》,见《胡适文存》第2集第3卷。

孙中山早年抛弃了改良主义的道路,领导资产阶级的民主革命,逐步提高和修正他的政治纲领;晚年在新的启示和大力支持下,他更猛进地"以俄为师"与工农携手。这里说明着孙中山在国内外斗争的复杂环境中,终于走上了进步的方向。所以斯大林说:"要知道孙中山不是始终站在一点上,他是向前发展的,正如世界上一切是发展着的一样。"[1]

---

[1] 斯大林:《给初公诺夫的信》。

孙中山与鲁迅[1]

近代中国,英雄辈出,群星灿烂,孙中山与鲁迅是群星中的两颗巨星。今年9月是鲁迅诞生的100周年,10月是孙中山领导的辛亥革命70周年,两个纪念活动紧连在一起了。他们的光辉形象和伟大业绩将再现于人们的心中和报刊上、银屏上,不仅在国内,也将及于国外,这是历史赋予伟大人物的荣誉。

孙中山生于1866年11月12日,死于1925年3月12日;鲁迅生于1881年9月25日,死于1936年10月19日。孙中山大鲁迅15岁,鲁迅比孙中山晚死11年,两位哲人并世生存了45年。这45年正当清朝晚年和民国初期,中国人民为了改变国家和民族的命运,掀起了辛亥革命和五四运动,一个是旧民主革命的高潮,一个是新民主革命的发轫。孙中山与鲁迅是这两大革命运动的代表人物,前者以孙中山为主帅,后者以鲁迅称巨擘。在同帝国主义和封建势力的生死搏斗中,时而是"乱云急雨,倒立江湖";时而是"月明天籁,人间万窍号呼"![2] 孙中山、

---

[1] 原载《解放日报》1980年5月。
[2] 引自辛弃疾《汉宫春·会稽蓬莱阁怀古》一词,原句是描写暴风急雨的自然景象的,这里借以形容社会风暴。

鲁迅及其战友始终站在时代的前哨,不惑不惧,迎着风浪前进。这是永远值得珍惜的性格和毅力。

孙中山与鲁迅早年都学医,受到严格的科学训练,但是一个由行医而奔向革命,一个由弃医而以文学为武器,同归于爱国与革命。他们奔走国内外,在各自奋斗的道路上,曾经几次生活在一个地方,甚至在一个政府里办事,虽然彼此都没有留下睹面款谈的文字记载,但无疑是有过相聚一堂的机会的。

1897年8月至1903年9月,孙中山为策划革命,经常来往于日本和新加坡等地;鲁迅则为寻求科学真知于1902年4月来到日本留学,先入东京弘文学院,继而就学于仙台医学专门学校。1905年7月孙中山游历欧美后重返东京,8月留日学生界为他举行了1300余人参加的盛大欢迎会,他在会上演说《民主革命之重要》,接着是同盟会的成立,他已经很有声望了。鲁迅恰于这时由仙台来到东京度暑假,他虽然没有参加同盟会,也可能没有参加留学界对孙中山的欢迎会,但对早已成为职业革命家的孙中山当然是耳熟了的。不久,"我以我血荐轩辕"的鲁迅,深感医治国民的精神比医治身体更重要,转而致力于文学事业,陆续发表《人之历史》《科学史教篇》《文化偏至论》《摩罗诗力说》等文,汲取新学,针砭旧学,迈出了为中国创造精神文明的步伐,与孙中山开展的武装反清斗争在不同的战线上奔驰。

1912年元旦,孙中山在南京就任临时大总统,3日临时政府组成,蔡元培任教育总长。2月,鲁迅辞去山会师范学校校长职务,因挚友许寿裳的推荐,由绍兴到南京任教育部部员。尽管南京临时政府为时短暂,部员和大总统之间也很难有直接的公务联系,但那时的南京临时政府是个新生的政权,还不那么官僚化,人员不太多,教育部就只有几个人。他们在集会和出处之间,是不会没有接触的。应该说这时的鲁迅是追随孙中山、蔡元培在为中国创建共和国而努力。后来鲁迅回顾这页历史说:"当时我也在南京教育部,觉得中国将来很有希望。"[1]

1912年4月临时政府北迁,袁世凯抢当了临时大总统,而鲁迅继续供职教育部。8月孙中山应袁世凯的邀请,去北京商讨国事,在北京一个月,参加了一系列活动,曾赴北京教育界欢迎会发表演说,他勉励大家"求建设之学问","使中国学问与欧美并驾"。鲁迅是否参加了这个欢迎会,无从考知,但孙中山演说中的主张,恰是鲁迅那时努力以赴的。

1924年冬,孙中山为打破北洋军阀段祺瑞对国政的操纵,毅然北上,年底由津扶病入京,受到10万群众的欢迎,次年3月12日,不幸病逝北京。其时鲁迅仍在教育部,并在北京师范大学授课,正以他那凌厉的笔锋所向披靡地刺向旧营垒,解剖旧世界。他在孙中山逝世的当时虽没有发表悼词,然而他对孙中山所要打击的敌对政治势力是毫不假以辞色的。在他给许广平的信中说:"至于今之教育当局,则我不知其人。但看他挽孙中山对联中之自夸,与对于完全'道不同'之段祺瑞之密切,为人亦可想而知。"[2]这里我们见到的鲁迅对孙中山发自胸臆的话。从这简短的几句话里,不难看出鲁迅对孙山的深刻了解,贤者所识者也大。

这个地点、时间表,表明了鲁迅与孙中山并世时的"先天下之忧而忧",息息相关。在孙中山的"全书"或"全集"中,我们都找不到涉

---

[1]《鲁迅全集》第9卷,第26页。
[2]《鲁迅全集》第9卷,第45页。

及鲁迅的话,这是因为鲁迅的革命文学活动并没有进入军书旁午的孙中山视野,也因为那时的鲁迅还没有后来那样大的名声,所以我们只能看到鲁迅对孙中山的言论,看不到孙中山对鲁迅的话语。但当孙中山还健在的时候,鲁迅对他也没有见之文字的论述,大量的话,都是在孙中山逝世以后,似有盖棺定论的深意。

鲁迅对孙中山的许多富有历史意义的评述,散见于他的散文和书信中,最集中的一篇是发表于《国民新报》的《中山先生逝世后一周年》,这里不妨引述其中的一两句以为佐证:"中山先生逝世后无论几周年,本用不着什么纪念的文章。只要先前未曾有的中华民国存在,就是他的丰碑,就是他的纪念。"1927年3月,鲁迅在《中山大学开学致语》中也说过这样的话。这段话很明白,是说孙中山领导的辛亥革命,以"民国"取代"帝国",是中国历史上破天荒的大事,与孙中山的名字完全分不开。虽然这个"民国"被袁世凯一类反动派践踏了,玷污了,人们不喜欢它,要把它加上引号所谓"民国"。但它的本身是来之不易的,是孙中山经过长期奋斗和无数英雄志士献出的血取得的。

鲁迅说:"中山先生的一生历史具在,站出世间来就是革命,失败了还是革命;中华民国成立之后,也没有满足过,没有安逸过,仍然继续着进向近于完全的革命工作。"又说:"他是一个全体,永远的革命者。无论所做的那一件,全都是革命。"那么,"进向近于完全的革命","他是一个全体",又何所指而言?我们知道,从戊戌维新到辛亥革命再到五四运动,为时只有20余年,可是许多在前进中呐喊的人,却经受不起革命的挫折和时间的考验,有的停滞了,有的颓废了,有的站到时代的对立面去了。而孙中山在辛亥革命后的一再挫折中,从不泄气,继续为中国寻找新的出路,接受新的启导,与敌人斗,与自己的"同志"斗,直到他停止呼吸。所以"是一个全体"。从鲁迅的另一篇文章,脍炙人口的《关于太炎先生二三事》,也可得到印证。章太炎是个富有学问的革命家,是鲁迅的老师,鲁迅对他非常尊重,尊重他"七被追捕,三入牢狱"而不屈不挠的民族气节,却不说他"是一个全体",因为"太炎先生虽先前也以革命家现身,后来却退居于宁静的学者,用自己所手造的和别人所帮造的墙,和时代隔绝了"。这同孙中山"自强不息"的晚年有所不同。

当然,"全体"只是给人一个不可分割的、始终不渝的坚强形象,并不是说他没有瑕疵。事实上,鲁迅在其他文字中,对孙中山这个"全体"仍是很有些"寓褒贬"的微词的。如说:"中山革命一世,虽只往来于外国或中国之通商口岸,足不履危地,但究竟是革命一世,至死无大变化,在中国总还算是好人。"[1]所说"足不履危地",是指他不能到群众中去组织革命力量,"因此不能不迁就有武力的别人"[2],即多次依靠或联络某些军阀而被他们所卖。这些微词,就是表明孙中山的局限。其他在《阿Q正传》等好些名篇中论述辛亥革命的失误,也不是与孙中山毫无关联。正如毛泽东所指出的"像很多站在正面指导时代潮流的伟大历史人物大都有他们的缺点一样,孙先生也有他的缺点方面"[3]。

鲁迅自编过许多散文集,却没有把《中山先生逝世后一周年》纳入这些集内,并且也没有收入他自编的《集外集》,直到许广平编订《集外集拾遗》才把它拾了进去。可能是这篇文章没有把辛亥革命创建的"民国"同以后的"民国"区别开来,也没有把孙中山这个"全体"

---

[1] 《鲁迅书信集》,第761页。
[2] 《鲁迅全集》第9卷,第34页。
[3] 毛泽东:《纪念孙中山先生》。

的局限恰当地指出来，特别是在后来的反对国民党反动派的年代里，鲁迅会更感到它是一篇不太成熟之作而任其飘零了。但这篇文章终究是从大处着眼的，是一个先驱人物对同时代略早的一个先驱人物的原始评价，无论如何是值得我们重视的。

孙中山赍志而殁，宋庆龄是继承孙中山遗志、坚持三大政策、跟共产党走的英勇战士，她的《为新中国奋斗》一书全部说明了这个事实。1926年9月，鲁迅在风狂雨骤中由北而南，在厦门讲学数月之后，来到孙中山一生革命、生死搏斗的广州，任纪念孙中山的中山大学文学系主任兼教务主任。其时北伐军正胜利地饮马长江，鲁迅有感而发地说："为革命策源地的广州，现今却已在革命的后方了。"他还写了《庆祝沪宁克复的那一边》，进而警觉地指出："反革命者的工作也正在默默地进行。"就在当年（1927年）10月，鲁迅来到上海定居，开始了与国民党法西斯的斗争，此后同宋庆龄走到了一起。

那时白色恐怖笼罩下的中国，"隔不了几天，就会听到一次谁被捕或谁被杀的消息"。为了营救一切爱国的革命的政治犯，1932年10月，民主进步人士成立了"中国民权保障同盟"，宋庆龄、蔡元培任正副主席，杨杏佛任总干事，总会设于上海，又设上海和北平两个分会。鲁迅是上海分会委员，经常参加总会和上海分会的联席会。1933年1月至6月，鲁迅在日记中不断记载了这方面的活动。其中如：1月6日，"下午往商务印书馆，邀三弟同至中央研究院人权保障同盟干事会。晚毕，遂赴知味观夜饭"；17日，"下午往人权保障大同盟开会，被举为执行委员。蔡子民先生为书一笺，为七律二首"；2月17日，"午后汽车赍蔡先生信来，即乘车赴宋庆龄夫人宅（按：即上海孙中山故居）午餐，同席为萧伯纳、伊斯沫特列女士（即史沫特莱）、杨杏佛、林语堂、蔡先生、孙夫人共七人，饭毕，照相二枚"。我们经常在有关书中看到的宋、蔡、鲁、萧、斯(史)合照,就是其中的一枚。这里只是略举数例,以见梗概。宋庆龄后来在《追忆鲁迅先生》中也说:"中国民权保障同盟每次开会时,鲁迅和蔡元培两位都按时到会。鲁迅、蔡元培和我们一起热烈讨论如何反对白色恐怖,以及如何营救被关押的政治犯和被捕的革命学生们,并为他们提供法律的辩护及其他援助。"[1]

由于"同盟"对法西斯暴政的不断揭露,国民党特务变本加厉,当年6月18日又暗杀杨杏佛于上海。宋庆龄、蔡元培遭到很大的威胁,鲁迅被列名《钩命单》,遭到更大的威胁。他们为营救别人的生命而不顾自己的生命,鲁迅在痛悼杨杏佛的诗中说:"何期泪洒江南雨,又为斯民哭健儿。"他们是为"斯民"而履险,为革命事业而履险。所以,胡耀邦同志《在庆祝中国共产党成立六十周年大会上的讲话》中,表示了对宋庆龄、蔡元培、鲁迅以及杨杏佛等的深切怀念。

鲁迅早年对辛亥革命的观察和思考,是他后来分析中国社会和坚持战斗的重要依据。他同宋庆龄的战友关系,是孙中山精神的继续和发展。从鲁迅同孙中山到宋庆龄他们几十年如一日的顽强斗争中,有一条巨大的纽带联系着,即"为新中国而奋斗"。孙中山想建立的"新中国"虽没有实现,鲁迅也没有看到新中国的诞生,但他们在反对帝国主义,为推翻封建帝制以及铲除军阀、官僚和一切反动腐朽势力的斗争中所作的努力,都直接或间接地为新中国的诞生做了披荆斩棘的工作。孙中山是民主政治的伟大先驱,鲁迅是新文化运动的伟大旗手,宋庆龄是由民主主义最后成为共产党人的杰出女战士,他们的业绩不仅是中华民族的,也是属于世界人类的。

---

[1]《鲁迅回忆录》。

孙中山与中国共产党[1]

中国革命的先行者孙中山先生,在他四十年的革命生涯中,绝大部分时间是在从西方资产阶级文化中寻求救国的真理,并为实现他的反对封建主义、建立民主共和国的宗旨而英勇奋斗,辛亥革命一举推翻清朝政府,就是他贯彻这种宗旨的伟大业绩。可是,他真正看到革命真理,找到革命楷模的时间,那还是在他的晚年。

孙中山晚年的主张和行动是他思想发展的最高峰。他晚年的思想之所以大放异彩,除了他不怕挫折、始终不渝的爱国革命精神外,主要是由于他在晚年同中国共产党建立和保持了密切联系。中国共产党促进孙中山实现了从旧民主主义者向新民主主义者的伟大转变。

在绝望中看到希望

辛亥革命后,孙中山接连遭到一系列挫折和失败。有一阵,孙中

---

[1] 原载《党的生活丛刊》1981年第5期;《孙中山研究论文集》上册,四川人民出版社1986年版。

山处于深忧和绝望之中。他曾发出"遥遥前路,罔知所届"的叹息。

以孙中山为代表的革命党人,长期以来指望通过议会来实现资产阶级的民主政治。由孙中山领导的南京临时政府是中国资产阶级在历史上第一次握有的政权。它颁布的许多法令和具有资产阶级共和国宪法性质的临时约法,是中国历史上的创举。但是,这个政权只存在3个月就夭折了。这时,孙中山并不泄气。他仍企图以临时约法为武器建立议会体制。1912年12月,孙中山促成了第一次国会选举。在选举中尽管有人从中作梗,但孙中山领导的国民党还是获得了多数议席。可是,正当宋教仁准备以多数党领袖的地位组成国民党责任内阁的时候,宋教仁竟被袁世凯的刺客杀害了。袁世凯由临时大总统一变为正式大总统,就宣布解散国会,废除责任内阁,制定"新约法",把孙中山的一套抹得一干二净。孙中山号召护法,但因没有群众基础,护不了。况且他的那个约法已被军阀政治所污染,已经没有太多的战斗作用。中华民国早已成了中华"军"国。连孙中山也承认"徒有民国之名,没有民国之实",中华民国只剩下了一块空招牌。事实证明,在半封建半殖民地的国家,议会政治是一条走不通的路。孙中山逐步"绝"了对议会政治的"望"。

孙中山对帝国主义是讨厌的,但他一度曾对帝国主义抱有幻想。他曾说:"日国东亚,与我为邻,亲与其邦,乃我之福。"直到辛亥革命枪声响,他还在为联英、联美而奔波。可是,世界形势的急剧发展,很快就证明这是脱离实际的幻想。几个资本主义大国已经发展到垄断资本主义阶段,开始了大规模的资本输出。再看看我们中国,帝国主义仍旧操作着我国的命运,恣意掠夺我国的领土和资源。于是,孙中山又"绝"了对帝国主义的"望"。

孙中山一生亲自组织和领导一个又一个革命组织。后来,他满想通过国民党来实现自己的理想。可是，他这个党很不争气。党内成分复杂，派系繁多，既有民族资产阶级、小资产阶级的政治代表，又有买办资产阶级、大地主、大官僚和军阀的势力。元老派中的右派都反对孙中山，真正赞成孙中山政策的，寥寥可数。孙中山想索性把它解散，党内又有一帮人不肯。孙中山曾对宋庆龄说：国民党已经退化得没有生气了。孙中山对国民党也日益"绝望"了。

孙中山深深地陷于痛苦的绝望之中。就在这个节骨眼上，"阿芙乐尔"号巡洋舰的炮声响了，五四运动爆发了，中国共产党成立了，孙中山看见一个用马克思主义武装起来的、有严明纪律性的无产阶级政党正在向他伸出援救之手，孙中山的眼睛里闪烁着希望。

从书面往来到组织联系

孙中山会把中国共产党看作中国的希望，这不是偶然的。这是由当时的国际局势和国内局势造成的。

国际上，列宁领导的十月革命取得了胜利。帝国主义的链条被冲断了。世界上第一个工农国家在俄国建立起来了。处于社会最底层的工人，站到了斗争的最前列。这给予因为没有唤起工农群众而屡遭失败的孙中山，以很大的震动和鼓舞。

在国内，由于第一次世界大战的爆发，使得帝国主义无暇多顾中国，从而使得中国的私人企业有了发展的空隙。随着民族资产阶级的增长，中国的无产阶级也在作为一个决定性的政治因素同时崛起。可是，随着第一次世界大战的结束，帝国主义又回到中国来扼杀中国的资本主义企业。而受害最深的是既受帝国主义压迫、又受资产阶级剥削的劳动人民。在劳动人民中蕴藏着极大的革命积极性。对这一点，孙中山比过去有了更多的认识。

因此，孙中山对马克思主义在中国的传播，对中国共产党的诞生和发展，怀有极大的兴趣。当然这是有一个过程的。

1912年4月，孙中山在辞去中华民国临时大总统后，发表了一篇题为《民主主义与社会主义革命》的演说。列宁看后，马上写了篇评论，题目叫作《中国的民主主义和民粹主义》，称赞孙中山是"革命的民主主义者"。孙中山的演说和列宁的评论同时发表在俄国布尔什维克机关报《涅瓦明星》第十七期上。

1918年，李大钊发表了他的著名论文《布尔什维主义的胜利》。孙中山看了十分赞赏。他怀着激动的心情欣赏李大钊"试看将来的环球，必是赤旗的世界"的伟大预言。他对宋庆龄说："在20世纪，社会主义将取代资本主义。"

共产主义者同革命的民主主义者在观点上的接近，是进行组织联系，并能密切合作的前奏。

1921年6月，在中国共产党成立前夕，列宁派遣共产国际民族和殖民地问题委员会秘书马林来中国。经李大钊的介绍，马林在广州与廖仲恺见了面，接着，又由张太雷陪同，到桂林拜访孙中山。他们连续晤谈了9天。孙中山十分赞成马林在晤谈中提出的两项建议：组织一个能联合各阶层尤其是工农群众的政党；创办军官学校，培养革命骨干。

次年，中国共产党在第三国际的帮助下，认识到自己与国民党合作进行民主革命的必要。1922年6月15日发表《中国共产党对于时局的主张》。同年7月，在党的"二大"上，又进一步提出了与国民党建立"民主的联合战线"。8月23日，李大钊根据"二大"的决定，在林伯渠陪同下，专程从北京到上海，和孙中山见了面。他们一见如故，在两党合作问题上，取得了一致的意见。李大钊向孙中山表示：

自己是"第三国际党员,是不能脱离第三国际的"。孙中山回答:"这不打紧,你尽管一面做第三国际党员,尽管一面加入本党帮助我。"几天以后,李大钊、陈独秀、蔡和森、张太雷等经孙中山亲自主持,正式加入了国民党。据宋庆龄回忆,孙中山"认为这些人是他的真正的革命同志"。这一举动,为中国现代史上第一次国共合作,创造了很好的条件。

与此同时,著名的共产党人蔡和森在党的机关刊物《向导》周报上发表文章,提醒孙中山:如果一味依靠帝国主义与封建军阀来抵抗暴力,将会失掉革命的生命。如要使革命成功,"便要一面与民众为亲切的结合,一面与苏俄为不二的同盟"。1923年4月18日,李大钊又在《向导》上发表《普遍全国的国民党》一文,既强调了革新国民党发挥其作用,又批评了国民党的错误。李大钊指出,国民党过去的一大弱点,是没有看重群众运动的力量。他写道:"今日的国民党应该挺身出来,找寻那些呼唤的声音,去宣传去组织,树起旗帜来让民众——反抗军阀与外国帝国主义的民众是工人是学生是农民是商人,都集合在国民党旗帜之下,结成一个向军阀与外国帝国主义作战的联合战线。"

中国共产党对孙中山从积极支持和热情批评两个方面,促进孙中山下定改组国民党的决心,下定联合中国共产党共同进行民主革命的决心。

从两党合作中吸取力量

1923年6月,中国共产党召开第三次全国代表大会,通过国共合作的决议,决定一部分共产党员以个人资格加入国民党,同时保持共产党在统一战线中思想上、政治上和组织上的独立性。

至此，孙中山日益坚决主张改组国民党，淘汰不纯分子，吸收革命分子。1924年1月，国民党召开了第一次全国代表大会。李大钊、林伯渠、毛泽东、瞿秋白、李维汉、夏曦、王尽美等参加并领导了大会。会上，孙中山指出，正确的革命方法就是重新解释过的联俄、联共、扶助农工三大政策。

新三民主义对外主张联合苏联和其他以平等待我之民族，共同反对帝国主义。对内主张联合共产党，唤起民众，扶助农工，建立平民政权，实行耕者有其田和节制资本，实行民族平等。显然，孙中山的新三民主义和中国共产党在资产阶级民主革命时期的纲领基本上是一致的。新三民主义成为国共两党联盟的政治基础。国共两党的合作，是无产阶级革命力量和资产阶级民主革命力量在一个半封建半殖民地国家中结成统一战线的最早范例。第一次国共合作的成功，是孙中山适应时代潮流的伟大革命精神的表现，也同他从列宁领导的布尔什维克党和中国共产党那里得到真挚的同情和有力的支持分不开。

孙中山得到中国共产党的有力支持，增添了与帝国主义、封建军阀作斗争的勇气和力量。重组广东革命政府不久，孙中山为解决军饷问题，采取了一个大胆的行动。1923年11月30日，通知北京外交使团：从现在起，把两广的海关关税余款拨还给广东革命政府。这项决定触怒了各国帝国主义，北京外交使团答复说：他们只能把"关余"交给北方政府。孙中山不理外交使团的答复，果断地给广东海关下达命令：将关税余款妥为保管，听候广东革命政府的指示。英、美、法等国开出20艘军舰到广州，以炮轰相威胁，想迫使孙中山屈服。可是，帝国主义者打错了算盘。这时的孙中山是已取得共产党人支持和帮助的孙中山，他面对列强的武力恫吓，大义凛然地指出：

"即使胜不过外舰联队的武力,虽败犹荣。"广州市人民集会示威,支持孙中山。最后,北京外交使团不得不将"关余"交给广东革命政府。

1924年8月,买办资产阶级商人陈廉伯偷运军火,孙中山下令没收。陈廉伯出动团丁,包围孙中山大本营,并煽动罢市。英国驻广州领事馆也乘机向大元帅发出最后通牒。在广东革命政府内部,也有人主张妥协。中国共产党又坚决站在孙中山一边。《向导》发表评论,支持孙中山;周恩来在群众大会上号召支持孙中山;中共广州地方委员会也发表《告广州市民书》,号召保卫革命政府。依仗着中国共产党、广大工农群众和国民党左派的支持,孙中山的斗志越发旺盛。他向英国政府递交了抗议书。他依靠有共产党员参与领导的军队,扫平了商团叛乱,打击了帝国主义的嚣张气焰。

商团叛乱平定后,孙中山离粤北上。在《北上宣言》中他接受中国共产党的建议,正式提出"召开国民会议,以谋中国之统一和建设"的主张,矛头直指封建军阀和帝国主义。英人反对他在上海登岸,他说:你们"决计不能干涉"。

得到中国共产党支持的孙中山,不仅增强了同帝国主义和军阀作斗争的勇气,而且也增添了同国民党内部的右派势力作斗争的力量。

当孙中山提出三大政策,提出国共合作的时候,国民党内有些人表示反对。孙中山一针见血地批评冯自由说:"你们怕共产党,不赞成改组;可以退出国民党啊!"在开会的时候,张继为反对改组,无理取闹。孙中山把他软禁了一夜,并为此要开除张继的党籍。孙中山在大元帅府召开紧急会议,他挥手拍桌,厉声说道:"你们若不赞成,我将来可以解散国民党,我自己一个人去加入共产党。"

"加入共产党",这话出自一位伟大政治家口,具有何等分量,饱含着多么深厚的感情!

没有共产党的领导,孙中山反帝、反封建的夙愿就不能实现。孙中山说:"共产主义是三民主义的好朋友。"是的,民主主义只有以共产主义为友,才有宽广的道路。这样,新三民主义的倡导者孙中山也正是共产主义者的好朋友。这就是我们一直怀念孙中山,纪念孙中山的缘由。

因袭—规抚—创获[1]
——孙中山的中西文化观论纲

一

"余之谋中国革命,其所持主义,有因袭吾国固有之思想者,有规抚欧洲之学说事迹者,有吾所独见而创获者。"[2]这是1923年孙中山概述他一生学行的话,说明他是在继承中国固有文化和汲取西方近代文化的基础上,运用匠心,然后而有自己的创获、主义。

因袭(继承)—规抚(引进)—创获,孙中山汇通中西的这条路,是一百余年来先进的中国人一直在探索和行进的路,其中有许多曲折、偏颇和艰辛,他的体验有很大代表性,有可供我们咀嚼和阐发的丰富内容。

二

生长于19世纪中国农村的孙中山,"幼读儒书,十二岁毕经业"。这不是他对传统的因袭或选择,而是传统给他的安排;他入世的起点

---

[1] 原载《解放日报》1986年11月5日。
[2] 《孙中山全集》第7卷,第60页。

不是哺育他的翠亨村,而是他"十三岁随母往夏威仁岛,始见轮舟之奇,沧海之阔,自是有慕西学之心,穷天地之想"[1]。

"轮舟""沧海",打开了中国人的视野,中国的近代是这样开始的,作为先进的中国人开眼看世界也大都是由此开始的。

1894 年孙中山最初揭示的"建立合众政府"的前景,就是在檀香山、香港的实际生活和观察,而"有慕西学之心"的产物。它是《海国图志》《瀛环志略》等书介绍西方政制以来提出的对西方学习的最高方案,也是对东方专制主义文化的棒喝。

三

1895 年广州起义失败后,孙中山奔驰海外,研讨学理,联络会党,组织革命力量,至 1905 年同盟会成立时,第一次形成了他的三民主义构架,这个构架也是他"因袭""规抚""创获"的第一次集中体现。

民族主义,孙中山说:"实吾先民所遗留,初无待于外铄者也。"[2]断定它来自"夷夏之防"的土壤。然而他又说:"夫民族主义之起源甚远,而发达于 19 世纪,盛行于 20 世纪。"[3]可见,他要求建立的已是近代独立自主的民族国家,是与民主主义相辅而行的,远非"辨夷夏"的思想可以范围了。

民权主义,孙中山说中国以前"不可谓无民权思想","然有其思想而无其制度,故以民立国之制,不可不取资于欧美"[4]。他所说的中国固有的民权思想,是指先秦以来散见的民本思想,与以自由平等

---

[1]《孙中山全集》第 1 卷,第 47 页。
[2]《孙中山全集》第 7 卷,第 60 页。
[3]《孙中山全集》第 5 卷,第 186 页。
[4]《孙中山全集》第 7 卷,第 60 页。

为精髓的民主思想有很大差距,不只是没有制度。所以,他的民权主义十之八九是"步法泰西",观《民权初步》可知。

民生主义的主要内容是平均地权,也是孙中山在政治革命胜利之后所要致力的社会革命。他说:"若能将平均地权做到,那么社会革命已成七八分了。"[1]这个以定地价为主旨的平均地权的方案,是"欲采择显理佐治氏(按:即亨利·乔治)之主义施行于中国"[2]。他虽也援引中国古代的井田制和《礼运》的大同思想,那是产生方案之后的寻根表现。

证明孙中山思想的主体建筑——三民主义,其思想资料有"因袭",有"规抚","规抚"又多于"因袭",由此形成他特有的三民主义思想体系——"创获"。三民主义揭示了近代中国民族、政治、经济上的三大矛盾,它与"夷夏之防"、民本思想和大同思想有联系,但不是这三者的综合,而是孙中山自己常说的得力于林肯的"民有、民治、民享"纲领的启导。

不容讳言,在近代中国,没有引进就谈不上开新,自林则徐、魏源以来的有影响的新学理,都离不开"规抚"的途径,由外来变为内在。1905年孙中山在东京对中国留日学生说:"中国的文明已有数千年,西人不过数百年,中国人又不能由过代之文明变而为近世的文明;所以人皆说中国最守旧,其积弱的缘由也在于此。"只要"将来取法西人的文明而用之,亦不难转弱为强,易旧为新。"[3]

中国为什么"不能由过代之文明变而为近世的文明"?孙中山未及深究,而我们已经探讨了半个多世纪迄今仍在探讨的问题。

---

[1]《孙中山全集》第2卷,第320页。
[2]《孙中山全集》第2卷,第332页。
[3]《孙中山全集》第1卷,第278页。

四

1912年民国建立时制订的《国歌》说:"揖美追欧,旧邦新造。"歌词反映了以孙中山为代表的革命派那时奋斗的道路和辛亥革命取得的胜利果实。

一切借鉴外国和在施展中的事业,都将受到受体自身的检验。1912年4月孙中山兴奋地说:"今日满清退位、中华民国成立,民族、民权两主义俱达到,惟有民生主义尚未着手。"[1] 这种兴奋很快为冷酷的现实消磨:袁世凯居然称帝,军阀继续统治,民权主义何尝实现?不平等条约的重重枷锁,帝国主义的压迫有加无已,民族主义又何尝实现?三大主义,原先是由民族而民权而民生,经过辛亥后的转捩,则由民生而民权而民族恢复过来,革命的任务仍然是反帝反封建。

由此,孙中山在"外察世界潮流"的同时,更"内审中国之情势"。他深感:"世界在变化,不过中国国民始终还是中国国民。随着时代的变化,虽然也可以看出思想多少有些进步,但其实质仍是中国的。"[2]

从这种难堪的状况中,孙中山看到了有悠久文化的中华民族千百年来积淀的惰性,中国不但如前所说它自身"不能由过代之文明变而为近世的文明",而且在引进西方行之有效的文明时也是一步三回头,其弊在"自封","自封"是个人和民族前进中的巨大精神障碍。

五

在推动中国社会的变革中,认识中西社会和中西文化的差异是

---

[1]《孙中山全集》第2卷,第319页。
[2]《孙中山全集》第5卷,第482页。

个很重要的课题,只有对比才能鉴别。孙中山从不同的视角对中西社会及其文化进行了某些对比,大都是现象的对比,如:

> 中西人筑屋,有一异点,可于其典礼见之。国人筑屋先上梁,西人筑屋先立础。上梁者注目于最高之处,立础者注目于最低之地。注目处不同,其效用自异。吾人作事,当向最上处立志,但必以最低处为基础。最低之处,即所谓根本也。国之本何在乎?古语曰:"民为邦本"。[1]

这是就基础与上层建筑的轻重观念来说明中西文化的差异。

> 我中国是四千余年文明古国,……道德文明比外国人高若干倍,不及外国人者只是物质文明……就是农工与各种实业,比较起来,实在不及外国多矣。[2]

这是就物质文明与精神文明境界的高低来区别中西文化的差异。

以上例子,孙中山不是从全面分析中西文化中得来,而是他在不同篇章中散见的论证,且不说这些论证的准确性,但不难看出孙中山在漫长的革命道路上,不断分析中西文化的差异,寻求调剂之方,"将外国的规制和中国本有的规制融和起来",使"因袭"和"规抚"之间相适应。他把西方的"三权分立",加上中国固有的考试、监察两权构成的"五权宪法",当作这种融和的范例。他说:"今以外国输入之三权,与本国固有之二权,一同采用,乃可与世竞争,不致追随人后,民国庶几驾于外国之上也。"[3]

六

孙中山强调中西文化的融和,要融和,对中国固有文化不能没有

---

[1] 《孙中山全集》第3卷,第325页。
[2] 《孙中山全集》第2卷,第533页。
[3] 《孙中山全集》第3卷,第332页。

分析、扬弃。他说："夫孔孟,古之圣人也,非今之科学家也。且当时科学犹未发明也,孔孟所言有合于公理者,有不合于公理者。"[1]是说孔孟虽有合理之处,可供采撷,毕竟已远离时代、远离科学。

基于对人类历史进化的认识,孙中山指出由19世纪进入20世纪的中国不是处于幼稚时代,"实当老迈时代",并说"中国文明的开化虽先于日本,究竟无大裨益于我同胞"[2]。因为孙中山要求建立的是近代文明的中国,中国的古代文明迟迟没有诞生出近代文明来,"无大裨益于我同胞",那些陈年老账还在阻滞中华民族前进的步伐。而"人类的思想总是望进步的,要人类进步,便不能不除去反对进步的障碍物,除去障碍物,便是革命"[3]。

当孙中山改造中国的愿望到处碰壁之后,他感到他的革命主张每被"视为理想难行","悉置之脑后"[4],以为这是误于"知之非艰,行之惟艰"的传统观念。为了打破这种传统观念,他从人们的思想行为和科学技术的发明论证了"知之惟艰,行之非艰",把"知易行难"颠倒为"知难行易"。

知与行是个对立统一的关系,不是谁难谁易的问题。孙中山的"知难行易"说的可贵之处,它有通过实践进行检验的品格,有"行先知后"的合理内核。但不是行—知—行认识规律的全过程,并割裂了知行关系。更值得注意的是,孙中山为打开认识真理之门,在这里向传统思想进行了挑战,他使用的"因袭"一词,实际上包含了批判继承的意义。

---

[1] 《孙中山全集》第1卷,第383页。
[2] 《孙中山全集》第1卷,第278页。
[3] 孙中山:《在广州商团及警察联欢会的演说》。
[4] 《孙中山全集》第5卷,第131页。

在近代中国，不引进西方文化很难有革新，不扬弃封建旧文化也谈不到革新，这是推进中国近代化不可缺少的两翼。孙中山是抓住了这两翼在航行的。但他在辛亥后，进至"以俄为师"的时候，回过来对传统文化却有较大的承诺和揄扬，认为道德文明"外国人是万万赶不及我们的"[1]。1924年，他在讲演《民族主义》中倡议恢复"固有道德"，以旧有道德遭到破坏，要恢复过来，他阐发了"忠孝、仁爱、信义、和平"等道德规范。进而说："三民主义非列宁之糟粕，不过演绎中华三千年来汉民族所保有之治国平天下之理想而成之者也。"[2]这话的语气虽是在搪塞反对者的口，但全然抹杀了引进的客观事实及其必然性。

历来在革新运动受挫、社会动荡不安的岁月里，原先被践踏的旧道德、旧文化常有某种程度的复活，但复活的表征并不一样：有的是对时局失去信心，自我忏悔，拉着车子向后转；有的是激流过后的反思，为了更好地前进，寻找出那些尚未失去时效的东西，这是历史的回澜。孙中山对"旧有道德"的回顾，对传统政治哲学的揄扬，应该说是后者，不是前者。不可否认，其中也有征途的迷惘。

七

孙中山是个坚定立足中国、走向世界的巨人，他孜孜不倦地考求，"必须使我们的国家对欧洲文明采取开放态度"[3]，这是中国的近代化必由之路。但他对西方文化不是兼蓄并收，"全盘搬过来"，而是在区别中西社会的情况有所取舍的。他说："我们现在要学欧洲，

---

[1]《孙中山全集》第2卷，第533页。
[2]《孙中山全集》第9卷，第532页。
[3]《孙中山全集》第1卷，第86页。

是要学中国没有的东西。中国没有的东西是科学。"[1]这是就着重点说的,事实上,在科学技术之外,孙中山就广泛地吸收了西方的思想文化,即他自己所说"有规抚欧洲之学说事迹者"。

对西方的东西之所以不能"照搬",孙中山认为:"中国几千年以来社会上的民情、风土、习惯,和欧美的大不相同。……所以管理社会的政治自然也是和欧美不同,不能完全仿效欧美,照样去做,像仿效欧美的机器一样。"[2]

孙中山汲取西方的政治社会学理,是以适乎中国革命和建设的需要为依据的,取其所需。对那些为帝国主义说法的学理和言论,他是嫉之如仇的。例如他指出:"20世纪以前,欧洲诸国,发明一种生存竞争之新学说。一时影响所及,各国都以优胜劣败、弱肉强食为立国之主脑,至谓有强权无公理。此种学说,在欧洲文明进化之初,固适于用,由今视之,殆是一种野蛮之学问。"[3]孙中山提出:"世界有三大问题,即国际战争、商业战争与阶级战争是也。在此国际发展实业计划中,吾敢为此世界三大问题而贡一实行之解决,即如后达文而起之哲学家之所发明人类进化之主动力,在于互助,不在于竞争,如其他之动物者焉。故斗争之性,乃动物性根之遗传于人类者,此种兽性当以早除之为妙也。"[4]在这里,孙中山想区别生物进化论和社会达尔文主义,否定殖民主义的侵略理论。但是,竞争与互助是人类社会并存的现象,是推动或团聚社会的力量,欲全以互助取代竞争,只是一种不符合社会实际、窒息社会生机的雅望。其实,孙中山自己也

---

[1]《孙中山选集》,第636页。
[2]《孙中山选集》,第763页。
[3]《孙中山全集》第2卷,第423页。
[4]《孙中山全集》第6卷,第394页。

说过:"如政治、工业、商业种种,非竞争何以有进步?"[1]

孙中山对于学习西方的热忱是清醒的,是有选择的,并看到了它们的弊端。但由于中西社会是历史进程上的差距,是生产方式上的先进与落后,"欧美近一百年来的文化雄飞突进,一日千里,种种文明都是比中国进步得多"[2]。所以,中国得从整体上追踪西方。孙中山说:"诸君试观欧美进步的国家,其人民之安乐为何如乎?少有所长,老有所养,未成年以前,国家设学校以教之,壮岁以往,有各种农工商以役之,至于衰老,国家有年金以养之。现今英美法国大抵如此。至若俄国则更进步,其目的在使人人享受经济上平等之幸福,而无不均之患。语其大成,则与孔子所谓大同相类。以中国之大,人民之众,革命战争终结以后,谓能追踪俄国与否,则吾不敢断言。若如英美法日等国,则不难几及。"[3] 60多年前孙中山说的这席话,对欧美不无溢美,也无法预知它们后来的演变,但有一点在他的心目中是非常明白的:中国必须走向世界,才有中国的独立自主,后退没有出路。

八

20世纪初兴起的以孙中山为代表的中国革命派,在思想领域中的一个重大突破,就是抛弃已经笼罩了中国知识界和士大夫心理达半个世纪之久的"中体西用"说,把体和用翻了个个。

在"中体西用"说那里,"体"指伦理道德一类的精神文明,"用"指由科技发展起来的物质文明,孙中山用唯物的观点改变了两者的

---

[1]《孙中山全集》第3卷,第45页。
[2]《孙中山选集》,第758页。
[3]《孙中山全集》第8卷,第349页。

性质。他说："譬如人之一身,五官百骸皆为体,属于物质;其能言语动作者,即为用,由人之精神为之。二者相辅,不可分离"[1]。他并由这一认识论证了精神与物质也即体和用的依存关系:"中国近代物质文明不进步,因之心性文明之进步亦为之稽迟。"[2]

但是,在对中西文化进行对比时,孙中山似乎并没有完全摆脱"中体西用"的窠臼,他一直认为中国以精神文明胜,西方以物质文明胜。尽管孙中山的学说取法欧美占了很大比重,却没有动摇他所持中国精神文明比西方优胜的信念;即使他看到了中国在精神领域里的不足,他也没有改变中国的道德文明远胜于西方的观点。自从承认坚船利炮、声光化电的西学以来,这种自我超越的精神优胜论,几乎是许多先进的中国人的共同信念。

孙中山进而认为精神的作用远远超过物质。他说:"自余观之,武器为物质,能使用此武器者,全恃人之精神。两相比较,精神能力实居其九,物质能力仅得其一。"[3]精神在孙中山的世界观中处于如此重要而有决定性的地位,一则来自中国的道德文明远胜西方的民族自信;再则在物质力量薄弱、同强大敌人的斗争中更需要精神力量的灌注,这和极大地夸张主观能动性的土壤是相同的。

所以,"中体西用"的构架虽早被否定,而在深层的精神世界中仍有明显的轨迹。

九

因袭—规抚—创获,是人类文化史上具有永恒意义的命题,一切

---

[1]《孙中山全集》第6卷,第12页。
[2]《孙中山全集》第6卷,第180页。
[3]《孙中山全集》第6卷,第13页。

民族和国家都会有这种相似的经历，只是有悠久传统文化的中国，到了近代，受到西方势力的强烈震撼，思想文化上的古今、中西、新旧之争异常尖锐。正是这个现实促使孙中山去考察中西文化的演变和差异，为革新中国社会寻找借鉴，开辟道路。

孙中山对中西文化的一个中心思想，就是两者的融和，融和的途径即他说的"因袭"与"规抚"。他的三民主义、五权宪法、知难行易说、生元说等就都是融和中西而来。在融和中创新，寓创新于融和。

他的融和之所以为创新，一是吸收西方的进步思想文化，"我们要学外国，是要迎头赶上去，不要向后跟着他"，那些排除阻力的引进，本来就是开新。一是对固有文化的因袭、选取，"如果是好的，当然是要保存，不好的才可以放弃"，孙中山对保存的东西并赋予了新义。

一切思想家的思想，在其一生中总会有这样或那样的变化和歧出，在不断引进和传播西方文化及怎样对待传统文化的近代中国，人们思想的变化、歧出，尤为频繁。为了在中国建立美法式的共和国体制，孙中山前期一往直前地追求西学；后期觉察到"规抚"与"因袭"之间的矛盾，又较多地注视了中国的国情和传统，表现了传统的顽强和孙中山的韧性。

孙中山是个思想家，更是革命巨人，他汇通中西文化的目的，在于改造中国，建设中国。他说："一精神上之建设；一实际上之建设。精神上之建设，不外政治修明；实际上之建设，不外实业发达，如斯而已。"[1]

---

[1]《孙中山全集》第4卷，第123页。

历史转折年代的光辉形象[1]
——"五四"前后的廖仲恺

一百多年来的中国近现代历史,似"大河奔流",也有"峰回路转"。"五四"前后就是一个"峰回路转"的年代。许多曾经在"奔流"中驰骋的勇士,"路转"时却迷失了方向,不是徘徊不前,就是废然而返;只有那些坚韧不拔的英雄们,能够从"山重水复"中认清去路,探索向前。"五四"前后的廖仲恺(1877—1925)正是这样一个光辉形象。

一

20世纪最初的年头里,廖仲恺留学日本,就追随孙中山开始了革命活动。在创立同盟会的过程中,为了发展组织、制造舆论、筹措经费,他不避艰险地奔走于国内外。当武昌起义,取得推翻清朝政府的胜利之后,革命一时失去了目标,同盟会涣散了,许多人把革过命当作资本,一步步变为军阀、官僚、政客;有些人失望地引退了。廖仲恺不是这样,他仍然跟着孙中山在颠簸的道路上行进,参加中华革命

---

[1] 原载《文汇报》1979年11月16日。

党,从事反袁斗争、护法运动。

1919年五四运动的惊雷,从廖仲恺那里虽然没有得到强烈的反响,但似一缕清风徐徐地拂动了他的胸怀。这时,他和朱执信等协助孙中山办《建设》杂志,他在这个杂志和《星期评论》上发表文章。其中《革命继续的工夫》一篇,从题旨就可以看出他的意向。他说:"由武昌起革命那一天到今天,满满地过了八年,这革命后的空子,还是照旧空着;新的生命没有一点儿现出,新的毛病却长了许多。去救治他的,常常贪一时的便宜,把废材料填塞进去。这就像拿排泄出的粪溺做食料,不只没有用处,却还发生很大的毒害。"[1]这些话是在五四运动的五个月后说的,他尚看不见"新的生命",却明白地感觉到"把废材料"填塞进"民国"的严重恶果。什么是"废材料"?就是孙中山提出要掘的"地底陈土",那些为害人民的封建军阀和官僚[2]。

廖仲恺怀着继续革命的愿望,在孙中山的领导下,1919年10月,中华革命党改组为中国国民党,他任财政部长,中国国民党的名称是从这里开始的;1920年6月,他和朱执信奉孙中山之命,前往漳州敦促陈炯明回师讨伐盘踞广东的桂系军阀;1921年5月,他任孙中山在广州设立的大元帅府的财政部次长。他们仍然是在军阀官僚中挣扎,拨不开重重云雾。

历史事件的深刻性,人们不一定立刻感受到,往往是要在事件后的推动和演进中才能感受到。五四运动和中国共产党成立的感召力,廖仲恺是经过1922年一反一正两次重大的亲历,才在认识和思想上产生飞跃。

---

[1] 中国科学院广州哲学社会科学研究所编:《廖仲恺集》,中华书局1963年版,第67页。
[2] 《孙中山选集》上册,第123页。

这年6月14日，陈炯明电邀廖仲恺去惠州，廖刚抵石龙就被他拘禁于兵工厂（达60余天），声称要割掉"'孙大炮'的'荷包'"。事发的第二天，陈炯明更举起叛旗，以4 000余人的兵力围攻广州总统府，孙中山仓促避难永丰兵舰。陈炯明是孙中山当时苦心培植起来的唯一的一支武装力量，廖仲恺竭力为之筹济军饷。陈炯明曾经参加同盟会，后来又伪装进步，骗取信任，但一到羽毛渐丰，就想自立为"广东王"，要置孙中山于死地。孙中山经过这次打击，说他为民国而奋斗"垂三十年"，"顾失败之惨酷，未有甚于此役者"。[1] 廖仲恺眼看孙中山多次上老军阀的当，现在又大吃新军阀的亏，几乎被逼得走投无路，这就使他们不能不去认真寻找建立真正革命力量的新途径。

前此，孙中山已与苏俄互通消息。恰在这个苦难的关头，1923年1月，苏俄代表越飞在李大钊同志的陪同下，前来上海与孙中山会晤。他们就当时的远东局势和中国革命等问题商讨了六天。因英国租界侦探的跟踪，孙中山委派廖仲恺同越飞秘密赴日本详细会谈，又被东京的"特高课"发觉，于是廖仲恺、越飞再分头转移至热海会合，研讨了中苏联合的细节。这次，廖仲恺和越飞相处了一个多月，对苏俄的现状、苏俄对东方被压迫民族的态度、苏俄为什么要帮助中国革命等问题，从越飞的谈话中，有了较多的了解。从此，廖仲恺明确了联俄、联共、扶助农工的方向，为改组国民党找到了悬的以赴的政治目标，他也因此更加得到孙中山的信赖，得到共产党人的尊重。

二

1923年1月，孙中山任命国民党各部部长的同时，任命廖仲恺等

---
[1]《孙中山选集》上册，第448页。

21人为参议,均有共产党员在内。3月,孙中山设立大元帅府,廖仲恺任财政部部长。11月,孙中山为加紧进行国民党的改组工作,设立临时中央委员会,以廖仲恺、谭平山等9人为委员;又指派廖仲恺到上海,与各省支部商讨改组问题。

1924年1月,中国国民党第一次全国代表大会在广州召开,大会确立了三大政策,重新解释了三民主义,为国共合作打下了政治基础。廖仲恺被选为中央执行委员会委员;又在中央执、监委员会上被推为执行委员会常委。2月,廖仲恺等7人被派为黄埔军校筹备委员,负责黄埔军校建校工作,建校后又被派为国民党代表。6月,廖仲恺被任命为广东省长。7月,国民党成立中央政治委员会,孙中山任主席,廖仲恺等为委员。9月,廖仲恺被任为财政部长兼军需总监、广东省财政厅长。不久辞去上述职务,专任党中央工人部长兼农民部长。10月,孙中山设立革命委员会,自任会长,廖仲恺等任委员。

廖仲恺的这一系列职位,标志着他的政治实践,他是孙中山的亲密战友和助手,肩负着改组国民党、迎接革命新高潮到来的重任,是一个急进的民主革命家。而国民党内有一股顽固的右派势力,如胡汉民、冯自由、邹鲁、张继、邓泽如那些人,他们反对三大政策,反对国民党革命化,在国民党改组前后进行种种阻挠和破坏。廖仲恺在一首词中说:"跳梁小鼠穴其中,昼静潜踪,夜静穿塘。"[1]其实就是指的这批人。廖仲恺为了坚持孙中山的三大政策,他郑重声明:"无论何人反对,我皆不畏。即击我杀我,亦在所不惜。"[2]正是在这种精神的引导下,他指出俄国十月革命取得的成果,"均是由奋斗得来",

---

[1]《廖仲恺集》,第268页。
[2]《廖仲恺先生纪念册》,1927年版,第17页。

列宁"所做的事都是为被压迫民族奋斗,为无产阶级而奋斗"[1]。他亲切地接待苏俄派来的鲍罗廷顾问和加仑将军等国际友人,虚心地向他们学习,友好地同他们工作。他排除右派的诬蔑,真诚地同共产党人合作,与在广东的或去广东的共产党人如李大钊、毛泽东、彭湃、苏兆征、杨匏安、周恩来、蔡畅、邓颖超、林伯渠、吴玉章、聂荣臻、熊雄等同志,都相处得很好,并受到教益。他看到了革命必须依靠工农,为工农谋利益,他说:"占我国人口最多的是农工阶级,那一派人替农工阶级打销压迫他们的力量,便是革命派。反而言之,凡与军阀帝国主义者妥协,并压抑农工的人们,便是反革命派。"[2]这个认识是"五四"以来政治生活的重要准则,有了这点认识,就同共产党人有了基本一致的语言。

对于帝国主义和封建军阀官僚,廖仲恺完全抛去了过去的幻想,坚决拥护中国共产党的反帝反封建纲领,一再指出帝国主义的侵略和官僚军阀的压迫是造成中国贫穷落后的基本原因,"官僚军阀与帝国主义者,是我们全国人的公敌"[3]。国民党改组后,随着革命形势的发展,帝国主义加紧了对中国革命的干涉和破坏。英国利用香港这个据点,一面援助盘踞惠州的陈炯明反攻广州;一面利用在广州的买办阶级,组织反动商团武装,企图从内部来颠覆广州的革命政府。廖仲恺时任广东省长,他看清了商团武装的反革命性质,不顾帝国主义的恫吓,采取断然措施,下令扣留商团头子陈廉伯秘密运入广州的军火,禁止商团联防总部的成立,通电揭露陈廉伯等的罪恶阴谋,通缉反动头子陈廉伯、陈恭受。在廖仲恺改任革命政府财政部长、胡汉

---

[1] 《廖仲恺集》,第 123—124 页。
[2] 《廖仲恺集》,第 243—244 页。
[3] 《廖仲恺集》,第 243 页。

民接任省长后,他和共产党人站在一起,反对胡汉民对商团的姑息妥协政策,协助孙中山平定了商团的叛乱。随之,在震撼世界的省港大罢工中,他极力支持由共产党人领导和发动的这次大罢工,赞扬这次大罢工"实可说是打仗","所打的是帝国主义","其目的在图中国国家民族之自由独立"[1]。

对于帝国主义的走狗——军阀,廖仲恺同他们进行了针锋相对的斗争。当时在广东这个革命根据地,不仅有惠州的粤系军阀陈炯明,还有各霸一方的滇、桂两系军阀,他们开烟馆,设赌场,把持税收;他们飞扬跋扈,欺压人民,无恶不作。廖仲恺对此深恶痛绝,积极主张改组军队,统一财政,都遭到军阀官僚的阻挠。为了割除军阀的毒瘤,革命政府进行了东征陈炯明,镇压了滇、桂军阀的叛乱,廖仲恺都积极参与这些军事决策。在国民政府成立后,他努力推行军政财政的统一,以巩固广东革命根据地。

在反对帝国主义和军阀的斗争中,廖仲恺十分重视人民革命的力量。他从多次失败的教训中深切地认识到要战胜强大的帝国主义和军阀,没有广大人民群众特别是农民的积极行动是不可能的。他说:"我们若不想解决我们之痛苦及谋国家人民之丰富则已,否则必须与帝国主义资本主义者战;我们若不想打退帝国资本主义则已,否则必先与国内军阀战;我们若不想打倒国内军阀则已,否则必先唤起全国国民共图国民革命;我们若不想国民革命则已,否则必先去干农民运动。"[2]所以他在工人部长兼农民部长任内,经常和工农群众接触,许多工农领袖如彭湃、苏兆征、邓中夏、恽代英、阮啸仙、杨殷等同

---

[1]《廖仲恺集》,第246页。
[2] 何香凝:《回忆孙中山和廖仲恺》,第66页。

志,常在他家开会,讨论工农运动。他多次去广州农民讲习所讲演,到中山县及东江一带农村去发动农民。1924年8月,在中山县召开有万余人到会的农民大会上,他演讲《农民解放的方法》,指出农民协会是农民的救生圈,号召农民团结起来,组织起来。广东农民运动兴起后,军阀官僚、土豪劣绅群起攻击农民协会和农民自卫军,甚至捕杀农民领袖和农民协会会员,廖仲恺总是挺身而出,为农民说话。当中央直辖第三军王天任部擅捕番禺夏园乡农民干部3人时,廖仲恺闻讯,派人调查属实,立即写信给王天任,责令释放被捕的农民干部。广州市郊农民协会执行委员会委员长林宝宸在招村被民团包围枪杀,民团首领彭础立,曾经做过广州商会会长,又是廖仲恺的亲戚,廖仲恺毫不徇情,要省长胡汉民严办,催令彭础立到案,交出凶手。这些正义行动,保卫和推进了广东的农民运动。

廖仲恺重视劳工教育,参加工人集会时,鼓励工人读书识字,说应"把前人已经想过的,继续想下去;前人想不到的想出来"[1]。他关心工人的疾苦,维护工人的利益。1924年"五一"节,江门油业工人1 000多人集会游行,途中遭到民团的袭击,死伤数十人。廖仲恺即以广州工人代表大会主席的身份领衔发表通电,揭露民团的反革命罪行。省港大罢工掀起时,廖仲恺更是废寝忘食地与苏兆征、邓中夏等共产党人研究情况,推动工人的斗争,抵制敌人的破坏,他鲜明地指出:"占我国人口最多的是农工阶级,那一派人替农工阶级打销压迫他们的力量,便是革命派。反而言之,凡与军阀帝国主义者妥协,并压抑农工的人们,便是反革命派。"[2]

---

[1]《廖仲恺集》,第136页。
[2]《廖仲恺集》,第243—244页。

三

在三大政策的实践中，廖仲恺完全走出了旧时代的狭隘圈子，扩大了视野，提高了战斗的水平，他的面貌焕然一新。他不仅对当时反帝反军阀的斗争全力以赴，更看到了中国政治上和经济上的症结所在，他提出要改变中国的状况，必须努力建设"一个正式的'民主国家'"。

"正式的'民主国家'"的含义是什么？那是廖仲恺发自亲身的体验，因为辛亥革命打倒了皇帝，换成了"民国"，却仍然是大军阀的独裁和少数人的专政，国家一团糟。他认为要"做成一个民主国"，"一个正式的民主国家"，就要"把国家主权放在四万万同胞手上"，"使四万万同胞都有管理国家的义务，国家才可以发达，人民才可以安宁"。他断定："一个国家任由一个人管理……一定弄到像历年君主国的崩坏情形一般。"[1]这是说尽管取消了君主专制国家的形式，采用了别的什么形式，如果仍由"一人独行独断"，其结果与历代君主专制国家的崩坏并不会有什么两样。他进而认为："中国之任由少数人来把持，自私自利，不顾群众幸福，到今日这样情形，这就是中国的乱源。"[2]少数人把持，那是剥削阶级的统治，只有私利，没有公心，所以它是"乱源"。廖仲恺并感到他自己正在进行的斗争，就是要清除这个"乱源"。他说："中国将来之光，也有星儿隐约，可以寻见的。今日的黑暗，若是以往千百年之思想制度结来之恶果，则今日之思想制度，也许为将来光明发扬之导因。"[3]这是说辛亥的资产阶级民主

---

[1]《廖仲恺集》，第133—134页。
[2]《廖仲恺集》，第134页。
[3]《廖仲恺集》，第230页。

革命,得来的不是民主,而是换了招牌的独裁专制,那"是以往千百年之思想制度结来之恶果";而当时共产党人帮助他们实行的三大政策,以及揭示的民权"为一般平民所共有,非少数人所得而私"的宗旨,则是"将来光明发扬之导因"。一个"恶果"一个"导因",说出了历史的辩证法,廖仲恺在历史转折年代里之所以不后退而能继续前进,从历史实际得出的这个辩证认识是很重要的。

廖仲恺所期望的"正式的'民主国家'",在他那个时候,还只是"星儿隐约",要使隐约的星儿变为灿烂的巨星,还有段漫长的道路要走。其中他说到一条:"最近代国家之政治组织,非确确实实地立于经济基础上头,断不能希望他能够永久生存发达。"[1]在革命年代里,廖仲恺一直负责财经工作,他是深深感到中国经济落后之苦的,曾经感叹地说,中国"这样大的地方",资源丰富,却不能满足人民生活的最低要求,"种种天然与人生不相应的矛盾,都在国民的面孔上刻画出来"[2],这是抱着金饭碗讨饭啊! 所以他向往着用蒸气、电气、水力来运转机器,以改变旧时代的生产方式。他特别提出"不能听托尔斯泰消极的话,说:'中国还是保存古代的生产方法,人民还比较安乐些,不要去模仿外国,中欧洲工业革命的毒。'"[3]托尔斯泰的话是投合东方小农经济的胃口的,在中国有着深厚的思想根子。廖仲恺否定它,无异说我们不要上托尔斯泰的当呀,因为中国正苦于没有实现工业革命这一环。他疾呼:"我们国民若不努力望着世界进步的目标,追及其他捷足的国家,那飞似的光阴,一转眼又成过去,决不会慢慢地伺候我们。那么我们就一刻刻堕落在后,做距离世界进步

---

[1]《廖仲恺集》,第230页。
[2]《廖仲恺集》,第95页。
[3]《廖仲恺集》,第27页。

的目标很远的落伍者,只有望着捷足先登者所得的胜利品来垂涎。"[1]

在廖仲恺看来,"正式的'民主国家'"除了要"把国家主权放在四万万同胞手上"这个含义之外,还要有一个发达的经济基础。但中国经济发展的前途,他认为有"两个不同主义",一个是资本主义,一个是社会主义,应由中国人民自己去选择,他选择了什么呢?结论是:"中国在这时代,自己经济的基础这样薄弱,而所受国际经济的压迫这样深重,若能够有所树立,除非是建一社会主义的国家,依科学的组织用集合的方法,解决生产问题不可。"[2]廖仲恺所说的社会主义,没有科学的蓝图,他要求的是"人人有平等之机会,社会无偏枯之病",只能说是激进的民主主义思想。然而不管怎样,社会主义的前景毕竟刻进了他的头脑。

廖仲恺的激进民主思想和行动,成为公认的国民党左派,受到共产党人和工农群众的赞扬,这却引起了帝国主义、军阀和右派的仇视。1925年3月12日孙中山在北京逝世之后,原来受到孙中山震慑的国民党右派,现在放肆了。廖仲恺同他们进行了不妥协的斗争,5月发表了《革命派与反革命派》一文,旗帜鲜明地写道:"我们的革命工作,是为民众利益的革命,是建设的革命事业。""我们不独要革军阀与帝国主义者的命,我们并且要革'反革命派'的命。"又说"那一派代表较多数人民利益,便为革命派;那一派反对较多数人民的利益,便是反革命派";"那个人无论从前于何时、何地、立过何种功绩,苟一时不续行革命,便不是革命派"。他清楚地划分了革命、反革命

---

[1] 《廖仲恺集》,第91页。
[2] 《廖仲恺集》,第231页。

和不革命的界线,更直率地指出"如陈炯明之反动与冯自由之捣乱"[1]就是反革命派。7月1日,广东国民政府成立,以胡汉民、汪精卫、廖仲恺等16人为委员,廖并任财政部长和财政厅长,身负保卫和执行三大政策的重任。就在这些日子里,右派在胡汉民家里多次集会,散发"被人利用,祸害国民党"的谰言,攻击廖仲恺。8月20日上午,廖仲恺去国民党中央党部开会,刚到门口下车,一阵枪声,他被暗杀了。

早在同盟会的活动中,廖仲恺就发出了"莫惜头颅"的誓言;在被陈炯明囚禁时,他写了"死生能一我何哀"的诗句[2];后来又在一个通电中说:"二十年来,以身许党,生死毁誉,在所不计,岂复珍惜羽毛,畏难思退。"[3]这些都说明着廖仲恺这个坚强的民主革命家,为了国家民族的解放,为了人民的利益,他在革命高潮中奔驰,在风雨如晦的路上战斗,始终是无所畏惧的。他长期执掌财政,经手的金钱何止数千百万,他死后家无余资,表现了言行一致、廉洁奉公的崇高品格。

---

[1] 《廖仲恺集》,第241—244页。
[2] 《廖仲恺集》,第263页。
[3] 《廖仲恺集》,第190页。

也谈杨度[1]

杨度同志,在辛亥革命前后是一个颇著声名的人,但他的声名不是来自革命,而是来自相反的方面。这个事实,在人们的心目中久已概括了他的一生,似乎盖棺论定。他晚年的重大转变,毅然加入了中国共产党,却很少人知道,晦而不彰。

1976年4月里,上海《辞海》编辑部一位同志打电话问我:"听说周总理曾经谈到杨度加入了党,这事你知道吗?"我感到突然,不太相信地回答道:"没有听说过。"她又问词目"杨度"的内容要不要修改。我说:"没有确凿依据,又凭传闻,不能修改。"当时上海正在编注《章太炎诗文选注》,也有条关于杨度的注释。我向注释组同志转告了《辞海》编辑部提出的问题,表示不能轻听轻信;还说杨度后来在上海投靠杜月笙,成为杜氏的有名食客,原来没有写,倒要加一笔。

话虽如此,事出有因,须得弄个明白。随后别人函询北京有关同志,复信说敬爱的周总理在病中确实关照过王冶秋同志,说《辞海》如

---

[1] 原载《光明日报》1979年3月13日。

有"杨度"这条词目,应告诉上海把他加入共产党一事写上。我也查阅了些别的资料,多处记载,30年代思想文化战线上的"围剿"和反"围剿"斗争,杨度站在反"围剿"一边,参加过民主文化的组织和签名活动。这样,心里比较踏实了。就在当年七八月间修订《章太炎诗文选注》上册时,我对杨度这条注释,代为加了受革命形势的影响,他晚年在上海参加了一些民主进步活动一类的话,要《辞海》近代史词目修订的同志也加上这类的话。为了慎重,没有档案和其他可靠文字为凭,仍不敢把共产党员的称号同杨度的名字联在一起(现正在修订中的《辞海》,对"杨度"一条已改写)。

对于杨度、杨皙子的名字,我早在青少年时代就耳熟了。他书写的对联,字摹魏碑,至今留存印象。以后研习近代历史,不断接触了关于杨度的记载,觉得他是个有才华的人,在政治上却走入了歧途,以致他的才华,他学到的西学被他的反动政治行动淹没了,有点为他惋惜。

我们知道,辛亥革命前后的中国,在民族灾难和阶级矛盾的强烈刺激下,社会政治思潮勃兴,出现了形形色色的"救国"论,"立宪救国论"是叫得最刺耳的一种。他们主张要有部宪法,要有个皇帝,以为有了皇帝加宪法,中国就可得救了。凡持这种主张的,被称为立宪派,或君主立宪派,杨度就属于这一派,是这一派的佼佼者。为了较全面地认识他的变化,有必要在这里说一说他的来历。

杨度原是清末大名士湘潭王闿运的学生,1897年赴长沙应乡试,中举人,其时湖南推行新政,得以初窥新学;1902年去日本留学,同杨笃生等创刊了早期留日学生刊物《游学译编》,介绍西方政治学说。1903年回国参加清朝举行的经济特科,考中第二名,不料被指为"康梁余党",遭缉拿,因"苏报案"囚禁上海租界的章太炎为此还写了

《狱中闻湘人某被捕有感》的诗两首,其实杨度已先期得讯逃避上海,重走日本。1905年同盟会成立,孙中山邀他入盟,拒不加入,他却以宪政名家的身份,由熊希龄牵线为五大臣出洋考察宪政写报告书。1907年正当《民报》与《新民丛报》激烈论争时,他别树一帜,搞了个《中国新报》(月刊),既不赞同《民报》宣传用武力推翻清朝的主张,也不完全附和《新民丛报》的保皇党言论,倡议开国会决定国是。1908年得到张之洞、袁世凯的推荐,入北京,被任命为宪政编查馆行走,并由袁世凯透过奕劻的关系,到颐和园向亲贵们演说立宪要旨。1909年至1911年春夏,在清朝的伪立宪活动中,他参加了资政院,并请召集国会的活动;武昌起义爆发后,同汪精卫组成"国事共济会",主张即日停战,召开临时国民会议,协议政体,清朝和革命军都应服从协议,为袁世凯制造机会,大招非难,"共济会"旋即宣布解散,他改变途径,暗中为袁联络。1914年袁世凯派他为参政院参政。1915年拉拢孙毓筠等成立"筹安会",发表洋洋一万数千字的《君宪救国论》,为洪宪帝制奔走呐喊,这是杨度十余来年策划立宪政治的高潮。

但是袁世凯的皇冠迅速落地,1916年3月洪宪帝制取消,杨度自己也被列为祸首,通令要拿办他,他只得避居青岛,作诗《避难行》,自叹末路;更目睹1917年张勋的复辟丑剧像泡沫一样破灭,从此他才绝了"立宪救国"的念头。1918年7月,北京政府下令赦免洪宪余孽,他结束了在青岛的亡命生活,到上海等地旅行。正是在这种极度沉落而又找不到出路的时候,五四运动起来后,孙中山很快在共产党人的帮助下走上了新的征途。1922年至1923年,杨度受孙中山之命,来往于上海、北京间,与曹锟等军阀周旋,为南方的革命势力缓冲。1926年迁居北京,学画礼佛,看来过着很恬静的生活,实际在从事革命秘密工作。1927年4月他从汪大燮那里获得张作霖将捉拿李大钊同志等的噩讯,立即密报,进行营救,事虽不成,他却尽了最大的努力,事后又多方帮助和维护被难同志的家属。这就表明他获得了新的起点,有了显著变化,陶菊隐的《六君子传》说了他"到光明之路"。然而近三十年来,我们在探讨历史中从好些先进的中国人身上看到了这种转机,却很少从杨度同志这种人身上去探寻消息。

不久前读了王冶秋同志的《难忘的记忆》和夏衍同志的《杨度同志二三事》,确切地说明了杨度同志的入党是周总理批准的,夏衍同志当时是党组织派去同他秘密联系的人。可见论断一个人的一生,怎样从事实出发,特别是他们在所处时代的剧烈转变中怎样使他们前后异趋,必须认真研究,要以他们的每一步社会实践为依据,决不能用凝固的眼光去对待变化中的人和事。我们当然要歌颂那些一生革命的崇高形象,但也要承认那些在崎岖道上行进而晚节可风的人。

在近代中国,时代变化的脚步快,新陈代谢快,对立面向各自的相反方面转化也频繁。这个历史辩证法深刻地刻画在人们身上:有的人掉队了,由先进变为落后;有的反戈一击,由反动变为革命。杨度的大半生是在军阀、官僚和政客中度过的,他最后的政治抉择,投向革命,不过是社会大变革中敌我转化的一小例。就他个人来说,有这点认识和勇气,由一个资产阶级领导的旧民主主义革命的反对派投到无产阶级领导的新民主主义革命的阵营里来,要算是难能可贵的了。我们不应先入为主地以他先前的暗影抹掉他晚年的余晖。

杨度同志不是一个能上马杀贼的战士,也不可能成为一个深入工农群众的宣传、组织家,而是以他的特殊经历,在白色恐怖笼罩下的中国,出入龙潭虎穴,把搜集到的敌情贡献给党,这并不是绘画绣花,也是冒杀头之险的。他和杜月笙的接近,据他自己说是杜的"清客",正因为他能当"清客",才能做他所要做的工作。须知那个年代党在上海开展工作,钻到杜月笙门下掌握他的活动,是一项极为重要的任务。据说1930年杨度同志探获一个紧急情报,曾使党避免了一次很大损失。这一点,对于我们分析以往的复杂历史问题,分析复杂的社会政治关系是很有用的。

小凤仙其人[1]

近来影片《知音》、话剧《一代风流》及其他剧种《蔡锷与小凤仙》相继上演，不仅使蔡锷的英名重放光辉，"小凤仙"三个字也已家喻户晓。蔡锷与小凤仙的故事，野史说部固然多所渲染，但他们的相恋，并非乌有，确是中国人民反帝反封建斗争史上的一则佳话，富有传奇色彩，早在二三十年代，就曾以《英雄美人》为题搬上了舞台。

蔡锷，字松坡，他在辛亥革命时才30岁，已是云南都督，护国之役又是年轻的总司令，史册上赫赫有名。至于小凤仙，只是以一个偶然的社会因素，闯进了蔡锷的英雄业绩中，她的真实性到底怎样？她的身世又怎样？人们是不太了然的。这里且引两段较有历史价值的传记资料供参考。

同盟会会员张相文的《南园丛稿》中有一篇《小凤仙传》，首

---

[1] 作者注：1981年纪念辛亥革命七十周年之际，各地陆续上演电影《知音》及其他同一题材的剧种。为了让大家在欣赏电影和戏曲之余，能观其戏而知其人，我就历史写了《小凤仙其人》，发表于《文汇报》1981年10月26日《学术》专栏。文章刊出后，引起全国各地读者的兴趣，收到信件达200封，有的补充资料，有的提供轶闻，特别是对文中录引那副挽联的订正。为此我又写了《再谈小凤仙》一文，载于《文汇报》1981年11月23日《学术》专栏。这里是就有关小凤仙两篇短文删订联缀而成。

段说：

> 小凤仙，钱塘人。父某清季武官，落职后，贫不能自活，携家卖饼上海。久之益困，遂质凤仙于妓寮，以凤仙齿稚，英警斥不许。复携至北京，张艳帜于云吉班。凤仙性慧，款接间，时从诸文士执经问字，久之遂能通大义，阅书报，翩然闺阁名媛也。

《孽海花》的作者曾孟朴的儿子曾虚白所撰的《曾孟朴年谱》，其中记述曾孟朴与小凤仙的一段轶事说：

> 小凤仙原本是杭州一个旗人姨太太的女儿，那旗人死了，姨太太不容于大妇，竟被赶了出来。那姨太太就带着一个老妈子抚养孤女过日子，过了几年她也死了，就把这孤女托给了老妈子。老妈子领着小凤仙就住在先生（指曾孟朴，下同）杭寓的对门，过的日子当然越发难堪了。不知怎样，给先生看见了，就商诸老妈子，把小姑娘领到自己家里，想好好把她抚养起来，不料那老妈子自居养母，屡次无风作浪，缠缠不休。先生可怜小凤仙的境遇，因与她养母约，每年贴她若干钱，叫她带着小凤仙到上海进学堂，不得让她堕落，老妪欣然承诺。不料民元时先生赴南京，在友人席间突遇小凤仙，竟是袅袅婷婷的一个妓女了。先生痛心之余，赶到她的寓所把老妪痛责了一顿，可是人在她的掌握中，也就无可奈何了。这次（指1913年春）先生北上参与财政会议，又在北京遇见了小凤仙，她已变成了红极一时的红姑娘了。

根据这两段资料互证，不难推断小凤仙的身世。（一）她是杭州旗籍武官的女儿，清朝在杭州有八旗驻防，旗人先前的鼎盛，到清末已衰败不堪，何况又遭家庭的变故，小凤仙之所以沦落风尘，原是那个社会难以逃脱的命运。（二）她的年龄，在上海时"张传"说她"齿稚"，当是辛亥革命前两三年；"曾谱"说她民元在南京已是"袅袅婷婷的一个妓女",至少有十五六岁了,以此推算,小凤仙在北京云吉班年间,当是一个17至19岁的姑娘。(三)她通文字,能阅书报,这是她比一般妓女较有身价的地方。

蔡东藩等的《民国通俗演义》第五十二回、第五十四回,对蔡锷与小凤仙的会合宴游,大加铺饰,那是"演义"家必有的手法。但在第五十一回中说:"小凤仙是浙江钱塘县人,流寓京师,堕入妓籍,隶属陕西巷云吉班,相貌不过中姿,性情却是孤傲,所过人一筹的本领,是粗通翰墨,喜缀歌词,尤生成一双慧眼,能辨别狎客才华,都中人士,或称她为'侠妓'。"除了"喜缀歌词""生成一双慧眼"等是作者的赞词外,其他证之"张传""曾谱",都属可信。如说"相貌不过中姿",就是着实之笔,熟知小凤仙其人的陶菊隐先生也说她并不十分漂亮。至于被称为"侠妓",当是在同蔡锷的关系传出之后。

蔡锷与小凤仙,一个是风流儒雅的名将,一个是堕入青楼的少女,他们是怎样相识以至相契的?据"张传"说:"民国二年冬,蔡锷卸云南都督任,留居京邸,偶与友人狎游,过云吉班,独赏识凤仙,凤仙亦伟视蔡,知其非寻常浮薄子也。由是蔡每三日必一至,至辄以夜半。""曾谱"则说曾孟朴在北京遇到小凤仙时,"蔡松坡那时正迷恋小凤仙到了极度,可是金屋之议因小凤仙不易就范,始终没有办法。蔡知先生跟小凤仙夙有渊源,因设法与先生交,以撮合的重任相托,卒经先生从中劝解,成立了这段英雄美人的撮合,也可说是千古佳话了"。

"张传"和"曾谱"对此事的记载,虽因个中关系不同,互有出入,但所说蔡锷对小凤仙的眷恋却是一致的。据蔡端(蔡锷子)先生听他的母亲(潘夫人)口述:有次在戏院看戏,蔡锷指着包厢中一位姑娘说,她就是小凤仙!并称蔡锷与小凤仙的关系,对家室并没有保密[1]。须知那时的社会,不独官场和文人狎妓成风,就是革命志士也常借妓馆为掩护。蔡锷在北京,虽有将军府将军、经界局督办、参政院参政等阔衔,但非实职,徒为袁世凯所羁留,在这种情况下,他与同僚涉足云吉班,并不足为奇。且因此以醇酒妇人的消极态度,瞒过了袁世凯及其爪牙,得乘机潜离北京,走天津,赴日本(因侦察严,未上岸),回船上海,取道香港、河口,达昆明,联络旧旅,组织护国军,把袁皇帝拉下了马。其间小凤仙实有主动助蔡得脱羁绊之功,这就使小凤仙的名字与蔡锷发生了联系,与反袁的战斗发生了联系。"张传"对小凤仙如何窥知蔡锷的反袁心事,告以袁世凯的侦探如何活动,更为蔡设计如何脱身,言之甚详。这些都说明小凤仙是一个既具慧眼又有侠心的姑娘。长沙黄毅的《袁氏盗国记》对此事记载得更为的实:"时蔡氏狎一侠妓,曰小凤仙。明达有丈夫志,深知蔡之私隐,时为赞助筹画之。自帝制发生以后,蔡、唐(继尧)密使往还不绝。唐促蔡入滇,宣布独立。袁探侦悉,乃有军警搜查蔡宅之事。(蔡)益知京中不能久居,伪与夫人反目离异。夫人出京,先脱家室之累,又得小凤仙之助,乘间出京,由津赴日本。"李丕章在《护国军中见闻二三事》中也说:"蔡出走时,是深夜在小凤仙家留宿,从而朦过监视人的耳目,连夜搭火车到天津上船赴日本,翌晨被发觉时,袁的侦骑四出,而蔡已横渡渤海了。"这表明蔡锷在与小凤仙相昵的日子里,谋划倒袁的壮志终不少懈,渐被小凤仙察觉。小凤仙不顾袁世凯的威势,也不留恋自己已得的宠荣,一心为蔡锷的脱险分忧。影片名曰《知音》,是会心之笔。

---

[1] 1982年11月,在昆明举行的"纪念蔡锷诞生百周年讨论会"上,闻之于蔡端先生。特补记。

蔡锷怎样飞出侦探四布的牢笼,小凤仙又怎样帮助其脱身?说法不一。哈汉章《春耦笔录》中有一段生动的纪实文字,摘引如下:

(民国)四年十一月四日,为予(哈汉章自称,下同)祖母八十寿辰,宴客北京钱粮胡同聚寿堂,……蔡松坡同学往还甚密,是日早至。谓予曰:今日大雪,可在此打长夜之牌。予知松坡有用意,即托刘禺生代为召集。松坡前执刘手曰:我与你同案三年,今日要畅叙一夜,你要慎择选手。刘曰:张绍曾颠,丁槐笨,二人如何?松坡曰:可。……蔡、刘、张、丁聚博终夜,天未明,松坡踌躇曰:请主人来,我要走。绍曾曰:再打四圈,上总统府不迟。松坡曰:可。七时,松坡由予宅马号侧门出,直入新华门。门卫异之,意以为极峰(指袁世凯)所传。侦探抵府门,亦即星散,未甚置意。松坡抵总统办事处。侍者曰:将军今日来此过早。松坡曰:我表快两小时矣。随以电话告小凤仙,午后十二时半到某处吃饭,故示闲暇,倘佯办事处中,若无事者,人亦不察。乃密由政事堂出西苑门,乘三等车赴津,绕道日本返滇。……松坡走后,予受嫌疑最重,从此宅门以外,逻者不绝。刘禺生、张绍曾次之。丁槐则佯无所谓。小凤仙因有邀饭之举,侦探盘诘终日,不得要领。乃以小凤仙坐骡车赴丰台,车内掩藏松坡上闻。……明日,小凤仙挟走蔡将军闻全城矣。

刘禺生的《洪宪纪事诗》中也有一首咏其事道:

当关油壁掩罗裙,女侠谁知小凤云?

缇骑九门搜索遍,美人挟走蔡将军。

请注意,第一句中的"油壁",指车子,油漆车壁的车子。诗中所说并非实事,是侦探逃避责任,"以小凤仙坐骡车赴丰台,车内掩藏松坡上闻",遂有"美人挟走蔡将军"的趣剧。

蔡锷在挥军打垮洪宪帝制后,喉病加剧,赴日本就医,1916年11

月8日死于日本,遗体运回国内;时黄兴先蔡八天逝世上海,因此黄蔡同时举行国葬,均归葬长沙岳麓山。官民哀悼,极一时之荣。在北京举行的追悼会中,据说小凤仙曾亲临祭奠,有哀悼蔡锷的挽联:

> 万里南天鹏翼,直上扶摇,那堪忧患余生,萍水因缘成一梦;

> 几年北地燕支,自悲零落,赢得英雄夫婿,桃花颜色亦千秋。

这副挽联用词贴切,流传很广,我在年轻时就听说过,不少联语或杂记一类书中也记载了此联,但词句常有出入。此处所录,已经核订。其中有两个词值得一说。(一)上联末句中的"因缘",一般作"姻缘","因缘"是佛家语,义广;"姻缘"指婚娶关系,义狭,蔡、凤为萍水偶合,用"因缘"好。(二)下联首句中的"燕支",一般作"胭脂",通用,但这里与上联"鹏翼"对仗,应作"燕支"。联语很工整,看来不是初识翰墨的小凤仙自撰,而是别人的代笔或假托。作者是谁?有的说是易顺鼎,有的说是樊增祥,有的说是杨云史。易、樊、杨三人都是当时擅长诗文的名士。也有人说是逊清翰林黄岩朱文劭(字劼夫)作的。更有人来信指出:易宗夔那时寄居北京安寺街湘潭会馆,应友人邀替小凤仙代作,以后收入他所著的《新世说·伤逝篇》[1]。言之凿凿。到底是谁作的?存以待证。

蔡锷死后,小凤仙的归宿怎样?这是小说、戏曲寻找的话题。为了使故事有一个动人心弦的结尾,不是说她一恸之下,自杀以殉知遇;就说她被蔡母迎回湖南,长作蔡家未亡人了。这些都不是小凤仙的真正归宿。真正的归宿,小凤仙只能在临风陨涕之余,仍走不出那个社会原先给她的安排。不久前,《北京晚报》上有篇文章,说小凤仙到解放后尚在人间,同一个工人结了婚,居东北。梅兰芳赴朝鲜慰问

---

[1] 查原书收录了此联,未说作者谁。

志愿军时，道经东北，小凤仙曾拜访过梅兰芳，要梅为她保密。这就更加表明了她的归宿的现实性。

辛亥革命前后，中国的社会政治正在经历着一次大的变化，居于统治地位将近 300 年的满族面临的这种变化更为紧迫，小凤仙的身世是这种变化的反映。她与蔡锷的知遇固然是一则政治佳话，也是一曲令人心醉的戏剧素材。她的侠义，比之寄兴亡之感的《桃花扇》中的李香君，也要高出一筹。综其一生，是一篇哀怨迷离的社会史，治史者似不应将其置于视野之外。

我对瞿秋白的认识[1]

我是比较喜欢瞿秋白的,这个人很真实。丁玲写过《我所认识的瞿秋白》,她是认识瞿秋白的,我今天则是谈谈对瞿秋白的认识。

在老一辈革命家中,瞿秋白是一个少有的富于才华的人,他在许多方面才华横溢。首先他是一个早期的马克思主义宣传家。他的中外文知识都是第一流的。鲁迅曾经说过他的翻译作品是并世无双的,别人有他那么好的外语,但中文不及他,而中文好的,外语又赶不上他,也就是说,他的译文在当时是极好的。他博览群书,中西皆通,涉及的面很广。中国的经史百家、佛术等,无所不览。西方学问的面也很广,应该说,他既是一位马克思主义宣传家、马克思主义政治家,又是一位杰出的文艺理论家。还会雕刻,当然还是革命烈士。

以前编《辞海》的时候,写了许多人物,但当时不许写"家",所以这些人都没有"家"的名称。这次在北京开会,编《人名大辞典》,要写25 000人,该是什么家就写什么家,实事求是。所以我刚才讲了瞿秋白的那么多"家"。

---

[1] 本文根据1982年初作者给学生讲课的记录稿整理。

瞿秋白活得并不长,一般讲他是 36 岁,也有说是 37 岁,他自称虚岁 38 岁(在《多余的话》中)。他生于 1899 年 1 月,于 1935 年 6 月牺牲,实实足足是 36 岁又 5 个月。现在有关历史人物的生卒年打架的很多,因此,我一开始就讲清他的岁数。

瞿秋白只有幼年、少年、青年,而没有中年和晚年。他的中年和晚年被国民党反动派剥夺了。从他一生的历史看,有几个阶段:

(一)从他出生到 1917 年(在北京俄文专修馆),这是他的青少年时代。可以说是一个破落户的飘零子弟。他家原是书香门第,以后破落,其母因家贫负债,在年初二自杀。瞿秋白时年仅 16 岁,兄弟姐妹好几个,分别寄居于各亲友家,骨肉离散,这样一种状况对他后期思想发展影响很大。母亲死后不久他曾写了一首诗:"亲到贫时不算亲,蓝衫添得旧痕新。饥寒此日无人管,落得灵前爱子身。"从中可以反映出他当时的心境。他母亲生前已负债累累,家中房产变卖已尽,不得已而住在祠堂里。由其叔祖时的官宦大户而至今日,使他对人情冷漠、世态炎凉体会很深。

1912 年,民国建立后的第一个国庆节时,当时的总统袁世凯下令全国庆祝,年仅 14 岁的瞿秋白在灯笼上写了"国丧"两字,以抗议袁世凯的篡国。这个思想的产生与其小学校长的影响有关。他是孙中山派的革命党人,对袁世凯窃取革命果实不满,视国庆为国丧。

(二)1917 年至 1923 年初,留苏回国,这是他一生的第二阶段,是他从朦胧中看晓雾的时期。

瞿秋白的思想认识发展与老一辈革命家有不同之处。陈独秀、李大钊、吴玉章、毛泽东等同志,早年大都经历了戊戌维新时的新党、辛亥革命的乱党(孙中山)到"五四"以后的共党这样一个发展过程。陈独秀、吴玉章同志的自传中都讲到此点。瞿秋白则不一样,他年纪轻一些，没有经历前两个阶段，直接走上了共产主义的道路。当时他去北京，找谋生的饭碗。几次考学不成，又无学费，转而进了不要学费，又给吃饭的俄文专修馆。在他进馆时，正值十月革命爆发后，马克思主义、十月革命的火种传入，影响中国的时期。

1920年毕业后，因北京《晨报》要派记者赴俄，瞿秋白因此而作为记者赴俄，能较直接地了解十月革命后的俄国，早一些接受马克思主义。从他这个发展过程也可以看出历史的必然性与偶然性。当时的中国，要去了解马克思主义、十月革命，探索中国革命的出路，这是必然的。而恰恰反映在瞿秋白身上则有偶然性。如果他当时进了北大而不是俄文专修馆，那很可能走上另一条完全不同的道路。所以，个人机遇有偶然性，但整个社会产生这样的人则是必然的。

当时瞿秋白没有系统地学习马克思主义，在《多余的话》中他谈到，他未曾全文通读过《资本论》，这是老实话，他的马克思主义知识是从当时报刊杂志中零星积累而得来的。1922年，陈独秀赴俄开会，瞿秋白担任翻译，由陈介绍入党，走上马克思主义道路。1923年初与陈独秀一起回国，在俄期间，瞿秋白曾两次见到列宁，并有两张照片。在老一辈革命家中见到列宁的人是不多的，与列宁合影的为数更少。惜之，这两张照片至今未见，不知是否保存下来了。

（三）1923年至1928年1月，在这段时期中，瞿秋白同志为党做了许多工作，写了大量宣传马克思主义的文章，并担任过书记成为中共领导人之一。他在《多余的话》中说，他没有担任过总书记，仅是书记。1927年"八七"会议后接替了陈独秀在党内的地位。此期他在理论上、在党内的政治生活中，都曾与不正确的东西作过斗争，也犯了一些错误。这是瞿秋白政治、理论上发展最高的阶段。

（四）1928年1月至1930年。在苏联参加六大（作为中国参加共产国际的代表），与米夫有过斗争。国内是李立三、向忠发掌权。

（五）1930年至1934年1月。受王明"左"倾路线的打击，被开除出政治局、中央委员会。在上海从事革命文艺活动。他的大量文学作品、译作多产生于此时，并与鲁迅建立了友谊。在实质上领导着文化上的反"围剿"斗争。建国初期有关瞿秋白与鲁迅之间的友谊谈得很多，鲁迅是怎样受瞿秋白的帮助，又怎样关心瞿秋白的。鲁迅曾赠给瞿秋白一副对联："人生得一知己足矣，斯世当以同怀视之。"瞿秋白也曾为鲁迅的杂文集写过序言，对鲁迅的一生作了最具权威性的评价，说鲁迅是绅士阶级的贰臣逆子，是由进化论者而成为阶级论者。这不仅是对鲁迅的正确评价，也是当时中国许多知识分子从进化论、民主主义者而成为阶级论、马克思主义者的反映，这是一代知识分子的共同道路。可以说，在马克思主义进入中国之前，进化论是近代中国社会革命的指导思想。上一代，上几代的反封建思想就是从进化论而来的。从中国革命的指导理论说，前一段是进化论，后一段是阶级论。瞿秋白的评价指出了这个共同性。瞿、鲁两人之间的相互了解是很深的，这种阶级感情，革命友谊是应该受到重视的。然而十年动乱时期，把这些都忘了，不提了。毛泽东同志与蔡和森同志的友谊，周总理和陈毅同志的友谊，这些老一辈革命家之间的同志感情和革命友谊应予以大力宣传，发扬光大，因为今天这些东西太少了。革命友谊多少年被不正确的东西干扰，破坏了，现在应以大力提倡、发扬。

（六）1934年至1935年1月。瞿秋白接受组织命令赴江西苏区工作。此期瞿秋白的心情是抑郁的，但服从了组织决定，抛下了心爱的文艺工作，离开杨之华，任苏区教育部长，做了不少工作。

为什么红军长征时他没有走。据说红军离开江西时,他把自己的马(马夫)都送给徐特立同志。也有说当时陈毅同志曾要另给他一匹马,让他赶上大队,然瞿秋白说他应该留下来,服从组织决定。在这中间是否有其他一些关系,瞿尽管不愉快,但还是遵从组织命令。

最后被捕就义。总其一生,还是光辉的。

对他的评价,我个人认为,应以尊重的感情来看他的书,我想主要谈两个问题:"左"倾盲动;《多余的话》。

(一)盲动主义。瞿秋白本人也承认,并说李立三的盲动也始于他。这是有勇气的行为。我认为他的盲动是历史错误大于人物的错误。理由是:

第一,当时的党不过7足岁,年轻的党,年轻的书记(瞿秋白时年29岁)。在当时那种困难复杂的局势下,接受党的任务,挑起这副担子。他在《多余的话》中说这是个历史的误会,他挑不了这个担子,是历史把他推上去的。应该说党也没有经验,瞿本人也没有经验,犯错误在所难免。

第二,瞿秋白的错误是在"八七"会议紧接着批陈独秀、彭述之的右倾之后发生的。当时在国民党反动派的疯狂镇压下,确有"山重水复疑无路"之状,党员人数从大革命时期的5万下降到1万。这时的瞿秋白是受命于危难之际,当时党内对国民党反动派的愤怒、仇恨的感情是普遍的、必然的。矫枉不能过正,过正仍然是枉,但矫枉过正往往是有其历史性的,在中国社会长期顽固性中,不这样,有些东西就扭不过来。在秋收起义、广东起义后,瞿秋白仍不认为已是革命低潮,仍然要前进,犯了盲动主义错误。

如果把这段历史与以后的历史比较,在历史的对比中看他的盲动主义还是情有可原的。他的盲动主义仅4个月,而且开始认识,正在纠正，较之后来的盲动主义长期没有认识，要别人来纠正，瞿秋白的错误实在是不算大的。更何况在这个错误中历史的因素更大于个人的因素，个人的主观原因在这次盲动主义中不是主要的。这个比较主要是针对王明的，没有后来的历史，就不能得出这个结论。王明错误长达4年之久，而且还要别人来纠正。

这些是我个人的体会。瞿秋白的盲动主义，作为历史经验教训是可以说的。但是我们把历史现象摆出来之后还要说明为什么是这样而不是那样。以往过多地苛求瞿秋白的责任，但实际上他是无罪的，至多是错误。

（二）《多余的话》。有关这个问题的讨论是够多的了。解放初，我教新民主主义通史不曾涉及这个问题。在编《新民主主义通史》时，才看到《多余的话》以及瞿秋白的一些诗。许多人对此是否是瞿的作品表示怀疑，我则怀疑这种怀疑论。1979年中央组织调查，讨论瞿的问题，在上海也找了些同志（约30人）开座谈会，多数人仍然认为《多余的话》不可靠，我认为不能说不可靠，这是瞿秋白的自白，有几条理由为证。有些人认为我的话太"玄"，不同意，这个怀疑是由来已久的。瞿秋白于1935年6月被害，10月《社会新闻》杂志将《多余的话》发表了几段，当时的革命者皆认为这是国民党造谣，不引起注意，因为《社会新闻》是份右倾的刊物。1937年7月，《逸经》杂志全文连载《多余的话》，这是一份既非与共产党有关，又非与国民党有关的中立派自由知识分子所办的刊物，因而反响很大。郑振铎专门到《逸经》杂志社去查原稿，回来后与茅盾讲，此稿非瞿秋白的字，因而是国民党反动派伪造的。香港报刊以后也转载。而当时的革命者一般都不相信，原因：（一）非其手稿，不可靠；（二）更重要的是革命者们特别是与瞿秋白关系密切的人，都有不愿意、也不希望瞿秋白留下这样一种不健康的东西的感情。这种感情最容易获得大多数人的同感。在这种感情作用下,即使有正式手稿,心理上也会持否认态度的。如《李秀成自述》一直说此系曾国藩伪造。解放后,在台湾的曾氏后人将其影印公开后,上面李秀成的字迹与曾国藩改篡的字迹一清二楚,还有人说这是曾国藩派人模仿李秀成的笔迹伪造的,总有一种要保存李的清白的感情,所以即使是白纸黑字清清楚楚的也予以否定。这种为亲者讳、为尊者讳的感情常在历史研究中起作用,而且常是盲目地否认事实。其实我们应该看到这样一种客观事实:尽管历史上造了许多假的东西,但寿命都不长,最终都会为历史的真实所揭穿。但假的也有假的作用,这使人会考虑他为什么要作假。袁世凯在戊戌后伪造假日记,以洗刷自己,虽然现在尽人皆知此是假的,也还是作为资料保存了下来,从反面证明袁的为人。

我认为《多余的话》是真的,原因有以下几点:

其一,从整个《多余的话》所涉及的人和事来看,是真的,假不了,许多细枝末节反映了这点,造假是不可能的。《多余的话》中提到的人并不多,有李立三、陈独秀、杨之华等,他们或是早已公开的,不成其秘密,或当时在地下工作的,如杨之华,敌人无法知其行踪。但其中讲到1934年与鲁迅的关系时,则一笔带过,他不愿意牵连鲁迅。而与郑振铎一起办杂志的事,则写了许多,因为这在当时是公开的无罪的,从这些细微之处就可以考其真实性,这是瞿秋白当时心理的真实反映。

其二,从思想看。我们如果接触了瞿秋白早年的东西,了解瞿秋白的思想,也就会发现,《多余的话》中所写的是瞿秋白的思想。他认为他成为政治家、共产党的领袖是一个历史的误会,这个思想瞿早年就曾吐露过。30年代初他与鲁迅、茅盾的信件往来中,曾署名"犬耕",意即犬代牛耕,非其本意,力不从心。我们从《多余的话》可以看出,有许多思想,早年已存在,"犬耕"就是与他的"历史的误会"联系着的。

其三,文字风格。搞历史的人要考证真伪,学会辨认文字风格是很重要的一条,缺此不能成为历史学家。在马克思主义指导下,要注意历史的科学性,还应注意考据历史有大量的赝品,必须分清,否则就不成为历史了,当然这并不是说仅仅埋头考据就行了。我以瞿秋白的两首诗为例,可以看出瞿秋白的文风是一贯的。

雪意(1917年写于俄文专修馆)
雪意凄其心惘然,江南旧梦已如烟。
天寒沽酒长安市,犹折梅花伴醉眠。

梦回(1935年写于狱中)
山城细雨作春寒,料峭孤衾旧梦残。
何事万缘俱寂后,偏留绮思绕云山。

瞿秋白30年代初在上海时,曾把以前的诗抄给鲁迅(其中包括前一首),底下注明这些诗感情颓废,有不堪回首之意,调子较低。

两首诗中都有"旧梦"一词,但第二首的"旧梦"较之第一首的"旧梦"内容更多了,色彩更杂驳了,它不仅有早年家贫丧母,饱尝世态炎凉之苦的意味,也有后来的赴苏参加革命,任书记,在上海搞文艺工作及至苏区等二十年中的生活经历等。在诗中流露的不是澎湃的革命之情,而是文人的感伤。这两首诗相距近二十年,但诗的格调、意境、手法甚至遣词都是相似的,是别人所无法代笔的。

我就是根据这几点证明《多余的话》是瞿秋白写的。他的手稿大概永远也找不到了。据宋希濂讲,当时抄了两份,一份报送国民党中央,给蒋介石,一份留在绥靖公署,而手稿则按瞿秋白的要求,寄给他的亲人了。1979年在档案中发现一份抄件,内容较《逸经》发表的更多出几段,我反复看了这几段,没找出什么太大的要故意删去的意思,看来可能是遗漏的。

丁玲的《我所认识的瞿秋白》写得很细,很好,所有写有关瞿秋白回忆文章的人都没有超过她的,把瞿秋白的生活、为人刻画的很细腻、很感人,从这篇文章中所反映的瞿秋白的思想、为人看,也可证明我的话并不"玄"。前两年《新文学史料》上刊载的茅盾的文章,回忆30年代初的事情,从他的话中也可证明我的论断。茅盾认为瞿秋白的《多余的话》是最后吐露自己的真实感情,但不是向敌人,是向同志,而且也不是求得同志的宽恕而是希望大家不要重蹈覆辙,他没有怨言,完全是真实感情的流露,当然作为马克思主义者来说,感情不十分健康,但是真实的。

瞿秋白同志对马克思主义在中国的传布,对中国革命是有贡献的,他是英勇牺牲的。作为一个马克思主义者,他的《多余的话》确是多余的,不太健康。他在临终前也没有激昂的口号,但从他临刑前的照片来看,他是完全平静从容的,没有一丝恐惧。中国古语说慷慨就义,这固然可取,然而从容就义比慷慨就义有更深更含蓄的意味。

国民党CC派曾派人劝降瞿秋白,一定要攻下这个堡垒,一星期中曾劝降九次,但毫无效果。他们用杨之华的信打动他,而瞿秋白回答说,他相信杨之华是坚强的,如果杨之华被捕,会比他更坚定。这说明瞿秋白没有为感情所动,不过这个材料有可疑之处,杨之华的信从何而来。

当然,《多余的话》从政治家的角度来看是多余的,反映了瞿秋白身上的文人与政治家的矛盾,是文人积习的表露,但作为历史来说并不多余。瞿秋白早年参加革命,后受王明打击,内心有许多伤痕,《多余的话》是反映了这种伤痕的。马克思主义者要消灭人世间的伤痕,消灭剥削压迫走向大同,但在消灭伤痕的过程中,免不了会留下一些伤痕。在历史的前进中,在消灭伤痕的过程中,伤痕、错误是免不了的。历史学家应该正确对待它,分析这些伤痕,找出其原因,使后人少留伤痕。

简释《金粉泪》五十六首[1]

1934年,陈独秀在南京狱中以七言绝句的形式写了一组诗,共56首,题曰《金粉泪》。

南京旧称"六朝金粉"之地,是个繁华古都。当时是国民党政府的首都。国民党官僚们歌舞升平,过着豪华腐朽的生活,而全国人民在他们的暴虐统治下,水深火热,血泪和流,这就是《金粉泪》命题的旨意。末署"所谓民国二十三年书",表示不承认蒋介石的"民国"。原稿是汪孟邹探监时携出,经辗转秘藏,1959年始归中共"一大"会址纪念馆。汪籍安徽,原上海亚东图书馆主人,是个出版商,与陈独秀为同乡好友。《独秀文存》就是由"亚东"出版的。

全诗是感时伤事之作。那时,中国的形势是:日本帝国主义占领东三省划为"满洲国"后,又于1933年占领热河,向绥东、察北、冀东进犯,华北危急,中华民族危急。而蒋介石挟其"攘外必先安内"的反动政策,对日本帝国主义百般屈从,相继签订了卖国的《塘沽协定》

---

[1] 本文作于1980年1月,修改于1982年3月,载《中共党史资料》1982年第4辑,中共中央党校出版社。

《何梅协定》；对爱国人民则残暴镇压，无所不用其极。当时，他们调动百万大军，两百架飞机，疯狂"围剿"革命根据地；又于1934年2月开始在全国玩弄"新生活运动"的花招，宣称"国民军事化"，要以"礼义廉耻"为生活准则；还规定每年8月27日孔子诞辰为国定纪念日，尊孔读经，借以掩饰他们穷凶极恶的法西斯面目，如此等等。在狱中的陈独秀，据报刊及与人接触中的所见所闻，感慨万端地写下了这组诗。

诗中涉及的面颇广，有军政大事，有生民命脉，有要人隐私，探幽阐微，言之有物有据，可以当史诗读。就诗的内容来说，反映了陈独秀虽历经艰险，失去自由，但字里行间仍流露着早年爱国革命的豪情：一、宣示了日本帝国主义深入华北，国民党反动派毫不抵抗的危险局势；二、指出了国民党反动派厉行法西斯和"新生活运动"的倒行逆施；三、斥责了国民党反动派对革命人民的迫害和压榨；四、揭发了国民党反动头目的无耻行径。全诗所陈者，皆国家民族的安危所系，一无个人的失意呻吟，语不求工，娓娓道来，发自内心，不难窥见作者自诩"依然白发老书生"的意态。现依次诠释每首的大意，供研究陈独秀晚年思想生活的人参考。释诗甚难，失误和不妥之处，阅后请指正。

（一）"放弃燕云战马豪，胡儿醉梦倚天骄。"燕，河北；云，大同。五代时石敬瑭割燕、云十六州给契丹。这里借指国民党断送了东北、华北等地。天骄，汉时匈奴自称是"天之骄子"，这里借指日本。两句是说，自从放弃燕、云大片国土后，敌人如醉如狂不可一世。概括了当时日本帝国主义进犯的形势。"此身犹未成衰骨，梦里寒霜夜渡辽。"作者说自己并没有衰老，梦里还想踏过辽河的冰霜去抗日。颇有陆游"夜阑卧听风吹雨，铁马冰河入梦来"之慨。

（二）这首是说，要人们玩弄了"新生活"的花招，但这些腐败官僚哪能招回已逝的国魂！不过是把"国家兴亡"当作儿戏罢了。"满城争看放风筝"，国民党中央委员褚民谊等曾在南京组织大放风筝。

（三）"清党倒党一手来，万般复古太平哉。"清党，指"四一二"反革命政变后国民党进行的清党活动；倒党，指南昌行营秘书长杨永泰以拥蒋倒党取悦于蒋。这两句是说，你们干的清党、倒党和复古勾当，难道天下就此太平了吗？"当年北伐诚多事，笑倒蓝衫吴秀才。"蓝衫，秀才的穿着。吴秀才，指北洋军阀吴佩孚，他是秀才出身。两句是说，照你们今天这样的所作所为，当年的北伐看来是多此一举，这可要笑煞了吴佩孚。

（四）"经正民兴礼教尊，救亡端赖旧文明。"这里的"经正""礼教尊""旧文明"，都是指"尊孔读经"等复古活动。"投壶雅集孙联帅，不愧先知先觉人。"投壶，我国古代宴会中的礼制，也是一种游戏，以盛酒的壶口为目标，用矢投射，以投中多少决胜负。孙联帅，指孙传芳，1925年称五省联军司令，正当北伐军挺进韶关的时候，他在南京邀集社会名流搞投壶古礼。末一句是说孙传芳不愧为你们国民党的先辈。

（五）"世事由来似弈棋，黄龙青白耍斯梯（swastika）。"黄龙，指清朝的黄龙旗。青白，指国民党的青天白日旗。耍斯梯，指德国纳粹标徽。这两句是说，世局好像下棋一样变幻，由黄龙旗变为青天白日旗，现在又要变为纳粹旗了。"红袍不及蓝袍好，行酒青衣古有之。"红袍，指古时以大红袍为高官礼服。蓝袍，国民党官僚以蓝袍、黑马褂为礼服。青衣，贱服，晋愍帝被匈奴军掳去，叫他着青衣行酒。两句是说国民党官僚政权厉行特务统治，青衣行酒的臣虏命运正等待着他们。

（六）抽水马桶、汽车洋房是你们少不了的，其他"摩登"（现代化）都可以破坏（当年4月南京等地出现"摩登破坏团"）。只要穿上古色古香的长袍马褂，表演中世纪的骑射（当年9月11日报载张学良、何成濬、张群等发起"武汉骑射会"），就是一派升平气象了。

（七）"微笑捻须张大辫，石头城畔日徘徊。"张大辫，指辫帅张勋。石头城，即南京城。这首诗是说，"五四""五卅"既然是"亡国祸"，武昌起义也就更不应该了。如果这样，当年在长江顽抗辛亥革命的辫帅张勋，倒可悠然自得地徘徊于石头城上了。

（八）"一国三公赣港宁，可怜诸葛竟分身。"赣、港、宁，是指当时蒋介石在南昌行营、胡汉民在香港、汪精卫在南京主持行政院。诸葛，即诸葛亮，这里可能借喻蒋介石。两句是说国民党政府的三个首脑各有势力，可怜那个梦想统一的"诸葛亮"到处分身应付弄得晕头转向。后两句是说经过"清党"应该是"党中无派"了，可是仍然是"一国三公"，这一点阿斗先生看得最清楚。阿斗，这里指老百姓。

（九）这首是说老百姓议论政治就会触犯刑典，民气在受弹压中消沉了。不要瞎说官家不好说话，老百姓本来是当牛马的啊！

（十）"兵车方过忍朝饥，租吏追呼乌夜啼。"乌夜啼，乐府曲名，这里借喻老百姓的悲苦作乌夜啼。两句是说早上方忍饥挨饿地躲过了兵，跟着又是吏胥来催收飞机捐。

（十一）"飞机轰炸名城堕，将士欢呼百姓愁。"这里似指米春霖在锦州成立辽宁省政府，日本派飞机轰炸，遂失关外战略要地，日军随之进迫长城。所以后面两句说，敌人快要饮马黄河，而临河还是一片沉寂，因为蒋家王朝在实行"怀柔"的投降政策。

（十二）"批颊何颜见妇人，妇人忍辱重黄金。"批颊，打耳光。妇人，指邵元冲之妻张默君，国民党中央委员。蒋曾因事打过邵元冲的耳光。这首是说蒋家王朝高唱"礼义廉耻",其实都是些寡廉鲜耻之徒。"高官我做他何恤,廉耻声声教国民"两语道破。

（十三）"士气嚣张应付难,读书救国最平安。"这两句指出,自"九一八"起,学生爱国运动高涨,国民党反动派穷于应付,通过胡适之流叫嚷"读书救国",想把学生禁锢在书斋里。"埋头学得胡儿语,好待荣膺甲必丹。"胡儿语,外国语。甲必丹（Captain）,船长,海陆军尉校级军衔,这里指做官。意谓学会了外国语,就好去充当买办官员,与"读书救国最平安"相呼应。

（十四）这首指蒋介石压抑民权,摧残民智,全是嬴家（秦始皇姓嬴,这里是双关语）帝王万世之业的愚民政策。

（十五）"木鞋踏破黄河北,救国三民有万能。"木鞋,日本人习穿木屐,这里代称日本。两句是说日本帝国主义已深入华北,国民党反动派只知空喊三民主义。"革命维新皆反动,祭陵保墓建中兴。"祭陵,当年4月13日报载戴传贤等赴陕西谒周陵（周文王墓）、茂陵（汉武帝墓）。保墓,同日报载戴传贤指责考古学家发掘古墓是"自伤其祖先之德,败其同胞之行",应严禁,犯者当判刑。两句是说革命、维新都是反动,只有祭陵、保墓才能使中国中兴。反话。

（十六）"四方烽火入边城,修庙扶乩更念经。"修庙,当时报载要筹100万元以修复孔庙和作祀孔基金。扶乩,请神预卜吉凶的迷信,当时国民党一些军政要员多借扶乩决策。念经,当时报载戴传贤在北京雍和宫举行"时轮金刚法会",邀请班禅主坛念经。意思是说,四边烽火告急,国民党的要员们却一味尊孔、崇道、念佛,在他们看来,做亡国奴是小事,头等要紧的是复古正人心。

（十七）"人以一正般般古,四裔夷酋自罢兵。"一正,双关语,指"正人心",也指蒋中正其人。四裔,四方边远地区。两句是说,只要人人从正，样样复古，四方国家的头目就会自动罢兵言好。"中国圣人长训政，紫金山色万年春。"中国圣人，指蒋介石；训政，孙中山规定建设"民国"分为军政、训政、宪政，训政为三阶段之一，谓人民须经过教育训练才能实行宪政，蒋介石借此剥夺人民自由，长期实行独裁统治。紫金山，在南京市东，孙中山陵园所在地。这两句是说，你蒋介石对人民长期训政下去，就会像中山陵一样万年长青了。反话。

（十八）"德赛自来同命运，圣功王道怎分开。"德，德谟克拉西（民主）；赛，赛因斯（科学）。两句是说，民主与科学是互相依存的，事功与道德怎能分开？"忏除犯上无君罪，齐到金刚法会来。"金刚法会，讲经奉佛活动。除（十六）所注外，当年四月，国民党要人和社会人士在报上刊出大幅《启建时轮金刚法会启事》，将定期在杭州灵隐寺举行法会，"切望十方善信如期到会恭候大法"。这两句是说，为了忏悔"犯上作乱"，"目无领袖"的罪恶，都要到金刚法会上来听法修行。

（十九）"宝华山上暗生春，春满书斋不二门。"宝华山，在江苏句容县北，离南京约90里。不二门，即不二法门，佛教语。二门，指不是两个极端。法门，指修行入道的门径。这首揭露戴传贤一伙假道学的丑行，看原注自明。

（二十）"艮兑成名老运亨，不虞落水仗天星。"艮、兑，八卦中的两个卦名，这里指宦侍妇妾之行。落水，指吴稚晖早年在日本投水获救的事。两句是说，吴稚晖仗着运气好早年没有溺死，便以钻营成名，到老官运亨通。下二句是说他的儿子染上了花柳病，吴家的"烟火"就将断绝了。

（二十一）这首是专讽戴传贤保护古墓事。大意是：保墓贤人别有考虑，所以痛恨考古学家散播发掘古墓的邪说；古墓发掘了，三皇五帝和他们的道统（"稻桶"的谐音，指饭碗）岂不都荡然无存了，所以死去的、活着的大圣都那样悲痛。

（二十二）"两载匆匆忘四省，三民赫赫壮千秋。"忘，疑亡字之误。四省，指东三省和热河。两句是说，匆匆两年中就丢失了四省神圣领土，"三民主义万岁"倒是叫得怪响。"中华终有新生命，海底弘开纪念周。"海底，1933年国民党代理行政院长宋子文告热河将士书中说："诸君打到哪里，子文跟到哪里，诸君打到天上，子文跟到天上，诸君打到海里，子文跟到海里。"纪念周，国民党规定各机关、学校每星期一早上集合诵读孙中山遗嘱和负责人讲话的仪式。后两句是说，中国终归有一条新的生路，那就是到海里去大做纪念周。反语。

（二十三）这首讽刺国民党的逃跑主义。意思是说，长城以外已经丢了，万里黄河也已黯然失色，但还有长江的天险，国民党的官老爷尽可高枕无忧。反语。

（二十四）"苏马幽居蒋蔡逃，胡儿拍手汉号啕。"苏、马，指东北义勇军将领苏炳文、马占山；蒋、蔡，指当时主张联共、抗日、反蒋的十九路军将领蒋光鼐、蔡廷锴；胡儿，指日本帝国主义；汉，指中华民族。两句是说，苏炳文、马占山投闲置散了，蒋光鼐、蔡廷锴被赶跑了，亲者痛仇者快。"儿皇忠悃应无失，毋事皇军汗马劳。"这两句是说蒋介石有了石敬瑭做儿皇帝的忠诚，就不用再为日本皇军去打仗了。

（二十五）"人心不古民德薄，中夏亡君世道忧。"中夏即中国；亡君，意即无主。"幸有安排谢邻国，首宜统一庆车邮。"邻国，指日本。庆车邮，指北平政治分会派殷同与伪"满洲国"签订与关内通车、通邮协定。这无异是对伪"满洲国"的承认。所以作者讽刺说：多谢邻邦的好安排，首先应为关内外统一庆祝通车、通邮。

（二十六）"关东少帅如兄弟，淮上勋臣师道尊。"关东少帅，指张学良；淮上勋臣，指段祺瑞（段为安徽合肥人）。段曾任保定军官学校校长,蒋介石曾肄业于该校,故段由天津南下至浦口时蒋前往迎接,执弟子礼。后两句看原注自明。

(二十七)"虎狼百万昼横行,兴复农村气象新。"虎狼,指贪官污吏;兴复农村,指国民党设置的"农村复兴委员会"。作者讽刺国民党搞的"复兴农村"花招,不过是"虎狼百万""苛捐三百种",把农民的血肉变为他们的黄金。

(二十八)这首看原注自明。

(二十九)"分肥不及暗生填,蹩脚先生老气横。"这首是讽刺张人杰(张静江)的。1926年张在广州一度任国民党主席。北伐期间宣布为浙江省主席,未到任。在南京政府的分赃中,因争监察院长不得而发怒。张早年跛足,人称"张跷子",故诗中称"蹩脚先生"。后两句看原注自明。

(三十)"严刑重典事唐皇,炮烙凌迟亦大方。"唐皇,即"唐哉皇哉";炮烙、凌迟,皆酷刑。大方,这里作大道理解。两句是说,严刑重典做得很堂皇,炮烙、凌迟也有大道理。"暴虐秦皇绝千古,未闻博浪狙张良。"秦皇,这里借喻蒋介石。博浪狙张良,张良曾遣人用铁锥狙击秦始皇于博浪沙。这两句是说,秦始皇(指蒋介石)的暴虐真是千古少有,却没有听到像张良这样的人去刺杀他。

(三十一)"贪夫济济盈朝右,英俊雕残国脉衰。"朝右,古代习惯尚右座,这里指权贵。两句是说国民党满朝文武都是贪夫,有作为的人才却横遭摧残,国家的命脉越来越衰微了。"孕妇婴儿甘并命,血腥吹满雨花台。"甘并命,愿意一块儿死。雨花台,在南京市中华门外,国民党反动派在这里屠杀革命志士,解放后辟为烈士陵园。

(三十二)"关门闭户两争持,佝偻主人佯不知。"关门,开门之误;佝偻,病名;主人,指国民党政府。两句是说,任英美和日本互相争持——一方要门户开放,一方要闭户独占,害了佝偻病的国民党政府却装聋作哑。后两句则说,国民党拥有的百万雄兵不去抗日,"围剿"革命人民却毫不迟疑。

(三十三)"感恩党国诚宽大",反话。"宽大"何在?"并未焚书只禁书",但1932年2月,上海一次就查禁了文学书刊149种,进步人士还常以言论获罪,所以后两句说民国政府也公然屡兴文学狱,民主共和早就一命呜呼了。

(三十四)"麻雀乌鸦总祸胎,投机彩票禁难开。"麻雀、赌具;乌鸦,指鸦片。两句是说,烟赌是祸根要严禁,投机彩票也不能随便开放。后两句则说,官家åå借禁赌禁烟恣意勒索,开办航空奖券大发横财(当时在报上刊登"航空救国,储蓄致富"的巨幅广告)。

(三十五)"故宫春色悄然去,无饰王冠只一端。"故宫,北京故宫博物院;春色,指宝物;无饰王冠,镶嵌的珠饰被拆偷了的王冠。两句是说,故宫博物院的宝物悄然失踪,无饰的王冠只是其中的一件。后两句是说,还有300箱宝物被运往南方,国民党元老们的乘机扒窃,使他们都成了面团团的富家翁。

(三十六)"珊珊媚骨吴兴体",珊珊,妇女衣裾玉佩的声音;吴兴体,浙江吴兴赵孟頫的书法,形态妩媚,称吴兴体。这首是借以讽刺汪精卫毫无骨气。

(三十七)"拳乱偿金万民血,故宫宝器尽连城。"拳乱偿金,指义和团运动中的庚子赔款,后来帝国主义者部分归还,设立庚款委员会,指明用途。连城,即和氏璧,价值连城。两句是说,庚款都是老百姓的血汗,故宫宝物都是价值连城的珍品。"要人垄断伶人喜,一掷缠头十万金。"要人,指李石曾,李曾是法国庚款委员;伶人,戏曲演员;缠头,古时歌舞者作为妆饰缠在头上的锦帛,也作赠予伶人的锦帛或财物。两句是说,要人垄断庚款和故宫宝物,伶人很高兴,因为一次就获得了10万元。

(三十八)"十三万万债台高",指南京政府当时欠的外债。"太子叨光三百万",指孙科任铁道部长贪污了300万。"宗臣外府大荷包",宗臣,位极群臣的大官,这里指国民党行政院长汪精卫。这句是说,铁道部不仅是孙科的金窟,也是行政院长汪精卫的外库大荷包。

(三十九)"萧何立法身难免,嗾杀陈郎道路哀。"萧何为西汉制订法制的大臣,曾被刘邦猜疑,遭囚禁。这里借指曾任国民党立法院院长的胡汉民,因与蒋介石争权,一度被囚禁于南京汤山,故说"身难免";陈郎,指陈树人之子。两句是说,立法的萧何也公然违法,指使别人杀害陈家的儿郎,大家都很惊讶。"司马家儿同眷属",司马家儿,晋朝皇帝姓司马,永嘉五年,匈奴军刘曜攻洛阳,掳晋惠帝羊皇后,不久刘曜僭位立羊氏为皇后,因问曰:"吾何如司马家儿?"后曰:"胡可并言,陛下开基之圣主,彼亡国之暗夫。"这是说刘曜与晋惠帝司马衷同一个皇后。这里暗指陈树人之子与胡家眷属有暧昧事,所以胡汉民要指使人加以杀害。"祝君终老妙高台",君,似指胡汉民;妙高台,在金山上,僧了元建。这句的意思是说,你还是到妙高台去修行养老吧!

(四十)"凛凛威风御史台,三光荫下集群才。"御史台,谏官,这里指国民党监察委员。三光,日、月、星。两句是说,威风凛凛的监察委员,是在三光照耀之下汇集的人才。反话。"狐狸暗笑苍蝇拍,心眼歪时嘴亦歪。"这两句是说有些狡猾的人讥笑监察委员只是拍拍苍蝇,因为这些谏官老爷心眼长歪了,话也是歪着说的。

(四十一)"一门亲贵人称羡,宋玉高唐结主欢。"一门亲贵,指蒋、宋、孔；宋玉，战国楚人，善辞赋，有《高唐赋》《神女赋》等名篇。这里指宋子文以女宠为蒋介石所宠信。"几见司农轻授受，乃知裙带胜衣冠。"司农，财政部；衣冠，指士人，知识分子。这两句是说何曾见过财政部长竟可私相授受，原来裙带关系胜过发愤读书。

（四十二）"党权为重国权轻，破碎山河万众惊。"是说国民党以一党的私利为重、国家民族的公利为轻，祖国的大好山河任敌人蹂躏谁不愤慨！"弃地丧权非细事，庙谟密定两三人。"庙谟，朝廷决策，国家大计；两三人，指蒋、宋、孔等。丢弃国土，丧失主权不是小事，现在糟到这步田地是由两三个人的谋划。

（四十三）"严惩鸦片不容情，高坐唐皇国法尊。"两句是说国民党要人冠冕堂皇地坐在那里发号施令，口口声声要严禁鸦片。"为免欠呻濒掩袖，好将烟泡暗中吞。"欠呻，疲倦，这里指烟瘾发了。这两句是说唯恐被人看到烟瘾发作、眼泪鼻涕一大包，偷偷用衣袖子遮盖脸面吞下烟泡。国民党中央政治会议秘书长陈布雷就是这样的人。

（四十四）这首诗仍是揭示国民党禁烟中的丑剧的，且丑剧已变为暴行。据1934年4月19日报载，皖北强行铲毁烟苗，巢县农民不服，群起反抗，官兵竟纵火焚烧，"十里方圆，惟见烽烟蔽天""州官放火寻常事，巢县新焚八大村"两句，就是指的这件事。

（四十五）"嫌疑反动日惊心，拱默公卿致太平。"国民党诬革命为"反动"，略涉嫌疑，即遭迫害。拱默，两手拱着默不吱声；公卿，文武百官。两句是说"嫌疑""反动"令人胆战心惊，人人自危，满朝文武都默不吱声，好一副太平景象！后面的两句讽喻国民党官员们醉生梦死，浑浑噩噩地过日子。

（四十六）"法外有法党中党，继美沙俄黑百人。"前一句指南京政府的法律外还有《危害民国紧急治罪法》，国民党中还有 CC 和蓝衣社；后一句的"黑百人"，指沙皇时代的反动帮派组织"黑百党"。意思是说国民党效法沙俄的特务统治，所以"囚捕无须烦警吏，杀人如草不闻声"，一片白色恐怖。

（四十七）"皇皇大典枉抢才"，指国民党煞有介事地举行高等文官考试，不过是虚张声势，实际是"官运高低靠后台"。后两句的意思是，对革命根据地的封锁徒然苦了老百姓，你们叫嚣的"三分军事七分政治"又有什么用！

（四十八）这首诗的背景是世界经济恐慌袭击到中国，白银源源外流，百业萧条，民族工商业纷纷倒闭。诗中指责国民党当局对此袖手不顾，苛捐杂税有加无已，以致民不聊生。"商贾不知遗教美，但愁歇业忍饥寒"，是说工商业家不懂得他们说唱的美妙"遗教"，只怕歇业破产后饥寒交迫。

（四十九）"观瞻对外苦周旋，索命难延建设捐"。是说国民党对外为粉饰太平费尽心机，对内则像索命一样催逼建设捐，造成"白发媪翁双跪泣，乞留敝絮过冬天"的悲惨情景。

（五十）这首和上一首的意境近似：委员接二连三地向州县提款，好心的州官无法应付弃官而去。恶吏闯入民家找不到男主人就抓走妇女，留下了婴儿要吃奶的哀号声。

（五十一）这首写的是人们相戒"莫谈国事"的"万马齐喑"局面。所以说墙垣有耳，谨防国民党特务窃听惹祸，他们是借此摧残士气，使自己官运亨通的。大家只有："闭户闭心兼闭口，莫伤亡国且偷生"。

（五十二）这首写国民党政府对日本的屈辱外交。意思是说，东北、热河几千里的国土和人民被夺走了，使节还在那里打躬作揖。你们没有能力报仇也应憎恨敌人,怎能向侵略者握手言欢和敬香槟酒。

(五十三)"健儿委弃在疆场,万姓流离半死伤"。是说军队布防疆场而不御敌等于是废物,多少老百姓在逃亡中死伤。"未战先逃恬不耻,回銮盛典大铺张。"回銮,帝王车驾称銮,出巡返回称回銮。这里指蒋介石在"一·二八"战起的第三天宣布迁都洛阳,《淞沪停战协定》签字后回到南京。这两句是说临阵脱逃原就够可耻的了,回来时居然还有脸大摆威风。

(五十四)开头两句指出,在嫩江与强敌血战的义勇军是自己主动采取行动的。"雪地冰天谁管得,东风吹暖半闲堂。"半闲堂,是南宋宰相贾似道在西湖葛岭建立的豪华庭园。这两句是说,有谁去关心在冰天雪地里打仗的义勇军?蒋介石等权贵们的豪华公馆里依然温暖如春。

(五十五)"专制难期政令宽,每因功业震人寰。"两句是说很难期望专制王朝的政令宽大,每每却有功业、震动人寰人物。"未闻辱国儿皇帝,亦欲伊周一例看。"伊,商初政治家伊尹;周,西周政治家周公。这两句说,从来都没有听说过向敌国屈辱投降的儿皇帝,也可同伊尹、周公一样看待。

(五十六)"自来亡国多妖孽,一世兴衰过眼明。"妖孽,古人说"国之将亡,必有妖孽",这里指国民党反动派;一世,一代,这里作当代讲。两句是说,国民党这些妖孽把中国拖到了绝境,当代的兴衰早已逃不掉我的眼睛。接下去的两句则说,我幸喜从艰难险阻中得到了磨炼,依然是个不改初衷的老书生。这最后一首又落到作者自己身上,与第一首相呼应。如果说第一首是作者在寇深国危中抒发自己的胸臆,那末,这最后一首则表明了作者的境遇和意志。

附：陈独秀《金粉泪五十六首》[1]

（一）
放弃燕云战马豪，胡儿醉梦倚天骄。

此身犹未成衰骨，梦里寒霜夜渡辽。

（二）
要人玩耍新生活，贪吏难招死国魂。

家国兴亡都不管，满城争看放风筝。

（三）
清党倒党一手来，万般复古太平哉。

当年北伐诚多事，笑倒蓝衫吴秀才。[2]

（四）
经正民兴礼教尊，救亡端赖旧文明。

投壶雅集孙联帅，不愧先知先觉人。

（五）
世事由来似弈棋，黄龙青白耍斯梯（swastika）。

红袍不及蓝袍好，行酒青衣古有之。

（六）
抽水马桶少不了，洋房汽车没有不行。

此外摩登齐破坏，长袍骑射庆升平。

---

[1] 《中共党史资料》编者按：《金粉泪五十六首》是陈独秀1934年在国民党南京监狱中所作。1936年或1937年，原上海亚东图书馆负责人汪孟邹去狱中看望陈时，陈将此诗出示于汪并为汪所索得。1959年由汪孟邹之侄汪原放捐献给中共"一大"会址纪念馆。这份资料对研究陈独秀当时的思想和政治态度颇具参考价值。这次发表时，编者加了标点，并特请陈旭麓同志作了简释。

[2] 杨永泰以拥蒋倒党取悦于蒋。

（七）

五四五卅亡国祸,造反武昌更不该。
微笑捻须张大辫,石头城畔日徘徊。[1]

（八）

一国三公赣港宁,可怜诸葛竟分身。
党中无派缘清党,阿斗先生双眼明。

（九）

庶人议政干刑典,民气销沉受品弹。
莫道官家难说话,本来百姓做人难。

（十）

兵车方过忍朝饥,租吏追呼乌夜啼。
壮者逃亡老者泣,将军救国要飞机。[2]

（十一）

飞机轰炸名城堕,将士欢呼百姓愁。
虏马临江却沉寂,天朝不战示怀柔。

（十二）

批颊何颜见妇人,妇人忍辱重黄金。
高官我做他何恤,廉耻声声教国民。[3]

（十三）

士气嚣张应付难,读书救国最平安。
埋头学得胡儿语,好待荣膺甲必丹。

（十四）

民智民权是祸胎,防微只有倒车开。

---

[1] 蒋介石谓五四运动为亡国祸。
[2] 广东湖南皆以飞机捐榨取民间巨款。
[3] 蒋曾因事批邵元冲之颊。

赢家万世为皇帝,全仗愚民二字来。

(十五)

木鞋踏破黄河北,救国三民有万能。
革命维新皆反动,祭陵保墓建中兴。

(十六)

四方烽火入边城,修庙扶乩更念经。
国削民奴皆细事,首宜复古正人心。

(十七)

人以一正般般古,四裔夷酋自罢兵。
中国圣人长训政,紫金山色万年青。

(十八)

德赛自来同命运,圣功王道怎分开。
忏除犯上无君罪,齐到金刚法会来。

(十九)

宝华山上暗生春,春满书斋不二门。
妒病难医今有药,老僧同榻尔何能。[1]

(二十)

艮兑成名老运亨,不虞落水仗天星。
只怜虎子风流甚,斩祀汪汪长叹声。[2]

(二十一)

保墓贤人别有思,痛心考古播邪辞。
三皇五帝推翻后,稻桶(道统)灰飞大圣悲。

(二十二)

两载匆匆忘四省,三民赫赫壮千秋。

---

[1] 戴传贤有惧内癖,营金屋于宝华山僧舍,颜曰:不二书斋,以与僧同宿诳其妻。
[2] 吴敬恒以子有恶疾,绕室长叹曰:吴氏之祀斩矣。

中华终有新生命，海底弘开纪念周。

(二十三)

长城以外非吾土，万里黄河惨澹流。

还有长江天堑在，贵人高枕永无忧。

(二十四)

苏马幽居蒋蔡逃，胡儿拍手汉号啕。

儿皇忠悃应无失，毋事皇军汗马劳。

(二十五)

人心不古民德薄，中夏亡君世道忧。

幸有安排谢邻国，首宜统一庆车邮。

(二十六)

关东少帅如兄弟，淮上勋臣师道尊。

钦慕抒诚承雅教，何郎软语最温存。[1]

(二十七)

虎狼百万昼横行，兴复农村气象新。

吸尽苛捐三百种，贫民血肉有黄金。

(二十八)

低头分取一杯羹，实业宣传花样新。

机器农场偷卖尽，增加生产厚民生。[2]

(二十九)

分肥不及暗生填，蹩脚先生老气横。

唯一辉煌新建设，前朝灯火万家明。[3]

---

[1] 何应钦在天津宴客语。
[2] 谓陈公博长实业部时事。
[3] 张人杰长建设委员会所建设者，李纯遗留之电灯公司而已。

(三十)
严刑重典事唐皇,炮烙凌迟亦大方。
暴虐秦皇绝千古,未闻博浪狙张良。

(三十一)
贪夫济济盈朝右,英俊雕残国脉衰。
孕妇婴儿甘并命,血腥吹满雨花台。

(三十二)
关门闭户两争持,佝偻主人伴不知。
幸有雄兵过百万,威加百姓不迟疑。[1]

(三十三)
感恩党国诚宽大,并未焚书只禁书。
民国也兴文字狱,共和一命早呜呼。

(三十四)
麻雀乌鸦总祸胎,投机彩票禁难开。
检查毒品官家利,奖券航空大发财。

(三十五)
故宫春色悄然去,无饰王冠只一端。
南下明珠三百箧,满朝元老面团团。[2]

(三十六)
珊珊媚骨吴兴体,书法由来冗性真。
不识恩仇识权位,古今如此读书人。[3]

(三十七)
拳乱偿金万民血,故宫宝器尽连城。

---

[1] 开门闭户谓英美与日本之争持也。
[2] 故宫盗宝案乃李石曾、吴敬恒、张人杰合伙为之。
[3] 谓汪兆铭也。

要人垄断伶人喜,一掷缠头十万金。[1]

(三十八)

十三万万债台高,破产惊呼路政糟。

太子叨光三百万,宗臣外府大荷包。[2]

(三十九)

萧何立法身难免,嗾杀陈郎道路哀。

司马家儿同眷属,祝君终老妙高台。[3]

(四十)

凛凛威风御史台,三光荫下集群才。

狐狸暗笑苍蝇拍,心眼歪时嘴亦歪。[4]

(四十一)

一门亲贵人称羡,宋玉高唐结主欢。

几见司农轻授受,乃知裙带胜衣冠。[5]

(四十二)

党权为重国权轻,破碎山河万众惊。

弃地丧权非细事,庙谟密定两三人。

(四十三)

严惩鸦片不容情,高坐唐皇国法尊。

为免欠呻濒掩袖,好将烟泡暗中吞。

(四十四)

鸦片专营陆海军,明严烟禁暗销行。

---

[1] 李石曾垄断庚款及故宫财物,以 10 万元赠程艳秋出洋。
[2] 孙科长铁道部时侵吞 300 万元,汪兆铭任行政院长以铁道部为外府。
[3] 胡汉民嗾陈济堂杀陈树人之子。
[4] 世谓监察院委员为苍蝇拍。
[5] 谓宋、孔相继为财长。

州官放火寻常事,巢县新焚八大村。

(四十五)

嫌疑反动日惊心,拱默公卿致太平。
干事委员资笑谑,女权不重重花瓶。[1]

(四十六)

法外有法党中党,继美沙俄黑百人。
囚捕无须烦警吏,杀人如草不闻声。

(四十七)

皇皇大典枉抡才,官运高低靠后台。
封锁未成民已苦,七分政治费疑猜。

(四十八)

苛捐榨尽民间血,百业雕残袖手看。
商贾不知遗教美,但愁歇业忍饥寒。

(四十九)

观瞻对外苦周旋,索命难延建设捐。
白发媪翁双跪泣,乞留散絮过冬天。

(五十)

委员提款联翩至,心软州官挂印逃。
入室无人拘妇去,婴儿索乳苦哀号。

(五十一)

垣墙属耳党先生,士气消沉官运亨。
闭户闭心兼闭口,莫伤亡国且偷生。

(五十二)

虏民夺地数千里,使节依然笑语迎。

---

[1] 男干事女干事干事干干事,大委员小委员委员委委员,彼中自嘲之词也。

无力复仇应抱恨,如何握手进香苹。

(五十三)

健儿委弃在疆场,万姓流离半死伤。
未战先逃恬不耻,回銮盛典大铺张。

(五十四)

嫩江血战惊强敌,爱国男儿自主张。
雪地冰天谁管得,东风吹暖半闲堂。

(五十五)

专制难期政令宽,每因功业震人寰。
未闻辱国儿皇帝,亦欲伊周一例看。[1]

(五十六)

自来亡国多妖孽,一世兴衰过眼明。
幸有艰难能炼骨,依然白发老书生。

所谓民国二十三年书

---

[1] 陈立夫谓国民党为伊尹周公。

评价历史人物与个人在历史上的作用[1]

一个念头可以引起数十年的血战,几个大人物可以使历史面貌为之改变,现在公开表示这种看法的人很少了。特别是经"武训问题"展开讨论后,大家感到从正确的立场、观点、方法来评价历史人物,是历史教学工作者所不可忽视的问题。但这里仅是要求运用科学的历史唯物主义去认识事物的一个方面,问题的另一方面,在具体地评价一个历史人物或在教学中接触到历史人物时,潜存着的某些传统的观念,就不自觉地反映于言外。即在评价一个历史人物时,为了要突出地说明他的功绩或罪过,常不免过分地强调了个人在历史上的作用,或者以"个人崇拜"的心情来评价历史人物。

在谈到或讨论历史人物时,我们经常可以接触到下列这样的说法和类似这样的意见。如说:"岳飞如果不接受十二道金牌的命令,他就可以不致被杀害,赵家的江山也就可能免于危亡。"又如说:"郑和下西洋,由于他是阿拉伯人。"前者把宋代的兴亡,决定于岳飞个人的生命;后者抹杀了当时经济和政治上的重要关系,以郑

---

[1] 原载《论历史人物评价问题》,新知识出版社1955年版。

和下西洋这样的大事件成了个人的乡土观念。两者都是着眼于个人的作用,把个人架于时代环境之上,骨子里还是"英雄造时势"的思想。也看到过有秦汉史讲义上这样说:"陈胜、吴广爆发了中国历史上第一次农民起义。"秦代的农民起义,当然是秦代社会矛盾的结果,陈胜、吴广起了领导和推动的作用,并不能说是由陈胜、吴广少数个人的行动"爆发"出来的。也有人说:"如果林则徐不死于潮州的路上,以他的声望去镇压刚起义的太平军,太平军就很可能被消灭于广西而制止了后日波澜壮阔的革命运动。"这种说法,就把19世纪中叶清朝统治下的社会矛盾爆发革命的必然性取消了,以革命运动的能否发展决定于统治集团个别人物的存亡,显然是个人决定历史的错误思想。依照上列论点的推理,就会得出这样的结论:即社会现象的规律性成了不可能,许多历史事件的发生,是依杰出人物的意志和行动为转移的,甚至农民起义,也成了个人的行动而不是被压迫阶级的反抗了。

"英雄,杰出人物,只有在他们能正确了解社会发展条件,了解应如何改进这些条件的时候,才能在社会生活中起重大的作用。"[1]这一个真理,是谁也不能否认的。经过社会发展史、历史唯物论的学习,大家都能体会;然而到讨论具体人物时,又会忽略这个真理,甚至与之相违背。如说司马迁的《史记》,是他受辱(宫刑)发愤而作;曹雪芹的《红楼梦》,是作者自叙、情场忏悔。一部成功的著作当然是和作者的才华、情感分不开的,然而《史记》这样一部体例完整、空前的历史巨著,正是秦汉大一统、中国历史伟大发展在意识形态上的反映;明清时代是中国的封建专制制度发展到了最高峰,到乾隆年间不

---

[1] 《苏联共产党(布)历史简要读本》,第18页。

但是清王朝"盛极而衰"的开始,也是封建制度已接近总崩溃的前夜,《红楼梦》正反映了这一重大的现实意义。如果忽略事物发生的这种社会背景,单纯强调个人的活动,不仅贬低了某些事物的历史作用,也过高地估计了个人的主观愿望。这里说明我们从认识历史唯物论的科学性到运用历史唯物论这一"武器",还是有较大的距离,也就是说,我们还不能很好地掌握历史唯物论去分析一个具体的历史人物的事业与活动。

近代历史上的李鸿章,在19世纪的60年代到20世纪的开端,他不仅镇压了太平军和捻军,也和外国强盗订立了许多卖国条约,梁启超著的《中国四十年大事记》又名《李鸿章》,可见他与这四十年的关系。1953年我讲完这一段历史后,同学们曾提出:"李鸿章为什么能够做出这许多坏事情来?"甚至给他们一个不正确的印象,认为"流芳百世"不容易,"遗臭万年"也要有本领。为什么会发生这样的问题呢?就是李鸿章的反动作用,是封建势力与帝国主义相互勾结在这一时期内的集中表现,我强调了李鸿章个人的反动卖国行为,对国内外的反动基础联系说明得不够,以致引起这样的错觉。因此,我们不仅是要批判反动人物个人在历史上的罪恶,更要从个人分析到他的阶级关系。

对历史上的正面人物,适当予以肯定和颂扬,这是有原则地讲述历史和贯彻爱国主义教育所必需的,然而绝不是离开历史条件地予以肯定和颂扬。例如王安石,无疑的是中国历史上杰出人物之一,但是我们对他的评价,无论如何不能超出改良主义者的范围,因为他的思想和行动,只有这种程度的进步意义。如下面的这一段话,就不免逸出了这样的范围而有些过誉。

一、"某(王安石——作者注)自诸子百家,至于《难经》《素问》

《本草》诸小说无所不读,农夫女工无所不问。"顶重要的就是这"农夫女工无所不问",这不是我们现在所说的向"老百姓学习"吗?

二、是他的政策的基本用意是"榷制兼并,均济贫乏"。这不就是我们今天所说的打倒土豪劣绅,使耕者有其田吗?[1]

"农夫女工无所不问",是没有离开统治阶级的所谓"问民疾苦"和"知稼穑之艰难"那种态度的,并不是我们今天与"农夫女工"站在一道向他们学习。"榷制兼并,均济贫乏",只能说是抑制土地的过于集中,不使贫富过于悬殊,是为了缓和阶级矛盾,并不等于"耕者有其田",无论从他的新法还是思想体系来研究,王安石的进步性只是一个政治上的改良主义者,显然没有达到"向老百姓学习"和"耕者有其田"的革命性主张。又如有人说:"查理大帝的伟大,因为他掌握了客观历史的发展",我们知道掌握历史的客观法则是在科学的社会主义出现以后,前此的伟大历史人物的思想行动,至多只能是适合于客观要求。1954年11月25日《光明日报》的《史学》专刊上刊载一篇《关于台湾历史的几件重要资料》中有一个标题——"郑成功解放台湾",好些书上讲到农民起义所占据的地方,也常用"解放"的字眼,我认为"解放"的实际内容,只有在无产阶级革命或工人阶级领导的人民革命中才有可能,用之于郑成功的克复台湾或农民起义领袖占据的地方是不相称的。这些例子,是把历史人物的行动超越于时代之上,实际是夸大了个人在历史上的作用。

"不是英雄造时势,而是时势造英雄",这一个概念是明确了。同时我们在思想上能批判"个人主义",从理论上也能反对"个人崇拜"。可是我们叙述历史人物的活动时,往往抛开了马克思列宁主义

---

[1] 郭沫若:《历史人物》,第3页。

的正确理解，不自觉地倾向于"个人崇拜"，无意地给青年灌输了某些"个人主义"的毒素。例如讲到古代水利工程都江堰和郑国渠时，强调李冰父子和郑国个人的作用；讲瓦特发明蒸汽机时，强调瓦特对英国工业革命时期的贡献。我们讲述历史，重视历史上的生产建设和生产发明，是完全必要的，是贯彻劳动教育的好教材。但是孤立地强调个人在这些建设和发明中的作用，而忽视了劳动人民和文化累积的巨大意义，是与历史事实不相符合的，在教材上也是不完整的，而且必然成为个人渲染，使劳动创造的优良教材成为"个人崇拜""专家第一"的宣传工具了。究竟我们应该怎样来理解历史人物的这些事迹？例如明代的李时珍，他辛勤地费了三十年的精力，写成一部有名的药物学巨著——《本草纲目》，这当然和他个人的努力分不开，事实上抽掉个人的努力也就很难有什么创造发明。可是他这一对人民有利的重要著作，是中国好多个世纪研究药物学发展而来的，汉朝的《神农本草经》收药365品，历代增订，至宋代名医唐慎微编著的《证类本草》，已扩充到1 000多品，李时珍承继前人的成绩，经过补阙正讹的创造性劳动，写成的《本草纲目》收集了1 800多种药物。同时他在写这部书的几十年中，为了丰富自己的实际知识，不但从治病中吸收经验，而且"探访四方"，那些种田的、打猎的、捕鱼的、采樵的都成了供给他材料的助手和朋友。当时郑和七下南洋之后，明政府把他和他同去的兵、工、船夫，都安置在南京。李时珍就在这一个时候寓住过南京，《本草纲目》中的"夷果"一门和其他有关"番药"的记载，就是受到住在南京的这些人的启发。因此，历史上的任何创造发明都不可能离开当时的成就，一定是在当时的文化达到了某种水准，通过个人表现出来，实际上是多数人的智慧和劳动的结晶，当然个人的较大努力和较高智慧所发生的作用也是不可抹杀的。掌握这样的原则必然结合每一创造发明的具体条件来说明，否则就成了没有说服力的呆板公式。

对历史人物的评价要避免"个人崇拜"的思想毒素，却并不是说为了要避免评价的不适当或错误，就可以离开人物的生动事例来进行历史教学。事实上社会的发展是通过人们的积极活动而实现的。因此历史教学工作者不仅有责任要从人物的活动来说明历史现象，也有责任介绍或写作好的正确的历史人物传记给青年阅读，尤其是那些具有崇高品质的革命人物和为真理而斗争的科学家思想家，生动地叙述他们的思想和行动，不但可以加强形象化的教育，也可给予青年一种鼓舞和启示，问题是在如何掌握科学的思想方法来讲述或编写。可是我们今天流行的历史著作，对历史人物的具体活动是写得非常不够的。例如在中国近代历史的著作和教学中，只是大堆军阀、买办、帝国主义分子的名字，找不到曾为改进科学技术而有成就如徐寿、徐仲寅父子及詹天佑这种人的姓名，这样就不能给予青年以劳动创造的启发，完全忽略了生产斗争的现实意义。周恩来同志在《政府工作报告》中指出："我国伟大的人民革命的根本目的，是从帝国主义、封建主义和官僚资本主义的压迫下面，最后也从资本主义的束缚和小生产的限制下面，解放我国的生产力。"显然我们在近代史的教学上还停留于民主革命的要求，对五年来的巨大社会变革缺乏认识，也就不能体现当前的首要任务，即"最后也从资本主义的束缚和小生产的限制下面，解放我国的生产力"。

为了正确地反映历史现象，为了科学地说明人物在历史上的作用，我们对杰出的历史人物也不应存一种非历史事实的"求全"心理。例如有人考证宋江，否定其被张叔夜招降的事，用心是好的。但是我们应把握到人类的社会关系的生长，这是不可否认的，即封建社会的农民起义,不是失败后牺牲(大多数如此),就是转向当时的统治集团;同时评价宋江的历史作用,关节不在他的是否投降过,主要面是他在北宋时代领导农民起义的历史意义。又如范文澜同志的《中国近代史》中有这样一段话:"李秀成在自述里称曾国藩为'老中堂',表示'愿将部下两岸陆续收全投降'。他投降曾国藩,绝不是所谓'宛转求生,乞贷一命';他在自述里说'死而足愿,欢乐归阴',足见他早把生死置之度外了。他表示愿意投降的原因,当是希望争取曾国藩的庇护,保存数十万太平军革命残余力量,逐渐分化曾国藩与满清的关系,等待时机到来,再度进行反满反外国侵略。""……事实上不论李秀成当时究有何种想法,向敌人乞降的可耻行为,任何辩解都不能减轻他自己造成的大污辱。"这样的理解是近于事实也贯彻了教育意义的,可是有些同志认为这样的措辞,不免贬损了忠心耿耿于太平天国革命事业的李秀成,甚至怀疑到"供词"(自述)的全部或这些话的真实性,这也是过高地爱护历史人物的"求全"心理。

我们对杰出的历史人物不要有不必要的渲染,那末我们对一个我们所最敬爱的历史上的革命人物,是不是应抱一种"为亲者讳、为贤者讳"的态度,因而掩饰他的缺点或时代给予他的某些不良影响。这个问题在评价历史人物中,常被同志们所提出,特别是对近代与现代的历史人物。我想举一个例子来谈谈。大家知道马雅柯夫斯基是苏维埃时代最优秀最有才华的诗人,西蒙诺夫在《关于研究马雅柯夫斯基创作的几个基本问题》[1]中,尽情地夸耀着这位为劳动人民为无产阶级革命而歌唱的伟大诗人,但他在文内也这样指出:

我们却不必、也不该忽略腐朽的俄罗斯文学颓废学派通过其变

---

[1] 见《解放日报》1953年7月19日。

相的未来主义给予马雅柯夫斯基的那种不良的思想影响。同时必须直截了当地指出：这个学派不仅是对马雅柯夫斯基有影响，并且实际上马雅柯夫斯基自己对未来主义的某些大叫大喊的形式主义口号是爱好的，这种爱好在他少年时代关于理论的言论中表现较多，在诗里表现较少，但也的确是有的。

因此，我们对杰出历史人物的评价，不能离开他的时代影响与客观效果来立论，既不必作不必要的渲染，也不必有什么离开当时现实的掩饰，只有从时代与社会的关系中具体地研究历史人物，才能显示出历史人物所走的道路。不过我们必须认识这是与客观主义不同的，我们的历史教学，是要有力地体现出过渡时期为建设社会主义而努力的教育方针，是为现实的人民政权服务的。因此我们是要通过历史人物的活动，来说明历史社会发展的规律性，以贯彻爱国主义教育、集体主义教育和劳动教育，如果离开了这个目标，我们对历史人物的评价也就失去了它的意义，甚至于没有必要。因此我们评价一个历史人物或历史人物的某一行动，是为了达到上述的教学目标，否则我们就不要去替历史人物作"起居注"，也没有必要去给他们写一份"功过录"。

评价历史人物和讲述历史事件，不可能离开人物的活动，因此不仅是在一般原则上正确地认识个人在历史上所能发生的作用，尤其是要通过个人的活动体现出群众创造历史的伟大意义。上文所述意见概括为下列几点：

第一，决不能孤立地、与群众活动隔绝地考察历史人物的作用，杰出的历史人物往往是诞生于群众斗争的高潮中。如奴隶暴动在古代罗马产生了斯巴达克这样的英雄，农民战争在中国创造了洪秀全、在德国创造了孟彩尔这样的农民领袖，资产阶级革命时代在法国形成了罗伯斯庇尔、在美国形成了华盛顿等这样的出色人物。如果抽出群众斗争,也就没有这些伟大人物的英雄事业。

第二,评价历史人物不能离开历史人物所处的时代社会,一切杰出的历史人物都是时代社会的产儿。英雄事业的胜利,是他能代表那一时代的社会要求;创造发明的成功,是表现着那个时代的社会文化已经达到的最高水准;至于那些具有时代意义的伟大著作的产生,同样不能超越时代社会所已达到的成就。康士坦丁诺夫在《人民群众和个人在历史上的作用》中说:"倘使拿破仑生在16世纪或17世纪之际,他就无从表现他的军事天才,尤其不能成为法国首领。他大概只不过能当上一名默默无闻的军官。只有在1789—1794年法国革命所创造的条件之下,拿破仑才能成为法国的伟大统帅。"[1]

第三,杰出人物的出现和消失,可以加速和阻滞历史事态的发展,但不能改变客观事物发展的规律。那就是说杰出人物的聪明才智和艰苦奋斗,是较大地在推动历史发展的,他的作用必然超出一般个人的作用。恩格斯说:"每个意志对于总的结果都有贡献,而且同样也就被包含在结果里面。"[2]这一"总的结果"的创造者不是孤零零的个人而是广大的劳动群众,不过杰出人物在"总的结果"中有较突出的贡献罢了。

第四,对历史人物的肯定和赞扬,是要从历史条件和群众创造历史的原则出发,不是不要指出他的缺点和时代给予他的某些不良影响,然而必须是具有现实教育意义和为了说明历史的科学性,纯客观

---

[1] 康士坦丁诺夫:《人民群众和个人在历史上的作用》,第38页。
[2] 《马克思恩格斯关于历史唯物论的信》,第17页。

的描述都没有必要。同时对历史人物的夸张、渲染和求全,不仅损害了历史的科学性,必然会产生"个人崇拜""迷信权威"的唯心观点,也将助长"个人野心"的坏思想。斯大林说"科学所以叫作科学,正是因为它不承认偶像"[1],因此正确地评价历史人物和分析历史人物的作用,是培养青年观察事物的政治思想工作。

---

[1] 斯大林:《在第一次全苏联斯达汉诺夫工作者会议上的演说》,见《列宁主义问题》,第664页。

论历史人物及其阶级[1]

一

刘少奇同志在其《人的阶级性》一文中说:"在阶级社会中,一切的人们是作为阶级的人而存在的。"[2]阶级社会没有超阶级的个人,个人的思想行动又是阶级利益的表现,因此我们不可能离开阶级来评价历史人物,也不可能离开思想行动来空谈历史人物。但是个人在阶级社会中,由于经济地位的消长或别的关系,他的阶级成分是可能转化的,现实社会如此,历史人物所处的社会也如此,当然有有意识和无意识的巨大区别。因此我们评价历史人物,必须掌握这个客观法则,否则我们容易陷入"唯成分论"的机械看法,以致对某些历史人物的评价做出不适当的结论来。例如王安石从州县官吏做到宰相,该是封建社会最有权势的上层人物了,但是他的"新法"是使"富者亦贫"(司马光语),他的政治理想与实践,是站在中小地主的立场的,我们不但不应因他做过宰相而与豪绅大地主一样看待,而且还应

---

[1] 原载《历史教学》1954年第10期。
[2] 刘少奇:《论共产党员的修养》,第90页。

肯定他是中国历史上有数的政治家。

　　从阶级出发评价历史人物，当然不是简单地将每个历史人物的身上贴上阶级的标志，筑成一条不可逾越的鸿沟，因为个人的阶级地位，不是一成不变的，以此我们不但要掌握其阶级出身，更要掌握其阶级变化的可能与事实，而变化又不是一个抽象的概念，必须研究其具体的思想行动以及他所参与的事件所发生的作用。所以历史人物的出身与社会地位，不能作为绝对的标志；更重要的，是要就其思想行动、社会影响以及发展过程，进行具体的分析；而且有些历史人物，虽然没有离开统治阶级的地位，可是他的思想行动所代表的利益，不止一个阶级而包括了当时社会的各阶级，对这样的历史人物，我们也就不可一概而论。

二

　　首先应谈到的是阶级地位转化的历史人物。

　　第一，以仕宦子弟或属于豪绅地主之流的人物，因农民革命的爆发而加入农民革命的行列。如明末举人李岩，就参加了李自成领导的农民革命，对革命发挥了组织和宣传的作用，这种人在历史上也不是仅见的。

　　第二，以仕宦家庭出身而入统治集团争取过禄位的知识分子，在现实环境的刺激下，由宫殿走向社会，丰富了他的生活，从而写出许多代表人民呼声的作品。如杜甫的"三吏三别"等诗篇，深刻地反映了人民的痛苦；又如白居易的许多诗，平易近人，老妪亦解，从形式上接近了人民，而其内容如《新丰折臂翁》《卖炭翁》等名篇，亦写出了人民苦难的遭遇。列宁论托尔斯泰说："就出身和教育讲来，托尔斯泰是属于俄国高等地主贵族，——但是他与这个阶层的一切传统的观点决裂了,而且在他的后期作品里,他以剧烈的批判攻击了现代的各种国家的、教会的、社会的、经济的制度,这些制度都是建立在对群众的奴役上,在群众的贫穷上,在农民和一般小农的破产上,在从头到底把整个现代生活渗透的暴力和伪善上。"[1] 无论杜甫、白居易或托尔斯泰,比起今天的人民文学家来,自有区别,但是他们的作品能暴露当时的社会矛盾,表现了一定程度的人民要求,就其放弃原来的社会圈子的观点来说,如杜甫、白居易这样的历史人物,他们的写作已接近于现实主义,就不能因为其出身而不承认他们是历史上的人民诗人。

第三,从被压迫的农民阶级走向统治者或充作统治集团的帮闲帮凶。前者如朱元璋,由"相当于雇农的劳动僧"参加农民革命而为领袖,以至成为"一统江山"的专制皇帝;后者如武训,由苦力与乞食以至穿上"黄马褂"。如果仅从其出身和早期的行动来说,他们都是"货真价实"的劳动人民,从其所走的道路来观察,恰是与劳动人民为敌。虽然这两个人都是背叛了劳动人民走向统治者的道路,但是又不相同,朱元璋还领导农民反抗过蒙古贵族的统治(当然,这不是对朱元璋作的全面评价);至于武训以丑角的姿态出现,从头就不是劳动人民的优良品质。

要评价阶级转化或阶级意识转化的历史人物,必须从当时的社会背景和他个人的经济基础深入地了解,"知人论世"是很重要的。如杜甫的诗篇,我们都承认具有极大的人民性,这些人民性从什么地方来的,正由于"安史之乱"的李唐政权趋于崩溃的局面,在横征暴敛和战争的摧残下,老百姓已活不下去,杜甫自己的生活也降到了不能

---

[1]《马克思恩格斯列宁斯大林论文艺》,第105页。

维持的情况,"朝叩富儿门,暮随肥马尘,残杯与冷炙,到处潜悲辛",所以他能刻画出"朱门酒肉臭,路有冻死骨"的尖锐矛盾。又如戊戌维新"六君子"之一的谭嗣同,翁同龢称之为"世家子弟桀傲者也",他有冲决一切封建罗网的精神,曾慷慨地说:"各国变法无不从流血而成,今中国未闻有因变法而流血者,此国之所以不昌也,有之请自嗣同始。"[1]他把资产阶级的流血革命看作变法,他在戊戌维新运动中是具有资产阶级革命的激进要求的。由于19世纪的中国被资产阶级革命后的资本主义国家所掠夺宰割,资产阶级的流血革命刺激了他,同时他的"往来于直隶、新疆、甘肃、陕西、河南、湖南、湖北、江苏、安徽、浙江、台湾各省,视察风土,物色豪杰"[2],得以和当时的秘密社会组织发生密切联系,使他更富有斗争性。如杜甫、谭嗣同的这种阶级意识或阶级的转化,除了时代给予他们的启示和生活上的刺激外,也是与其个人对现实政治特具敏感分不开的。

根据思想行动来判断历史人物的阶级关系还是不够的,进一步需要掌握历史人物的思想行动在某些环节中的变化。例如太平天国的韦昌辉,从金田起义到南京建都后的两三年中,他是太平天国的领袖之一,可是到杨韦内讧,韦昌辉残杀了杨秀清和杨的部属达两万余人,致令革命弟兄没有死于敌人的战斗中,而死于自己伙伴的刺刀下,给予革命以不可弥补的巨大损失。在这里我们就必须严肃地批判韦昌辉这种剥削阶级的残酷行为,事实上也正暴露了这个阶级异己分子的本质,我们就应该从这种本质上去认识他与革命的关系。我们不赞同"借古说今"式地评判历史人物,而且今天已无此必要,但

---

[1]《谭嗣同传》,见《饮冰室合集》。
[2]《谭嗣同传》,见《饮冰室合集》。

是以历史人物的某些行动来教育人们也是编写或讲述历史的目的之一。

三

其次要说到关于代表各阶级共同利益伟大行动的历史人物。

我们要否定一切剥削阶级,不管是历史上的或现实社会所存在的,因为马克思主义者是要为消灭一切剥削阶级和阶级而奋斗,但是剥削阶级是生产发展到一定阶段的产物,当其出现于历史舞台时,对社会劳动组织的作用,亦有暂时的积极意义,因此对剥削阶级的某一时期的代表人物,就不能不估价到他在客观上的成就。斯大林在莫斯科建城八百年纪念日的祝词中写道:"只有联合成为统一的中央集权国家时,才可能期待文化经济的重大发展,才可能确保自己底独立。"[1]如秦始皇的统一六国,即历史上所称的"车同轨,书同文"。他创立了"自古以来未尝有"的统一局面,使中国的经济文化大大地向前跨进了一步。又如彼得大帝对俄国的伟大改革,重新改编陆军、建立海军,大力发展贸易、开拓对外航路,教育知识分子,确立国家制度,为俄国资本主义开辟了道路。就是戊戌维新失败的光绪帝,从他要求变法图强这一点来说,他还"是满洲皇族中较有头脑的青年皇帝,学习汉文洋文,颇想有所作为"[2],皇帝是反动统治者的"圣上",都是民贼的首领,历史上有过无数的皇帝,但不能否认个别皇帝对历史社会的推动作用(当然不能忘记他对人民的剥削与压迫)。斯大林说:"他们反对地主,可是拥护'好皇帝'。"[3]因为"一个统一的中央

---

[1] 葛利科夫:《斯大林与历史科学》,第37页。
[2] 范文澜:《中国近代史》,第276页。
[3] 斯大林:《与德国作家路德维希的谈话》,第10页。

集权国家",社会可以相对的安定,人民有获得喘息的机会从事生产,如汉高祖统一之后的"文景之治",唐太宗时代的"贞观之治",皆有这样的意义。我们反对"独夫民贼"的皇帝统治,但是我们不可能制止历史上不出现"皇权政治",虽然他们的这些作为,是为了"固位",但从历史发展过程来评价其客观作用,也是必要的。

有些历史人物的勇敢行为,免不了还是从巩固当时的政权出发,但是他的行为所代表的利益,已超出了封建统治阶级的范围,而是当时广大人民的共同利益。例如我们经常说到的岳飞与史可法,我们不仅要从主要方面去评价他们,同时他们抗金抗清的行动,代表了那时中国人民的共同要求,而且也是中国历史上抵抗外族侵略的象征,因为他有保障人民生命财产的意义,我们就不应目之为只忠于统治阶级。

至于中国近代历史开端的一个重要人物林则徐,他的坚决禁烟与抗英的态度,谁能否认他所说的"是使数十年后,中原几无可以御敌之兵,且无可以充饷之银",不是为了稳定清朝政权着想?但是他的禁烟与抗英的勇敢行为,代表了中国人民各阶级的利益,后来他还在实际的战斗中,能与人民的思想接近,主张"人人持刀痛杀"以抵抗英国侵略者。这样的主张,正如恩格斯所指出的"带有完全歼灭敌人的战争性质"[1]。因此我们就不能否认这个伟大的爱国主义者与人民的接近。

因此,属于统治阶级中的个别人物的主要行动,能符合民族利益和人民要求,我们就应该把民族利益和人民要求估计在内;如果把有些历史人物的伟大行动孤立于一个阶级去评价,就不免将复杂的历

---

[1]《马克思恩格斯论中国》,第86页。

史事件简单而片面化了。当一个民族遭受外族的侵略,民族矛盾上升,阶级矛盾退居次要地位的时候,即被侵略民族的人民群众感到外族的侵略比本族的阶级敌人更残酷更可怕时,人民是支持抵抗外族战争的,坚持这种战争的历史人物是符合人民意志的。

四

再其次,要谈到关于阶级分化中阶层斗争的历史人物。

当封建王朝腐化到透顶的时候,代表中小地主阶层的知识分子,常较有政治敏感,他们常奋起向大地主集团展开斗争,这样的正义行为也有一定限度的进步意义。如东汉末年的"党锢"中的李膺、范滂、张俭等和许多太学生;明朝末年东林党中的杨涟、左光斗、高攀龙等,他们不避斧钺地与权贵宦官斗争,不能说不是黑暗中的一线光明,虽然由于阶级的限制,他们不能走向当时已经起来或后来爆发的农民革命,但是他们的反对恶势力与人民是或多或少有接近的地方。《后汉书·党锢传》序说:"逮桓灵之间,主荒政谬,国命委于阉寺,士子羞与为伍,故匹夫抗愤,处士横议,遂乃激扬名声,互相题拂;品覈公卿,裁量执政,婞直之风,于斯行矣。"至于东林党周顺昌被逮时,"缇骑至,众咸愤怒,号冤者塞道。比开读,不期而集者数万人,咸执香为周吏部(周顺昌)乞命"[1]。当"元恶大憝",以党锢来"翦除善类"时,他们的敢于批逆鳞、履虎尾,想从浊流中保持"清流"究不失为正义的行为。

当阶级矛盾与民族矛盾尖锐发展,一些有政治敏锐性的人物,企图以改良主义的变法手段,来预防或挽救所处政权的危亡。如王安

---

[1] 《明纪》第51卷。

石的变法、康有为梁启超的维新，他们都是代表中小地主阶层的，后者更代表了中小地主阶层向资产阶级转化的要求，他们同样地为了政治上的改良，都对大地主阶级进行过斗争。但是他们都害怕革命，王安石在其《上仁宗皇帝言事书》说："盖汉之张角，三十六万同日而起，所在郡国，莫能发其谋；唐之黄巢，横行天下，而所至将吏，莫敢与之抗者；汉唐之所以亡，祸自此始。"康有为在其几次上皇帝书中，不是说"强邻四逼于外，奸民蓄乱于内，一旦有变，其何以支"，就是说"乱机遍伏，即无强邻之逼，揭杆斩木，已可忧危"。他们看不到人民的力量，他们更害怕人民革了现政权的命，但是他们要求改良政治以缓和社会矛盾，在革命还没有起来的时候，他们代表中小地主阶级的利益提出的政治改革纲领，是与人民的利益接近了一步，因此也就必然会与大地主大官僚等保守势力发生冲突，虽然这些改良运动都遭受失败，在阶级分化的斗争中他们代表了进步的一面。

此外历史上有些这样的人物：他们没有向大地主阶层展开过较激烈的斗争，他们更没有提出一套改良政治的办法，但是基于中小地主阶层的立场，他们主张"薄赋敛，宽力役，救荒饥"，也廉洁自守，反对贪污，反对奸佞，如北宋的包拯就是这样的代表人物。中国社会广泛流传的"包公案"，更把他神化了，正反映封建统治下这种铁面无私、不畏强暴的官吏，是可以解除人民的某些痛苦的。

毛主席在《中国社会各阶级的分析》一文中，指出中国中产阶级的两面性说："他们在受外资打击、军阀压迫感觉痛苦时，需要革命，赞成反帝国主义反军阀的革命运动；但是当着革命在国内有本国无产阶级的勇猛参加，在国外有国际无产阶级的积极援助，对于其欲达到大资产阶级地位的阶级的发展感觉到威胁时，他们又怀疑革命。"历史上的中小地主阶层与近代的中产阶级（民族资产阶级）所处的历史地位当然不同,他们没有革命的要求,也害怕革命,但是由于他们的经济地位不稳定,当大地主阶级集团的贪污腐化,影响到他们的经济地位上升时,他们也就表现着某种程度的"反抗"。因此评价历史人物,对阶层矛盾的某种积极意义也不可忽视。

五

上述三种情况,即阶级地位转化的历史人物,代表各阶级共同利益行动的历史人物,阶级分化中阶层斗争的历史人物,如何区别这些历史人物,从他们的具体行径(生活思想和政治表现)来分析,从他们的行动所发生的作用看对谁有利来评价,这是真正从阶级观点出发对待历史人物的态度。

不少的历史人物,虽然在当时环境的影响下,在他自己对现实事物的敏感下,能从剥削阶级的圈子分化而与劳动人民的要求接近,但是历史人物终究是历史人物,他不能不受到时代与阶级的局限。如明末清初的王船山,是一位富有民族思想又有唯物论倾向的思想家,认为政权"可禅可继可革,而不可使异类间之"[1],这样坚决地反抗外族侵略。章太炎曾序《船山遗书》说:"当清之季,卓然能兴起顽懦,以成光复之绩者独赖而农(船山)一家言而已矣。"可见船山的民族思想一直在鼓舞着反清斗争。然而当张献忠领导的农民革命势力发展至湖南时,慕船山的大名,请他加入农民革命队伍,他竟固执到毁体以拒。由于阶级的局限,他虽有反清思想却不愿与"草窃合流",这样就限制了他不能与抗清的革命群众相结合。我们可以批评王船山看不到群众力量的这种顽固行动,但是我们不能因此就否定他那

---

[1] 王船山:《船山遗书》。

光辉的民族气节和思想学术上的成就,因为这是他的基本方面。

还要注意到一点,由于时代的限制,历史人物的阶级变化不能与现代人物相提并论。瞿秋白同志在《鲁迅杂感选集》的序言中曾说:"鲁迅从进化论进到阶级论,从绅士阶级的逆子贰臣进到无产阶级和劳动群众的真正友人,以至于战士。"鲁迅先生从进化论者跃进到马克思主义,从革命的小资产阶级跃进到无产阶级,这里更证明历史人物的阶级地位是可以随着环境的发展而转化。但是鲁迅先生与他以前的历史人物自有很大区别的:(一)就生命的停止来说,鲁迅先生已是历史人物,而鲁迅精神却依然活在人们的心头;(二)鲁迅先生是处在"十月革命一声炮响给中国送来了马列主义"的时代,和以往历史人物的自发行动不可同日而语。因此我们评论历史人物阶级意识和阶级的转化,就不能以今天的标准去要求他们。

六

评论历史人物,不仅要就历史人物的阶级来分析,实际也完全反映评论者的阶级意识。鲁迅先生说:"我们讲到曹操……更而想起戏台上那一位花脸的奸臣",为什么要把曹操刻画为"一位花脸的奸臣"呢?这是封建文化正统观念的表现,因为曹操篡夺了刘家的天下,打乱了帝王世袭的封建秩序。至于鲁迅先生和我们的看法,觉得曹操不但不是"花脸",也未必是"奸臣",而且曹操在他的统治区域,曾经推行发展农业生产的有效措施,如果从政治能力来说,他更是三国时代的第一流政治家。又如汉奸刽子手的"曾、胡、左、李之流",蒋介石偏说他们是"转移风气为己任的大人物",因为曾国藩、李鸿章对内屠杀人民,对外投降帝国主义,正是他的前辈。这就是阶级立场的不同,对某些历史人物的评价就得出不同的结论。但是也有结论虽相同，却是从不同的阶级立场出发的。如清政府在乾隆年间撰修"国史"，把明臣洪承畴等降附于清的 120 人都列入《贰臣传》，《贰臣传》中人物之一的吴梅村，在未死时就惭愧地说："到而今竟一钱不值，何消说！"对这些丧失民族气节向敌人投降者，我们也是认为"一钱不值"的，然而他们的投降对清政府是有利的，清政府为什么又要把他们列为"贰臣"？因为到乾隆年间清朝的统治已稳定，需要他的臣下以后死心塌地地忠于爱新觉罗氏的统治，就以明臣的投降为鉴诫。至于我们否定的这些人，则由于他们不能抵抗清兵反而无耻地投降，是站在中国人民的立场从民族利益出发的，恰与《贰臣传》的否定相反。

从阶级出发评价历史人物，不仅是客观地从他的阶级和阶级关系去分析，而且必须是站在劳动人民的立场，要以劳动人民的阶级情感来对待剥削阶级，才能使历史教学生动有力。

略论对历史人物的翻案[1]

话说 1959 年郭沫若同志发表了《替曹操翻案》一文,曾经引起对曹操评价的大讨论,也引起史学界对翻案的兴趣,先后出现过不少翻案文章。到底什么是翻案?应该翻什么案?看来是评价历史人物中又一个重要问题。

翻案文章是早就有之的,而且有过不少翻案文章是很有价值的,有的推翻了前人的论断,有的和前人的论断并存。历史上可以找出不少这样的事例来。清初学者颜习斋说:

> 立言但论是非,不论异同,是则一二人之见不可异也;非则虽千万人所同不随声也。岂惟千万人,虽千百年同迷之局,我辈亦当以先觉觉后觉,不必附和雷同也。[2]

颜习斋所说的"是非"和"异同"是有阶级内容的,但他这种要破"千百年同迷之局"的精神,却是一种解放思想的精神,翻案文章应该

---
[1] 原载《文汇报》1962 年 12 月 2 日。
[2] 钟錂:《颜习斋先生言行录》,学问篇。

体现这样的精神。戴东原的《孟子字义疏证》,是一部很有价值的书,他说:"酷吏以法杀人,后儒以理杀人。"又说:"人死于法,犹有怜之者;死于理,其谁怜之。"这是对奉行儒家思想的宋明理学最深刻而又大胆的否定,有人曾称之为"二千年来一大翻案"。所以翻案是思想领域斗争的一种形式,绝不是随意进退古人的文字游戏。

对历史上的思想和行事的翻案,即是思想领域斗争的一种形式,凡引起人们注视的翻案,一定具有重要的时代意义。有些同志认为对历史人物的评价无所谓翻案,只有评论者从自己的时代要求出发,所以不同时代的人对同一个历史人物的评价有很大出入,甚至完全相反。前不久,陈守实先生发表的《读蔡(上翔)著〈王荆公年谱考略〉》一文中说:

> 代表时代变革的历史人物如王荆公,在雍乾时期,不会被引起注意。他的历史价格正在低沉。嘉道时期便不同。这就是蔡上翔所以要到晚年才能发表这部著作(按指《王荆公年谱考略》)的时间条件。[1]

这是说王安石这个以变法著名的政治家,在康熙乾隆承平时期不易被人重视,到了嘉庆道光变乱的年代才是人们所要借鉴和推重的对象。本来对历史人物的评论要注意两个时代关系,一是被评论者的时代,一是评论者的时代。评论者评论历史人物,不管他多么想就历史人物的时代来评价历史人物,总不能不刻上评论者自己时代的痕迹,只是有显著和不显著之分罢了。对王安石这个杰出历史人物的评价,过去不是毁誉参半就是贬多于褒,大概是嘉道以后尤其是到了近代社会,就一变而为以推重为主了。梁启超在《历史研究法补编》

---

[1]《文汇报》1962 年 4 月 12—13 日。

中说:

> 研究王荆公的新法,追求他本来用意究竟何在,从前大家都把他看错了,都认为一个聚敛之臣,到底王荆公采用新法,完全以聚敛为目的吗?其实荆公种种举动,都有深意,他的青苗、保甲、市易诸法,确是一种富国强兵的要术。[1]

梁启超这段话,也是梁启超那个时代的脉搏,"富国强兵"正是这样的脉搏。就这个意义来说,对历史人物的评价似乎不存在什么翻案问题,不同的评价,只是一道一道时代迹象的刻画。这里可以说明一部分问题,却不能说明对所有历史人物评论所发生的变化。凡对历史上的人和事,否定长期以来前人所做的结论,并重新做出结论来,就不能说不是翻案。当然为什么要翻这个案,有时代关系,也有作者的认识关系。

即以对曹操的功过而论,也有人觉得不算什么翻案,因为在南宋以前曹操是一个"名之所至,谤亦随之"的人,南宋以后也不是完全没有人说他某些好处的,王船山的《读通鉴论》就说过他一些好处。但是在正统观念的支配下,把他和王莽看作篡窃的代表,小说戏曲渲染尤甚,简直成为一个奸恶的典型。现在恰当地来论定"魏武挥鞭,东临碣石有遗编"的英雄形象,以扫除正统观念的影响,这就翻了许多人心目中的曹操的案。我们不能把翻案的内容理解为要全都是前人没有说过的,事实上翻案一定要有客观依据,这种客观依据也不可能不或多或少地反映在前人的论著中。

一般说来,史论很多就是政论,翻案的史论,反映的政治意义尤为强烈,这里姑举两个错误的翻案事例来考察。第一个事例,当"九

---

[1]《饮冰室合集》,专集之二十三,第9页。

一八事变"后,中华民族正面临最危难的形势,有的历史著作居然为秦桧翻案,说南宋"诸将(按指韩世忠、岳飞等人)的主战,不过是利于久握兵柄,真个国事败坏下来,就都一哄而散,没有一个人背负其责任了。所以秦桧不得不坚决主和"。并认为"读史的人,都痛骂秦桧,不该杀岳飞成和议。然而凡事要论事实的,单凭大言壮语无用"[1]。可是秦桧谗杀岳飞向金人屈膝投降又怎样好翻呢？翻了不仅违反历史实际,而且恰为那时向日本帝国主义献媚的民族败类张目。不管作者是否意识到这一点,其客观效果必然如此。所以大家反对这个翻案。第二个事例,是抗日战争初期,洋奴蒋廷黻写的《中国近代史》(商务印书馆1938年出版),公开为鸦片战争中向英国殖民主义投降的琦善翻案,说琦善签订的卖国条约——《穿鼻草约》"是下了一番知彼知己的工夫",比"不肯牺牲自己的名誉去与时人奋斗"坚决"主剿"的林则徐好。又在《琦善与鸦片战争》(载《清华学报》六卷三期)一文中,说林则徐"于中外形势实不及琦善那样的明白"。这因为蒋廷黻的洋奴买办思想和琦善的投降路线是一脉相承的,他替琦善翻案也是为抗日战争中的大地主大资产阶级的投降路线服务的。所以当时的资产阶级史学家也不以这样的翻案为然,隐约地指出:"近来有人以为拏《穿鼻草约》和《南京条约》比较一下,即可判定琦善外交的优劣,意思之间颇以道光皇帝撤惩琦善和否认草约为失策,一如中国批准了这个草约,中英间的问题即可解决。"[2]历史上的是非功罪,很多是颠倒了的,也有些大体上反映了客观实际,如岳飞和秦桧、林则徐和琦善的为忠为奸,世有定评,这种定评是

---

[1] 吕思勉:《白话本国史》第3册,商务印书馆1933年版,第86—87页。
[2] 郭廷以:《近代中国史》第2册,商务印书馆1941年版,第366页。

和人民的爱憎一致的,翻了案,就会违反人民的爱憎,所以人民批不准。

历史上的人和事,都有相沿的论断,当你想改变这个论断时,既要有真实的资料为依据,又要看它有何实际意义。郭沫若同志的《甲申三百年祭》翻了明末崇祯帝的案,他说:

> 在历代改朝换姓的时候,亡国的君主每每是被人责骂的。崇祯帝可要算是一个例外,他很博得后人的同情。就是李自成登极诏里也说,"君非甚暗,孤立而炀蔽恒多;臣尽行私,比党而公忠绝少。"不用说也就是"君非亡国之君,臣尽亡国之臣"的雅化了。其实崇祯这位皇帝倒是很有问题的。他仿佛是很想有为,然而他的办法始终是沿走着错误的路径……

这是"君是亡国之君"对"君非亡国之君"的翻案,就崇祯年间许多举措来看,这个论断不为苛求,而且在当时国民党统治区提出这个论断,是有所为而发,读者都有"此中有人,呼之欲出"的感受,和陈伯达在《窃国大盗袁世凯》一书的结尾中所说的"如闻其声,如见其人"有相同的意义。

显然,历史上有两种翻案:一种是错误的翻案,一种是正确的翻案。正确的翻案,既是历史的真实,也是时代的呼吸,而错误的翻案恰与之相反。

对我们来说,翻案是一种革命精神,又要持之以科学态度。历史唯物主义就是无产阶级的革命精神和科学态度的统一,它对资产阶级唯心主义是一次最巨大的最彻底的翻案,是以"放之四海而皆准"的普遍真理去改变那些颠倒了的违反科学的观点和论断。但它是要把一切颠倒了的东西颠倒过来,而不是把一切都颠倒过来。众所周知,"五四"新文化运动的"打倒孔家店",旨在破坏儒家传统和封建思想,是对中国古代思想文化的巨大翻案,给中国社会发生过深远的影响。然而它没有"尊重历史的辩证法的发展",有严重的形式主义倾向,把可以从批判中吸收的文化遗产也一起否定了。虽然现在还有某些发思古之幽情的尊孔残余,要继续扫除,但多数研究者是在具体地批判地论述孔子的思想行事及其历史地位了。所以说:"为了反题而忘掉正题,也如为了正题而忘掉反题一样,同样是没有根据的。我们只有把正题与反题中间所包括的真理成分统一成为一个合题的时候,才能得出正确的观点来。"[1]

中国的封建社会特别长,以往的历史资料大部分出于地主阶级之手,对于农民战争及其领袖极尽诬蔑的能事,这是大家知道了的,所以必须以鲜明的阶级观点来分析和使用这些资料。但是不能笼统地说这些资料都是伪造的,而要进行具体的分析,看哪些是伪造的,哪些又是歪曲中反映了某些实况。如果我们凭一时的义愤,为了对某些人和事的翻案,轻率地否定那些有所依据的资料,结果是翻不了案的。几年前,有人写文章,竟说"所谓《李秀成供词原稿》,乃是反革命巨魁曾国藩为了掩饰自己的丑事,进行伪造的",曾经引起了史学界的纷纷驳难。因为曾国藩窜改李秀成的供词是事实,伪造却不是事实。无论窜改或伪造,反映曾国藩的反动本质都一样,但把信史说成伪造,把局部说成全部,那是不能令人信服的。最近有些论述农民战争的文章,为了翻案,仍以这种不严肃的态度来运用和笺释史料。这样,其实并不表现为对古代农民战争的真正理解。

历史上有许多被歪曲了的事,我们要下一番钩沉的工夫,把它们

---

[1] 普列汉诺夫:《论个人在历史上的作用问题》。

改变或显现出来,作出正确的评价,这样的翻案是必不可少的。但必须在下述两个前提下进行,或者其中的一个。

第一是改变长期来形成的错觉。毛泽东同志说:"唐朝的韩愈写过《伯夷颂》,颂的是一个对自己国家的人民不负责任、开小差逃跑、又反对武王领导的当时的人民解放战争、颇有些'民主个人主义'思想的伯夷,那是颂错了。"[1]这不仅翻了韩愈《伯夷颂》的案,也翻了孔子在《论语》中称道伯夷的案。这个翻案,是以历史为依据,而又是对现时某些人的针砭,叫人们不要做"对自己国家的人民不负责任"的伯夷,更不应如韩愈一样去颂扬伯夷这样的人。说的虽是历史,却有暮鼓晨钟、发人深省的现实作用。又如人们把武训这个"在中国封建制度开始崩溃时代的一个可卑可耻的渺不足道的小人物,捧到了神圣的殿上去",几乎近一个世纪中对他没有过异议。直到1951年对电影《武训传》的批判,才从阶级实质揭穿武训的真面目,不仅改变了对武训这个人的看法,而且提高了人们知人论世的水平。本来武训这样一个人,不值得我们去费许多笔墨,但人们错误地把他看作表率,就不能不展开讨论来进行翻案。这是翻封建传统的案、翻资产阶级观点的案,通过这样的历史翻案给人们以阶级教育,是很有意义的。

第二是新资料的发现或经过考证和调查,足以说明原有论证的虚伪或错误。如阎若璩的《尚书古文疏证》,专辨东晋晚出的《古文尚书》十六篇和同时出现的孔安国《尚书传》皆为伪书,对不容置疑的儒家经典来说,这是"非圣无法"的大翻案。由于《尚书古文疏证》考证的精审,后来毛奇龄的《古文尚书冤词》和洪良品著书数十万言,

---

[1]《毛泽东选集》第4卷,第1499页。

欲翻阎案,终不可得。又如不少近代史著作都把"一八八三年(光绪九年)商人祝大椿在上海创办源昌机器五金厂,资本十万两,造各种机器"作为中国民族资本发生时期的一项重要资料。然而经作者谢商同志等的反复调查,证明祝大椿在1885年左右凑集约一千元资本,设立"源昌号",经营五金煤铁,并没有一个资本十万两的"源昌机器五金厂"。这就翻了许多经济史料和近代史著作关于"源昌机器五金厂"的案。这种具体史事的翻案,常常是在研究过程中,产生某些疑窦,然后搜集资料,运用调查、考证、分析等方法,从而得出新的结论,它对历史科学的研究是十分有益的,并且纠正了和这些史事有关人物的历史地位。

无论改变错觉或纠正史实的翻案,侧重的方面虽有所不同,但要求论和史的结合都一样。历史上的人和事是那样繁多,我们在掌握历史唯物主义的前提下去分析历史上的人和事,从中得出规律和经验,不是去搞一些非常可怪的议论,翻一些不必要翻的案。譬如殷纣王这个人,子贡早就说过"纣之不善,不如是之甚也。是以君子恶居下流,天下之恶皆归焉"[1]。我看这几句话说得很好。如果我们为了要替纣王翻案,不加分析地笼统说旧史记载的材料"都是出于'寓言十九'的战国和战国以后的时代",不足凭信,翻过来"以天下之善皆归之",试问是否还是殷代这个奴隶社会国家末代帝王的事实?这样翻了又有什么意义?至于历史上被正统观念歪曲或模糊了的人和事,有必要重新估价,如曹操和武则天的一生。但是历史上并没有什么完人,如果一定要把他们说成完人,并加以现代化,很可能就是对

---

[1]《论语》,子张篇第十九。

真理的逾越。当然写作历史剧,塑造典型,把翻案中的历史人物抹上一些脂粉,是可以的,然而也不应超越历史人物自己的时代。原来曹操脸上抹的白粉太厚,不是曹操的真面目,所以我们要替曹操翻案。如果我们把他的白脸变为红脸,红得又不是古代的曹操,那也未必是曹操的真面目。

翻案是为了实事求是,是对真理的追求;否则,是我们所不取的。

评价历史人物与历史教学[1]

过去对历史人物的评论，并不构成一个什么问题，只要你"持之有故，言之成理"，就可大发议论。作一篇"秦始皇论"，你可以恭维他雄才大略，也可以骂他穷兵黩武、残民以逞。这里正如胡适所说的：历史好像百个大钱，你爱怎样摆就怎样摆；把历史看成了随意拼凑的七巧板，历史人物的是非功罪也就只凭自己的好恶下笔，甚至为了标新立异可以完全抹杀甚至歪曲事实。可是我们今天完全不是这样，我们评论历史人物，自有一定的"故"和一定的"理"，就是历史唯物主义的"故"和"理"。根据历史唯物主义的法则来进行具体分析，除了有些因资料缺失外，我们认为一切历史人物都可以得到一致的认识。也正因为这样，正确地估价一个历史人物，也就成为我们今天历史教学上的一个问题。

解放后，有人说："我们的革命事业是翻天覆地的，对历史人物也来一个翻天覆地就成了。凡是过去指为好的，你就说坏；反过来，过去所指为坏的，你就都说好。"有些历史人物和历史事件固然如此，但

---

[1] 原载《文汇报》1953年6月23日，题为《历史人物评判与历史教学》。

事实上并不完全如此。因为历史不能割断来看,文化的传统性是不可忽视的。过去大家都说夏桀殷纣的"荒淫无耻""暴虐无道",今天我们是不是就可以说他们很好,显然是不可以的。过去没有不尊孔子为"大圣人"的,今天我们是不是就说他坏到透顶,显然也是不可以的。正如恩格斯所说的:"要不是这样,那么,把理论应用到随便一个历史时代里,都会要比解决简单的一次方程式更容易了。"[1]

历史本来就是错综复杂、迂回曲折的,历史人物的活动是不能离开错综复杂、迂回曲折的历史背景的。因此我们对历史人物的评价,不可能把它简单化,尤其是几千年的中国历史,没有解决的问题还很多,这些问题也同样存在于对历史人物的评价。我们在评论历史人物时,经常碰到困难,这都是由于我们不能正确认识下列那些复杂的历史现象:

(一)开始是农民起义的领袖,后来成了专制皇帝,一个人从反皇帝到做皇帝构成两个不同的形象。

(二)在民族矛盾与阶级矛盾的交叉中,许多历史人物为了抵抗外族的入侵,贡献出自己的生命,可是他又镇压过农民起义。

(三)民族与民族之间的战争非常复杂,侵略与抵抗的界限很难划分清楚。由于战争性质(正义与非正义)的不明确,以致处理主持或参与这些战争的历史人物成了极大的困难。

(四)统一与卫国的矛盾。就统一方面说,有着社会经济的必然要求;就卫国一方面来说,又有抵抗暴力的意义。

这些复杂的历史现象,是通过无数历史人物的活动表现出来的,因此,我们也就不易评价参加这些复杂历史活动的历史人物的是非

---

[1]《马克思恩格斯关于历史唯物论的信》,第16页。

功罪了。嵇文甫先生在《新史学通讯》中曾有一文分析到上述四个方面的问题，可见我们的历史教学中在这方面存在的困难很大。现在我们虽然已经基本上使用历史唯物主义的原则在评价历史人物，但是如何掌握原则进行具体分析，是解决这些复杂问题的唯一方式。我们不可能设想：民族英雄就只是民族英雄、专制帝王就只是专制帝王，好像除此以外就不应再有什么了；事实上在他们一生的活动中常常是曲折而复杂的，这正是客观历史反映的必然现象。兹就个人从教与学中的点滴体会分述如下：

第一，要以当时的历史条件来评价历史人物，不要以今天社会发展的条件来衡量历史人物。斯大林说："一切都依条件、地方和时间为转移。"[1]这个原则同样可以使用于评价历史人物。如果我们以今天所达到的社会生产和政治文化的水准去要求历史人物，不但历史上找不着好人，而且也违背了历史发展的客观规律，也就是把我们所处的新社会与历史人物所处的社会等量齐观，这是非历史唯物主义的。

究竟要怎样我们才不是以今天的条件去衡量历史人物呢？例如我们评论康有为与梁启超在戊戌维新运动中没有反帝反封建的明朗态度，因而就抹杀他们在这一运动中从爱国出发和对保守、落后势力斗争的进步作用，这样显然是超越时代的要求。我们知道反帝反封建是在戊戌维新二十余年后的五四运动时才具体地提出来的，虽然时间的距离不算太长，可是这二十几年中世界和中国的变化都很大，特别是无产阶级革命胜利后社会主义国家的出现。又如我们如果以五四运动开始的现实主义文艺作品的方向，去要求 18 世纪 40 年代

---

[1]《苏联共产党(布)历史简要读本》，第 142 页。

到60年代所产生的《红楼梦》,因而抹杀曹雪芹这一伟大作品的现实主义的丰富内容,即暴露封建大家庭的罪恶和显示封建制度行将崩溃的征兆的意义,这样,必然就会犯不可宽恕的错误。

那末又怎样以历史人物所处时代的条件去要求历史人物? 例如我们在1951年所展开的"武训问题"的批判,有些人认为对"武训不参加农民革命、而后来反做了统治阶级的帮闲"的批判,是以人民民主革命的思想要求武训,我想一点也不是,因为武训出身于农民阶级,就他所处的历史时代来说,有太平天国、捻军等波澜壮阔的农民革命,而且当时宋景诗起义近在他的家乡。武训既不同于千千万万劳动人民的终年辛勤于劳动生产,又不是走同时代劳动人民的革命道路,却逐渐走向反动统治集团,穿上了"黄马褂",被捧为"圣人",从清王朝、北洋军阀到国民党的军阀官僚都在表扬他的奴隶行动。又如我曾在教学中批判石达开没有从太平天国革命的整体利益出发,却个人主义地别树一帜,分散了革命力量,以致被敌人各个击破。有些同学觉得这样批判,对石达开要求太高,认为当时石达开之所以离开南京,是完全出于不得已。当然,洪氏集团对他的猜忌、排挤要负很大的责任,但是要求石达开从革命的整体出发来挽救太平天国的危亡,是没有违背历史条件的。如后来李秀成就始终坚持不渝地为革命整体利益打算,革命虽然仍是失败了,然而这种从整体出发的革命精神,是我们不可否认的,石达开不能做到这一点,就是石达开的错误。

本来我们根据历史条件来评判历史人物,不是从当时所处的环境来原谅历史人物。事实上在任何历史时代,都有进步的和落后的、正义的和非正义的两个方面,我们必须是从进步的、正义的来要求历史人物,爱国诗人陆放翁曾有句道"万事莫如公论久",这种"公论"

往往就是属于进步的、正义的一边。如果就落后的、非正义的方面来衡量历史人物,那对反革命分子也可以加以原谅,对地主阶级资产阶级的剥削也可视为当然了。

第二,对历史社会起了推动进步的作用还是起了阻碍破坏的作用。这个原则不但是评判历史人物的标准,同时也是我们自己处理事物的标准。但是在我们自己所处的今天,谁进步,谁落后;哪些事物属于正义,哪些事物属于非正义,我们容易了然。至于历史人物,离我们的时代远,他们所处的时代也不同。我们今天已经掌握了历史社会发展的客观法则,这些客观法则已成为我们的指导思想,谁不能接受这个指导思想或违背了这个指导思想,是很明确的。历史人物所处的时代,就没有这样的幸运,他们不可能掌握客观法则。因此我们评价历史人物在当时所起的作用,是推动还是阻碍,就不是那样一目了然,需要掌握材料具体分析。

历史的发展是错综复杂的,任何时代的社会矛盾也是多方面的,许多人和事都包含着进步与落后,在同时期里的一个历史人物,也常常是两个方面的活动者。从不同的角度去评价他,对同一个历史人物常得出不同的结论。例如前些时候,有些人说岳飞的死,是忠于阶级不是忠于民族,不但不能称为民族英雄,还有镇压农民起义的反革命罪恶。史可法也是如此。这样地评价岳飞与史可法,不是完全没有理由的。但是我认为应该从其主要的一面去看:在岳飞所处的南宋时代,史可法所处的明末时代,民族矛盾超过了阶级矛盾,他们的牺牲是为了对抗外来的侵略,这是其主要的一面。虽然他们还是为维护宋代与明代的统治,可是他们不可能为一个人民政权服务!好像鸦片战争中的林则徐,一直是做清朝的大官,从来就没有反抗清朝统治的意愿;而且洪秀全在金田起义的时候,他曾奉命为钦差大臣,要去剿灭这支刚起义的农民军,不过他才到半路在潮州就死去了,这样说来,林则徐又何尝好!可是我们对他是绝对肯定的,因为鸦片战争是中国近代史上的一件大事,林则徐不但积极禁烟,而且坚决抵抗英国侵略者,这在林则徐的生命史上,是其最主要的一面,虽然他的禁烟与抗英活动只有几年。如果我们不分出主要与次要的两个方面来,对任何历史人物也就不易得到正确的评价,并且那些罪恶如山的坏人,如果做过一点差强人意的小事,你也会一叶遮目把他说成好人。

青年同学们常常希望我们用"好"和"不好",以及简单的语句来决定一个历史人物的一生,可是有些历史人物我们就不可能以推动历史或阻碍历史的公式来概括他的一生。因为他前后的活动常常是不一样的。例如康有为在戊戌维新时期,他倡导资产阶级的改良主义运动,是有进步意义的,到了戊戌维新以后,中国已进行革命,他却要"保皇"和"复辟",这显然是落后甚至反动了。我们对这样的历史人物就要根据前后两个不同阶段说明其推动历史与阻碍历史的关系,正可启发青年要跟着时代跑,对新兴的事物要有敏感,否则今天你是进步,明天你就可能变为历史的绊脚石。这里我说明对某些历史人物的不同阶段,应分别对待。就是有些农民起义的领袖,如朱元璋,后来做了皇帝,成为封建专制的统治者,我想也应该从前后两个时期加以说明,不能因他做了皇帝而抹杀其农民起义的功绩,同时农民起义推翻了旧王朝,难道他能建立一个离开封建社会的政权吗?那就正如鲁迅先生所说的,"恰如自己的手握着头发,要离开地球一样"。因此他做了皇帝以后,我们又要看他有没有做过一些推动社会生产的工作,如果做过一些推动社会生产的工作,我们就得从这些工作中予以肯定。就是汉武帝的开发西域,唐太宗的对外用兵以及沟通中印文化，也不能说对中华民族大家庭的形成和发展没有起过积极作用。

某一个历史事件的本身自有进步意义，是推动社会发展的；然而参加这个历史事件的人物，不一定就都是进步的、正义的。例如创建同盟会领导辛亥革命的孙中山与黄兴是并称为革命伟人的，可是黄兴是同盟会的"右派"，辛亥革命后又处处不能与孙中山的行动合拍，影响革命的推进甚大，我们虽然可肯定他在革命中的某些功绩，但是他的思想行动却便利了反革命的进攻。又如讨袁之役的护国战争，蔡锷和梁启超都是其中的重要人物，我们对蔡锷可以肯定，对梁启超就不一定是肯定了，因为我们要联系其他方面来看。蔡锷从辛亥革命到护国战争，他不是走的当时许多军阀的行径，而护国战争又是他一生最主要的活动，我们今天可以尊之为蔡松坡将军；梁启超就不同了，辛亥革命后，他看到无"皇"可"保"了，从国外回来，投降袁世凯，组织什么"进步党"，实际他早已不进步了。在护国战争之后，又长期依靠军阀做"有枪阶级"的尾巴，完全成了政客。政客生活变成了他主要的一面，至于他在文化方面的贡献，又当别论。因此我们评判一个历史人物还要从他的各方面有联系地来研究。

第三，明确立场，对谁有利。首先在这里应该说明一个问题，我们评价历史人物，是站在历史人物的立场，还是站在我们今天的立场。前面已经说到，我们不能以今天的社会条件去衡量历史人物，自然也不能以我们今天这样鲜明的立场来要求历史人物，那末我们是不是以历史人物的立场去评价历史人物？例如秦代统一六国是推动历史进步的，但是抵抗秦国的六国人物，如信陵君、廉颇、蔺相如等，是不是就都为阻碍历史发展的罪人；而努力于为楚联齐以抗秦的屈原,是不是就不能称为爱国诗人？有人说看你站在秦的立场还是站在六国的立场,我认为我们不应站在六国的立场,也不应站在秦的立场,而是站在看他们的行动是否对当时人民有利的立场。秦国的统一六国是推动了中国社会经济的发展,这是大家公认的,然而秦的统一是暴力的,当然我们不可能希望在两千二百年前的秦能用"和平解放"或"加盟"的办法来统一六国。既然秦是用暴力征服,我们又有什么理由要六国不进行抵抗而望风投降呢！又有什么理由说屈原"出国而轸怀兮"的那种爱国热情是错误的呢！历史事件是复杂的、矛盾的,我们不能机械地只顾到统一的一面而取消了另外的一面,因为两千余年前历史人物所处的时代,他们没有方法能认识社会客观规律的发展。我们不可能以今例古的要求他们"一边倒"。至于屈原,有些人爱做翻案文章,总是想否定屈原的文学作品,或者说屈原的《楚辞》在文学上有价值、在政治上却是落后的(抵抗秦的统一)。我认为屈原值得歌颂的地方：(一)他眼见楚国在强秦的进攻下,有灭亡的危险,不愿妥协投降极力主张联齐以抗秦;(二)他不愿与小人同流合污,他说"亦余心之所善兮,虽九死其犹未悔";(三)因为他有热爱祖国热爱人民的崇高政治情感,所以能写出《楚辞》这样的伟大作品。

历史人物在他自己所处的历史时代中,他的所作所为给予当时的人民和后世的人民是否有利,这就是我们评价历史人物的立场。例如雷以諴的创办厘金制度,给清政府解决了镇压太平天国革命的反动武装的军饷,对人民和人民革命事业是有害的。武训的行乞兴学,并没有给老百姓带来好处,只是多制造了一批为统治阶级服务的人物。如他们的这种行动只有利于统治阶级,当然我们是绝对否定的。反过来我们看看这件事：莫斯科大学大礼堂的走廊上镶嵌着各国科学家的彩色大理石像,其中有我国的历史人物祖冲之和李时珍。前者对数学机械学有着创造性的成就,后者对药理学药物学有过重大的贡献,他们的成就和贡献,对于当时和后世的人民都很有利,所以苏联朋友这样地推崇他们。

在封建专制社会里,许多历史人物的行为,是不可能离开封建政权的关系的,也不可能要他们的政治动机不从他们的政权出发,否则倒是一件不可思议的事了。因此我们就得看通过他们的政权的那些行动,对人民是否有些好处,如果有的话,我们就得从这一方面来估价。例如汉武帝的对匈奴用兵,初期是起于防御,后来转为进攻,这种进攻何尝不是为防止匈奴的再入侵。当然无论防御与进攻,不可否认,他是从巩固自己的政权出发的。可是因汉武帝的对匈奴用兵,不但给当时解除了匈奴的继续入侵,而且开发了中西交通,起了文、物交流的作用。又如秦始皇的筑长城,隋炀帝的开运河,奴役了千百万劳动人民,何尝不是为了他们自己的统治和享乐;然而长城发挥过防御外族侵凌的作用,相对地保障了当时人民的生命财产;运河的开发便利了南北的交通,在客观上都有益于人民,而且是我们今天贯彻爱国主义教育的重要教材。虽然秦始皇、汉武帝都是压迫人民的专制帝王(至于隋炀帝更不消说了),可是我们不能因他们是专制帝王就抹杀这些客观上的成就,事实上这些成就正是千万劳动人民创造的成果,不过通过了当时的上层建筑而开展的建设罢了。彼得大帝是一个专制帝王,他到国外努力学习资本主义国家的技术、工业,对俄国社会起了推动进步的作用,对人民有利,苏联到今天还是称道他。自然,我们也不能因为某些有益于人民的客观效果,而原谅其剥削人民压迫人民的本质。斯大林就这样说过:"彼得大帝为了提拔地主阶级和发展新起的商人阶级,曾经做过很多事情。彼得大帝为了建立和巩固地主与商人底民族国家,曾经做过很多事情。同样也应该说:提拔地主阶级,帮助新起的商人阶级以及巩固这两个阶级底民族国家,是靠拼命剥削农奴来进行的。"[1]

评判历史人物的这些原则,我们是容易理解的。问题是如何使用原则具体地分析历史人物,上面我所举出的一些史例,都是大家在历史教学中经常所碰到的问题,当然这些问题尚有待于进一步的讨论和研究。

从教学作用和正确认识出发,我们对历史人物的评判应该是严肃的,是实事求是的,不能凭主观片面的臆断。例如对武则天的看法,过去都骂她淫荡,简直是一个烂污女人,因为"牝鸡司晨",严重地破坏了封建政治的体制啊!可是后来又来一个大转弯,竟有人说:"武则天为妇女解放者。"这样都是不切实际的夸大。据我们的考查,过去所说武则天的淫荡行为,有些记载却是在她60岁以后,可见有"恶皆归之"的地方。至于解放妇女,那就更不相干了,因为解放妇女是从资产阶级革命后开始的事。如果把封建统治体制中所发生的裂痕(指武则天的做皇帝)和或有或无的那些放荡行为,作为解放妇女的象征,是会给青年同学一个错觉的。还有那种庸俗化的批判,也是要不得的。如说"诸葛亮是刘备的走狗""武训吃屎吃尿,猪狗都不闻",这种抓住一点乱加恭维或破口大骂,自以为立场稳定,实际只是反映了自己那种动摇不定的小资产阶级情绪。如果这样的使用于历史教学上,也是有害的。我们对历史人物的评判,应该是每一个字和每一个定义都不苟且的。

苏联人民委员会和苏联共产党中央在1934年对历史教学的决

---

[1] 斯大林:《与德国作家路德维希的谈话》,第2页。

定中说:"按照历史年代的次序讲述历史事件,且使学生必须牢固地记忆着一些重要的历史现象、历史人物和年代日月等,这是学生们能够切实领悟历史课程之决定的条件,只有这样的历史教程,才能保证学生们所必需的历史教材之易于理解性、明确性和具体性。"从这里我们明白历史人物在历史教学中的地位。我们可以这样说,离开历史人物的活动来讲述历史,这样的教学,一定会降低它的应有效果的。那末我们对某些历史人物是否可以学习呢? 有人写文章说:"像屈原这样伟大的爱国精神,是我们今天应当好好学习的。"也有中学历史教师就出过"我们向史可法学习什么"的试题。我们对代表优良传统一面的历史人物不是不可以学习的,但是上面这种提法是有毛病的,因为历史人物身上的优良品质和我们现在的社会生活是有很大区别的,我们可以甚至需要承继这种优良传统,但是不限于这种传统。由于我们的生活比起历史人物来要丰富得多,我们的任务比起历史人物来也更有光辉。因此我认为正确地评价历史人物所发生的教育和教养作用:(一)通过具体的历史人物,生动地说明历史发展的规律,给予青年同学以更深刻的印象;(二)通过历史人物的伟大创造和英勇斗争,可以给予青年同学一种力量,热爱祖国的力量,从而发挥了教学上的感性作用;(三)通过历史人物的评价,培养青年同学对人民的爱和对敌人的恨,加强其明辨是非的观念。我们回想自己的过去,看《三国演义》到关公走麦城的时候,看《精忠说岳传》到岳飞被害的时候,你会流泪,你会吃不下饭,你会愤恨得把曹操与秦桧的名字从书上挖下来(过去我们对曹操的看法是受了正统观念的影响)。这里说明一个问题,历史人物的是非功罪,常会给青年同学以强烈的反应。因此我们在教学中,正确地严肃地评判历史人物是很重要的,而且也应当是具有高度思想性的。

漫谈学习中国近代史[1]

中国近代史,是悠久的中国历史的一段,是为时甚短的一段。它不同于唐史、宋史那样的断代史,而是代表一个社会形态——半殖民地半封建社会的历史;它却远没有两千多年的封建社会那么长,比起唐、宋等一个王朝的历史来也要短得多。然而它是刚刚逝去不久的历史,是中国社会发生大变动的历史,无论从基础到上层建筑,从国内生活到国外关系,变化的广度和深度,都是过去所有王朝所不可比拟的。

因此,学习或研究中国近代史,所要接触的东西是非常广泛而浩繁的,何止古人说的"汗牛充栋"!仅就有关著作、论文和资料书而言,就不是一辆牛马车或一间古老的屋子所能装得下的,何况还有浩如烟海的公私档案和报章杂志呢?这是学习近代史比古代史麻烦的地方,要读要浏览的东西太多,目不暇接。仅建国30年来,国内出版的有关近代史的书刊和资料,就有近千种,报刊上发表的文章达几千篇,台湾地区和港澳地区也出了大量的近代史论著;日、美、英、法以

---

[1] 原载《书林》1979年第2期。

及苏联等国发表的有关中国近代史的书和论文比国内还多。这表明中国近代社会的历史在国内外都是一个重点研究的课题。这不徒是出于人们的爱好,主要是由于中国的昨天和今天的历史地位决定的。

虽然,近代史的论著和资料书也出了不少,但要举出几本能够首尾一贯、实事求是、科学地反映近代历史全貌的书来,却并不那么容易。因为这些年来,我们经常处在政治运动的大动荡中,文网甚密,动辄得咎,对同现实政治有密切关联的近代史,只能在设定的框框里说话,要从近代历史的实际出发来写近代史,就会碰到这样或那样的人为的障碍,欲说还休,甚至望而却步。所以过去出的许多近代史,成果固然有,却不庸讳言:大都是眼睛鼻子差不多,没有个性,语言无味。特别是"文化大革命"的十年,惨遭林彪、"四人帮"的荼毒,儒法斗争的伪历史泛滥一时,更无科学历史著作之可言。如果像刑后的司马迁那样写《史记》,在《报任少卿书》中那样满怀愤懑,早就罪上加罪、不知所终了。现在拨乱反正了,禁区在不断地被打破,科学和民主的气氛迅速增长,在近代史这个领域中,大量的档案资料正待整理开放,许多专史专题正在开展研究。显然,要使我们有较多的正确而丰满的近代史著作问世,还需要时间的凝练。学习近代史,应该了解近代史这个现状。

当然,我们不能等待到有了完善的近代史著作再去学近代史,一切学科都只能是在已有的基础上进行学习、钻研、提高。事实上我们毕竟有了一些较好的或彼善于此的书,给学习近代史提供了条件,下面分别谈谈这些书。

大家最熟悉的一本书,是范文澜同志的《中国近代史》上册。这本书初印于解放战争时期,后经修订,出至9版,成为三十多年来学习近代史必读的书,许多基本观点为大家所汲取。它的特色是:观点鲜明,文字准确而生动,对人物常有画龙点睛的描绘。如说"林则徐是满清时代开眼看世界的第一人",用一句话概括了林则徐的时代脉搏和历史作用。又如说"太平军一坏于杨秀清的专横跋扈,再坏于韦昌辉的疯狂屠杀,最后坏于洪秀全的任用私人,尤其是最后一坏,历时既久,使得太平军逐步削弱以至于溃灭"。太平天国的领袖们对天国事变及其衰败的责任,尽管众说纷纭,而这几句话却是许多长篇大论所不能代替的,经得起咀嚼。书中诸如这样发人深思的论断,随处可见。但是,由于受当时所处环境、搜集资料的限制,有些该写的内容没有写;更可惜的是,范文澜同志在世最后的几年,已拟出提纲要写这部书的下册时,却在"四人帮"肆虐、沧海横流的岁月里逝世了。

近代史是个自成领域的学科,又是通史的组成部分。郭沫若同志主编的《中国史稿》,第四册就是中国近代史。这本书出版于1962年,约17万字,是个纲要,有骨架而无血肉,读起来不免干巴。但它以政治史为核心,涉及文化学术、边省开发等内容,比旧有的近代史有所开拓,持论的态度也比较严谨。在学习中,以此为纲要,参读其他叙事较详的书,它仍不失为一个按图索骥、触类旁通的本子。这本书的原编者中国近代史研究所刘大年同志等正以此册为依据,扩写为《中国近代史稿》三册。第一册(1840—1864)已出版,保持了原书的优点,铺叙了史事,有些论述概括得还是比较出色的。

在半殖民地的旧中国,帝国主义对中国政治的干预,举足轻重。1947年胡绳同志写的《帝国主义与中国政治》,就此进行了解剖。这本书几经修订,已出了6版。这是一本富有特色的书,从标题到文字给人以新颖之感。全书阐明了帝国主义既控制和扶植中国的反动派,又对革命(革新)势力施加影响和打击所造成的严重恶果。因为它是从"论"出发,依次举事例为证,引用的史料是典型的,也是片断的。读者如果没有近代历史的基本知识，可能是雾里看花，不甚了然。为了较全面地了解近代史上的这个重要方面，可以结合阅读马士的《中华帝国对外关系史》(译本)。马士是美国人，他曾经充当控制中国海关数十年的赫德的助手，熟悉和掌握了大量机密资料，写成了这样一部三卷本、被称为旧中国对外关系史的"权威"著作。我们撇去其殖民主义色彩，今天仍然是一部有参考价值的书。有关这个问题，50年代初丁名楠同志等写的《帝国主义侵华史》，颇得史学界好评。惜乎二十多年过去了，至今还只是从鸦片战争到甲午战争的第一卷。

从鸦片战争到抗日战争前期届一百年，打那时开始，人们使用了"近百年来"一词。李剑农先生的《中国近百年政治史》上下两册，写成于1942年。这部书客观地叙述了中国近代政治的演变过程，井井有条，文字通畅，取材也有见地。其中从戊戌维新到北洋军阀的末路几章，多为作者的亲见亲闻，一气写成，无所窒碍。作者虽不一定有明确的辩证唯物主义和历史唯物主义观点，但他看到了新陈代谢的必然规律，有好的政治倾向。这部书对读者掌握中国近代历史的基本线索和知识是有帮助的。

中国近代史的很大一段是清朝统治的后期，萧一山的《清代通史》五卷，前两卷早在解放前就出版了，后五卷是在台湾完成的。其中的第三卷、第四卷是记述从鸦片战争到辛亥革命的历史，是近代历史的内容。这部书的卷帙大，取材广泛，常有不够严肃和失实之处。但对当时的政制、统治集团及其人物活动写得很翔实，我们写的书在这方面不多着笔，是个薄弱环节，参考它，可以补我们的不足。这部书，目前只有少数大图书馆里有。

对于论述近代史中某一事件或某一段落的读物是较多的，每个大事件都有多种。这里只谈一本书,即黎澍同志的《辛亥革命前后的中国政治》。这本书是在解放前夕出版的,解放后经过修订,最近又重版了。它寓论于史,分析了辛亥革命这个伟大历史事件前后的政治斗争,着重刻画了袁世凯这个窃国大盗的嘴脸。书中的基本论点已成为一般论述辛亥革命前后政治的蓝本。文字也比较明快而带思想色彩,唯取材略欠丰富。

学点近代经济、文化等方面的专史,可以加深我们对一些基本问题的认识。严中平同志的《中国棉纺织史稿》,初版于抗日战争时期,改写于解放初年,在有关专史中要算是一本科学著作。它用功勤,取材富,持论周密。如在《导论》中分析自给自足的自然经济说:"自给性造成闭关性。这在政治上的表现,对外就成为顽固的闭关政策,对内就排斥工商业的发展,形成以小农经济为基石的东方专制主义。这样,欲求中国经济之进一步的发展,必须打破政治上的闭关政策与经济上的自给结构,方有可能。"这个论点,今天读起来还是意味深长的。全书对中国民族工业之王的棉纺织业的发生及其起落,作了翔实的论述,值得一读。在文化思想史方面,侯外庐同志主编的《中国近代哲学史》,是不久前出版的。这本书对近代中国各个时期的重要人物的思想及其背景,交代得比较清楚,也反映了多年来有关近代思想史研究的成果。但使用了不少"大批判"的词句,这与撰写的年代有关。

通过历史人物传记学习历史,能给人以形象感。可惜我们对近代人物还没有写出有价值的长篇传记来,只有许多短篇和小册子之类。在这些小册子中写得较为踏实的,有王栻同志写的《严复传》和尚明轩同志写的《孙中山》,不妨一读。要是不嫌浅薄的话,上海人民出版社出版的《中国近代史丛书》中的人物传也可浏览,其中的《黄遵宪》《秋瑾》《章太炎》等,颇有引人入胜之处。

在学习近代史的基本著作的同时,也有必要读一点当时的文献资料,一则可以从中看看一百年前、几十年前的当事人对事变的感受;再则可以增长我们阅读旧文献的知识。有关这种历史文献资料,有中国史学会主编、上海人民出版社出版的《中国近代史资料丛刊》11大部。一般说来,只能参考备查,顶多是选读各部中的名章要篇,这里很难一一列举。比较便于阅读的,是三联书店出版的《中国近代史资料选辑》。这个《选辑》最初是杨松、邓力群同志在延安编选的,解放后经过荣孟源同志的增订,依次选录了鸦片战争以还各个事件的代表性文献资料91篇。历年来,各地大学的历史系为了教学上的需要,都以这个《选辑》为据,有增有删,结合地区历史各自印行了近代史参考资料。另外还可参读中华书局出版的《中国哲学史资料选辑》的近代部分(两本)。它虽为哲学史资料,但近代部分的39篇,大都是和《中国近代史资料选辑》互见的,是学习近代史必须了解的篇章。它有个好处,对那些古拗难懂的词句都作了注释,给我们扫除了拦路虎,阅读起来就方便多了。

以上谈到的书,概而言之是三种:一是一般的近代史,即记述近代历史基本过程的书;二是属于专史和专题之类,即专述某个方面、某一事件和某个人物的历史;三是最基本的文献资料,即当时、当事人发布的文书。如果说第一种是学习的主干,则第二种、第三种却是必不可少的陪衬。因为任何一个历史事件的经过及其前因后果,都有多方面的联系,又有多方面的论证,你要知道它,知道得深透一点,除了读记述基本历史过程的书外,有必要读一点专史,接触一点原始文献,从而认识各个历史事件的内涵和外延。譬如康有为发动1 300个举人签名的"公车上书",直接是反对签订《马关条约》的,目的还在于促成清朝政府的政治改革。一般近代史对此都要谈到，看了就大体知道是怎么一回事。如能进一步读一读康有为当时连夜起草的那封一万多字的上皇帝书，以及了解怎样从早期的资产阶级革新思潮通过这一活动而发展为实际政治运动的，这样对"公车上书"的历史纽带就会有较多的认识。

学习近代史看哪些书？过去，我们只相信流行的那几本，它们是马克思主义、毛泽东思想指导下的产物，有辩证唯物主义和历史唯物主义的观点，无疑，现在我们仍然要优先看这些书。但要把视野放大，尊重实际，对别人掌握了丰富资料、认真写出来的书，不能视而不见，所以我在上面举了几种不常列的书，读它几本，知道的东西就会多一点。知道得多了，有所对比，有所鉴别，只会加深我们对辩证唯物主义和历史唯物主义的理解，而不是相反。

学习历史要有个"原始积累"。学习近代史的"原始积累"，在于掌握近代史全过程的基本知识。请注意，这里说的不是东鳞西爪的片断知识，而是指的全过程的基本知识。怎样取得这个全过程的基本知识？不外两个途径。一个途径是，选择一两本内容较完整而有代表性的近代史，读它两三遍，边学习边思考，学到后面要回顾前面，把它转化为自己的知识，最后能够依次说出每一个重大事件的原委来，在脑子里形成一个基数，就算有了点"原始积累"。这样，再去看其他近代史的书和文章，就会有所对比，有所取舍，增加新知，而不是茫无头绪了。另一个途径是，以一本近代史为纲要，在学习第一章的同时，并阅读其他各书相应的章节，包括原始文献资料。把这一章需要知道的内容掌握好了，能够用自己的话说出来了，然后照此推向第二章的学习，依次学完，再作一次总回顾，把分章学到的知识贯串起来。这个学习过程的"原始积累"比前一个途径所取得的成果要大。

所谓贯串，不是说将一个一个事件叠加起来，就得出了近代历史的总和，而要注意的是事件和事件之间的关联，那是说知道了鸦片战争和太平天国革命，还要知道鸦片战争和太平天国革命之间的联系，依次类推，才能把近代史的全过程贯串得起来。梁启超在他的《历史研究法》中说："善治史者，不徒致力于各个之事实，而要着眼于事实与事实之间"，就是讲的这个道理。

任何一门学科，如果不是浅尝即止，而要捉住它，从它身上取得更多的东西，绝不是一次两次可以完成的，必然是一个反复推进、步步深入的过程。所以上面提供的学习途径，不过是便于在较短时期内掌握近代史的基本知识，使其在脑子里有一个较清晰的轮廓，形成一点概念；避免那种东抓一把，西碰一下，看得虽多而只有一些杂乱无章的知识的学习方式。要是对近代史学习有较大的兴趣，那也可把两个学习途径变为两步走：第一步，通读一本近代史，掌握其骨架和脉络；第二步，以已学的这本近代史或另选一本为纲要，有计划地按章阅读有关论著和文献资料。经过这样一次反复和积累，则为运用和钻研近代史准备了最初的条件。但是一切学习途径或学习方法，都要变为自己的行动才有用。

近代史是去今不久的历史，同今天的中国社会还有着广泛的联系，在实际生活中还可以看到许多历史的影子。因此实际生活中提出的课题，仍然是启示和促进我们去钻研近代历史的一个重要契机。

漫谈写历史人物[1]

为什么要讲这个题目呢？因为现在写历史人物多起来了。《民国人物传》计划是千人以上，《清史人物传》计划写 3 000 人（这个数字是《清史七百名人传》的数倍），党史人物传已经出了好几本，还有各省地方志的人物传以及历史人名辞典等。可以说，写历史人物是铺天盖地而来。

写历史人物，在于弄清历史人物的功过是非，给人以借鉴，做到"知人论世"。这是当前史学界一项重要工作。党的十一届三中全会以来，历史研究有了一个新的局面，破除迷信，解放思想，过去的许多问题，需要重新探讨。对评价历史人物也有个重新探讨的问题。马克思主义者要破坏一个旧世界，建设一个新世界，我们过去做了许多破坏旧世界的工作，对历史人物立足于批也是一种破坏，后来恶性发展，把应该保留的文化遗产也给破坏了。我们也常说要把颠倒的历史颠倒过来，对历史人物也如此。但是，历史上有些记载，并不是全无是非之可循，有些是值得继承的东西，我们在这方面注意得很少。

---

[1] 这是作者1982年11月在云南蔡锷学术讨论会上的发言。

现在，我就怎样写历史人物提几点意见。

第一，抓住时代的脉搏。

中国封建社会很长，发展缓慢，反映在历史人物身上的时代脉搏不很强。评价历史人物，不懂时代脉搏，就不能很好地认识历史人物。这几天，福州正在讨论林则徐，我们在这里（云南）讨论蔡锷。林则徐有人评他是第一个开眼看世界的中国人。这句话，就是他那个时代的脉搏。在他以前，中国人不知道世界之大，以为中国即天下之中央。利玛窦来中国画的地图，将中国画到边上，清政府看了不高兴，后来，他又画了一张，将中国画在中央，清政府的人看了高兴了。以后，中国人才认识利玛窦是个骗子，我们都受他的骗了。这件事，是康熙年间写的《利玛窦传》上说的。所以我们写林则徐，与同时代爱国者相比，他是伟大的，伟大就在于他开眼看世界。这几天，我们在讨论蔡锷。蔡锷的时代，是19世纪末20世纪初，当时先进的中国人都要救亡图存爱国。历史上的进步人物，没有一个不是爱国的，他们从救亡图存开始，这里有两个办法，一是革命的办法，一是改良的办法，两个办法，两种前途，一个在前，一个在后，同时存在。康有为、梁启超走改良的道路，孙中山走革命的道路，但都是爱国的。蔡锷正赶上这个时代，在19世纪最后两年，他才十五六岁，他是爱国的，他开始走改良的道路。到20世纪初年，他参加了云南重九起义，推翻清政府。后来，拥护过袁世凯，再后来又毅然反对袁世凯，并且艰苦斗争，起了相当的作用。他反清反袁，走上了民族民主革命的道路，作出了重要的贡献。因此我们说，蔡锷的时代脉搏是爱国—改良—革命。他一生有缺点、错误的地方，战争的指挥上也有错误的地方，欠缺的地方，但总的说，他是民主革命派。他一生有杰出的地方。他在20世纪初，不是一个狂飙式的人物。什么是狂飙式的人物？谭嗣同、邹容是。蔡锷是稳健派，往往步子要慢一点，慎重的好处在于考虑得周全。

戊戌变法至五四运动，二三十年中，政治风云变幻急剧，新陈代谢很快。陈独秀写《实庵自传》，说他自己是从新党到"乱党"，以后到共产党。欧洲300年，中国30年，时代脉搏在同一个人身上也会反映得很明显，陈独秀是典型，吴玉章、董必武、毛泽东也都如此。这30年，中国社会的新陈代谢，步伐之快，在世界上是前所未有的。有些人变得快，有些人变得慢。梁启超说，他常常是"今天的我反对昨天的我"。他也在追踪时代，但追不上。在那个时代，社会的政治、经济也在新陈代谢，但赶不上思想上的新陈代谢，于是，很多东西来不及消化，只好生吞活剥，结果消化不良。

第二，抓住人物个性特点。

同一个时代的人物都有共性，也都有个性，因此在认识共性的前提下，要抓住个性，否则大家都差不多，彼此彼此。比如洋务人物曾国藩、左宗棠、李鸿章中，曾国藩的个性特点是什么呢？有的同志说他的个性是"汉奸刽子手"，其实，这并不是他的个性。我以为，曾国藩的个性特点，主要在于他是中国最后最大的地主阶级的精神支柱。这里有一个声望问题，其他人，袁世凯、蒋介石，都没有这个声望。左宗棠的个性特点是什么呢？他的特点应是爱国主义，他出师新疆时已70岁了，他给皇上的奏折说，我70岁了，已位极人臣，没有别的要求了，只考虑新疆对祖国安危关系极大。他到新疆是"舆榇出师"，誓死在新疆。榇是什么呢？棺材嘛，拉着棺材去，可见是下了决心的。正是由于他出师，把那里的叛乱平定了，新疆继续成为我们祖国的一个省，否则，就很难说了。虽然他是镇压少数民族起义的刽子手，但他收复新疆应大书特书。梁启超这个人，看起来变来变去，但他并非无个性可言，他万变不离其宗，都是改良主义，这一点没有变。他拥袁，反袁，都是出于改良主义。

各个历史人物都有自己的特征、个性、生活细节，也往往会反映出一个人的思想观点，写历史人物，如果不了解这些，写出来的人物就不丰满。这里我讲梁启超的一件事。1902年，梁启超去美国，一个20多岁的华侨姑娘，写了不少文章帮梁启超说话，帮他宣传，后来，她成了梁启超的翻译。她很钦佩梁启超，多次表示，要与梁启超结为终身伴侣。对此，梁也很激动，他把这个情况，写信告诉他夫人，他夫人对此很谅解，也想成全他俩的好事，但梁启超最后说了一句话："我与浏阳实创之。"浏阳是指谭嗣同，他是浏阳人。实创之，创什么呢？主张提倡一夫一妻制，因此，行动上也要实行。于是他感谢了这位姑娘对他的爱情。当时的时代脉搏，就是一夫多妻制不能继续下去了。现在写的梁启超传，大概不会写这些东西吧！其实，可以写，也应该写。有些生活细节、个人特点是在比较中发现的。章太炎登报征求伴侣，条件是要大家闺秀，要守礼节。蔡元培也登征婚启事，强调一要有知识，二在我死后可以改嫁。二人择偶标准差异很大。有一个研究生发现了这些材料，写了篇评章太炎和蔡元培的婚姻观的文章。写生活细节，有时可以见微知著。曾国藩喜欢下棋，写上这一点，就会丰满一点。不要把历史人物写成"不食人间烟火"，没有亲切感，要有血有肉，不要远在天边，而要近在身边。

第三，写历史人物的真实性。

要反对客观主义，又要反对假大空废。批判写历史人物的客观主义倾向是对的，但是如果把历史人物写得客观一点，也当作客观主义来批，那就只能导致主观主义。现在强调实事求是。历史不等于现实，但是对现实有影响。有些东西不讲可以，但不能改变历史事实。历史的真实与文学的真实,有联系,又有区别。文学有可能虚构夸张,历史是一就是一,二就是二。清代考进士120届,共出了120个状元,其中浙江有20个,江苏有49个,江浙加起来,就占一半还多。潘光旦从优生学的角度研究,为什么江浙出了这么多状元?因为他是人类学者,研究优生学。《孽海花》说江苏出了50几个状元,苏州出了15个。江苏实际出了49个状元。小说作者可以把江苏出的状元,说得多一些,因为是写小说;但写历史,只能说出了49个,一个也不能多。写历史与剧本不同,剧本要求历史的渲染,电影没有历史的夸张人家不看。历史要求史实的准确,没有史实的准确,就没有历史科学。《知音》中的小凤仙,在历史上可写可不写,但在社会学、文艺作品上,就一定要写。电影《革命军中马前卒》的剧本说,邹容被上海工部局抓起来,打官司,请律师,找的是一个中国律师。这不真实,当时中国没有律师,是请外国人当律师。中国没有出的事不能写,这是真实。邹容本来没有女朋友,电影上,硬给他找了一个。蔡锷的儿子蔡端的老伴看了《知音》,提出了抗议。事实上《知音》在历史事实上有缺陷,要给小凤仙一条出路,就让小凤仙做了蔡家的"未亡人",最后,让蔡母接纳了小凤仙。这在当时的社会,门第观念很严重,是不容许这样的,实际上,小凤仙还是过她的青楼生活。

  总之,写历史人物,要大处着眼,从时代的脉搏着眼,必须以小见大,建立在历史的真实基础上。50年代,我们批判旧史学家"只见树木,不见森林",看不到大的面貌,那种研究历史的方法是不对的。但搞到后来,我们却走到另一极端,搞成"只见森林不见树木",只讲大的问题,比如奴隶社会与封建社会的历史分期问题等,一天到晚去谈这些,不去研究具体问题。大问题要研究,小问题也不能忽视。三中全会以来,我们对具体问题开始研究了,大的问题也没有忘记,这就好了。这次昆明召开的蔡锷评价的学术讨论会,就谈到很多的具体问题。外国学者研究问题很具体,很细。比如日本人到上海,要了解上海第一家西服店在哪里,是什么时候开始的,我们的近代史专家答不出来。这个问题很细小,而在日本,人们因为穿西服,扯出爱国不爱国的问题来,因为日本人穿西服是从上海传去的。在与日本、西欧的学术交往中,发现他们研究问题很细,应该研究小问题。这次蔡锷讨论会,就是"既看森林,又看树木",蔡锷的评价,经过了一个否定之否定的过程,在这个基础上来写蔡锷这个历史人物,可以更符合客观历史的面貌了。

任何历史学家写历史人物,不能排除他的个人感情,不能排除时代对他的影响。特别是对中华民族做了特殊贡献的人物,写起他来总是要带有我们个人的敬意。这不是打一次"致敬电",讲一篇漂亮话的问题,这是人民的感情,阶级的、民族的感情问题,这种敬意是应该的,必要的。还有一种历史人物,在历史上他很想做一番好事,但"出师未捷身先死"。也还有好心人办了不好的事,这种人也不少,瞿秋白《多余的话》,实在是多余,那些话,自我解剖,很坦率,很真实,但不能在敌人面前讲。但他是在自己解剖自己,他没有出卖组织和同志。总之,瞿秋白这样的历史人物,我们今天谈起来很惋惜,这个人是好人做错了事,应该惋惜。还有一种人,罪大恶极的人,我们当然要口诛笔伐。但要注意的是,即使是罪大恶极的人,有时也会做一点好事,我们应以愤恨的心情去写,但不要改变历史事实,是什么,就是什么。再一种人,不一定很坏,但思想保守,比如义和团时期的徐桐,他是清政府的尚书,军机大臣,思想很保守,他不爱看洋人的楼房,东交民巷那里是外国使馆区,他上朝要经过那里,他见不得,于是每天到故宫绕道而行。看来他与义和团有一致的地方,看起来他还是有一点民族感情,外国大炮打来,他也没有逃出去。光是盲目排外,不看外国的一切东西,不解决问题。有一首诗:"铁路万不可造,彗星着实可怕,四十年前好人,后人且莫笑话。"此诗是20年代写的,是讽刺李慈铭的。他认为,修铁路破坏风水,出彗星要降大灾大难,40年前的好人,后人要看他的笑话。他是好人,但是那个保守没法说,都像他那样,社会不要前进了。徐桐、李慈铭,这些都是好人,一百年来,这种好人很多,但他们阻碍了中国的前进和新陈代谢。对这样的人,怎么写呢,可以讽刺来写。以上这些例子意思是说,我们在写历史人物时,在不违背历史事实的前提下,要带上感情来写。有感情才有感染力,要写好一个人物传记,还是要学习梁启超,笔端带有感情。他的文章,别人读起来"触电然"。当然感情要放在应该放的地方。

谈近代人物研究[1]

中国历史上很重视对人物的研究。《左传》《史记》就写有人物。《左传》中的春秋五霸的齐桓公、晋文王等人物写得很生动,甚至连妇女也写得很有声色。《史记》是纪传体,纪传就是写人物传。《史记》不但写了三皇五帝,连做卜占、打算盘、做生意的人都写了,连陈胜、吴广也都写了。司马迁作为一个历史学家来说,是一个有特殊眼光的人,这种特殊眼光,就是人们常说的"史识"。

一个历史工作者,应当有史识、史才、史学、史德。司马迁是很注重史识的。写一本书,写一篇文章,材料固然很重要,但如何运用这些材料,这就是史识,就是史学的眼光。马克思的《路易·波拿巴》写得非常生动,我以前每年都要读一遍。它是写人物的典范。过去我们很少写反动人物,波拿巴是反动人物,我们的无产阶级的导师马克思就把他写得很好。毛主席虽无专门的历史人物专著,但他的《纪念孙中山先生》就写得很全面,短短3 000字,概括了孙中山的一生。这只有在对历史人物有比较全面了解才能做得到。

---

[1] 本文根据作者1984年给研究生上课记录整理。

近年来,历史研究极为活跃。但研究得最多、最旺的还是历史人物。这一点从报纸杂志上看得很清楚。这种现象是前所未有的。人物传记从几百万字、几十万字到几万字、几百个字不等。目前正在编一本《中国人名大辞典》,从三皇五帝一直写到今天还活着的著名政治家,还有著名的科学技术、文学艺术方面的人物。它比司马迁的《史记》的范围还要广。又如,《中共党史人物传》已出到第九册,《民国人物传》出到了第三卷,今年还要出《清史人物传稿》,我主编的近代史丛书也写了十几个人物。毛主席说过,从孔夫子到孙中山都要写,我们是从三皇五帝到近代无产阶级革命家都写。

"文革"前,对于历史人物研究不多。原因是当时奉行"历史是人民群众创造的"这个道理,人民群众是没名字的。历史是人民群众创造的,这句话是对的。但如果一个时代,没有英雄人物出现,这个时代一定很寂寞。一个伟大的时代必然是英雄辈出的时代。人民群众斗争产生杰出的优秀人物,英雄人物推动历史发展。这就是"时势造英雄,英雄造时势"。

历史的借鉴,也离不开对历史人物思想活动的分析研究。历史人物做过什么?写过什么?说过什么?这些对历史研究别具价值,尤其是近代人物的研究,对我们今天更具有重大意义。近代史离我们很近,是刚刚逝去不久的历史。近代人物是我们的祖辈、父辈,他们的活动与我们今天有密切的关系。因此,在近代历史中,对近代人物研究更具有重要性。这就是我们开这门课的原因。

这门课,可以今天开,明天开,请本校老师讲,也可以请校外对某些近代人物有专门研究的老师讲,可以打开大家的思路。

近代中国是个"变"的时代。"变"是它的最大特征。近代人物就有不少人讲过,这是"三千年来一大变局"。历史上不是没有变,从秦始皇到鸦片战争，中国也不是没有变，变是变，但变得很缓慢。近代中国的"变"，一是速度快，二是变化大，变的面相当广泛。历史上的唐代有什么初唐、盛唐、中唐、晚唐四个时期，这是反映一个王朝的变化，主要说明在两百多年中，唐朝是怎样由盛而衰的。唐代盛衰在唐代诗歌中也得到相应的反映。它反映了唐代的社会变化。但并没有说明整个中国封建社会波澜壮阔深刻的变化。只是到了近代，中国才有广泛深刻的变化。近代一百多年的历史就是"变"的历史，这是"变"的时代，是变得前进的时代，我们研究近代人物，首先要掌握这个"变"的时代。

近代的这个"变"既出现在一代一代人的身上，也反映在一个人的不同时期，反映在他的初期、早期、晚期。一个人有他的早年、晚年，但作为一个近代人物来说，还不光是指他的年岁，还包括他的思想、生活、政治活动，近代社会新陈代谢很快，近代人物可以分为好几个历史层次，这是过去不可能有的。短短一百年中就有好多个层次，说明了时代的激荡，人一代一代变化很快，成熟得也很快，一般20多岁就成熟了。

近代史上的历史层次可分为以下几个：

第一个历史层次最早是从鸦片战争开始的，在19世纪40到50年代，在这个层次，出现了林则徐、魏源为代表的人物，洪秀全也是这个时代的产物。这个层次，是从旧的历史时代开始进入到近代，这些人物他们更多的具有旧时代的特点，但又如范文澜同志说的，他们是"开眼看世界的"。范老说，林则徐是中国开眼看世界的第一人。这是范老的史识。现在大家都用这个话，因为它反映了这个时代的特点。这类人物除了林则徐，还有一大批人，包括包世臣、姚莹、梁廷枏在内。讲到这一时期的历史著作，首先要提到魏源的《海国图志》，这部书如果用今天科学的观念来看,可说是错误百出,但考虑到当时的中国对外情几乎一无所知,世界地理知识没有,道光帝甚至连香港也不知在哪里,此书是靠听外国人讲,看了一些外国报纸而编成的,很了不起,至少有一点,他讲了世界地理。还有一本就是徐继畲的《瀛环志略》。这部书文字材料比《海国图志》要准确,但名气不如《海国图志》大。这两部书都是引导中国人看世界的,是引导中国人走向世界的指导书。郭嵩焘等以及以后的清朝驻外使节携带的书中都有这两本书。徐继畲是福建巡抚,从清朝入关到鸦片战争前两百多年中,至少有1 000多个巡抚,这么众多的巡抚,名字不见得都能记住,但徐继畲这个名字都不会忘记的,因为他写了一部引导人们走向世界的、很有影响、很有用处的书——《瀛环志略》。这个巡抚非记住不可。

讲到洪秀全,毛主席说过他是近代中国向西方寻找真理的先进人物之一。他学习西方学得并不怎么样,只学到了一个基督教,并未学到什么。洪仁玕是学到了一些,写了《资政新篇》,洪秀全同意洪仁玕的观点,也算是他学习西方的吧。

第二个层次是60至80年代。这30年出现了两种人:一是洋务派,一是早期资产阶级改良主义者。这两种人是这个时代的产物。顽固派是旧时代的人物,到80、90年代也无多大变化。早期资产阶级改良主义者是一大批人。目前争论洋务派与早期资产阶级改良主义者的区别,有没有区别,有的说有,有的说没有。我说有区别,也有大的联系,说无区别、无联系,这个说法不对。说没有联系,问题就讲不清楚;说没区别,也不行。其实,就连洋务派之间也是有区别的,曾、左、李三个人有同一性,但也有不同一性。我们看问题,有时只看到他们的同一性,有时,又不看他们的同一性。其实人物之间不可能无同一性。洋务派与早期资产阶级改良主义者有很大的同一性,但又有不同一性。我提出这个问题,是要引起大家的注意。辛亥革命时期,立宪派与革命派也存在这方面的问题。

第三个层次是甲午战争以后,反映在戊戌变法时期。以康有为、梁启超、谭嗣同、严复为代表。这个时代不是谈洋务的问题。变法维新、救亡图存是这个时代的特点。这一时期的这些人物研究得比较多,但康、梁我看就没有研究清楚。康、梁这两个师徒后来变化就很大。过去把梁放在康边上,说他是保皇党,立宪派(军阀的)政客,我看不恰当。康有为在戊戌以后,无多大变化,他最大的功劳是在维新变法时期,甲午战后到1898年这四年称得上是康的时代,他由南到北,由北到南,刮起了一阵旋风,顽固派视他为洪水猛兽,因此我们不能小看他。戊戌以后他就没有什么变化。康的思想在30岁前后就形成了。早年的康很有斗志、勇气,对时代有一股冲击力。早年写了《万国公理》,讲民主平等、自然科学方面的知识。他讲人为什么要去磕头,跪在地上,不符医道,极不卫生。康这句话且不论它对与否,依据又是什么,但意思很清楚,是反封建的。他这时是进步的、前进的。"五四"以后,康的议论一变,前后判若两人。讲人生膝盖何用?不就是用来跪着磕头的吗。前后变化如此之大,原因是什么呢?康甲午前,未出国门一步,反对磕头;他主张磕头是在出国门以后,周游十一国之后的事。为什么出游之后,反而倒主张起来呢?康是摆了一个儒家的虚假的十字架,在他那儿只有忏悔,讲他戊戌时做得太急了。梁启超是流质多变,他不是风派,他追踪时代,与他老师不一样,但未追得上,所以在某些时候某些地方还是一个落伍者。写梁启超传就要把他流质多变写出来,否则写出来也不像。过去对梁的评价不公道。去年到广东,康、梁两处家乡都开纪念会,但到梁的家乡的人比到康的家乡多,梁对时代的影响不可磨灭。我们今天搞社会科学的老一辈人,没有受过梁的影响的人几乎很少。

顽固派也有个时代关系,毛主席说过,顽固派是顽而不固。在洋务派出现时,顽固派代表是倭仁、徐桐,对洋务的东西统统反对。戊戌变法时期,顽固派代表是王先谦,他办过洋务,与倭仁不同,他是顽而不固。到20世纪初年,革命高潮时期,保皇派也慢慢分化出来,也谈革命,梁在1902—1903年大讲革命。所以,从洋务运动时期到民国时期,均有顽固派,但每一个时期顽固派守持的东西不同,顽固派的表现不一样。一般来说,凡是对那个时代冲击得最厉害的东西,顽固派保得最厉害。

第四个层次是戊戌以后到辛亥革命时期。这一时期出现了一批狂飙式的人物,如陈天华、邹容。包括章太炎,他在某一个时期某一个事件也带有狂飙式的色彩,但章太炎并不是一个狂飙式的人物。狂飙式的人物对社会冲击最大。前年去云南讨论军阀问题,对蔡锷评价不同。有说他拥袁,是立宪派;有说他后来拥护孙中山,是革命派。蔡锷不是一个狂飙式人物,是一个稳健务实的人物。辛亥革命时期,蔡是务实人物,他与狂飙人物同是推动历史前进的人物。狂飙人物是鲁莽派。历史在不同时期,需要不同样的人物。

第五个层次是"五四"到第一次大革命时期。第六个层次是"一二·九"运动到抗日战争时期。这两个层次这里就不细讲了。

研究人物,首先看这个人物在哪个层次、时期出现的,它所表现的是什么。狂飙式人物要歌颂,但革命中踏踏实实的务实派也要歌颂。如果用狂飙式的人物来要求蔡锷就必然要否认他。像他那样务实、打硬仗的人不多,因此研究人物,首先要抓住人物特点。又如近代妇女,在太平天国时期只有洪宣娇、苏三娘式人物,与《水浒》中的顾大嫂差不多,产生不了秋瑾。戊戌时期1 300多个举人也产生不了秋瑾式人物，因为女子不可能参加科举考试。历史戏剧上讲的"女状元"全是虚假的。只有到了20世纪初年才能产生秋瑾。同样的只有辛亥以后才会产生何香凝、宋庆龄。中国妇女解放首先是男子提出的，妇女自己起来提出解放自己，是从秋瑾开始的。又如讲龚自珍，他究竟是什么时期人物，一直有争论。他死在1841年，生活在鸦片战争以前，因此有人说他是古代史人物，写思想史、写通史都把他写在古代部分，龚生活在古代史的终结，近代史的开端这一时代。在十多年前，我看了有关但丁的书，就此受到了启发。但丁是中世纪最后一个诗人，同时也是近世最初的一个诗人。我由但丁想到了龚自珍，认为龚也属这种类型的人。他是古代最后一个思想家、诗人，又是近代最初的诗人、思想家。他近代活动不多，但他的思想萌芽已伸进了近代。

古代史往往几十年、上百年并无多大变化，近代每几年、每十年就来一个大变化，"风云入世多，日月掷人急"。梁讲的这两句话很形象。鸦片战争到甲午，多大变化！从1895年到1919年多大变化！出现了康有为、孙中山、陈独秀这三代人，中间不到30年，变化太大了。过去我们看人的阶级出身，强调重在政治表现，这一条也适用于近代人物。近代人物有几个劳动人民出身？这些人的思想、活动变化很大。从戊戌到辛亥，从辛亥到"五四"代表了三个里程碑、三代人，这是一个新陈代谢迅速的过程。陈独秀在自传中说过：他先是康党，后来到革党（孙中山），最后成为共党（共产党）。这三个里程集中在一个人身上，陈独秀就是一个代表人物，他身上留下了这个时代变化的痕迹，不握住时代脉搏的跳动，就无法研究近代人物。

近代人物的社会性，也就是阶级性。过去我们对人物研究搞标签式,不对。但研究近代人物还是离不开社会性,即阶级性。近代中国产生了一个什么样的社会,出现了什么阶级？在"五四"以前是资产阶级,"五四"以后是工人阶级。资产阶级又分为买办资产阶级与民族资产阶级两个部分。资产阶级这两部分有它们的同一性：均是资产阶级,对中国社会生产均带有一些新的进步因素。买办与帝国主义有更多的联系,依赖性大,破坏性也大,但是这个阶级的人物也有变化。民族资产阶级多数是从地主、商人转化而来的,再就是从买办转化而来的。一些买办在外国洋行干了一阵以后,积累了一笔钱和经验,再自己搞企业。近代人物"转化论",是研究他们的社会性的很重要的一点。写人物生活、经历、思想、活动,需要有一个社会性在头脑里。掌握了这一点来分析人物,但又不是贴标签。

写人物传,要画龙点睛。要懂得此人的时代性,要有形象思维,没有这个,一定写得干巴巴的;要有理论思维,否则写不深。形象思维,就是说这个人是怎样的一个人。谭人凤是辛亥时期的人物,他讲黄兴是雄而不英,宋教仁是英而不雄。黄兴在发动黄花岗起义时,给儿子写诀别书,很雄。但他与袁世凯打交道,讲话就不英明;宋教仁恰恰与他相反。谭的这两句话,就抓住了这两个人的特征。又如武昌起义,当时两种人都注意争取袁世凯,清政府希望他出来做曾国藩,扑灭革命;革命派希望他出来做华盛顿,推翻清政府。黄兴打电报给袁世凯,劝他做中国的华盛顿。这时蔡元培写信给他,说袁世凯既不能做曾国藩,也不能做华盛顿,只能做皇帝。果然没有几年,他做了洪宪皇帝。蔡的这几句话抓住了袁的特点,政治野心。写人物,不在于写千言万语,而要在精,说到点上。研究人物还要有点生活气息,才能活龙活现展示人物的风貌。圣人传难写也就是这个缘故。据说章太炎结婚时把皮鞋左右穿反了,这是说他对此漫不经心,这就很形象。中国近代有很多人开始站在反封建社会的斗争前列,但后来都又被封建社会吃掉了。洪秀全、康有为是被吃掉的,章太炎一半被吃掉了,只有孙中山没有被吃掉,"五四"以后继续奋斗,直到生命的最后一刻,仍说"革命尚未成功,同志仍须努力"。

纪念薛福成[1]

薛福成是我国近代思想家、外交家,还可以加上政治家、文学家。说他是文学家,因为他是湘乡派的四大文人之一,被称为曾门"四弟子"之一。他的著名散文《观巴黎油画记》脍炙人口,在20世纪30年代前后,就被选入中学语文课本,作为范文传习。我读中学时,曾读过他这篇文章,他将油画艺术的特点首先介绍到中国来了。

薛福成出生在无锡,但他的足迹已从家乡走向世界,为中西文化交流做出了贡献。他是我国在100多年前的一位开拓性人物。当开拓性人物是很艰难的,他具备开拓性人物的一切特征:

(一)他作为知识分子,不尚空谈,是务实的,并具有一定的理想。

(二)他站在中国看到世界,在未出国前就睁眼看世界,出国后实地考察了西欧各国的政俗民情,并致力于维护国家主权和海外侨胞利益。

---

[1] 这是作者1988年4月12日在薛福成150周年诞辰纪念会上的发言,载《中国近代军事史论文集》,军事科学出版社1988年版,题为《在中国近代军事史学术讨论会上的发言》。

（三）他源于洋务派又高于洋务派。洋务派只学西方物质文明，薛福成却注意吸收西方的精神文明。他学西方，学得很勇敢，又很深刻。他的文章不夸夸其谈，而是致力于经世致用。

为了纪念薛福成，我提出两点建议：

第一，成立薛福成纪念馆。

因为薛福成是友好使者，既保护了我国的利益，又与西方关系处得很好。薛福成主张通商惠公，其子薛南溟继承了父志，对我国发展民族工业有较大的贡献。

第二，出版《薛福成全集》。

解放前已出过13种，他的全集既是一部外交史，也是一部洋务运动史。

天上人间[1]
——访问洪秀全故居想起的

今年是太平天国起义130周年,两广举行了从广州到桂平、到桂林以学术讨论和参观遗迹相结合的纪念活动。我应邀参加了这一活动。在广州集会讨论期间,3月12日去花县,一路春风送暖,在"朝拜老天王"的说笑中访问了官禄𫟹洪秀全故居。"𫟹"与北方的"屯"、南方的"村"是同一个意思,人们常写作"官禄𫟹村","村"字是额外的追加。

洪秀全故居位于村前,是几间泥砖为墙的矮窄小屋,与洪仁玕故宅毗邻,屋面打谷场地。村的四周是农田,东南开阔,向西望去是苍翠的独秀峰和丫髻岭。社员在田里施肥,水牛漫步田头吃草,一派南国的农村景色映入眼帘。缅想130多年前,青少年时代的洪秀全,耕作于斯,教读于斯,该是一副什么样的情景!他生活在这个平凡而古老的农村里怎样塑造出一个"金发皂袍"的上帝,怎样构思成《原道救世歌》等三篇战斗性文章,怎样愤怒地把孔夫子的牌位砸碎在地上,又怎样创立起一个既不同于基督教也不同于天地会的拜上帝会

---

[1] 原载《光明日报》1981年9月3日。

来的？从而掀起了立志改革中国的伟大历史场面！

拜上帝会的唯一真神上帝，来自基督教的《圣经》，与中国的礼俗格格不入，后来帝国主义的侵略，更激起了中国人民一系列反洋教斗争。章太炎称之为"西帝"。这样，洪秀全的拜上帝会为什么会成为发动和组织群众的战斗旗帜，产生如此大的威力？那是洪秀全开始活动的年代，外国传教士捧着的上帝还不那么猖獗，善良的人们一时还识不破它的真相；并且拜上帝会的一神教宗教信条比起历代农民起义依托于释道杂烩的鬼神来，要远为完整而富于幻想。不过具有极大魅力的并不是宗教的本身，而是洪秀全要把基督教的"天上天国"搬到中国的大地上来，变为"人间天国"。

基督教的"天国"只存在于人的心灵，或死后归宿。《圣经》上说的"天国近矣"，说了千百年，"近"在什么地方？"近"在什么时候？除了上帝，谁也不知道。洪秀全设想的"天国"，却不是那么遥远、玄虚，也不只是"救世""醒世""觉世"满纸好听的话。太平军一开头就建立起"圣库制度"，个人的所有所获都上缴"圣库"，个人所需也都仰给于"圣库"，这就不是传教士口诵的天堂门券，已是人们直接感受到的圣水。"天堂"和"天国"在拜上帝会中是个同义语。当太平军鏖战于贫瘠的广西地区时，早有打到富庶的江南去建立"小天堂"的预告，"小天堂"是相对于天上的"大天堂"而言。《永安破围诏》号召"男将女将尽持刀"，行看"金砖金屋光焕焕"，"天堂"的憧憬与夺取江山的宏愿已浑然一体。这给予缺衣少食的人群有多么大的诱惑力！所以太平军一出广西，汇合两湖山泽、大江南北的劳苦大众，就成了滚滚洪流。

1853年3月太平军攻下了南京，建为天京，耳熟了的"上有天堂，下有苏杭"，已呈眼底。怎样把祖国的万里江山变为穷人的天堂，洪秀全将前此已制订好的《天朝田亩制度》颁发给太平天国的军民，从普天之下莫非上帝所有的信念出发，规划了平分天下的田地。每家除耕种自己的份地外，养两头母猪，喂五只母鸡，屋前屋后种植桑树，一年所获够自给外，多余的送缴圣库，以实现"有田同耕，有饭同食，有衣同穿，有钱同使，无处不均匀，无人不饱暖"的圣洁目标。这是世界上还不曾有过的景象，"此曲只应天上有，人间哪得几回闻"！然而它不是天语，它宣示的却是千万群众的声音，现实的追求。洪秀全是又一个把天火盗送人间的普罗米修斯。

《天朝田亩制度》的"天国"蓝图，吸引过多少人，为它写出了多少探讨的文字，它到底是一种怎样的理想？议论很多。我想就是《天朝田亩制度》描绘的那种幸福生活。然而我们遍查太平天国十余年的历史，天国兄弟姊妹所经历的地区，只有天京附近蔡村农民向太平天国交钱粮，不复交田主粮的记载，从没有发现一个半个《天朝田亩制度》式的新村。这不只是因为太平天国的军民一直处于紧张的战斗状态，他们来不及做，也没有去做；即使真要在小农经济的基础上推行这种绝对平均、消灭私有的方案，出现的场面可能并不是生产的欣欣向荣，而是生产的慢性萎缩。你看，天京曾一度废除商业，就造成了军民物资的匮乏，他们很快又恢复了商业，在城内外设立"买卖街"。所以，就实践检验真理的标准来衡量，植根于小农经济的《天朝田亩制度》仍是披挂在天边的彩霞，可望不可即。

洪秀全在改变现实中遇到了现实的挑战，他没有回避，作过切实的回答，恢复商业是一例，"照旧交粮纳税"是又一例。但是南京不是官禄㘵，不是紫荆山，天王府的高墙日益挡住了洪秀全的视线，他与广大军民隔开了，越发把太平天国的前途和自己的权威日益寄托于上帝。1861年左右，他改太平天国为"上帝天国"，未及颁布，又改为

"天父天兄天王太平天国",明示太平天国来自天父皇上帝和天兄耶稣,只能由天父家族中的二兄(耶稣是长兄)——天王洪秀全来掌管。"天父天兄"是信仰,"天王"洪秀全才是实体。这一改称,揭开信仰的面纱,看到的恰恰是"朕即国家","朕"是天父上帝的唯一代表。洪秀全在这里用自己塑造的上帝来塑造了自己。本来天上的东西要落实到人间来才有生命力,早年的洪秀全是这样出色地奋斗的,建立了伟大业绩;其后却把它们颠倒了,使人间愈来愈依赖天上。当天京已被湘军重重围困,内无粮草,外援又断,洪秀全仍拒绝接受李秀成的"让城别走"的建议,以幻想代替存在,相信自有天兵天将来扶,"一味靠天",这就给太平天国也给他自己带来了严重的后果。

一切创造性活动总要受到历史的制约。这种制约往往深刻地表现于伟大事业的挫失中,从挫失中认识制约,理智地对待制约,就可能取得主动。但是人们认识和正视历史的制约是个长过程,他们的理想总是在不断认识制约,循着制约的轨迹一步步实现的。洪秀全领导的太平天国是中国历代农民起义的高峰,他冲破闭关主义迈开了向西方学习的最初一步,是一个近代农民起义领袖可能学习的一步,即从基督教的上帝入手。他的理想是和幻想混合在一起的,很难要求他确切地去认识和正视历史的制约。然而经过时间的提炼,拨开幻想的云雾,去粗取精理想终有变为存在的一天。

我们在访问了故居之后,13日从广州乘船,溯西江而上,又访问了金田村。站在横跨紫荆山口新建的金田水库上,眺望群峰竞峙的紫荆山区,以洪杨为代表的太平天国事业正是从这个烧炭工聚居的穷山区迸发出来的,抚今追昔,思绪万千,我应金田纪念馆之嘱,写了一首题为《游金田水库》的诗:

霖雨苍生愿岂虚,洪杨昔日起宏图。

炭工千百崎岖路,泉石而今汇广渠。

历史是个无私的渊博的顾问,怎样对待它,它都会作出答案。歌颂历史上的伟大人物,礼赞历史上的惊人事业,是为了鼓舞历史前进;冷静地如实地分析历史上的重大问题,使来者有所"资治"和"借鉴",是为了更好地推动历史前进。官禄埗的田畴、紫荆山的炭木、天京的风云,都曾经灌注了洪秀全的思想和行动。田畴、炭木、风云,还有上帝,也都是论述洪秀全和太平天国历史的资料。

香山路孙中山故居[1]

在上海,邻近淮海中路不远处有一条幽静的小街,名叫香山路,门牌7号,是一幢深灰色的两层的小楼。大门旁边墙墩上题署着五个劲拔的隶字:"孙中山故居。"每年都有许许多多国内外人士到这里来瞻仰、访问。孙中山先生一生致力国民革命,为中国而奋斗,足迹遍天下,席不暇暖。他逗留和居住过的地方何止百数十处,但作为纪念胜迹的故居只有两处:一是他生长的广东省中山县翠亨村;一就是这里,他晚年工作和生活过的地方。前者是辛亥革命的摇篮,后者是新、旧民主主义革命伟大转折的见证。

香山路这幢小楼,原先并不属于孙中山先生。虽然,中山先生早于1894年和1900年就来过上海,后来在就任临时大总统和讨袁之役中,曾多次往返于上海,而1916年4月至1917年7月且在上海驻足达一年多;1918年6月因受西南军阀逼迫,又由广东懊丧地退居上海;但偌大的上海竟没有他自己的一个住处。同盟会老同志、后任讨袁军总司令兼第二军军长的许崇智,有鉴于此,乃买下了香山路这幢

---

[1] 原载《上海风物志》,上海文化出版社1985年版。

房子送给孙中山先生。那时革命工作需款,中山先生毫不犹豫立将房契抵押银行。本息累计,无力偿还。国民党海外支部知道此事,发动美洲侨胞募资才把它赎回。1920年1月,孙中山先生和夫人宋庆龄得以搬进这幢房子。香山路那时叫莫利哀路,属法租界。租界当局不愿他住到这里来,妄图干涉阻拦。中山先生严词驳斥道:"我们是中国的主人,帝国主义赶不走我们,我们倒一定要把帝国主义驱逐出境。"

经过60多年来的风风雨雨,这幢小楼依然保持着当年的风貌,成为举世瞩目的胜迹。小楼前院连着一片正方形的苍翠草坪,三面环绕着一株株常绿的松柏、香樟和整齐的冬青。人们一来到这里,仿佛置身于绿色岛屿之中,感到一片生气。房内楼下有客厅、餐厅,楼上有办公室、卧室和一间小的客房。室内陈设,是1956年宋庆龄夫人按原样布置的。人们沿着中山先生当年步履了千百次的过道和楼梯,踏入一个个房间,看到这些房间内陈设的照片和遗物,犹可想见到这位伟大人物的高风亮节,景仰之心,油然而生。

客厅的布置简朴而整洁,首先映入眼帘的是西面墙上的一个由五块不同颜色的木头拼成的镜框,镜框中镶的是孙中山先生出任临时大总统时拍的一张照片。1912年元旦,中国历史上第一个全国性的共和政体——中华民国政府正式宣告成立,一致推举孙中山先生就任临时大总统。五种颜色的木头拼成镜框,象征当时的红黄蓝白黑五色国旗,意喻汉、满、蒙、回、藏五族共和。这张照片对面墙上,悬挂着另一张写有"孙大元帅蒙难一周年纪念"字样的照片。这是孙中山先生与宋庆龄夫人1923年8月14日在"永丰"号军舰(后改为"中山"号)上拍摄的,照片上中山先生和夫人被一群海军官兵围护着,泰然自若地站在军舰甲板上。因为,先一年6月,"祸患生于肘腋,干戈起于肺腑",中山先生一手培植起来的陈炯明叛变革命,迫使他冒着枪林弹雨,在一个午夜登上这艘军舰,避难了40余天,随后又退居上海的这个寓所。在此期间,中山先生苦苦摸索研求,究竟什么才是改变中国社会的正确道路?他读书、写作,还创办了《建设杂志》,立意要求"激发新文化,灌溉新思想"。一年以后,他又重登旧舰,与当时共患难的海军官兵们一起,拍摄了这张含有纪念意义的合影。

餐厅通连客厅,餐厅四壁也挂着照片。在一个嵌花的架子上,放着一把精致的日本式长刀,这是日本友人久原房之助赠送的祖传宝刀。1937年日军占领上海时,掠去了这把宝刀。战后,经过交涉重归故居,成为中日两国人民友谊的象征。餐厅的南面墙上,悬挂的一张照片,是武昌起义的胜利声中,1911年12月25日,中山先生从欧洲回国,登上上海黄浦江码头,受到各界人士的热烈欢迎,在码头上所拍摄的。从这张照片上,至今犹可仰见中山先生在就任临时大总统前的风采。餐厅的东面墙上,挂着一张中山先生和宋庆龄夫人在一架双翼飞机前的合影。1921年,我国广东自制成了第一架飞机,中山先生十分高兴,特地与夫人一起赶去观看试航,致祝贺之意。

楼上的书房,是当年中山先生读书和办公的地方。书房的中央,摆着书桌和椅子。桌上的笔、砚、印泥盒都是按先生生前工作时的样式放置的。在书房里,还可看到先生用过的放大镜和绘图器具,以及好几张地图。其中有的是先生亲笔绘制的,有的是经先生反复使用、并在上面用铅笔或毛笔标出各种记号。中山先生曾经说过,画地图是他一生中最愉快的事情。他非常关心水利交通,为了研究地势地形,常把室内家具搬开,在地板上铺满地图,置祖国的万里江山于几席间,然后蹲下身来,拿着放大镜仔细观察。有一次,先生和朋友们谈起中国开辟港口的问题,兴奋地从书箱中拿出一幅七八尺长、五六尺宽的扬子江地图，铺在地上，向大家介绍扬子江地势。他不但对上海、南京、九江、汉口等港口的水势深浅了如指掌，即使对青岛、广州各处水势也能详述细说，如数家珍。中山先生是个好学不倦的人。在书房的四周，楼梯角下，过道旁边，我们可以看到放满了书橱和书箱。在这些书橱和书箱内，放着四部备要、二十四史和各种政治、经济、历史、地理、法律等方面的中文和外文书籍。先生几乎每天都手不释卷地阅读各种书籍。1922年底的一天，他在报上看到美籍律师佑尼干在沪逝世，美领署代为拍卖藏书的报道后，立即派人去向美领事洽妥，将图书购回。不到三个月，中山先生去了广州。可是，当别人代为整理这批图书时，想不到很多书上都已经有了先生批注的手迹。在书房东边靠墙的书橱上面，安放着一个银鼎，这是中山先生任大元帅时，广东省总工会暨96个团体代表30多万工人作为纪念品赠送的，标志着先生晚年提出扶植工农政策的伟大业绩，受到拥戴。

书房的隔壁是卧室。在卧室西南角，衣橱的旁边放着一只靠背沙发椅。著名的《孙文学说》就是坐在这把椅子上写出来的。卧室里还有一个可以收缩的工作台。就是在这张台子上，宋庆龄夫人曾用打字机打出了孙中山先生口授的《实业计划》底稿。墙上悬挂着他们两人在1920年合摄的照片。宋庆龄夫人微笑地端坐在椅子上，孙中山先生安详地站在她的身边。从这张照片上，人们可以看到孙中山先生及其夫人住进这幢小楼时的神态。在壁炉架上，一只精致的椭圆形小镜框里，镶着一张照片，这是宋庆龄夫人1927年代表孙中山先生访问苏联时，在莫斯科和加里宁夫人等人的合影。孙中山先生晚年，在了解了十月革命的性质和获得列宁领导的苏联政府的真诚援助后，认识到中国"今后之革命，非以俄为师，断无成就"的道理。先生曾经想亲自访问莫斯科，但这个愿望还未来得及实现，就与世长辞了。在去世之前,他要求自己的夫人,务必代替他到苏联访问。这张照片正是中苏两国人民早年的革命友谊史话。

卧室的外面便是阳台。墙上挂着一张孙中山先生和宋庆龄1915年在日本结婚后拍的照片。阳台上还放着几张沙发和一个圆桌,桌上有围棋和棋盘。另外在两个墙角处放着一对古色古香的龙头灯,以及一只可以用来听广播、放唱片和录音的收音机。据曾在孙中山先生身边工作过的人员介绍,先生的生活简单而有规律,他按时睡觉和起床,要求自己每天至少工作八小时以上。疲倦了,就听听音乐,偶尔也和朋友下下围棋。他不抽烟也不饮酒,在生活上几乎没有任何嗜好。

楼上的一旁,还有一个不大的客人房间,为友好来访的下榻处。中山先生用过的两副眼镜和行医时用的医疗器具等物品陈列在这里。

故居里的大部分东西,包括台子、椅子、沙发、地毯、衣服等,都是中山先生生前的用物。1956年宋庆龄夫人到这里整理时,发现了一批珍藏三十余年未经展示的重要文献。其中有先生亲笔写的《建国大纲》手稿和一本墨迹手札,以及100多张革命活动的照片。此外,还整理出先生在上海亲手画的一张中国地图和一份《实业计划》的英文手稿。这些都是研究孙中山先生思想和事业的珍贵资料。宋庆龄夫人生前在北京忙于国事活动的岁月里,每年都要派出她身边最亲近的人,到故居来晾晒遗物。所以,这些遗物至今保存完好,历久仍散发着昔日的光泽。

晚年的孙中山先生,为中国寻求新的出路,与帝国主义斗,与南北军阀政客斗,奔波于沪粤之间,在香山路这所小楼里居留的日子并不多,先后合计只有17个月(1920年1月至11月,1922年8月至

1923年2月)。但他却在这个地方撰写出了《实业计划》和《孙文学说》,更酝酿和作出了改革三民主义,实行三大政策的伟大决策。在这里居留时的日日夜夜,中山先生与国内外人士及其同志部属函电交驰,进行广泛联系和指挥部署,并不断接见各方来访,舌敝唇焦地向他们阐发其政治主张和实行方案。

正是在这幢小楼里,孙中山先生曾热烈欢迎共产党人,谱下了与中国共产党并肩战斗即第一次国共合作的动人篇章。1922年8月23日,中国共产党的领导人李大钊、瞿秋白、林伯渠等来到这里,拜会中山先生。有人记载这一富有历史意义的会见说:"民国十一年,陈炯明叛变,中山先生被迫离粤到沪。共产党员李大钊来见,声言对于先生所遭不幸,甚为扼腕而表同情,并称本人为共产党员,但现在之奋斗运动与国民党同其目标,故愿以个人资格加入国民党,在一条战线上进行国民革命,先生毅然允诺。"

这次会见十分融洽,两人详细讨论了"振兴国民党以振兴中国之问题",从政治形势到建立国共合作,"畅谈不倦,几乎忘食"。当时,革命正陷于低潮,孙中山先生处在危难之际,中国共产党向他伸出友谊之手,给予真诚援助,对此,中山先生十分感慰。过了几天,中山先生亲自主盟,李大钊以个人资格加入了中国国民党。这为中国现代史上第一次国共合作创造了条件。一个月后,中山先生就在这个寓所里召集了有中国共产党领导人参加的会议,讨论了改组国民党的问题。参加会议的人士济济一堂,小客厅坐满,容纳不下,只好改在室外举行,以草坪为会场。

令人难忘的是,1923年1月,列宁派来的特使越飞在李大钊等同志的陪同下,来到这里,会见孙中山先生。双方进行了长谈,越飞向他介绍了十月革命的经验,分析了中国革命的问题,并且表示苏联和共产国际对中国革命的态度。后来中山先生曾对人说起这次会见,他认为"从此彼此已通问讯,凡事当易商量矣"。1923年1月26日,有名的《孙文越飞宣言》诞生。宣言中指出:"中国最要最急之问题,乃在民国的统一之成功,与完全国家的独立之获得。关于此项大事业,……中国当得俄国国民最挚热之同情,且可以俄国援助为依赖也。"这些诚挚的语言,表达了孙中山先生对列宁的信赖,对世界上第一个社会主义国家苏俄的向往。

经过这些友好的接触和会谈,使彷徨苦闷中的孙中山先生看到了希望,认识到他一手培育的中国国民党,存在着不少弊端,必须改弦更张,吸收新的血液,从而也就在这里开始酝酿一个重大步骤,改组国民党。1922年9月后,中山先生曾召开改进国民党的会议;11月又召集国民党代表50余人在沪讨论改进党务案,随即在寓所宣布要改组国民党。1923年春夏,他多次邀集一些国民党成员来寓所,为他们讲解三民主义的新任务。

当年孙中山先生的这一系列活动,为1924年1月1日在广州召开的中国国民党第一次全国代表大会,实现国共合作,迎接反帝反封建的北伐战争,在思想上和组织上做了充分的准备。所以在第一次代表大会后的5月5日,借纪念孙中山先生在广州就任非常大总统三周年的机会,国共两党的同志齐来这里会聚,在室内和草坪上留影纪念,其中到场的共产党人有毛泽东、邓中夏、恽代英、向警予、罗章龙等同志。这两张照片,是中国共产党对孙中山先生热忱支持的历史见证,至今珍贵地保存于故居内。

1924年11月,孙中山先生提出"召集国民会议,以谋中国之统一与建设",不顾个人安危,毅然由粤北上,途经上海时曾逗留五天,这是他最后一次在香山路寓所小憩。当时英、美、法帝国主义者对中山先生来沪曾发出谩骂和叫嚣,公然主张对孙中山先生提出的废除不平等条约的要求不予理睬。帝国主义的行为激起了中山先生的无比愤慨。他在寓所招待上海的新闻记者,发表了坚决反对帝国主义的讲话。他说:"不平等条约是中国人民的卖身契。我到北京后,在国民会议中首先要提出的就是废除一切不平等条约,收回租界和领事裁判权以及一切失地……中国祸乱的症结,在于军阀和帝国主义。要扑灭军阀,就必须先打倒军阀所依赖的帝国主义!"这是全中国人民的声音。孙中山先生滔滔不绝地讲了两个多小时。

从这次小住后,孙中山先生再也没有回到上海香山路寓所来了。现今,在这幢小楼里所展示出来的一切,不是几年、几十年的孙中山先生的生活景象,而是永恒的孙中山先生不朽的光辉革命业绩。伟大的中国革命先行者孙中山先生,为了中国的独立和自由,奋斗了一生。他虽历任国民党总理、南京临时政府大总统和广东革命政府大元帅,经手了难以数计的钱财,但他至死一无私蓄。他唯一的财产就是这所别人赠送的住宅和一批书籍。而他所遗留给中国人民的,也正是他凝结在住宅及遗物中的爱国革命和公而忘私的精神,这才是人世间所最富贵的财富,是世世代代值得继承和发扬的。

序言·书评

《近代史思辨录》[1]自序

中国的近代是一个最富思辨的时代,我们的祖辈对前此没有见到和亲历的新事物,轮船、铁路、学堂、地动说、进化论、民约论等,哪一样不是经过艰苦的思辨而后承认的。千百种刊物和论著,无不是这种艰苦思辨的详尽记录。

前人艰苦思辨的事物,往往是吸引后人论述历史的珍贵内容;那些站在思辨前列的人,更是后人热烈探讨的对象。春秋战国时代的诸子百家,文艺复兴时代的大师哲人,尽管年经百代,地异欧亚,人们总不会忘记他们,反复考订他们的生平,咀嚼他们的言论,弃其糟粕,吮其精华,以开创自己时代的思辨。而近代中国是我们祖国刚刚走过来的昨天,与我们的生活如此亲切,它的遭遇和前进更不能不使我们百回千转地思之了。

这里选录的34篇文章,大都是对近代社会变迁和人才消长的思辨之作,写于解放前的一篇,"文革"前的9篇,多数则是近几年发表的稿子。其中有涉及全局的综论,有个别事件的考索,有人物思想的

---

[1] 广东人民出版社1984年版。

分析，也有文献书刊的论序，不据一体，不专一方，只是历年读书所得，思考所及的编辑，未敢侪于著作。

回忆开始发表文章，已是42年以前的事，那时不怕露屁股、出丑，在战火纷飞、天地玄黄中，随感而发，什么都写，练习了文字。但自己是学历史的，毕了业，又在学校教历史课，教"中国通史"，渐渐以历史唯物主义为指导，较多地引史或就史发议，把文字归到历史这一行业。在40、50年代之交的新的岁月里，多次讲授"社会发展史""新民主主义革命史"一类课程，随后专任近代史教学，进入行业的内部分工。近代社会的巨变，时而骇浪滔天，时而峰回路转。国家的前途，民族的命运，人民的疾苦，是那样激励着自己的心弦，便日益以万象杂陈、新陈代谢飞速的近代社会作为自己朝夕思辨的契机。我并不是像思辨哲学家那样由概念推论出存在，而是认真地考察历史的势态，占有资料，从存在去思辨事变的由来及其演进，寻找它的规律。虽然未必尽当，但我是这样努力以赴的。

论史与铺叙地写历史长编不同，论什么，怎样论，作者有较大的选择和自由，不必从头说起，面面俱到，主要在于抓住问题，突破一点，层层剥绎，究其底里。那么，问题从何而来？主要来自两个方面：一是在教学准备和阅读史籍中，日积月累，熟悉的东西多了，以此例彼，就会产生疑团，就会有问题从书中跳出来，不容你不去思辨，不去搜集资料进行论证，终至一吐为快。如谭嗣同有冲决一切网罗的民主精神，何以迈不出忠君的改良派道路？"中体西用"是19世纪后期一代人引进西学的宗旨，何以长期归之于洋务派的张之洞一两个人的"乐道"？清朝统治者亟谋自保而编练的"新军"，何以会走向它的反面？我写的这些篇章，大抵由此构思取材而成文的。一是由现实中提出来的理论与实际的问题，或从见闻中一再得来的感触，驱使我去追溯历史,寻求前因,而近代史恰是现实的近亲,现实中的许多事物还有它的影子或残迹,由今及史,探源追流,是了解事物真相的重要途径之一。如《农民起义与人口问题》《辨"夷""洋"》《中国近代史上的革命与改良》这类文章,便是循这一思路而命笔的。

此外,任何学科都有长期存在的争议和经常冒出的分歧。变化大、曲折多的近代社会,论述它的历史更是如此。建国三十余年来在近代史领域中有过多少这样的问题!这些争议和分歧的问题,对专业者来说,没有不乐于去思辨的,并就了解实情而有确见的课目,认真论述,是为学的分内事。如《关于中国近代史的年限问题》《〈李秀成供〉原稿释疑》《〈瞿秋白年谱〉序言》等篇,我写了自己的看法。其间也有自己论文招来的驳议和反驳议,关于探讨冯桂芬思想的两篇,就是这样产生的。如何对待驳议?应该是既不苟同,也不护短,严格按照历史事实及时代脉络立论。

围绕历史的思辨,事实第一,立论第二,那是让历史说话,也即实践检验真理的准则。让历史说话有两层意思:一层是尊重事实,事实是立论的基础,如果事实不实,游谈无根,立论就没有不歪的;一层是说一切设施,它的成效如何,要让事实表现出来,如果是违背客观规律的设施,就会受到客观事物的惩罚,即是历史说话。但是,用文字撰述的历史是通过人来说话的,撰述历史的人都有他的社会性,也都生活于一定的时空里,他们没有不受社会性的制约,也没有不受所在时空的制约的,不管撰述者如何忠诚于事实,是逃不出那个时空规定撰述者的情感和认识的。而史论比史编沾染的时空色彩更要多一些,如果撰述者立意触及现实,则史论更带政论色彩。"以史为鉴",史是过去,鉴则今人,它客观地表述了历史和现实的联系。史论是现实的人对历史的感发,它有无深刻的借鉴意义,是其有无价值所在,没有借鉴意义的史论是缺乏生命力的。但借鉴的现实性,应该得自历史的必然逻辑,绝不应该是狗尾续貂,强加臆言。强加的臆言,很可能是对历史的亵渎,而对现实则是歪曲。

  我们处在伟大的变革时代,一切都在变动和发展中,经常被这样和那样的思潮所吸引和困扰,如果没有马克思主义的素养,没有洞彻事物的能力,仅凭一时直觉,追踪现实,借史发议,纵无恶心,也很难免于乖戾。这里辑入的文字,经历了解放战争、社会主义革命和建设以及"文革"后的几个转折时期,由于观念上的调整和深化,资料上的积累和识别,前后论旨间有出入。为了保持原来面目,除改动少数字句和一两篇作了必要的调整外,大多数未加更动。"闻道潮头一丈高,天寒尚有沙痕在",苏轼这两句诗(《游金山寺》),是说长江的潮势涨到一丈高,潮退了,金山的边岸还留下了一道道沙痕。我们的时代像浪潮一样,奔腾起伏,印在人们身上的"沙痕"就是自己的历史,我们不应该去磨擦"沙痕",应该让"沙痕"作为省察自己的记录。

《近代中国八十年》序言[1]

为了避免与众多的近代史同名,我们把这本书称之为《近代中国八十年》,也是标示出只写了近代的前八十年,"五四"以后的三十年还未能豁然贯通。

自范文澜同志的《中国近代史》问世三十余年来,国内出版的近代史(包括讲义)不下于两百数十种,近年又出了胡绳同志的《从鸦片战争到五四运动》两厚册和其他人的书,近代史已是够多的了。

我们何以不惮烦地还要为上海人民出版社编这本书?因为建设社会主义的物质文明和精神文明,开展爱国主义教育,都要懂得昨天的中国,了解昨天的国情,去今不远的近代史是一门必修课。如果说十亿多中国人中有上亿的人应学点近代史的话,那就需要大量近代史的书。过去的书虽多,但还不能满足当前广泛的需求量和适应不同层次的接受能力。所以,我们不顾谫陋,仍要撰写这本30余万字的书,作为广大知识青年的备选读物。

---

[1] 作于1983年3月,原载《人民日报》1983年8月5日;《近代中国八十年》,上海人民出版社1983年版。

近代中国激荡于前所未有的时代巨变中，阶级矛盾和民族矛盾异常尖锐，表现为频繁的政治斗争和武装斗争，又反映为一浪高一浪的新旧冲突，互相联结，曲折多态。曾经有多少豪杰志士站在斗争的前列，为祖国的前途、民族的命运奋不顾身地拼搏，他们的业绩激励着一代代人迈进。无疑，这是论述也是学习近代史的主线——中国人民反帝反封建的历史。

在剧烈的阶级斗争和民族斗争的推动下，近代中国社会演变的面是宽广的，所有生产斗争、科学实验和社会生活等，都处于不断地新陈代谢中，促进这些事物的新陈代谢，往往有赖于地区与地区、国度与国度之间的文化交流作触媒。而清朝封建统治下的中国是落后的、保守的，前进的路上障碍重重，每走一步都十分吃力。

拿反对外国侵略和学习外国这个对立统一的课题来说，是从鸦片战争中提出的"师夷之长技以制夷"就开始了的。它之所以被誉为先进的中国人的活动，不仅因为"师夷"是为了摆脱被夷制的困境，而且因为它是在冲开祖祖辈辈的闭关保守局面，把人们的视线引向广阔的世界去，这是极富时代意义的爱国精神。近年，湖南人民出版社将清末出使或访问外国所写的日记和游记，编为《走向世界丛书》，使人们重温前人远渡重洋和认识世界的辛酸历程，受到知识界的很大欢迎。这些书尽管精华与糟粕互陈，但它们是近代中国政治生活和文化生活的一个突破点，是向世界寻求知识的可喜行动。这里且以日本最初遣使欧美一事例比，1871年，日本首次派赴美国的署理公使森有礼，在办理交涉事宜外，访察美国"立国兴学"的途辙，向美国各部长官、国会议员和大学校长发出照会，列举若干问题请他们回答，然后将复件一一译为日文，题曰《文学兴国策》，寄回日本印行，成为促进明治维新极有影响的书，甲午战后中国也有译本。而清朝在五年后，1876年派赴英、法的第一个使臣郭嵩焘，他写了《使西纪程》，备述彼邦的政教、技艺和民俗，寄回总理衙门付印，却遭到保守官僚的攻击而毁版。从《文学兴国策》与《使西纪程》的不同遭遇，不难窥见19世纪时中日两国的脚步在维新道路上的差距。

走向世界是历史发展的必然现象，但在近代中国迈出这一步，并把这一步向前推进，却是坎坷的。尽管那些主张学习西方的早先的中国人，大都是激于外国侵略，耻己之不如人，要把别人打痛了自己的东西学过来，"以其人之道还治其人之身"，报仇雪恨。在其开始，却很少不被误解，不受到责难。其实，"师夷"除了"制夷"的要求外，还有一层，为使中国放眼世界，不要徒以"汉官威仪"自诩，而要看到西方国家的发展，有所借鉴，改变中国政治、经济、军事、文化诸方面的落后状况。资产阶级维新派、资产阶级革命派和关心国家前途的大批知识分子，他们对此说了许多话，写了许多文章和书，以启锢蔽。"誓起民权移旧俗，更研哲理牖新知"，梁启超这两句诗就表现了这样的意境。在满坑满谷的封建士人歌颂的还是唐虞盛世，把穴居野处当作世外桃源的当时，人们走向世界，引进新事物，是要有一股勇气的。

西学是新学，中学是旧学，毛泽东在《新民主主义论》中作了明确的论述。对西学的学习与否，在近代中国通常表现为新旧之争，有的是尖锐的封建与反封建的斗争。戊戌变法、辛亥革命、五四运动虽然有革命与改良、新民主与旧民主之别，但其中贯串了新学和旧学之争，一个比一个深刻。前此的洋务运动，虽然是地主阶级当权派一部分人的作为，甚至是以新卫旧，但表现为地主阶级内部的分化，他们同顽固派的若干争议，也不无微妙的新旧矛盾存乎其间。

在近代学习西方的进程中，早就存在一个严峻的问题，即怎样适合中国的国情。它一直有两种令人懊恼的倾向：一种是迎合传统的中国国情，不敢放手汲取他国的长处，把西方资本主义的新事物附会为中国古已有之，唯恐蹈"以夷变夏"之嫌，前期的认识大都如此；另一种是不顾中国的国情和条件，把西方的东西盲目地移植过来，生吞活剥，奇形怪状，这种表现后期较多。前者是尚未脱落的封建型，后者则流为仰人鼻息的买办型。由于两者的困扰，以致长期不能把借鉴他国和走自己的道路摸索出来。在这两种倾向中，前者给中国带来的迷惘更大，许多先进的中国人也难免不受到它的牵制，这是它深深扎根于小农经济的土壤中而又攀附在民族感情的大树上，远不似后者的招摇过市，面目可憎。

近代中国的行程是曲折而畸形的，又总是冲破阴霾迎着困难而前进的。爱国和革新、革命始终是引导人们奋斗的旗帜，爱国的怒潮冲向帝国主义，革新、革命的锋芒直指封建主义，而革新、革命的思想武器又不能不借助于西方，尽管西方资产阶级那些东西只能上阵打几个回合，但它们曾经是先进的中国人奋斗的最佳武器，对封建势力反复作了较量，对帝国主义也不甘屈服。西方资产阶级早期的进步学说，并不为后来西方的帝国主义、法西斯主义服务，在殖民地半殖民地的国度里，倒是启发了民族的觉醒，成为反抗外来压迫者和国内腐朽势力的精神力量。

中华民族有悠久的历史，几千年来的文化所以连绵不坠者，因为它有深厚的物质基础和顽强的生命力，也因为它有宽广的胸怀能纳众流而成其大。在近代，虽屡遭资本帝国主义的蚕食和分裂，但仍能屹立于世界，就是它能省察时代的趋势，借鉴西方，谋求革新，再接再厉地寻求独立自主的道路。

一部中国近代史，在于阐明中国人民反帝反封建的斗争，推动着社会前进，这是主线，应充分记述。而认识世界，寻求新的科学知识，探索新的理论,对革新社会、促进近代化的重要意义,许多爱国求实的知识分子在这方面所作的努力,也应该得到历史的承认。历史证明,没有人民群众反帝反封建的英勇斗争,中国是不可能获得独立自主的;不去钻研和推广文化科学知识,中国也很难前进而改变其"一穷二白"的面貌。他们的斗争和努力,长时期内虽没有能实现自己的目的,但不可否认,他们为衰败的中国社会增添了振奋国魂的活力,并从无数次挫败中,在五四运动后得出了"只有社会主义能够救中国"的确切结论。这就是近代史八十年要向读者展示的脊梁和前景。

这本书限于篇幅,很难容纳更多的内容,只是就反帝反封建的主线作了点必要的延伸,使它尽可能触及思想文化和社会生活等领域。在体例上与流行的近代史略有不同,有所更动。全书依次分列32题,题下有子目,每题可独立成篇,但又是前后衔接,首尾一贯的,改变了过去以鸦片战争、太平天国等十大事件各自分立的习惯格局,一依历史自身后浪推前浪的起伏进程记述,注意了事件与事件之间的链条和交错关系。不当和失误之处,请读者和专家们指正。

《五四后三十年》[1]序

这本《五四后三十年》,与1983年出版的《近代中国八十年》的体例完全一致,书名也相呼应,它们是姊妹篇,也可以说是一部书的上下篇。

为什么一部书要分成两阕而不是一气呵成呢?因为许久以来,我们讲革命史固然是以"五四"为发端,讲近、现代史也是以"五四"为界标,近代与现代兵分两路,各守防地。近年,史学界虽然多已赞成把近代史的下限延至1949年中华人民共和国成立,但在课堂和论著中仍是两路人马,搞上段的下不来,吃下段的也上不去,要上下贯通还得有一个互助熟悉的过程。所以,"八十年"与"三十年",只好分作两期工程由不同的作者来完成。这将是史学史中值得注意的问题,也反映了我们在治学上有"画地为牢"的弊端。

近代史应该是1840—1949年半封建半殖民地社会的全过程,不这样,只写"八十年",腰斩北洋军阀的统治而戛然中止,近代社会则好像悬挂在墙上的摆钟,没有归宿。

---

[1] 上海人民出版社1989年版。

除了上述感知外,还有一层意思得说一说。几年前在一次讨论会上,我玩笑地说:李新同志等在大治民国史,戴逸同志等在致力于清史,两家合拢,就会把近代史灭亡了。这不仅是清史的后期和民国史的全部在时间进程上取代了近代史,而且断代史一般比通史详尽,在内容上也会覆盖近代史,所以近代史有"亡国"之忧。要救近代史之"亡"只有一条,就是把从鸦片战争到中华人民共和国成立的110年历史,作为一个过渡的社会形态来研究。这个社会,不管叫半封建半殖民地社会还是别的什么社会,它是在帝国主义长期侵略下却又灭亡不了中国,中国在夹缝中发展资本主义又不能蜕变为资本主义,从政治经济到思想文化都处在严重的裂变和不断的新旧冲突中,表现为一种特有的社会形态,是前此所未有的,后此也不会再有。以此为研究对象不受朝代的限制,也不因新旧民主的界线而分割,全面地、纵深地论述这个社会的新陈代谢关系,则是清史和民国史所不能代替的,也是整个中国通史历朝以来内容最为丰富的时代,它同百家争鸣的春秋战国有相似之处而又是远为发达并与世界紧密联系的世纪。

时代是不断推移的,若干年后,"近代"一词势必转让给后来的历史。作为鸦片战争开始的近代史名称本来带有暂时性,它只能以半封建半殖民地社会或其他专称的命名,才是稳定的、恒久的。

由于我们一直是把"八十年"与"三十年"分作两个课题来研究的,虽有追述和外延,前后照应,总还是按各自的特定范围构思和论述。我们编撰的"八十年"和"三十年"即使在结构上作了一些调整,也仍然摆不脱原先各自分立的格局,"三十年"受革命史框架的约束尤其如此。如果把"八十年"和"三十年"贯通起来,把"八十年"和"三十年"放在110年的过渡社会形态中来观察,广泛地探索近代社会生活的各个方面,将发现纵的发展和横的联系都会有较多的变动和补充,使读者对近代中国社会有一个完整和明晰的轮廓,从中得到启迪。

我期望,在已撰"八十年"和"三十年"的基础上,不久将写出一部豁然贯通的中国近代史来,把 110 年作为一个过渡社会形态来研究,研究中国进入社会主义革命前的特殊历史。

中古·近代化·民族惰性[1]
——蒋廷黻《中国近代史》新刊本前言

1985年11月,我到长沙参加左宗棠逝世百周年纪念的学术讨论,访问了岳麓书社,钟叔河同志谈起他们"旧籍新刊"的计划,这里的"旧籍"一词,大体指1911至1949年间刊行的一些书,是介于古籍与新书之间的著述。我顺便提到蒋廷黻的《中国近代史》。嗣后,叔河同志来信要我为"新刊"此书写几句话。

蒋廷黻(1895—1965),湖南宝庆(今邵东)人,以研究外交史驰名,编过《中国近代外交史资料辑要》,著有《最近三百年东北外交史》等,原为清华大学教授,后以书生从政,任民国政府高级外交官。所著《中国近代史》,原为《艺文丛书》之一,初版于1938年。这是一本薄薄的才5万余字的书,论述却颇能融会贯通,以作者自己的认识,抓住重大事件和人物,以点带线,写了从鸦片战争到抗日战争前的历史,为近代中国划了个轮廓,它曾在知识界中流行,后因其政治倾向及论述上的偏颇,遭到非议,然而识者仍以这本小书不无可取之处。

---

[1] 原载《文汇报》1986年6月16日;《中国近代史》,岳麓书社1987年版。

这本近代史用对比的方法入手，一开头就抓住中西社会的差距说话，指出"到了19世纪，西方的世界已经具备了所谓近代文明，而东方的世界仍滞留于中古"，鸦片战争之所以失败，因为"我们的军器和军队是中古的军队，我们的政府是中古的政府，我们的人民，连士大夫阶级在内，是中古的人民"。说那时的军队、政府是"中古"的，人们不会有异议；中华民族诚然是勤劳勇敢的，但就那时的生产关系及其社会状态来说，也是"中古的人民"，并非失言。我们对近代社会的各种关系，既要进行具体的研究，也应有全局的探索。

中国如何从"中古"的状态解脱出来，蒋廷黻继而在书中作了这样的论证："近百年的中华民族只有一个问题，那就是：中国人能近代化吗？能赶上西洋人吗？能废除我们家族和家乡观念而组织一个近代的民族国家吗？能的话，我们民族的前途是光明的；不能的话，我们这个民族是没有前途的。因为在世界上，一切的国家能接受近代文化者必能富强，不能者必遭致惨败，毫无例外。并且接受得愈早愈好，日本就是好例子。"要向西洋人学习，改变中国过时了的事物，这是从林则徐以来逐步认识的道理。开始从科学技术着眼，然后是政治制度，然后是社会改革，由此而有"近代化"的总体上的要求和呼唤，蒋廷黻说洋务派"起初只知道国防近代化的必要，但是他们在这条道路上前进一步之后，就发现必须再进一步；再进一步，又必须更进一步"。洋务派虽由军事工业而民用工业以至教育文化上的设施，其实远没有这样的完整认识，这个认识过程是在洋务运动后数十年才达到的。但是，要以"近代化"来改变"中古"的面貌，这是历史的逻辑。蒋廷黻在历史的推进中感知了这个逻辑，所以也就能触到近代中国的这个总要求。

近代化对中国是一个非常迫切的课题，它在中国近代历史的进程中却又是一个缓慢的和曲折的历程。蒋廷黻不可能找出为何如此缓慢和曲折的社会根源,但他却看到了我们民族的惰性。他说:"鸦片战争的军事失败还不是民族致命伤,失败以后还不明了失败的理由,那才是民族的致命伤。"这个话颇有分量。为什么中国人不能在鸦片战争震撼的当初迅速走上维新之路呢?蒋廷黻的回答是:

> 第一,中国人的守旧性太重。我国文化有了几千年的历史,根深蒂固,要国人承认有改革的必要,那是不容易的。第二,我国文化是士大夫阶级的生命线。文化的摇动,就是士大夫阶级饭碗的摇动。一实行新政,科举出身的先生们就有失业的危险,难怪他们要反对。第三,中国士大夫阶级(知识阶级和官僚阶级)最缺乏独立的、大无畏的精神。无论在哪个时代,总是少数人看得较远较清,但是他们怕清议的指摘而不言。

这些情况在戊戌维新运动中充分暴露了出来,上推至鸦片战后的50年代即已呈现,刚萌芽的维新思想一开始就受到窒息。不过蒋廷黻说的虽有少数人看得较远较清却怕清议指摘而不言,这不是全部。事实上也曾有过"敢言"的士大夫知识分子如冯桂芬、郭嵩焘者,洋务运动中有,维新运动中多了些,如果戊戌的激荡发之于鸦片战争结束的岁月,则后来的历史或有所不同。

中古—近代化—民族惰性,蒋廷黻在近代史中论述的这些环节,不是无的放矢,而是反映了近代中国的某些实况及其方向的。但是,他没有找到中国走向近代化的正确道路,也没有从这些认识引出正确的结论。这并不足怪。值得重视的是,他在书中慎重地考虑了应该考虑的问题,表述了"复兴民族"的愿望。

书中也有"全盘西化"的话,这种不顾中国实际、抹杀民族传统的主张,显然是错误的。但如果不从字面上推求,所谓"西化"实际即指近代化,"全盘西化"是更大程度地要求近代化。同时,也是对那种"半新半旧"的折中言论而发。其他如"捻匪"一类不当用语,则是蒋廷黻一辈学人的惯性表现,不一一列举。

蒋廷黻专长外交史,有较丰富的国际知识,对近代许多事变的国际背景作了明确的交代,如甲午战争、三国干涉还辽引出的一幕幕险恶交涉,都能以简明的文字指出其中的错综关系。了解这些关系,是研究近代史的重要条件。书中引用不太多的史料和掌故,也给人以形象感,不难看出作者的识力和撰述手法。

我想,重印这本书,对我们考察近代中国社会和了解前此一些代表性论著对近代中国的认识,不会没有帮助。

因为"旧籍新刊"的凡例是"存史存文",存其文而原其人,不以其人的政治立场而抹杀其学术的成就,也不因今天的需要而去涂改前人的文字,所以付印时除个别词句外,于其述事论史悉存原貌,不加改削。只有原书最后一节,讲的是"抗战建国"的现实,不免囿于成见,就把它节略了。

《中国近代史词典》[1]前言

中国近代史是从封建社会转变为半殖民地半封建社会的历史，是被卷入资本主义世界，并开始进入国际工人运动的历史，新陈代谢十分迅速，与早先世界隔绝的时代完全不同了。由于这种情况，阶级矛盾、民族矛盾、生产斗争和观念形态都不断扩大和深化。一场斗争接着一场斗争，一个运动挨着一个运动，每经一场斗争或运动，就涌现出一批新人新事，许多外国的人、物、事也漂洋过海而来，新词层出不穷。但不少前代的事物也并没有终止它们的历史作用，仍然是近代的内容。所以，近代历史词典的词目呈现出中外杂陈，新旧并列，既丰富多彩，又复杂畸形。

为了使读者较全面地了解中国近代社会，走出以往学习中国近代史的狭窄范围，我们较广泛地收录词目，包括政治、经济、军事、文化和社会的各个方面。近30年来一般近代史著作已不使用或不涉及的词目，一接触原始资料，又仍会碰到，唯其不常见，更需要释疑解

---

[1] 上海辞书出版社1982年版。

惑，所以我们尽可能收录。因此，词目涉及的面是非常宽广的。但以此例彼，推甲及乙，仍有好些词目该收而未收。这里有一个取舍标准的问题，如人物一类，对于清代统治阶级，我们打破一般只注意其在两军对垒和新旧斗争中有突出事迹的那些人，推广到所有军机大臣、大学士、尚书和总督、巡抚以及出使大臣等大官。而他们的数量大，其中有许多人只是按资升迁，并无重要事迹，谁收谁不收，定则颇难。又如制度、文书等范围也很广，取舍之间，亦费周章，不无顾此失彼。此外，还有些词目，因没有找到完整资料或掌握其确切含义，就暂时放弃了。

对于释文，尽量求其准确明了，言简意赅，讲清词的原委和基本含义，使查阅者获得明晰而不是含糊的概念。如"三合会""毅军"一类词目不只是说明其内容，还必须指出"三合""毅"的意思或渊源，否则仍会给查阅者带来怅惘。但是要做到这些，并非易事。比如"护国军"一词，一般说是保护共和国（民国）之意，有的却说是成立于昆明护国寺而得名，这就有待于考证。至于人物方面，仅生卒年一项就碰到不少麻烦，有的有生年查不到卒年，有的有卒年查不到生年，有的生卒年两不可考，有的由岁数推算或阴阳历折算而歧异，有的生卒年还在争论不休。这些，我们除力求核实外，找不到确据的就各说并存，或者是疑者缺之了。

近代史的下限，主张划到1949年中华人民共和国成立时的人越来越多了，但这部词典暂仍按习惯上的划分以1919年五四运动为下限。对于跨越新旧民主革命两个时代的人物，凡1919年以前已有重要事迹的即收录，1919年以前虽已露头角而其重要事迹在后头的就不收录了。

这部词典,我们断断续续地搞了三年。由于主客观条件的限制,无论词目的取舍、释文的详略和准确性,都存在不少缺点。热忱希望专家们和读者指出,我们将认真地进行订正和补充。一部好的词典是很难一蹴而就的,只有依靠大家的帮助和自己的锲而不舍,经几番磨炼,才有可能逐步完善起来。

写在《中国近代史词典》出版之后[1]

《中国近代史词典》去年年底出版了。一个多月,很快就收到一些鼓励的信,说这部词典"出得及时","有很大的实用价值",向我索书的朋友也不少。但我是有点惶恐的,担心瑕疵太多,贻误读者。

说它"及时",倒是确实的。因为建设社会主义精神文明,开展爱国主义教育,都应懂得近代史,近代史是一门必修课。我们的社会主义祖国是从这里开创起来的,昨天的许多事物同今天息息相关,过去100年的民族命运曾经是那样激励着我们奋斗、前进,怎不令人神往!从范文澜的《中国近代史》问世以来,我们出版了两百数十部近代史的书(包括讲义)。当然,还需要有进一步研究和富有创见的近代史专著。但是帮助大家学习近代史的工具书却很少,《辞海》的近代史分册,只收了800多条词目,释词又过简,远远不能适应当前学习近代史的要求。辞书出版社抓住我们赶编了这部词典,是有点时代使命之感的。

这部词典收了3 000多条词目,凡流行的近代史著作中的专词大

---

[1] 原载《辞书书讯》1983年3月1日。

都收了进去,即不常见而在当时产生过政治社会影响的,如"米饭主""闹姓""单片请安"一类词,或者在通常的近代史上罕见而在民间广泛流传的,如"张文祥刺马""杨乃武与小白菜""杨翠喜案"一类词,也为之收录。以人物而论,共收 1400 人左右,包揽政治、军事、经济、外交、教育、科技、宗教、文学、艺术各界著名和有影响的人物,连八指头陀、王五、小凤仙这样的社会畸人也一并录入。有如《史记》之为"游侠""滑稽""日者""龟策"立传,以反映社会生活的各个方面。

我在词典的《前言》中说:"近代史词典的词目呈现出中外杂陈、新旧并列,既丰富多彩,又复杂畸形。"这确是近代比前代历史不同的地方。它表现为三种情况:一是反映时代特色的新词涌出,二是前代事物继续存在或正在演化的词仍多,三是同外国有密切关系的词占相当比重。我们从搜集词目到阐释词目满想把这些复杂的情况如实揭示出来。而词典的释词在于简明确切,又要注意知识的完整性,即要用精练的语言,对词源、词义及其经历和归宿都有所交代。我们力求这样做,多数词目也做到了这些。但我们碰到不少困难。譬如呤唎这样的外国人,他历经艰险参加了太平军,后来回国写了传奇般的《太平天国革命亲历记》。他回国后还有些什么活动?又是何时去世的?我们一无所知,也没有记载可查,还是通过一位研究中国近代史的外国学者的实地调查,才把呤唎晚年的事迹弄清楚。又如"欧风美雨"这个曾经流行多年为大家所熟悉的词,在近代史词典中是不应该落选的。它是谁最初概括为这样一句形象的话?查梁启超约在 1902 年的诗作中有"莽莽欧风卷亚雨"一句,略后高天梅也有"欧风美雨横渡太平洋"之句,就语意还不能断定其为最初出处,对它的含义一下也很难说得明白无误,因而没有写成,暂付阙如了。

由于资料的整理发掘,研究的步步深入,近代史上好些人物和事件的历史作用还在不断论争中,怎样把这类词目表述得更准确,是这部词典遇到的又一困难。譬如"中体西用"一词,长期被判为保护封建罪,我们大胆地改变了这个论断,认为它是中西文化最初结合的形式。又如"洋务运动"一词,我们也改变了前此对之全部否定的态度,在概述其具体内容后谨慎地说:"综观全部洋务事业,对中国近代工业不无倡导作用,但粗暴地阻抑了民族工业的发展;对外国的侵略也不无抵制之意,却以媚外失败而告终。"

编撰中,我们虽然作过努力,但大家是在业余进行的,成书也比较仓促,磨炼不够,显得粗疏,希望使用的同志们随时匡正。我们有个愿望,假以岁月,在此书的基础上,大加增订,编成一部完整的中国近代史——半封建、半殖民地社会形态历史的词典。

《近代中国百年史辞典》[1]序言

从1840年鸦片战争爆发,到1949年中华人民共和国成立,历史的洪波翻涌了110年。这段历史如同一座永远矗立的石碑,镌刻着"风雨如磐暗故园"的屈辱,铭记着"一唱雄鸡天下白"的欢乐。苦难的历程,悲壮的史诗,不朽的业绩,使人们在对历史不倦的反思中,汲取了无穷的教益。

科学意义上的近代史,把资本主义社会形态的历史作为自己的研究对象。中国没有经过完全意义上的资本主义时代,但半殖民地半封建社会,在本质上却从属于资本主义社会形态。毫无疑问,由于中国无产阶级的崛起和共产党的诞生,五四运动成了中国新旧民主主义革命的分水岭;但是从整个社会形态的研究考察,它只能作为区别中国近代史上下篇的界标。因为在1919年五四运动以后,中国社会的半殖民地半封建性质没有变,中国革命的资产阶级民主主义性质也没有变。50年代末,我们受教育部委托,编写从五四运动到新中国成立时期的历史教材时,不称现代史,而定名为《中国新民主主义

---

[1] 浙江人民出版社1987年版。

革命时期通史》，不无这种考虑。80年代初，我们之所以把自己编写的书定名为《近代中国八十年》，用意也在标示它只写了近代史的前半部，并且期望能再写一部《五四以后三十年》，使整个中国近代史豁然贯通。我们已经完成了一部《中国近代史词典》，然而她也缺了后三十年，应该有自己的姐妹篇。

现在，主张把中国半殖民地半封建社会从开始到终结的全过程作为中国近代史研究对象的人，越来越多了。我很高兴地看到，李华兴同志主编的《近代中国百年史辞典》，贯通了从鸦片战争到新中国成立前的110年历史，把中国半殖民地半封建的社会形态作为一个整体来考察，在这方面，他们作了有益的尝试。确定书名时，他们也曾再三斟酌：称近代史词典吧，容易被人联想为写约定俗成的前八十年历史；称现代史词典吧，既不准确，也不完整。最后决定采用目前这个过渡性的名称。

中国近代历史是在中西两种社会和两种文化的激烈冲撞下揭开帷幕的。侵略与自卫的斗争，先进与落后的斗争，如同经纬交织在一起。由于民族矛盾与阶级矛盾的尖锐性，近代中国的政治斗争和战争连绵不断。过去人们研究近代史，着力于反映中国人民反帝反封建的英勇斗争，这是完全必要的，今后还需继续深入。但社会毕竟是一个共同体，历史事变是由无数个互相交错的力量和无数个力的平行四边形的总的合力造成的。在阶级斗争和民族斗争的推动下，近代中国社会演变的面是宽广的，所有生产方式、交换方式、科学实验、社会生活，乃至价值观念、道德准则、行为规范、风尚习俗等，无不处于迅速的新陈代谢中，呈现为一幅万象杂陈的时代画卷。因此，我们的研究应该多侧面、多层次、多方位，从多维联系来透视中国近代经济、政治、军事、文化和社会的演进，以利于全面地、深刻地认识中国的国情，并为建设社会主义现代化的物质文明和精神文明提供借鉴。

一部中国近代史的工具书，应该反映这个社会丰富多彩、错综复杂的诸多侧面。《近代中国百年史辞典》注意了这一点，并且做了积极的贡献。除了常见的、必需的重要词目外，他们收录了较多的社会经济、思想文化等领域的选词；尤其是"五四"以后这部分的收词，占全书五分之三强，对人们亟须查检而又不易索解的内容，如有关民国政治制度、国民党正面战场的主要战役，敌方和友方的重要人物与事件等，选收了必要的词目，以帮助读者开阔视野，释疑解惑。

史学研究贵在"求实""存真"。只有详细地占有材料，实事求是地进行研究，才能反映历史的本来面貌。这部辞典的释文，尽量让事实说话，寓观点于史实之中，不加空泛过多的评论。这种态度也是可取的。

当然，要完成一部好的辞典，需要人们付出极大的心血。这部辞典的作者虽然兢兢业业，尽力而为，但由于主客观条件的限制，在词目的取舍、释文的准确性、叙述的详略方面，不可能不存在一些缺点。"五四"以后词目的释文，更因为原有研究水准的不平衡而难免瑕瑜互见。期望今后能进一步加以修订、充实，使之不断完善。也期望更多的专家学者，致力于中国近代史薄弱环节的研究，共同建设这项富有时代意义的系统工程。

为《历史悬案百题》作序[1]

近年来,历史科学如何现代化,成为人们议论的"热门"话题。不少有识之士,还就此提出了种种设想、意见和建议。各自见解虽然不尽相同,但有一条是共同的:必须加强史学信息的交流。

如果把史学信息的交流,理解为史学情报的搜集或史学动态的传递,那么,我以为这既是一个新课题,也是一个老问题。我们这些从事历史教学和研究的科学工作者,都深感掌握史学情报或动态的难处。每当讲授某个专题或者研究某个问题时,常为搜集有关动态而煞费苦心。近年,这方面的苦恼更甚。因为,伴随着学术空气的活跃,原有研究禁区的被突破,新兴课题的开拓,以及出版事业的繁荣,各种史学论著层出不穷,研究成果更目不暇接。在这种情况下,要了解并掌握历史学科的研究信息,难度就更大了。基于上述感受,我对加强史学信息之传递与交流的倡议,总是举双手赞成的。

正是适应这样的需要,《中国历史学年鉴》《史学情报》已出刊数年,许多报刊也都加强了对史学信息的研究和报道,让史学工作者掌

---

[1] 原载《解放日报》1987年4月1日;《历史悬案百题》,齐鲁书社1987年版。

握和了解有关动态。《解放日报》的《新论》专刊，于前年开辟了《历史一角》这一栏目，专门刊登史学研究的新信息和新动态，至今未曾中断，获得了许多读者的好评，也为史学工作者所注目。

人们常说，报纸姓"新"，是以传递信息和报道新闻为其天职。历史虽属"旧闻"，但对"旧闻"，重新加以考释或解说，提出新的意见，也就成了"新闻"。读者对《历史一角》专栏产生浓厚兴趣，正在于这些"旧闻"富有新意，话题是往事，却反映了今天学术界对它的新认识和研究出的新成果。

这一专栏所以获得好评，还有个重要原因：该栏在选材上颇下了一番功夫，抓住近几年来史学界有所突破的新成果，用深入浅出的文字，客观介绍了它的内容及争议问题的不同意见，使读者从中获得多种信息和较全面的了解。现应读者的要求，将该栏已经发表的部分文章，加上为数较多的未及发表的文稿，汇集成册，取名为《历史悬案百题》，由山东齐鲁书社出版。

我们正处在一个继往开来的伟大时代。"继往"是"开来"的基点，人们总是站在前人已取得的空间向前迈步的，"开来"则是"继往"的目的，人们了解总结历史的经验，并非为发思古之幽情，而是为了建设今天和创造更加美好的未来。从这个意义上说，历史作为一门科学，也是万古长青的。这是因为，人们对未来的开拓，是永无止境的；在开拓未来的进程中，离不开对历史的回顾与借鉴。史学工作者大可不必为所谓的"史学危机"而自怨自艾，应该正视崭新的现实，珍惜大好形势，努力改进和提高对历史科学的研究，更好地为社会主义现代化建设服务，在社会主义精神文明建设中做出自己的应有贡献。在这个过程中，我们要做的事很多，要有各种史著，要有研究的皇皇巨著，也要有通俗读物和传递信息的小册子。

《专制主义统治下的臣民心理》序言[1]

谁会想到这本书竟是谢天佑同志的遗作,而且是一本未完成的遗作。它的出现早在意中,它的戛然中止却是那样的意外。在举行遗体告别仪式时,我的挽词写了这个难以相信的突发痛楚:

  一书方梓行,一书成断简,才未尽也呕心死;
    午夜传病讯,午夜惊噩耗,去何速耶挥泪哀。

上联是说他的新著《秦汉经济政策与经济思想史稿》已三校待印。而他在高度责任心的驱使下,夜以继日地赶写这本《专制主义统治下的臣民心理》,忘记了自己旺盛的精力中埋伏的高血压宿疾。下联接着说他病发于4月24日晚间,翌日深夜(已是26日凌晨1时54分)即逝世,他才56岁。我因得悉病讯较迟,26日一早驱车去医院,他已先7小时去了。"去何速耶挥泪哀",既痛他的未老先陨,又恨在其弥留之际未获一面。

  32年前,谢天佑同志年华方茂,从武汉的华中师院毕业考入华东师大中国通史研究班。那时在历史唯物主义、阶级分析的照耀下,史

---

[1] 原载《书林》1989年第2期;《专制主义统治下的臣民心理》,吉林文史出版社1990年版。

坛纷纷探讨历史人物评价问题,他以年轻人的锐气,参与探讨,崭露才思。1959年研究班毕业,留历史系任教,我们得以认识,以思虑接近,论学论事,常相过从,历30年风雨不渝。

谢天佑同志在学术上的成就是从研究农民战争史展开的。自60年代初开始,他先后发表了关于农民战争史的论文30余篇,编著了农民战争专史,对历代农民战争的起伏和演进,反复研讨,对农民战争的性质及有关人物的功过,无不畅抒己见。所论富有思辨色彩,更怀着深厚的泥土感情,常说不为千百年受苦的农民说点话,是对历史的失职。当"文革"的阴霾过去之后,他倡议成立农民战争史研究会,主持农民战争史专刊,多次组织全国性农民战争史讨论会,在风靡的农民战争史研究中卓然成家,为侪辈推重。

持续的农民战争史的研究,对封建统治的鞭笞,对传统史学的改造,无疑起过很大作用。但是,由于"左"的政治思想的膨胀,锲入学术领域,深透社会生活,"左"成为带普遍性的思维模式。史学上总以农民战争史为纲,取代中国通史的原有构架,并认为只有"反攻倒算",不存在任何"让步政策",一凭义愤出发,这就偏离了中国历史的实际。对此,谢天佑同志有执着,也有困惑,然而他日益感到对农民战争史的单线研究,很难研究好农民战争史,认为应推向土地制度、地租制度、赋税制度等课题,研究封建时代的社会经济史。要有全局观念,才能有机地窥见农民战争史的真貌。随着这种认识的推动,一当"文革"落幕,他便把握开放、改革政策和发展生产力的大气候,立即着手社会经济史的研究。

秦汉是中国历史上具有开创意义的朝代,封建的政治经济进入成熟期,农民战争的兴起几乎与之同步。谢天佑同志即以秦汉为研究中国经济史突破口,他重读《资本论》,钻研商品经济的规律,几年间撰写了一批经济史、经济思想史论文,《秦汉经济政策与经济思想》一书就是在这种思考和发奋中著成的。当他沿着秦汉往下一代代勘察时,又把目光停注于明清时代的社会经济,写出《况钟整顿苏州的官粮和吏治》《评王夫之自种自富说》等文,并开始了对明清江南城乡经济的调查研究。看准秦汉为入口,转向明清探出路,抓住两头开展对两千余年的中国封建社会经济史的研究,既具历史的识力,也有现实的波力。但他没有停止在两头,与此同时,又进行了综合的理论的探讨,撰写了《中国封建社会再生产与农民战争的历史作用》《商品与道德》等文,视野和识力随同研究领域而伸展。

历史是人类活动的过去,而历史每走一步又都是从现实中来,百年、千年、万年的历史莫不是现实的层垒,纵然逝去已久的历史也还会与现实发生某种联系,返祖与回归是常见的现象。所以,人们的历史思考并不是远离观察现实的。"文革"后盛行的历史反思更赋予了这种品性——历史与现实的巨大组合。谢天佑同志有强烈的时代感,有不可抑制的忧患意识,他从农民战争史扩向社会经济史的研究,字里行间不时透露出现代化经济建设的辐射。为从历史取得较多的借鉴与激励,他的笔触又展向历史人物和凝结于事理中的心态分析,以读史札记的形式,抒写了《汉文帝好听"狂言"》《康熙帝的苦衷》《腹诽罪》一类短篇。1987年7月撰著的《专制主义统治与臣民的心理状态》一文,则是这种心理分析的系统化,它触摸了千百年的历史神经。文章在《解放日报》的内部刊物《新论》刊出后,为识者赞传,多种理论刊物竞相转载,由内部变为公开,引起很大反响。吉林文史出版社以所论恣肆新颖,请他扩充篇幅,撰作《专制主义统治下的臣民心理》,优先出版,在《光明日报》上刊登广告。谢天佑同志在这种要求和鼓舞下,几经构思,制订章目,奋笔疾书,分析从秦始皇嬴政以来君臣间的心机和智术,以及忠臣义士的应对苦心,别善恶,寓褒贬,鲜明地表现了作者的恨与爱。

"历史心理学"作为一门科学,约在20世纪20年代诞生于法国,其后传介欧美各国,在开放、改革政策打破封闭体的新时期才进入中国大陆。虽然,中国以往的史书,在记述事实和人物中也可以窥见心灵的跳动,但以存在决定意识为旨趣,着眼对历史人物和历史活动的心理刻画,则是史学领域和方法上的开拓,而剖析人物心态又是推动和激发历史反思的机杼。谢天佑同志很快步入"历史心理学"的门槛,从个别到两千年臣民心态的分析,给研究中国历史增添新的养料,做了学术上的开垦工作。

学问是没有止境的,处在科学浪潮席卷全球的今天,新科学层出不穷,老科学分化再分化,一切学问都受到检验。谢天佑同志没有在这里踏步,没有迷惘,而是追上去,拥有它,用以拓宽自己的思路和学殖,这不仅反映于他已有的研究成果中,并且编织在他多种构思和新著计划中,如果再给他10年、20年岁月,他将会在史学园地里摘取更丰盈的果实。所以,80余岁高龄的戴家祥、苏渊雷两位先生,在亲临吊唁时,以婆娑老人送走中年,为之太息不已。

当我执笔写这篇序言时,谢天佑同志已经离开我们5个月了。他的真诚的志趣、坦率的言谈、拍案而起的激情、近年略示沉郁的意态,皆历历在人耳目。这本《专制主义统治下的臣民心理》虽才写及半,已成的篇章也未能经作者本人最后修订,但其思绪与锋芒真实地表达了作者的胸怀。当前文化事业受到商品价值的强烈冲击,学术著作出版难,吉林文史出版社仍毅然承诺出版这本书,风义可佩。

《传教士与近代中国》序言[1]

宗教不受海洋和疆域的限制。世界三大宗教从公元 1 世纪起都先后传入中国,最早是佛教,其次是伊斯兰教,后来是基督教。佛教传到中国产生了许多"高僧",产生了中国自己的各派佛教哲学;伊斯兰教成为回族、维吾尔族等少数兄弟民族特有的信仰,自成一体;西方的天主教传教士则自 16 世纪中叶开始来到中国,频频活动,历 200 余年;至 19 世纪初期,基督教(新教)的布道者相继踏上中国大陆。随之是西方资本主义的大炮狂暴袭来,摧毁了中国的固有防线。传教士乘势涌入,上下渗透,步步推进,公然在中国广阔的领土上按行政区划分设教区,深入到各个城镇和村落,变外来为内在,成为中国社会的一种特殊势力。

显然,西方传教士的来到中国,与早年传入中国的那些宗教的时代大不相同了。他们虽然也有利玛窦、马礼逊、李提摩太、丁韪良、司徒雷登等大批著名传教士,但是除了前期的利玛窦等有较多的宗教气质外,从鸦片战争起涌入中国的传教士,已看不到"高僧"的形象,

---

[1] 原载《文汇报》1981 年 5 月 11 日;《传教士与近代中国》,上海人民出版社 1981 年版。

即使他们中有人自称中国为其"第二故乡"或"半个中国人",也大都是从事侵略活动的伪善者,中国人民久已把他们中的一部分人看作披着宗教外衣的帝国主义分子。这是因为:资本帝国主义要变中国为它们的殖民地半殖民地,就必然要利用富有欺骗性的传教士作为侵略爪牙;这些国家的统治阶级不但需要利用宗教统治本国人民,而且需要把这种统治方式向国外延伸,绝不是传教士发什么"善心"所能改变的。如果说在中世纪的欧洲,哲学是神学的婢女,那末到了近代中国,他们的神学就成了殖民主义的警探和麻药。这个事实,也就使中国人民必然要把反洋教作为反对帝国主义侵略的组成部分,理所当然地要揭穿他们的伪善及其罪行。

然而,传教士来自西方资本主义国家,西方资本主义的文化与中国的封建文化是有先进和落后之别的。为了侵略和传教,他们既不满于封建势力的顽固,又要同封建势力相提携;既要阻止中国的革命,又要用西方科学文化作媒介。所以,他们对近代中国的革新和改良也有所赞同,对中国人民的革命则极端敌视,横加干涉。这些情况,说明了他们在近代中国新陈代谢的急剧演变中有过这样和那样的作为,而他们掀起的无数风浪,给中国社会带来的斑斑创伤,却是谁也不能抹杀或改变的事实。但也不可否认,他们既是传教士,还是有传播宗教的一面,许多善良的中国人信了教,吃教和仗势的恶棍毕竟是少数。

100多年来,我国对西方传教士的行径有很多记载,也有着很多亲历,却没有深入地进行研究,写出一本较为系统、完整的专著,看到的只有教会及有关人士宣扬《中华归主》一类的传教史和教士传记。

1977年12月,顾长声同志来华东师范大学历史系工作,我们多次谈到帝国主义对中国的文化侵略,谈到史学界久已提出应写而没有写的"帝国主义利用宗教侵华史"。他熟悉教会历史,带着责任心毅然承担了写这本书的任务。在撰写中,改用了《传教士与近代中国》为题,以其更能说明近代中外关系中的这个特殊方面的内涵和外延。经过两年多的努力,日录夜作,五易其稿,终于完成了这本约30万字的书,填补了中国近代史著中关于传教史的一个空缺。在五稿中,我读过三稿,觉得这本书依次写来,取材典型,文无窒碍,不是近代史加传教的泛论,而是一本有鲜明个性的历史著作:

(一) 以传教士东来的梗概作序曲,然后较为系统地记述了自鸦片战争迄1949年传教士在中国活动的全过程,并以传教士自身的活动所构成的段落为章目,既能首尾一贯,重点又较集中。

(二) 以传教士依托和推行帝国主义的侵略政策为主线,对他们参与军事、外交、政治特别是文化教育和慈善事业的种种行为,进行了有机的论述。

(三) 在铺叙众多传教士和史实的同时,对几个较有代表性的传教士、教案、教会学校和广学会那样的出版机构,又着重作了介绍和分析,一般中有特殊,更能显示出教会势力的各种关联和影响。

(四) 全书从事实出发,史料大多取之于传教士的论著和传记及外国人写的传教史,通过他们自己的行动和言论,现身说法,再以中国的记载印证,一洗不切实际的浮夸之词,给人以信史的感觉。

这本书的问世,无疑将丰富中国近代史的教学内容,作为"传教士与中国"的专史来说也是一个好的开端,它为今后进一步研究这个课题提供了值得参考的蓝图。

《中国革命史纲》[1]前言

历史的内容是过去,目标却指向现在与未来。中国革命,包括资产阶级旧民主主义革命和新民主主义革命,都已成为历史的陈迹。然而,它与我们的伟大建国事业紧密相连,对现实及未来都有不容忽视的影响。

新中国成立以后,我们国家在各个方面都取得了举世公认的伟大成就。但是,我们也有挫折和失误,洒满阳光的大道上也有阴霾、荆棘、曲折。人们在面对胜利成果的同时,对那些阻碍前进步伐和招致严重失误的问题,不能不去认真思考。因而,把目光投向那些逝去不久的岁月,探讨和学习昨天的革命历史也就成为必然的了。

中国革命史作为高等院校的必修课,广大教师和学者也曾试图客观地总结中国革命的成败得失。但是,由于种种原因,我们已经做的与曾经想的距离甚远,我们对中国革命的历史、对中国的国情,还远远没有研究透彻。那场为时十年、史无前例的所谓"革命",能够席

---

[1] 上海交通大学出版社1986年版。

卷全国，我们为之困惑，为之痛苦，盖有深刻的历史原因。经过近十年来，特别是自十一届三中全会以来，我们在沉思往事、开创新局面的努力中，深切地感到我们对中国革命的艰巨性、复杂性的认识远远不够，对鸦片战争以后中国的特殊国情没有真正了解，对封建主义影响的超常顽固性的认识更不足。

中国是在激烈抗争、充满屈辱的氛围中踏上近代征途的，是在相对落伍的情势下走向世界的。世界列强的连接不断的野蛮侵略，迫使中国不得不把排除民族压迫放在首要位置，资本主义的近代文明，又刺激着中国学习西方的热情。反抗它，又要学习它，这是很艰辛的，往往使人们在诉诸感情和尊重科学的抉择面前踯躅彷徨，顾此失彼。1840年鸦片战争以后，地主阶级改革派、农民阶级、洋务派、资产阶级改良派先后以各自的方式进行过救亡图存的努力，但由于他们各自的局限性，这些努力基本上都以失败而告终了。以孙中山为代表的资产阶级革命派，高举民主与革命的旗帜，经过屡仆屡起的浴血奋斗和气势磅礴的理论批判，推翻了作为封建专制象征的清王朝，建立了资产阶级的民主共和国——中华民国。这显示了中国资产阶级革命派的勇气与魄力。但是，从整个阶级而言，中国资产阶级与帝国主义、封建主义有着千丝万缕的联系，他们无力承担彻底的反帝反封建的重担，当人民革命的洪流风起云涌以后，他们往往踌躇不前。中国无产阶级通过自己的政党中国共产党，领导广大人民，经过艰苦卓绝的斗争，赢得了真正的民族独立，建立了人民共和国，完成了中国革命的历史使命。但是，就荡涤封建主义影响而言，还有很多工作要做。我们不能忘记，中国背着几千年的封建主义历史包袱，历史曾以我们的沉重代价唤起对它的重视。

历史作为逝去的现实已经凝固不变了，但人们对它的认识却是不断深化的。在实事求是的科学态度指引下,我们整理了大量近、现代历史资料,给我们学习和研究革命史提供了很好的条件,对许多问题看得比较清晰了。这部《中国革命史纲》就是这样一个尝试。如果读者通过本书能得到一些启发,对中国的革命道路有较多的了解,则是编者所希望的。

《中国革命史教程》[1]前言

1985年,中共中央与国家教育委员会决定对高校四门普修政治理论课进行改革,中共党史课因之改为中国革命史课。各省区的文教部门和高等院校编写革命史教材的积极性很高,迄今两年余,已有数十种中国革命史问世,还有不少同志尚在编写或计划编写。

我们这本《中国革命史教程》,是在国家教委和上海市教卫办及高教局的组织与关注下编写的,是众多的革命史教材的一种,并已列为上海市哲学社会科学"七五"科研规划中的重点项目。既然都是革命史,它的要求和任务自然是一致的。但是,中国的革命历史久,曲折多,它的起点就有以新民主主义的五四运动开篇的,有以比较具有完全意义的资产阶级革命——辛亥革命打头的,也有从鸦片战争后的太平天国运动写起的;它的下限,有到1949年中华人民共和国诞生,到1956年对农业、手工业及资本主义工商业改造胜利,到"文化大革命",到"文革"后新时期的几个不同终结点,谋篇布局自有伸缩,对事件和人物的论述也会有这样或那样的差异。

---

[1] 上海人民出版社1988年版。

为使青年对中国革命的由来及转折有较多的了解，本书不仅贯串了旧民主主义革命、新民主主义革命和社会主义革命一直到"文革"后的新时期，阐明了农民起义、改革运动和民主革命的衔接和转变；也不仅记述了一百数十年的变革历程和社会经济的新旧递嬗，还用专章追溯了两千多年传统社会的组织结构和价值观念，全书格局有所开拓。有的同志说：你们的革命史革了清朝的命、革了北洋军阀的命，革了蒋介石的命，革了帝国主义的命，还革到了秦始皇时代。不，我们不是要把革命拉到遥远的历史年代，而是革命的道路和革命取得巨大胜利后的事变，迫使我们去认识绵延的历史内涵。

一百数十年来的中国，通过政治革命、文化革命、社会革命，摧毁了呈现于半殖民地半封建社会的一切反动势力及其政治社会体制，改变了中国旧有的形象，大踏步前进了。然而在大踏步前进中遇到了大挫失。与以往革命道路上的许多挫失并不一样，它主要是由于自己的迷惘造成的。这就使我们不能不去从自己身上找原因，从革命历史中找原因，从产生革命和革命者所处的社会找原因。追思革命胜利—失败—胜利的途程，可以发现，往昔我们注视了封建主义及与之相结合的帝国主义的罪恶，却没有去认真对待封建主义赖以生存的小农经济基础；我们注视了改变旧的生产关系特别是旧的资产分配状况，却没有去努力发展革命的最根本的力量——新的生产力，这就使千百年来编织在人们身上的小农经济网络没有随同全国的解放而解开，土改没有改变它，合作化也没有打破它，它常常以新的形式在新社会里继续散发出它固有的性能，成为造神运动的思想基础和封建主义复活的社会基础。

好像一场噩梦，过去了的还没有过去，依然在困扰我们的现实生活。这是"文革"后最严峻的反思，也是我们要透视千百年来积淀的深层社会的道理。所以,本书在阐明革命历史的同时,说了些前此的革命史虽也触及但没有深究的内容,主要是:(一)剖示了近百年来大动荡中的中国社会和这个社会的前身——传统社会联系的脉络;(二)分析了近代中国生产力发展的迟缓及其主客观原因。这将大有助于广大青年了解中国的今天和昨天,更有助于对社会主义初级阶段的认识,这种认识的深化将激发青年人的时代责任感并转化为行动。

从这里,我们清楚地看到了历史对现实的干预,反过来现实又严酷地检验了历史,两者都使我们在面对现实的时候,不能不认真地对待前代和革命年代的历史,坚持实事求是的精神。近十年间,中国近现代史的研究有了很大的改进,对事件和人物有的作出了新的评价,有的补订了原来的不太完善的论述,这就给我们撰写革命史以有利条件。所以,这本书对旧民主主义革命历史固然吸取了许多新的成果,对新民主主义革命历史也尽可能参考可靠的新论证,对解放后的改革和建设更是以实践中的经验与教训为依据。无疑,革命史的教学和研究正在改革的大旗下改进、提高。

这本书虽然进行了两年,由于大家都有教学任务和其他工作,用于编写的实际时间有限。为了赶上明年四月的自学考试应用,讨论后的改稿定稿尤为仓促,来不及仔细研讨和琢磨,难免有夹生饭。希望在印出后得到大家的指教,特别是使用此书的老师和同学们的意见,俾在重印的时候据以修订,加强可读性,修订几次,或可成为一本较成熟的教材。

民主思想的长卷
——《中国近代民主思想史》[1]序言

"五四"以前的几十年中,对中国思想界影响最大的有两论:一是进化论,一是民约论。前者以生存竞争的理论适应了救亡图存、反对帝国主义的需要;后者以天赋人权的观念适应了要求平等、反对封建专制主义的需要。两论的传播,在观念形态上是区分先前与近代中国人的重要标志,而阐发民主思想的民约论更富时代性和战斗性,因为从世界范围来说,所谓近代史,就是资本主义取代封建主义的历史,就是民主政治取代君王专制的历史。民主思想史是近代政治思想史的脊梁。

中国古代没有雅典式的民主制度,近代也未建立起像样的民主国家。对于我们这个封建历史漫长、缺乏民主传统、吃够专制苦头的国度来说,民主是个迷人的字眼,也是近百年来力追不舍的目标,我们在不断地接近它、实行它、发展它。不少政治史、思想史都或多或少地涉及了这个内容,可还没有一本中国近代民主思想史的专著,我们很有必要系统研究这份遗产。

---

[1] 上海人民出版社1986年版。

1978年,熊月之同志考入华东师范大学,随我研习中国近代史。其时我方构思和初述近代社会的新陈代谢,他提出从民主思想在中国的演变来考察这一问题,陆续写出了一批有关民主思想的论文,从黄宗羲到孙中山,其中对章太炎作了较多的探讨。这些论文虽不无稚嫩之虞,倒也虎虎有生气,自有见地。心窃喜之,鼓励他写成专书。他以年轻人特有的"三快",眼快、手快、腿快,不避寒暑,日录夜作,先后四易其稿,写成这部40万字的《中国近代民主思想史》。每写一稿,我都责无旁贷地看过,觉得全书在理论的分析和归纳中,兼擅形象手法,颇有新的风格,反映了年轻一代的思维。

思想史总是人物的思想,特别是先进人物的思想,但又不等于几个思想家的历史。这本书依循思想史自身的逻辑,清晰地叙述了中国近代民主思想的发生、发展历程。在回溯了近代以前的专制制度和反对封建的民主思想之后,从近代民主思想的酝酿、资产阶级民权思想的活跃到资产阶级民主思想的基本成熟,以时代思潮起伏为经,将人物穿插其间,依次写来,层层递进,每一阶段,有总述,有分述,让人们既看清思想的脉络,也感到思潮的奔腾。

思潮是思想史中的峰峦,在近代思想史的推进中最常见。它的形式,不是出于几个人的构思,而是先从远处传来潮音,然后是拍天巨涛向堤岸迎面冲来,有首先听到潮音而呐喊的先驱,也有迎上去一显身手的弄潮儿。因此,我们不但要注目于一些公认的先进思想家,而且要放眼于那些在浪潮中敢于弄潮却不太知名的人们。"万绿丛中一点红",一点红固然应显示,万顷绿也不该忽视。从这本书中,人们既可看到熟知的魏源、郑观应、康有为、孙中山、陈独秀,也能看到生疏的蒋敦复、刘桢麟、金天翮、何大谬等人,还可以从许象枢、杨史彬、陈翼为三个学生的答卷中看到议院思潮的浪层。叱咤风云的将帅和荷枪执戟的士卒相率出阵，这就显出了思潮的潮。

近代民主思想的演进，既不是一江长流，也不止一个洪峰，而是以一个接一个思潮的涨落相继出现的。出现于这些思潮中的人物，有的是一个思潮的代表，后有余响；有的是几次思潮的要角，变化多姿；也有许多只是昙花一现的过客。这本书以人物系于思潮，写法因人而异。如郑观应生活的年岁甚长，其思想的异彩发于甲午战前的二三十年间，就集中把他写于早期改良派的思潮中，过此虽仍有活动，只在前头附笔交代，不另行铺叙。对梁启超，在戊戌维新的思潮中写，在20世纪初年的民主运动中写，在反对"洪宪帝制"的宣传中也写。过去一般都把他与康、谭、严一起集中写在戊戌期间，这本书不仅把他分写于三个段落，而且重点放在20世纪初年，以显示他宣传民权的功绩。他的思想影响也确是这一阶段最大。这是把人物思想放在时代之中来阐发，走出了仅以人物思想反映时代的格式。

除了把时代思潮与人物思想紧密结合这个特色，这本书还有一些优点。其一，对同一类型或一个思潮的所有代表人物，力求从他们的共性中找出各自的个性，这一点在论述早期改良派的一批人中尤为显著。如区分王韬、黄遵宪和何启、胡礼垣的议院思想，一方仿效日本，一方取法英国。如对洋务派中立宪思想的探讨，对宋恕民权思想的论证，对陈虬建立"桃花源"尝试的分析，都给人以新颖之感。其二，在吸取当代和前人的研究成果时，仍能写出自己的见解。书中这样的例子颇多，如康有为在《大同书》中把世界描述成无处不苦、无人不苦的苦海，连帝王也有"帝王之苦"，论者多视其为反动的"阶级调和论"。此书却说"帝王之苦"论具有反对专制统治的意义，康有为作如是说，正是为了说明专制制度对一切人包括专制者本身都是灾难，"大同"主张才是一切人的福音。作者如对戊戌期间康、梁思想异同的解剖，对秋瑾《精卫石》小说的论断，都有这样的笔触。其三，对若干概念就历史和政治分野作了使人信服的论证，如辨析近代的"民主"观念与古籍上"民主"一词的含义完全不同，辨析民主、民权两个同义词在早期改良派那里作异义解释的缘由，以及对章太炎眼中的代议制的透视，以知识衬托思想，反映了作者的读书得间。

　　研究近代思想史，周知要掌握两个来源，一是西方，一是古代，对民主思想史的研究更如此。西方资产阶级民主思想是鸦片战争以后逐渐传入中国的，中国人谁先谈到美国的总统选举？谁先谈到西方的议院立宪？何时始知卢梭、孟德斯鸠的大名？《民约论》《万法精理》最初的中译本怎样？西方资产阶级启蒙思想家的各种著作在近代中国译介的状况又怎样？书中均有明晰的评述，或者列表展示。中国古代虽无民主制度，却有丰富的反对专制主义的思想，诸如民本思想、重民思想、平等思想、分权思想等，书中对此以历史回顾的形式作了简要而有己见的阐述，并指出了它们不是近代意义的民主思想，但与近代民主思想不无灵犀相通之处。在这里还需要申述一点的是，近代中国的民主思想不是从黄宗羲等人的思想直接孕育出来的，乃是由传述西方思想及其政制为起点，是在西方民主思想传入之后才去追溯中国固有的民主思想，在其开始，且怀有与视其他西方事物为中国古已有之的同样心理，说尧舜禅让就是民选总统，明堂则是议院的先河。对中国历史上的民主思想进行有意的爬梳，已是西方民主思想广为流传以后的事，如维新派翻印《明夷待访录》是1895年，刘光汉辑录《中国民约精义》是1903年，名曰"中国民约"，显为西方民约的印证。这种情况，一方面说明了中国近代的民主思想也同民族资本一样，是随同西方资本主义的冲击而来；另一方面也说明，吸收西方民主思想，必然要以中国自己的民主精神为依托，才能产生改造中国、建立近代生活的实效。

这本书以政治上的民主思想为总枢纽,旁及其他民主观念,从人到事都有一定的广度。其中对妇女解放思想,发掘了各家的微言要论,分述了秋瑾的旗帜和《女界钟》《女界泪》以至"五四"时期对忠贞节烈的抨击,远比一般政治史、思想史写得翔实,并有感染力。中国妇女受封建主义的桎梏和迫害最为惨毒,近代解放妇女的主张,是政治民主推向社会民主的重要一环,着重论列,亦见眼识。但书中对有些颇富民主思想并见之于行动的人,如陶成章、朱执信、宁调元等应有论述而未及论述,似出疏漏。

这是一本取材甚丰、论旨鲜明而有色泽的书,文字亦生动可读,是作者善于学习和思考的记录。它的问世,将给人们以明快的时代节奏感。

近几年,我常为年轻人阅稿作序,目不暇接,每从他们的笔下看到年轻人特有的才思,听到年轻人大步前进的足音,那愉悦之情总久久不能自已。能为他们做点事,"鬓微霜,又何妨"!尽管,我的双鬓已不止"微霜"了。个人的生命像大海里的一滴水,如果把这滴水洒在绿荫成长的泥土上,它就会比一滴水大得许多。

思潮与政派[1]
——《五四以来政派及其思想》序言

思潮是时代的脉搏,在西方势力的冲击和内部矛盾的激化下,近代中国的社会政治思潮,有似波涛翻滚,层出不穷。这些翻滚而来的思潮,大都演为政派及其政纲,或者由学派而侪于政派,与政治全然脱离干系的很少见。因为近代中国是一个为国家民族解除忧患、为改造社会政治寻找方案的紧迫时代,已不是采菊东篱、从容论道的世纪,一代代人从经生儒士、考据辞章中脱颖出来,迎着时代思潮迈进。由思潮导向政派,潮就变而为流,有的汇成滚滚巨流,有的是旁出支流,"茫茫九派流中国",也不免"九地黄流乱注"。

在这个思潮与政派纷呈的 110 年(1840—1949)中,一般以革命性质的转变作界标,把它区分为旧民主与新民主两大阶段。但就半殖民地半封建社会的整个历程来考察,思潮与政派的演进,明显地表现为酝酿、兴起和发展或转折的过程,不是两截,而是峰峦起伏、互相联结的三大阶段。

(一) 那是鸦片战争前夕,中国的思想界已有微渐变化,经世思

---

[1] 原载《革命史资料》1987 年第 7 期;《五四以来政派及其思想》,上海人民出版社 1987 年版。

想在抬头,沉寂了千百年的今文经学也以讥切时政的姿态露面,龚自珍思想和《皇朝经世文编》就是这种表征。当鸦片战争对"天朝"的强烈震撼,林则徐与魏源懔然于时世的变兆,发出"师夷长技"的呼声。事变启导认识,使中国与近代世界开始发生了联系,自此由天地会那样的会党组织变为以拜上帝会为纽带发动起来的太平天国运动,自此而有地主阶级改革派、洋务派和早期改良派的相继出现,号称清流党的官员也在中法战争后转向洋务派了。这些政派除了拜上帝会起始于有组织有仪式的民间政治力量外,其他都不是有仪式的组织,而是后人分别给予当时政治思想和行迹相近的一派人的称谓。但它们都程度不同地带来了新的信息,染上了近代色泽,由中世纪的政派向近代政派过渡。所以,从鸦片战争到甲午战争的50余年间是中国近代政派的酝酿阶段,是以"师夷"的经世思想为前导的。

(二) 甲午战争是又一次严重的民族灾难,救亡图存成为中华民族的迫切任务,前此的反清思想和改良思想在这个要求下有了新的发展,使爱国与革政紧密结合起来,是政治思想的跃进。1894年诞生了有组织有纲领、初具政党规模的兴中会和强学会,强学会并以学会的形式出现。它们揭出了革命与改良两面大旗,是近代中国政党的始建。随之又产生了多起革命的和改良的小团体。由于民主思潮和革命形势的推动,1905年,分散的革命政派组成了全国规模的中国同盟会;改良派政治势力虽未造成统一的组织,但亦拥有互相默契的共名——立宪派。近代中国政党已进入成熟期。究竟应该采取怎样的途径,以达到挽救和改造中国的目的,同盟会与改良(立宪)派进行了激烈的论战,革命派终以黄花岗起义、保路运动和武昌起义回答了改良(立宪)派的争议。就在武昌起义和南京临时政府建立的当初,改良(立宪)派向革命派靠拢,它们一度合流,改良(立宪)派且以统一党、共和党、民主党等名目相标榜。所以,从甲午战争到辛亥后的1912年,由革命和改良(立宪)两大思潮形成的同盟会和立宪派,它们标志了中国近代政党的兴起,并一度担当了改造中国政治的重任。在这两派政治势力同对清朝的斗争过程中,还各自派生了名目不同的流派:有戊戌政变后的保皇党,有以诗文宣传革命的南社和促进武昌起义的中部同盟会,有伴随谘议局、资政院活动而来的国会请愿同志会和宪友会等。

(三) 从辛亥革命后的1912年至1949年全国解放的30七年间,以"五四"新文化运动—社会主义思潮—中国共产党兴起为主线,与由同盟会演变和改组而来的国民党成为近代后期的两大政治势力,一个拓无产阶级的新境,一个袭资产阶级的旧业。在两大政治势力的两度合作和长期激烈搏斗中,以及新旧社会思潮的激荡,从而涌现出形形色色的政治派别和社会集团,宣腾各自的主张,此伏彼起,成为近代中国政党的转折和高峰阶段。

这后期的30余年历史,由"五四"时期、国民革命(大革命时期)、十年内战(土地革命)、抗日战争和解放战争五大革命运动构成,是一个波澜壮阔的宏伟历史场面。这个革命历程,也就是革命史依次记述的构架。虽然思潮与政派的消长同革命运动的起落,互为因缘,桴鼓相应,但步趋有先后,在其转折阶段,前后相承,抽刀断水水还流,分段论述,要照顾这些关系和各阶段固有的特点。

以新文化运动为序幕的"五四"时期而论,它是在共和国的名义下,政党政治喧嚣一时,原先的革命派和立宪派产生了大分合,同盟会吸收几个小党派凑合为国民党,立宪派经过多次化合而称进步党,两者虽仍各立门户,但已互相渗透,它们的政治分野,远不似同盟会与改良(立宪)派那样的严峻了。与此同时,满洲贵族不甘心他们的败亡,拉起了活动复辟的宗社党;一些立宪派分子和遗老们又鼓吹共和不适于中国,成立复古的孔教会;其他会道门也极尽蛊惑之能事。新文化运动正是冲着这重重阴霾而开展起来的,它是辛亥革命失败后的新憧憬,是新旧承转的关键。所以,事情得从辛亥革命失败后说起。随着新文化运动的发展,各种社会政治思潮涌进,各种牌号的社会主义思潮竞起,经过先进分子的艰苦探索,终于找到了马克思主义的科学社会主义,成立中国共产党,展示了百舸争流、一峰突起的绚丽境界。但作为社会主义思潮来说,还在民国元、二年间,即已有所谓的社会党和号称社会主义的无政府主义组织,孙中山也是在这个时候开始大讲他的社会主义的。

中国共产党从1921年成立后,很快以先声夺人的气魄发动劳工运动,成为社会政治指导航向的灯塔;而已经涣散了的国民党,在吸收新的血液和进行改组后也恢复了活力,自此由共产党和国民党形成的两大政治势力,取代了清末以来的同盟会和立宪派的两大势力,并在"打倒列强""除军阀"的要求下,两党合作发动了国民革命的北伐战争,至1927年大革命失败而告一段落。在两大势力的国民党内派生了戴季陶主义和西山会议派,共产党内也有右倾机会主义的干扰;前此依附北洋军阀政府由进步党分解而拼合的各种政团在慢慢消失中,则又出现了"好政府主义"和"联省自治"一类流派。历史虽然仍在转折,但革命的总趋势和革命的领导力量,从"五四"的思想动员到北伐战争的革命实践,历史已经对中国革命的领航者作出了抉择,这个抉择不是表现于一时的政治军事实力,而是表现于思想和方略的领导及其对人民的巨大号召力。

大革命的失败,中国又陷入歧途,好像辛亥革命失败的重演。国民党变成了当权的统治势力,向独裁的法西斯发迹;共产党转入"地下"和农村,进行暂时没有胜利希望的苦斗。在这个三岔路口,中国第一次出现了真正的中间势力——第三党,它满想在国共两党之外找出一条救国之路。为了探求中国社会究竟走向何处,人们发动了著名的中国社会性质论战,它既是学理的争鸣,也是论争双方或三方的政治分野,是继主义与问题的政治主张之争以后的又一次深入的政治道路之争。主义与问题之争是马克思主义和资产阶级改良主义的辩论,社会性质论战则是马克思主义和假马克思主义的鸣争。由于社会性质与矛盾的复杂性,反映到实际政治生活领域里,不仅国民党内的各派系中公然有举起改革旗帜的改组派和福建人民政府,在共产党外也有自诩为最革命的托陈派,至于其他如推动局部改良的乡村建设派和抵制法西斯的人权派等,都在为民族和阶级寻找出路。所以,自大革命失败至1937年卢沟桥事变的十年,是辛亥革命以来各种思潮与政派最活跃的时期之一。连流氓头子杜月笙也要在青帮之外,拾取"自强不息,日月之有恒"的话,另立形似政派的"恒社"以混淆视听了。

从1937年抗战开始至1949年建国时,经历了抗日战争与解放战争两个阶段,循着抗日、民主和建立新中国的道路推进,两个阶段是连成一气的。其间也自有起伏:卢沟桥事变一爆发,酝酿已久的民族统一战线告成,各种政治势力都投向团结抗日的总目标,抗战前期的四年,除投降日本、宣扬奴隶主义的汉奸集团外,各派政治势力都具有这样的基本倾向,这要追溯到"九一八"后的民族抗日浪潮及救国会等组织的产生;1941年皖南事变,国民党恣意施行法西斯暴力,民族统一战线发生危机。在共产党的坚持下民主呼声迭起,民主政团同盟的组成,是抗战期间国内政治生活的一件大事,它加强了对国民党的独裁统治的监视,也使国民党得以度过动摇、溃败的险境,终于争取到了抗战的胜利。其时以学派形式而为法西斯应声的战国策派,不过徒然地表演了儒法合流的一时的"应帝王"之术。1945年抗战胜利后,从旧政协到伪国大,围绕着统一、民主、建国的要求,共产党同国民党展开了尖锐斗争,作为中间势力的民主政团同盟又由合一回到各自的政派名目,并由坚持与共产党合作的民主分子另立民主同盟,自成一支。随着革命形势的发展,国共两大势力的决战,分化中的民主党派,右的跟着国民党逃奔海岛,左的追随共产党迎接了民主革命的伟大胜利。在决战的最后岁月里,虽然仍有为中间路线挣扎而呼唤"新路"的人,但只能是春虫秋鸟,自鸣自了。

这37年的历史,是从新旧民主革命转折开始的,又是以民主革命的最后胜利而结束了历100余年的半殖民地半封建社会,它展示了思潮与政派的新陈代谢极其复杂的场面。陈独秀在《实庵自传》中说他由"康党"(维新派)而"乱党"(革命派)而"共党",这里不去说陈独秀日后的变化,只是说明三个不同性质、不同时期的思潮与政派,奇特地重叠于一个人的身上。不独陈独秀如此,好些与陈独秀同时代的革命家也多有相似的经历。这种急剧的时代步伐,不仅刻画在人们身上,表现为各自的特点,而且更大程度地表现为曲折的革命历程和政派间的复杂的敌、我、友关系。

在这期间,由马克思主义与中国革命实践相结合的新民主主义革命,固然是由小到大,由弱到强成为中国政治生活的主流,但前此的政治代表势力在外国的扶植下,还顽抗地存在。所以,神州大地的政治风云,既是无产阶级领导的新民主主义革命,又是大地主大资产阶级代表的独裁统治,还有众多的资产阶级、小资产阶级的政治势力穿插其间,既有纵的递嬗,又有横的较量,革命是在对抗与合作、斗争与团结的道路上,冲破种种暗礁和恶浪前进的。它上承旧民主主义的失败,而旧民主仍有其政治和思想的基础;下启社会主义革命,又不能超越民主革命的现实。包含着两种转型的复合内容。所有政派、思想、战略的正确与否都受到这个特定历史条件的制约。

30余年是个不太长的历史时期,但却是一个极丰富的历史宝藏,关于这段历史的资料和认识正在不断累增和深化,还有待于政治家、思想家和史学家的悉心研讨,以展示东方历史的业绩。

《中国近代文学丛书》总序[1]

中国近代文学的研究相对于古代文学和现代文学,一向比较薄弱,在中国文学史的研究上形成一个低谷。这可能是由于长期兴盛的古典文学到了近代已趋衰微,而适应时代生活要求的新文学还未能脱颖而出,以其无可观遂被忽视了。

近代中国处于一个伟大的变革时代,是社会的转型期;与时代、社会息息相关的文学也在由旧形态向新形态转化的过程中。就事物的变与常的关系来说,转型期的近代文学比常态的持久的古典文学更需要研究。近年来对原先的状况已有改变,有的大学已经开设了中国近代文学史专业课,不少出版社相继出版了近代文学资料和论著的专辑,报刊上探讨近代文学的题目也较多了。为迎接这个已经躁动的研究势头,给从事近代文学研究提供条件,我们(华东师大出版社)特以作家与作品为主题,编撰《中国近代文学丛书》,分别介绍各家各派及其代表作品,对作品中的难懂词汇和典故一一注释。

在中国,完整的近代概念,虽然是起于1840年的鸦片战争而迄

---
[1] 载《文史哲》1988年第5期。

于1949年人民共和国的成立,但是,这套丛书介绍的作家和作品,仍以习称的"五四"前80年的近代为范围。这是因为中国文学发展的轨迹至"五四"已发生哲学概念上的质变,已由古典文学正式跨进现代新文学的行列,它的这个变化所呈现的阶段性,比"五四"时别的领域更显著。然而它并不是拔地突起的孤峰,乃是岗峦起伏的山脉逶迤驰来,我们考察一下"五四"前文学领域发生的变嬗,即可看出岗峦到高峰的脉络。

（一）鸦片战争后的50年,中国对科学技术已有明显追求,对政治、教育也渐有新的憧憬,而文学这个领域却很少触动,仍是汉魏章赋、唐宋诗文。作为古代文学殿军、近代文学起头的龚自珍,除了批判的现实主义精神影响后人外,从他那里还嗅不出任何时代气息。随后出现的冯桂芬《校邠庐抗议》、王韬《弢园文录》一类书,其中虽不乏文字优美的篇章,但并没有超越《论衡》《潜书》那种论著的格局。唯有值得庆幸的是,他们的眼界已朦胧初开,世界景物、海外风云已星星点点地洒落在他们的笔下;他们也发出了为文"称心而言,不必有义法"(冯桂芬语),或"文章所贵在乎纪事述情,自抒胸臆,俾人人知其命意之所在而一如我怀之所欲吐,斯即佳文"(王韬语)的呼声。

（二）到甲午战争前后的岁月里,经历了西学的传播和战争的惨败,迫使人们作出更大的反应。一批慷慨谈天下事的知识分子,开始警悟到士人徒以诗文鸣高无补于亟变的世务,无补于民族的安危,对之渐作贬斥了。康有为说"士知文而不通中外",徒然"苟且粉饰";严复说应"先物理而后文词,重达用而薄藻饰";谭嗣同更在其诗集自序中说:"天发杀机,龙蛇起陆,犹不自惩,而为此无用之呻吟,抑何靡与? 三十年之精力敝于考据词章,垂垂尽矣。勉于世,无一当焉。"这是在痛惩科场试文的同时,进而对徒作"无用之呻吟"的古典诗文的反省,是推动文学改革的信号。由此,恣肆通畅的报刊文章风行起来了,改良诗学的"诗界革命"也登场了,出现了一批在政治上要求变革,在文学上有所创新的士人。康有为是个头儿,而"笔锋所至不受检束"的梁启超时务文,"足遍五洲多异想"的黄遵宪爱国史诗,则最富代表性。他们虽然仍未脱古文古诗的窠臼,但俚言译语,中西人物,古今思想,信手拈来,皆入诗文,在旧的形式中装进了新的词汇与内容。正如前此龚自珍所说:"外境迭至,如风吹水,万态皆有,皆成文章,水何拒之哉!"这就造成了"旧风格含新意境"的过渡形态文学,即日后盛称的"旧瓶装新酒"。那时饱受西方教育的严复,他译述《天演论》等书,也还是要把西方的新意境纳入汉魏文章的旧风格中,让人能像诵读汉魏文章那样去诵读。

(三)历史进入20世纪初年,知识界的视野扩大了,新意境增多了,继"诗界革命"后,而有"戏剧革命""小说界革命""文界革命"。它们已不只是旧风格含新意境的延伸,而是新意境已在冲破旧风格的墙壁,大量报刊和译著日益发生这种作用,其中又以对小说、戏剧的新认识和发行白话报更具有这种势头。一向被卑视的小说,在正宗文学里没有它的地位,自1897年天津《国闻报》发表《本报附印说部缘起》,特别是1902年梁启超创办《新小说》杂志并刊出他的《论小说与群治的关系》,指出小说对政治、社会的重大作用,小说开始同正宗文学的散文、诗词并称了。尽管当时流行的谴责小说及其他社会小说还没有突破旧的章回体,但它所涉及的内容及描述的手法,无疑受到西方文艺的影响,加之人们对小说的价值观的变化,这都在动摇着旧风格。戏剧方面,不仅以旧形式演时事新戏,而且出现了与旧形式完全不同的新品种——话剧。为了开民智,为了宣传革新,从

1897年裘廷梁发出"白话为维新之本"的呼声后，1901年《杭州白话报》《苏州白话报》《京话报》问世，相继创刊了十余种白话报，打破了报刊一律文言文的旧形式。这种报刊白话文虽不是富有审美观的文学语言，但它是现代文学的基石，不久新文化运动揭出的"文学革命"旗帜，就是以白话文为前导的。

近代文学的短暂历程，是接受西方文学的挑战，从中国古典文学的演化过程中推向现代的，其特征是变，新陈代谢的变。1902年，蔡元培选录"当世名士著译之文"，间取"于新义无忤"的先哲遗作，辑为一书，题名《文变》。他在序言中说："自唐以来，有所谓古文专集，繁矣。拔其尤而为纂录，评选之本亦不鲜，自今观之，其所谓体格，所谓义法，纠缠束缚，徒便摹拟，而不适于发挥新思想之用。"可见他的这个选本，不是《昭明文选》《古文辞类纂》《经史百家杂钞》的续编，乃是《诗经》《左传》两千数百年以来的"文变"。

"文变"，变了什么？"旧风格含新意境"是它的主要变征。新意境是随同外境的变迁而来，受现实主义与理性主义的引导，以新词新义反映民主进步意识，有的来自外国资本主义的译作，有的是直接观察所得。在对残暴、欺诈、腐败、愚昧种种社会现象的揭露方面，除了那些以讽刺谴责著称的小说和龚自珍、金和等人的诗文外，其他千百种近代人的诗文集和杂著都不无这样的篇什。反对外国资本主义侵略的大量爱国作品，从张维屏的《三元里歌》数起，有许多是既富民族激情也很有时代色泽的杰作。新意境的积累，不会只满足于旧风格的容纳，势必牵动旧风格。梁启超的不受绳墨的新文体，黄遵宪的"我手写我口"的创格诗，王国维在文艺理论方面的意境、境界说，海派文化带来的艺术新风，不能说不是随着新意境的积累在风格上产生的微变。

这种变嬗中的近代文学，可以从中看到时代的步伐，是近代文学的主流。梁启超曾说那个时候，他们"冥思苦索，欲以构成一种不中不西，即中即西之新学派"。当然在文学上也逃不出这个"不中不西，即中即西"的状态。就时代的跨度来认识，也可以说是一种"不古不今，即古即今"的文学。所以我喜欢用"学问不中不西，文章半今半古"来概括他们的风貌，这似乎是从龙钟的古典文学进到活泼的现代文学的必经阶梯。"不中不西""半今半古"是就"文变"的迹象而言，但必然还有不变者存在，那就是固守樊篱的古文派。它们既有在嘉庆时已中衰而经梅伯言、曾国藩的提倡自道光后又振兴的桐城派，而曾国藩为文主气势，得友徒的烘托，更被称为入乎桐城又出乎桐城的湘乡派；也有由祁窝藻、程恩泽等对宋诗的推崇，进而衍为陈三立、陈衍、郑孝胥一派人宗宋的同光体诗；还有言必称汉魏的王闿运，所作湘绮楼诗文皆古色斑斓。这些文派、诗派，或拘守性理义法，或生涩模仿，已背离时代，近于僵化。但也不能一笔抹杀，他们凭借古典文学的余荫，运用成熟的技巧，不是完全没有锤炼出可取的作品来。因为艺术作品的产生与欣赏常会超越时代而存在。

在新文体与古文学的角逐中，反映了新旧两种观念在文学上的差异，但它们并不等同于政治上的新旧进退。如早年即立志革命又能博采西学的章太炎，他以渊博的学问，条达的论理，发而为凝练旨深的文章，即其论学著作有的也有很高的文学价值，应该说是近代的古典文学巨匠。但他却认为文章"有其利而无其病者，莫若魏晋"[1]，刻意摹拟魏晋，采僻词、用古字成为他的癖好，终因远离生活，他的学问大有传人，而文章已无嗣响。又如南社是著名的革命文

---

[1] 章太炎：《国故论衡》。

学组织，成员大多兼有同盟会会籍，他们宣传反清，宣传民主，影响遍及东南各省，而其文学主张和实践却是比较保守的。展视22集《南社丛刻》所录诗词和散文，虽不乏佳作，但对艺术的创新，却找不到黄遵宪那样的诗人，也没有梁启超那样的笔锋。作为南社巨子的柳亚子，无疑是一个积极的革命家，他留下了七八千首古体诗词，该是一个富裕的诗人，但毋庸讳言，他的诗词并没有太多的新风格。

"五四"新文化运动结束了近代文学的历程。它是以"文学革命"为号角的，对先前的"诗界革命""小说界革命""戏剧革命""文界革命"和白话报的局部改良是个伟大发展：（一）宣布一切文言文是死文学，白话文是活文学，要求从文学基石——语言文字开始进行全面变革，造成国语的文学；（二）摒弃一切脱离生活的古典文学，提倡国民的写实的社会的文学。新文学代替旧文学的总趋势，在"五四"前夕的1917、1918年已展示出来，从此进入了鲁迅时代。近代的"文变"则是进入这个时代的引桥。我们也企望这套丛书成为研究近代文学和认识近代社会的引桥。

反思,也还要一点反反思[1]
——序《中国文化之谜大观》

反思是"拨乱反正"以来常见的用词,千百篇论文以反思为题,千百种文艺作品以反思为机轴,它已成为当前中国人考察历史与现实的前提,是一种深层的文化活动,富有历史哲学的气质。

谈到反思,自然会联想起反省。"反省"一词,源出《论语》。孔子的嫡传弟子曾参说:"吾日三省吾身:为人谋而不忠乎?与朋友交而不信乎?传不习乎?"意在反躬自问,久被儒家奉为修身的准则。反思与反省在词语上不无承袭的关系,但立意及其范围有很大差别。(一)反省是以不变的伦理为规范,循环地下功夫;反思是动态的历史思考,在扬弃中开拓。(二)反省是自我省察,侧重个人的道德修养;反思是实践检验后的再认识,是由己及事的主客体统一运动,它的主体不同于反省只是个体的单一行为,而是许多个体联结的普遍性思维。两者虽有近似的心理轨迹,却是完全不同的思维模式。

反思作为民族的心态活动,在过去的一百多年中中国人追溯民

---

[1] 原载《文汇报》1988年5月24日;《千古之谜——中国文化史500疑案》,中州古籍出版社1989年版。

族灾难的由来,一直没有停止。但它是在有加无已的外力压迫下的交替反应,寻找中西的差距,耻己之不如人,奋发图强。这回可不同了,不是洋人给我们喝的苦酒,而是我们自己吃了从胜利到胜利的迷药,崇拜"斗争万岁"像崇拜万能的上帝一样,满以为真理都凝聚在这里,把浑浑噩噩的造神运动当作轰轰烈烈的革命。乌云过去了,地面平息下来,压在人们心头的却是千百个为什么。十年的怪诞,数十年的革命,一百余年的社会,两三千年的传统,其间的联系与得失,由近及远,结成网络,无不是人们寻思和探讨的话题。

反思的社会性没有经过谁的思想动员,更不是宗教的无边忏悔,而是对造神的社会性的自我教育,对社会历史因袭的精神负荷的必然倾诉。鲁迅笔下的国民性和各种"社会相"引起的心灵痛楚,从来没有像今天这样成为知识界的共同感受。十年来倾泻而出的文艺作品,触摸政治社会生活的各类文字,席卷思想领域的文化研讨热,它们不是反思的直接陈述,也有反思的因子或内涵。这是"十年动乱"的社会压力对民族固有潜力的激励。

在文化史的研讨热中,1984年11月《文汇报》副刊——《学林》辟了《中国文化之谜》的专栏,向社会发起征文,很快得到热情的反响,一篇篇生动有趣的"文化之谜"的文章从上海和各地传来,在《学林》上刊出。稍后,复编成《中国文化之谜》4辑,每辑约20万字,由上海学林出版社出版,为之风动。尚有许多文稿来不及刊入,今又辑为《中国文化之谜大观》,计500多篇,100万字。这是从广阔的反思原野中垦出的一片土地,蔚成了如此丰收的"大观",为探讨中国文化提供和集结了一束素材。

文化的主要表现是物质的观念化,谜是观念的产物。人类文化有许多不解之谜,中国的地域辽阔,历史悠久,人口繁衍,留下的谜更多。这里集结的几百个题目,涉及神话、考古、天文、地理、民族、宗教、风俗、生物、科技、文学、艺术等,涵盖了社会生活的各个方面,上下几千年,远及几十万年的"北京猿人",有似历史博物馆,完全可以这样说:没有源远流长的历史,没有万山千水和民族间的交往,就不可能有这样丰富多彩的谜。谜多,意味着文化的绚烂,也有文化的童稚。这些谜,有许多是年代久远、文献不足征产生的疑团,一旦从地下发掘出实物,或者找到了原始记证,谜底揭开,疑团就迎刃而解。甲骨钟鼎、流沙坠简、古冢遗篇,不是解开了许多不解的文化之谜吗?但也有许多莫须有的人和事,是囿于人们的认识和好恶造成的,且举数例:(一)童话般的远古传说,如三皇五帝及他们的行谊,是由其基因层垒形成的;(二)人对自然的附会,如"嘘气成云"的龙,是由图腾演变而来,即使有了科学的解释,人们仍喜欢这个不存在的神物,至今在歌唱《龙的传人》;(三)历史上的被崇敬对象,流传或依托在他们身上的篇章和美谈,人们宁信其有,不信其无;(四)一些点缀历史风情,为湖山添佳话的似有似无的巾帼形象和名人胜迹,则是永久留给后世悬想的谜。这些与连绵不断的中国历史并存的文化之谜,本身就是一部中国史,因为每个谜的出现和形成都有它的时代烙印,而且现在和将来也仍然会有因历史误会和有意制造的谜。谜是永恒的心态活动。

反思推出了中国文化的研讨热,文化史的研讨热又推出了中国文化之谜的大观,都扩大和加深了对中国的过去和现在的认识。对于国情的考察,对于历史的反思,无论"五四"时期的新文化运动、30年代的社会性质论战、抗战时期的新启蒙运动,都没有达到近十年来反思的主体和反思的客体的广度和深度。可以毫不夸张地说:反思推动了今天的思想解放,促进了改革和开放,找到了社会主义初级阶段的理论,如果没有猛跌后的历史反思,我们就很难打破教条主义的封闭、极左思潮的迷雾。所以，反思的确切意义，应该说是对马克思主义的再认识，对革命的再认识，对历史的再认识。反思不是翻烧饼，不是"反其道而行之"，而是回归和开新的统一。

任何一种思维成为时尚，成为多数人的思路，显示出它无可阻挡的威力时，就会像水旺地带一样港汊纷呈，波光粼粼。当我们从各自的思路进入反思的航道，百舸争流，也不会没有港汊。我们检查"动乱"的由来，跤跌在什么地方？有一条是公认的，"破字当头"，什么都给破了，民族传统破了，价值观念破了，人的尊严也破了，使整个社会濒临崩溃。先进的中国人千辛万苦寻找救国救民的方案，既然明治天皇、彼得大帝帮不了中国的忙，卢梭、林肯救不了中国，马克思、恩格斯也没有把中国治好，不如反求诸己，回到自家的至圣先师路上来。你看，日本、南朝鲜、新加坡和我们的台湾，它们尊奉儒学就搞上去了，经济在起飞；反过来，我们践踏了儒学，就受到了惩罚，祸患盖起于"五四"的打倒孔家店，所以"五四"与义和团是两个极端。对迷信"刀枪不入"和提倡德赛两先生各打五十大板，这种"中庸之道"可掬的裁判，未必合乎"圣之时"的要求。历史不应用一种主义把它分割为两截，历史的阶段性是历史的转折不是历史的分割，要重视历史传统的民族性、继承性，有批判、无继承的"革命行动"是对文化的摧残。"五四"以来形成的革命传统需要我们深沉地反思，但不能用传统主义的逻辑去反思。日本、南朝鲜、新加坡和中国台湾的经济搞上去了，可能儒学的某些稳定因素纳入它们的轨道增添了协调和凝聚力，不能说没有参照的价值，然而它们从60年代兴旺起来自有其重要背景，它们的管理经营体制并不是东方所固有的。

灿烂的中国古代文化受到世界各国的重视，他们相率研究其作用和影响，前如斯坦因等人的孜孜以求，近如李约瑟的《中国科学技术史》巨著,都彰彰在人耳目,但多数外国人士对中国古代文化的钦慕是伴随着猎奇而来的。在"文革"破四旧的闹剧中,我们的工艺品不雕塑古典形象,只有工农兵的风姿,外国人不要,宁愿怀揣几件近似古代衣冠的少数民族形象的工艺品而去。久居海外的炎黄子孙在饱尝爵士音乐、芭蕾舞之余,回到祖国来,喜看《四世同堂》《茶馆》《黄土地》一类富有民族韵味、泥土气息的戏,这种民族感情应该受到尊重。如果就以为只有埋头去创作富有民族特色的艺术,不应去演奏那些来自港澳、来自欧美的时艺,那也未必有利于文化的交流和艺术的多姿多彩。当然要有选择。中国人珍惜自己的古代文化,也欢迎现代的西方文化,"不薄古人爱今人"。

反思给我们解开了许多历史形成的和自己制造的谜,成为社会政治改革的思想武器,有许多谜还有待于我们进一步去解剖,反思要深化。深化的反思,除了跟踪追迹外,也需要一点反反思,反思的反思。梁启超在第一次世界大战后游历欧洲,写了《欧游心影录》,说"欧洲人做了一场科学万能的梦,到如今却叫起科学破产来"。他们"着实怀抱无限忧危,总觉得他们那些物质文明,是制造社会险象的种子,倒不如这世外桃源的中国,还有办法",所以要用中国的精神文明去拯救他们。这是那时欧美人士的失落感、欧美人士的反思,梁启超听了,为之自豪。其实这只是欧美人士的心态一时失去平衡,对科学与历史产生的迷惘。我们今天的失落感,不是科学的破产,而是科学的落后,所以众口一声要实现四个现代化,要用大力发展生产力来填充。而更深刻的失落感,则是思想理论上的危机,因为我们笃信和实践了这样和那样的理论,都受到挫折。在痛苦的反思中,新近从海外推向国内的新儒学就是试图对这种失落的填充。

至于新儒学,远的不说,近代从洪秀全就开始了。洪秀全的思想事实上是以儒学为根基糅进基督教的内容（特别是仪式）而成，是近代新儒学的发端，其后是康有为用进化论改造的新儒学，再后是"五四"以后的各家新儒学。这些新儒学，有的曾经在吸取西学中改造自己也触动了对中国社会的改造；有的是在中西文化的比较和各种社会思潮的困惑中阐发了儒家和民族的传统精神，各有其社会效果。今天的新儒学是"五四"后各家新儒学的继续，是以反思的形式带着挽救思想危机的愿望出现的。曾经长期作为统治思想有过深远影响的儒学，为了适应社会变革的新形势，对它进行新的注释，并唤起人们尊重那些不该失去的传统，这是社会思想转变和发展的必要补充，但新儒学不是现代化的改革和开放的精神支柱，而是现代化的改革和开放对儒学注射的现代意识；它不是具有指导意义的思想超前，而是反思中浮现的思想回归，回归只能是扬弃中的保留。

"左"的思维抛弃了传统，医治"左"的创伤不是回到传统，只能是发展中的辩证唯物主义和历史唯物主义，包括正确地对待传统。反思为医治"左"的创伤探讨了经络，反反思是对探讨经络的参议，没有参议的反思可能不完善。反思还在继续，传统文化的因革，封建意识的潜网，移桔变枳的恶习，国民性的今昔，都需要我们反思、再反思。60年代上海的经济不亚于香港，今天（80年代后期）的上海不仅落后于香港，比之广州也相形见绌。何以如此？除了一些客观因素外，人们说反思的不彻底是重要的一端。但是反思没有疆界，最易触发的是自己熟悉的思维方式和内容，它的推开和引申，更需要反反思的参议，没有反反思的参议，反思不能都自我完善，也可能导向迷惘。因为一切合理的思维都需要不同声音的补充。

《传记文学篇目分类索引》[1]序言

中国历史上有过两次完整意义上的革命,一次是创立了中华民国的辛亥革命,另一次即结束了民国历史的新民主主义革命。对于亟欲探讨近代中国社会变迁,总结中国革命经验教训的人们来说,连接这两次革命的民国历史,自然占有很重要的地位,所以近年来,对民国史的研究越来越引起人们的重视。

一般说来,比较起中国古代史或世界史,中国近代史的研究者在史料上可算是得天独厚。有关中国近代社会的各种文献资料,其数量之庞大,已不是"汗牛充栋"的陈词所能概括了,更不必说其种类的繁复,足令目录学家、图书分类学家抚膺长叹。然而,这种史料的优势,在专治民国史的人那里,一方面固然是看不胜看,另一方面却又似海上仙山,可望而不可即。收藏在海峡彼岸的大量文献资料无从手披笔录,对居留海岛的耆老也不能面访函问。虽然,大陆上熟悉旧日政情的人士不少,但他们的回忆代替不了在台湾的许多国民党老人的回忆,他们的旁证代替不了当事人直接的陈述。隔海相望,给史

---

[1] 华东师范大学出版社1988年版。

家带来了无限惆怅。

所幸,台湾有关著录通过香港进入大陆者已不少,其中如刘绍唐先生主编的《传记文学》月刊,大陆好些图书馆早经购置,它自1962年创刊迄今,已经发行了48卷。它虽以"文学"为标榜,所载篇章诸多描绘,但总的来看,还是以历史事实作基础的,不失为一份史料集刊,具有不可低估的参考价值。而内容广泛,体裁多样,更是远远超过了一般想象的"传记"范围。诸凡政治、军事、经济、文化、外交、史学理论,几乎无所不包。其中,既有曾身处政治漩涡中心的党、政、军要员所提供的亲身经历,如孔祥熙、陈立夫、黄季陆、何成濬、刘健群、梁德纯、刘汝明、黄杰、胡琏、黄仁霖、王云五、陶希圣等的回忆,又有文家学者,如赵元任、台静农、黎烈文、苏雪林、曾宝荪、徐讦、简又文、沈宗瀚、叶曙等所提供的专文,从不同的侧面展示了他们所处的时代的特征和其本人思想发展的脉络。更有致力于民国史研究的学者如沈云龙、吴相湘、梁敬錞、李云汉等,在广泛搜集资料后写成的许多力作。从《传记文学》作者队伍的广泛性来看,说它是民国史、国民党史乃至中国近代史研究者的必备资料,并不过分。

毋庸讳言,《传记文学》的编者和大部分作者,对于许多历史问题,和我们有很不相同的看法,尤其在涉及国民党失败原因时,他们不免背离实际;对中国共产党的攻击,诸多政治偏见,这不足为怪,一份在台湾行销20多年的刊物,没有这样一层色彩,反倒是不可思议的。至于那些自传体和回忆录文字,有如美籍学者唐德刚教授幽默地指出的,却有点"唱戏抱屁股——自捧自"。对亲者的溢美也触目皆是。我相信,任何受过科学训练的治史者,都不会因此而如坠烟雾,不辨珠目。事实上,任何史料,由于提供者或整理者本身地位、立场和观察问题方法的局限,均不可避免地带有某些片面性。这则有赖于读者的讨论识别和史家的认真取舍。

1960年以来,全国和各地政协陆续刊行的《文史资料选辑》,已以其丰富的内涵和求实的风格,被海内外学者一致誉为史料的宝库,受到广泛注意和引用。前些年,复旦大学历史系资料室为之编了篇目分类索引,给使用者提供了莫大便利。但是,与《文史资料选辑》性质相仿,卷帙浩繁的《传记文学》却因其藏量有限,流传不广,罕为人知,有些人则是仅闻其名未见其形,兼以查索困难,以致未得充分利用。台湾学人,亦有同感。

朱华同志在就读研究生时,就有为《传记文学》编制索引的想法,华东师大图书馆金华英、黄赞臣等同志恰有此意。经一年多的努力,他们编成了这本《传记文学篇目分类索引》,我想对于研究中国近代史是很有用处的,也有助于海峡两岸学者的交流,因此乐为之序。

《孙中山社会科学思想研究》[1]序言

孙中山一生好学,从翠亨村的孙中山故居可以看到他幼年时爱读的书,从上海的孙中山故居也可以看到他留居上海时参考过的大批中外文图书,这两处所展示的只是他一生中为时不太长的两个段落。他青壮年时主要在国外活动,所到之处,探索问题,从来是手不释卷的。最为人们熟知的是,1896年他在伦敦蒙难后,到1897年7月初去加拿大前的8个月,他旅居伦敦,日赴大英博物院藏书室,认真研读西方的政治、经济、法律、军事、外交、农业等方面的著作,并数往宪政俱乐部调查访问。日后,他追记这段生活时说:"所见所闻,殊多心得。始知徒致国家富强、民权发达如欧洲列强者,犹未登斯民于极乐之乡也。"他的民生主义思想即发轫于此。可见31岁的孙中山,已是"独上高楼,望尽天涯路"。

孙中山的治学精神,始终贯穿着"学以致用"的要求。他早年学医行医,受到严格的科学训练。从实际生活中体现了学用一致的关系,并且"以学堂为鼓吹之地,借医学为入世之媒"。他早已抱有改造

---

[1] 安徽人民出版社1985年版。

中国的宏愿。自此，长期为宣传革命、武装反清和建立学说，更锲而不舍地探讨和吸取各种学问。他的生元说、知难行易说和民生史观等哲学思想，既是从自然科学和社会科学概括而来，也是立足于认识世界、改造世界的积极要求的。可以说，中国是由他才真正进入了近代哲学的行列。

孙中山思想是博大的，也是庞杂的。除他的哲学思想注入了生物学、生理学、生物化学等自然科学原理外，在他的全集或全书中所涉及的内容，包含了文艺复兴以来、特别是19世纪以来各类成熟了的和不太成熟的社会科学内容。这些社会科学内容在于集中阐发他的"振兴中国"的政治社会学说，都或多或少地成为他的"振兴中国"的思想巨宅的组成部分，大多不是作为一门独立学科来传播的。据他自己说："余之谋中国革命，其所持主义，有因袭吾国之固有思想者，有规抚欧洲之学说事迹者，有吾所独见而创获者。"这段话有两层意思：一层是说他研讨中西学问，是为了谋求中国革命，实行他的主义；一层是说他的学说或主义，是因袭中国固有、规抚西方事理和自己创获三部分组成。那么，这三部分在孙中山思想中各自的位置怎样？以他和康有为、章太炎比，他规抚西方的东西远比康、章多，因袭中国固有的东西则比他们少，这正是他的思想"适乎世界潮流"之处。但是，孙中山对中国固有文化是尊重的，其间有因袭，有发扬；更重要的是他能面对中国实际，广泛地借鉴和吸取西方文化，从而产生他的创获。所以，在孙中山的学说和著作中，既引发了各种社会科学知识，而他的创获也充实了社会科学的某些领域。

孙中山毕生追求科学，追求真理，从不停止自己的脚步，他在政治思想上留给了我们许多有益的东西，在好学治学精神上也留给了我们许多有益的东西。1979年我访问翠亨村孙中山故居时，见到壁间悬挂的郭沫若同志题诗有"数罢洪杨应数公"句。我不尽以为然，因赋七绝一首，末句云："八十年间第一人。"

张启承、郭志坤同志撰写的这本书，从孙中山"振兴中国"的崇高爱国思想入手，参考大量有关资料，分章论述了他的政治、经济、军事、外交、哲学、法律、教育、宗教、心理、民族、语言、治学等各方面的思想，是建国以来全面地论述孙中山思想的一本专著，其中时有独到见解。它的出版，无疑对推动孙中山思想研究，不论是对其总体或某个侧面的研究都将大有好处，并通过对孙中山社会科学思想的研究，将更好地创新和发展我们今天的社会科学。

《洋务运动新论》[1]序

前几年对洋务运动的讨论,是"文革"后史学领域中论争最为热烈的课题,也成为理论界关心的阐发历史唯物主义的重要内容;影响及于国外,日、美、苏、英、法等国的研究中国的学者也纷纷发表意见。

发生于19世纪后期的洋务运动,何以会在80余年后成为这样热门的论题?因为它曾经是近代中国政坛上争执了30年的走怎样的政治道路的问题,有着极为复杂的内在和外来的关系。洋务运动之后的前40年中,虽然也偶有人对它作了历史唯物主义的论述,但大都是见仁见智,语多片面,甚至有的从反动的政治立场出发,强史就我,更为荒唐。后40年中,为了廓清前此的误解或曲解,逐渐形成了一个基本一致的看法,论定洋务运动是地主阶级的自救运动,是地主阶级勾结帝国主义的产物,性质是反动的。然而,人们对重大的复杂的历史进程的认识,即使有了马克思主义的指导,也往往要经过反复探讨,并在后来的艰巨政治实践中,回顾历史,对比分析,才有可能得出符合实际的论断。所以,对洋务运动进行多层次的深入的讨论,我想绝不是哪几个人的偏

---

[1] 湖南人民出版社1986年版。

好,或者别有怀抱,而是历史的脚步唤起人们对历史的再认识。

在这场讨论中,湘潭大学徐泰来同志是一个积极的争鸣者。1980年4月,他发表了《也评洋务运动》一文,"也评"就是对既评的论争。在这篇文章中,他把洋务运动、戊戌维新、辛亥革命看作相互联结的历史过程,认为"洋务运动不是中国封建势力与外国侵略者勾结的产物,而是它们之间的矛盾产物","是一个具有进步性的运动"。这些论点与久已形成的观念异趋,一时成为论矢之的。徐泰来同志锲而不舍,围绕上述论旨,连续撰写文章,从理论和史实方面发挥自己的见解,并在许多讨论会上侃侃争辩,表现了可贵的坚持理论思维的勇气,被呼为"徐洋务"。

现在,徐泰来同志把自己所撰的文章辑为《洋务运动新论》付梓,这既是他辛勤耕耘的记录,又从一个方面展示了洋务运动论争的主旨及其所涉范围。其中与章鸣九同志合写的《洋务运动研究回顾》,综述了从梁启超以来对洋务运动研究的历史,考察了各种论述的得失,针砭了以对洋务运动的肯定与否是反动与革命的分野的形而上学观点,为评价洋务运动提供了大量论据。

洋务运动讨论的热潮似已过去,但研究正在深入。经过几年来的讨论,我们可以清楚地看到:对洋务涉及的内容与是非,论者虽仍互有异同,但对洋务企业及与之相适应的文化设施,承认它为近代中国迎来了资本主义生产和新学的人越来越多。已有不少同志在广泛地搜集资料,埋头编著洋务运动专著,将全面地论证它的历史作用。由于人们对洋务运动作为近代中国实行政治社会改革的最初阶段的运动,已从具体的史实中得到说明,因而引发着人们对近代史的线索和结构进行新的探索。这种情况表明,学术上的争鸣是发展和繁荣文化科学的必由之路。

从革命中来,为民主而战[1]
——为《孙中山史事详录(1911—1913)》作序

辛亥革命是中国进入20世纪后的一次腾飞,它推翻了两千余年的封建帝制,建立了民主共和国,为中国的近代化迈出了一大步,而孙中山的名字是与这一变革共存的。鲁迅曾说:"只要先前未有的中华民国存在,就是它的丰碑,就是他的纪念。"这是就武昌起义后建立民国的当初而言,以后的"民国",则未必是孙中山所愿意看到的了。

孙中山从革命中来,为民主而战,他的一生是一个整体。我们既要从整体来认识他,也要分阶段来研究他。辛亥革命是中国历史的里程碑,又是孙中山大半生奋斗的业绩所在。70余年来,无论作为近代史和孙中山的整体或阶段,都有过无数记载和评论。近年,国内外且出了许多专著,论文更为繁荣,表现了人们对一代伟人的缅怀,对伟大历史事业的尊重。但孙中山与辛亥革命这个巨大课题,在中国历史上是古今中外的汇合点,许多事需要进一步排比探讨,阐幽发微,溯往知来。王耿雄同志的《孙中山史事详录(1911—1913)》,正是基于这种要求而发奋编著的。

---

[1] 原载《解放日报》1986年7月30日。

王耿雄同志是一位在上海从事印染设计的工程师。早在1937年日军侵占上海的战火中，他15岁时读了一本演述孙中山革命故事的书，被书中的情节感动，对孙中山油然敬慕，开始注意孙中山的图片及有关文献资料，渐渐成为业余爱好，想编一本孙中山画传。于是，经常出入旧书店、旧书摊，不管是单幅还是一本书，不管是个人照片还是集体照片，只要有孙中山在内，能买得起的都买来；凡从图书馆、纪念馆和私人手中看到的，就借来重制，数十年来，乐此不疲。迄上海解放初期，他积藏的孙中山图片、墨迹、文件等资料，不下于300件，现已增至近千件，有的是失传的独照孤本。自1956年起，他先后为历史纪念馆、展览会及有关著作提供的孙中山珍贵图片、文献资料一百数十件，丰富了这些纪念馆和展览会的内容，并被咨询，常为图片、文件的年月及其他疑难考订、解说，有时写成专文，多次得到报刊的好评。

　　因此，王耿雄同志对孙中山的认识和研究，不只是以记述文字为依据，主要是通过一幅幅图片，一件件墨迹，文件的时间、地点、背景，从早年到晚年把它们连缀起来，得出孙中山的伟大形象，表现了富有"画像"风格的研究途径。这本《史事详录》不是孙中山的一生，只是他一生中的一个重要阶段，始于1911年10月武昌起义，终于1913年第二次革命后的12月，为时27个月，即辛亥革命胜利和失败的阶段，是其光辉的战斗历程。但限于成本，未能大量刊载图片，只选了20余幅有代表性的刊出。

　　这本书之所以称为"详录"，从它收录的面和数据足以说明：

　　（一）　全书共收录了1 230余条，比1980年出版的《孙中山年谱》，在同一时期内多900余条；比台湾出版的《国父全集》和北京正在陆续印行的《孙中山全集》，在同一时期内多收录了佚文120余题。

截至目前,在这个时期内收录的内容该是最多的一本书。

(二) 从1912年4月临时大总统解职起,至1913年12月止,记录了演说102次,与人谈话44次,答访员(记者)27次。1912年8月24日至9月17日,孙中山在北京期间与袁世凯共谈话13次,各书漏载者多,本书全载,并有历次谈话内容。

(三) 孙中山辞去临时大总统后,由南京移驻上海,9个月中,多次自上海出发,分别访问了武汉、福州、广州、香港、澳门、香山(翠亨村故居)、烟台、天津、北京、张家口、太原、阳泉、石家庄、唐山、山海关、济南、青岛、江阴、镇江、九江、南昌、安庆、芜湖、杭州、松江等地,是孙中山一生中巡访国内省区最多的一段时间。本书记录了所至各地的活动以及名胜游览。

(四) 记录的范围,从政治、社交到家庭以至个人的服饰、爱好,细大不捐,均有反映。

这本书不仅记录的范围广,散见于各种记载的一言一行均爬梳录入,而且力求其客观、真实,凡属重要事件,常常引用多种记载,互相补充;凡发现时间上的差异及其他疑误,包括孙中山自己的记述,作了不少订正,给人以信赖感。

在这一阶段中,孙中山的主张和思想,多具体地体现于组织共和国政府及其颁布的各项法令。各书均有详略不等的论述,大家的认识比较一致。但有两个问题有必要在这里提出来:(一)孙中山让位于袁世凯,主要是出于"天下为公"的民主思想还是迫于形势?(二)孙中山在辞临时大总统后,移居上海和巡访各地的演说、谈话,有几十次畅谈社会主义,比他先前所谈的社会主义远为丰富,对他的社会主义究竟应怎样评价和理解?本书对这两个问题都提供了较多的资料和线索。

就前一个问题来说,孙中山得到武昌起义的消息,由美洲经欧洲回来,未入国门,于1911年11月16日致电《民主报》说:"今闻已有上海会议之组织,欣慰。总统自当推定黎君。闻黎有请推袁之说,合宜亦善。总之,随宜推定,但求早巩国基。"对总统人选表示了超脱的态度。1912年1月1日孙中山在南京就临时大总统职的次日,袁世凯竟悻悻然来电责问,孙中山立即发出义正词严的复电,互以"孙逸仙君""袁慰庭君"相称,彼此大有不悦之色,揭示了孙袁矛盾的消息,迫使孙中山迅速由对清朝的斗争转为对袁世凯的斗争,而对袁斗争远比对清斗争复杂。孙中山和黄兴是有功成不必由我的气度,屡说只要赞成共和而又有威望魄力统一中国,谁当总统都可以。孙中山到北京与袁世凯接触后,又受袁的假象迷惑,甚至为之解说,"绝无可疑",电促黄兴速去北京会谈,"统一当有圆满之结果"。然而孙中山对袁世凯确不那么信任,曾多方谋求给以约束。由于那时"非袁莫属"的声浪不仅喧嚣于立宪官僚和外国公使、领事,而且在同盟会内部也有共鸣,南方涣散无可恃。这个形势,孙中山不去位已很难,所以他自我慰藉地说:"维持现状,我不如袁;规划将来,袁不如我。"本书引导的另一段记载也耐人寻味,1912年4月20日孙中山莅福州,各界举行欢迎会,会场匾额署"中国一人",联为:"有天下而不与,微斯人谁与归!"表示了对孙中山的极大崇敬。"有天下而不与"之语,既惋惜孙中山的去位,也道出了孙中山自己的心情。

后一个问题,在孙中山许多有关社会主义的言论中,1912年10月14日至16日《在上海中国社会党的演说》长篇,概述了他此时对社会主义的全部认识。其中说到各种名目的社会主义时指出:"厥后有德国麦克司(马克思)者出,苦心孤诣,研究资本问题,垂三十年之久,著为《资本论》一书,发阐真理,不遗余力,而无条理之学说,遂成为有系统之学理,研究社会主义者,咸知所本,不复专迎合一般粗浅激烈之言论矣。"并说在众多的社会主义学说中,"共产主义本为社会主义之上乘"。本书在节录这篇演说时,增录了《天铎报》的报道,说当日"会场秩序,井井有条,与会者不下千六百余人,第二天二千余人,第三天三千余人,会场已无隙地可容。"这种盛况,固然有许多人是出于对孙中山的仰慕而来,却也有是被社会主义的新奇所吸引。本书又据《民立报》录了演说的开场白。其中说:"鄙人读社会党党纲(即那时的"中国社会党党纲"),似于社会主义之精髓有所未尽,此由社会主义精奥复杂,非但我国人未窥底蕴,即欧美人亦多不了了。"从以上言论来看,比孙中山早先谈的社会主义大大地丰满了,他谈到了马克思,谈到了《资本论》,谈到了共产主义是"社会主义之上乘"。虽然,他仍有许多附会之词,也不懂得阶级斗争和无产阶级专政是实现和达到社会主义之路,但他对社会主义是十分向往的。据此,可知以孙中山为代表的资产阶级革命民主派,就是在他们为建立资产阶级共和国而奋斗的当初,也没有把资本主义当作永恒的世界,憧憬着资本主义社会的前头还另有个美好的世界。后来,孙中山赞成十月革命,接受中国共产党和苏俄的帮助,提出三大政策,并不是突然的转变,而是上述认识在新形势下的发展。因此,我以为把孙中山晚年的光辉思想称作"伟大的转变",还不如称作"伟大的发展"切合实际。

我以优先阅读书稿的机会,深感王耿雄同志这本书的问世,对进一步研究孙中山和辛亥革命大有益处,对今年孙中山诞辰120周年也是最好的纪念。

"我要回来"[1]
——为《澳门四百年》作序

你可知"妈港"不是我的真名姓？
我离开你的襁褓太久了，母亲！
但是他们掳去的是我的肉体，
你依然保管着我内心的灵魂。
三百年来梦寐不忘的生母啊！
请叫儿的乳名，叫我一声"澳门"！
母亲，我要回来，母亲！

这是闻一多先生写的一首充满了爱国情怀的诗。《诗经》中的《凯风》一诗，陈述邶（国名）有七子之母，不安于室，其子七人自怨自艾。1926年闻一多借以为题，选择帝国主义侵占中国紧要领土的七处，作《七子之歌》，咏叹这些地方有似儿女脱离母亲，澳门是其中之一。诗中的"妈港"是西人称澳门为Macao的音译。

帝国主义大量侵占中国领土是从鸦片战争开始的，但有的可以追溯到更远的岁月，澳门是其著者。那是16世纪，葡萄牙、西班牙、

---

[1] 原载《人民日报》1987年5月25日。

荷兰等殖民势力崛起,他们驾驶船舰,握持火枪,闯向亚洲、非洲、拉丁美洲侵夺殖民地,造成土著居民为之战栗的历史潮流。这时,中国的明王朝已呈衰败现象,但它毕竟是一个幅员辽阔、人口繁庶的文明大国,葡萄牙人并不能以对待土著部落那样来对待中国,只能通过交纳地租银,充当中国皇帝的"臣民"来租居澳门。

葡萄牙人最初来到中国为1513年,是明朝的正德八年。葡人租居澳门从何时开始,说法不一。如果以1557年即嘉靖三十六年他们定居算起,至闻一多写诗的1926年已有360余年,诗中所说"三百年来梦寐不忘",是举整数,到现在则已超过400年了。

18世纪后期以美国独立为开端,殖民地摆脱宗主国的奴役,建立独立国家,汇成一股新的历史潮流。此时,葡萄牙已经衰落,它的最大海外殖民地巴西也于1822年宣告独立。而中国的清王朝不但没有寻找时机,收回葡人租居、主权仍属中国的澳门,反在鸦片战争后的1849年实际上丧失了澳门的主权,并于1887年订立《中葡友好通商条约》,允准葡人"永居管理",使澳门变成有不平等条约为依据的葡萄牙"殖民地"。

葡萄牙人起初租居的地区限于澳门半岛的南部,面积仅1平方公里多,可谓弹丸之地。但这一弹丸之地,在中国历史和世界历史上却是令人瞩目的。它曾经在近300年间,成为东西经济、文化交流和天主教在远东传教的基地。正因为如此,西方殖民主义者对它进行了激烈的争夺,荷兰人向它进攻过,英国人也曾派兵侵占过。从19世纪中叶起,香港虽然后来居上,但澳门也没有丧失其特殊地位。所以,研究澳门的历史,不仅可以看到这一地区何以从滨海渔村成为著名的国际商埠,又何以从著名的国际商埠蜕化为蒙特卡洛式的赌城;而且可以看到明清两代东西经济、文化交流的状况,中国与海外国家关系的演变,以及从西方殖民主义到帝国主义侵略中国的过程。

对于澳门的历史,明清两代的很多公私著述都有记述。乾隆年间,先后出任澳门同知的印光任、张汝霖还撰成国内外第一本有关澳门的专著——《澳门纪略》。不过,这些著述对澳门历史的演变语焉不详,而《澳门纪略》也只是部颇为简略的地方志,其中介绍澳门历史的篇幅是十分有限的。20世纪30年代以后,周景濂所著的《中葡外交史》,张维华所撰的《明史佛郎机、吕宋、和兰、意大里亚四传注释》,张天泽用英文撰写的《中葡通商研究》等著作,以及发表于《天下》月刊等学术刊物的论著,开始搜集明清著作中有关澳门的记录,并注重援引外文资料,将澳门史的研究推进了一步。但是,它们尚不是澳门历史的专著,大多偏重于对明代澳门的研究,尚未能使人们了解四百年来澳门发展的脉络。新中国建立后,对澳门史的研究一度着重于葡萄牙的侵占;近几年来,则较多地论列澳门的对外贸易。这些研究在收集、考订、整理中文资料方面又比以往前进了一步,但尚不够深入、全面,某些论著还有"左"的偏向。

在澳门、香港和里斯本等地的外国人士,自19世纪30年代以来,也撰成多种英文、葡文的澳门史。这些史著大量采用澳门议事局和果阿当局及葡萄牙政府的文件、档案,采用葡、英等国人士的书信、笔记,资料大多详尽可靠;但因语言障碍和其他原因,很少利用中文资料,是其缺陷,有些处还难免殖民主义的偏见。总的说来,对于澳门史他们比中国人做得多。

"人间正道是沧桑。"继1985年中英联合公告香港将于1997年归还中国之后,1987年4月13日,中葡又联合公告中国将于1999年12月20日恢复对澳门行使主权,圆满地解决了两国之间的历史悬案。费成康同志的《澳门四百年》适告成于这个时候,并不是巧合。他从1978年肆研中国近代史以来,一直注重中外关系的演进,近年更有感于时代的需要,发奋研究澳门史,广泛地参考旧有的中外文澳门史著及有关资料,经三易寒暑的努力,校订讹错,为迎接"我要回来"的澳门的回归而写成此书,表达了中华儿女收复失地、统一祖国的愿望。

道光是怎样一个皇帝[1]
——序《道光皇帝传》

道光皇帝——爱新觉罗·旻宁，是清人入关后的第六代皇帝，是秦始皇以来300多个皇帝中的一员。他不英武，也不昏庸，是一个勤政图治而无显著治绩的皇帝。尽管有《宣宗皇帝实录》，有《道光朝东华录》，《清史稿》中有《宣宗本纪》，还有其他大堆记载，却很少有人去探讨他的一生。然而，他又是一个颇为知名的皇帝。因为他碰上了中国划时代巨变的鸦片战争，他是这场战争的头号当事人，中国近代史是以他的年号——道光二十年为起点的，一接触近代史就得接触他。由于鸦片战争的丧权辱国，在近代史的记述中，夸大了他颟顸虚骄的一面，有点漫画化。

为了补救这些欠缺，冯士钵、于伯铭同志曾经发表论文多篇，对道光进行了求实的研讨。在这个基础上，他们系统地参考了有关史料，合作撰写了这本近30万字的《道光皇帝传》，综述了他当皇子的宫廷生活及其在位30年的政情，对禁烟和抗英写得尤详，使读者借以了解道光的全貌，有益于研究清史和近代史。

---

[1] 原载《人民日报》1988年5月22日；《道光传》，辽宁教育出版社1992年版。

历代那么多皇帝,英武有建树的好写,平庸而无治绩的不好写,也不必写。道光两者都不是。他是一个处于历史转折、事变漩涡中颇想有所作为的皇帝,应该写;但是,怎样写出这样一种局势和这样一个皇帝及其间的深层关系,是要费气力的。

当道光养在深宫的童年,荆楚白莲教大起义,闹翻了半爿天;在他69岁驾崩的那一年(1850年),洪秀全已聚集群雄,将发动比白莲教更大的起义,要夺取清朝的江山。清朝已面临历代周期性的大动荡,"鬼神思变置"(龚自珍语)的年代。对此,道光算是个幸运者,白莲教的事是他父亲嘉庆皇帝了结的;洪秀全的大动干戈则留给了他的儿子咸丰皇帝去担当。但是,他躲开了这些,却躲不开另一种灾难,那就是相继困扰的边衅与外患,既有历史的宿疾,又有世纪的新敌。

就在道光刚坐上龙廷的日子里,历来烽火频仍的西北边塞已告警,伊斯兰教白山派后裔张格尔由浩罕率众叛乱,连陷南疆的喀什噶尔等四城。道光遣将调兵,袭祖上余威,经几年征战,又一次平定了天山脚下的叛乱,特诏将有功大臣图像紫光阁。而来自东南海上的鸦片流毒和英军入侵,把道光搅扰得寝馈不安。他何尝不严厉禁烟,何尝不决心抗英,无奈禁不成,抗不利,最终只能在无可奈何的忍痛中接受英国的城下之盟。

同一个勤政的道光,同样的臣属,同样的遣将出征,也赢得了西北的战功,却对付不了东南的海氛。两种结局,除了西北与东南异势,宿患与新敌殊致的客观因素外,从道光身上又能看到什么呢?当英国舰队攻袭沿海城镇,道光诏谕任事将臣"上不可以失国体,下不可以开边衅",唯恐损及天朝威仪,其中深怀保境安民的夙愿,也有颟顸自大的惰性。基于这种混沌心态,一当定海陷落、谗言迭起时,道光便不顾海上今昔形势的变化，竟以受到他信任而坚决抵抗英国的林则徐是开了边衅，将其革职充军，代之以徒事羁縻并无实绩的琦善，及至琦善在广州私许割地赔款的劣迹败露，又以其有损"国体"而革职拿问。深居九重的道光，不知英国来自何方，不明殖民主义为何物，不谙海战陆战的情势，一以天朝的体面和自己的虚骄为是非，凭借滞缓和不实的奏报，以指挥数千里外、变化无常的战场，安得不在战争的起伏中进退失据？

如果说鸦片战争是第一次碰上了殖民主义的新敌，道光猝然临之，缺乏实际认识，没有思想准备，只能以传统的武器和战术御新敌，那还说得过去。虽然风起于青蘋之末，殖民主义者的兵舰早在战前两百多年以来就不断出入中国海面，衅端日增，由于清朝一贯的自尊和封闭政策，对西方世界仍茫然无知，历史造成的这种蒙昧，也不应苛求于道光。但是战争的结局——《南京条约》的签订，对道光该是创深痛巨的，教训是活生生的，何况殖民主义者的胁迫接踵而来，理应幡然变计，有所更张。而从战争结束到道光逝世（1842—1850）的八年，应该说是变战败为动力的关键时刻。可道光在这八年中干了些什么？他虽也一再下诏练兵设防，整顿吏治财政，图谋挽救，可惜这些并没有超出战前所有政令，从中看不到一条是由战败得到的新启示。不仅林则徐前此探询西事、翻译西书没有引起道光的注意，连影响日著的魏源《海国图志》也被置若罔闻；他不仅未能循战争的败征追踪事变的由来，连五口开放的动向也未能触动他的心思。这固然是板结了的天朝体制使然，作为主持全国大计的皇帝——道光个人，又岂能辞其咎？所以，戊戌时的新政，理应发生于鸦片战争震撼的当初，而紧接战后的八年，竟然连洋务派那样的措施也没有。近代中国失落了许多宝贵的时机，这种失落应该说是从道光开始的。

《宣宗本纪》论道:"宣宗恭俭之德,宽仁之量,守成之令辟也。"且不说"恭俭""宽仁"这类套话中蕴含了几许理性与实绩,要紧的是"守成之令辟"一语。在王朝的通常情况下,道光不失为一个"守成"的君主,绝不是坏皇帝;可在转折的历史阶段,道光守其常而不知其变,则未必是一个识时务的好皇帝。所以,中国被英国的大炮轰出中世纪而进入近代,道光的脚也与之同时踏入了近代,但他的头脑却留在中世纪,依然是一个不折不扣的中世纪皇帝,从他身上找不到任何时代的气息。

《康有为大传》序[1]

康有为在近代中国是一个很有影响的开创性人物,但又以背离时代而著称,前后恍若两人,久已被视为典型。因此,对他的评述常随时局变嬗、思潮起伏而大异。

1980年12月,中南地区的学人陈锡祺、章开沅、林增平等在广州商建辛亥革命研究会,我赴会作啦啦队。乘便,第一次游了距广州市110里的西樵山,遍览山上的幽谷翠嶂、飞瀑流泉,徘徊于绿荫丛中的庙宇亭台,想起青年时代在这里读书的康有为,他"恣意游思,天上人间",多富浪漫情趣。寻觅他的遗迹,却不可得;询问游客,也无人知晓。蓦然感到在纪念历史人物和保存文物的活动中,比起洪秀全、孙中山来,对康有为似乎太冷落了,游罢写了一首诗,略抒胸臆:

> 危石飞泉景最殊,西樵山上望眸舒。
> 欲寻南海读书处,昔日声光已杳无!

越三年,1983年是戊戌维新85周年,康有为诞生125周年,梁启超诞生110周年,三寿相连。9月,广东省社会科学联合会和《历史研

---

[1] 原载《上海师范大学学报》1987年第3期;《康有为大传》,辽宁人民出版社1988年版。

究》杂志社发起召开戊戌维新和康梁学术讨论会,我到了会。这次会一边报告、讨论,一边参观遗址,流动地开。在广州开幕,然后乘车队先去新会,参观茶坑梁启超故居,在县城举行讨论会;再至南海,参观修葺一新的康有为苏村故居,故居陈纸砚索题词,我即席写了四句不像诗的诗:

一百二十五周年,我来南海拜先贤。

艰难留得故居在,昔日声光又灿然!

康有为的讨论会特设于西樵山,举行了纪念性大会,我发言颂扬他的革新精神。在西樵山住了两天,比上次来西樵山从容多了。会后信步游览,白云洞"康南海先生读书处"的题款已赫然在目;晚间卧听松涛与泉声,缅怀康有为当年"日踏披云台上路",与大自然为侣,以读书穷理为乐,好一片宁静世界,然而很不宁静的大千世界已在等待着他。

与会的学人近两百位,马洪林同志是其中之一。其时他恰在撰写《康有为》,是我主编的《中国近代史丛书》的约稿。他对康有为的遗迹和会上的言论,怀着极大的兴趣,或笔录,或摄片,毫不放过。我曾向他建议,写了通俗本《康有为》后,最好写一部详尽的康有为大传。1986年初,16万字的通俗本《康有为》出版了,看过这本书的人,大都有赞词,日本学者竹内弘行已着手为之移译日文本。

马洪林同志不停顿地耕耘,一当《康有为》脱稿,即进一步搜集有关康有为的资料,反复批阅康有为的论著;凡康有为在国内生活过的地方和对他熟悉而素有研究的人,包括康氏的后人,都走访或函询,因有《康有为》一书的先导,无不乐为之助,他日夜操笔,寒暑不辍,历两年余,又完成了这部约40万字的《康有为大传》。传中对康有为前期的奋志维新变法,一生的爱国情怀,写得曲折动人;

对康有为所有政书、史著、经学、哲学、教育、美学和诗文,均一一爬梳论列,对康有为的家世、师友和门生的行谊,多著之篇端;写到康有为的大言炎炎、生活意态,也跃然纸上,颇能尽致。该说是一部下了功夫的传著。

十几年前,我写过戊戌维新的小册子,也写过康有为的论文,论述康有为维新、保皇、复辟三部曲。在极"左"思潮的泛滥下,对他变革社会政治的活动不无苛求,对他后来的行事更多微词。如康有为自诩:"虽三周大地,游遍四洲,住三十国,日读外国之书,而所依归,在孔子之学。"我则讥之为:"背着儒教的十字架遨游于资本主义世界,十字架下不可能有新鲜事物,只有忏悔。"诸如这样的笔触,在那时是随处可以见到的。马洪林同志的《康有为》和这本传著,一洗前此的偏见,尽可能激发历史时代的潜光,对研究康有为做出了贡献。

但是,康有为在"辛亥"后刊行《不忍》杂志,倡立孔教会,对共和体制非议甚多;他看到"辛亥"后的混乱,更归罪共和。1912年孙中山复蔡元培函中说:"康氏至今犹反对民国之旨,前登报之手迹,可见一斑。"而《康有为》和这本传著认为,康有为的言论旨在反对袁世凯的假共和。我不太以为然。因为武昌起义时康有为写的《救亡论》十篇,主要是救清朝之亡,其中提出的"虚君共和",并不是有爱于共和,而是以"虚君"为即将推翻的清帝留余地;随后他反对袁世凯称帝,也不是反对帝制,而是因为袁世凯最后端了清朝的锅灶。所以,康有为直至复辟失败,虽已暮色苍茫,也还在眷恋着被赶出紫禁城的清帝。我想,这里不存在资产阶级共和国体制有什么神圣不容亵渎,主要是应分析康有为在"戊戌"前后的际遇及其政治道路和价值观,与其大弟子梁启超追踪时代在观念上产生了差异。

康有为走的道路是失败了,康有为的时代早已逝去了。但康有为及戊戌志士促进中国近代化的爱国革新作为,他们在文化教育上留下的业绩,是永远值得后人珍视的。马洪林同志一再为康有为写传,阐发其爱国革新主张,正是来自这种历史和时代的激情;并悉他将步武姜义华同志的《章太炎思想研究》,进而撰著康有为思想研究,深耕必能摘取硕果。

为宪法流血的第一人[1]
——《宋教仁集》序言

辛亥革命是中国近代史上的一次伟大的民主主义革命。这次革命推翻了清朝的反动统治,结束了在中国延续了两千多年的封建君主专制,在960万平方公里的土地上第一次建立了民主共和国,广泛而深入地传播了资产阶级民主思想,虽然很快就遭到失败,没有完成反帝反封建的历史任务,但却为中国人民的解放事业开辟了道路,做出了贡献。全面而系统地研究这次革命,总结其经验和教训,对于建立我们的社会主义民主和法制,并不是没有补益的。因此,为了给研究这次革命特别是这次革命的重要领导人之一宋教仁的思想提供资料,我们编辑了这部《宋教仁集》。

宋教仁,字遁初(亦作钝初),号渔父,湖南省桃源县上香冲村人,1882年出生于一个地主家庭。早年所受的是传统的封建教育,1904年开始从事革命活动。他与黄兴等在长沙创立了革命团体华兴会,并参加了湖北省第一个革命小团体——科学补习所,因谋于湖南起义失败而逃亡日本,留学东京。他创办了《二十世纪之支那》杂志,促

---

[1] 原载《辛亥革命丛刊》第1辑,中华书局1980年版;《宋教仁集》,中华书局1981年版。

进了同盟会的成立，被推举为同盟会司法部检事长和《民报》编辑，为发动革命做了大量组织和宣传工作。1910年冬回到上海，担任了《民立报》的主笔。次年，他与谭人凤等在上海组织成立了同盟会中部总会，积极筹备在长江流域发动革命。1912年1月，南京临时政府成立，他任法制院院长，临时政府北迁后，改任农林总长，不久辞职。为在国会成为多数党创造条件，在他主持下，同盟会于同年8月改组为国民党，他被选为理事，并代理理事长。1913年3月20日，他因国民党在国会选举中获胜而北上，被袁世凯派人刺杀于上海车站，由此引发了"二次革命"。

宋教仁是个资产阶级民主革命家，典型的辛亥革命时期的人物。在从事革命活动的十年中，他写下了许多诗文，也翻译了不少外人论著，在当时都产生过较大的影响，他死后不久，为了纪念他，刊印了他的日记，即《我之历史》，编辑出版了《宋渔父》第一集、《宋教仁先生文集》、《渔父先生雄辩集》、《宋渔父初集》、《宋渔父林颂亭书牍》、《宋渔父戴天仇文集合刊》等，但所收的诗文都很有限，而且自那以后，半个多世纪以来，从未有人对他的诗文进行过搜集和整理，散失不少。前年为了搜集宋教仁的诗文，我们沿着宋教仁在国内活动过的地区，先后到过广州、长沙、武汉、北京和南京等地，得到这些地方的有关单位和同志的大力支持与帮助。他们为我们寻找刊载宋教仁诗文的书刊或线索，陪同我们拜访辛亥老人，并召集熟悉情况的同志进行座谈。湖南省博物馆的同志还为我们拍制了他们馆藏的宋教仁的未刊书信，北京大学图书馆的同志借给我们一份《民国元年南北政府来往电稿》的抄件，其中也有宋教仁的未刊电稿。这都为本书增加了不少内容。在此期间，我们还访问了宋教仁的家乡，宋教仁的孙女宋齐章同志告诉我们，1944年日本侵略者占领长沙后，又轰炸桃源，她同她的母亲带着宋教仁的几箱书籍和文稿（其中包括《我之历史》的手稿）去沅陵避难，途中遇到强盗，被劫掠一空；土地改革时，宋教仁留在家里的部分书籍、照片和文具印章等物，都全部上缴，但至今下落不明。这实在是个无法弥补的损失。收入本集的，除了他的日记和《间岛问题》《程家柽革命大事略》这两篇专著以外，主要部分有评论、函电、书评、讲演等各种文章230余篇，还有9首诗和2篇译文。这些文章涉及的范围较广，也颇庞杂，但却有一个主导思想，就是要推翻清朝的封建统治，建立一个独立富强的资产阶级民主共和国。

　　同中国许多资产阶级革命党人一样，宋教仁的资产阶级民主革命思想也是以反满的民族革命思想为起点的。这是因为，在清朝反动统治阶级中，满洲贵族占有特殊的地位，他们一贯实行民族歧视政策，压迫国内其他民族，主要是汉族，不仅损害了汉族劳动人民的利益，而且也损害了部分汉族地主和后来产生的资产阶级的利益。因此，从清政权建立开始，全国各地的反满斗争就接连不断，此伏彼起。处于这种历史环境中的资产阶级革命党人，大都受到反满思想的影响，宋教仁也不例外。他在桃源漳江书院读书时，就面对阴暗的时局慷慨陈词："中国苦满政久矣。有英雄起，雄踞武昌，东扼九江，下江南，北出武胜关，断黄河铁桥，西通蜀，南则取粮于湘，击鄂督之头于肘，然后可以得志于天下。"1904年11月10日，他在湖南起义失败后由长沙逃奔武昌的路上，又怀着十分沉痛的心情口占长歌："谋自由独立于湖湘之一隅兮，事竟败于垂成"，"嗟神州之久沦兮，尽天荆与地棘，展支那图以大索兮，无一寸完全干净汉族自由之土地"，"则欲完成我神圣之主义兮，亦难有重展"。他的所谓"自由独立"与"神圣之主义"，显然都是以反对满洲贵族的统治而谋取中国的独立自由为主要内容的。正是基于这种思想，他主张用黄帝纪年代替帝王纪年，直接否定了清朝皇帝的年号，并且身体力行，在1904年开始写日记时就将这一年写为"开国纪元四千六百零二年"。宋教仁的这一主张，为当时多数革命党人所接受，特别是为《民报》所采用。驻日公使吕海寰对此惶恐不安，他向清政府奏报说："遣派学生出洋游学，成才固多，然见异思迁者亦复不少，即如行文纪年，直书黄帝甲子，袭耶稣之名词，置正朔而不奉；又剪发改装，皆仿西制，以为便利。夫正朔服制为帝王行政之大端，倘令该学生自为其政，纷纷效尤，相习成风，纪纲安在？"[1]他们的恼恨并不能改变历史的趋向，随后革命党人在国外办的报刊，武昌起义时湖北军政府和响应的各省所发布的文告，大都采用了这种纪年。

通过革命活动的实践和自己的努力探索，宋教仁的视野开阔了，认识提高了，他的思想便逐步冲破反满革命的樊篱，向着民主革命的方向发展。所以，他在参加同盟会时，虽然对孙中山提出的平均地权或土地国有不置可否，但对民族主义和民权主义却是欣然接受的。1906年10月8日，他在日记中更加明确地写道："今而后吾益知民族的革命与政治的革命不可不行于中国矣。"从此，他就不是把清政府当作单纯的民族统治机关来批判，而是把它当作整个封建制度的代表来抨击了。

宋教仁痛斥了清政府的昏聩无能，指出那些外交政策的制订者和执行者们对国际形势一无所知，而且"因循苟且，视国事若传舍，无复公忠之义，至于其极，则且不恤营私罔上，学秦桧、严嵩之所为而毫无顾忌"，从而把中国一步一步推向更加危险的境地。他在《西方之第二满洲问题》《东亚最近二十年时局论》《二百年来之俄患篇》《讨

---

[1]《清朝续文献通考》，第9669页。

俄横议》《清政府借日本债款十兆元论》以及《论近日政府之倒行逆施》等文中，全面分析了中国在当时的世界上所处的地位和面临的危机，认为日俄战争以后，帝国主义各国之所以对中国"维持均势主义，即所谓领土保全、门户开放、机会均等之三纲领"，绝对不是因为有所爱于中国，实在是因为"各国在中国之势力未均，且各国之他方面情势亦各自不同，不能一致对中国实行分割，故不如暂时维持现在之状况，勿使变更，以待将来"。实际上，帝国主义各国是各怀鬼胎的：日本时刻都在想着独吞中国；沙俄在日夜觊觎中国新疆和东北的大片土地；英国想继续控制长江中下游，并且窥伺云南与西藏；而美国则正在利用其强大的经济力量，拼命向中国内地扩张侵略势力，所以，国中被瓜分豆剖的危险并没有过去。如果这样继续下去，"经济的侵略派与武力的侵略派必相为雄长，以共逐中原之鹿。其形势之分野，则美国为前者之领袖，而英为之辅；日本为后者之领袖，而俄为之辅。不出五年，日英同盟及其他各种协约条约则尽解散，不出十年，日本与美国则干戈相见于太平洋之间，而竞争之目的，则必为极东问题之支那，而为导火线者，又必为满洲问题或监督支那财政问题。斯时吾国若犹不克为主动的外交，以折冲于角逐场中，吾恐第二之波兰问题将复见于东方矣"。宋教仁从当时各国的相互关系来看中国的处境，发出一系列为别人所不及的独到见解，为中华民族的危亡再次敲起警钟，不愧为一个具有丰富国际知识的青年政论家，也不愧为一个头脑清醒的爱国主义者。

但是，对于帝国主义的侵略势力，宋教仁并不主张发动人民群众，组织人民力量，用武力进行坚决反抗。正如《二十世纪之支那》发刊词中所说的那样："在今日情势，排外之心不可无，而排外之暴动不可有。"他只主张运用外交上的纵横捭阖，使帝国主义各国在中国的所谓"连鸡之势"不致发生动摇,以便乘此机会"而汲汲焉改革国政,恢扩国力"。这纯粹是一种幻想,因为帝国主义各国在中国的所谓"连鸡之势"究竟能够维持多久,取决于帝国主义各国发展的暂时平衡究竟能够维持多久,绝不是半殖民地半封建的中国运用外交手段所能决定得了的。宋教仁这种主张的提出,恰恰表现了害怕人民力量的中国资产阶级在帝国主义侵略势力面前的软弱性格。

揭露反动的清政府对外投降卖国,对内镇压人民的诗文,在宋教仁的全部诗文中占有相当大的比重。他在《既设警部复置巡警道果何为耶》《因粮于敌之妙用》《滇西之祸源篇》《东南各省水患论》《宁赠友邦,毋给家奴》等文中说,清政府不仅不保护人民的利益,促进工农业生产的发展,反而千方百计,对人民进行残酷剥削和肆意掠夺,人民只能俯首听命,否则就一律"格杀勿论"。清政府除了利用军队镇压革命党人的武装起义之外,还特地设置了控制人民的警察、专门侦探革命党人的秘密活动,这是"专制民贼最阴险毒狠之手段"。更有甚者,清政府"为严索革命党事,对于九广铁道,大让步于英国,而英国允诺粤督在香港搜索革命党"。特别是在四川保路运动开展起来以后,被清政府派去镇压的刽子手端方,竟然打算"借英国兵舰助剿川乱"。这都是反动的清朝封建统治者所高唱的"宁赠友邦,毋给家奴"格言的实际实施。

疯狂的镇压,并不能扑灭全国人民革命斗争的烈火。清政府为了维护其摇摇欲坠的封建统治,于1905年派了五个大臣出洋考察宪政,并且颁布了所谓"预备仿行宪政"的谕旨。1907年,他们宣布要在中央开始筹设资政院,令各省筹办谘议局,责成宪政编查馆编写议院选举法和君主立宪大纲。接着又宣布立宪以九年为限,在九年后正式召开国会,推行宪政,同时还颁发了一个《钦定宪法大纲》,装出一副真的要实行宪政的样子,对全国人民进行麻痹和欺骗。正如列宁所说:"所有一切压迫阶级,为了维持自己的统治,都需要有两种社会职能:一种是刽子手的职能,另一种是牧师的职能。刽子手镇压被压迫者的反抗和暴动,牧师安慰被压迫者,给他们描绘一幅在保存阶级统治的条件下减少痛苦和牺牲的远景(这些话说起来就特别容易,因为不用担保'实现'这种远景……),从而使他们忍受这种统治,使他们放弃革命行动,冲淡他们的革命热情,破坏他们的革命决心。"[1]

对于清政府的"立宪"骗局,宋教仁从一开始就进行了深刻的揭露和尖锐的批判。他的《清太后之宪政谈》《钦定宪法问题》《宪政梦可醒矣》《中国古宪法复活》和《希望立宪者其失望矣》等文,就是专门为此而写的。他清楚地看到,实行宪政是有"利于国民而不利于满政府"的,"西太后纵发大慈悲",也决不会"舍己从人,而行此上背祖宗成法,下削子孙权利之非常举动"的。事实也正是这样。清政府明明承认资政院是议院的基础,具有议决国家预算与决算,制订和修改新的法律(宪法除外),"奏陈行政大臣侵夺权限违背法律之事"的权力。然而他们的一切举动却"无不侵夺资政院之权限",甚至修改院章也竟然"专委之于一二家奴,不使国民丝毫参与其间"。至于组织皇族内阁,那就更加不合立宪的原则了,而他们却还厚颜无耻地宣称:"朝廷用人,审时度势,一秉大公。"简直不知人间还有羞耻事。不仅如此,清政府所颁发的《钦定宪法大纲》,完全是模拟日本的"钦定主义"而炮制的,其中规定"大清皇帝万世一系,永远尊戴",同秦始皇所说的"朕为始皇,二世三世至于万世",根本没有什么不同。即使

---

[1]《列宁全集》第21卷,第208页。

是这样，清政府也从来不予遵守，"大纲第十条所谓司法权不以诏令随时更改者，今何如耶？第十六条所谓臣民言论、著作、出版、集会、结社均准自由者，今何如耶？第十七条所谓臣民非按照法律不加以逮捕监禁处罚者，今何如耶？第十九条所谓臣民之财产居住无故不加侵扰者，今何如耶？"由此可见，这种宪法大纲，只不过是清政府"装腔作势抵御人民之利刃"罢了。所以，宋教仁得出结论说："立宪者，决非现政府所得成者也，现政府之所谓立宪，伪也，不过欲假之以实行专制者也；其所以设资政院，立内阁，非以立宪国之立法机关与责任政府视之者也，故其所以对付资政院之权限与内阁之组织者，亦不得责以立宪之原则者也；其所谓宪法大纲者，不过欺人之门面，赖人之口实，万不可信者也。"

在从事革命活动的过程中，宋教仁是一个积极向西方寻求救国真理的志士。当时西方流行的各种社会主义思潮已经进入了他的视野，并且对它们进行了探索。根据他的日记所载，1906年1月间，他在宫崎寅藏家里做客，结识了日本早期社会主义者、宫崎寅藏的胞兄宫崎民藏，见到并且索得了宫崎民藏谈平均地权的著作《人类之大权》。3月间，他又通过宫崎民藏会见了俄国民粹党人彼尔斯特基。这个俄国革命志士说，他自己"向来系极专主张民主主义的，然观之于美国，民主国也，而其人民仍不自由；法国，亦民主国也，而其人民亦不自由；日本、英、德诸国，其人民政治上之自由，未尝不获多少也，然社会上之不自由，乃益加甚矣。故余近年所主张者，较前稍变，实兼政治、社会两方面并欲改良者也"。后来宋教仁还以"犟斋"为笔名在《民报》上发表了两篇译文。一篇是《一千九百〇五年露国之革命》，描写了1905年俄国工人和农民的革命声势，说俄国九千万农民"一朝悉起而背畔，又何物能拒之耶"。而工人总同盟罢工的口号一经发出,则"职工遂起响应,各种公共之机关全行停止,尔后旬余,国内常为黑暗之世界"。另一篇是《万国社会党大会略史》,叙述了世界社会主义运动发展的概况,文中赞叹说:"自社会革命之说出现于世界,而后人道胚胎,天理萌芽,将来全世界之问题,其于是焉解决乎?"并且将其中引用的《共产党宣言》的最后一段话翻译为:"吾人之目的,一依颠覆现时一切之社会组织而达者,须使权力阶级战栗恐惧于共产的革命之前,盖平民所决者惟铁锁耳,而所得者,则全世界也。"但是,宋教仁对于科学社会主义是认识不清的,直到1911年8月他在《民立报》上发表《社会主义商榷》一文时仍然如此。他所说的真正的社会主义,一个是无治主义,即无政府主义,一个是共产主义,实际上是中国古代的大同理想。他断定说,这种社会主义与中国的实际情况不相适合,若是硬在中国推行,"其将来所受之结果"必然不堪设想。如果说当时的中国还不是社会主义革命的问题,那是对的,但是宋教仁把民主革命的土地纲领也当作社会主义的内容加以拒绝,因而被讥为"二民主义"者。

在向西方学习中,宋教仁最感兴趣的是西方资本主义的议会政治和国家制度。他在日本留学的时候就用了许多时间和精力去研究过这些东西,以便为中国的未来绘制蓝图。他陆续翻译了《俄国制度要览》《日本宪法》《英国制度要览》《各国警察制度》《意大利匈牙利制度要览》《美国制度概要》《比利时澳国俄国财政制度》《德国官制》以及《普鲁士官制》等,对各资本主义国家的政治制度和政权组织形式有了比较充分的了解。1911年4月,他到香港参加广州起义的准备工作时,草拟了文告、约法和中央制度、地方政治机关和设施,共有厚厚的三大本,其内容虽然已经无从查考,但从他在此后不久所写的《论都察院宜改为惩戒裁判所》一文中却可以略窥端倪,他写道:"今后吾国政治变革,结局虽不可知,然君主专制政体必不再许其存在,而趋于民权的立宪政体之途,则固事所必至者。"这是宋教仁政治理想的第一次比较具体而完整的表述。

所谓"民权的立宪政体",在当时的世界上有两种具体的组织形式:一种是美国的总统制;一种是法国的责任内阁制。宋教仁开始似乎也同意实行总统制,因为《组织全国会议团通告书》中说得很清楚:"美利坚合众之制度,当为吾国他日之模范。"而他是"组织全国会议团"的发起人之一。但在不久之后,他变成了一个责任内阁制的坚决主张者,为此他与同盟会的其他人发生了严重的分歧。居正在《辛亥札记》中写道:"同盟会于一九一一年十二月二十六日假哈同花园公宴总理(孙中山),宋钝初自宁赴会。席次,克强与英士、钝初密商,举总理为大总统,分途向各代表示意。计已定,晚间复集总理寓所,会商政府组织方案。宋钝初主张内阁制,总理力持不可,克强劝钝初取消提议,未决。克强定期赴宁,向代表会商定。"在修改临时政府组织大纲时,宋教仁仍然坚持要把它变成责任内阁制,遭到多数人的反对,结果没有成功。

无论是总统制还是责任内阁制,都是资产阶级专政的国家机器,形式虽然不同,实质都是一样的。宋教仁为什么一定要坚持责任内阁制呢?根据他自己的解释,是因为"内阁不善而可以更迭之,总统不善则无术更易之,如必欲更易之,必致摇动国本。此吾人不取总统制而取内阁制也"。而当时有不少人都以为是他自己想当总统,特别是在章太炎发表了"总理莫宜于宋教仁"的宣言以后,他更加遭到别人的猜忌,以致使他不得不一再为自己申辩:"世人诬吾运动总理,由来已久,吾虽无其事,实不欲辩,且因以自励,盖已久矣。夫人之志为总理,岂恶事哉?而乃非笑之如是,吾实不解。国家既为共和政治,则国民人人皆应负责任。有人焉自信有能力愿为国家负最大之责任,此国家所应欢迎者。……人苟可以自信,则不妨当仁不让。世之人亦只问其有此能力与否,不能谓其不宜有此志。吾人惟自愧无此能力,固不欲当此大责任,吾人之志则不违言,实深愿将来能当此责任者也,且希望人人有此希望者也,惟枉道以得之则不可耳。"这些话表明了他的态度,说出了他要在中国建立责任内阁制的抱负,对一个资产阶级政治家来说,当然是无可非议的。他之所以一定要坚持责任内阁制,还有一层用意他没有说出来,也一直未被人们注意,那就是为了排除封建旧官僚在革命队伍内部的势力,使中央政府的实际权力掌握在资产阶级革命派手里。他为他未能领导武昌起义,致使大权落入黎元洪之手而悔恨不已,后来他极力劝黄兴在南京开辟新天地,在组织临时中央政府的初期又积极策动推举黄兴为大元帅,黎元洪为副元帅,他自己担任执政,其目的都是为了削弱黎元洪的影响,挽回资产阶级革命派已经失去的权力。至于孙中山回国以后他依然坚持前议,固然是由于他对孙中山有意见,有看法,就像他怂恿章太炎发表的宣言中所说的那样:"孙君长于议论,此盖元老之才,不应屈之以任职事。"[1]但主要是因为那时候已经内定,如果袁世凯赞成共和,临时大总统的位置就要送给袁世凯,而在宋教仁看来,袁世凯又是一个"不学无术,其品更恶劣可鄙"的人,限制这种人的权力,当然是完全必要的。不过,值得指出的是,宋教仁过分夸大了责任内阁制的作用,仿佛只要能够挂一块共和国的招牌,成立一个以他这样有能力而且敢于"当此大责任"的人为总理的责任内阁,完美的民主共和制就能建成。这就充分说明,宋教仁根本不了解,要在半殖民地

---

[1] 《章太炎政论选集》,第527页。

半封建的中国取得资产阶级民主革命的胜利,不用"铁"和"血"彻底战胜帝国主义和封建势力,是绝对不可能的。

责任内阁制是与政党政治紧密联结在一起的。因此,决心实行资产阶级民主政治的宋教仁在坚持责任内阁制的同时,也努力从事政党活动。1912年3月,同盟会改为公开的政党,他被推举为政事部主任干事,负责研究政治上的一切问题,草创政见,联络在议院及政府任职的各个会员,以谋党见的统一。他对此很不以为然。在《与〈亚细亚日报〉记者之谈话》中他公开宣称:"统一、同盟两党,政纲本无不同。故与两党皆有关系。惟同盟会分子复杂,本非政党组织,前此勉强改为政党,原非余之本意;且同盟会多有感情用事之举,尤非政党所宜出。然感情用事,统一党人亦有不免;如将来两党均不能化除意见,余意欲于两党外另求同志,更组织一党,以为国家效力之地。"章太炎也说,宋教仁有"选择同盟会中稳健分子,集为政党,变名更署,与同盟会分离"的打算[1]。就在这年5月,民社与统一党、国民协进会、国民公会等几个小党派联合组成了"共和党",拥护袁世凯,与同盟会对抗。为了对付共和党,并在国会中造成多数党的声势,以达到实现责任内阁的目的,宋教仁征得孙中山和黄兴的同意,在同盟会的基础上,于8月间联合统一共和党、国民共进会、共和实进会与国民公党等几个小党派,组成了国民党。

宋教仁对国民党的组成踌躇满志。他满怀喜悦的心情写信告诉海外的同盟会会员说:"自斯而后,民国政党,唯我独大,共和党虽横,其能与我争乎?"其实,比起同盟会来,国民党大则大矣,而革命精神却减退了许多。它抛弃了同盟会秘密时期的"平均地权"纲领,取消

---

[1]《章太炎政论选集》,第587页。

了同盟会公开后的"男女平等"主张，并把原来的"力谋国际平等"改为"维持国际和平"，失去了任何积极斗争的意义；况且随着形势的变化，同盟会原有的会员很多都已变成了官僚政客，宋教仁为了扩大国民党的声势，又运用政治手腕，兼容并包地把大批社会上的官僚政客拉入国民党内，使国民党的成分更加复杂化了，甚至连老同盟会会员谭人凤都目之为"狐群狗党"而拒绝加入。把一个资产阶级革命政党同盟会改组为一个官僚政客集团国民党，宋教仁是发动者，是主持人，当然应该担负主要责任，但这不是他个人的罪孽、疏忽和叛变，而是历史时代的产物，是辛亥革命以后中国资产阶级开始堕落的结果。

法制是为统治阶级的利益服务的有力工具，任何统治阶级为了维护自己的统治，不但必须制定法制，而且必须施行法制。资产阶级的代表人物宋教仁自觉或不自觉地意识到了这一点，所以他非常强调制订法律特别是宪法的必要性。他在武昌军政府起草过《鄂州约法》，在南京临时政府参加过具有资产阶级宪法性质的《临时约法》的制订工作，而到了北京以后，他更是一直在为制订一部完整的宪法而努力斗争。他说："宪法者，共和政体之保障也。中国为共和政体与否，当视诸将来之宪法而定。"他主张通过全国民主选举产生国会，由国会制订宪法，既不要受外力的干涉，也不要被居心叵测的人所操纵，否则的话，所制订的宪法就会"变更共和精义"，资产阶级的民主共和就将成为泡影。他还指出，在制订了"良宪法"以后，必须排除各种障碍，坚决贯彻执行，一切"政治进行，先问诸法，然后问诸人"，这样才不致使宪法成为一纸空文。他为在中国实行资产阶级民主宪政而煞费苦心，直到他临死的时候还希望袁世凯"开诚心，布公道，竭力保障民权，俾国会得确定不拔之宪法"。所以，孙中山在给他的诔词中说："为宪法流血，公真第一人！"

宋教仁以改良中国的政治，把中国建成一个独立富强的资产阶级民主共和国为己任，不仅提出了建立责任内阁等一整套政治主张，并为其实现而进行了努力，而且还拟定了一系列内政和外交方面的具体政策，准备在他当政的时候施行。这些具体政策是：整理军政、划分中央和地方行政、整理行政、整理财政、开发产业（包括兴办国有山林、修治水利、放垦荒地、振兴实业、奖励仿造洋货工业和奖励商品输出等）、振兴民政、兴办国有交通业、振兴教育、统一司法、运用外交等。这是一次按照中国资产阶级的面貌改造中国的完整方案，反映了中国资产阶级要求发展资本主义的迫切愿望。然而，由于辛亥革命未能完成它的历史使命，没有提供进行这种建设的适当环境，所以这个方案纵然切实可行，也只能付之东流了。

宋教仁的理想没有而且也不可能实现，这不是由于他的年轻被杀，而是由于"资产阶级的共和国，外国有过的，中国不能有，因为中国是受帝国主义压迫的国家"[1]。这是宋教仁的悲剧，也是中国资产阶级的悲剧。但是，我们并不能因此而否定宋教仁在辛亥革命运动中所起的积极作用，也不能因此而否认他的资产阶级民主与法制思想是中国近代历史上的一份珍贵遗产。怎样批判地继承这份遗产，是很值得我们研究的一个课题。

---

[1]《毛泽东选集》第4卷，第1476页。

谈《宋教仁集》[1]

1961年辛亥革命50周年，我写了篇《论宋教仁》。过了20年，辛亥革命70周年，又一次在武汉举行纪念辛亥的学术讨论会，到会的中外人士一百数十人都拿到了我们编辑的《宋教仁集》，上下两册。虽无鸿篇巨制，有点东西贡献出来，总有点喜悦之情；但回顾编书的往事，又不禁感慨系之。

那是在《论宋教仁》发表之后，中华书局要我趁热编宋集，我答应了。过了些时间，我才着手做，找一位同志帮我搜集和抄录宋文。那时忙于其他活动，没有把编书当作紧要任务，进展慢。谁知"文化大革命"一来，狂风四起，草木皆兵，已有的书且感到是个沉重的负担，有的偷偷销毁，有的当废纸卖，哪还敢去整理"议会迷"宋教仁的诗文呢？内乱过去，十一届三中全会驱走了人们心头的乌云，文化事业复苏了。中华书局李侃同志旧事重提，并在保存资料，编好近人专集的鼓励下，我从乱书堆里找出几篇抄录的宋文，纸已发黄，总算还有坠简之可寻。

[1] 作于1981年11月24日。

宋教仁的生命是短暂的，只32岁。在他奋斗的10年中留下的大量文书，都与20世纪初期中国的政治生活有紧密联系。他的日记是研究同盟会的重要资料，他的黄帝纪元主张是革命党人在民国元年前通用的纪年办法，他主编的《二十世纪之支那》是《民报》的前身，他的《间岛问题》是间岛交涉的依据，他主持的《民立报》是武昌起义前后的重要舆论阵地，他最后一年多发表的政见政论是反袁斗争和建立议会民主政治的重要文献。在他牺牲的当初，墨迹犹新，为了纪念他，辑印过他的文集、雄辩集及合集（与别人合刊）之类，但辑录的文章很少，而且多已散失。作为革命家政论家的宋教仁，所有论著，大都是感触时弊、宣传革命民主之作，随作随发，散见于六七十年前的各种报刊上，搜集殊非易事。我们先就上海能够找到的逐篇录存，然后追踪宋教仁在国内活动的地区，好几位同志曾遍历湖南、武汉、广州、南京、北京等地，除向图书馆、文史研究单位借抄外，并访问了宋氏亲属和辛亥老人，得到他们的热诚支持，连珍藏的手稿也拿给我们抄。但原存宋氏家乡的遗物遗件，经抗日战争，再经十年浩劫，损失殆尽。我们想找到宋氏在漳江书院、武昌文普通学堂的课艺，以反映他学生时代的思想，已杳不可得。

宋教仁在日本的几年，进行了卓著的革命组织和革命宣传活动，和许多日本志士结交，发表文章和来往书牍都不少。我们能在国内找到的尽可能找了。但有些已很难合浦珠还。譬如《二十世纪之支那》杂志，我们只有第一期，第二期在印出时就被东京警察厅没收，从未与读者见面。两三年前，东京大学教授小岛晋治访沪，我曾托他代查，他函复经第二次世界大战、盟军占领日本的大变动，战前东京警察厅的档案已下落不明。后又托美籍教授薛君度向美国有关方面打听，他也函复找不到踪迹。

编辑前人专集，是一项整理文化遗产的严肃工作。我们应该竭力找到集主所有的论著，不过，总有些找不到，也有些可以找到而被遗漏的，所以常有辑佚、拾遗或补编。在宋集付印之后，我们又发现了一些没有编入的诗文，甚至他在《民立报》上的文章，由于我们的疏忽，也有遗漏。宋集没有标名全集，我们还是希望辑录得全些。其实历来号称的"全集"都未必全，倒是常常把别人的诗文也全了进去，原因甚多：一是笔名屡易，不无失误；二是别人假托，难免受骗；三是相似文笔，容易混入；四是互编合集，考订不严。在编宋集的过程中碰到这些问题，我们都采取审慎态度。如1905年9月出版的《醒狮》第一期，刊载未署名的时评五篇，前三篇宋教仁日记中有记载，我们收录了；第四篇、第五篇有人说也是宋教仁写的，另无佐证，我们就没有收。又如一本标名《宋渔父戴天仇文集合刊》的书，混合编成，未分别署名，细加查核，其中没有一篇与我们所辑宋文的题目和内容吻合，笔调和用语也与宋文不相似，看来像书贾借名牟利，只好摈弃。

名人专集的篇次一般都以撰写先后为序，便于检查集主思想和行事的脉络；也有数量大、门类多的专集，则分类编辑，类中仍有时间先后。但诗与文从来是分开的，因为诗与其他文体有更大的特殊性。宋教仁是南社成员，诗作并不多，他的诗也比不上黄兴、赵声、吴禄贞等人。原来我们是按惯例将诗分编的，嗣后因他书影响改为按年月与各类文体混编，这是著作编年的目录学体例。诗文在专集中这样混杂编列，似乎新颖，却感别扭。有的"政论集"把诗混在长文之间，使诗也成了政论。诗贵言志、抒情，诗中固然有政治，但多吐而不露，欲说还休，所以好些著名的政治诗，所指何事，至今议论不休。将诗与政治搅在一起，并不太协调。

专集是研究和评价其人最好的依据。过去对宋教仁的评价，贬词多,研究少。辛亥50周年时,听说南京的一次座谈会上,有位老人流着眼泪说:宋教仁反对袁世凯独裁被袁杀害了,为什么还要这样糟蹋他!那时把这看作资产阶级的眼泪,然而强烈的是非感仍是打动人们的心弦的。我在写《论宋教仁》时颇想改变对他的苛责,应该切实地把他放在具有完全意义的资产阶级民主革命家和政论家的范围内来论述,却仍摆不脱给他的妥协派和"议会迷"等恶谥。宋教仁热爱自己的祖国,反清是坚决的,反帝也颇有作为,在南北和议中也没有忘记袁世凯的野性和奸狠,这是主流。他身上有没有妥协的东西?我看还是有的,在改组同盟会为国民党和反袁斗争中都有所表现。这是敌我力量对比和资产阶级革命派软弱性的反映,不是宋教仁一人。至于"议会迷",那是列宁指责国际工人运动中的那些热衷于议会政治的人们的,与宋教仁满想以议会民主政治代替封建专制政治不应相提并论,与立宪派要求清朝政府实行议会政治也不可同日而语。相反,宋教仁的法治思想,他对议会民主政治的抱负和实践,应该说是中国近代政治史上值得研究和借鉴的政治遗产。我也不太同意现在有些文章把宋教仁说得完美无缺,这里姑不深论。我想,《宋教仁集》的全部内容是宋教仁最明白的自我评价,也是我们全面评价宋教仁的一份较完整的资料。

一部《宋教仁集》,本来两三年就可以完成,可我们延续了近20年。我们失去了许多岁月,"双鬓向人无再青"(陆游句),有价值的工作成果却是常"青"的,但我做得太少、太少、太少。

《秋瑾评传》[1]序

秋瑾是近代中国第一个富有开创性格的杰出女性。

在她之前,天地会、太平天国只有苏三娘、洪宣娇那样的著名女流;掀起维新运动的公车上书1 300余人中还不曾有妇女;即使整个维新运动中,也只有像李闰支持丈夫谭嗣同维新那样的女子。她们都没有脱离水浒型或正统型的巾帼形象。只有到了20世纪初年,民主思潮在中国勃兴,妇女渐有冲破封建牢笼的机会,才出现了秋瑾这样的妇女。秋瑾的名字是和一个伟大的时代共存的。

她是中国民主革命领先的女革命家。在义和团运动后的家愁国恨中,她受到爱国民主思想的诱发,开始觉醒起来,很快变为行动,走向社会,为推翻清朝的封建统治而奋斗。更为难得的是:她以一个书香门第的贵妇人,居然深入社会基层,广泛联络浙江各个山头的会党势力,与他们结为革命同志,无所畏惧地发动武装起义,最后实践了鲁迅宣誓的"我以我血荐轩辕"的牺牲精神,作为自我道德的完成。

她是中国妇女解放的旗帜。妇女解放的思想和活动在中国早就

---

[1] 河南教育出版社1986年版。

有了,那大都是男人们的声音。以妇女谋求妇女自身的解放,却是秋瑾勇敢地冲出家庭首先肩负起来的旗帜。她除了全面控诉广大妇女的悲惨境遇,深刻揭示妇女受压迫的原因,蔑视和痛斥封建纲常恶习,号召妇女自立外,还组织妇女团体,倡议成立全国妇人协会,引导妇女到社会上去,承担工作,参加革命,把妇女解放与社会解放结合起来。在这些方面,她都身体力行。严格地说,中国的妇女解放运动到秋瑾才具有实际的意义。

她又是一个女诗人。诗在秋瑾的有限生命中是其忠实伴侣,少女时的秋瑾即以赏花怀友为题发抒闺情,涉世后一发而为忧时感事之作,为挽救祖国沉沦而呐喊,为解放妇女而咏叹,既有豪放的胸怀,也有哀伤的泪花,窥其风格,颇得力于杜诗、陆诗。其中的《黄海舟中感怀》等七律尤为显著。她的诗作多散佚,但现存作品仍能反映出她花前月下,车尘马迹,无不有诗,诗中也无不倾诉着中华儿女的激烈情怀。

秋瑾对女子教育、青年体育也有所建白。为了传播知识和感染下层社会,她还提倡白话文、普通话和演说,写了说唱体的《精卫石》弹词,诗中也常有"北上联军八国众,把我江山又赠送。白鬼西来做警钟,汉人惊破奴才梦"这样通畅明快的句子。这是"五四"新文化运动的潮音。

所有这些,汇合为一个名字——秋瑾,正是时代、环境、经历、教育及其个人禀赋的熔铸。

因此,自秋瑾牺牲 70 余年来,中国虽经历了一次又一次巨大变革,而秋瑾这个名字却在变革中常新,一直为人们追念、歌颂、学习。仅近几年间,论述她的生平事迹及其思想著作的文章,见之于报刊者在百篇以上,传记和年谱亦近 20 种,还有电影剧本。其中郑云山同志写的,由上海人民出版社出版的"中国近代史丛书"之一的《秋瑾》,获得了1984年全国爱国主义通俗历史读物优秀奖。作者和读者对历史人物倾注这样大的热情是罕见的。今郑云山、陈德禾同志在原有研究的基础上,又撰著了这本《秋瑾评传》。

这本评传,作者以秋瑾同乡后辈学人的身份,怀着对传主的极大崇敬,对英雄人物的热爱,辛勤地查明和收集了包括口碑资料在内的有关文物和文字资料,对秋瑾的事迹和遗文都有所发掘,是已有的秋瑾传记中最详备的一种。而有关秋瑾生年、赴湘向王家诱款、大通学堂被围时有否开枪拒捕等,在时间上或情节上历来都有异说,作者均一一考订,在附注中作了切实交代,大大地增加了历史的真实感。无疑,这是研究秋瑾、研究20世纪初叶中国社会新陈代谢的好书。

另外,秋瑾的《精卫石》中有一段话应该怎样理解,有必要在这里说一说。这段话是:

> 人生原是最灵物,土木何能有性灵?终日礼拜何益处?反因此潦倒困终身!神仙鬼佛诸般说,尽是谣言哄弄人。骗得那愚夫愚妇来相信,借端便可骗金银。试问你遭逢水火刀兵事,几曾见有个神仙佛救人?昔年什么红灯照,圣母原来妓扮成。什么师兄什么法,反被那洋人杀得没头奔。虚言造语都为假,却不道朝内糊涂信了真。闯成大祸难收拾,外洋的八国联军进北京,只杀得血流遍地尸堆积,最多是小足伶仃妇女们。

一般把这看作是对义和团的诬蔑。我以为这不算诬蔑。因为义和团是有浓厚的迷信陋习,这些迷信陋习,在那时的中国社会有其普遍性,只是更突出地反映于义和团的活动。资产阶级革命派对群众斗争的威力尚缺乏应有的认识,他们联络会党主要着眼于武装准备,并没有看到群众起来后的巨大作用,所以对义和团较多地注视其落后面；同时，他们仇恨帝国主义，却不认识帝国主义侵略的必然性。但这只是一个方面。还有另外不应该忽视的一个方面，那就是秋瑾这些人已从新的无神论观点去批判迷信的有神论了，看到了群众自发斗争中的愚昧性，应该说是革命派在思想认识上散发出的火花。

陈天华且已先在《猛回头》中说了类似的话。他说："这义和团心思是很好的，却有几件大大的不好处。不操切实本领，靠着那邪术。这邪术乃是小说中一段假故事，哪里靠得住！……"这样的认识，意味着民族在觉醒，比太平天国以上帝教的一神教反对神仙鬼佛的多神教显然是一个大进步，已从有神论跨进了无神论。

今年，1985年11月是秋瑾诞生110周年，这本评传的出版，将是对她的最好纪念。

《瞿秋白年谱》[1]序

传记和年谱是记述人物的姊妹篇,传记带有创作的描绘性,年谱富有史料的客观性,后者可以说是前者的基础。但是年谱比传记远为晚出,独立的年谱著作到北宋才有,它是从年表和传记演化出来的。明清以来,年谱名作日多,遂蔚为独树一帜的年谱学。

在一个时期内,我们讳言家谱和个人的作用,传记出得少,年谱尤为罕见。以"五四"开创的革命历史而论,60余年中有多少革命先烈为中国为人民为党的事业献出了自己的生命,又有多少老一辈无产阶级革命家在鞠躬尽瘁之后离开了人世,我们还没有为他们写出几本好的传记来,年谱长编几乎没有,能看到的只有档案中的简历和年表之类。如今,十一届三中全会为我们开拓了思路:历史是人民创造的,英雄来自人民,是时代的产儿,历史著作不写英雄人物的活动,历史就会概念化,就会缺乏形象感;而进行革命传统教育和爱国主义教育,更需要知道革命人物的理想和实践,从中得到启迪,所以近年来出现了写人物的活跃现象。周永祥同志的《瞿秋白年谱》正是

---

[1] 广东人民出版社1983年版。

在这种要求下欣然命笔的。

瞿秋白同志才华横溢,在新民主主义革命初期就是一个很有影响的领导人。要是他能活到今天,也还只有83岁,可是他牺牲已经46年了。这件事至今还使我们感到痛楚。他的一生是短暂的一生,却是很不平凡的一生:他最早把俄国革命的实况生动地介绍到中国来,他是中国早期有数的马克思主义宣传家之一,他也是早期参加国际工人运动有数的中国人之一,他又是一个杰出的革命文学家和文艺理论家,悲壮的《国际歌》第一个汉译者也是他。所有这些,对中国都具有开创的功绩,是时代的巨流在他的生命中滚动,并以他的智慧和行动激励着人群前进。无疑,这些都有着永恒的价值。

但是,在瞿秋白同志的革命历史中,有两件事最为大家关心,一直成为评瞿的焦点。这就是"左倾"盲动主义和《多余的话》。盲动主义错误是紧接着"八七"会议批判陈独秀的右倾机会主义之后。二十八九岁的瞿秋白同志受命于危难之际,肩负起党的领导重任,他年轻,党也年轻。在那个山重水复的局势中,他和许多同志想用仇恨和悲愤的子弹来冲破重重阴霾,由此而产生盲动。其间很少个人的杂质,确是革命经验积累不足产生的迷惘,而且只有短短的几个月,在瞿秋白同志还没有离开领导岗位就得到纠正。应该说是历史的过失大于人为的过失。因为历史的转折并没有为自己预先提供一个现成的转折方案,人们猝然临之,往往要经过挫失才能找到正确的对策。

至于《多余的话》,大家讨论得够多了。年谱中既批判了那种恶意的诽谤,也不苟同于善意的"伪造说",作了如实的记述。多年来,我对《多余的话》先后读过好几遍,每读一遍,总感到确是瞿秋白同志的自白,因为文章可以代笔,意念可以虚构,而严峻的自我解剖,真实的思想倾吐,独特的文字风格,是很难假冒的,形似不能神似。我的这种认识虽很自信，却是抽象的，不能完全取信于人。1980年，丁玲同志发表的《我所认识的瞿秋白同志》，以她细腻的笔调，翔实地写出了她熟悉其人的政治抱负及生活、思想、文章，说她读着《多余的话》，"仿佛看见了瞿秋白本人，我完全相信这篇文章是他自己写的"。她从人和文得出的这个判断，比单从文字上的考订更有说服力。原来人们说我的论证有点"玄"，我想谁要是仔细读一读丁玲同志的这篇文章就不会觉得"玄"了。根据当时的访问和记载，作为无产阶级革命家的瞿秋白同志，从被俘到被刑，他没有慷慨的豪语，而是唱着《国际歌》从容就义来写完他悲壮生命的最后篇章的。《多余的话》和在狱中的诗词流露的低沉调子，不难从他早年的身世及后来政治上的抑郁找到说明，也可从他以往的作品中得到印证。历来的哲人和文学家他们那种拨动心弦的低吟，往往是对人世和历史的嘲讽，不一定是教科书所需要的。

对于瞿秋白的研究，过去着重于他的文艺活动和与鲁迅的战斗友谊，对他的著作汇编成书的也只限于文艺方面，一是鲁迅辑印的《海上述林》，二是解放后出版的《瞿秋白文集》。而他从"五四"到1935年6月18日牺牲时的17年间，发表的大量宣传马克思主义的及有关政论文章，都是研究瞿秋白和党史的重要文献资料，却还飘散于各种报刊上，或者躺在档案馆和纪念馆里。为了便于对瞿秋白的全面研究，希望在不久的将来有一部他的全集出版，包括他的旧体诗词。这就可以减少那种局限于一时一地的片断论断。

周永祥同志撰写的这本年谱，是想就瞿秋白的一生及其多方面的战斗理出一个头绪来，他参考了两百多种文献资料，访问了同瞿秋白有交谊或知其行事的有数老人，态度是虔诚的。但作者没有机会看到尚未公之于世的档案资料，当然也还会有他没有看到的已经公开的论著，在引述的论著中也可能没有做到探骊得珠。这些都将促使作者进一步去探索，在今后修订补充。现在先把它印出来，供研究瞿秋白和党史的同志参考，我想还是有益的。将来有更好更详尽的瞿谱问世，则这本年谱算是暂时承乏，为更好的瞿谱催生。一个重要历史人物如有两本三本年谱，有所对照，对谱主的认识和某些事迹的论证，将会更为确切和深刻。

《苏兆征传》[1]序言

近年来,史学界为人物立传很有点势头,从百字、几百字一条的历史词典,万字左右的人物集传,到几十万字一本的人物专传,不断在书市上出现。人物在历史上的作用已受到普遍重视。尤其是从鸦片战争到中华人民共和国成立的一百多年里,活动于各条战线上的代表人物,给作者和读者以更大的兴趣,都想研究他们,熟悉他们,从他们身上更好地认识中国的昨天和今天中国之所由来,从中得到借鉴和鼓舞。

无论从悠久的中国历史来考察,或者就广阔的世界历史来对比,中国的近代和现代都是典型的时代,近、现代的中国社会也是典型的社会。这种典型性久为大家所公认,在成千上万的论著和作品中都不同程度地反映了出来。而在这个典型时代和典型社会产生的许许多多代表人物,对他们分类评述,逐个写传,考察其生平思想行事,是大家正在努力以赴的。但怎样抓住人物的典型性传述人物的生平,却落后于对典型时代、典型社会的认识。这里所说的典型不是指文

---

[1] 上海人民出版社1986年版。

艺创作上的典型塑造,而是指时代风貌和社会动向展现在人物身上的实际色泽,它既是时代的、社会的,又是个人的。"五四"以来革命进程的迅速多变,促使我们着眼于整个社会制度的变革,认真解剖了社会和制度的构造及其性质,以为个人的思想行为为社会和制度所规定,不值得深究。其实,时代和社会铸造了各种代表人物,时代和社会的典型性既深藏于人物的一切活动中,又无不打上个人特有的烙印。所以,我们揭示人物的典型性,不但可以表现人物的形象和个性,给人以实体感,而且也将加深对典型时代和典型社会的理解。

以这本书的传主苏兆征而论,他在现代中国革命人物的行列中,就是一个极为人们景仰的典型形象。

(一)苏兆征出身于珠江口淇澳岛的一个贫苦农民家庭,18岁到香港的外国轮船上当海员,由农民而工人,显示了中国工人阶级与农民阶级的天然联系。海员又是中国工人阶级早先出现和最活跃的部分,以此他在20世纪初年即参加了同盟会,为之输送军火和情报,后来更致力于工人运动。农民—海员—革命三者在他身上联结得多么鲜明。

(二)作为一个海员,苏兆征出入各国港口,见闻所及,率先得知十月革命的消息,并逐步领悟到俄国革命的道理,心向往之,从而组织香港海员工会,发动1922年1月的海员罢工。不久,便以工人运动的组织者加入中国共产党。中国早先的共产党人,大都是知识分子在接受马克思主义后又向工农群众灌输马克思主义而成长起来的;苏兆征却是在罢工的实际斗争中接受马克思主义而成为卓越的共产党人,由工人而民主革命,而马克思主义,而共产国际,在中国人民革命的道路上印下了巨人的足迹。

(三)苏兆征曾为邓中夏著的《省港罢工概观》题词说:"省港

罢工与出师北伐为国民革命的目前两大工作。"这是他当年领导省港大罢工和全力促进北伐的认识和体验。在急促的革命风暴中,他由珠海而长江,奔驰于武汉、九江、上海,出生入死,机智地躲过了敌人的眼睛与弹丸,终以积劳成疾,1929年自苏联回到白色恐怖笼罩的上海逝世了。一个伟大的生命就这样结束于血与火的途程中,遗言"希望大家共同努力,要同心合力达到革命的胜利"。他的形象和声音永远激励着后人。

把苏兆征这样的革命先烈的业绩及其典型表现,切实而生动地写出来,传之久远,是文史工作者应有的责任。

卢权、禤倩红同志多年研究中国革命史,又生活和工作于粤海地区,熟悉那里的革命风云和苏兆征的历史。他们认真地搜集了文献和口碑资料,多次发表过有关苏兆征的传记文章和年表之类,已为发扬革命传统做出了贡献。在此基础上,今又撰成这本《苏兆征传》,在缅怀苏兆征的革命一生中,一开始即展示了港粤地区与中国革命的深远关系,寓典型于传述,将大有益于革命史的研究。

颂《祖国丛书》[1]

以"祖国"名丛书,是个很大的题目。顾名思义,它是谱写我们伟大祖国的诸书,是反映伟大祖国的仪态和各种事物演变、发展的书。它不同于各种专业丛书,也不同于"万有文库"那样的丛书,而是以中国为特定对象,谱写中国的自然和人文、过去和现在,汇集为一部前所未有的"中国大传",是认识中国的知识库。

谱写自己祖国的书,该是每个中国人所喜闻乐见的,因为它凝聚着对祖国无限的爱。但这部丛书主要是为亿万中国青年(包括港台和华侨青年)而作,从题旨、文字到内容,都是为青年一代设想的。人们对客观世界的认识,总是从自己亲历的境地辐射出去,而认识世界又是在掌握所历境地已有知识的基础上不断升华的。所以,在成长中的亿万青年,更需要熟悉自己的祖国,熟悉其精神和物质的宝藏,从中得到滋养,以充实自己为祖国服务的知能,这种知能也是创新的起点。

"丛书"的身影是巨大的,它跨越了漫长的时间和辽阔的空间。

---

[1] 原载《文汇报》1985年11月18日。

"上下五千年，纵横九万里"，这两句成语的数据不一定那么准确，用在这里，却反映了"丛书"的视野和胸怀。全书已制订选题1 000余个，分别由人民出版社、中国青年出版社和上海人民出版社组织编写力量，各自印行组编的书，现已出版了近50种，呈现于读者的案头。大量选题，正在由全国各地的作者精心撰著，两三年内，将有更多的书出来。这是在精神领域中为亿万青年设施的一项基础工程。

请看一看这项工程的蓝图：

（一）中华民族的足迹，繁衍的汉族和众多的兄弟民族的历史进程及互相联结，由它们开辟的广大疆土和多样化生活。

（二）从昆仑山岭到东海之滨——祖国大地的概貌，嵌镶在这个大地上的千山万水和海岸岛屿，它们的地质年代和陵谷变迁。

（三）几千年来各个朝代的兴衰递嬗，近代的民族民主运动和重大历史事件，展示了风雨如磐、鸡鸣不已的宏伟场景。

（四）遍布全国的历史遗址、名胜古迹、出土文物和历代典籍，是世界文化宝库中最丰富而又有极大连贯性的文化实体。

（五）从孔子以来各个时代、各个方面的巨人和英雄，他们继承建立的无数业绩，有如夜空繁星，闪烁着各自的光辉。

（六）古代中国的科学技术，如算学、医学、建筑和四大发明等都是举世瞩目的，虽然是很久以前的事了，但仍是启迪后代的科学先驱。近代亦有一批艰难创建的企业和新的创造。

（七）遥远的祖先传说，五彩缤纷的神话，千百种小说戏曲，它们是历史的影子、民俗的集锦和文学的结晶。

（八）当代中国的风貌，展现于社会政治的深刻变革和工农业生产、文化科学的欣欣向荣，绿化大地正在夺回曾经失去的春天，特别是怎样把中国建成有特色的社会主义国家已经迈开了新步。

这些内容都分别编入了 1 000 多个选题，一个选题一种书，有的是综合论述，有的是贯串古今，有的以朝代为断，更多的是一人、一事、一物的专写。大型的不超过 15 万字，小型的约 5 万字，间于两者之间的中型七八万字。作者力求以健康的、丰满的、清新的祖国语言表述出来。青年在各自的学习和工作中选读与自己有关或爱好的书，不用费太多的时间即可读完一种，得到有益的知识，读得多一些，将增多对祖国的了解，也为祖国了解自己、安排事业增加吸引力。

我们的祖国是个雄伟的舞台，足以供亿万青年驰骋、跳跃，前人开创的无数事业更等待青年去发扬、开拓。悠久的祖国文化一直是我们的骄傲，令人神往的题材何止一千两千！不久前，苏州举行了建城纪念会，如写一本《苏州建城二千五百年》，写一本《中国城墙的兴废》，多么富于历史感。但在"悠久"和"骄傲"中也有因袭的重担，曾给我们带来了不少困惑，却也是我们奋发蹈厉、施展才华之所在，不遇盘根错节，莫别利器，近代一百多年的奋战史就是这样迸发出来的。"丛书"中已有许多这方面的选题，如再写一本《到延安去》，叙一叙 30 年代知识青年的爱国革命激情，会给老一辈人很多回味，给青年人以激励和思考。

祖国从来不是一个孤岛，是和整个世界相联系的，而这种联系的节奏越来越紧密。所以，我们立足祖国，必须面向世界，对世界做出贡献，从世界获得有益的东西。知识、学问从来没有止境，也没有国界，它是从已知探求未知，从所处所知推向浩瀚的知识海洋。

寓褒贬，别善恶[1]
——读吴玉章同志的《辛亥革命》

中原王气久消磨，四面军声逼楚歌。
仗剑纵横摧虏骑，不教荆棘没铜驼！

这是吴玉章同志在1904年留学日本的自题照片诗。这首诗现在已连同照片收入他的新著《辛亥革命》中。诗是思想深处的语言，吴玉章同志这首诗表达了他在中国"四面军声逼楚歌"的当时，有着挽救民族危亡的豪迈气概，和鲁迅的"我以我血荐轩辕"的爱国感情同样深挚。

今年10月，是辛亥革命的50周年。吴玉章同志以工人阶级先锋队的老战士，出其早年深挚的爱国革命感情，写了长达7万言的《从甲午战争前后到辛亥革命前后的回忆》。听说早在30年前，他和林伯渠等同志在苏联的时候，就谈到要把这段经历写出来，现在偿了夙愿。他并将这个回忆录和他去年写成的《论辛亥革命》合订为《辛亥革命》一书。这是一本体现马克思主义的历史新著，是观点和史料结合的典范。而且其中说了许多做人的道理，字里行间洋溢着吴玉

---

[1] 原载《人民日报》1961年12月6日。

章同志一生临事不苟的高贵品质,所以这也是一本富有感染力的书。

辛亥革命距今50年了,如果把资产阶级、小资产阶级革命派在甲午战争时最初的活动算起,那就有60多年了。吴玉章同志以84岁的高龄,将五六十年前的斗争历程,从全体到局部,从组织到个人,历历不爽地写出来,时间和地点是那样清晰,这不仅表现出他的过人的记忆力,更表现出他的高度的责任感。

据我所知道,吴玉章同志在撰写回忆录的过程中,系统地重温了《民报》和《四川》杂志以及当时其他书刊;而且生怕凭记忆写下来的东西有什么差错的地方,总是尽力找到可靠的参考材料来校订。如他要在青少年时代读过的《天(启)崇(祯)百篇》一书中,引用其中《见义不为无勇也》一文中的一段话时,找不到《天崇百篇》这本书,还从《天崇合钞》一书内找到原文作了校订。虽然许多地方证明他的记忆不误,但不就原书查对,他总不放心。这种孜孜不倦的求真精神,是永远值得我们学习的。为了树立踏实的学风,他在武汉举行的辛亥革命50周年学术讨论会上又郑重地说:"史实可信是科学最基本的要求。一切正确的理论是从可靠的事实中引出来的。如果史实错误,不管议论多么宏伟,也是站不住脚的。"

一切科学著作,都是求真精神的体现,也都是客观实际的反映。吴玉章同志的《辛亥革命》一书,就是秉着这种实事求是的态度写的。作者如实地反映了从19世纪到20世纪初年中国社会的变化,而且是通过他自己所走过的道路来说明这些变化的,使人读了感到这是一部深切著明的信史。并且对许多没有切实论断的事件,作者还作了极有说服力的提示。如在论述1905年留日学生反对"取缔规则"的斗争时,作者就提示说,决定全体回国"虽然出于义愤,却很不合乎策略",因为同盟会会员如果都回到国内来,就有被清政府一网打尽的可能。这是一例。

一部信史,不仅是真人真事的缀集,也必然是是非灿然、爱憎分明的著录。而一部革命史,在革命和反革命的激烈斗争中,有各个阶级阶层的活动,有各种人物的活动,是一个极为复杂的场面。半殖民地半封建社会的旧中国,在 20 世纪初年进行的资产阶级民主革命——辛亥革命,其情况是更为复杂的。吴玉章同志的《辛亥革命》一书,既朴素地写出了这种复杂的历史场面,又生动地刻画了许多人物的形象。书中对邹容、陈天华、秋瑾、喻云纪、林觉民、龙鸣剑等革命志士,都写得虎虎有生气,呼之欲出。其中叙述 1907 年王仰思、安彝鼎将赴云南进行革命活动,川籍同盟会会员假东京锦江春饭店为他们饯行一段云:"大家在席间畅谈国事,放怀畅饮,一时酒酣耳热,情绪渐趋激昂,我县的同盟会会员龙鸣剑(骨珊)于兴奋之际,忽而引吭高歌,他那悲壮的歌声,震动了每个人的心弦,使举座为之感动。"这幅慷慨悲歌的图景,正是革命火焰的吐露。书中并对这些革命志士的披荆斩棘、自我牺牲精神,作了充分的论述。这使人感到一切革命成果的取得,都要付出代价,世界上没有不经过奋斗而可立至的幸福。

反过来,书中对那些贪生怕死的人和革命的变节分子,则毫不假以辞色。如对那个害怕船上检查而将购运准备起义的枪弹投入海中的周来苏——人们呼为"周丢海"的,给以辛辣的讽刺。对在辛亥 3 月 29 日广州起义做了逃兵的陈炯明、胡毅生一类人,予以严重的鞭挞,指出他们"对革命犯下了滔天的罪恶,而成了千古的罪人"。对汪精卫的阳奉阴违,也作了深刻的揭发。并说:"一个人是否把国家民族的利益看得比个人利益更为重要,是决定这个人能否坚持民族气节的关键。"这种疾恶如仇,明辨是非的态度,足以发人深省。

历史上有不少以伪乱真的事实。清末的立宪派,在武昌起义后,眼看无皇可保了,于是以拥护共和的面目出现,从而分享革命果实。吴玉章同志一再指责了这种卑鄙行径。除立宪派外,还有一伙当年破坏革命的官僚,竟在数十年后,妄想篡改历史,把自己打扮成有功于革命的人,并为反动派辩护。1957年四川周善培写的《辛亥四川争路亲历记》,就是这样一本书。吴玉章同志发幽阐微地指出:周善培在四川保路运动中,"曾经以提法使的地位参与了赵尔丰镇压和破坏人民革命斗争的一切残暴行为和阴谋活动","却硬着头皮把他反对争路的亲历写作争路的亲历"。这个指谪很重要,不仅纠正了周善培对革命历史的混淆,也警告了那些不以老实态度对待历史的人。正由于得到吴玉章同志这本书的启示,我最近在翻阅上海《民立报》的时候,注意到了1911年11月5日报上刊登的《四川竹枝词》,其中一首就是为揭露周善培勾结赵尔丰而作的,词道:

关外遥闻帅节来,秃儿(署臬司周善培之绰号也)巧计早安排。献谋直过清溪县(赵入关,周到雅州以西迎之,献杀人之谋),要把川人尽活埋(周谓赵曰:四川人做事向来虎头蛇尾,只要大帅把为首的数人杀了,就无事了)。

这证明吴玉章同志在50年后对周善培的谴责,正是周善培在50年前种下的因;更证明谁要是不忠实于历史,也就会遭到历史无情的嘲笑。

对革命和正义的歌颂,对变节者和反革命的揭发,是写历史"别善恶"的要旨,也是阶级感情的体现。但是还有一种情况,就是在任何革命时期,都会有犯或大或小过失的革命者,而对这些历史人物的评价,往往问题最多,意见最纷歧,那就是如何适当地"寓褒贬"于论述中的问题。如章太炎这个人,对辛亥革命是有过很大贡献的,是一个著名的革命家、思想家和学者,鲁迅称他为"有学问的革命家"。然而在革命的过程中,他确实犯了不顾大局的过错,给当时的革命带来了难以弥补的损害。吴玉章同志对章太炎的评述,在各个不同的地方给予不同的论断:在章太炎发起举行"支那亡国二百四十二周年纪念"、发表《驳康有为论革命书》和投身"苏报案"的时候,肯定他"打击了改良主义,提高了革命思想";在章太炎主编《民报》发生困难、大骂孙中山不予支持的时候,则指出他的"门户之见过深",以致"走向分裂革命的道路";在章太炎公开宣布退出同盟会、叫嚷"革命军起、革命党消"的时候,则论证他"为了反对孙中山先生,已经实际上站到袁世凯那方面去了"。这是从具体出发,他有什么表现就给予他什么评价,该褒的地方褒、该贬的地方贬,以历史人物自己的实践为检验的尺度,而不是先安上一个框框再去找例证。这对我们如何评价历史人物有很大的启发,也有很大的指导意义。

　　陆放翁有两句诗:"万事莫如公论久,诸贤勿与众心违!"这是两句具有科学信念和斗争意义的诗。吴玉章同志在《辛亥革命》一书中,论述了许多事,论述了许多人,既是"公论",也是"众心"的反映,这是以马克思主义的立场、观点和方法,阐扬了"寓褒贬、别善恶"的历史传统,也就是他自订写书宗旨"事实确凿,议论公平"的实际运用。一个写历史的人,要做到这点,并不容易;如果没有认真的研究精神和严正的人生态度,就不可能发而为反映"众心"的"公论"。所以,我认为《辛亥革命》是一本好的历史著作,又是追求真理和讲究革命道德的教科书。

一本关于辛亥革命的新著[1]

新近中国人民大学出版社出版了吴玉章同志撰写的《辛亥革命》一书。这本书的篇幅不大,但是内容丰富,从经济基础到上层建筑,从政治思想领域的斗争到武装起义,从革命群众到领导人物的活动,从革命的胜利发展到妥协失败,书中都有概括的阐述。特别是对于辛亥革命史中许多关键性的问题,书中都作了比较深刻的分析和精辟的论断。

人民群众是历史的创造者。书中对于人民群众在辛亥革命中的作用给予了极大的重视,作者写道:在辛亥革命时期,"革命派所以对革命具有信心,主要是因为广大群众的革命化"。这首先就揭示了广大群众的革命化是革命力量的泉源。20世纪初年中国的革命派,敢于站出来革清朝的命,革皇帝的命,正是有赖于这个力量的支持和推动,尽管资产阶级、小资产阶级的革命派并没有真正地认识到这一点。

参加辛亥革命的社会成分非常复杂。何以这样复杂?书中作了

---

[1] 原载《人民日报》1960年5月15日。

这样的说明：当时,"不仅许多工人、农民和手工业者起来反抗,而且也有不少比较开明的地主阶级分子表现不安,想寻求经济上和政治上的出路。出路在哪里呢？当时封建主义已经毫无出路了。要出路只能跟资产阶级跑。所以他们中间有很多人卷入了资产阶级的政治活动,不是变成孙中山的信徒,就是变成康有为和梁启超的信徒"。由此可以看出,当时中国社会的空前动荡,阶级关系的激烈变化,不论是跟孙中山跑,还是跟康有为和梁启超跑,他们都无非是想寻找自己的出路,资本主义的出路。

辛亥革命时期的立宪派,既反对革命,也不满意清朝政府的死硬顽固。这批人到底属于哪个阶级？他们对辛亥革命有过什么影响？这是史学界一直聚讼的问题。书中指出："以康有为和梁启超为首的立宪派代表资产阶级右翼和一部分地主官僚";而作为立宪派活动场所的资政院和谘议局,"是一种类似资产阶级议会的机关"。但是,在革命派要推翻清朝统治的严重斗争中,立宪派的向背也不是没有变化的。书中这样说："谘议局的议员们虽然极大多数只是一些改良主义者,并不赞成革命,可是最后他们还是做了革命的不自觉的工具。"工具并不是他们自己甘心情愿去做的,而是清朝政府逼使他们去做的;在1909年起的两三年中,这种变化更为显著。因为清朝政府拖延立宪、借外债筑铁路等,挡住了他们要求资本主义的出路,所以他们就出来闹,闹得也很凶,使清朝政府更加孤立。同时,革命群众加入了他们的斗争,又把斗争推向反对清朝统治的革命运动。我们知道,立宪派在政治路线上曾经和革命派壁垒森严地对立着,他们所以"最后还是做了革命的不自觉的工具",就是由于他们也有走资本主义道路的要求,这是他们和资产阶级、小资产阶级革命派的同一性。后来,革命派只看到这点同一性,尤其是为立宪派在清帝退位时表示拥护共和所迷惑，从而放弃了对他们的斗争。作者说：立宪派却"始终不忘记他们同革命派在政治上的分歧，处处提防革命派排斥他们"。这是一个极为深刻的分析，是一切革命者应引为警惕的。

因此，立宪派所把持的谘议局，"它在革命以前，一方面削弱了革命的力量；一方面因为要求政治改革，揭露了清朝政府的腐朽无能，反而促进了革命运动的发展。在革命以后，它虽然竭力表示是共和制度的拥护者，但是因为它和旧势力在一起形成了反抗革命派的联盟，在实际上阻碍了革命运动的发展"。在这里，作者不仅辩证地论证了立宪派和辛亥革命的关系，而且特别是辩证地论证了它对辛亥革命的反动影响。这就更使人警觉到，一切改良主义者，即使如康有为、梁启超这样的改良主义者，他们所倡导的维新改良运动，在中国特殊的历史条件下，虽然曾经产生过积极的作用，但是终究还是要成为革命的对立面以至腐蚀革命的。

革命党的政治纲领，是革命行动的指针，对于革命的发展具有重要的意义。同盟会的政治纲领是"驱除鞑虏，恢复中华，建立民国，平均地权"，这是大家都知道的。作者不是对这个纲领平列地叙述，而是对它作了科学的分析，他说："同盟会的纲领是资产阶级性质的，除了推翻清朝政府以外，还主张建立民国，并且根据孙中山的建议，增加了一条平均地权。"这就使读者一看了然，同盟会的纲领，只有其中推翻清朝政府一条，是为大家所接受而要努力促其实现的。推翻清朝建立共和政府，是那时必然的趋势，但是也有些人以为只要把清朝推翻了，就可以不管建立什么样的政府。至于平均地权，更几乎只是孙中山和其他个别革命党人的纲领。因此，这个纲领的宣传，"给人印象最深的只有两点：一是反满；一是汉族祖先的光荣传统"。事实正是这样，我们现在不管是翻开同盟会的机关报——《民报》来看也好,还是翻开宣传力最大的《革命军》《猛回头》《警世钟》和《黄帝魂》等书来看也好,这两方面的宣传文字是最多的。虽然它鼓起了革命风暴,但是它存在着很大的弱点。书中根据这一事实分析说:"反满这个口号太简单了,它把一切的仇恨集中在满族统治者身上,其中掺杂着汉族人民的种族主义情绪,而没有真正提高全国人民的民族意识。结果放过了一个真正的民族敌人——外国侵略者。同样,对于汉族祖先的光荣传统的宣传也太简单了,没有批判、反对那长时期统治中国的汉族的封建主义,这就又放过了一个内部的大敌人,也就是支持了清朝统治的汉族封建势力。"中国的资产阶级民主革命是要彻底地反帝反封建的,但是,清末的革命派把殖民主义和封建主义的压迫集中为种族仇恨,这就大大地降低了民主革命的要求,限制了革命的发展。结果就只是推翻清朝,打倒皇帝罢了。

那时的皇帝,虽然他只是一个高高在上的大废物,但是他掌握着国家机器,有保皇党和流毒了两三千年的皇权思想的维护,也不是那么容易被打倒的。书中写道:"从前皇帝自称为天子,如果有人说皇帝是强盗,可以打倒,别人一定把他看做疯子。孙中山就曾经是一个被人家看做疯子的人。相反,在辛亥革命以后,如果有人想做皇帝或者拥护别人做皇帝,一定也被看做疯子。"这种社会观念的深刻变化,正是辛亥革命的功绩。但是,辛亥革命并没有继续向前发展,在推翻清朝皇帝后就停止了,革命为什么会停止?其原因不仅是作为革命指导思想的同盟会的政治纲领不是彻底的民主革命纲领,就是连这个纲领也没有完整地为大家所接受,而且是"本来同盟会设想在起义胜利以后首先是组织军队,然后一路打过去,打到什么地方,就占领什么地方,最后占领全中国。但是武昌起义以后的情形同设想的大不相同,差不多所有的地方都是传檄而定的"。在这里,有这样两个问题：为什么武昌起义和原来的设想大不相同？为什么武昌的炮声一响许多地方就"传檄而定"？究其原因，除了革命派没有预见，想赚取廉价的胜利和清朝的树倒猢狲散以外，就是革命派害怕发动群众的深入革命和立宪派勾结反动势力抢夺革命果实所造成的。书中指出："孙中山的起义可以说都不是以在群众中耐心的工作为基础的。"这就是辛亥革命必然半途而废和招致失败的根本原因。

辛亥革命后，掀起了彻底地反帝反封建的五四运动。辛亥革命对于五四运动究竟有过什么关系？关于这个问题，许多历史论著都是没有弄明白的。作者在这本书的结尾中指出了两者的历史关系，认为辛亥革命的失败和胜利，都"使1919年的五四运动成为不可避免"。这是因为，"人们在经历了这次失败而有了觉悟以后，就要求补课，认为只有把帝国主义和封建主义打倒，中国才有出路"。并且，人们在"经过了这样一次天翻地覆的变化以后，精神上和思想上获得了相当大的解放，敢于提出辛亥革命以前不敢提出的问题，并且比较容易地接受新的革命理论"。正因为这种历史的内在的关系，特别是工人阶级的逐步壮大，所以五四运动就在十月革命的影响下开始了中国的新的革命。忽视了这种历史的内在的关系，那就不能真正地认识辛亥革命的意义，也就不能全面地认识五四运动爆发的背景。

这本书对于辛亥革命这一重大的历史事件，进行了比较扼要、清晰和深刻的分析和论述。它的特点是明显的。全书贯彻了阶级分析的原则，把这个原则渗透在对于每一史实的论述中。从这个原则出发，它阐明了辛亥革命的胜利和失败的客观规律，论证了中国资产阶级即使在辛亥革命时期也是不能担负起领导革命的任务的。它把典型的史实和对于这些史实的分析紧密地结合起来，做到了史料和观点的统一。目前我国历史界有两个相当突出的现象，这就是：许多论文只顾堆砌史料,并不根据史料提出新的观点;许多论文曲解史料,强迫它们来证明自己的观点。吴玉章同志的著作对于反对这两种现象,都是有力量的。当然,这本书并没有解决辛亥革命史的一切问题;但是,它对于我们进一步地研究这一时期的历史是一个重要的推动。

一本有价值的辛亥革命地区史料[1]

辛亥革命是我国旧民主革命的高潮,是一次全国规模的革命运动,搜集和整理这一革命运动的地区史料,从一个侧面深入细致地来反映事变的发展,是有必要的。扬州师范学院历史系中国近现代史教研组祁龙威同志等所编的《辛亥革命江苏地区史料》(以下简称《史料》),即适应了这个要求。

《史料》有40余万字,在去年纪念辛亥革命50周年中,已由江苏人民出版社印行。全书除综合部分外,以州府为单位,略按光复先后,分区编排,每篇资料均有简明题解。内容由三个部分组成:一是征访的文献,二是回忆录,三是调查材料。其中文献部分,不少是当事人的手稿、日记和档案材料,得来颇不容易。这本书的特点,是文献资料和调查材料的结合,有互相印证的好处,以调查材料补文献不足的缺失,以文献资料纠正记忆和口传可能产生的差错。这是搜集和整理近现代史资料的好办法,但要付出较多的劳力。

我把《史料》看过后,感到它虽然只是记载一个省区的活动,却在

---

[1] 原载《文汇报》1962年9月18日。

好些地方可以加深对辛亥革命全局的认识。

武昌起义后的几个月,清朝的统治顿时土崩瓦解,革命取得了胜利。人们把这种迅速的胜利称为廉价的胜利,这是对革命进行不彻底的一个严重讽刺。它的不彻底表现在什么地方呢?有一个重要方面,即那些汉族大官僚和立宪派不是真心地拥护革命,而是以改头换面的形式附和革命或钻入革命阵营,看来好像是革命取得了胜利,实际上却是大官僚和立宪派掌握了实权。江苏巡抚程德全原是一个以"愚民可恕,乱民宜惩"的阴狠手法来对待人民的正义行为的大官。他在宣统三年九月初二日(1911年10月23日)给清内阁的公函说:"自武昌失陷以后,访闻长江一带无数少年纷纷渡汉。前日上海时事报馆登载革命战败一条,即时有千百人前往攻诘。人心如此,良可慨痛!窃谓今日之大患,不患革党之猖獗,而患人心之涣散;不患武昌之失陷,而患各处之响应。"(《史料》第47—48页,以下只注页数)可是在十多天后(夏历九月十五日),这个程德全就是宣告江苏独立的都督。《史料》生动地揭露了江苏独立的草率和离奇现象,足以说明这种胜利的后果是什么。举数例如下:

今日抚辕接新印,大旗高挂,一曰"中华民国",一曰"都督帅府"。商会、自治局集议于元都方丈,签字赞成。(第117页)

次日,程德全反正,宣告独立,被推为苏军都督,通令所属遵照。各衙署佥高悬"兴汉安民"四字白旗。藩司左孝同(按系左宗棠之子)涕泣犹豫,自愿乞退;其余官吏悉仍其旧,不烦一兵,不折一矢,故各界人士俱表示同情而皆喜形于色。(第122页)

宣布江苏独立。……匆促治印,用砚石一方刻其底,文曰"江苏都督之印",诚急救章也。(第123页)

苏州光复时,没有丝毫变动,仅用竹竿挑去了抚衙大屋堂上的几

片檐瓦,以示革命必须破坏云。(第125页)

苏州独立的戏剧性,也是江苏各属独立的示范。一个辛亥革命的参加者追述昆山独立时的情景说:"方还出任民政长不久,我们即发现他不是一个革命者,而是一个反革命的家伙。逃跑的清朝知县庆多即躲在他的家里,受他庇护。他又借征收漕粮名义,加重对人民搜刮。但是,政权已在他手,我们奈何他不得,只得撤销昆山军政分府,相偕出外投军。"(第132页)又如:"吴江光复时,没有什么变动,只劈去了清朝知县的一颗印信,算是革命。"(第149页)吴江的劈印信,和苏州的挑檐瓦同样是表示对革命不能不有的破坏,然而这只是咒术表现的一种形式而已。不独江苏一地如此,其他独立各省也多与之类似。这是辛亥革命廉价胜利的最好说明。

《史料》在发掘上述资料以揭示1911年资产阶级革命十分不彻底的同时,对革命失败的根本原因——没有发动广大人民群众,也就江苏一地作了充分的反映。单以所辑程德全的《抚吴文牍》来说,从宣统二年七月十六日至宣统三年九月十四日(1910年8月20日—1911年11月6日)的88件文牍中,即满纸都是"匪警""兵民交哄""乡民滋事""造谣聚众"等字样,正是社会矛盾极为尖锐的写照。所以程德全向两江总督张人骏报告道:"迭接沪道、松江戚守、川沙成丞并川沙自治公所来电,以川民为争庙产,仇视自治,捣毁焚烧公所、学堂、绅屋,官绅被击受伤,沪道、松守派兵已到,拆烧未已,解散为难……"(第25页)这些蜂起的民变,是促使清朝统治迅速瓦解的重要力量,问题是当时的革命党人却没有去领导和组织这些力量,任其此起彼落,停留在自发的阶段。

不但如此,武昌起义后各省独立号称的革命政权,并且继续和人民处于对立的状态。当年常熟、无锡、江阴三县边境,就爆发了一次规模不小的佃农暴动——"千人会起义"。而《常熟民政署报告》,不是说要"会拿王庄('千人会起义'的重要据点)乱民",便是说"电请都督派兵解散乱民"(第192页)。这里所指的"乱民",也就是《抚吴文牍》中"兵民交哄""乡民滋事"的"民",这就不难看出革命声中的都督、民政长和清朝的巡抚、藩台并没有太多的区别。《史料》专辑的《无锡、常熟、江阴三县边区农民起义》资料,附有调查材料,很可以帮助我们分析光复后的江苏政权。

《史料》除较充分地反映了辛亥革命的严重弱点外,对江苏地区革命党人活动的事迹,如赵声在新军第九镇中的影响,李竟成的奔走联络,周实、阮式等青年革命知识分子的英勇牺牲,均收集了传记资料,以表彰他们对革命所作的努力,然而这些努力却做了汉族地主官僚和立宪派高升的垫脚石,这是当时的革命党人所意想不到的。

南京光复之役,是辛亥革命中仅次于武汉战役的一次攻坚战役,也是挽救武汉危局、迫使清帝退位具有决定意义的重大战役。过去记载武汉首义的专书甚多,积累的资料也较丰富,而记载南京光复的专著却不多见。《史料》以近两百页的篇幅汇集了南京光复的资料,并照顾到了参加南京战役的苏军、镇军、浙军、淞军(也称粤军或济军)、沪军等方面的活动,也反映了这个在当时总称为"苏浙联军"的内部矛盾,使我们对南京光复的过程和这一战役的各种关系有了较全面的了解。

由于《史料》编辑的着眼点,是围绕着武昌起义的过程中在江苏展开的活动来搜集资料的,对江苏前此的革命事迹就注意得较少了。如果把辛亥革命作为一个历史时期的资料来整理,就感到《史料》还有不足之处。例如1906年,杨卓霖等人为谋响应萍浏起义,在扬州被捕,遇害于南京,史称"江南大党狱"。杨于就义前慷慨陈词,他说:

"我是革命党,尝阅欧洲历史,知中国非实行政治革命,不足以救亡。法国卢梭云:'不自由,毋宁死!'佛家云:'众生一日不出地狱,即余一日不出地狱。'白种祸我黄种,卓霖立志保种救国,是非俟百年后史家评论。"去年董必武同志《在辛亥革命五十周年纪念大会上的讲话》中,提到史坚如、秋瑾等11名烈士,杨卓霖也是其中的一个,杨虽不是江苏人,而其活动却是在江苏,《史料》似不应不予叙列。又如"南社"这个资产阶级革命文艺团体,对宣传反清革命起过一些作用,它的活动主要是在江苏,《史料》仅在周实的记载中接触到"南社"的名称,而没有用专题收集它的资料,看后颇有阙如之感。编者曾面告我,《史料》将出续编,不知是否还可补辑这些方面的资料。

探原[1]
——《毛泽东早期哲学思想探原》读后

最近读了汪澍白、张慎恒同志的《毛泽东早期哲学思想探原》,觉得是一本好书,它的重要意义在于"探原"(以下简称《探原》)。

几十年来,我们学习毛泽东的著作,研究毛泽东的思想,都是从毛泽东开始作为一个伟大的马克思主义者之日起讲的。对于他青少年时代的活动,虽从斯诺的《西行漫记》,李锐的《毛泽东同志的青少年时代》,萧三的《毛泽东同志的青少年时代和初期革命活动》等书知其梗概,但对他早年的哲学思想就茫然了。人们没有探到河源,总不免有"黄河之水天上来"的遐想。

许多伟大革命家、哲学家在其未成熟时,并不一定有他自己的哲学,大多以传统思想和能够汲取到的片断学理来认识和观察世界。这种认识和观察,随时凭所获或所好哲理为论据,发抒己见,具有较大的偶发性和不一致性,然而又是历史的必然。《探原》揭示了这种为人们不太熟悉的历史关系。

如何探原?必须以第一手资料为凭藉。《探原》就是根据毛泽东

---

[1] 作于1988年,原载《陈旭麓学术文存》1990年版。

早年留下来的文字进行探索的,如读蔡元培所译泡尔生《伦理学原理》的批注,在湖南第一师范的《讲堂录》,给蔡锦晖的几封信和其他通讯,以及发表于湖南《大公报》和《湘江评论》的文章。前三者属手稿,为大家前此所未曾接触过的资料,后两者虽为已刊稿,但亦不常见。它们都是毛泽东青年时代思想最直接可靠的反映,远不是日后追忆或别人观察一类文字所可比拟,确实做到了取材于原。

从这些原资料中真实地体现了早年毛泽东的思想及其多样性:(一)有来自四书五经的孔夫子的道理;(二)有顾炎武以来倡导的"经世致用"思想;(三)有尚在流行的康有为、梁启超的变革思想和"三世"说;(四)有通过梁启超的论著和严复的译书以及《伦理学原理》《物种起源》等书,得窥达尔文进化论、康德哲学和其他西方社会政治学说,包括无政府主义,等等。毛泽东在求知欲极为强烈的成长年代,博采这些中西思想,作为他思辨和发议的契机。所以书中指出毛泽东早期的认识论思想有唯物主义和唯心主义两种倾向,唯心主义倾向主要渊源于宋理学和康德的先验哲学(经由梁启超等改制过的),唯物主义倾向则是继承了明清之际经世致用之实学。又说:"青年毛泽东虽然从梁启超和泡尔生等人那里接受了康德的某些影响,并认为是心物二元论者。但他断言精神的'宇宙之真理'是世界的本原,这却是按照客观唯心主义的观点对哲学问题所作的回答。"诸如这样的论断,书中都不加回避地作了如实的反映。

"五四"前夕的这些思想,是青年毛泽东在寻求宇宙的"大本大原"的历程,随后成为他在思想飞跃中唾弃的东西,当然唾弃时也有保留。

"五四"是毛泽东由思辨哲学向革命实践哲学的过渡。书中说:"毛泽东接受了'五四'思想解放运动的影响",这里所用的"接受了"

三个字很贴切,那是说"五四"开始的新文化运动,毛泽东是个接受者还不是倡导者,但他很快跨到了时代的前哨。当年7月发表的《民众的大联合》,他一下子从"表现自我"的英雄主义推向了"民众的大联合",必须"踏着人生和社会的实际说话",歌颂了俄国十月革命的胜利是迎接马克思主义的准备。1920年冬至1921年春,他就向马克思主义迈开了步伐,与别人不同的,表现了理论与实践相结合的特色。

《探原》对于研究毛泽东思想的贡献在于:(一)紧紧地抓住"辛亥"至"五四"中国各种思潮的影响和毛泽东的早年活动来探讨他的哲学,是放在一个时代里进行探讨的;(二)对毛泽东在"五四"中的转变也是如实地反映的,是历史地科学地进行论证的。所以这本书为我们研究毛泽东的早期思想开辟了境界,是以严格的历史唯物主义准则来论证一个伟大人物的早期思想的。

献给上海文化发展战略的书[1]
——评《上海近代史》上册

继上海经济发展战略,上海文化发展战略也提上了日程。市里已在探讨和部署文化发展战略。建设现在与将来,都要了解过去,知道昨天和前天。因此,无论上海的经济发展也好,文化发展也好,都有必要掌握上海的历史,而且编撰上海史也是上海文化发展战略的必要课题。现在,刘惠吾同志编著的《上海近代史》上册出版(华东师大出版社)了。

那是70年代初期,我们一些人刚从"牛棚"里出来,不去打扫校园、打扫厕所了,有了时间想做点事,虽然都因文字吃过苦头,但是知识分子离开文字又能做什么呢?我和刘惠吾同志谈起:过去我们只有上海县志,上海史都是一些外国人写的。我们自己将来总得编撰上海史,何不利用现有的时间看书、做卡片、编上海大事记,为写上海史做准备。"文革"的噩梦过去之后,1977—1978年,我又为编撰多卷本上海史作过设想,开过讨论会,得到不少同志的赞同,终因好事多磨,呐喊了一阵,没有走出实际的一步。刘惠吾却在默默地工作

---

[1] 原载《解放日报》1985年9月9日。

着,日积月累地写卡片,随后带同青年教师、研究生一起耕耘上海近代史。

应该写成怎样的上海史,我们一再商讨过,有两点大家的认识是一致的:一是不要写成用近代史的框架嵌入上海史事的上海史;二是不要只写侵略与反侵略的上海人民斗争史,应该就上海各个领域的变化发展,写出内容丰富而有个性的上海史来。这是针对多年来史著的公式化而发。刘惠吾在其《前言》中也说:"上海近代史应当比较全面地反映外国殖民者和国内各种政治势力在上海进行的政治、军事、经济、文化等方面的活动,而不应当简单地写成租界史,尽管租界在上海史中占有特殊的重要的地位。上海人民斗争要突出,但也不能把上海史写成革命史。"从已出版的《上海近代史》上册中,不难看出作者是在努力实践自己的诺言的。

(一) 从文字到结构都有其优点,有较大的可读性。全册按史事的顺序演述,其间有合理的集中和穿插,有似川流的回环起伏,不显呆涩。随同上海开埠而来的租界这个怪物,分见于第二、第三、第四、第七各章,而第四章则以全章的文字谈租界的构成和扩大,点面结合,把租界放在上海开埠后半个多世纪的演变中写,给人以清晰的轮廓,也给人以可憎的面貌。可以说是多年来近代史著中对租界写得较成功的篇章。上册截止于辛亥革命失败,不同于革命史之以"五四"为分界线,反映了上海在辛亥革命时期的变端,皇帝权力的结束和上海城墙的拆除,自有其阶段性可循。

(二) 全书仍是以政治为主线,有强烈的爱国感情。但它是连同军事、经济、文化等方面来表述的,并触及了社会生活与风尚,内容就不单一而较为丰满了。近代中国的新事物,许多是从上海开头的,可以数出许多第一个来。书中大都说到了。第四章《近代企业的产生及其初步发展》和第七章《民族民主运动在上海的兴起》，较多地说了这个方面的内容。这就不难看出上海曾经是带动近代中国社会新陈代谢的纽带。

（三）上海是个畸形的大都市，《前言》一开始就写了大段很形象的话。其中说："它是富人的天堂，又是穷人的地狱；它是繁荣的，又是贫困的；它是保守的，又是进步的；它象征着黑暗，又孕育着光明。"这几个正反面对比的连续句，刻画了近代上海的特征，书中各章也相应地展示了这些矛盾的场景。如果说小说《子夜》曾经从一个横断面典型地写出了上海的繁荣与贫困、光明与黑暗的话，《上海近代史》的作者则力图以史笔从各个领域剖析上海的畸形。但我们不能全然地把旧上海看作罪恶的渊薮，它孕育的光明正是后来克服黑暗的力量。

由于上海在近代中国，比其他任何一个城市或地区都复杂而特殊，它积累的公私档案和有关书刊资料，浩如烟海，而且汉文外，还有英、法、日、德、俄等国文字的大量文书，大多未经整理，查阅非易，使用更难。30年代，柳亚子主持上海通志馆，断续地工作至抗战胜利之后，整理和刊印了若干资料和论著，通志未竟全功而中辍。刘惠吾在教学之余和几位青年同志，就自己掌握的上海史料和形成的概念编出纲目，然后按纲目搜集资料，分题编写。因此，还不能完全做到从上海自身显示的脉络，结合近代中国的历史进程安排，有些章目仍是从一般到特殊，如《太平天国时代的上海》《辛亥革命在上海》等，还跳不出近代史的框架。

书中对某些事情的叙述，基于已有的先人的论断，没有去探索它产生的实际效果。如《殖民者的文化侵略》一章，说了外国传教士为了传教，在上海设医院、立学堂、译书办报，进行种种文化侵略。但这又是一种对文化的传播,西方的资本主义文化往往是通过这样的途径来传播的,如傅兰雅主持的《格致汇编》,主要介绍科技知识,很少涉及宗教。史著不应忽视这样的历史状况。江南制造局附设的译书馆,是一项开发智力的事业,华蘅芳、徐寿、徐建寅等科学家付出了很大的心力。据宣统元年(1909)所刊的《江南制造局译书提要》,共收译书150余种,大多数是科技应用书,也有一些基础理论和政学一类的书,它们曾经启迪了封闭的知识界,其中如《谈天》《地学浅释》《金石识别》等书且有较大的影响。本书习惯地视此为地主阶级与帝国主义勾结的产物,把它置于《殖民者的文化侵略》之下,仅寥寥数行带过。只顾历史的逻辑,不问逻辑是否合乎历史,这是史学界多年存在的通病,贤者亦不免。

编撰一部完整的上海史,是需要一些条件和较长时日的。刘惠吾同志带同几个青年在不太长的岁月内,对上海史的研究取得的这个成果,已是很不容易的了,应该受到尊重。不幸的是,在《上海近代史》上册定稿付印、下册还在编撰中,刘惠吾竟于今年1月病故了。下册尚有待于继续完成,以竟刘先生未竟之志。

编撰上海史是实现上海文化发展战略的一项历史任务。此前,1980年已出版了吴贵芳同志的《古代上海述略》,连同这部《上海近代史》,对古代和近代的上海,已有了我们自己勾勒出来的蓝图。并且,上海社会科学院历史研究所经过多年的积累和实践,他们编撰的上海历史大事记和五六十万字的上海史,闻已在定稿中,不久将与我们见面。这对研究上海史和实现上海文化战略都是喜讯。在这个基础上,怎样进一步编撰详尽的多卷本上海通史,让上海敞开胸怀,倾诉它过去的一切,供各条战线上的人们考查和咨询,从中得到有用的东西。要实现这一要求,须认真做好两件事:一是分别整理、编辑各个领域和行业的文书档案资料;二是开展上海历史上的各种专题研究,写出论文。这两件事近年虽已取得不少成绩,但仅是开端。多卷本的上海通史必须是在做好这两件事的同时去完成,它亟待上海有关领导的关心和扶植。

实笔写真人[1]
——读《蔡元培传》

最近,我受赠并阅读了两本《蔡元培传》,一本是周天度同志撰著、由人民出版社出版的;一本是唐振常同志撰著、由上海人民出版社出版的。两书对蔡氏的一生及其在政治和教育文化上的辉煌业绩,都作了认真而各有见地的阐述,对研究近代中国民主革命和教育文化变革的历史大有裨益。这里,我不准备作对比评介,只就唐振常同志的《蔡元培传》(以下简称《蔡传》)写点读后感。

蔡元培是辛亥革命的倡导者,一生经历了清季和北洋军阀统治、国民党统治的三个时代,他是一个从传统教育中来而最能走出传统教育的人,是一个从民族革命起步而最为笃信民主自由的人,尤其在教育史上载享盛誉,是近代中国首屈一指的民主教育家。他在几代知识分子的心目中是一个近于完备的形象,但他的理性主义不无空想,在暴风雨中也迷过路。所有这些,《蔡传》都作了由表及里的评述。对疑案和重要环节的考订和剖析,尤具知人论世的功力,且举两例:

---

[1] 原载《文汇报》1986 年 4 月 22 日。

第一,20世纪初年在上海发生的苏报案,蔡元培、章太炎、吴稚晖等都是当事人,章挟嫌猜疑,认定吴向奉派来沪查办此案的俞明震告过密,致使他与邹容系狱。为此,吴同章反复辟难,互相诅诋,蔡元培据事说理,为吴辩白。但多年来的史著,涉及此事大都右章而左吴,对蔡的证词漠然置之。1981年辛亥革命70周年纪念,电影《革命军中马前卒邹容》放映,吴稚晖无耻"告密"的形象更深深地印入人们的脑际。为了解开这个历史之谜,唐振常同志据理原情,写成《苏报案中一公案——吴稚晖献策辩》长文发表,考证了吴稚晖不曾告密。在《蔡传》中又着重说明了事情的原委和蔡元培的方正态度,并认为吴稚晖在当时还不失为一个革命者。这不是有爱于吴稚晖,而是尊重历史,更不是推及吴稚晖的全部历史,而只是澄清一桩疑案的真相,并为严肃地对待史事提供了一个范例。

第二,上文说的蔡元培迷过路,是指他1927年参与清党一事而言。有个时期,因蔡元培是一个有很大影响的人物而不敢去多碰此事;而在近年发扬民主、反对极"左"思潮的新形势下,蔡元培受到了应有的推崇,他的塑像巍然屹立于未名湖畔、黄浦江滨。然而贤者为尊者讳,有些论著又在回护或隐去其过失。《蔡传》的作者抛开了这种违反历史的伦理观念,如实地道出:"清党案的主动者及首要人物,自然是吴稚晖,而元培并非纯出于被动","是一时的失误"。正如柳亚子说的蔡先生"人是好极了,但清党之祸,他也参预其间"。没有过失的好人是少见的,不讳言才有信史。基于这种观念,传中引述了1934年香港《平民日报》载文为蔡元培参与清党辩解,蔡元培见了,即在报上批道:"此文于我多恕词,而于稚晖多责备,不知何人所著",这条资料引得很好,它反映了历史的真实,反映了蔡元培的真实,也反映了作者求真的史识。

上述两例,一是对事的求真,一是对人的求真,通过这两件事的详析,蔡元培不苟的品格跃然纸上,他既严正地对待别人的是非,也不愿曲恕自己的过失,蔡元培是个真人。

求真是《蔡传》的基调,也是《蔡传》的最大优点。蔡元培在民元教育总长任上的建树,久为世人所称颂;在出任北京大学校长时,学术上"循思想自由原则,取兼容并包主义",开创一代学风,为传播马克思主义开了路,更为世人所称颂。其中也有个实事求是问题。传中指出蔡元培的"兼容并包,实是容纳一个古今中外"。他曾被北大同事称为古今中外派,这是近代中国对待学术文化应有的浩瀚胸怀。但是,蔡元培欢迎马克思主义并不了解马克思主义。他曾经说:"研究马克思,不必即信仰马克思。"他呼唤"劳工神圣",却在滚滚而来的工农运动中迷了路。如果讳言这些,那就未必是真蔡元培。

蔡元培是个通人,不是一个粹然的学者,他修身济世都见之于行事的深切著明,彰彰在人耳目。他对哲学、伦理学有研究,更提倡美育,满怀改造社会的素志。他受"西洋社会主义家废财产、废婚姻之说"的影响,1904年写了《新年梦》小说以见意。1912年他和别人组织进德会,以不狎邪、不赌博、不置妾、不做官吏、不做议员、不吸烟、不食肉为戒约,亦称"八不会",随之又扩大组织社会改良会。1921年著《美育的实施方法》,主张从胎儿起在那时的中国普遍推行美育。《蔡传》一一陈述了这些内容,从中可以窥见蔡元培的心灵,他亟欲改变社会的不良风气,使中国进入了一个完美的境界。但多是脱离实际的,有的是空想、却又是他的理性主义的闪光,使他入于国民党而能走出国民党的法西斯统治,与宋庆龄等组织民权保障同盟,成为共产党人的好友。

写传记贵于把人写出来。《蔡传》把蔡元培这个人写出来了,写出了他的生平,写出了他的形与神。写生平、写形不难,写神却很难,而神从形出,即从事出,只有懂得这个人的全体,把形或事写好了,才能体现神。《蔡传》从求真出发:(一)严肃地对待史事,悉心考订;(二)不讳言、不回避,正视是非;(三)就事态的发展,历史地辩证地理解问题。所以,《蔡传》能从形或事中衬托出了蔡元培的神。

微感不足的是,尚有应写的内容没有写到,显示了事业上的蔡元培、生活中的蔡元培着笔不多,读起来也略有不够明快之感。然书的特色,是以实笔写真人,排除了论人的偏爱偏见,将使读者从书中看到一个真蔡元培。

散文·时论

众里寻他千百度[1]

作为一个知识分子,无日不在读书,晚间上床得看一阵书,半夜醒来也还会扭开灯看书。这叫作"读书成癖"。"癖"也就是爱好。

读书历来有精选和博览两途,从而造就了专攻和通才两类人。其实,许多大学问家常常是兼而有之的,他有精研的书,一生受用;也博览群籍,无所不读。因为任何学问都须专攻才有成就,任何学问又是和许多学问互相联结的,不广窥就难以豁然贯通。

我好读书,好书读两三遍,未必做到精选,读得广一些也谈不上博览,只能说有这两个愿望。

哲学、文学、史学及其他社会科学的书,我都欢喜读,当然不是漫无归宿。读马列,读有关理论的书,希望从中得到诱导和启示;读史书、读近代史,是我的专攻领域;读其他社会科学诸书,意在开阔视野;读诗词,读文学方面的书,或基于兴趣,或出于对社会的探索;杂七杂八的书我也读,其中常有你需要而在别的书中得不到的东西。

认识历史,阐明史事,是研究历史应有的职能。然就史说史,并

---

[1] 原载《新民晚报》1986年5月6日。

不能得出完满的答案，必须有理论思维，辩证分析，才有可能进入深化的考察；历史是具体的、生动的、复杂的，讲历史、写历史要给人以形象感，也需要形象思维，而这两种思维方法，从史著和史料中得不到满足，要从哲学和文学书中去摄取。

近代社会生活远比古代社会宽广，要了解事件的脉络、人物的功过、社会的风貌，单凭已有的历史著作很难窥其全貌，更需要广征博采，从你专攻的视野之外获得视野之内的营养，这是很重要的，任何学科都不能没有这种追求。

读书是积累知识，也富有生活情趣，读到会心处你会发出笑声，读到动情处你会冒出泪花，读到邪恶处你会愤慨不已，笑声、泪花、愤慨反映了书的感染力，有感染力的书是人们最喜爱的书，但不能停留于这种感性的激动，要思索其所以然。读书的真正价值和最大乐趣，是经过艰苦研究得来的东西，当你多年没有获得的知识一旦获得了，多年没有弄懂的问题一旦弄懂了，你就会大乐，没有原先的艰苦就享受不到大乐。

学问，只有执着地"众里寻他千百度"，才能出现"蓦然回首，那人却在，灯火阑珊处"的境界。

湖山情思[1]

衡山、岳麓、湘江、洞庭,故乡这些名山胜水,是天下皆知的。我在青年时代,常徜徉于湘江之滨、岳麓之巅,山上的森森古木,江中的争流百舸,是多么熟悉。我原名修禄,嫌太俗气,十几岁时到长沙读书,改名旭麓,名字与岳麓山也发生了联系。可我多次从衡山脚下走过,却没有去爬祝融峰,我在离洞庭湖不远的长沙生活了好几年,也没有去湖上泛舟。

后来的几十年,奔驰在外,湘江、岳麓始终好像亲人的身影,萦绕胸际。岳麓山的云麓宫一副对联:西南云气来衡岳,日夜涛声下洞庭,曾成为我梦魂中追踪衡山、洞庭的向导。我也每每从地图上、游记里和诗词中贪婪地领略衡山、洞庭的风姿。

童年,常听长辈说某某"出湖"了,那是说他有了出息,出了头。但不明白为什么要叫"出湖",词源何来?过了许多年,才知道"湖"是指洞庭,"出湖"就是出洞庭湖,"洞庭波送一僧来",八指头陀出了湖;《洞庭波》杂志创刊,湘籍留日学生出了湖,湖南的名山胜水,就是

---

[1] 原载《湖南日报》1986年5月18日。

这样鼓舞着她的儿女前进。可我从没有出过湖,不识洞庭的真面。"玉鉴琼田、田三万顷","表里俱澄澈",张孝祥的《过洞庭》词,徒令人神往。

1983年,我由上海去长沙参加全国史学规划会。会后,和戴逸、李侃同志等研究近代史的友好游览岳阳楼,渡洞庭,登君山,第一次到了湖上,景象万千,八百里洞庭尽收眼底。然我已不是出湖的壮士,而是来湖观光的垂暮书生了。

波涛滔滔的洞庭湖中长出一座婀娜多姿的君山,是自然界的神奇赐予;山间的二妃墓、柳毅井和许多诗碑,又给大自然嵌镶了多彩的人间情思,谁不心醉。一块碑上刻着一首宋人的绝句:

　　曾于方外见麻姑,听说君山自古无。
　　原是昆仑一片石,海风吹落洞庭湖。

四句诗浑然一体,描写了一个美丽的神话故事,一如君山之出自天籁。我被它吸引住了,低回吟诵,但颇怪诗人不晓地理方位,"海风"从东南方来,昆仑山的石头只会被吹落到遥远的西北,哪会倒落在洞庭湖,应改"海"为"天","天风吹落洞庭湖"就不背方位了。

名山从来多胜迹,也从来有名产。君山茶是脍炙人口的,到了君山,不能不喝君山茶。我们相率步入茶楼,两角钱一杯,各人泡上一杯。但这不是从前贡给皇帝的君山茶,皇帝喝的君山茶叫银针,山上只有小块土产这种名贵的茶,原来年产仅几斤,现在增产了,一年也不过产50来斤。每杯两元。服务员这样介绍。于是,我们要了一杯银针作公茶,放在台面的中央,有似"井田"中间的"公田"。开水冲入高玻璃杯中,茶叶一片片竖立起来,仿佛一丛银针,茶水随呈嫩黄色,直可呼之为"洞庭早春"。大家泼去各自杯中的茶水,分倾银针品尝。几年过去了,偶一回味,齿颊犹留余香。

人对哺育了他的土地,到老不能忘怀。尽管年光流逝,趁腿脚尚健,一有机缘,当再渡洞庭,品茗君山;还想攀登祝融峰,以偿平生未了之愿;也很向往张家界的千岩万壑。我爱故乡的名山大川,更爱那里的土丘小流,土丘小流有着丰富的生活,还有自己童年的足迹。

不必眉毛胡子一把抓[1]

我最近在思考,现在我们出版了这种丛书那种丛书,是不是可以出一部海派丛书,这套丛书的第一本就可以写刘海粟。20年代,刘海粟提倡裸体模特儿,这是件大事情,是件开风气的事。在中国要开一点风气,真是不容易的。

刘海粟敢于开风气是60年前的事,但现在刘立勤的事情发生,说明现在那种阻力、那种余毒依然还有很大的残余,也反映了我们社会观念和思想观念的变化,步子比较缓慢。虽然在封建社会中生活的那一辈人不存在了,但我们的老祖母、老祖母的老祖母传下来的观念和这种观念形成的评判尺度,在一定的气候和土壤的条件下,这些东西就依然会冒出来。

对裸体模特儿,现在开个座谈会是有必要的,我看现在公开反对人体模特儿的人不会太多了,问题在于当这种事情具体地出现在我们身边,比如讲担任裸体模特儿是自己的学生和自己的女儿时,恐怕就很不容易扭过来,这就是旧观念在作怪。这些旧的观念平时似乎

---

[1] 原载《中国电影时报》1987年8月29日。

是看不见的,但深深地潜藏在我们的内心深处。所以我们要变革我们的思想观念,属于应当改变的就必须下力气去加以改变。我们也大可不必因噎废食。比如不能一反资产阶级自由化,就连自由、民主也扔掉。要保护健康的、好的东西。不管怎样,我们应该清醒地意识到:尽管我们生活在 20 世纪 80 年代,但好些观念还停留在中世纪,这是值得警觉的。

20 年代刘海粟有这样的勇气,蔡元培敢于出来支持刘海粟,当时社会封建势力很强大,与现在是不能相比的。我们今天呢,勇气反而不足。对这种现象要敢于批评,当然要讲清道理,不是简单指责某些人。刘立勤和她的女朋友,可能受到周围一群人的影响,社会有些喊喊嚓嚓的话,很影响人的。

去忌讳[1]

在新时期里,哲学、社会科学理应有所前进,有所发展,事实上也确在前进和发展。前此停摆了的学科,如社会学、人口学、法学等经重建后已有了新的推进,在经济学这个领域里随着改革、开放已有了新的开拓,哲学也扩大了本本的范围并较多地引向了实际的新探索。这些变化既来之不易,又感到它与新时期的发展很不相称,许多客观事物得不到理论的解答,许多需要尽快研究的问题仍踌躇不前,它远不及科学技术的有破竹之势,也不及文学艺术的活泼跳跃,理论落后于实际,落后于形势。

其中的一个重要原因,我以为哲学、社会科学还没有从被束缚的重重禁忌中解放出来。

由于历史的现实的诸矛盾,在我们的伟大改革事业中免不了政策上有这样或那样的摆动,摆动的本身应该是促进哲学社会科学研究的动力,然而不然,一有摆动就出现禁忌,或者不禁而忌。几年前,我给研究生讲课时讲了洋务运动是中国近代化的发轫,我生怕太冒

---

[1] 原载《学术月刊》1987 年第 9 期。

失,在主编的《近代中国八十年》中就把这个论点缩回去了,退藏于密。今年春上反对资产阶级自由化,旨在清除那些干扰我们的社会主义事业的资产阶级自由化细菌,不知怎的,可贵的自由和民主也成了报刊上的忌讳之词,有篇关于民主史的书评打了小样因而停发。阿Q头上长了癞疮疤,听到说光说亮就有点愤愤然。前些日子,我去宁波,车过绍兴,忽然冒出了两句诗:"昔年阿Q今何似?欲起九泉问迅翁。"

禁忌或忌讳,由来已久,科学与民主破了许多禁忌或忌讳,但它来自社会生活,有点传统的老资格,并不是那么容易请出去。有时禁忌带上一点政治色彩,就像长了翅膀一样,悄悄地飞入人们的思想,成为一种不言而喻的保险信念。上半年,我原先收到了好些学术讨论的开会通知,有曾国藩讨论会,有胡适讨论会,有中国政治制度史讨论会,有租界讨论会,等等,到期消息沉寂了,或者来了一个没有期的延期通知(现在听说都有期了)。这些论题有的本来是有点忌讳的,有的本来是无须忌讳的也产生了忌讳。譬如政治制度史是怕涉及政治制度改革。租界何以也会忌讳起来?因为租界早有定论——"国中之国""帝国主义的吸血管",这是千真万确的,现在说租界也有两重性,太不可思议了,这种有声或无声的感染,于是就成了忌讳。其实,就《共产党宣言》和马克思对英国统治印度的论述来认识,租界并不是没有两重性。但是,我们在反帝反封建的革命岁月里,耳闻目睹的租界,除了反动还是反动、罪恶还是罪恶之外,别的什么也没有,一听说有两重性,难免不翘胡子。租界到底只有一重性还是有两重性?拿出来讨论讨论,有什么不好?我想,马克思主义是不应忌讳的。

我国建立的社会主义体制无疑是社会主义的初级阶段,是共产主义初级的初级阶段，它虽已历38年，但38年在从社会主义到共产主义的长时期里只是一瞬。最近重申初级阶段和大力发展生产力的论断，是从伟大的胜利后经历严重的失误取得的认识，这个认识的重要性在于，它告诉我们在社会主义的初级阶段，要发展生产力，要完善社会主义体制，有许多事要做，为期不是太短暂的。无可非议，也无可忌讳，我们在坚定走社会主义道路、完善社会主义制度的前提下，要利用或借鉴资本主义的有益的东西，不仅是生产技术、管理方法，也有文化设施，拿过来，为社会主义所用。我们正在这样做，也不要讳言这样做，讳言徒滋疑惑与格阻。过去，我们为了划清社会主义与资本主义的界线，要粉碎资本主义的国家机器，建立一个纯之又纯的社会主义体制，事实上每个阶段对前一阶段的历史都是在不同程度地既否定又汲取（或保留）的辩证关系中前进的。本来在《哥达纲领批判》里马克思就明示了社会主义初级阶段存在资产阶级法权，我们曾经主观地要急于达到共产主义，割资本主义尾巴，对资产阶级法权进行这样和那样的解释，来适应自己的臆愿。因为历史的进程，只有在社会主义熟透了进入共产主义后，人们才能由必然到自由。

对于哲学社会科学的发展与创新，要在改革、开放的道路上学习和发展马克思主义作多方面的努力，我以为首先是要去忌讳，要有一个畅所欲言、下笔无碍的宽松环境。

发挥史学家的良知[1]

近年来,史学界面临危机的议论很多,我不认为史学如同政治、经济那样出现危机,但有盲目性。主要表现为三多:(一)机构多,史学系科如研究室、所重叠,与需求不对口;(二)人员多,从事历史教学和研究的教师、研究人员在许多单位已到饱和点或超员,每年又有许多新的毕业生等待分配;(三)书稿多,历史著作和论文出版发表都很困难,大量退稿。这三多在一定程度上也是三溢。另一方面,很多问题却没有人去研究,或者力量薄弱。

但是,史学面临的最大问题还是在社会上对它失去信任。过去搞极"左",根据政治需要捏造历史、曲解历史,败坏了史学的声誉。史学应当是信史,失去"信",便失去价值。一些青年怀疑历史,在他们的心目中,信史也成为不可信了。历史科学,在历史唯物主义指导下应当是最科学的,却落到最不科学的地步。意识到这种矛盾,表现了近年史学的反思。

要完全改变这种情况,应发挥史学家的良知。史学家的良知是

---

[1] 原载《史学理论》1988年第4期。

写信史，说真话，实事求是。实事，是指客观事实；求是，是说明事实。事实一定要客观、准确，这样，说明才有可靠的基础。在过去一个时期里，我们写历史，往往只考虑符不符合某种政策的需要。呼吁民主和科学，不是服从民主和科学，而是要民主和科学服从我们的政治愿望。所以史学家不要为历史现象所迷惑，不要为议论家所作弄，而要有一双治史的眼睛，不但要看到客观事实，还要能说明为什么会这样。

史学家的良知也表现为对社会的责任感，要了解和掌握历史的实况。我们过去从政治方面研究历史，更重要的，还要从社会领域掌握和研究历史。我们要认识国情，首先要认识中国社会。从这方面讲，我们的认识还是非常不够的。中国封建社会建立在小农经济的基础上，我们过去只谈反封建，没谈改造小农，而将小农作为革命基础保护起来。这使我想到《山海经》里有个叫"刑天"的怪物，脑袋被砍掉了，可它两乳变成双眼，肚脐变成嘴巴，两手仍挥舞起盾斧。中国社会，封建的脑袋被砍掉了，可小农经济并没得到根本改造，它仍在分泌封建的汁液。我们要加强对中国社会的认识和研究。

史学是知识的海洋，包含了人类社会各种各样的知识，可我们有些史学课、史学书说教多，知识少，所以学生不爱听、不爱看。人们希望从史书中得到知识，得到认识和解剖历史社会的知识，我们却不能满足他们这种要求，只是一些"大学之道，在明明德"的说教，不能给人以真知，反而使知识模糊。说实在的，由于数十年的封闭和偏枯，我们这一两代人的知识储备、知识结构都不能适应改革开放后人们对历史知识的要求，所以在历史领域中，我们在许多方面还需要补课，发挥史学家的良知。

史学的苦恼[1]

史学最大的苦恼,是失去了读者和知识界对它的信任。

这次来北京,一位交大教授和我同一个包厢,互相攀谈中知道了彼此的专业。他问我,你们历史系今年的毕业生和研究生能分配得出去吗?又说现在揭出来的苏联历史是一片谎言,中国的历史书不会没有受到影响。他对历史的真实性大摇其头。我说,我们正在改正前些不切实际的历史,历史的谎言也是一种历史。

这些年来,对史学的不信任不是少数人的感受,而像流感一样,带有普遍性。试看新华书店的新书预订,订数最少而被迫停印或退稿的,史学稿子占的比重最大;青年知识分子对港台和外国出版的历史书的兴趣远远地超过了对我们自己出版的历史书。一个主要原因,是我们的历史著作不能反映多彩的历史面貌,不能满足当代青年的知识要求,甚至觉得历史书上所写的同他们自己直接的感受并不一样,产生了怀疑一切的情绪,即使是信史也不信了。这是我们以信仰主义的主观逻辑代替了历史的客观逻辑造成的结果。几十年的单

---

[1] 原载《史学情报》1988年第4期。

一化,使我们一两代人的知识储备、知识结构均不能适应当前的要求。

为什么我们自诩为最科学的历史观走到了最不科学的境地?最重要的一条,是我们没有学术民主,定于一尊,要"一"不要"多"。一本书、一篇文章,要经过重重关口,"雪拥蓝关马不前"。至今我们还可以经常听到"请你把关",学术活力、意志自由都被"把关"把死了。没有民主的土壤,很难开出科学的花朵,开了也是会枯萎的。马克思主义是一门最大的科学,它本身就是在争取民主中发展起来的。

在中国,追求科学和民主的道路是很艰难的,相比起来,民主的步履更艰难。中国没有因提倡科学而杀头的,为追求民主而杀头的就多了。没有民主的气氛,史学是很难成为科学的,因为它不可能做到实事求是。很多时候,我们不是服从科学和民主,而是要科学和民主服从我们,所以,我们的史学失去了读史者的信任。

史学改革主要是观念和方法上的改进,要多一点科学性,多一点民主性。民主不只是期待,解放思想就是对自己实行民主。除了史学工作者应有这种自我要求外,也应要求在史学活动中发扬组织上的民主,中国史学会是一个全国性学术团体,一切学术机遇应从狭小的圈子里走出来。

答《历史学习》十问[1]

一、您研究历史的目的：

起初把治文史当作谋职业的手段，读书只为稻粱谋，后来慢慢触摸到了史学与政治、社会的关系，倾向"以史经世"。

二、您认为史学的主要功能：

一是通古今中外之变的理论功能，二是提供或回答具体史事的应用功能。

三、您认为学历史的最大益处：

明晓事物的由来，知其所以然，发挥个人的社会作用。

四、您认为不学历史的最大害处：

缺乏历史知识的行为是盲目的，盲目性给个人和社会都会带来损害。

五、您的治学态度：

不为历史现象困惑，不为议论家捉弄，要有一双治史的眼睛。

---

[1] 本答问原题为《当代史学家答本刊问》，刊于《历史学习》1988年第3期。

六、您最不赞成的治学态度：

食古不化和随意附会。

七、您最推崇的历史学家：

对当代史学家，我推崇翦伯赞的辩证思维和顾颉刚、罗尔纲的考订。

八、您最喜欢的一部史学著作：

翦伯赞：《对处理若干历史问题的初步意见》。

九、您向青年推荐的一本历史书：

有很多比较好的历史书各有短长，突出一本就为难了。

十、您目前感兴趣的历史问题：

从"文革"后的"反思"中触发的有关文化史和社会史诸问题。

索引

人名索引

（按汉语拼音排序）

A

安彝鼎 592

B

白居易 398,399
白克兰 26
白逾桓 265,271,288
柏格森 130
班固 208
包世臣 25,445
鲍罗廷 337
彼得大帝 116,151,401,425,530
彼尔斯特基 565
边沁 108,117
伯伦知理 108
伯夷 414

C

蔡畅 337
蔡东藩 351
蔡端 351,440
蔡锷（松坡、蔡将军） 349,351-355,423,437,438,440,441,448
蔡和森 318,359
蔡子民 312
蔡锦晖 607
蔡钧 165,182,215
蔡上翔 409
蔡廷锴 372
蔡寅 237
蔡元培 125,165,167,182,190,191,216,230,238,283,291,308,309,312,313,439,450,524,556,607,614-617,627
曹阿狗 244
曹操 406,408,410,415,416,427
曹锟 346
曹雪芹 5,14,388,420
曹亚伯 241
查理大帝 390
车尔尼雪夫斯基 259
陈伯达 412
陈布雷 376
陈炽 33
陈楚楠 232
陈德禾 578
陈鼎 35,36
陈独秀 318,357,358,360,362,366,367,438,449,510,519,581
陈范（梦坡） 195,217,230,231
陈恭受 337
陈奂 6
陈焕章 124
陈炯明 268,289,303,305,334,

335,337,338,342,343,461,
464,592
陈立夫 534
陈廉伯 320,337
陈其美(英士) 169,274,277,289,
290,567
陈虬 511
陈三立 525
陈涉 151,153,156
陈胜 49,253,388
陈守实 409
陈树人 375
陈天华 139,184,199,218,222,
241-263,265,287,295,296,298,
448,579,592
陈锡祺 554
陈衍 172,525
陈毅 359,360
陈翼为 510
成田安辉 180
程德全 84,602,603
程恩泽 525
程克 292
程伊川 106,107
程婴 131
褚民谊 368
慈禧 69,91,93-95,98,99,163

戴传贤 370,371
戴东原 106,409
戴季陶 517
戴家祥 499
戴逸 479,624
戴震 162
但丁 3,449
道光(爱新觉罗·旻宁) 411,446,
550-553
德馨 217
邓力群 433
邓颖超 337
邓泽如 336
邓中夏 338,339,465,585
狄平子 114
笛尔加莎 130
笛卡儿 108
丁宝桢 176,177,205
丁槐 353
丁玲 356,364,582
丁名楠 431
丁日昌 68,74
丁韪良 500
董必武 438,605
董翰 74
董仲舒(江都) 106
杜甫 398-400
杜如晦 277
杜月笙 344,347,348,518
端方 115,231
段祺瑞 171,305,309,372
段玉裁 40

D

达尔文 108,250,607
大刀王五(正谊) 154
大禹 237

E

鄂芳　210,211
恩格斯　3,9,26,43,191,257,298,395,402,418,530

F

樊增祥　354
范滂　403
范文澜(范老)　28,90,393,429,430,445,473,488
房玄龄　277
腓力特　116
费成康　548
费尔巴哈　298
冯芳缉　31
冯芳植　31,32
冯桂芬(林一、景亭、冯宫允)　16-32,34-36,38,40-43,175,471,483,522
冯士钵　550
冯世澂　31
冯友兰　31
冯自由　114,320,336,342
福禄特尔　179
傅兰雅　159,612
富明阿　48

G

高攀龙　403
高天梅　489
高学治　162
戈登　152
公孙杆臼　131
宫崎民藏　267,565
宫崎滔天　267
宫崎寅藏　565
龚自珍(瑟人、定盦、巩祚)　3-15,17,18,20,21,27,40,449,515,522-524,551
古柏　198
古川清　271,288
古纳(J. Goodnow)　196,197,231
顾长声　501
顾颉刚　636
顾炎武　19,25,106,161,162,607
关羽　427
管仲(夷吾)　277
光绪(载湉)　90,99,116,166,230,232,233
郭沫若　62,408,412,430,538
郭嵩焘　68,446,475,483
郭志坤　538

H

哈汉章　353
海沙地(Rizzard)　79
韩孔庵　51
韩世忠　411
韩愈(退之)　106,144,414
浩罕　551
何成濬　369,534
何大谬　510
何启　18,39,40,511
何邵公　106

何沃生 40
何香凝 449
和春 57
赫德 69
黑田清隆 246
亨利·乔治(显理佐治) 324
洪承畴 407
洪大全 45
洪良品 414
洪仁玕 17,40,45,52,65,258,446,454
洪述祖 292
洪秀全(天王、洪先生) 44,48,51,52,59,62,65,156,194,298,394,421,430,445,446,451,454-458,531,551,554
洪宣娇 448,576
侯外庐 17,146,432
胡安国 144
胡汉民 273,336-339,343,369,375
胡礼垣 511
胡珽 534
胡林翼 165,406
胡绳 430,473
胡适 305,370,417,629
胡思敬 36
胡铁梅 217
胡耀邦 313
胡以晃 53
胡毅生 592
胡瑛 286,290

华蘅芳 612
华盛顿 85,169,227,283,298,395,450
怀塔布 97
黄巢 404
黄帝 298
黄季陆 534
黄杰 534
黄仁霖 534
黄天 199,240
黄兴(克强) 84,242,264,270-277,279,282,283,286,287,290-292,294,297,354,423,450,544,558,567-569,574
黄彝寿 285
黄以周 162
黄毅 352
黄赞臣 535
黄宗羲(太冲、梨洲) 24,139,161,194,510,512
黄遵宪 113,114,178,511,523,524,526
霍布士 108

J

嵇文甫 419
加里宁夫人 462
加仑 337
贾似道 378
简又文 534
翦伯赞 636
江藩 6

姜义华　557
蒋敦复　510
蒋光鼐　372
蒋介石（中正）　169,172,363,366,368-373,375,376,378,406,438
蒋良骐　161
蒋梦麟（孟邻先生）　51
蒋廷黻　411,481-484
蒋智由（观云）　113,115,216
焦达峰　270
桀　151,418
金和　524
金华英　535
金天翮　510
金一（金松岑）　240
晋文王　443
井户川辰三　180
井勿幕　289
久原房之助　461
居正（觉生）　271,274,275,277,290,567

K

康德　108,607
康镜世　248
康士坦丁诺夫　395
康有为（南海）　23,27,37,42,70,86-90,92-96,99,101,104-107,111-115,118,124,126,129,138,139,141,143,145,150,151,157,158,162-164,166,178,188,194,197,202,207,220,221,230,233,255,295,298,345,404,419,422,433,434,437,447,449,451,510,511,522,523,532,537,554-557,596,597,607
孔安国　414
孔祥熙　534
孔子（孔丘）　104-107,112,124,125,128-130,143,159,162,171,192,210,226,330,367,413,414,418,444,454,527,556,588,607
寇连才　141
奎俊　181,211

L

赖文光　45
蓝天蔚　218
老子　129
雷以諴　424
黎烈文　534
黎澍　70,432
黎元洪　170,171,276,279,290,291,293,544,568
李白（太白）　128
李冰　391
李慈铭　442
李大钊　317-319,335,337,346,357,464
李逢春　288
李贺　237
李鸿裔　47,53
李鸿藻　77
李鸿章　18,42,67-78,80,91,162,

177,204,213,389,406,438,446
李华兴　492
李剑农　431
李竟成　604
李侃　572,624
李立三　359,360,362
李立元　211
李莲英　98,99
李眉生　47
李丕章　352
李酉　58
李锐　606
李闻　576
李石曾　374
李时珍　391,425
李斯　237
李泰国　51
李棠阶　50
李提摩太　500
李维格　83
李维汉　319
李香君　355
李新　479
李秀成（忠王、伪忠王）　44－66,362,393,413,420,457
李岩　398
李膺　403
李约瑟　530
李云汉　534
李自成　153,156,164,165,398,412
利玛窦　437,500
廉颇　423

梁　112,121－123,138,139,141,143,145,150,151,345,447,449,511,555
梁德纯　534
梁岵庐　51
梁敬錞　534
梁启超　7,27,33,37,39,40,70,87,90,94,97－109,111－136,138－141,143,145,150,151,158,162,163,166,178,188,194,207,209,259,295,298,345,389,404,409,410,419,423,435,437－439,442,447,449,475,489,511,523－526,531,554－556,596,597,607
梁士诒　283
梁廷枏　445
梁卓如　162
廖仲恺　317,333－343
列宁　41,259,263,302,303,305,316,317,319,337,358,398,462,464,465,564,575
林宝宸　339
林彪　429
林伯渠　317,319,337,464,590
林觉民　592
林肯　324,530
林时爽　271
林旭　97
林语堂　312
林则徐　11,22,23,42,324,388,402,411,421,422,430,437,445,482,515,552

林增平　554
蔺相如　423
凌善清　61
呤唎　489
刘邦　70,253,375
刘备　426
刘秉璋　176,177
刘成禹　182
刘大年　430
刘逢禄　7
刘光第　34,97,178,210
刘光汉　512
刘海粟　626,627
刘华廷　211
刘惠吾　609-612
刘健群　534
刘锦棠　91
刘揆一　242,287
刘坤一　74,75,80
刘立勤　626,627
刘铭传　77,91
刘汝明　534
刘三(季平)　199,240
刘少奇　262,397
刘绍唐　534
刘声木　36
刘树棠　80
刘曜　375
刘永福　91
刘禺生　353
刘桢麟　510
柳亚子(亚庐)　199,221,229,237,240,283,526,611,615
柳毅　624
柳宗元　8
龙鸣剑(骨珊)　592
龙泽厚　220
卢权　586
卢梭(卢骚)　108,113,117,140,179,180,185,193,214,227,228,250,298,512,530,605
鲁迅　14,98,168,179,182,201,202,214,249,307-313,356,359,362,363,406,422,526,528,541,576,582,590,594
陆象山　106
陆游(放翁)　367,420,575,594
路德　143
路易·波拿巴　443
吕大森　286
吕海寰　80,266,561
吕集义　51
吕留良　161
吕翼文　210
罗伯斯庇尔　394
罗尔纲　44,49,51,53,54,636
罗兰夫人　247
罗章龙　465
洛克　117

M

马贵　30
马洪林　555-557
马季长　106

马建忠 18,68,76

马君武 182,214,242

马克思(麦克司、麦喀) 39,132,
155,238,282,298,443,530,544,
545,616,629,630

马礼逊 500

马林 317

马士 431

马世英 248

马西(Masy) 79

马相伯 172

马雅柯夫斯基 393,394

马占山 372

麦孟华 162

毛奇龄 414

毛泽东(毛主席) 62,187,249,
284,304,311,319,337,357,359,
404,414,434,438,443,444,446,
448,465,475,606-608

茅盾 361,362,364

梅伯言 525

梅兰芳 354,355

孟彩尔 394

孟德斯鸠 108,113,117,179,180,
185,193,214,512

孟森 51

孟泰尔 26

孟子 210

米春霖 369

米夫 359

明治天皇 98,151,530

摩西 26

墨子(墨翟) 129,146,298

穆勒约翰 180

N

拿破仑 85,116,395

那桐 82

年子敏 44

聂荣臻 337

聂士成 91,92

宁调元 243,513

O

欧文(Robert Owen) 228

欧阳瓣姜 153

欧阳修(永叔) 106

欧阳中鹄 156,158

P

潘光旦 440

庞际云 47,53,54

泡尔生 607

培根 108

彭础立 339

彭湃 337,338

彭述之 360

彭玉麟 58

皮锡瑞 139

普罗米修斯 456

溥伦 82

溥仪 82

Q

瞿方梅 285

瞿秋白 319,356-364,406,441,464,581-583

戚本禹 44

齐桓公 443

祁龙威 601

祁窝藻 525

琦善 411,552

钱玄同 168

钱应溥 58

秦桧 411,427,561

秦力山 153,165

秦日昌 53,62

秦日纲 53

秦始皇(嬴政) 498

秋瑾 298,448,449,512,576-579,592,605

裘廷梁 523

屈原 423,424,427

R

饶廷襄 19

荣禄 34,80,252

荣孟源 44,433

容闳 164

阮式 604

阮啸仙 338

S

森有礼 474

商鞅 8

尚明轩 432

邵友濂 75

邵元冲 369

沈葆桢 68,74

沈恩孚 172

沈荩 198,231,232,235

沈禹希 235

沈云龙 534

沈云霈 82

沈宗瀚 534

生驹悦 217

盛康 72,81

盛宣怀 72-85

石长信 82

石达开 45,52,62,420

石敬瑭 367,372

史坚如 605

史可法 402,421

史沫特莱(伊斯沫特列) 312、313

舜 210,512

司马光 397

司马迁(太史公) 70,208,388,429,443,444

司马昭 249

司马衷 375

司徒雷登 500

斯巴达克 394

斯宾诺莎 108

斯大林 305,306,396,401,419,425

斯诺 606

斯坦因 530

宋衡 162

宋江 392,393

宋教仁（钝初、遁初、遯初、渔父）170,242,264-293,296,315,450,558-575

宋景诗 420

宋齐章 559

宋庆龄（孙夫人） 312,313,316-318,449,460-463,616

宋恕 178,511

宋希濂 363

宋玉 243,375,376,384

宋育仁 178,209

宋哲元 172

宋子文 372,376

苏炳文 372

苏非尼亚 247

苏三娘 448,576

苏轼 472

苏雪林 534

苏渊雷 499

苏兆征 337-339,585,586

孙传芳 368

孙家鼐 32,33,36,37

孙科 375

孙武 274

孙诒让 162

孙毓筠 346

孙中山（孙文、逸仙、孙大炮） 42,68,70,84,89,107,118,121,150,152,157,163,165,169,171,172,184,199-201,205,206,220,222,242,255,262,268,270,271,274,275,277-283,287,288,291,292,295-336,338,342,346,357,371,372,423,437,443,444,449,451,459-466,504,510,517,536-538,541-545,554,556,561,567-570,594,596,597,599

T

台静农 534

谭平山 336

谭人凤（石屏） 271,273-276,280,288-290,450,559,570

谭嗣同（壮飞） 94,97,99,131,138-160,163,164,175,178,179,194,200,210,243,400,437,439,447,470,511,522,576

谭献 162

汤寿潜 33,34

汤震 27

唐才常 33,37,158,164,219,232,248

唐德刚 534

唐继尧 352

唐绍仪 81,82,168,169,283,291

唐慎微 391

唐廷枢 73,74

唐虞 475

唐振常 614,615

唐甄 194

陶成章 118,169,270,513

陶菊隐 347,351

陶希圣 534

田桐 265

通臂猿胡七(致廷) 154

托尔斯泰 341,398,399

W

瓦特 391

汪大燮 346

汪精卫 343,346,369,374,375,592

汪康年 158,162,163,178

汪孟邹 366

汪澍白 606

王安石 8,389,390,397,403,404,409,410

王夫之(船山、而农) 139,161,162,405,410

王耿雄 541,542,545

王国维 524

王尽美 319

王闿运 345,525

王莽 410

王明 359,361,364

王念孙 162

王栻 16,432

王韬(弢园老民) 18,26,32,33,37,38,41,511,522

王天任 339

王文韶 78

王先谦 74,448

王阳明 106,269

王仰思 592

王冶秋 344,347

王云五 534

王照 97

王之春 75

王重民 65

王竹卿 169

威曼 227,228

韦昌辉 52,53,62,400,430

魏光焘 81,183,196,230,231

魏源 7,14,17,18,21-24,27,41,42,247,248,324,445,510,515,552

文骏 285

闻一多 546,547

翁同龢 33,36,37,77,78,95,400

倭仁 448

吴广 49,253,388

吴贵芳 612

吴禄贞 574

吴梅村 407

吴佩孚 305,368

吴相湘 534

吴玉章 274,337,357,438,590-595

吴樾 139,199,201,239,244,298

吴云 18,30

吴兆麟 290

吴稚晖 371,612,615

武士英 292,294

武训 387,399,414,420,424,426

武则天 415,426

X

西蒙诺夫 393

夏曦　319
夏衍　347
夏曾佑（穗卿）　158，162
向警予　465
向忠　359
项羽　70
萧伯纳　312
萧何（文终）　277，375
萧三　606
萧一山　431
小白菜　489
小岛晋治　50，573
小凤仙　349－355，440
小田切　85
肖孚泗　46
肖克昌　81
谢商　415
谢天佑　496－499
信陵君　423
熊希龄　346
熊雄　337
熊月之　510
徐佛苏　115
徐继畬　446
徐建寅　612
徐仑　42
徐勤　114，120，178
徐润　73，74，76
徐世昌　82
徐寿　392，612
徐泰来　540
徐特立　360

徐桐（徐相）　39，441，442，448
徐血儿　294
徐仲寅　392
徐讦　534
许崇智　459
许广平　309，311
许寿裳　168，308
许象枢　510
许应骙　80，97
禤倩红　586
薛福成　18，38，41，42，68，148，452，453
薛南溟　453

Y

严复　88，99，126，138，141，142，144，147，150，164，178，179，188，194，209，447，522，523，607
严嵩　561
严中平　432
阎若璩　414
颜元（习斋）　408
杨翠喜　489
杨笃生　242，345
杨度（皙子）　118，344－348
杨涟　403
杨乃武　489
杨匏安　337
杨锐　97，178，210
杨史彬　510
杨士琦　81
杨松　433

杨杏佛　312,313
杨秀清（东王）　52,53,400,430
杨玄感　153
杨殷　338
杨永泰　368
杨玉如　290
杨誉龙　162
杨源浚　244
杨岳斌　58
杨云史　354
杨之华　359,362,364
杨卓霖　604,605
杨宗濂　72
尧　210,512
姚文甫　182,215
姚莹　445
耶稣　60
叶曙　534
叶水心　30
叶志超　91
伊藤博文　246
伊尹　378
易卜生　132
易顺鼎　354
易宗夔　354
奕䜣　75,78
奕劻　82,83,95,346
奕譞　76
印光任　548
应桂馨　292
游开智　177
幼天王　45

于伯铭　550
于右任　272
余栋臣　177,206
余联沅　80
俞明震　167,196,230,231,615
俞樾　162,164
禹之谟　243
喻云纪　592
袁世凯（慰庭、项城、本初、袁皇帝、袁贼）　80-82,84,85,98,120-124,169-171,265,270,279,281-283,290-294,302,309,310,315,334,346,352,353,357,362,423,432,437-439,448,450,459,543,544,556,559,568-570,575,594
袁树勋　167,196,230,231
约翰·穆勒　179
岳飞　387,402,411,421,427
越飞　335,464
恽代英　338,465

Z

载沣　82
载泽　81,82
曾宝荪　534
曾参　527
曾国藩（老中堂、文正公）　27,30,31,32,37,42,44-62,68,362,393,406,413,438,439,446,450,525,629
曾国荃（中丞）　46,48,49,52
曾纪泽　46,58

曾静　161
曾廉　94
曾孟朴　350,351
曾虚白　350
曾约农　52,61
詹大悲　154
詹天佑　392
张百祥　270
张保全　78
张格尔　551
张国梁　57
张煌言　173
张继　320,336
张俭　403
张謇　39,279
张角　404
张君劢　131
张良（子房）　277,373
张默君　369
张启承　538
张群　369
张人杰（张静江、张跷子）　373
张人骏　603
张汝霖　548
张绍曾　353
张慎恒　606
张叔夜　392
张太雷　317,318
张天泽　548
张维华　548
张维屏　524
张文祥　489

张献忠　153,405
张相文　349
张香涛　39
张孝祥　624
张学良　172,369,372
张勋　171,346,369
张曜　76
张元济　96
张之洞（南皮）　37,39,78-81,163,285,346,470
张祝华（永福）　201,232
张作霖　305,346
章潜　161
章开沅　554
章鸣九　540
章士钊　216,228,236
章太炎（炳麟、枚叔、枚公、西狩）　68,90,118,126,139,161-172,178,182-184,188,196,198-200,202,214-216,219-222,229-240,252,269,270,277-279,282,283,295,297,299,311,345,405,439,448,450,451,455,510,512,525,537,567-569,593,594,615
赵秉钧　283,292
赵尔丰　593
赵靖　40
赵烈文　45-48,50,59,62,64,65
赵孟頫　374
赵声　273,574,604
赵元任　534

郑成功 390
郑观应 18,27,34,38,68,148,
　510,511
郑和 387,391
郑康成 106
郑孝胥 525
郑云山 577,578
郑振铎 361,362
钟叔河 481
周恩来（周总理） 320,337,344,
　347,359,392
周馥 76
周公 210,378
周景濂 548
周来苏 592
周善培 212,593
周实 604
周顺昌（周吏部） 403
周天度 614
周永祥 580,582
纣 151,415,418
朱华 535
朱晦庵 106,107
朱其昂 73

朱维铮 67
朱文劭（劼夫） 354
朱希祖 168
朱熹 210
朱有虔 161
朱元璋 253,399,422
朱执信 262,275,298,334,513
诸葛亮 369,426
竹内弘行 555
祝大椿 415
祝融 623,625
子贡 415
邹鲁 336
邹容（威丹、蔚丹） 139,166-168,
　174,175,178-183,185-191,
　193,195-199,201-206,208-
　216,219-240,298,437,440,448,
　592,615
邹子璠 208,211
祖冲之 425
左光斗 403
左孝同 602
左宗棠 68,438,406,446,481,602

书名、报刊名索引

(按汉语拼音排序)

A

《澳门纪略》 548
《澳门四百年》 546,549

B

《报知新闻》 276
《北华捷报》 51
《北京晚报》 354
《本草纲目》(《本草》) 389,391
《变法通议》 37,87,102,104,150
《驳康有为论革命书》 184,196,
　　197,200,230,232,594
《不忍》 556

C

《蔡元培传》(《蔡传》) 614-617
《昌言报》 163,178
《苌楚斋随笔》 36
《常州先哲遗书》 85
《朝日新闻》 218
《晨报》 358
《程家柽革命大事略》 560
《筹洋刍议》 28,38,41
《楚辞》 424
《传教士与近代中国》 500,502
《船山遗书》 405
《春耦笔录》 353

《春秋》 6
《辞海》 344,345,356,488
《从鸦片战争到五四运动》 473

D

《大公报》 607
《大共和日报》 169
《大同报》 118
《大同书》 511
《大学》 110
《到延安去》 589
《道光朝东华录》 550
《道光皇帝传》 550
《地学浅释》 612
《帝国主义侵华史》 431
《帝国主义与中国政治》 430
《东华录》 161
《洞庭波》 158,296,623
《独秀文存》 366
《读通鉴论》 410
《对处理若干历史问题的初步意
　　见》 636
《多余的话》 357,358,360-364,
　　441,581,582

E

《俄大彼得变政考》 23

《俄皇彼得传》 94
《二十年目睹之怪现状》 184
《二十世纪之支那》 242,265,266,
　286,287,296,558,562,573
《二十四史》 462
《贰臣传》 407

F

《法国革命史》 180
《法华经》 14
《法意》 179,193
《复报》 236

G

《哥达纲领批判》 630
《革命方略》 242
《革命军》 166,174,178,180-202,
　214,215,221-225,228-234,
　240,598
《革命军传奇》 198
《革命先锋》 200
《格致汇编》 612
《龚自珍全集》(《全集》) 4
《共产党宣言》 267,566,629
《共和国年鉴》 258
《古代上海述略》 612
《古文辞类纂》 524
《古文尚书》 414
《古文尚书冤词》 414
《官场现形记》 184
《光明日报》 390,498
《国粹学报》 266

《国父全集》 542
《国故论衡》 169
《国民报》 179,228
《国民必读》 243
《国民日日报》 236
《国闻报》 178,523
《国学商兑》 172

H

《海国图志》 18,41,323,445,446,
　552
《海上述林》 582
《汉声》 242
《汉书》 180,208
《杭州白话报》 524
《红楼梦》 5,388,389,420
《湖北学生界》 242,265
《皇朝经世文编》 515
《皇朝经世文续编》 72
《黄帝魂》 142,598
《黄书》 162
《黄遵宪》 432

J

《集外集》 311
《集外集拾遗》 311
《甲申三百年祭》 62,412
《甲午中日战争》 77
《间岛问题》 288,560
《检论》 171
《建国大纲》 463
《建设》 302,334,461

《江南制造局译书提要》 612
《江苏》 233,234,242,265,296
《讲堂录》 607
《校邠庐抗议》(《抗议》) 16-19,24,27,28-42,522
《解放日报》 495,498
《金石识别》 612
《近代史思辨录》 469
《近代中国八十年》 473,478,492,629
《近代中国百年史辞典》 491-493
《近世中国秘史》 51
《京话报》 524
《经史百家杂钞》 524
《经世报》 162,178
《精卫石》 512,577,578
《精忠说岳传》 427
《警世钟》 184,243,244,265,598

K

《康有为》 555,556
《康有为大传》 554,555
《克复金陵城,生擒伪忠王亲笔口供》 51
《孔子改制考》 87,138

L

《礼记》 24
《礼运》 324
《李鸿章》 389
《李秀成供》(《原稿》《忠王李秀成自传》等) 44,47,49,51,52,61,64,362,413
《历史悬案百题》 494,495
《历史研究》 70,554
《利玛窦传》 437
《六君子传》 347
《路易·波拿巴》 443
《伦理学原理》 607
《论衡》 522
《论君政民政相嬗之理》 102
《论语》 24,143,414,527

M

《毛泽东同志的青少年时代》 606
《毛泽东同志的青少年时代和初期革命活动》 606
《毛泽东早期哲学思想探原》 606
《每日新闻》 276
《美国独立檄文》 180
《美育的实施方法》 616
《猛回头》 184,243,244,257,579,598
《蒙学报》 178
《孟德斯鸠列传》 179
《孟子字义疏证》 409
《民报》 115,118,168,169,222,242,243,246,248,249,256,261,262,266,267,271,287,295-300,304,346,559,561,565,573,591,594,597
《民国人物传》 436,444
《民国通俗演义》 351
《民立报》 272,274-276,289,294,

545,559,566,573,574,593
《民权初步》 324
《民约论》 117,140,179,180,193,214,512
《民主报》 544
《明史佛郎机、吕宋、和兰、意大里亚四传注释》 548
《明夷待访录》 162,194,512
《墨子》 162

N

《南社丛刻》 526
《南园丛稿》 349
《难经》 389
《能静居士日记》 45,65
《涅瓦明星》 317
《孽海花》 350,440
《农学报》 178
《女界泪》 513
《女界钟》 513

O

《欧游心影录》 126,128,531

P

《平民日报》 615

Q

《齐物论释》 169
《潜书》 194,522
《强学报》 178
《窃国大盗袁世凯》 412

《秦汉经济政策与经济思想史稿》 496,498
《清代通史》 431
《清代学术概论》 7,134
《清华学报》 411
《清史稿》 92,550
《清史七百名人传》 436
《清史人物传稿》 436,444
《清议报》 107,109,138,139,163
《秋瑾》 433,578
《秋瑾评传》 576,578
《訄书》 163,165,171,219
《瞿秋白年谱》 471,580
《瞿秋白文集》 582
《劝学篇》 37,39,163

R

《人类之大权》 267,565
《人民群众和个人在历史上的作用》 395
《仁学》 138-143,152,158,159
《日本变政考》 23,94

S

《三国演义》 427
《山海经》 632
《商报》 114
《上海近代史》 609-612
《尚书》 6
《尚书传》 414
《尚书古文疏证》 414
《社会新闻》 361

《社会主义由空想发展为科学》 26
《申报》 88
《神农本草经》 391
《圣经》 455
《省港罢工概观》 585
《盛世危言》 28,33,34,36,38
《盛宣怀档案资料选辑》 85
《诗经》 6,524,546
《诗韵合璧》 65
《诗韵集成》 65
《狮子吼》 199,243,246,247,258
《时报》 114
《时务报》 101,138,141,150,162,163,178,180,209,296
《实庵自传》 438
《实学报》 162,178
《实业计划》 462-464
《史记》 70,180,208,388,429,443,444,489
《史学》 390
《史学情报》 494
《使西纪程》 475
《世界伟人传第一编——孔子》 128-130
《蜀学报》 178,209
《水浒传》 448
《说群》 102
《说文部首》 173
《说文解字》 168
《四部备要》 462
《四川》 591
《宋教仁集》 558,572,575

《宋教仁先生文集》 559
《宋渔父》 559
《宋渔父初集》 559
《宋渔父戴天仇文集合刊》 559,574
《宋渔父林颂亭书牍》 559
《苏报》 165-167,183,191,194-200,217,222,228-232,236,246
《苏兆征传》 584,586
《苏州白话报》 524
《苏州建城二千五百年》 589
《素问》 389
《孙文学说》 462,464
《孙中山》 432
《孙中山年谱》 542
《孙中山全集》 542
《孙中山社会科学思想研究》 536
《孙中山史事详录(1911—1913)》 541,542

T

《台湾日日新报》 163
《太平天国革命的历史和思想》 51
《太平天国革命亲历记》 489
《太平野史》 61
《太炎最近文录》 170
《谈天》 612
《探原》 606,608
《弢园文录》 522
《弢园文录外编》 41
《桃花扇》 355
《天崇百篇》 591

《天祟合钞》 591
《天铎报》 545
《天下》 548
《天演论》 88,141,142,179,209,523
《童子世界》 217,219

W

《万法精理》 179,180,214,512
《万国公报》 88
《万国公理》 447
《王荆公年谱考略》 409
《危言》 28,33,34,36
《为新中国奋斗》 312
《文汇报》 45,64,528
《文史资料选辑》 535
《文始》 169
《文学兴国策》 474,475
《翁文恭公日记》 33
《我之历史》 559,560
《五四后三十年》 478,492
《五四以来政派及其思想》 514
《武昌革命真史》 241
《戊戌变法》 28
《戊戌履霜录》 36,37
《物种起源》 607

X

《西行漫记》 606
《西学书目表》 33,102
《显志堂稿》 18,30,31
《湘报》 178
《湘江评论》 607
《湘学报》 33,138,296
《湘学新报》 178
《向导》 318,320
《小学答问》 169
《辛亥革命》 590-592,594,595
《辛亥革命江苏地区史料》(《史料》) 601-605
《辛亥革命前后的中国政治》 432
《辛亥四川争路亲历记》 593
《辛亥札记》 567
《新方言》 169
《新湖南》 242,296
《新论》 495,498
《新民丛报》 109,110,113-115,118,168,179,222,256,298,346
《新民说》 110,113
《新民主主义通史》 361
《新青年》 300
《新文学史料》 364
《新闻报》 198,220,221,232
《新小说》 523
《新学伪经考》 87,138
《新政议论》 40
《新政真诠》 40
《星期评论》 302,334
《醒狮》 199,240,574
《性理大全》 144
《性理精义》 144
《绣像剿逆图考》 51
《宣宗皇帝实录》 550
《薛福成全集》 453

《学林》 528

Y

《亚东时报》 163
《亚细亚日报》 569
《严复传》 432
《扬州十日记》 200
《洋务运动新论》 539,540
《艺文丛书》 481
《译书公会报》 162
《译学汇编》 179,180
《易经》 6,151
《逸经》 361,364
《饮冰室合集》 129
《英字新闻》 241
《瀛环志略》 101,323,446
《庸书》 28,33
《游学译编》 242,345
《渝报》 178,209
《渔父先生雄辩集》 559
《愚斋存稿》 85
《袁氏盗国记》 352
《原道觉世训》 194
《原道醒世训》 194

Z

《曾孟朴年谱》 350
《章太炎》 433
《章太炎诗文选注》 344,345
《章太炎思想研究》 557
《章邹合刊》 200
《昭明文选》 524

《浙江潮》 242,250,265,296
《正学报》 163
《证类本草》 391
《政府论》 228
《政论》 119
《知新报》 178
《制言》 173
《治平通议》 28
《中共党史人物传》 444
《中国报》 114
《中国城墙的兴废》 589
《中国革命史纲》 503,505
《中国革命史教程》 506
《中国革命史论》 243
《中国近百年政治史》 281,431
《中国近代民主思想史》 509,510
《中国近代史》 28,90,393,411,
　　429,473,481,488
《中国近代史词典》 485,488,492
《中国近代史丛书》 432,555
《中国近代史稿》 430
《中国近代史资料丛刊》 433
《中国近代史资料选辑》 433
《中国近代外交史资料辑要》 481
《中国近代文学丛书》 521
《中国近代哲学史》 432
《中国近三百年学术史》 134
《中国科学技术史》 530
《中国历史学年鉴》 494
《中国历史研究法》 134
《中国历史研究法补编》 409
《中国棉纺织史稿》 432

《中国民约精义》 512
《中国人名大辞典》 356,444
《中国日报》 165,232
《中国史稿》 430
《中国四十年大事记》 389
《中国文化之谜》 528
《中国文化之谜大观》 527,528
《中国新报》 118,346
《中国新民主主义革命时期通史》 491
《中国哲学史史料初稿》 31
《中国哲学史资料选辑》 433
《中华帝国对外关系史》 431
《中华归主》 501
《中葡通商研究》 548
《中葡外交史》 548
《中外纪闻》 178
《中外日报》 199
《中庸》 106

《周礼》 162,210
《朱子全书》 144
《传记文学》 534,535
《传记文学篇目分类索引》 533,535
《专制主义统治下的臣民心理》 496,498,499
《资本论》 358,497,544,545
《子夜》 611
《自由原论》 179
《自由之理》 180
《字林西报》 160,198,231
《走出中世纪》 67
《走向世界丛书》 474
《祖国丛书》 587
《最近三百年东北外交史》 481
《最近政见之评决》 243
《最近之方针》 243
《左传》 443,524